安徽师范大学中国区域文化研究院
安徽师范大学历史学院　主办
安徽省重点智库安徽师范大学安徽文化发展研究院

中国区域文化研究

第五辑

卜宪群　主编

中国社会科学出版社

图书在版编目(CIP)数据

中国区域文化研究. 第五辑 / 卜宪群主编. —北京：中国社会科学出版社，2022.7

ISBN 978-7-5227-0401-2

Ⅰ.①中… Ⅱ.①卜… Ⅲ.①区域文化—研究—中国 Ⅳ.①G127

中国版本图书馆 CIP 数据核字(2022)第 107133 号

出 版 人　赵剑英
责任编辑　李凯凯
特约编辑　赵　威
责任校对　赵雪姣
责任印制　王　超

出　　版　中国社会科学出版社
社　　址　北京鼓楼西大街甲 158 号
邮　　编　100720
网　　址　http://www.csspw.cn
发 行 部　010-84083685
门 市 部　010-84029450
经　　销　新华书店及其他书店

印　　刷　北京君升印刷有限公司
装　　订　廊坊市广阳区广增装订厂
版　　次　2022 年 7 月第 1 版
印　　次　2022 年 7 月第 1 次印刷

开　　本　710×1000　1/16
印　　张　19.5
插　　页　2
字　　数　330 千字
定　　价　99.00 元

目　　录

理论探索

专题论文

特色史料

书 评

理论探索

从疑到信：胡适与疑古辨伪运动*

——以古书成书与古书体例研究为中心

赵 争　俞 达

摘　要：胡适对顾颉刚及疑古辨伪活动由最初的认同赞赏，经怀疑而终反对。胡适除了在《系辞》《新语》《老子》《周官》等具体的古书成书问题上对疑古辨伪学者的意见提出讨论，更对疑古辨伪活动有关古史与古书的解释模型进行了深入的省思，对古书辨伪方法的核心问题进行了全面而细致的反思。胡适基于古书成书与古书体例的讨论涉及疑古辨伪活动的重要理论和方法，胡适的研究与思考多具有开创性意义，有重要的学术价值。

关键词：胡适；古书体例；疑古辨伪；态度转变

本文所讨论的古书体例指的是古书在形成及流传过程的某一阶段或时期，在文字和其他表现形式上所体现出来的具有某种普遍性的特征组合，其通常会反映特定时期古书形成和流传的某些具体的做法和过程。

古书体例研究可追溯至以郑樵、章学诚为代表的古代校雠学。郑樵、章学诚眼中的校雠之义多聚焦于古书编次，其旨在于辨章学术、考镜源流。古书体例虽是此中的应有之义，然惜非主要内容，故此虽则某些古书体例较早便受到关注，然而古书体例作为明确的研究对象还是较为晚近之事，其中起因多系学者对近代疑古辨伪思潮的回应和反思。

众所周知，20 世纪上半叶，从事疑古辨伪的学者对中国的古书进行了规模空前的审查，取得了很多成果，产生了很大影响，然其中亦因疑古

---

* 本文为国家社科基金重大项目“出土简帛文献与古书形成问题研究”（19ZDA250）成果之一。

过勇而导致了某种程度的偏差。当时即有学者针对这种情况提出讨论并发起反思，如吕思勉谓“近二十年来，所谓‘疑古’之风大盛，学者每訾议古书之不可信，其实古书自有其读法，今之疑古者，每援后世书籍之体例，訾议古书，适见其卤莽灭裂耳”①，明确提出要从古书体例的角度反思古书辨伪活动。与吕思勉对疑古辨伪活动的回应类似，较早关注古书体例并以此切入古书成书问题讨论的学者如孙德谦、刘咸炘、余嘉锡，均有感于当时普遍怀疑古书的情形，以古书体例为进路，对古书，尤其是汉魏以前的古书形成与流传情况进行论析，以期对疑古辨伪活动中某些较为偏颇的做法进行纠正。②

不仅如此，直接参与疑古辨伪的学者其实对古书成书及相关的古书体例，甚而对古书辨伪学本身也进行了相应的思考，然而囿于古书真伪概念以及对古书品质的基本估计，从事疑古辨伪运动的学者（如梁启超、罗根泽、张心澂）对古书体例的认知及相关思考多停留在古书真伪的二分法概念层面，未能对古书成书及古书体例发展出具有质变意义的突破性认识。对古书成书和古书体例形成自觉认识并进而反思辨伪活动的学者，最初也往往囿于古书真伪概念而对古书辨伪活动表示理解与赞同，然而随着对古书形成与流传情形的深入认知，相关学者出现了由辨伪到考信的认知与态度转变，如胡适、傅斯年，尤其是后者甚至发展出了一些“足以破解疑古思潮的论述”③。疑古辨伪运动的核心人物的态度转变，实际上标志着对古书的第一次反思进入了更为深邃的层面。

一　胡适对古书的考辨及其对古史辨运动的最初反响

胡适对中国早期文献的考辨集中体现在其《中国古代哲学史》一书中。胡适《中国古代哲学史》原名《中国哲学史大纲（卷上）》，该书原为1917年9月以后胡适在北京大学讲授“中国哲学史大纲”之课的讲

① 吕思勉：《先秦史》，上海古籍出版社2005年版，第6页。

② 详参赵争《古书体例研究与古书辨伪——以孙德谦、刘咸炘、余嘉锡为中心的考察》，《湖南科技学院学报》2012年第1期。

③ 王汎森：《傅斯年对胡适文史观点的影响》，《中国近代思想与学术的系谱》，河北教育出版社2001年版，第289页。

义，曾在校内油印使用。此书写定于1918年9月，1919年2月由商务印书馆出版，至1930年已出15版，可见此书影响之大，胡适也因此而“暴得大名”。此书在1930年收入商务印书馆“万有文库”时，书名改作《中国古代哲学史》，1958年台北商务印书馆依此书名改版重印。

以后世观点来看，胡适此书是第一本用现代学术方法系统研究中国哲学史的著作，也多被认为是中国哲学史学科成立的标志。[①] 此书在当时也获得了很高的评价，蔡元培便谓其具有四种特长，除了“系统的研究”，还有“平等的眼光”、“证明的方法”和“扼要的手段”。其中“平等的眼光”主要谓此书能将诸子一视同仁，平等对待，此与近代诸子学兴替变迁甚有关系，已多有研究者论及，蔡元培所谓“证明的方法”和“扼要的手段”，其实主要是针对胡适在此书中所作的史料考辨工作而言的。“证明的方法”主要指胡适对诸子其人其书的考订；“扼要的手段”主要指此书“截断众流”，径从老子、孔子讲起而不在之前半神话半政史的记载中纠缠，实则指胡适“东周以上无古史”之说，也即胡适对史料的基本估计。[②]

胡适所谓“东周以上无古史”，其表述如下：“以现在中国考古学的程度来看，我们对于东周以前的中国古史，只可存一个怀疑的态度。”[③] 胡适强调以“考古学的程度”认为东周以前的历史不可信，主要说明东周以前的文献史料不可靠。他在其他地方有过类似的表述：“在东周以前的历史，是没有一字可以信的。以后呢？大部分也是不可靠的。”[④] 可见胡适“东周以上无古史”的说法主要以东周以前的文献记载立论。

胡适有如此的看法，主要在于其对中国周、秦古书的认知。在胡适看来，即便年代稍晚的诸子材料已多不可靠，如《老子》中假的最少，但也有许多后人妄加妄改之处，[⑤]《墨子》《荀子》多后人杂凑伪造之文；《庄子》《韩非子》仅有十之一二可靠；《管子》《列子》《晏子春秋》

① 《中国哲学史大纲·导读》，上海古籍出版社1997年版，第1页。

② 蔡元培的评论见此书蔡氏序，见欧阳哲生编《胡适文集》第六册，北京大学出版社1998年版，第155—156页。

③ 胡适：《中国古代哲学史·导言》，《胡适文集》第六册，第177页。

④ 胡适：《研究国故的方法》，《胡适文集》第六册，第92—93页。

⑤ 胡适：《中国古代哲学史·第三篇老子》，《胡适文集》第六册，第195页。

为后人杂凑而成；《关尹子》《鹖冠子》《商君书》为后人伪造；《邓析子》为假书；《尹文子》似为真书，但有后世加入的材料；另多有诸子著作未得保存[①]。诸子以前的史料，唯有《诗经》大致可信，因其中所记天象得到了天文学知识的论证，至如记载唐、虞、夏、商之事的《尚书》，或为后世儒家“托古改制”之书，或为歌功颂德之作，全无史料价值。[②] 对于古书多伪的原因，胡适认为一为出于“重言”，即借重古人，也即康有为“托古改制”之义，二则为谋取利益而有意造伪。[③] 古书，尤其是诸子之书，出于各种目的而伪，则当需分辨其真假。对于考辨真假之法，胡适总结为两大类：一为内证，即从本书中寻找证据，大致有史事、文字、文体、思想四个方面；二为旁证，为从别的书中寻得，[④] 或借助于另外的学科理论。

胡适对诸子其人其书的考察非常看重，因为诸如古人读书编书最不细心，往往把不相干的人的学说并入某人的学说；或把假书当作真书；或将后人加入的篇章当作原有的篇章；或不懂古人学说而致埋没；或解错古书而失其原义；或各以己意解书而致混乱，[⑤] 这种种情形遮盖了“学说的真面目”，乱了学说先后次序，乱了学派相承的系统。[⑥]

《中国古代哲学史》一书主要以道家（老、庄）、儒家（孔、孟、荀）、墨家（墨子及别墨）为主体进行叙述的，对于材料阙佚之子则略而不论，这与胡适“截断众流”的手法对材料的抉择精神是统一的，且此书中对材料的考辨颇为看重，相关研究“差不多占了全书三分之一”“为后来学者开无数法门”[⑦]。从较为具体的对老子其人其书的论争，到对其学生顾颉刚的影响而至古史辨运动的兴起，胡适这部《中国古代哲学史》确为后来学者开了“法门”。

其实论旧学功底，胡适甚至还不胜其学生后辈，其思想深度、哲学修

① 胡适：《中国古代哲学史·导言》，欧阳哲生编《胡适文集》第六册，北京大学出版社1998年版，第170—171页。

② 胡适：《中国古代哲学史·导言》，《胡适文集》第六册，第177页。

③ 胡适：《中国古代哲学史·导言》，《胡适文集》第六册，第174页。

④ 有关考辨古书的内证与旁证具体参胡适《中国古代哲学史·导言》，《胡适文集》第六册，第175—176页。

⑤ 胡适：《中国古代哲学史·导言》，《胡适文集》第六册，第168—169页。

⑥ 胡适：《中国古代哲学史·导言》，《胡适文集》第六册，第172页。

⑦ 蔡元培语，见胡适《中国古代哲学史·蔡元培序》，《胡适文集》第六册，第156页。

养、学术水准等方面属中等水平，远逊章太炎、王国维、陈寅恪等同辈及先辈学者。胡适此书在学术发现和学术创造方面并无特殊的过人之处，[①]且多有学者对其内容提出讨论，[②]然胡适此书成功之处在于一个“新”字：第一次突破了千百年来中国传统学术史的原有观念、标准、规范和通则，成为一次范式性革命。[③]

顾颉刚受胡适影响很大，对胡适非常崇敬，谓“适之、玄同两先生固是我企服的师”[④]，在多年后追述自己的学术历程之时，顾氏仍认为“我的《古史辨》的指导思想，从远的来说，就是起源于郑、姚、崔三人的思想，从近的来说，则是受了胡适、钱玄同二人的启发和帮助”[⑤]。顾颉刚忆及当年听胡适讲课后的感受到：“他不管以前的课业，重编讲义，劈头一章是‘中国哲学结胎的时代’，用《诗经》作时代的说明，丢开唐、虞、夏、商，径从周宣王以后讲起。这一改，把我们一般人充满着三皇五帝的脑筋骤然作了一个重大的打击，骇得一堂课中舌挢而不能下。”[⑥]顾颉刚听了胡适“中国哲学史”的课，对胡适“东周以上无古史”的话印象非常深刻，也深为赞同，顾颉刚也认为中国所谓的五千年历史，“把伪史和依据了伪书而成立的伪史除去”，实际只有两千年，“只算得打了一个‘对折’!”[⑦]“照我们现在的观察，东周以上只好说无史”，现在光辉灿烂的四千年的历史，“都是伪书的结晶”[⑧]。

顾颉刚除了在此古史观上受胡适的影响，其疑古辨伪思想整体上均深

---

① 可参董德福《胡适与梁启超：两代知识分子学思历程的比较研究》，吉林人民出版社2004年版，第121页。

② 梁启超对胡著的评价及与胡适的辩难可参董德福《胡适与梁启超：两代知识分子学思历程的比较研究》，第115—119页。又如对胡适“老在孔前”意见的讨论及由此展开的“老子其人其书年代问题大讨论”，可略参徐洪兴《疑古与信古——从郭店竹简本〈老子〉出土回顾本世纪关于老子其人其书的争论》，《复旦学报》（社会科学版）1999年第1期；王俊《论二十世纪二三十年代的老子年代之争》，硕士学位论文，中国社会科学院研究生院，2014年。

③ 董德福：《胡适与梁启超：两代知识分子学思历程的比较研究》，第121页。

④ 顾颉刚自序，《古史辨》第一册，上海古籍出版社1982年版，第4页。

⑤ 顾颉刚：《我是怎样编写〈古史辨〉的》，《古史辨》第一册，上海古籍出版社1982年版，第4页。

⑥ 顾颉刚自序，《古史辨》第一册，第36页。

⑦ 顾颉刚自序，《古史辨》第一册，第43页。

⑧ 顾颉刚：《自述整理中国历史意见书》，《古史辨》第一册，第35页。

受胡适影响。[①] 在古史辨运动中，胡适是直接参与者，同时也是领导者、组织者，在顾颉刚发表《与钱玄同先生论古史书》提出“层累说”进而引发了长达九个月的论战之时，胡适以“论战导师和裁判员的角色定位”对这场论争给予了很高的评价，[②] 对论辩双方的理路及方法分别加以评论，而对顾颉刚“层累说”赞赏有加，认为“层累地造成的古史”的见解“真是今日史学界的一大贡献”[③]，毫不讳饰“偏袒顾先生的嫌疑”[④]。又胡适在介绍当时新出的史学书时，着重对《古史辨》第一册，尤其是其中有关古史的讨论部分进行推介，指出此书“可以解放人的思想，可以指示作学问的途径，可以提倡那‘深澈猛烈的真实’的精神”[⑤]，谓顾颉刚的“层累说”为中国史学界开了一个新纪元，其是继崔述之后中国古史学的第二次革命。[⑥] 可见胡适对顾颉刚及古史辨运动所抱持的积极态度。

二　胡适对疑古辨伪的态度转变及反思

（一）由疑古到考信：胡适对疑古辨伪的态度转变

胡适对顾颉刚的“层累说”最初是非常赞同的，将之誉为史学界的一场革命。然而众所周知，胡适对顾颉刚及其疑古辨伪工作的态度前后是有变化的。顾颉刚对此回忆道：

> 到了一九二九年，我从广州中山大学脱离出来，那时胡适是上海中国公学的校长；我去看他，他对我说：“现在我的思想变了，我不疑古了，要信古了！”我听了这话，出了一身冷汗，想不出他的思想为什么会突然改变的原因。[⑦]

---

① 洪认清：《顾颉刚的“疑古辨伪”思想与胡适的学术影响》，《安徽史学》2002 年第 1 期。

② 路新生：《中国近三百年疑古思潮研究》，上海人民出版社 2001 年版，第 505 页。

③ 胡适：《古史讨论的读后感》，《古史辨》第一册，上海古籍出版社 1982 年版，第 191 页。

④ 胡适：《古史讨论的读后感》，《古史辨》第一册，第 198 页。

⑤ 胡适：《介绍几部新出的史学书》，《古史辨》第二册，上海古籍出版社 1982 年版，第 334 页。

⑥ 胡适：《介绍几部新出的史学书》，《古史辨》第二册，第 338 页。

⑦ 顾颉刚：《我是怎样编写〈古史辨〉的》，《古史辨》第一册，第 13 页。

对于胡适由疑古转而信古的原因，有学者分析考古学，尤其是殷墟发掘及傅斯年的影响为重要原因，[①] 有论者认为钱穆的研究也是促成这一转变的原因之一，[②] 亦有学者认为这种转变与胡适的学术理路是一脉相承的，是其“自觉的、有计划的预见的一种结果”[③]，且基于胡适自己的说法，认为这种转变从 1923 年秋天就已经萌生了。[④] 有研究者提供了更为详尽的理据并进一步说明了胡适这一转变发生的时间及具体情形，认为胡适古史观的转变应该初步发生于 1922 年年底。[⑤]

虽然胡适的古史观在 1922 年因王国维的研究工作而有所转变，并且可能在 1923 年已经萌生转变观念的念头，但至少在 1926 年胡适对顾颉刚仍颇为赞赏，“要传学顾”，并以之对比傅斯年的“颓放”而对后者略感失望。[⑥] 只是在 1928 年，胡适在《治学的方法与材料》一文中说道：

> 纸上的学问也不是单靠纸上的材料去研究的。但有精密的方法是不够用的。材料可以限死方法，材料也可以帮助方法……几千年的古史传说禁不起三两个学者的批评指摘。然而河南发现了一地的龟甲兽骨，便可以把古代殷商民族的历史建立在实物的基础之上。一个瑞典学者安特森发现了几处新石器，便可以把中国史前文化拉长几千年。一个法国传教士桑德华发现了一些旧石器，便又可以把中国史前文化拉长几千年。北京地质调查所的学者在北京附近的周口店发现了一个人齿，经了一个解剖学专家步达生的考定，认为远古的原人，这又可以把中国史前文化拉长几万年。向来学者所认为的纸上的学问，如今都要跳在故纸堆外去研究了。[⑦]

① 参王汎森《傅斯年对胡适文史观点的影响》，《中国近代思想与学术的系谱》，河北教育出版社 2001 年版，第 283—310 页；杜正胜《从疑古到重建——傅斯年的史学革命及其与胡适及顾颉刚的关系》，《中国文化》1995 年第 2 期；陈星灿、马思中《胡适与安特生——兼谈胡适对 20 世纪前半叶中国考古学的看法》，《考古》2005 年第 1 期。

② 陈勇：《试论钱穆与胡适的交谊及其学术论争》，《史学史研究》2011 年第 3 期。

③ 张京华：《古史辨派与中国现代学术走向》，厦门大学出版社 2009 年版，第 408 页。

④ 张京华：《古史辨派与中国现代学术走向》，第 416—417 页。

⑤ 陈以爱：《胡适对王国维“古史新证”的回应》，《历史研究》2008 年第 6 期。

⑥ 杜正胜：《从疑古到重建——傅斯年的史学革命及其与胡适及顾颉刚的关系》，《中国文化》1995 年第 2 期。

⑦ 胡适：《治学的方法与材料》，欧阳哲生编《胡适文集》第四册，北京大学出版社 1998 年版，第 114 页。

所以才有胡适呼吁青年人从故纸堆中回头，多关注材料，多学一点自然科学的知识与技术，这当然有当年殷墟发掘的影响，故此，才有1929年胡适对顾颉刚说出其由疑古转而信古的话。

总体而言，胡适对顾颉刚的态度转变实际上是两种因素“角力”的结果。胡适对王国维古史论述的承认是被动的，多来自外力的影响而非出于其自身学术自觉的产物，[①] 因此，胡适才会在对王国维的研究成果有较高评价的同时，仍以领导者、组织者的角色直接参与了古史辨运动，之后其对考古学的重视不能排除这一被动原因的影响。然而其所提倡的“尊重事实，尊重证据”“大胆的假设，小心的求证”的科学方法与此也是有第一位关系的，即胡适学术理路的内在原因与考古发现及相关研究的外在原因，一道促成了胡适对顾颉刚疑古辨伪的态度转变。胡适在基本态度上将“疑古”定义为“考信”，而顾颉刚其后的工作则是批评崔述在儒家经典上的保留态度，进而着手进行更加深入的辨伪，其基本态度是将“疑古”定义为“辨伪”。[②] 至此，胡适对顾颉刚及古史辨运动态度转变的理路基本是清晰的，个中原因，包括内因与外因也大致如上所论，胡适此后对疑古辨伪多所匡议，所论也往往切中肯綮。

（二）理论与方法：胡适对疑古辨伪的回应与反思

如上所述，胡适明确表示由疑古转为信古的时间为1929年，其此后所写文章多对疑古辨伪方法开展反思，较典型者如《陆贾〈新语〉考》《论观象制器的学说书》《评论近人考据老子年代的方法》及《论秦畤及〈周官〉书》。

1. 传说还是史事：“观象制器”说与《周易·系辞》的成书问题

《观象制器的学说书》是胡适作于1930年的一封与顾颉刚讨论《周易》中“观象制器”一说而作的信函，[③] 此文主要内容为讨论《周易·系辞》的年代及“观象制器”说的性质。

对于《系辞》的年代，胡适认为《淮南子·氾论训》及司马迁不引《系辞》之语并不足以说明《系辞》后出，且以陆贾《新语》所引作为

① 详参陈以爱《胡适对王国维“古史新证”的回应》，《历史研究》2008年第6期。

② 张京华：《古史辨派与中国现代学术走向》，厦门大学出版社2009年版，第417页。

③ 胡适：《观象制器的学说书》，《古史辨》第三册，上海古籍出版社1982年版，第84—88页。

《系辞》在楚汉之际即已存在的证据；对于“观象制器”说，胡适认为是一种文化起源的学说，而本非历史。

此文中可注意之处在于，首先，胡适对陆贾《新语》一书的肯定。胡适此函中提及对《新语》一书的考证，涉及其《陆贾〈新语〉考》一文。[①]《陆贾〈新语〉考》主要对《四库提要》疑《新语》“殆后人依托，非贾原本”之说提出驳难，进而考证今本《新语》的可信性。此文颇有古书证真之意，且与梁启超古书无证伪之据则其为真的做法近似，[②] 其实也可看作对顾颉刚古书疑伪方法的某种讨论和提示。由《新语》一书之可信而推定《系辞》年代，进而对顾颉刚《系辞》晚出的意见提出讨论。胡适认为《史记》不引“观象制器”说可能自有原因，不足以作为《系辞》其时不存的证据，《淮南子·氾论训》及《世本》引用《系辞》之文不足以说明《系辞》在其后，也可能是受《系辞》的暗示和影响。

其次，胡适对于“观象制器”是一种学说而非历史的看法，实际上是对顾颉刚将传说与史事混同这一做法的批评。胡适谓“崔述用此章作唯一可信的上古史料，是他的偏见，你受了崔述的暗示，迁怒及于《系辞》，也不是公平的判断”。[③] 胡适谓其《观象制器的学说书》于顾颉刚之作“毫无相犯”，且其所指摘者“皆是后半的余论”，[④] 对于顾颉刚的研究仍认为小疵不掩大瑜，对其价值仍是肯定的。然而到了胡适写出《评论近人考据老子年代的方法》一文时，对顾颉刚是“大为生气”而加以“痛驳”，从此以后，就对顾颉刚“很明显地”不满起来。[⑤]

2. 逻辑与论据：《老子》成书问题

这次关于老子其人其书的讨论是由胡适《中国哲学史大纲》中的论述挑起的。首先是梁启超于1922年对胡适认为老子在孔子前的观点提出

---

① 胡适：《陆贾〈新语〉考》，《古史辨》第四册，上海古籍出版社1982年版，第195—198页。

② 梁启超：《中国历史研究法》，《梁启超全集》，北京出版社1999年版，第4133页。

③ 胡适：《论观象制器的学说书》，《古史辨》第三册，上海古籍出版社1982年版，第87—88页。

④ 胡适：《论观象制器的学说书》，《古史辨》第三册，第88页。

⑤ 顾颉刚：《我是怎样写〈古史辨〉的》，《古史辨》第一册，上海古籍出版社1982年版，第24页。顾颉刚对此事的前后经过有详细叙述，同见此页。

讨论,[1] 紧接着是张煦对梁启超理据进行逐条反驳,[2] 其后分别有学者加入此问题的讨论。其中，钱穆于1923年作《关于〈老子〉成书年代之一种考察》一文，以“道”“名”之思想线索为据对胡适的观点提出驳难;[3] 冯友兰在其1931年出版的《中国哲学史》一书中将老子排于孔、墨甚至孟子之后，以文体演变线索对胡适的观点提出讨论；顾颉刚作于1932年的《从〈吕氏春秋〉推测〈老子〉之成书年代》一文主要从古书内容及史事方面推论《老子》成书年代,[4] 认同梁启超对于《老子》年代的意见，而“明白地反对胡适的说法”。[5]

对此，胡适于1931年、1932年分别写信（《与冯友兰先生论老子问题书》《与钱穆先生论老子问题书》[6]）作答，并在此基础上，于1933年作《评论近人考据老子年代的方法》一文，对有关考证方法进行了深入的论析。在《评论近人考据老子年代的方法》中，胡适首先剖析冯友兰论证方法中的“丐辞”嫌疑，次论以思想线索及以文字、术语、文体推论《老子》年代方法的不确定性，最后对顾颉刚以《吕氏春秋》以书之“例”推论《老子》晚出的方法进行讨论。

对于以“丐辞”为理据，胡适指出其中逻辑悖谬之处。如对于据“孔子以前无私人著述之事”论证《老子》为孔子以后之书，胡适指出，若接受这一前提则基于此上的推论自然当可接受，但值得审视的恰是这一立论的前提。“孔子以前无私人著述之事”这一前提的成立依赖于对孔子之前著述情况的归纳，其要首先在于判断何书成于孔子之前。具体到《老子》，无疑需要论证《老子》一书与孔子的先后关系，如此，则“尚待证明的结论预先包含在前提之中”,[7] 故而以“丐辞”推得的结论自然是不可靠的。对于胡适的批评冯友兰有所回应，然冯氏的

---

① 梁启超:《论〈老子〉书作于战国之末》,《古史辨》第四册，上海古籍出版社1982年版，第305—307页。

② 张煦:《梁任公提诉〈老子〉时代一案判决书》,《古史辨》第四册，第307—317页。

③ 钱穆:《关于〈老子〉成书年代之一种考察》,《古史辨》第四册，第383—411页。

④ 顾颉刚此文见《古史辨》第四册，第462—520页。

⑤ 顾颉刚:《我是怎样写〈古史辨〉的》,《古史辨》第一册，上海古籍出版社1982年版，第24页。

⑥ 两封答书均收入《古史辨》第四册，上海古籍出版社1982年版。

⑦ 胡适:《评论近人考据老子年代的方法》,《古史辨》第六册，上海古籍出版社1982年版，第388页。

回应并未正面论析有关论证逻辑的“丐辞”问题，只是基于“一个辩论，若是有了逻辑上的错误，它的结论并不一定就是妄”以及“一件一件不充分的证据，合起来也未尝不能成为一个很充分的证据”两点来辩护，冯氏最终无奈地说道，“我写哲学史，我总要把《老子》放在一个地方。如果把《老子》一书放在孔子前，我觉得所需要的说明，比把它放在孔子以后还要多”①。可见胡适对相关讨论中“丐辞”逻辑问题的分析颇有穿透力。

胡适批评“丐辞”的另外两例——《老子》非问答体故在孔子之后及《老子》为简明“经”体当出于战国——除了“丐辞”逻辑，还涉及以文体判定古书年代的方法问题。胡适认为“这个方法也是很危险的”，因为“同一个时代的作者有巧拙的不同，有雅俗的不同，有拘谨与豪放的不同，还有地方环境（如方言之类）的不同”②，且个人所见材料有限，以此悬想某时代的文体样貌自然难为定论。胡适指出以文体推定古书年代所蕴含的不确定性在于：首先，某种文体或术语起于何时不易确定；其次，一种文体往往经过长时期的历史而人们也许只知道历史的一部分；最后，对文体的评判易受主观成见的影响。③

在胡适看来，以文字、术语、文体来作推定古书年代的依据，其“危险之处”与从思想线索上立论大体相似，因为两种方法同样易于为主观成见所影响，“是一把两面锋的剑可以两边割的”。④ 况且一个人的思想往往有变化而前后不一致，对于“时代意识”就更不易把握了。这也是胡适针对顾颉刚《从〈吕氏春秋〉推测〈老子〉之成书年代》下半篇所用方法的批评，⑤ 胡适认为顾颉刚此文所用方法简

① 详参冯友兰《读〈评论近人考据老子年代的方法〉答胡适之先生》，《古史辨》第六册，上海古籍出版社 1982 年版，第 410—417 页。

② 胡适：《评论近人考据老子年代的方法》，《古史辨》第六册，第 395 页。

③ 胡适：《评论近人考据老子年代的方法》，《古史辨》第六册，第 393 页。

④ 胡适：《评论近人考据老子年代的方法》，《古史辨》第六册，第 390 页。

⑤ 胡适：《评论近人考据老子年代的方法》，《古史辨》第六册，第 409 页。胡适认为顾颉刚用“时代意识”判定《老子》晚出主要在于不了解其三、四两节所论的以思想线索及文体、术语立论的危险之处，其实以“时代意识”论定《老子》年代也存在“丐辞”之逻辑。对以“时代思潮”疑伪之失误处的讨论可参张京华《古史辨派与中国现代学术走向》，厦门大学出版社 2009 年版，第 284—289 页。

直是“有意周内”[1]，指出顾文因主观成见影响而致对古书内容产生了误判。

实际上，对于某种思想线索及文体、文字、术语等对象，因为材料问题而往往不易，甚至不可能确切掌握其初始的发生及其后较为详细的演变情形，胡适对有关问题的讨论，包括其对“丐辞”中立论前提的判定，其实均涉及张荫麟所论“默证”使用的限度问题。[2] 所谓默证法，即“凡欲证明某时代无某某历史观念，贵能指出其时代中有与此历史观念相反之证据。若因某书或今存某时代之书无某史事之称述，遂断定某时代无此观念，此种方法谓之‘默证’”[3]。

具体到《老子》年代问题的讨论，“孔子以前无私家著述”、简明“经”体出于战国这些立论前提本身均有赖于对材料的全面统计和归纳，然而由于载籍阙佚，相关材料仅少部分能传及今日，故专靠“默证”推得的立论前提本身便有待证明。对于顾颉刚以《吕氏春秋》“引书例”推论其时《老子》不存，胡适指出“替古人的著作做‘凡例’，那是很危险的事业”，因为古人限于书籍条件等情形引书时“错落几个字不算什么大罪过，不举出书名和作者也不算什么大罪过”，所记实际上“没有什么引书的律例可说”。[4] 更重要的是，胡适认为顾颉刚据《吕氏春秋》与《老子》文字近似以及“义合”的内容推断《老子》晚出的做法是“骇人听闻的控诉”“已经是犯了有意周内的毛病”[5]。

胡适对《老子》问题的讨论涉及的是较为具体的方法问题，胡适对顾颉刚疑古辨伪工作中承自今文经学家思路的批评则触及更为深层的问题。

3. 流传与造伪：《周官》成书及相关问题

1930 年顾颉刚发表《五德终始下的政治和历史》一文，随后（1931 年）钱穆作《评顾颉刚〈五德终始下的政治和历史〉》表达相反意见，紧

---

① 胡适：《评论近人考据老子年代的方法》，《古史辨》第六册，上海古籍出版社 1982 年版，第 404 页。

② 对此已有学者论及，参路新生《中国近三百年疑古思潮》，上海人民出版社 2001 年版，第 529—530 页。

③ 张荫麟：《评近人对于中国古史之讨论》，《古史辨》第二册，上海古籍出版社 1982 年版，第 271—272 页。

④ 胡适：《评论近人考据老子年代的方法》，《古史辨》第六册，第 402 页。

⑤ 胡适：《评论近人考据老子年代的方法》，《古史辨》第六册，第 403—404 页。

接着顾颉刚撰《跋钱穆评〈五德终始下的政治和历史〉》作答。胡适见此情形，便“想做一篇文字来参加你们的讨论”,[①] 于同年（1931 年）作《论秦畤及〈周官〉书》一文。

胡适此文不长，主要分作两部分，第一部分论秦祠白帝三畤当无可疑。胡适从民俗学角度，以宗教发展演进过程对“造伪”说提出讨论，认为崔述以《淮南子·天文训》之少皞为后人窜入的意见是“作茧自缚”，其论断“全凭主观，毫无学者治学方法，不知颉刚何以会上他的大当”，并指出“廖季平的《今古学考》的态度还可算是平允，但康有为的《伪经考》便走上了偏激的成见一路”。[②] 胡适的这些意见显然是针对顾颉刚《五德终始下的政治和历史》一文,[③] 胡适以宗教演进替代“层累说”，明显是要打破后者单线造伪的解释模型。胡适的这一思路为后来的论者所继承，如被视为古史辨派“生力军”的杨宽提出了“神话演变分化说”，以民族系属与神话演进来解释上古史,[④] 虽然杨宽被誉为“集‘疑古’的古史学之大成的人”[⑤]，然而其“神话演变分化说”立足于神话的演进来解释上古史，实际上消解了“层累说”有关古史“造伪”的解释。对此，童书业有清楚的认识，童氏指出杨宽“以为夏以前的古史传说全出各民族的神话，是自然演变成的，不是有什么人在那里有意作伪”[⑥]。总之，对于“层累说”有关古史“造伪”生成模型的消解，杨宽的“神话演变分化说”与胡适的宗教演进说可谓异曲同工。

杨宽提出“神话演变分化说”同样受了古史二元论的影响,[⑦] 古史二元论在很大程度上是“神话演变分化说”的论说基础。当时不仅有古史二元论（以傅斯年的“夷夏东西说”为代表），还有古史多元论，典型如蒙文通的“古史三系说”、徐旭生的“古史三集团说”。吊诡的是，虽然古史多元论与古史辨派打破“民族出于一统”“地域向来一统”的思路与

① 胡适：《论秦畤及〈周官〉书》，《古史辨》第五册，上海古籍出版社 1982 年版，第 637 页。

② 胡适：《论秦畤及〈周官〉书》，《古史辨》第五册，第 637 页。

③ 胡适论述详参其《中国中古思想史长编》第六章，欧阳哲生编《胡适文集》第六册，北京大学出版社 1998 年版，第 556—582 页。

④ 参李长银《杨宽“神话演变分化说”述论》，《齐鲁学刊》2016 年第 6 期。

⑤ 《古史辨》第七册，童书业自序二，上海古籍出版社 1982 年版，第 2 页。

⑥ 《古史辨》第七册，童书业自序二，第 3 页。

⑦ 参李长银《杨宽“神话演变分化说”述论》，《齐鲁学刊》2016 年第 6 期。

目标相合，然而古史多元论为古史的演变提供了论说基础，基于此上的古史解释无疑会消解“层累说”的古史“造伪”生成模型。论述至此可见，胡适以不同民族的宗教融合演变反思“层累说”与古史多元论对“层累说”古史“造伪”模型的消解两者的理路无疑是相通的。在这一意义上，胡适的讨论可谓开了先河。

胡适《论秦畤及〈周官〉书》一文第二部分主要对《周官》一书的性质进行讨论，核心要点在于对刘歆遍伪群经说进行论辩。对于刘歆伪造群经之说，胡适已有判断，其认为廖平只是说“今经皆孔子所作，古经多学古者润色史册；今学出于春秋时，古学成于战国时，今学西汉皆立博士，古学西汉多行于民间”，而到了康有为、崔适，就说古文经是刘歆伪造了。① 胡适对于刘歆遍伪群经说起疑其实更早，尤其是受钱穆《刘向歆父子年谱》的影响。胡适在1930年10月28日的日记中认为钱穆的《刘向歆父子年谱》“为一大著作”“见解与体例都好”，而“殊不可晓”何以顾颉刚在见过钱穆《刘向歆父子年谱》后仍“墨守康有为、崔适之说”。② 胡适更是指出，包括《周官》在内的三部后来所谓的“古文经”在司马迁时都已出现，其后经过整理而各有兴废，其因了古文经本身的价值而得流传而并非为刘歆伪造。③

结　语

综上所述，胡适对顾颉刚的疑古辨伪活动由最初的激赏、认同，经怀疑而终反对，其理路大致是清晰的。“始于疑终于信”为许冠三对顾颉刚史学研究历程的总结，其是否贴切或可讨论，④ 不过这一评语确然为傅斯年早年作“疑古先锋”时所赞同。傅斯年谓学术之用“始于疑而终于信，不疑无以见信”，虽然傅氏此语表面上的重心似在“疑”，

① 胡适：《中国中古思想小史》，欧阳哲生编《胡适文集》第六册，北京大学出版社1998年版，第640页。

② 胡适日记内容见胡适著、曹伯言整理《胡适日记全编》第五册，安徽教育出版社2001年版，第834页。

③ 胡适：《中国中古思想小史》，《胡适文集》第六册，第641页。

④ 张京华便认为许冠三从“从疑古到考信”角度评价顾颉刚的治学经历遮掩了胡适作为古史辨派主要成员的事实，见张京华《古史辨派与中国现代学术走向》，厦门大学出版社2009年版，第416页。

然从傅氏后来对于疑古辨伪的态度来看，此语恰可表征傅氏对古史及古书认识的变化情形。当然，胡适对顾颉刚疑伪的态度转变与傅斯年也有关系，胡、傅二人对顾颉刚疑古辨伪态度转变的情形也基本相同，且胡适对古史研究本就有“缩短”“拉长”的二阶段论，缩短是订疑，拉长是考信，故以“从疑到信”来指称胡适对疑古辨伪运动的态度转变应该说是贴切的。

胡适在《系辞》《新语》《老子》《周官》等具体的古书成书问题上对疑古辨伪学者的意见提出讨论之外，更对疑古辨伪活动的方法论问题进行了深入的思考，如基于“观象制器”说的讨论指出有关论者混淆传说与历史的问题，基于《老子》成书问题的讨论指出相关讨论中滥用默证的做法及其局限，基于秦代宗教祭祀问题的讨论提出以宗教演进替代“层累造伪”的解释模型等。胡适对疑古辨伪活动有关古史与古书的解释模型进行了深入的省思，对古书辨伪方法的核心问题进行了全面而细致的反思。

纵观百年来的古书成书与古书体例研究，对古书疑伪运动的回应与古书辨伪活动相反相成，辩证地完成了对古书的第一次反思。在古书疑伪活动的刺激下，古书体例作为回应古书疑伪活动的核心议题被提出，进而将对古书的这次反思带向更深邃的层面。伴随着20世纪下半叶，尤其是20世纪70年代以后简帛古书大批问世，进一步了解古书形成及流传过程中的详细情形，这可以说是“对古书的新的、第二次的反思”，“必将对古代文化的再认识产生重要的影响；同时，也能对上一次反思的成果重新考察”。[①] 近年来，有关中国经典的研究正在经历一场范式转换：由基于真伪概念的“古书辨伪学”转向基于长时段动态成书观的“古书成书理论”。其间不仅有宏观的理论思考（如李零、郑良树以“古书年代学/时代学”替换“古书辨伪学”的反思，谢维扬有关建立“科学的古史史料学”概念的探讨以及廖名春对传统辨伪学理论的审视），更有坚实的个案研究（典型如李零的《孙子》成书研究、宁镇疆的《老子》及《孔子家语》研究）以及基于个案研究的具有方法论意义的思考（如李锐的“族本”概念及韩巍“古书形态学”的提法）。基于百年古书反思的学术史视

① 李学勤：《对古书的反思》，《当代学者自选文库：李学勤卷》，安徽教育出版社1998年版，第16页。

角，可见胡适及其相关研究所具有的开创性意义，其本身作为对古书的第一次反思的重要组成部分，对古书成书与古书体例研究有重要价值，对于今日的研究仍能提供参考和启示。

（赵争，南通大学马克思主义学院特聘教授；
俞达，湖南人文科技学院马克思主义学院讲师）

荆州学派和汉魏学术发展*

毕　云

摘　要：从王国维提出三国之际学术变迁之剧，到汤用彤、钱穆提出荆州《易》学与魏晋玄学的关系，再到唐长孺先生的相关研究问世，有关荆州学派的讨论基调从此明确，即一方面肯定荆州学人在学术上的具体成就，另一方面强调荆州学派在汉魏学术及思想演变中的作用。唐先生之后，学界对于荆州学派的讨论更为广泛，学者们从不同视角出发，为荆州学派研究添砖加瓦。本文从汉魏学术整体发展演变的角度出发，重新检视荆州学派的部分内容，并对相关问题提出一些新的思考。

关键词：荆州学派；刘表；汉魏；儒学；玄学

我们现在一般语境中的“儒学”无疑始于先秦，而传世文献中“儒学”之称则首见于汉代，如《史记·五宗世家》云：

河间献王德，以孝景帝前二年用皇子为河间王。好儒学，被服造次必于儒者。山东诸儒多从之游。①

汉代文献中所见“儒学”一般都是指儒家学术，但同样最早见于汉代的“儒术”就并不专指在儒家学术方面的成就，而是兼指以儒家思想

---

* 本文为江苏省双创博士项目“中国古代的隐逸文化研究”（1113000290）的阶段性成果，并获“中央高校基本科研业务费专项资金资助”（3213002018B2）。本文初稿曾于“2021 江苏省六朝史学术研讨会暨第八回六朝历史与考古青年学者交流会”宣读，蒙王靖楠、韩宾伟、张小稳等师友指正，谨致谢忱。

① 司马迁：《史记》卷五九《五宗世家》，中华书局1959年版，第3122页。又如《史记·老子列传》曰“世之学老子者则绌儒学，儒学亦绌老子”；《史记·儒林列传》云“赵绾、王臧之属明儒学”。《汉书》亦多语例。

为指导的经国之术[①]。如《史记·张耳陈余列传》云陈余“好儒术，数游赵苦陉”[②]，此处“儒术”与“儒学”意同；又如《史记·孝武本纪》云“会窦太后治黄老言，不好儒术”[③]，则同时指基于儒学的经国之术，因为窦太后之“不好儒术”的结果，是设法令“以文学为公卿”的儒学之士赵绾、王臧获罪自杀，“诸所兴为者皆废”[④]。

因此在汉代，“儒”的含义包括“学”“术”两方面。“学”基本上略同于经学的内容，也就是班固在《汉书·儒林传序》中所云“古之儒者，博学虖六艺之文”[⑤] 所指，而这在后来的晋代被广泛地以闭门读书、处居教授之类的方式进行；而“术”即以治国平天下的经世之术，有志于此的儒学之士，多数要先求仕进闻达，然后才有施展的机会，这也就是班固所谓“友教士大夫”“为卿相师傅”“为王者师”。在迁《史》班《书》之中，儒林传的标准可以概括为“以学显于当世”[⑥]，至于“隐而不见”的儒学之士，即使当时存在，也非主流，更无以入传。

儒家治国，由学入术。皮锡瑞《经学历史》即指出：“惟汉人知孔子维世立教之义，故谓孔子为汉定道，为汉制作。当时儒者尊信《六经》之学可以治世，孔子之道可为弘亮洪业、赞扬迪哲之用。朝廷议礼、议政，无不引经；公卿大夫士吏，无不通一艺以上。”[⑦] 因此古代儒学之士不仅承担着被王朝视为正统的儒家意识形态，还在汉代肩负着以儒术辅佐君王治国平天下的使命，而这项使命的履行，通常是通过向君王讲解、阐述经义而进行的。[⑧] 汉武帝设置五经博士、以儒家五经代黄老成为百家纷

---

① 东汉许慎《说文》释“儒”字作“柔也”“术士之称”；段玉裁注认为“儒行者，以其记有道德所行”，而“术士”是邑中“因以为道之称”；而许慎又释“邑”即“国也”，《礼记·儒行》也有“儒有合志同方，营道同术”之语，从这个角度理解，与“儒”相关的“术”，理解为经世济国之术是比较贴切的。

② 司马迁：《史记》卷八九《张耳陈余列传》，中华书局 1959 年版，第 2571 页。

③ 司马迁：《史记》卷十二《孝武本纪》，第 452 页。

④ 司马迁：《史记》卷十二《孝武本纪》，第 452 页。

⑤ 班固：《汉书》卷八八《儒林传》，中华书局 1962 年版，第 3589 页。另《论衡·超奇》有“能说一经者为儒生”之语。

⑥ 班固：《汉书》卷八八《儒林传》，第 3591 页。

⑦ 皮锡瑞著，周予同注释：《经学历史》，中华书局 1959 年版，第 26 页。

⑧ 按据阎步克的讨论，汉代儒生参与政治，除了要承担传经、议礼的文化任务，还要真正承担起政治任务以至于吏治事务，并使得“儒术”得到“法治”的充分洗礼后，才算标志着士大夫政治演生过程的初步完成。参见阎步克《士大夫政治演生史稿》，北京大学出版社 2015 年版，第 422 页。

纭之说中的主流，汉成帝“罢黜百家，独尊儒术”[①]，以及石渠、白虎之事，都不仅与经义的讨论有关，更关乎此后的政治方向。汉武帝之尊儒更化，更使得汉王朝能继依凭关中武力夺有天下之后，靠关东文化巩固帝业，避开亡秦覆辙，确保汉祚的久长[②]。

因此，经学是汉代政治文化的重要组成部分和理论源泉，且与汉代的政治命运息息相关，所以前人才会有“经学盛于汉，汉亡而经学衰”[③] 的说法。对于儒学之士而言，所治之学不同，能够在其学说理论体系基础上阐发出来“术”即治理方法与施政纲要就不同。汉代的今古文之争，在某种程度也与此有关。

在儒家经典当中，以《春秋》与治术关联最密，因此对于施政来说也最为重要。陈苏镇即指出，汉代普遍接受一种观点，即经孔子修改过的《春秋》从一般的史书变成了儒家的经典，字句中透露着孔子对于“邪说暴行”的批判，也隐含着为后世天子指定的拨乱反正之法，因此《春秋》在汉代儒家经典中拥有特殊地位[④]。汉元帝及王莽执政时期的几次改制都以失败告终[⑤]。东汉基本上对此前的改制运动持否定态度，在学术上尊崇谶纬和《公羊》学。在谶纬活力的辅助之下，《公羊》家“以德化民”说在政治文化上的主导地位终于得到了确立。当这种教化在东汉后期由于豪族社会、外戚宦官专权等问题遇到信任危机时，以《左氏》《周礼》为核心的古文经学政治理论在不否定《公羊》学基本主张的基础上，为《公羊》家提供了“新王朝在制礼作乐前如何用先王礼乐教化人民的具体方法”，丰富和强化了他们原本最薄弱的环节，使得《公羊》家的“以德化民”说成为东汉政治文化的“最后胜利者”[⑥]。

虽然《公羊》家的教化之说勉强安度了因豪族当道与宦戚专权所造

---

① 有关汉武帝、汉成帝在儒学发展中扮演的角色，请参考王葆玹《西汉经学源流》，东大图书公司 1994 年版，第 457—460 页。

② 陈苏镇：《〈春秋〉与“汉道”：两汉政治与政治文化研究》，中华书局 2011 年版，第 615—616 页。

③ 皮锡瑞：《经学历史》，中华书局 1959 年版，第 141 页。皮锡瑞还认为“两汉经学极盛，而前汉末出一刘歆，后汉末生一王肃，为经学之大蠹”。见同书第 159 页。但刘歆、王肃对经学的所作所为都是因应汉祚衰微的局势而发，实际上无可厚非。

④ 陈苏镇：《〈春秋〉与“汉道”：两汉政治与政治文化研究》，第 3 页。

⑤ 陈苏镇：《〈春秋〉与“汉道”：两汉政治与政治文化研究》，第 616 页。

⑥ 陈苏镇：《〈春秋〉与“汉道”：两汉政治与政治文化研究》，第 616—617 页。

成的社会疑弃，使得《春秋》学得以代表儒家学说辅导汉政，使“《春秋》为汉制法”成为现实，但这一切毕竟还是以汉室的安稳为基础，这是《春秋》学将儒学理论和汉祚捆绑的必然结果。当黄巾乱起、汉室飘摇的时刻到来，这种教化之说就缺乏生存的土壤。儒学至此也必须有新的发展。

一 汉末的“荆州学派”

东汉家学兴盛，学业散在家门，教授多由乡里，因此东汉洛阳的太学并未像西汉长安太学那样扮演着学术中心的角色。但刘表统治下的荆州，却因时势造化会聚了一大批学士，一度成为当时的学术中心。唐长孺对荆州学派的研究[①]以《五经章句后定》的内容和流传为重点，兼涉以宋忠为首的荆州学派人物。根据唐长孺先生的研究，荆州学派在学术发展史上最重要的作用，就是对五经章句的改定。本文则较为侧重于荆州学派出现的现实原因，以及荆州学派在东汉末年到魏晋玄学兴起之前的这一段时间的学术发展中所起到的衔接作用。

据《后汉书》卷四九《仲长统列传》：

> 昔春秋之时，周氏之乱世也。逮乎战国，则又甚矣。秦政乘并兼之执，放虎狼之心，屠裂天下，吞食生人，暴虐不已，以招楚汉用兵之苦，甚于战国之时也。汉二百年而遭王莽之乱，计其残夷灭亡之数，又复倍乎秦、项矣。以及今日，名都空而不居，百里绝而无民者，不可胜数。此则又甚于亡新之时也。[②]

这一段史料经常被引用来描述东汉末年因战乱而造成的生产停顿、城市破坏、田野荒芜。与之形成鲜明对比的是，在刘表统治下的荆州因暂时得免于战火而呈现安宁富足的局面。但是荆州的安定并不是天然拥有的，当中离不开刘表的镇定之功。据《后汉书·刘表传》，刘表于初平元年

---

① 唐长孺：《汉末学术中心的南移与荆州学派》，《山居存稿续编》，中华书局 2011 年版，第 157—170 页。

② 范晔：《后汉书》，中华书局 1965 年版，第 1649 页。

(190) 因原荆州刺史王叡为孙坚所害而继领荆州，到建安三年 (198) 平荆南诸郡，“开土遂广，南接五领，北据汉川，地方数千里，带甲十余万”；此后针对“荆州人情好扰，加四方骇震，寇贼相扇，处处麋沸”的情况，“招诱有方，威怀兼洽，其奸猾宿贼更为效用，万里肃清，大小咸悦而服之”，于是“关西、兖、豫学士归者盖有千数”①。刘表的治理有方，是荆州安宁的重要原因，也是荆州学派兴起的现实基础。

刘表本人的出身背景也决定了他对于来归学士的欢迎态度。刘表出身山阳高平，《三国志·魏书·刘表传》裴松之注引谢承《后汉书》曰：

> 表受学于同郡王畅。畅为南阳太守，行过乎俭。表时年十七，进谏曰：“奢不僭上，俭不逼下，盖中庸之道，是故蘧伯玉耻独为君子。府君若不师孔圣之明训，而慕夷齐之末操，无乃皎然自遗于世！”畅答曰：“以约失之者鲜矣。且以矫俗也。”②

刘表劝言中对“中庸之道”的推崇，对“师孔圣之明训”的强调，都昭示着其本身儒学之士的身份。又，同传云刘表“少知名，号八俊”，张璠《汉纪》认为是指刘表与同郡张隐、薛郁、王访、宣靖、公绪恭、刘祇、田林友善，时谓“八顾”；《汉末名士录》认为这是指刘表与汝南陈翔、范滂、鲁国孔昱、勃海苑康、山阳檀敷、张俭、南阳岑晊相交为“八友”③；《后汉书·刘表传》云：

> (刘表) 与同郡张俭等俱被讪议，号为“八顾”。诏书捕案党人，表亡走得免。④

按“八俊”“八顾”“八友”之间可能存在对等关系，也可能是并存的几组关系；但不论事实如何，刘表无疑是喜爱结交学士文人的，这也是

① 范晔：《后汉书》卷七四下《刘表传》，中华书局1965年版，第2421页。

② 陈寿：《三国志》卷六《魏书·刘表传》注引谢承《后汉书》，中华书局1982年版，第210页。

③ 张璠《汉纪》和《汉末名士录》俱见引于《三国志》卷六《魏书·刘表传》注，第210页。

④ 范晔：《后汉书》卷七四下《刘表传》，第2419页。

他领有荆州时愿意积极收容接纳儒学之士的背景之一。但刘表统领一方，对学士的态度似乎属于关照庇护，而非为招揽人才。《三国志·魏书·刘表传》评语把刘表和袁绍并论：

> 袁绍、刘表，咸有威容、器观，知名当世。表跨蹈汉南，绍鹰扬河朔，然皆外宽内忌，好谋无决，有才而不能用，闻善而不能纳，废嫡立庶，舍礼崇爱，至于后嗣颠蹙，社稷倾覆，非不幸也。①

这里所谓刘表"有才而不能用"，大体指刘表出于种种顾虑而没有在政治上起用避乱荆州的士人。又同书《王粲传》记载，王粲早年不愿出仕西京，"乃之荆州依刘表"，这一方面可能是因为二人的同乡关系，另一方面也因刘表曾受学于王粲的祖父王畅；然而刘表"以粲貌寝而体弱通侻，不甚重也"②；刘表死后，王粲逮住机会，劝刘琮降曹，因获辟为丞相掾、赐爵关内侯，更在曹操面前指摘刘表说：

> 方今袁绍起河北，仗大众，志兼天下，然好贤而不能用，故奇士去之。刘表雍容荆楚，坐观时变，自以为西伯可规。士之避乱荆州者，皆海内之儁杰也；表不知所任，故国危而无辅。③

王粲的心态可能在当时较为普遍，一方面不愿意置身形势不明的权力旋涡的中心，欲去往相对安宁的地方发展；另一方面又并不甘于平凡，渴望有机会发挥所学；加上自命与刘表颇有渊源，认为应当得到重用，故在理想与现实的落差之下，滋生怨念——虽然刘表死后荆州不保，但主要原因还是荆州与曹操阵营的实力差距，或可理解为刘表不重视军事、吏治；向使刘表重用王粲等人，依然是宣儒重礼，似乎也不太可能改变结局。

刘表对归附士人虽然不加重用，但总体上还是持欢迎态度，并"安

① 陈寿：《三国志》卷六《魏书·刘表传》，中华书局 1982 年版，第 216—217 页。

② 又《三国志》卷二八《魏书·钟会传》附王弼事迹，注引《博物记》云刘表原欲以女妻王粲，但"嫌其形陋而用率"，因此改妻"有风貌"的王粲之兄王凯（第 796 页）。按王凯生王业，王业生王宏、王弼，因此刘表其实是王弼的外曾祖父。

③ 陈寿：《三国志》卷二一《魏书·王粲传》，第 598 页。

慰赈赡，皆得资全”[①]。由此，数以千计的学士得以聚居荆州，发挥专长，开展学术文化事业，刘表也参与其中。《后汉书·刘表传》云：

(刘表)遂起立学校，博求儒术，綦(母)[毋]闿、宋忠等撰立五经章句，谓之后定。爱民养士，从容自保。[②]

唐长孺先生认为，荆州代替洛阳成为全国的学术中心，主要表现在两方面。首先是刘表在襄阳建立学校，设置学官，他说“汉代诸州不置学校，郡国虽置学，大多是虚名，一州设置学校是前所未有的，其规模虽然远不如洛阳太学，制度却模拟太学”，且“荆州学校的规模和制度渊源逸出郡国学的范畴，不妨说是洛阳太学的南迁”[③]。而另一表现就是《五经章句后定》的撰立。

《后汉书》《三国志》等史料都言綦毋闿[④]、宋忠是撰立《五经章句后定》的带头人物。又据《全后汉文》卷九一引王粲《荆州文学记官志》云：

有汉荆州牧曰刘君，稽古若时，将绍厥绩，乃称曰：於先王之为世也，则象天地，轨仪宪极，设教导化，叙经志业，用建雍泮焉，立师保焉。作为礼乐，以作其性；表陈载籍，以持其志。上知所以临下，下知所以事上，官不失守，民听无悖，然后太阶平焉。夫文学也者，人伦之守，大教之本也。乃命五业从事宋衷(所)[新]作文学，延朋徒焉，宣德音以赞之，降嘉礼以劝之，五载之间，道化大行，耆德故老綦(母阖)[毋闿]等负书荷器，自远而至者三百有馀人。于是童幼猛进，武人革面，总角佩觿，委介免胄，比肩继踵，川

① 范晔：《后汉书》卷七四下《刘表传》，中华书局1965年版，第2421页。

② 范晔：《后汉书》卷七四下《刘表传》，第2421页。

③ 唐长孺：《汉末学术中心的南移与荆州学派》，《山居存稿续编》，中华书局2011年版，第159页。

④ 按中华书局点校本《后汉书》作“綦母”，别处作“綦毋”，如《三国志》卷六《魏书·刘表传》注引《英雄记》曰：“州界群寇既尽，表乃开立学官，博求儒士，使綦毋闿、宋忠等撰五经章句，谓之后定。”(陈寿：《三国志》，中华书局1982年版，第211页)《元和姓纂》但有“綦毋”，而无綦毋闿事迹，见(唐)林宝撰《元和姓纂(附四校记)》卷二，中华书局1994年版，第122—123页。

> 逝泉涌……遂训六经，讲礼物，谐八音，协律吕，修纪历，理刑法，六路咸秩，百氏备矣。夫《易》惟谈天，入神致用……《书》实纪言……《诗》主言志……《礼》以立体据事，章条纤曲……《春秋》辨理，一字见义。①

由此可知，《五经章句后定》的实际主持者很可能就是宋忠，而綦毋闿只是其中一位“负书荷器”来襄助盛举的“耆德故老”；此外，按照王粲的描述，《五经章句后定》很可能是按照《易》《书》《诗》《礼》《春秋》的顺序，这也是《汉书·儒林传》以来的五经次序。唐长孺先生根据王粲评述五经要旨的文字推断，《五经章句后定》中，《周易》所据为古文《费氏易》，《诗》用古文《毛传》，《春秋》用今文《公羊传》②。

按“五业从事”非汉制常设官，一般认为是刘表在荆州创设的学官，总管五经的研习讲授；但《经典释文》序录云宋衷（忠）“字仲子，南阳章陵人，后汉荆州五等从事”③，则含义不同。后世目录显示刘表本人也参与了五经章句的撰立，当然也有可能只是作为主编或通讯作者署名，如《经典释文》序录中有刘表《周易章句》五卷，宋衷（忠）《周易注》九卷；《隋书·经籍志》亦录刘表《周易章句》五卷，另记宋忠《周易注》十卷，至萧梁仍传④。《隋书·经籍志》另存刘表《新定礼》一卷⑤，唐长孺先生认为这应当是《五经章句后定》中《仪礼章句》的残本⑥。

关于《五经章句后定》的学术特点，据《全三国文》卷五六收录一方叙述刘表业绩的《刘镇南碑》云：

> （刘表）武功既亢，广开雍泮，设俎豆，陈垒彝，亲行乡射，跻

① 按以其文辞观之，王粲作此文时依旧托庇于刘表，唐长孺先生甚至认为此文之作可能完全出于刘表的直接授意，见唐长孺《汉末学术中心的南移与荆州学派》，《山居存稿续编》，中华书局2011年版，第161页注二。另《艺文类聚》卷三八《礼部上·学校》同样引王粲《荆州文学记官志》，文字稍有出入，见欧阳询《艺文类聚》，上海古籍出版社1982年版，第693页。

② 唐长孺：《汉末学术中心的南移与荆州学派》，《山居存稿续编》，中华书局2011年版，第161页。

③ 陆德明撰，黄焯汇校：《经典释文汇校》，中华书局2006年版，第9页。

④ 魏徵等：《隋书》卷三二《经籍志》，中华书局1973年版，第909页。

⑤ 魏徵等：《隋书》卷三二《经籍志》，第920页。

⑥ 唐长孺：《汉末学术中心的南移与荆州学派》，《山居存稿续编》，第160页。

彼公堂，笃志好学，吏子弟受禄之徒，盖以千计。洪生巨儒，朝夕讲诲，誾誾如也。虽洙泗之间，学者所集，方之蔑如也。深愍末学远本离质，乃令诸儒改定五经章句，删划浮辞，芟除烦重，赞之者用力少，而探微知机者多。又求遗书，写还新者，留其故本，于是古典坟集，充满州闾。

这里所谓的“删划浮辞，芟除烦重”，指的是以古文经学“兼”“通”的精神为指导①，针对今文经学烦琐的章句加以删定，降低“通经”的门槛，加快知识的传承和普及。而根据唐长孺先生的看法，之所以要制定一套这样的经学版本，直接目的是立于荆州学官，用作指定教材②；而《五经章句后定》是“第一次集体写作的综合性《五经》教本，也是古文经学第一次列于学官”③。此外，如引文所示，刘表在设置学校、开列学官、改定五经章句以外，还有一项重要的文化事业就是搜集书籍，所谓“古典坟集，充满州闾”，很可能成为后来魏晋官方藏书的一个重要来源④。

随着刘表去世、刘琮降曹，荆州政权灭亡，学官大概率随之废止，《五经章句后定》也不再作为教材行用。但唐长孺认为“荆州之成为全国学术中心更重要的是对其他地区和今后产生的影响”，例如益州古文经学

① 关于古文经学的“兼”“通”学风，参见逯耀东《汉晋间对经书解释的转变》，《魏晋史学及其他》，台北：东大图书公司2014年版，第21—34页。作者认为，东汉古文经学发展中所形成的通儒之学，一方面致力于“使经传资料完备而系统化”，另一方面则追求以“通理明究”的方面重现古文经义；魏晋的经书解释即“承继通儒之学的基础而发展成的”；然而，郑玄已经集古今大成，对经传作出总结性的成果，因此通儒之学第一方面的追求在魏晋之前就已基本实现了，留待魏晋学者努力的，只有第二方面；所以魏晋经学极大地发扬了东汉就已经出现的论辩模式，并引以为这一时期经传注解的特色；而魏晋名士的清谈，也与这种基于经学的论辩大有关联，因此清谈从这一点看来，其最终目的亦如东汉通儒，在求通理，在于“理的究明，以促起在精神文化体系中自觉意识的觉醒”。

② 唐长孺：《汉末学术中心的南移与荆州学派》，《山居存稿续编》，中华书局2011年版，第160页。作者还认为这是古文《易》立于学官之始，是魏晋之世王肃、王弼、郑玄在费氏《易》学基础上注《易》、立于学官的开端。

③ 唐长孺：《汉末学术中心的南移与荆州学派》，《山居存稿续编》，第169页。

④ 荀勖在西晋初年整理国家图书的目录学成果《中经新簿》，亦称《晋中经簿》。据南朝阮孝绪《古今书最》载，该书共著录图书一千八百余部，两万九千余卷；除著录书名、卷数和撰者，还首创有关前代图书存亡的记录，以便后世据考真伪。值得注意的是，一般认为荀勖编定《中经新簿》的时间是在西晋平吴之前，因此当中很可能并没有包含孙吴的藏书；但刘表在荆州搜罗的典籍，理应网罗其中。

就是由荆州传入的，其中的关键人物，还是宋忠；此外，据唐长孺先生考证，长江下游的吴会地区、北方的邺下、洛京也都传播宋忠的著作，而宋忠著作中最有影响的当为《太玄经注》①。

虽然唐长孺先生给刘表羽翼庇护下的儒学之士冠以“荆州学派”之称，但总体而言这个称谓主要指其所属地域，而非独特的学术主张。他们在学问上的主张，如《五经章句后定》所表现的对古文经学的发扬和针对今文经学烦琐章句的“删划浮辞，芟除烦重”，其实都是东汉末年的整体学术趋势。如前所述，以《公羊》学为代表的今文经学历经西汉、新莽、东汉三朝诸多波折，最终算是取得了胜利，但这一胜利也将今文经学所包含的一切治世理论的可信性与汉王朝的命运绑定在一起。因此，到东汉末年乱起，汉室衰亡在即，今文经学也就随之见疑，不复有以往的魅力。即使古文经学原本以“礼”为核心的政治理论与《公羊》家的基本主张并不冲突，而与今文经学在竞争对立之于尚有合作互通，但到汉末也趁势对今文经学彻底扬弃了。

此外，与《春秋》三传在汉代的兴衰不同，刘表对学士文人的接纳和此后的兴学举措，纯粹是学术目的，并不渴求儒学在实政上的指导作用。这首先是因为当时群雄逐鹿，刘表虽然“地方数千里，带甲十余万”，但也只是“跨蹈汉南”的一方之主，远未有天下可以治。其次，整体而言，此时各方领主所赖的，都以效果切实、立竿见影的刑名法术而主。再者，刘表“虽外貌儒雅，而心多疑忌”，“有才而不能用，闻善而不能纳”，只用心腹，原本也没有打算在政治上依靠自己“安慰赈赡”的逾千“关西、兖、豫学士”。最后，《春秋》三传在汉代以经世致治为号，但其曲折建立起来的尊望最终随着汉室的飘摇的消解，这在一定程度上促使着身处汉末的学者转向一些更为宏大而不那么贴近现实的学术追求；或者可以说，动荡分裂的社会现实迫使儒学之士不得不设法回避汉儒所讲的那一套东西，因为各家之说虽有异同，但都是以大一统的治世为基础的，这在乱世根本无从讲起。

总之，所谓“荆州学派”，在历史上所起的作用仅限于学术范畴以

① 有关论述详见唐长孺《汉末学术中心的南移与荆州学派》，《山居存稿续编》，中华书局2011年版，第162—168页。《三国志》卷五七《吴书·虞翻传》注引《虞翻别传》中有关于虞翻奏议马融、郑玄、荀爽、宋忠等人注《易》高下的故事（陈寿：《三国志》，中华书局1982年版，第1322—1323页）。

内。在曹操的控制范围之内，反复申令，强调唯才是举，不但否定了儒家所强调的德行在人才选用标准中的地位，而且曹操所召求的“才”，也不是指儒学价值观中的德行修养或经学成就，而是刑名文法之类相对“实用”的才能。以曹操所倚重的荀彧为例，荀彧虽出身儒学世家，本身也崇明儒道，常“从容与太祖论治道”[①]，但同时也具备谋略治能，因此在曹操心目中，荀彧不是装点朝堂的儒宗，而是能辅弼霸业的王佐之才，所以才有“吾之子房也”[②] 的欢叹。而对于没有刑名之类乱世实学的纯粹儒士，曹氏父子甚至还有打压[③]。

二　曹魏时的儒学

汉末曹魏时期的北方儒学人物，大致以蔡邕、钟繇、马融、郑玄、孔融、王朗等最为知名。但曹魏征服过程中对荆州学派吸纳的成果，影响亦颇深远。根据前述唐长孺先生的论述，荆州学派最重要的成果《五经章句后定》，在刘表政权灭亡之后很可能就不复行用了；但组成荆州学派的人物，除一部分附从刘备外，都随曹操北迁。比如前文述及的王粲，出身山阳高平，论辈乃王弼的叔祖[④]。王粲的曾祖父王龚、祖父王畅事汉至三公，“有高名于天下”。归附曹操之后，王粲颇得志，《三国志·魏书·王粲传》云：

> 魏国既建，拜侍中。博物多识，问无不对。时旧仪废弛，兴造制

① 陈寿：《三国志》卷一〇《魏书·荀彧传》注引《荀彧别传》，中华书局1982年版，第317页。

② 陈寿：《三国志》卷一〇《魏书·荀彧传》注引《荀彧别传》，第308页。

③ 逯耀东认为，曹操不论政治立场或社会成分都和当时清流之士对立，正因为曹操“深深了解这些名士对当时的政治与社会所发生的作用与影响”，所以“打击大族与抑制名士的交游和清议，便成为曹氏政权祖孙三代一贯执行的政策”。曹操在建安十五年春、十九年冬、二十二年秋颁布的“魏武三令”，一再强调唯才是举的用人政策，“彻底否定了两汉才德并举的选举标准。同时也摧毁了两汉士人在儒家道德规范熏陶下，所铸造的理想人格”，因此“魏武三令并不是乱世求才的权宜之计，而是曹操透过用人制度，打击大族与名士的政策”。详见逯耀东《〈世说新语〉与魏晋史学》，《魏晋史学的思想与社会基础》，中华书局2006年版，第122—136页。

④ 王粲中年而亡，二子坐事被诛，嗣绝，后以兄子王业继之，即王弼之父。因此王粲也是王弼的继祖父。

度，粲恒典之。[①]

又如前所述，宋忠凭《太玄经注》等著作，一度具有极大的影响力。荆州降曹后，宋忠北迁，王肃也曾“从宋忠读《太玄》而更为之解”[②]。而据《南齐书·陆澄传》，东晋孝武帝太元年间所立的王肃《周易传》“当在（郑）玄、（王）弼之间”[③]，可能也是因为王肃分别受其父王朗和宋忠的影响，才会在传承马融、郑玄之学的同时，另有可供王弼所祖述的思想。

王粲、宋忠等人的北迁，为中原学术圈带去了荆州学派的新血，从而使“学术中心转移道邺下、洛阳”“形成与汉代截然不同的新学风”[④]。诚然，即使没有荆州学派，曹魏的学术人物亦属繁多。颍川荀氏就是曹魏儒学世族中的典型。又如袁亮、凉茂、国渊、陈寔父子、王烈，再如王朗、肃父子，杜预、刘劭[⑤]，以及鱼豢在《魏略》中以为“儒宗”的董遇、贾洪、邯郸淳、薛夏、隗禧、苏林、乐详七人[⑥]，事迹纷纭，不胜枚

① 陈寿：《三国志》卷二一《魏书·王粲传》，中华书局1982年版，第598页。

② 陈寿：《三国志》卷一三《魏书·王朗传附子肃传》，第414页。

③ 萧子显：《南齐书》卷三九《陆澄传》，中华书局1972年版，第684页。

④ 唐长孺：《汉末学术中心的南移与荆州学派》，《山居存稿续编》，中华书局2011年版，第170页。

⑤ 在这些儒学之士中，刘劭较为特殊，因其在“敦崇教化”“该览学籍，文质周洽”之外，又上承汉代人物品议之风，糅合儒道名法，提出一套人伦识鉴的理论，写出“敢依圣训，志序人物”的《人物志》。据《三国志》卷二十一《魏书·刘劭传》，夏侯惠“数听其清谈，览其笃论，渐渍历年，服膺弥久，实为朝廷奇其器量”，因此刘劭《人物志》实居于汉代清议与魏晋清谈之间的转折点，也被视作玄学的前奏。相关讨论参见汤用彤《读〈人物志〉》，《魏晋玄学论稿》（增订本），生活·读书·新知三联书店2009年版，第3—24页；李建中、高华平《玄学与魏晋社会》，河北人民出版社2003年版，第25—35页。

⑥ 《三国志》卷一三《魏书·王朗传附子肃传》注引鱼豢《魏略》，第420页。《魏略》言及曹丕兴复儒学的种种举措，如“补旧石碑（案指汉灵帝时所刊刻之熹平石经）之缺坏”“备博士之员录，依汉甲乙以考课”等，并集中叙述了太学的情形：魏文帝时“太学始开，有弟子数百人”；至魏明帝时，“中外多事，人怀避就”，有很多人以谒太学为“避役”的法门，因此太学人数增至数千人，然而博士“率皆麄疎（粗疏），无以教弟子”，避役的太学生又“无能习学”，加之“不念统其大义，而问字指墨法点注之间”，晋升困难，因此官学规模虽然扩大，但质量却没有提高，所谓“志学之士，遂复陵迟，而末求浮虚者各竞逐也”；齐王芳正始年间，“诏议圜丘，普延学士”，郎官及司徒领吏在京师者万人，而“应书与议者”万中无几，又“朝堂公卿以下四百余人，其能操笔者未有十人，多皆相从饱食而退”，所以要用“学业沉陨”（按，此时“学业沉陨”应是社会上的普遍现象，当与玄学之兴无关，正始时期的玄学人物其实都是饱学之士）来形容。在这一背景下，鱼豢奉董遇等七人为“儒宗”，就是因为他们“处荒乱之际，而能守志弥敦”。

举。从本文的角度而言，对于曹魏时期儒学发展，官方的学术态度和相关的制度设置更为关键，也更能体现学术地位①。

前文论及曹操在霸业草创时对儒学之士颇有压制，这只是针对所谓名士的交游议论等行为；对于基础教育，曹操还是提倡的。魏明帝时，高柔曾上疏议劝学，就曾言及曹操兴学之举：

> 昔汉末陵迟，礼乐崩坏，雄战虎争，以战陈为务，遂使儒林之群，幽隐而不显。太祖初兴，愍其如此，在于拨乱之际，并使郡县立教学之官。②

此处的“使郡县立教学之官”所指应当是建安八年秋七月曹操所发政令：

> 丧乱已来，十有五年，后生者不见仁义礼让之风，吾甚伤之。其令郡国各修文学，县满五百户置校官，选其乡之俊造而教学之，庶几先王之道不废，而有以益于天下。③

其时袁氏未平，刘表仍镇荆州，对于曹操而言确实是“拨乱之际”。曹魏建立以后，一方面为装点朝堂以示安定，另一方面也确实有一批儒学之士可为治安致定谋划出力④，因此更有一些崇明儒学的政策。前引高柔上疏中也提及曹丕时的兴学举措：

> 高祖即位，遂阐其业，兴复辟雍，州立课试，于是天下之士，复闻庠序之教，亲俎豆之礼焉。

---

① 制度上重视，地位必不低；但反之未必然，如晋代不似汉魏每每于制度层面强调儒学，但并不表示原本的相关制度设置统统不复存在，也并不意味着儒学对于晋代国家机器的运作毫不重要。

② 陈寿：《三国志》卷二四《魏书·高柔传》，中华书局1982年版，第685页。

③ 陈寿：《三国志》卷一《魏书·武帝纪》，第24页。

④ 陈寿：《三国志》卷二一《魏书·卫觊传》云卫觊于曹魏建立后“与王粲并典制度”，即属此例（第611页）。

高柔所言较为笼统。具体而言，曹丕的兴学举措，首先表现为恢复孝廉试经。据《三国志·魏书·华歆传》，曹丕践祚以后，三府曾议“举孝廉，本以德行，不复限以试经”，但华歆认为：

> 丧乱以来，六籍堕废，当务存立，以崇王道。夫制法者，所以经盛衰。今听孝廉不以经试，恐学业遂从此而废。若有秀异，可特征用。①

曹丕从其言，或即恢复孝廉试经的传统做法。而华歆所议中“若有秀异，可特征用”一项，也算是留下了一些变通的余地。太学也是曹丕时所立，同样注重试经，据《三国志·魏书·文帝纪》：

> （黄初五年）夏四月，立太学，制五经课试之法，置《春秋谷梁》博士。②

曹丕还令朝中儒臣进行儒学著作的汇总纂集工作，《三国志·魏书·文帝纪》注引《魏书》曰：

> 帝初在东宫，疫疠大起，时人雕伤，帝深感叹，与素所敬者大理王朗书曰：“生有七尺之形，死唯一棺之土，唯立德扬名，可以不朽，其次莫如著篇籍。疫疠数起，士人雕落，余独何人，能全其寿？”故论撰所著《典论》、诗赋，盖百余篇，集诸儒于肃城门内，讲论大义，侃侃无倦。③

又云曹丕“好文学，以著述为务，自所勒成垂百篇。又使诸儒撰集经传，随类相从，千余篇，号曰《皇览》”。王象、桓范、刘劭、韦诞等

---

① 陈寿：《三国志》卷一三《魏书·华歆传》，中华书局1982年版，第403页。

② 陈寿：《三国志》卷二《魏书·文帝纪》，第84页。

③ 《三国志》卷二《魏书·文帝纪》，第88页。曹丕甚至还把所著《典论》、诗赋抄送孙权，见同卷注引胡冲《吴历》（第89页）。

人皆与其事，撰集经传，数年方成。①

其次则表现在郡国选举。据《三国志·魏书·文帝纪》，黄初二年（221）初即“令郡国口满十万者，岁察孝廉一人；其有秀异，无拘户口”；又诏令鲁郡修葺孔庙，“置百户吏卒以守卫之，又于其外广为室屋以居学者”②。后来黄初三年春正月又诏曰：

> 今之计、孝，古之贡士也；十室之邑，必有忠信，若限年然后取士，是吕尚、周晋不显于前世也。其令郡国所选，勿拘老幼；儒通经术，吏达文法，到皆试用。有司纠故不以实者。③

我们知道，陈群立九品官人之法，是在汉魏嬗代之前，据《三国志·魏书·陈群传》：

> 及（丕）及王位，封群昌武亭侯，徙为尚书。制九品官人之法，群所建也。④

又《通典》卷十四《选举二》：

> 魏文帝为魏王时，三方鼎立，士流播迁，四方错杂，详核无所。延康元年（220），吏部尚书陈群以天朝选用不尽人才，乃立九品官人之法，州郡皆置中正，以定其选，择州郡之贤有识鉴者为之，区别人物，第其高下。又制：郡口十万以上，岁察一人，其有秀异，不拘户口。其武官之选，俾护军主之。黄初三年，始除旧汉限年之制，令

① 《三国志》卷二三《魏书·杨俊传》裴注引《魏略》：“王象字羲伯……魏有天下，拜象散骑侍郎，迁为常侍，封列侯。受诏撰《皇览》，使象领秘书监。象从延康元年（220）始撰集，数岁成，藏于秘府，合四十余部，部有数十篇，通合八百余万字。”又《三国志》卷九《魏书·曹爽传》裴注引《魏略》：“桓范字符则，世为冠族……以有文学，与王象等典集《皇览》。”又《三国志》卷二一《魏书·刘劭传》：“黄初中，为尚书郎、散骑侍郎。受诏集五经群书，以类相从，作《皇览》。”又《太平御览》卷六百一《文部十七·著书上》引唐人丘悦《三国典略》（案指西魏北周、东魏北齐以及南朝梁陈三方之间的编年史）：“齐主如晋阳。尚书右仆射祖珽等上言：‘昔魏文帝命韦诞诸人撰着《皇览》，包括群言，区分义别。’”

② 陈寿：《三国志》卷二《魏书·文帝纪》，中华书局 1982 年版，第 77—78 页。

③ 陈寿：《三国志》卷二《魏书·文帝纪》，第 79 页。

④ 陈寿：《三国志》卷二二《魏书·陈群传》，第 635 页。

郡国贡举，勿拘老幼，儒通经术，吏达文法，到皆试用。①

陈群立九品官人法和中正制度，最初是针对人口流动与地缘性的郡国户口限额选举之间的问题，但实际缩窄了单纯以儒学修为仕进的道路；而黄初三年诏文规定郡国选举“儒通经术，吏达文法，到皆试用”，则是为儒学之士稍开方便之门，让愿意效力于各级政府的儒学之士不受年龄拘限。

值得一提的是，相比于对儒学的态度，曹丕对后来备受玄学名士尊崇的老子却并无优待，《全三国文》卷六据《续高僧传》卷二三《释僧勔传》录曹丕《敕豫州禁吏民往老子亭祷祝》文②曰：

告豫州刺史：老聃贤人，未宜先孔子，不知鲁郡为孔子立庙成未？汉桓帝不师圣法，正以嬖臣而事老子，欲以求福，良足笑也。此祠之兴由桓帝。武皇帝以老子贤人，不毁其屋。朕亦以此亭当路，行来者辄往瞻视，而楼屋倾颓，当能压人，故令修整。昨过视之，殊整顿，恐小人谓此为神，妄往祷祝，违犯常禁。宜宣告吏民，咸使知闻。

敕文不但明言老子当居孔子之下，且语及汉桓故事，说祭祀老子是“不师圣法”“良足笑也”。这意味着，曹丕不仅在政策导向方面通过恢复试经、放宽儒学之士参与选举限制的方式鼓励儒学，也在文化导向方面崇儒抑道，务求“宣告吏民，咸使知闻”。

魏明帝曹叡即位，政策上也有不少崇儒举措，儒学在选举中所占地位的进一步提升③。另据前文述及高柔劝学疏中提到：

然今博士皆经明行修，一国清选，而使迁除限不过长，惧非所以

① 杜佑：《通典》卷十四《选举二》，中华书局1988年版，第326—327页。

② 案后世周武帝毁佛，即曾著论引此敕文，而文末标年月为黄初三年十月十五日，即与上述兴儒举措大体同时，能体现曹丕在同一时期对儒道的不同态度。

③ 《三国志》卷三《魏书·明帝纪》载太和二年（228）六月诏曰：“尊儒贵学，王教之本也。自顷儒官或非其人，将何以宣明圣道？其高选博士，才任侍中、常侍者。申敕郡国，贡士以经学为先。”（中华书局1982年版，第94页）。

崇显儒术，帅励怠惰也。孔子称“举善而教不能则劝”，故楚礼申公，学士锐精，汉隆卓茂，搢绅竞慕。臣以为博士者，道之渊薮，六艺所宗，宜随学行优劣，待以不次之位。敦崇道教（案指儒道教化），以劝学者，于化为弘。①

高柔疏奏的中心，是针对当时儒学官员的升迁除授必须按资排辈的情况，认为这种做法只会“励怠惰”，因此请求“随学行优劣，待以不次之位”②，放宽学士升迁的限制，以实现“崇显儒术”的目的，对此魏明帝也是首肯允行的。又据《三国志·魏书·明帝纪》记太和四年（230）春二月壬午诏曰：

世之质文，随教而变。兵乱以来，经学废绝，后生进趣，不由典谟。岂训导未洽，将进用者不以德显乎？其郎吏学通一经，才任牧民，博士课试，擢其高第者，亟用；其浮华不务道本者，皆罢退之。③

诏令明确从官员选任升降来奖励儒学，力图改变汉末以来“经学废绝”的情况。诏令颁下后六日，即二月戊子日，魏明帝还命太傅三公“以文帝《典论》刻石，立于庙门之外”，这比正始年间所立的三体石经还早了至少十年。

魏少帝齐王芳在位期间（240—254），曹魏多变故，但这期间还是有一些尊儒兴学的政治举动。曹芳本人即通《论语》《尚书》《礼记》。《三国志》卷四《魏书·三少帝纪·齐王芳》记录了曹芳“使太常以太牢祭孔子于辟雍，以颜渊配”，且不止一次。征之史籍，太常祭孔之事多发生在帝通一经之后。第一次祭孔在正始二年春二月“初通《论语》”之后；第二次在正始五年五月癸巳，“讲《尚书》经通”；第三次在正始七年冬

① 陈寿：《三国志》卷二四《魏书·高柔传》，中华书局1982年版，第686页。

② “待以不次之位”是一种表示破格擢拔、宣示荣宠的做法，汉代即已有之。如《汉书·东方朔传》有“武帝初即位，征天下举方正贤良文学材力之士，待以不次之位”云云，颜师古释“不次”为“不拘常次，言超擢也”，也就是破格提升；《汉书·王莽传》也有王莽“博募有奇技术可以攻匈奴者，将待以不次之位”事。

③ 陈寿：《三国志》卷三《魏书·明帝纪》，第97页。

十二月，“讲《礼记》通”。《晋书》卷十九《礼志上》认为这种做法有礼学根源，即《礼记·文王世子》所云“凡始立学者，必释奠于先圣先师”。晋代也继承了这一习惯，每当皇帝或太子通经，即行祭祀之事。[①]

曹芳在位期间的一项主要儒学成就，即后世所谓“三体石经”[②]的刊立。东汉原有蔡邕所制熹平石经，但到曹魏时已多有损坏[③]。曹魏立三体石经，一方面是因为熹平石经崩坏损毁，须重立典范，即规范经典的版本和文字，给定标准；另一方面，也是追踪汉代太平盛世，通过再现立石经之故事，以达到政治宣传的效果。据《隋书·经籍志》云“魏正始中，又立三字石经，相承以为七经正字”[④]，这里的“七经”，较可能的组合是《易》《书》《诗》《礼》《春秋》五经加上《论语》《孝经》。此外，王朗所作《易传》也是曹芳在位期间（正始六年十二月辛亥）下诏“令学者得以课试”的。此时士大夫也还热心上疏为兴儒提供建议，如刘馥之子刘靖上疏陈儒训之本、程昱之孙程晓上疏依据儒家经典议罢校事官[⑤]。

高贵乡公曹髦即位，也对儒学持相对积极支持的态度。曹髦本人即曾亲与博士论经。甘露元年夏四月丙辰，“帝幸太学，问诸儒”，先试以《易》理，博士淳于俊应之；复问以《尚书》义，博士庾峻答之；又命讲《礼记》，博士马照对之。又据裴注引傅畅《晋诸公赞》曰：“帝常与中护军司马望、侍中王沈、散骑常侍裴秀、黄门侍郎钟会等讲宴于东堂，并属文论。名秀为儒林丈人，沈为文籍先生，望、会亦各有名号。”可见曹髦颇好儒学。另有关于甘露二年（257）五月辛未曹髦诏群臣学经的记载，其诏曰：“吾以暗昧，爱好文雅，广延诗赋，以知得失，而乃尔纷纭，良

---

① 参见房玄龄等《晋书》卷十九《礼志上》，中华书局1974年版，第599页。

② 所谓“三体”，即古文、篆、隶三种书体，《隋书·经籍志》称作“三字石经”。

③ 《后汉书》卷六十下《蔡邕列传》：“邕以经籍去圣久远，文字多谬，俗儒穿凿，疑误后学，熹平四年，乃与五官中郎将堂溪典、光禄大夫杨赐、谏议大夫马日磾、议郎张驯、韩说、太史令单扬等，奏求正定六经文字。灵帝许之，邕乃自书丹于碑，使工镌刻立于太学门外。于是后儒晚学，咸取正焉。及碑始立，其观视及摹写者，车乘日千余两，填塞街陌。”李贤注引陆机《洛阳记》曰：“太学在洛城南开阳门外，讲堂长十丈，广二丈。堂前石经四部。本碑凡四十六枚，西行，《尚书》《周易》《公羊传》十六碑存，十二碑毁。南行，《礼记》十五碑悉崩坏。东行，《论语》三碑，二碑毁。《礼记碑》上有谏议大夫马日磾、议郎蔡邕名。”（中华书局1965年版，第1990页）

④ 魏徵等：《隋书》卷三二《经籍志》，中华书局1973年版，第947页。

⑤ 详见《三国志》卷十五《魏书·刘馥传附子靖传》，（中华书局1982年版，第464页）；《三国志》卷十四《魏书·程昱传附孙晓传》（第429—431页）。

用反仄。其原逌（悠）等。主者宜勑自今以后，群臣皆当玩习古义，修明经典，称朕意焉。”①

综上，曹魏时期，儒学颇有地位，这主要表现在官方在学术层面对儒学的尊崇，即使在任人唯才的曹操治下，也不像传统认知中那样完全站在儒学和士大夫群体的对立面。曹魏吸纳荆州学派的前后，制度层面并无明显的分别；但在学术思想层面有一定的影响。荆州学派北迁以后，北方重新成为学术中心，而这一学术中心又在不久之后滋生出了玄学，我们很难排除这一过程中荆州学派在《周易》《太玄》方面所取得学术成果的影响力；而《五经章句后定》“删划浮辞，芟除烦重”的指导思想，以及对简、博、兼、通的追求，显然也为玄学开辟了不小的天地——毕竟我们无法想象玄学名士清谈的内容不是高旨远趣，而是累累章句。

正始十年（249）高平陵之变，司马氏从此掌权。司马氏标榜儒学，所以齐王嘉平及高贵乡公正元、甘露年间，尽管玄学已经成形，但政治上仍是儒学当道；朝中并非无人企慕玄远，但其立身朝堂的学识资本，依然以儒学为主；“越名教而任自然的”玄学之士仍被置于相对边缘在野的境地。朝野玄风吹扇的情形，要到西晋建立以后才逐渐出现。但是即使在这之后，儒学也并非如传统认知般“式微”，甚至不是“衰而不绝”，只是不再以制度层面的认可或学术上的创新作为发展水平的标志，而是以既有学问的传播与应用。换言之，儒学在政治层面不再以张扬宣显的方式争锋，而是以一种内化的方式发挥着不可替代的作用。

（毕云，东南大学人文学院副教授）

① 陈寿：《三国志》卷四《魏书·三少帝纪·高贵乡公髦》，中华书局 1982 年版，第 135—138 页。

专题论文

《海经》国族考略

王　宁

摘　要：《海经》里记载的诸多国族，是虞夏时期疆域内的属国，本是居于东方黄淮之间和山东半岛的古老部族，这些方国是虞夏方国联盟的主干，也是后来华夏族群的源头。这些国族的一部分在夏朝灭亡后西迁，成为北狄和西戎的主力；没有迁徙的部分在商代成为人方，到了周代成为东夷和淮夷。《海经》是目前可知产生时代最古老的一部古书，是研究虞夏时期的历史不可或缺的也是唯一被记录下来的口传史料，具有重要文献价值。

关键词：海经；国族；虞朝；夏朝；东夷

《山海经》是由《山经》（《五臧山经》）和《海经》合编在一起的书，这两种书本来各自独立单行，是互不相干的，其产生的时代、记述的内容各异，所以二者当分开来对待。

《海经》中记载了许多国族，之所以称为“国族”，是因为其中的方国和氏族的情况实在没法区分，称国固然是国，但是称族氏者也可能是一个国的名字，比如《海内经》的“流黄辛氏”，这似乎是个氏族名字，可是经文却说“有国曰流黄辛氏”，明确地说它是个国，其他的也都类似，古代的氏族到某个地方建立城邑村落居住，就可以算是一个国，所以这里只能笼统地称为“国族”。

这些国族极其古老，在周代以来的典籍中还有记录，而寻根溯源，都是依据《海经》，这里不说是依据《山海经》，是因为《山经》与《海经》本来是两部独立流行的书，而这些国族都是记载在《海经》里的。何幼琦认为是刘向、刘歆父子将《五藏山经》和《禹本纪》合并为《山海经》，在此之前还没有“山海经”这个名称，《海经》部分就是古之

《禹本纪》，简称《禹纪》。[①] 最主要的问题是，这些国族在周朝国家的版图内大多找不到，那么，这些国族是什么时代的国家？具体在什么范围之内？它们的国名有怎样的特点？它们之间具有怎样的关系呢？本文拟就《海经》中的记载对相关问题略作考察。

一 《海经》所载诸国族统计

今传本《海经》中诸国族甚多，每经之间亦有重复者，《海外四经》与《大荒四经》、《海内四经》与《海内经》就有许多国名重复或相似。实际上今本的《海经》是由两个《海经》版本拼凑而成的，顾颉刚说：

> （《山海经》）其中《山经》和《海经》各成一体系；《海经》又可分为两组，一组为《海外四经》与《海内四经》，一组为《大荒四经》与《海内经》。这两组的记载是大略相同的，他们共就一种图画作为说明书，所以可以说是一件东西的两本记载。[②]

顾先生的这个看法很正确。其实汉代刘秀（即刘歆）校本的《山海经》只有十三篇，见《汉书·艺文志》，属“形法”类，[③] 班固特别说明《艺文志》是根据刘歆写的目录学著作《七略》删编而成，[④] 刘歆自己记录《山海经》是十三篇，没有《大荒四经》和最后一篇《海内经》的；[⑤] 这后面的五篇是晋代郭璞在给《山海经》作注的时候，把他见到的一个更古老的《海经》本子加了进去，这个本子是由《大荒四经》（相当于刘校本中的《海外四经》）和《海内四经》组成，但是因为这个本子太老，残缺断烂严重，《大荒四经》的文字已经相当混乱，其后面的《海内四经》更甚，已经无法校理成四篇，所以郭璞只好把它的残文凑成一篇加在最后，因为它是《海内四经》的合编，故仍名《海内经》。[⑥] 这两个版

① 何幼琦：《海经新探》，《历史研究》1985 年第 2 期。下引何先生说均出此文，不再出注。

② 顾颉刚：《中国上古史研究讲义》，中华书局 1988 年版，第 32 页。

③ 班固：《汉书》，中华书局 1962 年版，第 1774 页。

④ 班固：《汉书》，第 1701 页。

⑤ 袁珂：《山海经校注》，上海古籍出版社 1980 年版，第 337—338 页。

⑥ 袁珂：《中国神话传说》，人民文学出版社 1998 年版，第 20—21 页。

本的记录详略不同，《海外四经》的版本记述的文字十分简略，只是就画面作说明，更多扩展的东西基本没有，但是条理清晰、文字完整；后面的《大荒四经》版本不同，它不仅有图画说明，还有相关的故事原委和国族世系源流，其内容比前面的八篇尤显得丰富详赡，荒怪诡谲，显然是比较专业的巫史所作的东西，更为古老；也正因为其古老，所以到了刘歆的时候这个版本残缺断烂得厉害，不好董理，而刘歆等人给皇帝校书则求其完整性，只能把这个古老的版本舍弃了。两个版本的作者可以说一个非专业、一个专业，一个简单、一个繁复，自然，它们记述的国族的名称和数目也有所差别。

下面先把各经所记国族的名称统计罗列如下［凡经文中注明一名某国者加（）表示，没有说明为国族而注文和后世典籍以为国族者加【】表示］：

（一）《海外南经》：结匈国、羽民国、讙头国（讙朱国）、厌火国、三苗国（三毛国）[①]、戴国、贯匈国（穿匈国）、交胫国、不死民、岐舌国、三首国、周饶国（焦侥国）、长臂国。（凡 13 国）

（二）《海外西经》：三身国、一臂国、奇肱国、丈夫国、巫咸国、女子国、轩辕之国、【沃民】、白民之国、肃慎之国、长股之国。（凡 11 国）

（三）《海外北经》：无脊之国、一目国、柔利国（留利之国）、深目国、无肠之国、聂耳之国、博父国、拘缨之国（利缨之国）、跂踵国（大踵）。（凡 9 国）

（四）《海外东经》：大人国、君子国、青丘国、黑齿国、【雨师妾】、玄股之国、毛民之国、劳民国（教民）。（凡 8 国）

以上《海外四经》凡 41 国。

（五）《海内南经》：【瓯】、【闽】、伯虑国、离耳国、雕题国、北朐国、枭阳国、【巴】（《海内经》称“西南有巴国”）、氐人国、【匈奴】、开题之国、列人之国。（凡 12 国）

（六）《海内西经》：流黄酆氏之国、东胡、夷人、貊国、燕。（凡 5 国）

（七）《海内北经》：犬封国（犬戎国）、鬼国、【蟜】[②]、【环狗】、

---

① “三苗国”即《海内经》之苗民国，《海外北经》称“苗民”。

② “蟜”亦古国族名，《国语·晋语四》所谓之“有蟜氏”盖即由此而来。

袜、【戎】[1]、林氏国、盖国、【钜燕】、【倭】、【朝鲜】、【列阳】、姑射国、明组邑[2]。(凡 14 国)

(八)《海内东经》：钜燕、埻端国、玺㬇国（茧㬇）[3]、大夏国、竖沙国、居繇国、月支之国、西胡、白玉山、吴、韩雁、始鸠、辕历、大楚。(凡 14 国)

以上《海内四经》凡 45 国。

(九)《大荒东经》：少昊之国、大人之国、小人国（靖人）、蔿国、中容之国、君子之国、司幽之国、思士、思女、白民之国[4]、青丘之国、柔仆民、嬴土之国、黑齿之国、夏州之国、盖余之国、玄股国、困民国、【有易】、摇民、壎民之国、中容之国、女和月母之国。(凡 23 国)

(十)《大荒南经》：三身之国、季禺之国、羽民之国、卵民之国、盈民之国、不死之国、季釐之国、臷民之国（巫臷民）、蜮民之国、焦侥之国、伯服国[5]、【昆吾】[6]、鼬姓之国、张弘之国、驩头之国、羲和之国、菌人。(凡 17 国)

(十一)《大荒西经》：共工国[7]、淑士国、白氏之国[8]、长胫之国、西周之国、赤国妻氏、先民之国[9]、北狄之国、沃之国（沃民）、女子之国、丈夫之国、轩辕之国、寒荒之国、寿麻之国、【州山】[10]、盖山之国、一臂民、三面之人、互人之国。(凡 19 国)

---

[1] 郝懿行认为即《逸周书·史记篇》中的离戎国。见袁珂《山海经校注》第 315 页引(上海古籍出版社 1980 年版)。疑当即后来之有戎氏，亦即有娀氏，即周代的任国。说详顾颉刚《有仍国考》,《古史辨》第七册下编，上海古籍出版社 1982 年版，第 324—329 页。

[2] 《说文》:“邑，国也”，故明组邑当即明组国。

[3] 玺㬇，郭璞注:“或作茧㬇。”见袁珂《山海经校注》第 327 页。

[4] 袁珂云:“此白民国在《大荒东经》，与《海外西经》之白民国方位迥异，是否即是一国，所未详也。”见《山海经校注》第 347 页。本文两存之。

[5] 经原文是“有国曰颛顼，生伯服”，袁珂以为当作“有国曰伯服，颛顼生伯服”。见《山海经校注》第 377 页。说甚是，今从其说。

[6] 又见《大荒西经》和《海内经》。

[7] 经言“有禹攻共工国山”，是知经内原当有共工国。

[8] 袁珂云:“白氏之国，宋本、《藏经》本、毛扆本、吴任臣本氏均作‘民’，作‘民’是也。”见《山海经校注》第 392 页。

[9] 郝懿行云:“先当为天，字之讹也。《淮南·墬形训》海外三十六国中有天民，天古作无，或作兖，字形相近，以此致讹。”见袁珂《山海经校注》第 395 页引。

[10] 经言“南岳取州山之女”，是州山亦国名或氏族名。

（十二）《大荒北经》：胡不与之国、肃慎氏之国、大人之国、【程州】[①]、叔歜国、北齐之国、始州之国、毛民之国、儋耳之国、无肠之国、深目民之国、【一目】、继无民、中輪国、赖丘国、犬戎国、苗民、牛黎之国。（凡18国）

以上《大荒四经》凡77国。

（十三）《海内经》：朝鲜国、天毒国、壑市国、氾叶国、朝云之国、司彘之国、禺中之国、列襄之国、盐长之国（鸟氏）、巴国、流黄辛氏国、朱卷之国、赣巨人、黑人、嬴民、苗民、【氐羌】、玄丘之民、大幽之国、赤胫之民、钉灵之国。（凡21国）

另，《海内经》有“陶唐之丘、有叔得之丘、孟盈之丘、昆吾之丘、黑白之丘、赤望之丘、参卫之丘、武夫之丘、神民之丘”，以陶唐、昆吾例之，叔得、孟盈等也当是国或氏族名，“丘”盖其居住之地。除“昆吾”已见《大荒南经》之外，其他八个亦应列入。

以上《海内经》凡29国。

从上面的罗列可以看出，《海外四经》的国族和《大荒四经》大略相同，但《大荒经》记载的国族数目要远远多于《海外经》，几乎是后者的两倍。最后一篇《海内经》是个残篇，里面记述的许多国族已见《海内四经》，但详略不同，《海内经》的记述比较详细，而且其中有不少国族是前面的《海内四经》所没有的。

下面把各经拼合以后，删除重复，所得各国族如下：

（一）《海外东经》和《大荒东经》：1大人国、2君子国、3青丘国、4黑齿国、5【雨师妾】、6玄股国、7毛民之国、8劳民国（教民）、9少昊之国、10小人国（靖人）、11蒍国、12中容之国、13司幽之国、14思士、15思女、16白民之国、17柔仆民、18嬴土之国、19夏州之国、20盖余之国、21困民国、22有易、23摇民、24壎民之国、25中容之国、26女和月母之国。（凡26国）

（二）《海外南经》和《大荒南经》：1结匈国、2羽民国、3厌火国、4三苗国（三毛国）、5贯匈国（穿匈国）、6交胫国、7岐舌国、8三首国、9三身之国、10季禺之国、11卵民之国、12盈民之国、13不死之国

① 经言“有鲧攻程州之山”，郝懿行云：“程州，盖亦国名。”见袁珂《山海经校注》第422页（上海古籍出版社1980年版）引。

(不死民)、14 季釐之国、15 臷民之国(臷国)、16 蜮民之国(蜮人)、17 焦侥之国(周饶国)、18 伯服国、19 鼬姓之国、20 张弘之国(长臂国)、21 驩头之国(讙头国、讙朱国)、22 羲和之国、23 菌人、24【昆吾】。(凡24国)

(三)《海外西经》和《大荒西经》:1 三身国、2 奇肱国、3 巫咸国、4 肃慎之国、5 共工国、6 淑士国、7、白民之国、8 长胫之国(长股之国)、9 西周之国、10 赤国妻氏、11 先民之国、12 北狄之国、13 沃之国(沃民)、14 女子之国、15 丈夫之国、16 轩辕之国、17 寒荒之国、18 寿麻之国、19【州山】、20 盖山之国、21 一臂民(一臂国)、22 三面之人、23 互人之国。(凡23国)

(四)《海外北经》和《大荒北经》:1 无綮之国(继无民)、2 一目国(一目)、3 柔利国(留利之国、牛黎之国)、4 聂耳之国(儋耳之国)、5 博父国(夸父国)、6 拘缨之国(利缨之国)、7 跂踵国(大踵)、8 胡不与之国、9 肃慎氏之国、10 大人之国、11【程州】、12 叔歜国、13 北齐之国、14 始州之国、15 毛民之国、16 无肠之国、17 深目民之国(深目国)、18 中輪国(中轮)、19 赖丘国、20 犬戎国。(凡20国)

《大荒经》好于"国"前加"之"字,如《海外经》的"大人国""君子国",《大荒经》作"大人之国""君子之国"等,是为特异。

(五)《海内南经》:1【瓯】、2【闽】、3 伯虑国(相虑)、4 离耳国、5 雕题国、6 北朐国、7 枭阳国(赣巨人)、8 巴(巴国)、9 氐人国、10【匈奴】、11 开题之国、12 列人之国。(凡12国)

(六)《海内西经》:1 流黄酆氏之国(流黄辛氏国)、2 东胡、3 夷人、4 貊国、5 燕。(凡5国)

(七)《海内北经》:1 犬封国(犬戎国)、2 鬼国、3【蟜】、4【环狗】、5【袜】、6【戎】、7 林氏国、8 盖国、9【钜燕】、10【倭】、11 朝鲜、12 列阳(列襄之国)、13 姑射国、14【明组邑】。(凡14国)

(八)《海内东经》:1 钜燕、2 墩端国、3 玺㬇国、4 大夏国、5 竖沙国、6 居繇国、7 月支之国、8【西胡】、9【白玉山】、10【吴】、11【韩雁】(辕历)、12【始鸠】、13【大楚】。(凡13国)

(九)《海内经》(已见于前面《海内四经》者不录):1 天毒国、2 壑市国、3 氾叶国、4 朝云之国、5 司彘之国、6 禺中之国、7 盐长之国(鸟氏)、8 朱卷之国、9 黑人、10 嬴民、11【氐羌】、12 玄丘之民、13

大幽之国、14 赤胫之民、15 钉灵之国。(凡 15 国)

总计以上《海经》所载国族凡 152 个。

另外还有三项项资料值得重视,

一是《逸周书·王会》中所载的《伊尹·朝献》:

> 臣请正东符娄、仇州、伊虑、沤深、九夷、十蛮、越沤、鬋文身……;正南瓯、邓、桂国、损子、产里、百濮、九菌……;正西昆仑、狗国、鬼亲、枳已、闟耳、贯胸、雕题、离丘、漆齿……;正北空同、大夏、莎车、姑他、旦略、貌胡、戎、翟、匈奴、楼烦、月氏、孅犁、其龙、东胡……①

这段文字里面瓯、昆仑、闟耳、贯胸、雕题、大夏、戎、匈奴、月氏、东胡等名称见于《海经》,其他不见,但可能邓和邓林有关,桂和桂林有关,九菌和菌人有关,狗国和狗封国有关,离丘或即离耳(即儋耳)之音变,漆齿当即黑齿,上述后者都见于《海经》,可见此段文字所言的国名与《海经》关系十分密切。

二是《吕氏春秋·慎行论·求人》中的一段记载:

> 禹东至榑木之地,日出、九津、青羌之野,攒树之所,抿天之山,鸟谷、青丘之乡,黑齿之国;南至交阯、孙朴、续樠之国,丹粟、漆树、沸水、漂漂、九阳之山,羽人、裸民之处,不死之乡;西至三危之国,巫山之下,饮露、吸气之民,积金之山,其肱、一臂、三面之乡;北至人正之国,夏海之穷,衡山之上,犬戎之国,夸父之野,禺强之所,积水、积石之山。②

这段文字多本《海经》为说,但里面却有许多《海经》中没有的东西。仅以国名而言,《求人》中的交阯、孙朴、续樠之国、裸民、三危之国、饮露、吸气之民、其肱、人正之国,今本《海经》中无之。据郭璞、

① 《逸周书》卷七,《景印文渊阁四库全书》本,台湾商务印书馆 1986 年版,第 50 页。

② 许维遹:《吕氏春秋集释》卷二十二,中华书局 2009 年版,第 614—615 页。

郝懿行所说，《海经》中的交胫国就是交阯，[①] “其肱”毕沅认为就是《海外西经》中的奇肱国，[②] 除此之外，其他的国族均不见《海经》，也许是异本不同或有文字讹误。比如其中的“人正之国”，很可能是“夸父之国”的讹误，盖先脱去“父”字，将“夸”字析离为“大亏”，“大”形讹作“人”，“亏”形讹作“疋（正）”，才有了这么个国名。

三是《淮南子·坠形训》中记载的“海外三十六国”和“诸方异物”：

> 凡海外三十六国，自西北至西南方，有修股民、天民、肃慎民、白民、沃民、女子民、丈夫民、奇股民、一臂民、三身民；自西南至东南方，结胸民、羽民、讙头国民、裸国民、三苗民、交股民、不死民、穿胸民、反舌民、豕喙民、凿齿民、三头民、修臂民；自东南至东北方，有大人国、君子国、黑齿民、玄股民、毛民、劳民；自东北至西北方，有跂踵民、句婴民、深目民、无肠民、柔利民、一目民、无继民。
>
> 雒棠、武人在西北陬，硥鱼在其南，有神二人连臂为帝候夜，在其西南方，三珠树在其东北方，有玉树在赤水之上。昆仑、华丘在其东南方，爰有遗玉，青马、视肉、杨桃、甘樝，甘华，百果所生。和丘在其东北陬，三桑、无枝在其西，夸父、耽耳在其北方。夸父弃其策，是为邓林。昆吾丘在南方，轩辕丘在西方，巫咸在其北方，立登保之山，旸谷、榑桑在东方。有娀在不周之北，长女简翟，少女建疵。西王母在流沙之濒，乐民、拏闾在昆仑弱水之洲。三危在乐民西，宵明、烛光在河洲，所照方千里。龙门在河渊，湍池在昆仑。玄耀、不周、申池在海隅。孟诸在沛。少室、太室在冀州。烛龙在雁门北，蔽于委羽之山，不见日，其神人面龙身而无足。后稷垅在建木西，其人死复苏，其半鱼，在其间。流黄、沃民在其北方三百里，狗国在其东。雷泽有神，龙身人头，鼓其腹而熙。[③]

① 袁珂：《山海经校注》，上海古籍出版社1980年版，第195—196页引。

② 许维遹：《吕氏春秋集释》，第615页引。

③ 何宁：《淮南子集释》卷四，中华书局1998年版，第355—363页。

《坠形训》里记载的“海外三十六国”显然也是从《海经》里抄出来的，其中修股民、天民、奇股民、裸国民、交股民、豕喙民、凿齿民、修臂民不见《海经》，但据古人的校注，天民就是先民，知道修股民即长股国，奇股民是奇肱民之误，交股民即交胫国，修臂民即长臂国，[①] 后者都见于《海经》，而裸国民、豕喙民、凿齿民不见《海经》。裸国民当即《求人》中的裸民；凿齿民当与《海外南经》和《大荒南经》记载的羿与凿齿战和羿杀凿齿的故事有关，《海经》里凿齿是一个人名，没有说有凿齿国。

“四方异物”那一段里提到的事物、地名和人名大多见于《海经》，文字多有歧异和讹误，此限于篇幅不能一一辨析。其中的国名有娀、乐民、狗国也不见《海经》。

“有娀”可能是《海经》中的“戎”国，“戎”“娀”古字通用。

“乐民”应该是《海经》中的“沃民”，乐、沃音相近。

“狗国”当是《海经》中的狗封国，也叫犬封国。

据此，则知《海经》中还当有孙朴（之国）、续樠之国、裸民、三危之国、饮露（之民）、吸气（之民）、豕喙民、凿齿民等国族。

根据上述三项材料可知，它们根据的《海经》是另外的多个本子，和今传本有许多差异，很多异本中还记载有今传本中没有的一些国族。说明在先秦和西汉时代《海经》流传甚广，为它作解说的人很多，记录下来的不同文本也很多，各本之间差异也是很大的，这当是口传歧异的结果。

二　《海经》诸国族所处的时代及地域

要知道《海经》中国族所在的时代，就要弄清楚《海经》所记述的时代和大致的地理范围。

汉代的刘歆（刘秀）在《上山海经表》里说“《山海经》者，出于唐虞之际”，指出是禹、益的作品。[②] 刘歆为什么会这么说？其原因当如何幼琦所言，《海经》部分本来称《禹本纪》，古传就是禹、益的作品，

① 参何宁《淮南子集释》第355—358页引诸家说。
② 袁珂：《山海经校注》，上海古籍出版社1980年版，第477页。

这个说法一直被古人所接受。何幼琦认为“它（《海经》）的相对年代，也以儒家说的尧舜时期较为准确，即我国第一个王朝夏后氏建国之前，它的绝对年代，最低限度也在公元前二十二世纪”，当即采用刘歆之说，不过这个时间估计过早，因为《海经》里明确地记载有汤伐夏桀的故事（《大荒西经》），这已经是夏朝末年的事情了，所以“唐虞之际”说明显不可靠。徐显之提出了《山海经》“夏代成书说”，认为“《山海经》初步成书的确切时间应该是夏代”。[①] 实际上，说夏代的作品只适合于《海经》部分，《山经》部分就不合适，《山经》必是战国时代的作品，其中提到“铁”多达39次（《海经》部分出现2次），说明《山经》制作时铁已经被广泛应用，这在春秋时代都是不可能的，此问题袁珂已论之，[②]它的产生时代及内容和《海经》绝无可比性。笔者认为《海经》本是虞夏时期的疆域地图，夏朝灭亡后，夏遗民又作了修订和补充，并就此流传下来，其记述的时代是自黄帝（帝俊、帝喾、帝舜）至于夏桀，实际上包括了两个时代：一是虞代，二是夏代。[③]

在战国时期的文献里，普遍认为在夏之前还有虞朝，杨向奎、王树民都专文论述这个问题。[④] 虞朝的有无固然得不到考古学的证明，可至少在战国时代人的心目中是有的，所以他们说上古三代的时候总是说“虞夏商周”，比如《左传·庄公三十二年》：“故有得神以兴，亦有以亡，虞、夏、商、周皆有之。”[⑤]《国语·郑语》：“夫成天下之大功者，其子孙未尝不章，虞、夏、商、周是也。”[⑥]《墨子·明鬼下》“且惟昔者虞、夏、商、周三代之圣王”[⑦]，等等；《礼记》的许多篇章里说到上古三代的典章制度，总要说有虞氏、夏后氏、殷人、周人各是如何的，总之他们认为“三代”就是虞、夏、商、周，而帝尧、帝舜则被认为同属于虞朝，比如

① 徐显之：《山海经探原》，武汉出版社1991年版，第283页。

② 袁珂：《〈山海经〉写作时地及篇目考》，《中华文史论丛》第七辑，上海古籍出版社1978年版。

③ 王宁：《〈海经〉的作者及记述的地理与时代》，《古籍整理研究学刊》1997年第5期。

④ 杨向奎：《应当给“有虞氏”一个应有的历史地位》，《文史哲》1956年第7期。王树民：《夏、商、周之前还有个虞朝》，《河北学刊》2002年第1期。

⑤ 孔颖达：《春秋左传正义》，阮元校刻《十三经注疏》本，中华书局1980年版，第1783页。

⑥ 韦昭注：《国语》卷十六，《景印文渊阁四库全书》第406册，台湾商务印书馆1986年版，第145页。

⑦ 孙诒让：《墨子间诂》，中华书局2001年版，第235页。

《墨子·尚贤中》“故唯昔三代圣王尧、舜、禹、汤、文、武之所以王天下”[①]，《天志中》“曰若昔三代圣王尧、舜、禹、汤、文、武者是也”[②]，其中禹是夏，汤是商，文、武是周，那么尧、舜自然就属于虞，所以尧、舜战国时代被认为都是虞朝的帝王。

战国时代还认为“虞”前面还有个“唐”，他们是认为“唐”即陶唐氏也就是帝尧，“虞”就是帝舜，尧禅于舜，所以称“唐虞”，《论语·泰伯》：“唐虞之际，于斯为盛。”[③]《管子·法法》：“黄帝唐虞，帝之隆也。”[④] 郭店楚简中有一篇《唐虞之道》,[⑤] 专门论述唐虞时期的道德盛事，都是以“唐虞”为一个朝代。《左传·哀公六年》引《夏书》曰“惟彼陶唐，帅彼天常，有此冀方。今失其行，乱其纪纲，乃灭而亡”[⑥]，《左传·襄公二十四年》范宣子说“昔丐之祖，自虞以上为陶唐氏，在夏为御龙氏”[⑦]，这就是说陶唐氏在虞之前，虞在夏之前，陶唐氏曾经“帅天常”为冀方的首领，而儒墨盛传帝尧禅位给帝舜，帝舜是有虞氏，自然就把帝尧当成了陶唐氏，帝尧就成了唐帝了。可看看《墨子》里的记载就会明白，在战国前期人的观念里，尧属于虞朝，并没有“陶唐”或“唐”，“陶唐”只是个国名和氏族名，其国家是冀方，未必和帝尧有什么关系。证据就是《吕氏春秋·古乐》里说一些古帝王作乐的事情，说到的古帝王依次是朱襄氏、葛天氏、陶唐氏、黄帝、帝颛顼、帝喾、帝尧、舜、禹、殷汤、周文王、武王、成王,[⑧] 直到这个时候还认为陶唐氏和帝尧是两个不同的帝王，陶唐氏还列在黄帝之前，比帝尧要早得多，所以说“唐虞”的说法并不那么可信。

只不过，《海经》把虞、夏这两个朝代放在一起来记述，极有可能是夏人把自己当作虞代的延续，也就是夏人认为虞、夏是一个朝代。证之

① 孙诒让：《墨子间诂》，中华书局2001年版，第50页。

② 孙诒让：《墨子间诂》，第204页。

③ 何晏注，邢昺疏：《论语注疏》，阮元校刻《十三经注疏》本，中华书局1980年版，第2487页。

④ 黎翔凤撰，梁运华整理：《管子校注》，中华书局2004年版，第314页。

⑤ 荆门市博物馆编：《郭店楚墓竹简》，文物出版社1998年版，第157—158页。

⑥ 孔颖达：《春秋左传正义》，《十三经注疏》本，中华书局1980年版，第2162页。

⑦ 孔颖达：《春秋左传正义》，《十三经注疏》本，第1979页。

⑧ 许维遹：《吕氏春秋集释》，中华书局2009年版，第118—128页。

者，《晋书·束皙传》引《纪年》说“夏年多殷”[①]，根据其本文的记录，夏代是“有王与无王，用岁四百七十一年”，殷代是“汤灭夏以至于受，二十九王，用岁四百九十六年”[②]，夏年比殷年少了二十多年而非“多殷”。但是，根据《海经》的记载，夏代之前的虞代共传了四代五帝，即帝尧（昌意）、帝鸿（帝挚）、帝韩流（帝乾荒）、帝颛顼、帝丹朱，[③] 五帝各自在位的年数，古籍中有明确的记载的只有帝挚、帝尧和帝颛顼，如《帝王世纪》中说少昊帝挚在位百年或八十四年，帝颛顼在位七十八年，说尧兄帝挚在位九年（实际上与少昊帝挚应该是一个人），帝尧在位九十八年，[④] 但看看三代平均的每王在位的年数就可以知道，古人如此高寿大多出于后人的想象，恐怕都非事实。夏代十七王共四百七十一年，平均每王在位二十八年；商代二十九王共四百九十六年，平均每王在位十七年；西周自武王至幽王十三王共二百五十七年，平均每王在位二十年。三代所有帝王平均的在位年数为二十二年。虞代的五帝以平均每帝在位时间为二十年计算，那么虞代则有百年左右，和夏年的四百七十一年相加，就真的是“多殷”了。

汉代把虞、夏、商、周留下来的古书遗训称为“三科之条，五家之教”，把《尚书》中的虞书和夏书编在一起称“虞夏书”算一科，故有“虞夏同科”之说，[⑤] 等于也是把虞、夏算作一代。但是《海经》中没有提到“有虞”或“虞”这个国族，却提到了“吴”这个国名（《海内东经》），“虞”“吴”古书里是通假字，[⑥] 应该就是虞国，郭店楚简《唐虞之道》的“唐虞”就写作“唐吴”，“虞夏”写作“吴夏”；上博简《子羔》中把“有虞氏”写作“又吴是”，[⑦] 也是明证；也提到了“陶唐”，《海内经》记有“陶唐之丘”，陶唐也是个国名或氏族名。所以，《海经》中记述的国族所处的时代就是虞代以迄于夏代。自然，《海经》也是目前可以看到的中国产生时代最早的一部古书，它内容口传的历史从虞夏一直

① 房玄龄：《晋书》卷五一《列传第二十一》，《景印文渊阁四库全书》第255册，台湾商务印书馆1986年版，第869页。

② 方诗铭、王修龄：《古本竹书纪年辑证》，上海古籍出版社1981年版，第19、38页。

③ 详见王宁《〈海经〉“群帝”考》，《重庆文理学院学报》（社会科学版）2013年第2期。

④ 徐宗元辑：《帝王世纪辑存》，中华书局1964年版，第26、29、32—33页。

⑤ 孔颖达：《尚书正义》，阮元校刻《十三经注疏》本，中华书局1980年版，第117页。

⑥ 高亨纂著，董治安整理：《古字通假会典》，齐鲁书社1989年版，第853页。

⑦ 白於蓝：《简帛古书通假字大系》，福建人民出版社2017年版，第360—361页。

到战国，经历了1600余年。战国时代私家著述风气兴起，才有各家传授者将口传说明记录成文字，形成了许多版本。这些版本有早有晚，内容也不完全相同。后人能读懂其文字，却理解不了其内容，也正是其内容过于古老之故。

关于《海经》记述的地域，何幼琦认为："《海经》所说的疆域，就是泰山周围的山东中部地区"，笔者认为"《海经》记述的地域是以今山东省为中心，渐及冀南、豫东和苏皖北部的淮河以北地区。而《海经》记述的这个疆域范围，和夏代的疆域范围惊人地相吻合，因为夏王朝故国的疆域范围也恰恰是以今山东省为中心而渐及其周边地区，夏人称为'中国''四海''九州'或'禹迹'等等。"[①] 关于夏代疆域的论述，可参看笔者的《夏国疆域新证》一文。[②] 刘宗迪认为"上古时期，华夏域内确实存在着一个'四面环海'之地，这就是山东地区。《大荒经》所反映的即上古山东的地理"[③]，看法也笔者是一致的。实际上《大荒经》就是《海外经》，它和《海内经》相表里，所谓"海内""海外"的"海"就是虞夏时期疆域的东、西、南、北四海，只不过《海内经》主要记述海内之地，《大荒经》(《海外经》) 主要记述海外之地，二者合在一起就是整个虞夏时期的疆域范围。

因此我们大致可以判定，《海经》中所记述的诸国族都是居于虞夏版图中的属国，即今山东及其周边地区的古代方国，也就是商、周时期的东夷、淮夷之地。

三　国、民、人的问题

《海经》中的国族多称"国"，但是称部族为"国"的时代很晚。"国"字本来是写作"或"或"域"，《说文》："或，邦也。从口从戈以守一，一，地也。域，或又从土。"[④]《何尊铭》记载武王说"余其宅兹

① 王宁：《〈海经〉的作者及记述的地理与时代》，《古籍整理研究学刊》1997年第5期。

② 王宁：《夏国疆域新证》，《枣庄师专学报》1993年第1期。

③ 刘宗迪：《四海之内：〈大荒经〉地域考》，《文史哲》2018年第6期。

④ 段玉裁：《说文解字注》，上海古籍出版社1981年版，第631页。

中或”（《集成》06014），[①]“中或”即“中国”。“或”字殷墟卜辞里已有之，但是仅用作人名“沚或”，不用作邦国义。殷人在卜辞里面称诸国无论敌友都为“方”，周人也或沿用此称，《书·汤诰》里面所说的“万方”和《多方》里面的“多方”。[②] 就现在能见到的文献来看，称“国”是周代才有的事情。唐兰说：

> 周人好称“四国”，其义与“四方”同。盖商人称“国”为“方”，今卜辞所见皆然。称“四方”者，举“四海”内之“方”也。盘庚曰：“底绥四方”，微子曰：“殷其弗或乱正四方”，并其证。《商书》无“国”字，《周书》、《周易》及《诗》始习见之，则“国”殆周人语也。金文“国”字多作“或”，则“国”字乃晚周后起字也。[③]

但是《海经》既然是夏人的作品，怎么也称“国”呢？徐中舒等学者通过研究后认为“夏代尚无文字”，[④] 夏人要流传什么东西只能靠图画和口头解说，《海经》本来是图画，没有文字，要想明白图画的全部内容必须得配合专业巫史的口头解说，后来有的文字部分是在春秋中后期才由通于文字者记录下来的。口头解说这种形式的特点就是随意性比较大，非常容易变化，特别为符合当时人们理解和流传的需要，其解说的语言最容易随着时代的变化而变化，因而对同一件的事物的口头描述，各个时代会有各个时代的特色。所以我们现在知道《海经》的文字部分是周代人所记录的当时的口头解说，那么对里面称“国”也就不会感到奇怪了。

《海经》最初以图画配合口头解说的形式是在文字产生以前才有的，而殷人已经掌握了成熟的文字并用来记事，那么《海经》的图画部分还应该更早，笔者认为它是夏朝遗民的作品，夏人无文字，所以他们的著作

---

① 中国社会科学院考古研究所编：《殷周金文集成》（修订增补本）第五册，中华书局2007年版，第3703页。

② 孔颖达：《尚书正义》，阮元校刻《十三经注疏》本，中华书局1980年版，第162页，第227—230页。

③ 唐兰：《“四国”考》，《禹贡半月刊》第一卷第十期，1934年。

④ 徐中舒、唐嘉弘：《关于夏代的文字问题》，先秦史学会编《夏史论丛》，齐鲁书社1985年版，第138页。

用这种方式便在情理之中。那么在周代以前《海经》称国族为什么呢？殷商是称“方”的，可《海经》中看不到这样的记载，而有称“民”和“人”的。

《海经》中称“民”的国家有毛民、劳民、白民、困民、摇民、壎民、羽民、卵民、盈民、蒫民、蜮民、先民、沃民、苗民等，当然它们后面大多又被加上了“国”或“之国”，但也有的不加，如盈民、摇民等，《海经》中的“民”是指国族的民众，“某民”就是某国族之民，在氏族人群不称方、国之前，“民”应该是它们的称呼。可问题又来了，那就是“民”字出现也比较晚，殷墟卜辞中没有“民”字，郭沫若说：“民字于卜辞未见，即从民之字亦未见。殷彝亦然。周代彝器，如康王时代之《盂鼎》已有民字，曰：‘遹相先王受民、受疆土’。”[①] 也就是说，“民”字是周代的金文中才出现的，称“民”也必是周人的语言。所以，《海经》称“国”、称“民”都不是其原称。

现在来看看殷墟的卜辞，它称国民为“人”，如“今者王廾人五千正（征）土方，受有又（佑）。三月”（《合集》6409），“廾人”就是召集国民，组成民兵性质的军队。称聚集起来的人群为“众”，如“贞叀小臣令众黍。一月”。（《合集》12.3）就是派遣小臣命令民众种黍。在《海经》中的确有称“人”的国族，如大人、小人、菌人、互人、氐人、列人、夷人、黑人等，不过占的比例很小，当然，在它们后面也往往要加上“国”或“之国”，说明这些“人”本来就是一个国族的意思。但是，殷人称国族为“方”不称“人”的，所以这个称呼也不是殷人的遗留。

称国曰“人”实际上是虞夏人语言，我们看看古籍中所载的夏代所属方国，大部分是“夷”，《古本竹书纪年》中记载最多：

> （帝相）元年，征淮夷、畎夷。
> 二年，征风夷及黄夷。
> 七年，于夷来宾。
> 少康即位，方夷来宾。
> 后芬即位，三年，九夷来御。

---

① 郭沫若：《释臣宰》，《郭沫若全集》考古编1《甲骨文字研究》，科学出版社1982年版，第70页。

> 后荒即位，元年，以玄珪宾于河，命九夷东狩于海，获大鸟。
> 后泄二十一年，命畎夷、白夷、赤夷、玄夷、风夷、阳夷。
> 后发即位元年，诸夷宾于王门再保庸会于上池，诸夷入舞。①

对于“夷”的解释，严文明云：

> 夷犹人也。商代甲骨文和铜器铭文称东方为人方。周代文献称东方人民为东夷，而铜器铭文写为东尸。尸是一个侧面蹲踞的人形，夷字本身也是一个正面站立挎弓的人……夷的得音当与方言有关，至今山东人还是读人若寅，与夷音极为相近，所以嵎夷、莱夷、淮夷、岛夷等等，犹言嵎人、莱人、淮人、岛人。或东隅之人（嵎亦作隅）、莱山之人、淮水之人、海岛之人。②

严先生的看法是很正确的，“人”“尸”“夷”不过是用字不同，其音近义同也。而那些不称为“夷”的夏代诸国如斟鄩、斟灌（斟戈）、岷山（蒙山）、有鬲、三朡、有穷（即穷石，亦即穷桑）等，都是在今山东省及其周边的东夷之地，特别是太康、羿、桀都居住过的都城斟鄩，在今山东的潍坊，那里是地地道道的东夷属地，可见这些国族实际上也是“夷”。所以笔者认为：

> 夷、夏本来就是一家——“夷（人）”应该是夏王朝时期对所属的方国部族的通称，犹商朝称其方国部族为“方”，周称其方国部族为“国”一样，换言之，凡方国部族之称，夏代曰夷（人），商代曰方，周代曰国，因而夏代固然没有夷夏之分，犹商代固无商、方之分，周代固无周、国之分也……先夏时期，山东半岛有着众多的方国部族，这些方国部族皆自称为“人”，即“夷”，夏人即其中之一。其后，这些“人（夷）”逐步联合成酋邦制国家，其中较为强大的方国或部族被诸人（夷）共举为酋邦联合体的首领，如夏人即是。其

① 方诗铭、王修龄：《古本竹书纪年辑证》，上海古籍出版社 1981 年版，第 5—14 页。

② 严文明：《夏代的东方》，中国先秦史学会编《夏史论丛》，齐鲁书社 1985 年版，第 168—169 页。

首领方国的领袖即是联合体中的王，如夏王。后人便用此方国部族名作为这个方国部族统治时期的朝代名，夏王朝即是也。夏朝所属方国部族即是诸夷，所以夏王治理夏民而居于山东的东夷之地。①

上面说过，《海经》本是夏代遗民的作品，从各方面来看多相吻合。因此在周代之前，巫史们解释《海经》图画时对诸国族的称呼必定是“人”或“夷”，到了周初的时候又改成“民”，因为在周代人、民义同而统称“民”，但是文字改造不彻底，仍然有一些还称“人”的。在后世古籍中“民”“人”通用的例子极多，不烦备举。② 周代又惯称氏族所居城邑为“国”，故又在“人”或“民”之后加上“国”或“之国”以符合当时的制度和语言习惯，实在是有点屋上架屋了。

四　国名的用字

对于国名，从殷墟卜辞来看基本上都是单字国名再加上一个“方”，如土方、鬼方、龙方、马方、人方、虎方等，连殷人本人也称自己的国家为“商方”（合 27982），这样的单字国名在卜辞中占了绝大多数（地名也是如此），象“下𡿨”（合 32）、“羌龙”（合 6631）这样的两字方国名少之又少；到了周代也是单字国名占了大多数，这从周金文和先秦典籍的记载中就可以明显看出来。

在《海经》里面就奇怪了，大家可以看看本文第一节所作的统计，它记载的诸国大多都是两字国名，单字国名很少。在 160 个国中，单字国名只有蒍国、沃之国、巴国、燕、鬼国、赤国（原作赤国妻氏，应当是国名为赤，其氏为妻氏）、蟜、袜、戎、盖国、倭、吴等 12 个；称某人或某人国、某人之国的有大人之国、小人之国、菌人、互人国、氐人国、列人、夷人、黑人 8 个；称某民或某民国、某民之国的有毛民之国、劳民国、白民之国、困民国、摇民、壎民之国、羽民国、卵民之国、盈民之国、䍲民之国、蜮民之国、先民之国、沃民、苗民之国 14 个。后二者也可看作单字国名，因为人、民、国都是后来的缀加。把这些都加起来共

① 王宁：《夷夏关系新论》，《东岳论丛》1994 年第 6 期。

② 参宗福邦等编《故训汇纂》，商务印书馆 2003 年版，第 1215 页第 51 项“民作人”条。

34 个，仅占所有国族的百分之二十强。也就是说，《海经》中的国名大多都是两字的，还有两字以上的，比如胡不与之国、女和月母之国等。这是什么原因呢？

因为文献不足证，这个问题不好回答。笔者认为这可能和古代口语与书面语的差异有关。

我们看看传世文献和出土文献，古代国名、人名有促读、缓读二种读法，就国名而言，如邾为邾娄，郧为郧犁，吴为勾吴或工𫓧，越为于越，莒为举虘，等等；人名如吴国太子诸樊为姑发□反，冯同为姑冯括同，勾践为笱爰箕尸，诸咎为者旨于赐，等等。古代书写材料难得，书写工具是刻刀和毛笔，书写不易，为了少写几个字，尽量简省，所以当时的书面语和口语就存在很大差异，前者简而后者繁。在国名和人名上，书面一般采用促读名，国名一个字，人名为一字或两字；而在口语中往往是采用缓读音，一些没有缓读音的国名常常要再加上一个字凑成两个音节，比如“夏”称“有夏”，“殷”称“有殷”，“周”称“有周”等，当然这种口语化的东西也会被文献记录下来，不过和前者相比要少，比如吴的缓读是勾吴或攻鱼，但文献中一般只记作“吴”，那是因为当时的记录者知道口语中的“勾吴”就是“吴”，当人们嘴里说“勾吴”的时候，他只要记录成“吴”就可以了。

明白了这一点就比较好理解《海经》中国名用字的问题了，因为《海经》的文字本来就是口头解说词的记录，它记录的是一种口语，所以它的国名大多数用的都是缓读音；同时因为它流传既久，记录它的人已经不能知道那些国名的促读音是什么了，所以只能照原话的语音记录下来，这便是《海经》中单字国名少而双字国名多的原因。

五　世系与姓氏

《海经》中的 150 多个国族看上去很古老甚至原始，可根据《海经》的记载，它们之中有许多都有自己的世系和姓氏，说明它们已经有了相当的文明程度，不能与原始部落等同视之。关于此类内容的记录，仅见于《大荒四经》和最后一篇的《海内经》，前面的《海外四经》和《海内四经》无之，可知前八篇的记录时间甚晚，解说它的人已经不能知道有关这些国族的详细传说了，所以它只是就图画说图画，仅仅知道画中事物的名称或样子，而对其事典几乎一无所知。这犹显出《大荒四经》和《海内经》内容之古老，它是真正的专业巫史所传授的本子，故对其源流事典了解很详细，可惜这个本子残缺讹乱过甚，非是旧观矣。要不是郭璞把它附在刘秀校本之后传下来，恐怕今天我们连这些也看不到了。

下面先把记载世系及姓氏的文字录于下：

（一）《大荒东经》

有中容之国。帝俊生中容。

有司幽之国。帝俊生晏龙，晏龙生司幽，司幽生思士，不妻；思女，不夫。

有白民之国。帝俊生帝鸿，帝鸿生白民，白民销姓。

有黑齿之国。帝俊生黑齿，姜姓。

有困民国，勾姓。

［有人］于（扜）兽，方食之，名曰摇民。帝舜生戏，戏生摇民。

（二）《大荒南经》

有人三身，帝俊妻娥皇，生此三身之国，姚姓。

有季禺之国，颛顼之子，食黍。

有盈民之国，於姓，黍食。

有不死之国，阿姓。

有人食兽，曰季厘。帝俊生季厘，故曰季厘之国。

有臷民之国。帝舜生无淫，降臷处，是谓巫臷民。巫臷民朌姓。

有蜮民之国，桑姓。

有小人，名曰焦侥之国，幾姓。

有国曰［伯服］，颛顼生伯服。

有鼬姓之国。

有人名曰驩头。鲧妻士敬，士敬子曰炎融，生驩头。

有羲和之国，有女子名曰羲和，方日浴于甘渊。羲和者，帝俊之妻，生十日。

（三）《大荒西经》

有国名曰淑士，颛顼之子。

有西周之国，姬姓，食谷。有人方耕，名曰叔均。帝俊生后稷，稷降以谷。稷之曰台玺，生叔均。

有赤国妻氏。

有北狄之国。黄帝之孙曰始均，始均生北狄。

有寿麻之国。南岳娶州山女，名曰女虔。女虔生季格，季格生寿麻。

有人焉三面，是颛顼之子。

有互人之国。炎帝之孙名曰灵恝，灵恝生互人。

（四）《大荒北经》

有胡不与之国，烈姓。

有大人之国，釐姓。

有叔歜国，颛顼之子。

有北齐之国，姜姓。

有毛民之国，依姓，食黍，使四鸟。禹生均国，均国生役采，役采生修鞈，修鞈杀绰人，帝念之，潜为之国，是此毛民。

有儋耳之国，任姓，禺号子。

又有无肠国，是任姓。无继子。

有人方食鱼，名曰深目民之国，盼姓。

有人名曰犬戎。黄帝生苗龙，苗龙生融吾，融吾生弄明，弄明生白犬，白犬有牝牡，是为犬戎。

有人一目，当面中生。一曰是威姓，少昊之子。

有继无民，继无民任姓，无骨子。

有国曰中輪，颛顼之子。

有人珥两黄蛇，把两黄蛇，名曰夸父。后土生信，信生夸父。［按：《海外北经》："夸（原作'博'，据袁珂说改）父国在聂耳东，其为人大，右手操青蛇，左手操黄蛇。邓林在其东，二树木。一曰博父。"］

有人有翼，名曰苗民。颛顼生驩头，驩头生苗民，苗民釐姓。

有牛黎之国。有人无骨，儋耳之子。

（五）《海内经》

西南有巴国。大皞生咸鸟，咸鸟生乘厘，乘厘生后照，后照是始为巴人。

有国名曰流黄辛氏。

伯夷父生西岳，西岳生先龙，先龙是始生氐羌，氐羌乞姓。

从上述世系来看，这些国族有黄帝后、炎帝后、帝俊后、帝舜后、太昊后、少昊后、颛顼后、伯夷父后、南岳后、鲧后、禹后、后土后、禺号（猇）后等，看上去十分混乱复杂，但黄帝、帝俊、帝舜、帝喾实际上是同一人的分化，“黄帝”本作“皇帝”，是神之尊号，而“俊（喾、舜）”是其名，[1] 所以此中的黄帝、帝俊、帝舜之后实际上都是黄帝之后；而太昊即昌意即帝尧，少昊即帝鸿即玄嚣青阳即帝挚，他们都是黄帝（帝喾、帝俊）之子；[2] 而颛顼、鲧、禹、禺号等都是黄帝之后；后土是炎帝之后。唯独伯夷父和南岳不知谁之后。也就是说，《海经》中凡是记载了世系的国族，大部分都是黄、炎之后，而以黄帝之后最多，黄帝的世代系统是《海经》中最大的系统。

其中许多国族都有姓氏。姓氏具体起源于何时现在已不可考，但是从古人对“姓”的解释上能够知道个大概，《说文》：“姓，人所生也。古之神圣，母感天而生子，故称天子。从女从生，生亦声。《春秋传》曰：‘天子因生以赐姓。’”《五经异义》言“《诗》齐、鲁、韩、《春秋》公羊说圣人皆无父，感天而生”[3]，这个解释说明，至少在“只知有母，不知有父”的以母权为中心的母系氏族时代姓氏制度已经有了，它是一个氏族出于某女性先祖的标记；但是到了以父权为中心的父系氏族时代，姓又成为出于某男性先祖的标记，比如说姬姓出于黄帝、姜姓出于炎帝等。在周代，姓和氏有严格的区分，姓表示氏族的起源（即“所自出”），氏是因为封地、官职、职业等所获的家族称号，是身份、地位尊贵的象征。当时男尊女卑，故男人称氏不称姓，女人称姓不称氏。

“胙土赐姓”制度为周人所创，但是姓氏的起源却甚古老，只是西周以前姓、氏并无严格区别，赵林指出：“商代的人名并无姓氏的二分，男子称氏与女子系姓做出姓氏二分开始于周代。”[4] 从《海经》对诸国族的姓氏记载来看，姓氏在虞夏时期已经存在，它具体是怎么得来的无可考察，也无法分辨哪些是姓、哪些是氏，古书里说禹姒姓、益嬴姓、契子姓、后稷姬姓都是尧舜“赐”的，均不可信，但可以知道的是姓氏在当时一定是某个有共同源头的族群所共有的代表符号，以与其他的族群相区分。

---

① 王宁：《“黄帝”考源》，《重庆文理学院学报》（社会科学版）2012 年第 2 期。

② 王宁：《太昊、少昊与上古的东夷民族》，《枣庄师专学报》2000 年第 4 期。

③ 郑玄：《驳五经异义》引，《景印文渊阁四库全书》第 182 册，台湾商务印书馆 1986 年版，第 311 页。

④ 赵林：《殷契释亲：论商代的亲属称谓及亲属组织制度》，上海古籍出版社 2011 年版，第 320 页。

而在《海经》中多称“某姓”，所记录的姓氏有销、姜、勾、姚、於、阿、肦、桑、幾、䶮、姬、烈、釐、依、任、盼、威、乞，共18个姓；称氏的有流黄酆氏（一作流黄辛氏。按：“酆”字当是“鄭”字之误，鄭、辛古音脂真旁纽，音近而假）、赤国妻氏、肃慎氏、乌氏、白氏，但后二者据学者考证“氏”都是“民”字之误，那么可信的只有辛（鄭）氏和妻氏、肃慎氏，而实际上“肃慎氏”亦颇疑是“肃慎民”之误，“肃慎民之国”的名称格式与《大荒北经》的“深目民之国”相同。那么称“氏”的就只有鄭（辛）氏和妻氏了，可这个氏和姓恐怕也没什么区别。

《海经》的记载的世系是一种最古老的传说，他和经过战国末秦汉间人改造过的世系完全不同，比如虞朝即五帝时代，《大戴礼记·五帝德》《史记·五帝本纪》记载的五帝是黄帝、颛顼、帝喾、帝尧、帝舜，而《海经》中是昌意（帝尧）、帝鸿（帝挚）、帝韩流（帝乾荒）、帝颛顼、帝丹朱，共传了四代五帝，其中帝尧和帝挚是兄终弟及，韩流以下都是父传子，根本就没有儒墨推崇的“禅让”之说。再比如夏人的世系，《史记·夏本纪》的记载是黄帝→昌意→颛顼→鲧→禹→启，而《海经》的记载是黄帝→骆明→鲧（白马）→禹→均国→役采→修鞈，《海经》里提到“夏后启”（《海外西经》《海内南经》）或“夏后开”（《大荒西经》），但没明确记载他的世系，传世典籍都认为启是禹之子，其时代相当于均国。和《夏本纪》对比可知二者差距之大，《海经》认为夏人是黄帝之后一个独立的世系，和其他国族不相干；而《夏本纪》则认为夏人是出自颛顼。这说明《海经》的口传解说有自己单独的流传渠道，虽然会发生变异，而其核心内容不会变，也不会受社会上盛传之说的影响而改变，所以保留下来许多古老的传说，这一点就弥足珍贵。

徐显之认为：“《山海经》是一部最古的方志……《海经》部分是以氏族为经的社会志，其《海内经》部分具有制作发明的科技志的性质。它是产生于氏族社会末期的我国一部古代氏族社会志。”① 这个看法大致是正确的。《海经》里记载的诸多国族，是虞夏时期疆域内的属国，其本居于东方黄淮之间和山东半岛的古老部族，是虞夏方国联盟的主干，也是后来华夏族群的源头。这些国族的一部分在夏朝灭亡后西迁，成为北狄和

① 徐显之：《山海经探原》，武汉出版社1991年版，第1页。

西戎的重要组成部分；没有迁徙的部分在商代成为人方，到了周代成为东夷和淮夷。所以，《海经》是目前可知产生时代最古老的一部古书，是研究虞夏时期的历史不可或缺的也是唯一的口传史料，具有重要的文献价值。

（王宁，枣庄广播电视台主任编辑）

汉画中的嘉禾形象与汉人的农业崇拜

臧莎莎

摘　要：嘉禾作为五谷之长泛指壮硕之禾，汉画所见嘉禾是粟、黍、麦、稻等穗状谷类作物在两汉农业活动中的直观反映。汉墓画像中的嘉禾不再是君德和德治的象征，而是汉人视死如生丧葬观念的产物。它既是当时农事活动的再现，有祈求农事丰收之意。当其与特定艺术形象相结合时，还具有追求秩禄、富贵和升仙的美好寓意。汉代鼓励农耕的政策以及祈求丰收的迷信活动，反映出汉人浓厚的嘉禾崇拜意识。

关键词：汉画；嘉禾；升仙；农业崇拜

汉画像在艺术史上占据着重要地位，为研究汉代社会生活提供了丰富资料。嘉禾是汉画像中的常见题材，它以简朴的造型和多样的构图，再现了汉人的农事活动，反映出汉人特有的思想信仰和农耕文化。

目前学界对嘉禾形象的研究主要集中在嘉禾作为先民农耕实践的意义及其作为一种符瑞在政治层面的影响。① 至于汉画中的嘉禾形象，学者主要将其视为昭示君王德行的祥瑞之物。② 诚然，政治文化视野中的嘉禾与君德相关。除此之外，墓葬画像文化中的嘉禾亦与汉人魂而有知、视死如生的丧葬观念密切相关，并兼具求实愿景与追求升仙的双重意境。本文将

---

① 诸如陈小芒《“嘉禾”文化说略》（《农业考古》2011 年第 1 期）从嘉禾的农业价值、政治文化寓意以及志怪作品中的嘉禾形象，探讨了嘉禾在文化史上的象征意义。周能俊、贾长宝《“嘉禾”符瑞对中古时期政治的影响》（《农业考古》2016 年第 1 期）探讨了刘宋元嘉二年嘉禾符瑞与国家政局的密切关系。

② 如周保平、刘尊志《汉画吉祥图像的图像学解析》（《中国汉画学会第十届年会论文集》2006 年）与李浩《中国代祥瑞崇拜的文化诠释》（《民俗研究》2008 年第 2 期）都从天人感应的角度阐释了自然中的嘉禾与人间政治的感应关系。

以汉代的农业发展为背景，结合汉人的丧葬观念，重新阐释嘉禾在汉画中的意义和价值。

一 何为嘉禾

在传统农耕社会，嘉禾占有重要地位，它不仅是人们追求的丰收之物，还被赋予吉祥之意出现于不同艺术载体之中。以汉画像为例，全国各地出土的画像石中几乎均有嘉禾图像，这些果粒丰满，谷穗低垂的植株与人物、动物、建筑以及仙界形象共同构成了汉人对死后世界的想象，并呈现出了汉人特有的农业文化思维。

嘉禾具体所指，目前学界说法不一。有人从字面意思出发，认为嘉禾指茁壮之禾、硕大之禾。有人从植物学角度出发，认为嘉禾是指由基因突变引起的稻子、小麦等植株所结穗的数量、形态较为特异者。还有一种较为普遍的观点认为嘉禾是五谷之长，祥瑞之物。如果考虑到嘉禾大茎多穗、异于五谷的植株形态，基因突变说似乎符合事实；但若从古人有将特异之物视为祥瑞的习俗看，将嘉禾定义为五谷之长更符合汉代的文化意境。

首先从文献资料来看，汉人对于嘉禾的认知往往与大茎、多穗之禾有关。班固《白虎通义·封禅》云："嘉禾者，大禾也，成王时有三苗异亩而生，同为一穟，大几盈车，长几充箱。"[①] 王充《论衡·吉验篇》亦曰："三本一茎九穗，长于禾一二尺，盖嘉禾也。"又《纬书集成·尚书中候》卷上云："嘉禾茎长五尺，三十五穗。"[②]《后汉书·孝安帝纪》载：延光二年六月"九真言嘉禾生"，李贤注引《东观记》曰："禾百五十六本，七百六十八穗。"[③] 无论是二苗或三苗共一穗，还是一茎生九穗，甚或夸张的三十五穗，汉人眼中的嘉禾绝对是壮硕之物。其次，我们从字面意思出发，"嘉禾"一词的重点在"禾"。许慎《说文》云："禾，嘉谷也。以二月而种，八月始熟，得时之中，故谓之禾。"董仲舒《春秋繁露》卷第十三言"五谷成而嘉禾兴"[④]。禾、谷可通，嘉禾根植于五谷无疑。又《宋书·符瑞志》云："嘉禾，五谷之长，王者德盛，则二苗共秀。于周

① 陈立撰，吴则虞点校：《白虎通疏证》，中华书局 1994 年版，第 287 页。
② ［日］安居香山、中村璋八辑：《纬书集成》，河北人民出版社 1994 年版，第 415 页。
③ 《后汉书》卷 5《孝安帝纪》，中华书局 1965 年版，第 237 页。
④ 苏舆撰，钟哲点校：《春秋繁露义证》，中华书局 1992 年版，第 375 页。

德，三苗共穗；于商德，同本异穟；于夏德，异本同秀。”[①] 因而，理解嘉禾的根本在于了解两汉时期农作物的种类。

中国主要粮食作物在春秋战国时已初步定型，两汉时期伴随着阴阳五行观念的盛行，“五谷”之说逐渐成形。但五谷具体所指说法不一，郑玄注《周礼》“五谷”谓：麻、黍、稷、麦、豆也。赵岐注《孟子》“五谷”谓：稻、黍、稷、麦、菽也。事实上，当时常见的农作物种类远超五种。湖北云梦睡虎地秦简《秦律十八种·仓廪》所见秦代粮食即有七种：“种：稻、麻亩用二斗大半斗，禾、麦亩一斗，黍、荅亩大半斗，叔（菽）亩半斗。”[②] 居延汉简中常见各类“谷簿”“廪食粟出入簿”“麦出入簿”“糜出入簿”等粮食登记册，也说明汉代主要粮食作物并非限于五种。[③] 此外，汉墓中也出土不少粮食实物。尽管由于年代久远很多粮食存在碳化现象，但仓廪明器所刻铭文为了解当时作物种类提供了可能。河南洛阳烧沟汉墓的陶仓内曾发现稻、粟、麦、黍、大豆、稷、麻、高粱、薏苡等农作物的外壳，且陶仓外特以朱书题记：“麦万石”“稻万石”“大豆万石”“白米万石”“粱米万石”“大麦万石”“黍粟万石”“粟万石”“黍万石”“小豆万石”“小麦万石”“麻万石”“稻米万石”“稻种万石”等。[④] 综上，两汉常见作物种类可基本概括为稷、粟、黍、麦、稻、豆、麻等，它们可统称为五谷。根据时代和地域的不同，不同种类的粮食的比重和地位不同，因此在不同区域五谷的种类也存在一定的差异。

考古资料显示，两汉时期五谷类作物分布存在南北差异，北方以旱地作物为主，南方则以水田作物为主。五谷之中，黍类谷物是北方最重要的主食谷物，稻米在南方变得越来越重要，但两汉时期最通行的谷物还是麦与粟。

嘉禾既然被视为五谷之长，那五谷之中被视为“长”者又是哪一类作物？历代注家说法不一，《韩非子·外储说左下》记孔子言：“夫黍者五谷之长也，祭先王为上盛。”[⑤]《风俗通义》引《孝经》曰：“稷者，五

① 《宋书》卷二九《符瑞志下》，中华书局1997年版，第827页。

② 睡虎地秦墓竹简整理小组：《睡虎地秦墓竹简》，文物出版社1990年版，第29页。

③ 谢桂华、李均明等：《居延汉简释文合校》，文物出版社1987年版，第58页。

④ 洛阳区考古发掘队、中国科学院考古研究所：《洛阳烧沟汉墓》，科学出版社1959年版，第112页。

⑤ 王先慎撰，钟哲点校：《韩非子集解》，中华书局1998年版，第299页。

谷之长，五谷众多，不可遍祭，故立稷而祭之。”①《本草纲目·谷部》引《五符经》曰：“胡麻，本生大宛，五谷之长也。”同书引《吴普本草》曰：“大麦一名穬麦，五谷之长也。”② 似乎黍、稷、麻、麦都曾被视为五谷之长。不仅如此，五谷中还存在一物多名现象。贾思勰《齐民要术》曰：“谷，稷也。名粟、谷者，五谷之总名，非止谓粟也。”③ 可见，不仅五谷之“五”为虚数，各家对于五谷之长的理解也各不相同。

或许我们可从画像资料中得到答案。汉画像中草类植物形象众多，若无专门榜题很难界定瑞草与嘉禾。故本文以东汉武都太守李翕《黾池五瑞图》中明确带有“嘉禾”铭文的九穗之禾形象为标准（图 1），将汉画像所见嘉禾形象划分为几类：一类植株高大叶片低垂者，如山东嘉祥武氏祠所见羽人与嘉禾（图 2）。另一类则以独茎多穗的植株形态出现，与今日所见谷类幼苗最为相似，如四川成都曾家包汉墓所见单株嘉禾（图 3），又如陕西绥德王得元墓室东壁门立柱所见群生嘉谷（图 4）。总体而言，汉画中的嘉禾以茎秆独立，叶片细长，谷穗低垂为基本形象特征。

图 1

图 2

图 3

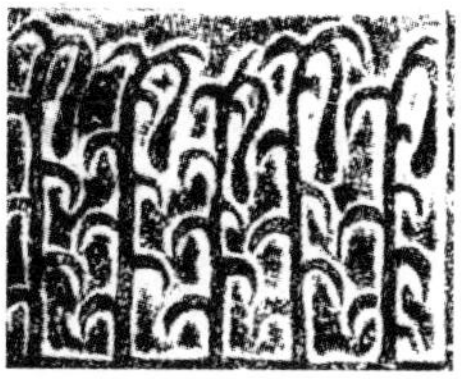

图 4

上四图分别出自《金石索》卷 3、《中国画像石全集·1·山东汉画像石》第 43 页、《中国画像石全集·7·四川汉画像石》第 41 页、《中国画像石全集·5·陕西山西汉画像石》第 56 页。

既然由画像可以确定嘉禾的基本形象，那回归现实中的作物可知，五谷之中豆和麻的叶片呈宽卵形和长圆状线形，果实均为荚果，与嘉禾形象不符，可排除。粟、黍、麦与稻的植株相似性较高，均属禾本科植物，细

① 应劭撰，王利器注：《风俗通义校注》，中华书局 1981 年版，第 356 页。
② 李时珍：《本草纲目（点校本）》，人民卫生出版社 1982 年版，第 1445 页。
③ 贾思勰著，石声汉译注：《齐民要术》，中华书局 2015 年版，第 77 页。

茎中空、单叶互生，披针形叶片，近纺锤状花序，椭圆形果实。细茎单叶和低垂花穗作为其共同特征与画像中的嘉禾保持了一定的相似性。此外，从字形来看，金文中大篆体的黍、粟、麦、稻四字所呈现的禾苗低垂谷穗迎风形象，与画像中所见的嘉禾植株亦非常接近。

黍　　粟　　麦　　稻

黍（高粱）　　粟（小米）　　麦　　稻

综上，无论是文献资料还是画像资料，我们都很难将嘉禾设定为某种具体而特定的五谷作物。结合两汉主要粮食作物类型，以及汉画中常见的嘉禾形象，将其定义为长势良好、颗粒硕大的粟、黍、麦、稻等谷类作物最为合适。此外，若将五谷之长中的“长”解释为果实最为丰硕者，则嘉禾为“五谷之长”的说法也并非不妥。

二　汉画中嘉禾形象的寓意

两汉时期祥瑞观念流行，现实生活中嘉禾的出现往往被视为德政之兆。《白虎通·封禅》卷五载：“天下太平，符瑞所以来至者……德至天，则斗极明，日月光，甘露降。德至地，则嘉禾生，蓂起，秬鬯出，太平感。”帝王甚至以此附会自己的出身，汉光武帝出生时因“嘉禾生于屋”而被认为是“嘉禾之精，凤凰之气”①。足见当政者对于嘉禾这一形象的运用与重视。

① 黄晖撰：《论衡校释》，中华书局1990年版，第164页。

汉画中嘉禾所表达的意义则与此不同，作为丧葬艺术的表现形式，汉画反映的是生者对于死后世界的理解和想象。嘉禾以图画的形式出现于墓室之中，或现于农耕、放牧场景，或生长于各灵物之旁，甚或充斥于各类背景画中，与众多艺术元素共同构成了汉人对于死后世界的描绘。从汉画题材意义的多样性来看，嘉禾作为一种祥瑞之物，不仅是现世农耕生活的反映，理应包含诸多其他美好愿景。结合嘉禾所出现的场景及其共生图像的类型，我们将其象征意义分为以下几类。

（一）农事再现，企盼丰收

在中国古代的思想文化中，植物是具有生命的精灵，从而引起人们的崇敬。江苏省连云港市将军崖曾发现一幅新石器时代（有观点认为是春秋时代）反映原始农业思维的岩画。在一块覆钵状的山坡断面上刻有十个人面植物纹，人面长在辐射状线条构成的禾苗之上，就像一个个结出的果实。俞伟超先生认为这“似乎与某种农作物有血缘关系，或是某种农作物的神的象征物”①。这种以草木为神灵的崇拜很早即已存在，如夏人曾以植物——薏苡为图腾。《白虎通义·姓名》卷九下曰：“禹姓姒氏，祖昌意以薏苡生。”② 人们祭祀特定植物，相信它能够带来农业丰收，从而形成对植物的崇拜。

嘉禾作为农耕文明的重要产物，对于人类生存的意义重大，自然会受到人们的推崇。汉画中常见嘉禾出现于农耕场景中，或为牛耕播种，或为锄禾劳作，或为谷穗低垂等待丰收。如陕西吴堡寨山村东汉画像石墓所见农耕图（图5），下部刻画了一幅农人弯腰持犁驱赶二牛耕作的劳作场景，上部则是一幅嘉禾谷穗低垂、二禽啄食昆虫的丰收画面。又如江苏睢宁县双沟镇出土的牛耕画像（图6），图中一农人扶犁驱二牛犁田，一童紧随其后播种，田间有若干禾苗长势良好，侧面一人挑担运送水和食物，一人挥锄翻地或锄草，一派农耕繁忙之象。两汉时期牛耕技术迅速推广，尤其是东汉开始二牛抬杠方法的运用，极大地提高了生产效率。《汉书·食货志》中曾提到“用耦耕，二牛三人”，只不过从画像来看，二牛一人的操作在实际中更为普遍。禾苗耕种后还需要勤于打理，不时锄草浇灌才能收获。河南南阳邢营一号东汉画像石墓所见农作图（图7），即是描绘农人

① 俞伟超：《先秦两汉考古学论集》，文物出版社1985年版，第60页。

② 陈立撰，吴则虞点校：《白虎通疏证》，中华书局1994年版，第287页。

辛勤锄禾的场景。陕西绥德辛店乡东汉画像墓所见收割图（图8），则是对于人们辛勤劳作的最终回报——嘉禾硕果累累，谷穗沉沉。正如连云港岩画所寓意的人们对于生存的渴望和粮食的祈求，汉画像中的嘉禾形象所代表的，也是农业社会中人们对于五谷丰登的一种渴求。

图5

图6

图7

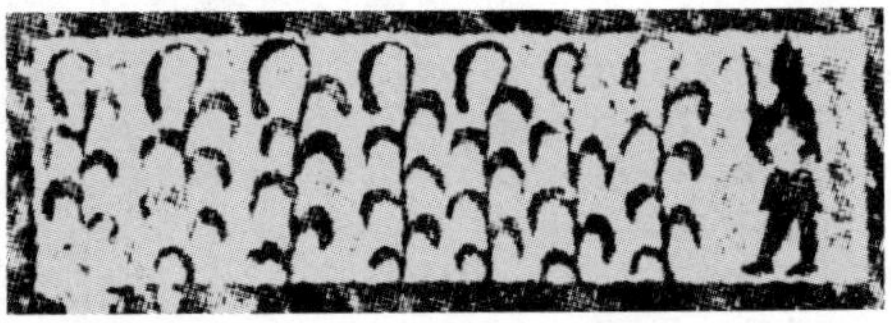

图8

上四图分别出自《汉画总录·9·吴堡》第211页、《中国画像石全集·4·江苏安徽浙江汉画像石》第76页、《汉画总录·13·南阳》第81页、《汉画总录·6·绥德》第159页。

两汉时期人民普遍重视农业生产，政府也积极鼓励耕织，并采取各项措施保证农业的民本地位。尽管我们并不能将汉画所见耕作画面都理解为嘉禾，但它作为五谷之中的壮硕长大者，必定是人们所渴望的丰收之物。汉人视死如生，即便是死后世界中，对五谷丰登的渴求依然存在。因此，汉画中嘉禾形象最直接的寓意是汉人对农耕场景的再现和对后世子孙农业丰收的保佑。

（二）高爵厚禄，秩禄升迁

汉画中常见仙人手执嘉禾，或嘉禾与凤鸟和鹿共存的图像，其含义与追求秩禄和爵位相关。汉人很早就将嘉禾与秩禄相联系，《后汉书·蔡茂传》载：“茂初在广汉，梦坐大殿，极上有三穗禾，茂跳取之，得其中穗，辄复失之。以问主簿郭贺，贺离席庆曰：‘大殿者，宫府之形象也。极而有禾，人臣之上禄也。取中穗，是中台之位也。于字禾失为秩，虽曰失之，乃所以得禄秩也。衮职有阙，君其补之。’旬月而茂征焉，乃辟贺为掾。”① 蔡茂所梦三穗禾即为嘉禾，宫殿生禾有秩禄之意，人臣取之即可得秩。郭贺的解释尽管实属附会，但至少说明在汉人心目中，嘉禾不仅是君德的吉征，同样也有人臣得禄的含义。《八家后汉书辑注》附录亦曾载史学家谢承因治境有嘉禾生，而由郡督邮升迁为都尉之事：“（谢）伟平于孙吴时，为吴郡督邮，有嘉禾生部内，后迁长沙都尉。”② 可见将嘉禾与秩禄相联系之事三国时代仍然流行。嘉禾与秩禄的联系与汉代的官制和俸制密切相关，一方面汉人以秩石来划分官员等级，千石、百石、斗食所言正是粮食的重量。另一方面西汉前期曾以谷物作为官员俸禄，东汉官俸亦“半钱半谷”。郑众《婚礼谒文赞》曰：“嘉禾为谷，班禄是宜。吐秀五七，乃名为嘉。”③ 反映的正是嘉禾与俸禄的关系。

此外，古人有以动物谐音表达吉祥的习惯，比如羊与“祥”谐音，象征吉祥；鹿与“禄”谐音，象征利禄或官禄；雀与“爵”音同，寓意高爵。当汉画中出现嘉禾与雀鸟、天鹿、仙人等画像时，即有追求高官厚禄之意。如四川泸州驿坝汉墓七号石棺见有一幅天禄图（图9），一人手持多穗嘉禾面向天鹿，所表达的正是追求功名利禄和长寿之意。陕西米脂官庄东汉墓墓门柱见有凤鸟与瑞草图（图10），凤鸟左右两株高大的瑞草即是嘉禾，凤凰作为百鸟之王，有吉祥和权力之意，嘉禾与凤鸟组合的寓意应与汉画中常见的树下射猴、射鸟图所表达的“侯（猴）”与“爵”含义相同。陕西米脂县蒋沟村东汉画像墓中见有羽人献瑞图（图11），注释者将其释为瑞草，但从其三穗低垂的形态来看，不似灵芝、蓂荚类瑞草，更接近于嘉禾。图中背生双翼的羽人手持嘉禾献于戴冠着袍者，似是对墓主人表达丰收与秩禄的美好寓意。此外，陕西绥德墓门立柱画像见有一蛇尾神人手执嘉禾图（图12），有人将其解读为伏羲，作为孕育人类的始祖神，其所持之禾应有大地丰收与秩禄高升的双重意味。《中国画像砖全集》图一八七曾收录一块榜题为“宜官秩”的汉代空心砖，画面中所绘为一房屋与一阁楼，具体出土地不详。可见，在汉人的思想意识之中，宜官秩与宜子孙一样都是普通人所追求的美好愿望。

---

① 《后汉书》卷二六《蔡茂传》，中华书局1965年版，第908页。

② 周天游：《八家后汉书辑注》，上海古籍出版社1986年版，第758页。

③ 徐坚：《初学记》，中华书局1962年版，第661页。

图 9

图 10

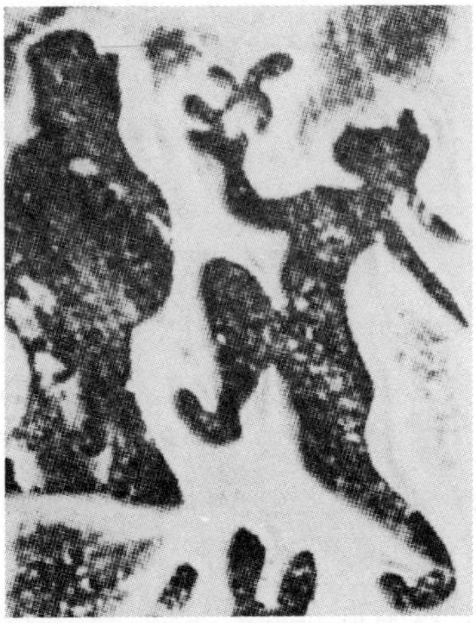

图 11

图 12

上四图分别出自《中国画像石全集 · 7 · 四川汉画像石》第 153 页、《汉画总录 · 1 · 米脂》第 165 页、《汉画总录 · 3 · 米脂》第 48 页、《中国画像石全集 · 5 · 陕西山西汉画像石》第 13 页。

两汉时期人们普遍追求祥瑞，希望借助各类寓意美好的神灵来达成愿望。汉画中无论是仙人手持嘉禾，还是嘉禾与凤、鹿等神灵共存的画面，都是人们祈求神灵保佑长寿富贵的一种表现。因而，汉画中的嘉禾作为五谷之长，不仅养育生民，还兼具追求秩禄的美好寓意。

（三）祈求富贵与长生不老

汉画像的升仙题材中常见西王母画像，王母周围常伴有手持仙草的拜者或侍者。如山东嘉祥洪山村出土的西王母画像中，王母两侧男子各手持谷穗状植物虔诚跪拜（图 13）。陕西绥德四十里铺东汉墓出土的西王母画像中，王母右侧的鸡首人身神兽与左侧戴山形冠的侍者亦手持穗状之禾（图 14）。山东嘉祥东汉画像石墓出土的西王母画像中，王母周围各立两名手持仙草的侍者（图 15—图 17）。蒋英炬等人将跪拜者所持之物视为芝草，但灵芝类仙草往往有圆形菌盖，此处茎秆粗大，叶片呈针状，应为大株嘉禾。

图 13

图 14

图 15

图 16

图 17

上五图分别出自《中国画像石全集·2·山东汉画像石》第 87 页、《汉画总录·5·绥德》第 64 页、《中国画像石全集·2·山东汉画像石》第 117 页、《中国画像石全集·2·山东汉画像石》第 89 页、《中国画像石全集·2·山东汉画像石》第 92 页。

如何确认王母身边侍者所持之物为嘉禾呢？或许联系汉哀帝末年民间流行的“传行西王母筹”活动，可以得到答案。《汉书·五行志》载：“哀帝建平四年正月，民惊走，持稾或棷一枚，传相付与，曰行诏筹……

歌舞祠西王母。”[①] 荀悦《汉纪·孝哀皇帝纪》亦曰：“建平四年春正月，关东民相惊走，或持筹相与，号曰‘西王母筹’。”[②] 在此次祭祀西王母的过程中，百姓手持之物或为“稾和椒”或为“筹”。颜师古将“稾”释为“禾秆也”；如淳将“椒”释为“麻秆也”。现代学者马怡将“筹”解释为“小木条状，又称作书或符，可佩挂在身”[③]。宋艳萍认为行筹之物“是类似于禾秆或麻秆的一枚东西”[④]。无论是木条、禾秆还是麻秆，这些都是农耕中常见之物，取材容易，方便传行。嘉禾既然可以代指五谷中的壮硕者，禾、麻自可视为嘉禾，如此来看行筹活动和王母侍奉者手持之物即为嘉禾。

西王母身旁跪侍者手持的嘉禾有何意义？美国学者简·詹姆斯在《汉代西王母的图像志研究》一文中认为侍者所持嘉禾乃是象征着西王母的法令，并引用周策纵关于早期中国的萨满拿着芝草或嘉禾向四面八方叫喊祈求神的观点，以及中亚和西方文化中存在的在宗教列队或礼拜者在祭坛或神像祈祷时中手拿树枝或草梗的习俗，认为嘉禾的存在是宗教活动的一种仪式。[⑤] 此观点可聊备一说。既然汉人认为西王母主宰长生，能够赐福解祸，那么嘉禾的意义应与祈求长生和富贵相关。首先古人有以嘉禾之米以供祭祀之俗，司马相如曰：“囿驺虞之珍群，徼麋鹿之怪兽，導一茎六穗于庖，牺双觡共抵之兽。”骃案：《汉书音义》曰：“谓嘉禾之米，于庖厨以供祭祀。”[⑥] 嘉禾作为五谷之长，表达的正是祭祀者的诚意。其次，汉人有在夏季祭祀西王母的习俗。《管子·轻重己》曰：“以春日至始，数九十二日，谓之夏至，而麦熟，天子祀于太宗，其盛以麦；麦者，谷之始也。宗者，族之始也。同族者人，殊族者处。皆齐大材，出祭王母。”[⑦] 夏至时节麦最早成熟，以此供奉掌握富贵和生死的王母，表达的自然是富贵与长生之意。因而，当嘉禾出现于王母周围跪侍者之手时，其含义是向

① 《汉书》卷二七下《五行志下》，中华书局1962年版，第1476页。

② 荀悦撰，张烈点校：《两汉纪·汉纪》，中华书局2002年版，第504页。

③ 马怡：《西汉末年“行西王母诏筹”事件考——兼论早期的西王母形象及其演变》，《形象史学研》2016年上半年，第38页。

④ 宋艳萍：《汉代画像与汉代“厌胜”之风》，《形象史学研究》2015年下半年，第60页。

⑤ ［美］简·詹姆斯：《汉代西王母的图像志研究》，贺西林译，《美术研究》1999年第3期。

⑥ 《史记》卷117《司马相如传》，中华书局1982年版，第3066页。

⑦ 马非百：《管子轻重篇新诠》，中华书局1979年版，第736页。

西王母进献五谷贡品，祈求长生与富贵。

（四）仙界象征，引导升仙

汉人创造了神仙世界这一永恒的新时空，以表达对生的依恋和对死的超越。在长生不老和升仙观念影响下，虚构的仙界除了西王母、羽人等神仙异兽，还充斥着各类仙草作为升仙载体。汉代铜镜铭文中常见持仙草升仙求道之语，如日本东京五岛美术馆所藏汉镜铭："池氏作竟有精神，上大山，见仙人，捋芝草，语吾道，此竟好，可自保，仓龙白虎主除道兮，长宜子孙保二亲，宜候王，富贵昌。"① 嘉禾作为仙草的一种，亦具有代表仙界、引导墓主人升仙的意义。

汉画中以嘉禾描绘仙界的方式众多，比如以嘉禾为纹饰，刻画出仙界云雾缭绕、仙草丛生的画面。陕西米脂李站东汉画像石墓所见嘉禾与忍冬花纹饰（图 18），即是以嘉禾作为装饰性的媒介之物来营造仙界氛围。当嘉禾与特定的仙界神兽、神物相联系时，则具有某种长生和升仙的意义。陕西米脂县官庄东汉画像石墓门柱见有许多嘉禾与玄武、朱雀、铺首、博山炉等组合的画面（图 19—图 23）。铺首作为门神具有辟邪的作用，凤鸟、玄武、独角兽等则属仙界神兽，嘉禾与其组合时显然代表仙界。

图 18

① 王纲怀：《汉镜铭文图集》，中西书局 2016 年版，第 584 页。

图 19

图 20

图 21

图 22

图 23

以陕北画像中常见的博山炉为例，它作为香炉的原型与中国古代神仙思想尤为密切。英国艺术史学家杰西卡·罗森曾指出："在汉代人的思想观念中，博山炉与微观宇宙相类，也可能与某种重要的圣山相关联，其背后的意趣指向成仙。"① 无论从其山峦造型以及博山之名来看，博山炉寓意海上仙山的意义十分明显，加之焚香过程中所产生的缥缈烟雾，更显其神秘之处。博山炉上的嘉禾则成为一种升仙的工具，引导墓主人顺着缥缈的仙气直达仙境。山东临沂白庄汉画像石墓出土的仙界图（图 24），则直观地展现了嘉禾的引导升仙功能。画面正中西王母与众仙兽独坐仙山之上，左右两侧各有御龙和白虎引车升仙，其中左侧乘龙者似为墓主夫妇，手执一株硕大无比的嘉禾，其引导意义十分明显。因而，当汉画中的嘉禾在与特定物象组合时，具有代表仙界，引导升仙、沟通神灵的美好寓意。

① ［英］杰西卡·罗森：《祖先与永恒：杰西卡·罗森中国考古艺术论文集》，生活·读书·新知三联书店 2011 年版，第 482 页。

图 24

图 18—图 24 分别出自《汉画总录·3·米脂》第 65 页、《汉画总录·1·米脂》第 151 页、《汉画总录·2·米脂》第 150 页、《汉画总录·1·米脂》第 155、175、185 页以及《临沂汉画像石》第 17 页。

汉画像作为丧葬艺术的一种，反映的是汉人的丧葬观念和思想。正如罗二虎所指出的："汉代画像的物象从形象上讲具有确定性，但从含义上讲有的物象却具有一定的模糊性，可以同时具有多种不同的含义，也可以进行多种解释。"① 嘉禾作为汉画像中的常见题材，除了最基本的再现农业生产，还兼具追求秩禄、沟通仙界等多种意涵。汉人相信死后灵魂有知，祖先不仅可以在冥界快乐的生活，还可以保佑后世子孙富贵长寿。嘉禾作为沟通神灵的一种媒介，承载了丰收、秩禄、富贵和升仙等诸多美好寓意，正是汉人视死如生、追求吉祥富贵观念的产物。

三　汉代农事活动中的嘉禾崇拜

农业社会中，统治者莫不以粮食为立国之本，强国之源。两汉时期农业技术获得了极大的提升，铁质农具的改进，耦耕制度的推行，水利设施的兴建都极大地推进了农业生产的进步。在农业技术的推动下，东汉社会一度出现"岁比登稔，百姓殷富"的富足景象，史籍中屡见嘉禾丰收的记载，如汉哀帝建平元年济阳"县界有嘉禾生，一茎九穗"，是岁光武出

① 罗二虎：《汉代画像石棺研究》，《考古学报》2001 年第 1 期。

生，因名曰“秀”。[①] 汉明帝永平十一年冬庐江郡巢湖“麒麟、白雉、醴泉、嘉禾所在出焉”[②]。汉章帝建初年间彭城县“嘉禾生于寺舍”[③]，建初六年颍川“凤皇、麒麟、嘉禾、甘露之瑞，集其郡境”[④]。汉安帝延光二年夏六月“九真言嘉禾生”[⑤]。汉桓帝建和二年夏四月“嘉禾生大司农帑藏”[⑥]。嘉禾作为农耕劳作的回报以及政治清明的体现，被史官谨慎地记录下来，反映出农本思想下人们对于嘉禾的崇拜和重视。

汉代政府为保证五谷丰产，在关注农耕技术的同时，也制定了多项利农措施。首先是建立完善的耕作制度和粮食仓储制度。据睡虎地秦简《秦律十八种·田律》载：“雨为澍〈澍〉，及诱（秀）粟，辄以书言澍〈澍〉稼、诱（秀）粟及豤（垦）田暘毋（无）稼者顷数。稼已生後而雨，亦辄言雨少多，所利顷数。早〈旱〉及暴风雨、水潦、（螽）、群它物伤稼者，亦辄言其顷数。近县令轻足行其书，远县令邮行之，尽八月□□之。”[⑦] 汉承秦制，为了保证基层农业的发展，田事上报制度在两汉亦不断推行。此外，汉代政府还在各地设立粮仓，并严格规定相关官吏职责。张家山汉简《二年律令·置吏律》规定：“官各有辨，非其官事勿敢为，非所听勿敢听。诸使而传不名取卒甲兵禾稼志者，勿敢擅予。”[⑧] 此处的“禾嫁志”应是粮食作物的登记册，规范的廪食制度是保证粮食供给的必要手段。在自灾害频繁的汉代社会，嘉禾的丰收意味着温饱和富足，并关系到国家的正常运转，因而利农政策的推广也是嘉禾崇拜的一种体现。

两汉时期人们还通过各类祭祀活动来祈求嘉禾丰收，最典型者莫过于对农业神的祭祀。根据李根蟠先生的考证，后稷和神农是中国上古时代最为显赫的两位农神。相传神农种植了九穗之嘉禾。《山海经第十六·大荒西经》引《拾遗记》卷一云：“炎帝时有丹雀衔九穗禾，其坠地者，帝乃

① 《后汉书》卷一下《光武帝纪下》，中华书局1965年版，第86页。

② 《后汉书》卷二《显宗孝明帝纪》，第114页。

③ 《后汉书》卷三〇上《杨厚传》，第1047页。

④ 《后汉书》卷六七《循吏列传》，第2467页。

⑤ 《后汉书》卷五《孝安帝纪》，第237页。

⑥ 《后汉书》卷七《孝桓帝纪》，第292页。

⑦ 《睡虎地秦墓竹简》，文物出版社1990年版，第19页。

⑧ 张家山二四七号汉墓竹简整理小组：《张家山汉墓竹简［二四七号墓］（释文修订本）》，文物出版社2006年版，第37—38页。

拾之，以植于田，食者老而不死。”[①] 此炎帝神农之所以号为“神农”也。又《风俗通义·皇霸》卷一言：“神农以地纪，悉地力，种谷蔬，故托农皇于地。”[②] 人们祭祀神农的目的当然是希望能够收获嘉禾。山东嘉祥武梁祠西壁第二层刻有神农执耜图，并有题榜“神农氏因宜教田，辟土种谷，以振万民”[③]。四川雅安高颐阙刻有一幅祭祀农业神的画像（图 25），画面左侧似乎为人首搏斗图，右侧中间肩生双翼者应为后稷农神，左侧有一人手持穗状植株为其遮挡，右下角三人跪拜。此外，汉画像中有数幅疑似农业神的画像，其形象以肩生双翼，手持臿等农具为特征，如江苏铜山苗山汉墓出土神农画像（图 26），画面上方一神人手执耒耜，一手牵凤，被认为是炎帝神农氏，其下部刻一带翼神兽口衔仙草，显示的神农尝百草。从整体寓意上看，将其释为神兽衔嘉禾，寓意追求丰收较为合适。

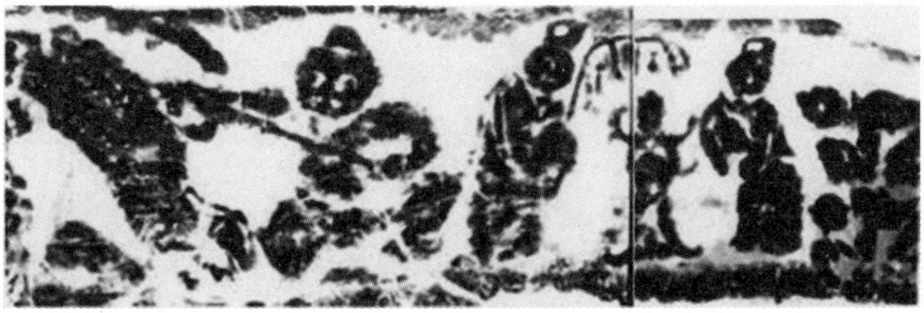

图 25

图 26

上二图分别出自《中国画像石全集·7 四川汉画像石》，第 68 页；夏亨廉、林正同主编《汉代农业画像砖石》，第 20 页。

汉人祭祀后稷之事亦见于史籍，《后汉书·祭祀志》卷 99 载：“汉兴八年，有言周兴而邑立后稷之祀，于是高帝令天下立灵星祠。言祠后稷而谓之灵星者，以后稷又配食星也。旧说，星谓天田星也。一曰，龙左角为天田官，主谷。祀用壬辰位祠之。壬为水，辰为龙，就其类也。牲用太牢，县邑令长侍祠。舞者用童男十六人。舞者象教田，初为芟除，次耕种、芸耨、驱爵及获刈、舂簸之形，象其功也。县邑常以乙未日祠先农于

① 袁珂校注：《山海经校注》，北京联合出版公司 2014 年版，第 350 页。

② 应劭撰，王利器校注：《风俗通义校注》，中华书局 1981 年版，第 3 页。

③ 中国画像石全集编辑委员会：《中国画像石全集·山东画像石》，山东美术出版社 2000 年版，第 49 页。

乙地，以丙戌日祠风伯于戌地，以已丑日祠雨师于丑地，用羊豕。”[①] 祭祀农神的活动中伴随着歌舞表演，歌舞的内容也紧紧围绕整个农事过程，足见汉人对于农业神祇的虔诚祭拜。

此外，汉代占卜文化中与禾嫁相关者亦有许多。如睡虎地秦简《日书·甲种》有：“禾良日，己亥、癸亥、五酉、五丑。禾忌日，稷龙寅、秫丑。稻亥，麦子，菽、荅卯，麻辰，葵癸亥，各常□忌，不可种之及初获出入之。辛卯不可以初获禾。”[②] 周家台秦简《病方》有关于谷物饱满的巫术：“取户旁腏黍，裹臧（藏），到种禾时，燔冶，以殽种种，令禾毋阆（稂）。”[③] 尽管这些方法不无荒谬之处，但正如汉人设立“宜禾里”这样的里名一样，只要与嘉禾和丰收相关他们都愿意去尝试，嘉禾文化已然渗入汉代农业生活的诸多方面。

结　语

汉画作为一种墓葬画像艺术，以图像的形式再现了汉人的思维与观念。墓葬画像勾勒出人们对阴阳和生死的思考，具有强烈的民间性和世俗性。汉画中嘉禾形象的出现，是汉代农业文化中的嘉禾崇拜在艺术领域的一种映射。对于汉画中嘉禾形象的理解，我们既要从现实的农耕生活出发，感受汉人追求丰收与富足的愿景，又要从精神维度阐释其在墓葬世界的意义。汉人视死如生的丧葬观念和重视农耕的文化思想，注定了汉画中的嘉禾形象与政治视域中的嘉禾意义不同，前者的象征意义更为丰富和接近个体生命，无论是其寓意后世子孙五谷丰登、高官厚禄，还是希冀自身借助嘉禾引导而升仙得道、长生不老，汉文化中的尚吉、求仙思想都是相当明显的。总体而言，墓葬文化中的嘉禾形象作为汉人寄托哀思的一种方式，体现了汉人视死如生、追求农业丰收和死后升仙的诸多美好愿望，是汉代思想文化在艺术领域里的体现。

（臧莎莎，景德镇学院人文学院讲师）

① 《后汉书》卷九九《祭祀志下》，中华书局 1965 年版，第 3204 页。

② 睡虎地秦墓竹简整理小组：《睡虎地秦墓竹简》，文物出版社 1990 年版，第 184 页。

③ 陈伟主编：《秦简牍合集·叁》，武汉大学出版社 2014 年版，第 69 页。

北魏中后期的青齐地方社会*

——以“土民”的分化、对立问题为中心

陆 帅

摘　要：北魏中后期，青齐地方的“土民”叛乱频发，其中以崔祖螭事情最为知名。分析相关人群特征可知，发起叛乱的崔祖螭与协助青州刺史元贵平镇压叛乱的崔光韶、崔光伯均为青齐当地“土民”大族清河崔氏的成员，两者因政治立场不同产生了严重的分裂与对立。而此种对立与冲突，不仅是政治选择的差异，更可视为青齐地方“土民”阶层分化的一种表现。北魏孝文帝迁洛后，一部分“土民”家族走向官僚化与城居化，另一部分“土民”家族长期困顿于乡里。随着这种情况的长期化与固定化，青齐地方政治、地方社会中的一系列矛盾也随之而生。青齐地方“土民”频繁叛乱，原因正在于此。

关键词：青齐土民；崔祖螭；双家制；中古地方豪族

汉唐之间地方社会结构所发生的巨大变迁，无疑是中古史研究中的核心问题。其中，南北朝时期的青齐地区作为地方豪强大族活跃的典型区域，先后受到唐长孺、谷川道雄、罗新、陈爽、韩树峰等学者的关注，成果积累丰硕。①

---

* 本文为南京师范大学2020年度教学改革重点项目“中国古代史教学中‘回归历史现场’教学模式的探索与研究”阶段性研究成果。

① 参见唐长孺《北魏的青齐土民》，《魏晋南北朝史论拾遗》，中华书局1983年版，第92—122页。［日］谷川道雄《六朝時代における都市と農村の対立的関係について——山東貴族の居住地問題からの接近》，收入唐代史研究会编《中国の都市と農村》，汲古书院1992年版，第61—90页；罗新《青徐豪族与宋齐政治》，《原学》第1辑，1994年版，第147—175页；陈爽《世家大族与北朝政治》，中国社会科学出版社1998年版，第152—188页；韩树峰《南北朝时期淮汉迤北的边境豪族》，社会科学文献出版社2003年版，第1—76页。

然而，一个值得注意的有趣现象是，诸多研究对于青齐地域的考察，都不约而同地将时间下限限定在北魏末年，之后的情况则语焉不详。个中原因，其实并不难索解。于《宋书》《南齐书》《魏书》中频繁出现的“土民”家族，在后续的“正史”——《梁书》《北齐书》《隋书》中已很少出现。该人群在历史前台的淡出，说明他们已不再是青齐地域的代表性力量，以之作为中心的地方社会结构也已悄然消解了。① 不过，这种社会变迁是如何发生的？其原因何在？原有的“土民”家族在其中又产生了怎样的变化历程？前人研究却并未有清晰解答。本文即拟对上述问题的展开讨论。

一　崔祖螭事件：北朝后期青齐地方社会的一个观察视角

在涉及北朝基层社会的诸多研究中，北魏末年发生于青齐地区的一起民众反乱事件历来受到关注。这便是发生于普泰元年（531），由“土民崔祖螭”领导的武装暴乱。这一事件，《魏书》卷一一《前废帝纪》中有较为简略的记载：

> （普泰元年二月）是月，镇远将军清河崔祖螭聚青州七郡之众十余万人围东阳。

在《本纪》的叙事中，崔祖螭起兵不过是当时诸多地方叛乱事件之一，很快以失败而告终，并未为之耗费太多笔墨。更详细的记载，见诸列传。同书卷一九《景穆十二王传·安定王休附东莱王贵平传》载：

> 前废帝时，以本官行青州事，属土民崔祖螭作逆，贼徒甚盛，围

① 就这一问题，唐长孺在《魏晋南北朝隋唐史三论》中也有所论及：“隋末纷起于山东河北的武装队伍中，领导和参加者绝大多数为下层民众，其中又有所谓‘山东豪杰’，即非士族的当地豪强，如苏定方、李去惑、徐世绩、黄君汉、程知节、王伯当、常何等。他们一般都家富于财，武断乡曲，是当地的实力派人物。隋末组织宗乡武装结坞作垒自保，或抗拒义军，或割据反隋，投附义军，其中绝少见到著称的高门。这与西晋永嘉之乱和北魏末六镇起义时山东士族豪强纷纷组织宗乡武装的情形很不一样。它反映山东士族一如江南士族，在朝的固已丧失政治上的优越地位，在本乡的也丧失了组织宗乡武装的能力。”参见唐长孺《魏晋南北朝隋唐史三论》，中华书局1983年版，第375页。又引文中“家富于财”原作“家富子财”，当是排版讹误。

逼东阳一百余日。(元)贵平率城民固守，又令将士开门交战。大军救至，遂擒祖螭等，斩之。

元贵平在普泰元年“行青州事”，镇守东阳，正是崔祖螭围攻的对象。值得注意的是，该史料提及崔祖螭的身份是“土民”，而元贵平赖以固守的则是“城民”，两者相互对立。其矛盾关系在同书卷六六《崔亮传附崔光伯传》有详细阐释：

前废帝时，崔祖螭、张僧皓起逆，攻东阳，旬日之间，众十余万。刺史、东莱王贵平欲令光伯出城慰劳。兄光韶曰：“城民陵纵，为日已久，人人恨之，其气甚盛。古人有言：‘众怒如水火焉’，以此观之，今日非可慰谕止也。”贵平强之，光韶曰：“使君受委一方，董摄万里，而经略大事，不与国士图之。所共腹心，皆趋走群小。既不能绥遏以杜其萌，又不能坐观，待其衰挫。蹙迫小弟，从为无名之行。若单骑独往，或见拘縶，若以众临之，势必相拒敌，悬见无益也。”贵平逼之，不得已，光伯遂出城。数里，城民以光伯兄弟群情所系，虑人劫留，防卫者众。外人疑其欲战，未及晓谕，为飞矢所中，卒。赠征东将军、青州刺史。

这段材料素来为史家所引用，并加以不同解读。胡三省在《通鉴》“城民陵纵日久”之语下注曰：“盖言东阳之民，挟州家之势，陵暴属郡，恣纵之日久矣”，将之阐释为州治、属郡之间的地域矛盾。[①] 唐长孺分析认为暴乱发生的主要原因是“迁来的新城民”和“居于乡村的土民”之间存在着“民族和阶级的双重矛盾”。[②] 谷川道雄则站在地域社会的立场上，以为该事件反映了六朝时代城市与农村的分化与对立。[③] 在此，笔者则想把视线放在崔光伯出城慰劳叛乱民众，“未及晓谕”便被“飞矢所

① 《资治通鉴》卷一五五，梁武帝中大通三年（531），中华书局2007年版，第4801页。

② 参见唐长孺《北魏的青齐土民》《北魏南境诸州的城民》，收入唐长孺《山居存稿》，中华书局1989年版，第96—109页。

③ 参见［日］谷川道雄《六朝時代における都市と農村の対立的関係について——山東貴族の居住地問題からの接近》，收入唐代史研究会编《中国の都市と農村》，汲古书院1992年版，第61—90页。

中”这一悲剧事件上。

反乱土民之首崔祖螭、张僧皓的出身，谷川氏有详细考证。[①] 要言之，他们是出身于清河崔、张，家富于财，在当地颇具人望的名家豪族。十六国末期，其先祖南迁青齐，遂扎根于此，成为当地的“土民”。而值得注意的是，身处城内的崔光韶、光伯兄弟，其实也是南迁清河崔氏的一员。关于这一点，谷川氏似未加重视。

南迁的清河崔氏世系，韩树峰有详细表格可供参证。[②] 据表，崔祖螭是崔僧渊之子，崔目连之孙，曾祖为崔辑。而崔光韶、光伯兄弟，也是崔辑后人，父崔幼孙、祖崔攸之。崔目连是崔辑二子，崔攸之则是长子。由此说来，崔祖螭与崔光韶、光伯乃是再从兄弟，关系并不疏远。不过在这一事件中，却是截然相对的立场。崔祖螭举兵反乱的目的，史书不载。唐长孺推测是“以讨尔朱兆为名，企图趁乱割据”[③]。崔光韶、光伯站在青州刺史元贵平一侧，则是试图维持现状。换言之，当时作为当地名族大姓的清河崔氏，因政治立场不同产生了严重的分裂与对立。

本来，在王朝衰亡之际，一族之内选主择路不同，产生政治分流是常见之事。但如果将考察的范围加以扩大便能够发现，崔祖螭事件绝非偶然的孤立个案。唐长孺曾经注意到北魏后期青齐地区的“土民”叛乱屡有发生，而这些反乱领导者的姓氏如房、崔、刘等，都是当地的名望大姓。[④] 也就是说，以豪族名望为首的“土民”叛乱，在当时的青齐地区形成了一种风潮。那么，这种风潮出现于何时？它的出现又折射出青齐地区怎样的社会变迁？

二　从“亡命”到“土民”：民众反乱与青齐地方社会

南北朝时期，青齐地区先为刘宋政权所控制。刘宋泰始初年，因皇位

---

① 参见谷川道雄《六朝時代における都市と農村の対立的関係について——山東貴族の居住地問題からの接近》，收入唐代史研究会编《中国の都市と農村》，汲古书院 1992 年版，第 61—90 页。

② 参见韩树峰《南北朝时期淮汉迤北的边境豪族》，社会科学文献出版社 2003 年版，第 74—76 页。

③ 参见唐长孺《北魏的青齐土民》，《魏晋南北朝史论拾遗》，中华书局 1983 年版，第 92—122 页。

④ 参见唐长孺《北魏的青齐土民》，《魏晋南北朝史论拾遗》，第 92—122 页。

之争而政局动荡，北魏趁势遣军南侵。泰始五年（469）青州治所东阳城陷落，由此该地区成为北魏疆域的一部。无论在南在北，青齐都属于远离都城、权力投射困难的边境地带，再加上战事频繁、流民猥多，主客、胡汉矛盾错综复杂，历来号称“难治”。① 这种地域特征，本就是诱发民众叛乱的温床。也正因如此，青齐地区的民众反乱事件也不仅集中在北魏末年，而是贯穿于刘宋、北魏政权控制青齐地区的整个5—6世纪。

关于该时期青齐地区的民众反乱，史籍中留下不少记载。唐长孺曾据《魏书》对北魏后期的青齐民众反乱进行过梳理，但稍欠完备。故据现有材料加以扩展补充，制表如表1：

表1　　**刘宋、北魏时代青齐地区民众反乱表**

发生时间		领导者	身份	具体记载	出典
刘宋控制时期	少帝初（423）	司马灵期、司马顺之	亡命	亡命司马灵期、司马顺之千余人围东莱，（崔）諲击之，斩灵期等三十级。	《宋书》卷65
	元嘉二十八年（451）	司马顺则、司马百年	亡命、沙门	亡命司马顺则诈称晋室近属，自号齐王，聚众据梁邹城。又有沙门自称司马百年，号安定王，亡命秦凯之、祖元明等各据村屯以应顺则。	《宋书》卷78
北魏控制时期	延兴元年（471）	封辩	青州民	青州高阳民封辩自号齐王，聚党千余人，州军讨灭之。	《魏书》卷7
	延兴元年（471）	司马小君	妖贼	妖贼司马小君聚众反于平陵，齐州刺史、武昌王平原讨擒之。	《魏书》卷7
	延兴二年（472）	孙晏	光州民	光州民孙晏等聚党千余人叛，通刘昱，刺史叔孙璝讨平之。	《魏书》卷7
	延兴三年（473）	刘举	妖人	妖人刘举自称天子，齐州刺史、武昌王平原捕斩之。	《魏书》卷7
	太和五年（481）	崔次恩	青州主簿	青州主簿崔次恩聚众谋叛，州军击之，次恩走郁洲。	《魏书》卷7
	太和十三年（489）	王伯恭	兖州民	兖州民王伯恭聚众劳山，自称齐王。东莱镇将孔伯孙讨斩之。	《魏书》卷7
	景明元年（500）	柳世明	齐州民	齐州民柳世明聚众反。	《魏书》卷8

① 北魏时代的青齐局势，魏斌曾有过细致分析，参见魏斌《北魏末年的青齐士风》，《魏晋南北朝隋唐史资料》第22辑，2005年版，第36—49页。

续表

发生时间		领导者	身份	具体记载	出典
北魏控制时期	孝昌元年（525）	崔畜、傅堆	齐州民	齐州清河民崔畜杀太守董遵，广川民傅堆执太守刘莽反。	《魏书》卷9
	孝昌二年（526）	刘树、刘苍生	齐州民	齐州平原民刘树、刘苍生聚众反，州军破走之，刘树奔萧衍。	《魏书》卷9
	孝昌三年（527）	刘钧、房须	齐州民	齐州广川民刘钧执清河太守邵怀，聚众反，自署大行台。清河民房须自署大都督，屯据昌国城。	《魏书》卷9
	武泰元年（528）	贾皓	齐州民	齐州郡民贾皓聚众反，夜袭州城，会明退走。	《魏书》卷10
	武泰元年（528）	高干邕	通直散骑常侍	通直散骑常侍高干邕及弟等，率合流民、起兵于齐州之平原，频破州军，诏东道大使元欣喻旨，乃降。	《魏书》卷10
	武泰元年（528）	邢杲	平北府主簿	幽州平北府主簿河间邢杲，率河北流民十余万户反于青州之北海，自署汉王，号年天统。	《魏书》卷10
	普泰元年（531）	崔祖螭、张僧皓	镇远将军、青州民	是月，镇远将军清河崔祖螭聚青州七郡之众十余万人围东阳。 前废帝时，崔祖螭、张僧皓起逆，攻东阳，旬日之间，众十余万。	《魏书》卷11、66
	永熙二年（533）	耿翔	青州民	青州人耿翔袭据胶州，杀刺史裴粲，通于萧衍。	《魏书》卷11
	永熙三年（534）	傅晶	东清河人	是月，东清河人傅畠杀太守韩子捷，据郡反。会赦，乃降。	《魏书》卷11

上表列举了史籍所见青齐地方的民众叛乱，共有18次。就时代而言，可大致分为三个时段：（1）刘宋控制青齐时期；（2）北魏孝文帝时期；（3）北魏末年。下面就逐一进行分析。

（一）刘宋控制青齐时期

自篡晋建宋的永初元年（420）至东阳城失守的泰始五年（469），刘宋政权控制青齐约六十年。在这段时间内，仅有两次民众叛乱发生，数量不多。尤可注意的是，这两次叛乱事件主谋的身份都是“亡命”，按字面意思，即逃亡在外之人。不过在刘宋时代，所谓“亡命”，有着特定的政治内涵。《魏书》卷三八《王慧龙传》载：

（到）彦之与友人萧斌书曰："鲁轨顽钝，马楚粗狂，亡人之中唯王慧龙及韩延之可为深惮。不意儒生懦夫，乃令老子讶之。"

到彦之是活动于宋武帝、文帝时代的将领，他所列举的四个"亡人"——鲁轨、马楚（即司马楚之）、王慧龙、韩延之都是在晋宋禅代之际反对刘裕、逃奔北朝的人士。"亡人"即是"亡命"，史书混写之。类似的"亡命"在当时有很多，例如还可以再举出刁雍、司马国璠等人。[①]在南北政权的边境地带招纳流民，伺机对刘宋政权渗透、反攻，是他们的主要特点。据表，刘宋时代两次民众反乱的领导者是司马灵期、司马顺则。他们的具体信息虽难以确知，但既然打着司马氏的旗号，应与上文所论"亡命"同为一类。另外，在刘宋政权平息反乱、维持地方秩序的过程中，当地豪强大姓的态度则颇为积极。击败司马灵期的是崔諲（参见上表），司马顺则的叛乱规模较大，参与平乱的有崔勋之、申坦、庞秀之、刘武之、刘怀珍等。其中庞秀之是"河南人"，刘武之籍贯不详，崔諲、崔勋之、申坦、刘怀珍则皆为青齐或是周边地域名望大姓。[②] 与外来"亡命"所发起的反乱相对，这些"土民"豪强是当时青齐地方秩序的有力维持者。

（二）北魏孝文帝时代

根据上表，北魏孝文帝时代是青齐地区民众反乱的频发时期，共有6次。特别是孝文帝刚刚即位的延兴元年至三年（471—473）就发生了4次，较为集中。反乱领导者的身份则呈现出复杂化的样貌。一方面，像"妖贼司马小君"这类打着司马氏旗号的反乱仍有发生，另一方面，当地

① 如《宋书》卷四七《檀祗传》云："（义熙）十年，亡命司马国璠兄弟自北徐州界聚众数百。"卷九五《索虏传》云"初，亡命司马楚之等常藏窜陈留郡界"，又载刘宋方面的国书云："司马楚、文思亡命窜伏，鲁轨、刁雍实为蚕尾。"又，关于南北朝时期"亡命"的详细梳理，参见北村一仁《论南北朝时期的"亡命"——以社会史侧面为中心》，《魏晋南北朝隋唐史资料》第22辑，2005年版，第190—208页。

② 崔諲、崔勋之同出清河崔氏，勋之为崔諲之孙。详细考证可参见韩树峰《南北朝时期淮汉迤北的边境豪族》，社会科学文献出版社2003年版，第46—76页。申坦出自魏郡申氏，侨居地应该在紧邻青齐的兖州，相关考证可参见侯旭东《北魏申洪之墓志考释》，吉林大学边疆考古研究中心编《"1—6世纪中国北方边疆·民族·社会国际学术研讨会"论文集》，科学出版社2008年版，第207—223页。刘怀珍出自平原刘氏，其参与平乱一事在《南齐书》卷二七本传中有载。

的“土民”也开始成为反乱事件的主角，“青州主簿崔次恩”“青州高阳民封辩”“光州民孙晏”即为如此。当然，还有“妖人刘举”“兖州民王伯恭”之类的反乱事件。

关于青齐地区在延兴、太和年间由反乱频繁走向局势稳定的过程，韩树峰曾征引大量史料进行详细的分析说明，其意见大体可从。[①] 在此依据韩树峰的结论简述如下：

在刚刚占领青齐地区的皇兴、延兴之际，北魏政权尚未展开汉化改革，在汉族人群的眼中仍是相对野蛮的形象，南方政权则是礼乐诗书等华夏文化的正朔所在。正因如此，在北魏攻占青齐之际及之后的一段时间，有大量汉人为了脱离北魏的统治而向南迁徙。[②] 另外，北魏攻占青齐后的统治策略也颇为严苛。屯聚在历城、梁邹、东阳三城的豪族大姓被强制迁往平城统一管辖，即所谓的“平齐民”。青齐的地方机构也受到裁撤，“并职从省，守宰阙任”，并且“不听土人监督”，试图将“豪望”排斥出青齐地方的行政运作中。他们的境遇正如韩麒麟所言，“新附之人，未阶台宦，士人沉抑”。[③]

北魏政权不承认“土民”的利益，是造成两者尖锐矛盾的根本所在，再加上南朝方面的招诱，故而反乱一再出现。而在太和十三年（489）之后的较长一段时间内，青齐地方鲜有反乱发生，正与北魏政权的政策转变有关。孝文帝亲政后采取了一系列缓和胡汉矛盾的措施，例如“平齐民”返乡、起用地方“豪望”等。[④] 作为“土民”的豪族大姓被重新纳入政治体系中，再次成为地方秩序的维持者，青齐的地方局势也由此得以稳定下来。

（三）北魏末年

北魏末年是青齐地区民众反乱爆发的高潮期，自孝昌元年（525）至永熙三年（534）短短八年内共发生九次。就性质而言，又可分为两类：

---

① 参见韩树峰《南北朝时期淮汉迤北的边境豪族》，社会科学文献出版社 2003 年版，第 29—39 页。

② 原本居住在青齐当地的豪族大姓如刘僧副“将部曲二千人东依海岛”（《南齐书》卷二八《刘善明传附刘僧副传》），再如明僧绍，“淮北没虏，乃南渡江”。而最为直接的表现，是刘宋在郁洲一带侨设青、冀二州，接纳来自青齐地区的南下人口。相关信息可参见《南齐书》卷一四《州郡志》。

③ 参见《魏书》卷六〇《韩麒麟传》。

④ 对此唐长孺亦有论述，参见唐长孺《北魏的青齐土民》，《魏晋南北朝史论拾遗》，中华书局 1983 年版，第 92—122 页。

一类是高干邕、邢杲的反乱。高、邢都是具有官僚身份的河北士人，他们所纠合聚集的是“河北流民”，属于外来人群。其余则可归入另一类，从领导者的身份及其参与人群来看，反乱事件的主角全部是当地人，即“土民”。就时间与数量而言，“流民”反乱有两起，全部发生于武泰元年（528）。“土民”反乱则有七起，平均散布在孝昌元年（525）至永熙二年（533）这段时间。

高干邕、邢杲率领的“河北流民”，是在六镇之乱后为避难而南迁青齐的。他们参与反乱，主要是由于饱受“土人欺忽”，生存困难，与当地人存在着异常尖锐的主客矛盾，是一时发生的特殊事件。① 另外，“土民”反乱的一再出现，则反映出青齐地方社会的某些变迁：原本作为地方政治秩序维持者的崔氏、刘氏等“土民”家族，此时却反而成为最为主要的秩序破坏者。与孝文帝时代类似，一些“土民”反乱的背后，依然存在着南朝政权的渗透与招诱。例如刘叔、刘苍生的反乱失败后，刘树“奔萧衍”。耿翔占据胶州城后“通于萧衍”。不过，仅仅以此来解释青齐地区在北魏末年“土民”反乱频发的状况，似乎有些单薄。其背后的真正动因，还需作进一步的考察。

如上表所见，刘树、刘钧、房须等“土民”反乱领导者的身份多为“齐州民”“青州民”。如按字面理解，属于一般民众，若考虑到中古史书的书写习惯，也有可能是州郡吏员、军主一类，总之是政治边缘人物。② 唯一记载官职的是崔祖螭，任“镇远将军”，正四品，官阶不低。不过北魏末年存在着军号滥授的现象。③ 而崔祖螭除了“镇远将军”外无其他实权官职，可见此将军也不过是虚号。崔祖螭的入仕经历，见于《魏书》

① 对于北魏末年河北流民在青齐地区的状况及其变乱，陈爽有较为详细的论述。参见陈爽《世家大族与北朝政治》，中国社会科学出版社 1998 年版，第 170—174 页。

② 在中古时代，对于政治评价负面的反乱者，常常会采取隐瞒不书、刻意贬低等遮蔽真实身份的历史书写方式。例如西晋末反乱于青齐地区的刘柏根，其原本的身份为弦县县令（参见《晋书》卷三七《高密文献王泰附子略传》），但在史书中被书写为“妖贼”（参见《晋书》卷一〇〇《王弥传》）。南北朝时期亦同，如梁天监十二年（513）于郁洲起兵反乱的徐玄明（亦称徐道角），《梁书》中记载的身份为“州人”，《魏书》中则有“郁洲民”“军主”“直阁将军”等若干种身份记载（参见《魏书》卷八《世宗纪》、卷五五《游明根附游肇传》、卷七三《奚康生传》）。这些记载相互不一，或许是由于史源不同。但总之能够看出，对于一些具有官僚身份但政治地位边缘化的反乱人物，史书中存在着直接称为“民”的书写习惯。

③ 如北魏庄帝时曾下诏：“因诏民年七十者授县，八十者授郡，九十加四品将军，百岁从三品将军”（参见《魏书》卷七七《辛雄传》），可见在北魏后期将军号已颇有泛滥之势。

卷六八本传：

> 祖螭，小字社客，粗武有气力。刺史元罗板为兼统军，率众讨海贼。

不过寥寥数语，可见他的官历无甚值得书写之处。唐长孺概括以为“他是个不得志的豪强”，可谓一语中的。[①] 而附从崔祖螭反乱的士人，文献也有所记载。《北齐书》卷二四《孙搴传》载：

> 孙搴，字彦举，乐安人也。少厉志勤学，自检校御史再迁国子助教。太保崔光引修国史，频历行台郎，以文才著称。崔祖螭反，搴预焉，逃于王元景家，遇赦乃出。

乐安郡属青州，则孙搴也是当地“土民”。[②] 不过《北齐书》不载其祖、父官职，他“频历”的行台郎也并非显要清官，同样也是一个政治失意者。

根据以上分析，崔祖螭与刘钧、房须等是“土民”的一类。此外，与前文叙及的崔光韶兄弟相同，在反乱之际站在朝廷一方的“土民”也同样存在。《魏书》记载，刘苍生、刘钧、房须作乱时，作为其“乡人”的房士达“率州郭之人二千余人，东西讨击，悉破平之”。[③] 类似的士人还可检得一例，《朱岱林墓志》云：

> 普泰之年，水德不竞，苍云盖轸，紫日生天。乌合蚁徒，聚三齐之地…… 拔本塞源，摧兰夭桂，春秋五十有四。[④]

---

① 参见唐长孺《北魏的青齐土民》，《魏晋南北朝史论拾遗》，中华书局 1983 年版，第 92—122 页。

② 乐安孙氏在汉晋以来就有活动，《三国志》卷一三《王朗传》：载“时乐安孙叔然受学郑玄之门，人称东周大儒。征为秘书监，不就”。西晋时有孙历，幽州都督；孙旂，历任卫尉、兖州刺史等。见《晋书》卷六〇《孙旂传》。另需指出的是，乐安郡与北海郡相距不远，乐安孙氏或与北海孙氏存在一定关联。

③ 参见《魏书》卷四三《房士达传》。

④ 拓本及录文参见《山东石刻分类全集》第五卷《历代墓志》，青岛出版社 2013 年版，第 69—70 页。

"普泰之年""乌合蚁徒，聚三齐之地"，即指崔祖螭的反乱事件。朱岱林，正史无传。但据志文，其兄为朱元旭，列传见于《魏书》卷七二。结合碑传，可知这一家也是当地"土民"，朱岱林为反乱民众所杀，也死于此次事件。另值得一提的是，志载"魏廷尉卿崔光韶，侍中贾思伯，并聪敏当世，器局标时，结四子七贤之交""黄门郎徐纥，与君意得言忘"。朱岱林与上文提及的崔光韶私交甚好，而与之"意得言忘"的徐纥也将在下文提及。

如果翻检崔光韶、房士达、朱岱林的列传（或墓志），不难发现他们与崔祖螭、刘钧、房须等人无论是政治境遇，还是活动场域都存在着巨大差别。就政治境遇而言，这批支持朝廷的"土民"大多有入朝为官的经历，或是在地方上身居要职，与北魏政权的关系密切。就活动场域而言，这一人群多数居住在州城、郡城的周边，城市是其主要舞台。崔光韶与朱岱林的私交甚好，当也有此背景在内。崔祖螭、刘钧等人则反之，他们是政治上的边缘人群，基本活动于乡里社会。换言之，同样是作为地方名望的"土民"家族，乃至于同一个宗族内部，此时已产生了较为明显的阶层分化。而刘钧、崔祖螭、房须与崔光韶、房士达等"土民"豪望的对立与冲突，与其说是政治选择的差异，倒不如说是阶层分化的表现。对于这一现象，陈爽曾有所察觉，并敏锐点出其与青齐地方社会结构变迁的密切联系，惜未作详细分析。[①] 而下文所要讨论的，正是这种社会结构变迁发生的具体样态及其原因所在。

三　由武入文："土民"家族的角色转换

如前所言，南北朝时期，活跃在青齐当地，被称为"土民"的豪强，主要是来自河北的大姓。例如清河崔氏、张氏、傅氏，平原明氏、刘氏，等等。他们多数南渡于十六国末期。刘裕北伐后，南燕灭亡，这些侨民家族却没有随之消失。尽管这些侨姓仍旧以河北作为郡望，但居住、活动都在青齐，实际已经"土民化"。

"土民"家族在刘宋政治中的地位，学界已有一些讨论。综合相关意见来看，这一时期，该人群在政治上主要呈现出两大特征：地方化与

① 参见陈爽《世家大族与北朝政治》，中国社会科学出版社1998年版，第182—183页。

武力化。[①] 所谓地方化，是指“土民”家族的活动区域，政治舞台以青齐本地为中心。一方面，地方行政完全由这些家族所垄断，另一方面，他们很难进入中央仕官，尤其是一些清要官职，在朝廷中影响力有限。而所谓武力化，是指“土民”家族多以武力为刘宋政权所用，即史籍所言“淮藩海捍本出北豪”。[②] 在地方行政的层面以外，他们主要以军功活跃于当时政治中。

刘宋、北魏对峙时期，青齐地区是南方政权的北境，战事频繁。豪族大姓要在此立足发展，不得不以武力作为依靠。相较于江南的吴姓、侨姓等高门世族，这些北方家族南渡较晚，在贵族序列中只能位于边缘地位，故而难以入仕中央，参与朝政。不过，这种状况在青齐地区纳入北魏版图之后却有所变化。

皇兴年间，北魏攻占包括青齐在内的刘宋青、冀、徐、兖四州，即“淮北四镇”。至此，南北政权的东部边境线从黄河沿岸南移至淮水沿岸，彭城、下邳、郁洲一带成为双方反复争夺的焦点。与边境有所距离的青齐则逐渐腹地化。《魏书》卷七《高祖纪》载：

> （太和十九年十月）诏徐、兖、光、南青、荆、洛六州纂严戎备，应须赴集。

此时北魏孝文帝元宏正巡幸河北、远离都城，或许是担心南朝方面有所动作，故有此诏。诏书所涉及的六州中，光州由原刘宋青州析置，以青齐东部沿海为辖境。其余诸州则位于青齐的西、南方向。而管辖青齐大部的青州与齐州（由原刘宋冀州改置），则不在“纂严戎备，应须赴集”之列，可见军镇色彩已较为淡薄。[③]

地缘要素的变化是一方面，但若仅止于此，并不足以改变“土民”

① 关于此点，以章义和的概括最为精辟。参见章义和《地域集团与南朝政治》，华东师范大学出版社2002年版，第23—60页。

② 《魏书》卷二四《崔玄伯附崔僧渊传》。

③ 当时南朝占据郁洲，舟船发达。光州在戒严之列，当是为了防备由海上而来的南朝军事力量。值得一提的是，李嘎曾以军事都督区、州辖郡县的变化为切入点揭示青齐政区在北魏时代由军镇化逐渐转向行政化的进程，颇足参考。参见李嘎《山东半岛城市地理研究》，博士学位论文，复旦大学，2008年，第161—163页。

家族的政治状况。更为重要的是，青齐区域及其人群的政治、文化功能，对于刘宋、北魏来说截然不同。在刘宋的版图中，政治、文化的核心区域在于长江沿线的荆、扬等州，悬于淮北的青齐地区则仅仅是阻击北魏的前线地带。而对于刚刚入主中原的北魏来说，青齐地区不仅聚集着大量十六国后期南迁的世家大族，并且由于一度为南方政权所控制，受其影响，故而是文化上最为先进的区域。[①] 正由于此，尽管这些地方豪望最初有不少强制迁往平城，完全丧失了政治地位，如前文所引韩麒麟所言“未阶台宦，士人沉抑”。但随着孝文帝改革的不断深入，他们不仅“例得返乡”，重新建立起地方势力，且很快便在北魏政坛中占有了一席之地。相关史实，王永平已有详细梳理。[②] 在此仅以清河崔氏、房史、平原刘氏若干人物为例稍作说明。《魏书》卷二四《崔道固传》载：

> 子景徽，字文叡，袭父爵临淄子，加宁朔将军。出为青州广陵王羽征东府司马、大鸿胪少卿。

崔道固是“青齐土民”的一分子，在北魏南侵之际以固守历城而知名。他于刘宋政权中的仕宦经历载于《魏书》，按魏收的总结，其特点是“由武达”。[③] 不过在入北魏后，其子崔景徽却担任了大鸿胪少卿这类清要官职，可见这个家族的政治角色已有所转变。在由青齐入魏的清河崔氏一门中，类似经历者还可检得。如崔僧渊，“入国，坐兄弟徙于薄骨律镇，太和初得还。高祖闻其有文学，又问佛经，善谈论，敕以白衣赐褠帻，入听于永乐经武殿。后以僧渊为尚书仪曹郎。迁洛之后，为青州中正”[④]。崔光，“慕容白曜之平三齐，光年十七，随父徙代……太和六年，拜中书博士、转著作郎，与秘书丞李彪参撰国书，再迁给事黄门侍郎。甚为孝文所知待”[⑤]。

同时入魏的清河房氏，政治轨迹也大致相同。如房宣明“亦文学著

---

① 相关史实，参见庄芸《论青齐学术在北朝的兴衰》，《江海学刊》2018 年第 6 期。

② 参见王永平《中古士人迁移与文化交流》，社会科学文献出版社 2005 年版，第 196—224 页。另可参见庄芸《论青齐学术在北朝的兴衰》。

③ 参见《魏书》卷二四《崔玄伯附崔道固传》。

④ 《魏书》卷二四《崔玄伯附崔僧渊传》。

⑤ 《魏书》卷六七《崔光传》。

称，雅有父风。高祖擢为中书博士”[①]。房坚“少有才名。亦内徙为平齐民。太和初，高祖擢为秘书郎，迁司空咨议、齐州大中正”[②]。

清河崔、房以外，被迁往平城的“土民”大姓还有平原刘氏。《魏书》卷四三《刘休宾》传载：

> 刘休宾，字处干，本平原人。祖昶，从慕容德度河，家于北海之都昌县。父奉伯，刘裕时北海太守。休宾少好学，有文才，兄弟六人，乘民、延和等皆有时誉。休宾为刘彧虎贲中郎将，稍迁幽州刺史，镇梁邹。

刘休宾“好学，有文才”，但在南朝的政治体系下只能担任虎贲中郎将这类武职。降魏之后，其子刘文晔的官历则官拜协律中郎。[③] 按北魏官制，协律中郎四品，是附属于太常的文官。[④] 又同书同卷载：

> 太和中，高祖选尽物望，河南人士，才学之徒，咸见申擢。法凤兄弟无可收用，不蒙选授。后俱奔南。

刘法凤、法武兄弟是刘文晔的宗亲。刘法武，即以为《世说新语》作注而知名的刘孝标。诚如唐长孺所言，他们绝非如魏收所言才学“无可收用”[⑤]。但从中可见，在河南人士“咸见申擢”的大潮下，如刘氏兄弟这样“不蒙选授”的士人反而属于异类。值得注意的是，相较于清河崔氏、房氏，平原刘氏在入魏后的政治境遇较为恶劣。关于这一点，下文中再作详细分析。

崔、房、刘这几个“土民”大姓的家族列传不见于《宋书》，在《魏书》中却有非常详细的记录，这一事实也足以说明其政治地位的变化。[⑥]

① 《魏书》卷四三《房法寿附房宣明传》。

② 《魏书》卷四三《房法寿附房坚传》。

③ 参见《魏书》卷三一《刘休宾传附刘文晔传》。

④ 参见《魏书》卷一一三《官氏志》。

⑤ 参见唐长孺《北魏的青齐土民》，《魏晋南北朝史论拾遗》，中华书局 1983 年版，第 92—122 页。

⑥ 按《宋书》卷八八中虽有《崔道固传》，但入传的主要原因是作为“逆臣”的事迹，而不是其政治地位。该传在《宋书》的结构中靠近末尾，且同传者为沈文秀、薛安都，皆是明证。

综合其他文献、出土材料来看，其余的一些“土民”家族，如清河张氏、傅氏、青州贾氏、乐陵朱氏等，也都在此时出现了由武入文的仕宦特征。换言之，在被纳入北魏政权后，“土民”家族中一部分开始脱离地方，与远在都城的中央、朝廷了产生更为紧密的联系。这种状况又对青齐地方社会的结构变迁产生了何种影响，需要进一步加以考察。

四 官僚与城居：“土民”家族的阶层分化

社会史视野下中古士族群体及其生活，历来受到学者关注。艾博华（Wolfram Eberhard）曾注意到中国精英家族通常在城市（city-branch）、乡里（country-branch）两置居所的事实，将之概括为“双家制”的生活。[①] 毛汉光更引申其说，概论北方汉姓士族“双家制”生活的瓦解在北魏后期初现端倪，完成于隋唐时代。原因则在于士人家族“步入中央而又失去其地方性”[②]。以上述视角进行观察便能够发现，北魏后期的青齐地区，正是这种社会变动发生的典型区域。

如前所述，在青齐地区进入北魏版图，“土民”家族参与北魏政权后不久，便出现由武入文的仕宦特征。与这种特征紧密联系、互为因果的，则是北魏孝文帝“定姓族”——即清定士族标准，重新编制门阀序列。“定姓族”的本质，是对政治资源进行再分配，其中无疑包含了各方政治势力竞争博弈。[③] 从结果而言，居住于青齐的“土民”家族无疑是其中的获利者。前文提及的清河崔氏跻身“四姓”之列，成为汉族高门的代表。[④] 其余“土民”大姓如清河张氏、房氏、傅氏，渤海高氏，等等，也获得了相应的“姓族”。从这些家族成员的仕宦状况来看，其地位虽不及清河崔氏，但也相当显要。正因如此，作为“土民”之一的崔僧渊在收到南齐方面“规律改图”的书信时不仅不以为意，反而称赞孝文帝元宏

---

① 参见 Wolfram Eberhard, *Conquerors and Rulers: Social forces in medieval China*, Leiden: E. J. Brill, 1965, pp. 44 –46。

② 参见毛汉光《中国中古社会史论》，上海书店 2002 年版，第 54—69、234—333 页。

③ 对此问题学界研究甚多，相关学术史的梳理及最新的研究，参见廖基添《再论世家大族与北魏政治——以“四姓”集团为中心的考察》，《中华文史论丛》2017 年第 4 期。

④ 对此韩树峰有过详细考述，可参见韩树峰《南北朝时期淮汉迤北的边境豪族》，社会科学文献出版社 2003 年版，第 57—66 页。

“分氏定族，料甲乙之科；班官命爵，清九流之贯”①。其得意之情，跃然于纸上。

“姓族”的确定，意味着政治地位的稳固保障，家族成员持续、稳定地参与政治也就此成为可能。“土民”中的一部分也由此进入中央官界，完成了从地方豪族向政治官僚的身份转换，其活动场所也从乡里步入城市。对于这种生活状态，谷川道雄曾概述为：

> 那么，贵族的官场生活，就使得他们的居住地横跨乡村和城市两方。特别是在中央官界生活得很长的话，在乡里的时间也就自然要短些。②

这段描述，可以视为“双家制”的另一种朴素表达，着眼点在于地方豪族连接城乡的双重性。然而对于这些“土民”来说，城居生活所带来的影响，显然不仅仅是乡居生活的时间缩减。关于该人群在都城洛阳的活动及其特征，《洛阳伽蓝记》中有一段集中记载：

> 颍川荀济，风流名士，高鉴妙识，独出当世。清河崔叔仁称齐士大夫，（济）曰：“齐人外矫仁义，内怀鄙吝，轻同羽毛，利等锥刀。好驰虚誉，阿附成名，威势所在，侧肩竞人，求其荣利，甜然浓泗。譬于四方，慕势最甚。”号齐士子为“慕势诸郎”。临淄官徒布在京邑，闻怀砖慕势，咸共耻之，唯崔孝忠一人不以为意。③

魏斌考证，荀济与崔叔仁的这段对话发生于北魏末年。④ 荀济其人，见于《北史》卷八三《文苑传》。他原是南朝士人，“世居江左”，与梁武帝交恶后奔魏，居于洛阳。崔叔仁出自清河崔逞—崔休一房，是“青

① 《魏书》卷二四《崔玄伯附崔僧渊传》。

② 参见谷川道雄《六朝時代における都市と農村の対立的関係について——山東貴族の居住地問題からの接近》，收入唐代史研究会编《中国の都市と農村》，汲古书院 1992 年版，第 61—90 页。

③ 杨衒之撰，周祖谟点校：《洛阳伽蓝记校释》卷二《秦太上君寺》，中华书局 1963 年版，第 71—72 页。

④ 参见魏斌《北魏末年的青齐士风》，《魏晋南北朝隋唐史资料》第 22 辑，2005 年版，第 36—49 页。

齐土民”的一分子，他向荀济“称齐士大夫”，正缘于此。

荀济“号齐士子为‘慕势诸郎’”，而青齐士人（即文中的“临淄官徒”）“咸共耻之”。说明这样的评价不是空穴来风。验之文献，与之相合之例可觅得不少。如崔亮“外虽方正，内亦承候时情……时刘腾擅权，亮托妻刘氏，倾身事之，故频年之中名位隆赫，有识者讥之”。崔光“不逆于物，进退沉浮，自得而已……始领军于忠以光旧德，甚信重焉，每事筹决，光亦倾身事之。元叉于光亦深宗敬”。高聪“赵修嬖幸，聪深朋附……茹皓之宠，聪又媚附”。此外还有贾思伯、张烈、朱元旭等，不再赘举。如魏斌所言，青齐士人多依附赵修、刘腾、元叉等权贵，在北魏末年的政局中非常善于钻营。①

青齐士人的“慕势”作为一种政治现象，其原因、性质暂且不提。站在地方社会的立场上加以观察，显然别有一层意味。崔亮、高聪、张烈、朱元旭等人，都是青齐当地“土民”家族的代表人物。作为地方社会指导者的他们在宦居洛阳后却结党营利，以追求、维持政治地位为目标。也就是说，尽管他们兼具地方豪族与中央官僚两种身份，但更为主要的是后者。尽管他们依然维持着乡间—都市的“双家制”生活，但更为主要的也还是后者。

走向官僚化的“土民”家族，以城市作为活动中心，城中的居所也就变得重要起来。作为人际交往的重要场域，自然不得不对其加以修治，追求形制整丽。② 货币、布匹等能够携带的资产，也很自然由乡间向城中转移。③ 还可以注意到的一点是，尽管他们仍然以同乡关系作为纽带构建起了地缘性的交际网络，但其中的核心要素仍然是政治权力。冯元兴、徐

① 参见魏斌《北魏末年的青齐士风》，《魏晋南北朝隋唐史资料》第22辑，2005年版。又，上述诸人“慕势”的具体情况，在魏斌文中有较为详尽的征引与分析可供参考，故此处不一一列出史料来源。

② 据《洛阳伽蓝记》卷二《秦太上君寺》的记载，崔光的府邸在洛阳晖文里，“丰堂崛起，高门洞开”（中华书局1963年版，第69页），非常壮丽。

③ 例如《魏书》卷六六《崔亮附崔光韶传》载：“始光韶在都，同里人王蔓于夜遇盗，害其二子。孝庄诏黄门高道穆令加检捕，一坊之内，家别搜索。至光韶宅，绫绢钱布，匮箧充积。议者讥其矫啬。其家资产，皆（崔）光伯所营。”崔光韶于洛阳家中的资产甚丰，不过却并非俸禄所致，而是其弟崔光伯所营。而经营这些资产的地点，当是崔氏在青齐乡里的庄园。

纥等“恩幸”侧身其间，就是一个很明显的证据。

冯元兴、徐纥都出身青齐，是“土民”的一分子。[①] 但与清河崔、张等大姓不同的是，他们没有高贵的门第，出入官场完全借助于机遇和才学。也正因如此无法平流进取，担任清要官职，而是以中书舍人的身份“长直禁中”，成为皇帝、权臣的爪牙，也就是所谓的“恩幸”。本来，在乡里社会中，类似冯元兴、徐纥这样的寒微人士根本无法与崔、张等名望家族平等交往。而此时，两者不仅建立起了亲密的交往关系，且反而是后者“倾身事之”。[②] 不用说，其原因自然在于“恩幸”们狐假虎威，权倾天下的政治地位。列入史书的，只是一些位于政治顶端的“土民”家族。而其余“布在京邑”，数量众多的“临淄官徒”，必然不乏同道中人。他们依附权贵，猎取官职，以同乡之谊为媒介结成政治利益共同体，所以才会有“慕势诸郎”之称。

其实，追逐权力的“慕势”行为，不仅发生于都城洛阳，在青齐地方政治中也同样存在。相关史料亦见于《洛阳伽蓝记》：

> 太傅李延实者，庄帝舅也。永安年中，除青州刺史。临去奉辞，帝谓实曰：“怀砖之俗，世号难治，舅宜好用心，副朝廷所委。”……时黄门侍郎杨宽在帝侧，不晓怀砖之义，私问舍人温子升。子升曰：吾闻至尊兄彭城王作青州刺史，问宾客从至青州者云：“齐土之民，风俗浅薄，虚论高谈，专在荣利。太守初欲入境，皆以美其意。及其代下还家，以砖击之。言其向背速于反掌。是以京师谣语云：狱中无系囚，舍内无青州，假令家道恶，腹中不怀愁。怀砖之义在于此也。”[③]

据文中“永安年中”之语，可知这段对话也发生于北魏末年。从温子升转述彭城王宾客的说法可知，所谓“怀砖”，也是讽刺青齐人士的趋炎附势。这些“齐土之民”能与牧守结交，“虚论高谈”，当然不是普通民众，而是“土民”中的豪右名望。他们的目的，史料中已经点明，“专

① 冯元兴，东魏郡肥乡人，属齐州，列传见于《魏书》卷七九。徐纥，乐安博昌人，属青州，列传见于《魏书》卷九三。

② 上文提及朱岱林与徐纥颇有交往，亦可作为一个旁证。

③ 杨衒之撰，周祖谟点校：《洛阳伽蓝记校释》卷二《秦太上君寺》，中华书局 1963 年版，第 70—71 页。

在荣利”。在《魏书》卷八九《酷吏传》中，就有一则相关事例：

高遵，字世礼，勃海蓚人……出为立忠将军、齐州刺史……其妻明氏家在齐州，母弟舅甥共相凭属，争求货利，严暴非理，杀害甚多。

明氏也是青齐当地的“土民”家族之一，在当时流传的佛教应验故事中被称为“诸明”，可知其宗族强盛。① 他们以姻亲高遵的权势“共相凭属”，压榨乡里百姓。若考虑到北魏时代官员贪腐是地方吏治的一般情况，明氏的上述行为恐怕也非特例。同书卷十九《济阴王小新成附孙诞传》载：

诞既袭爵，除齐州刺史。在州贪暴，大为人患，牛马骡驴，无不逼夺。家之奴隶，悉迫取良人为妇。

元诞在齐州的“贪暴”，当然无法由他一人完成，除去府中的部曲、“奴隶”，其中也必然有“土民”豪右上下其手，借机渔利。

一些“土民”依附州郡官长，除物质财富的追求以外，更主要是为了垄断仕宦州郡乃至于举荐入朝的政治权力。如果在朝中还有一些关系，这种目标则更加容易达成。② 通过这种不正常的暗箱操作，地方上的选举权也就很自然地向特定的家族乃至于某几个房支集中。由于常年活动于官衙所在的州城、郡城，这些长期仕宦的家庭就很有可能将居所迁往城中或是四周的郭邑。③ 尤其是在家族不断扩大、产生了分家以后。如前文提及的崔光韶、光伯兄弟，因为曾经任职于朝廷，所以在洛阳拥有居所。返乡后他们也没有回到乡间，而是居住在东阳城的“南郭”。此外，清河房士达居住地的似乎也是一个典型。作为“土民”的清河房氏家族，原本也过着

① 参见《系观世音应验记》第16条，傅亮、张演、陆杲撰，董志翘译注：《〈观世音应验记三种〉译注》，凤凰出版社2002年版，第91—92页。

② 如《魏书》卷79《冯元兴传》载：“元兴世寒，因元叉之势，托其交道，相用为州主簿。”唐长孺考证以为“元兴世寒因元叉之势托其交道相用为州主簿　按上文不云元兴曾官州主簿，托附元叉时，他已由司徒记室参军迁尚书殿中郎，领中书舍人，不得方因叉势为州主簿。疑上脱子某，托元叉之势官州主簿的是元兴之子”。可从。参见唐长孺《北魏的青齐土民》，《魏晋南北朝史论拾遗》，中华书局1983年版，第92—122页。

③ 当然，如果是在朝廷为官，则也有定居都城的可能。

村居的生活。[①] 不过至少在北魏时代，房士达这支已迁居至州郭内。[②] 不仅如此，在北魏永安末年，齐州刺史为城民所逐，城内无主时，房士达因"乡情所归"而"摄州事"。[③] 可见历城及其周边的郭邑，已成为房士达一族的新乡里。

以上主要围绕着北魏孝文帝"定姓族"以后获得稳定出仕权的一些"土民"家族进行了考察。身为中央官僚，他们的生活中心从乡里转移到了城市，通过与朝廷权贵的紧密联系，他们获得诸多特权，以此垄断地方政治。利用权势榨取乡里民众的行为，也并非鲜见。当然，这些"土民"家族与乡里的联系，也不会突然就完全断绝。其官僚身份在某种程度还会有助于抬高他们在乡里的声望。但如上所论，在以政治为中心的城居生活中，他们的社会身份、行为准则和交际网络与乡里社会已然是完全不同的两个世界。毋庸赘言，走向官僚化与城居化的家族，只是"青齐土民"的一部分。甚至可以说，特定家族、房支对于政治权利的垄断，堵塞了另一些"土民"家族的入仕通道。无论主动或者被动，他们只能以乡里作为生活的中心所在。接下来，就这一人群的动向展开进一步考察。

五　诉求何在：乡间的"土民"家族与民众反乱

如前文所论，在北魏孝文帝时代，青齐地区的"土民"家族提高了政治地位，获得了稳定的出仕权。然而，这只是一个大体上的概论。事实上，如果将考察的对象深入各个具体姓望乃至于姓望内的各个房支，便能够发现这一宏观历史图景背后更为丰富的层次性。通过具体史实的展示与剖析，有助于理解为何会有一部分"土民"家族困顿于乡间，进而成为

① 关于南迁的清河房氏村居的事实，参见谷川道雄《六朝時代における都市と農村の対立的関係について——山東貴族の居住地問題からの接近》，收入唐代史研究会编《中国の都市と農村》，汲古书院 1992 年版，第 61—90 页。

② 《魏书》卷四三《房法寿传附房士达传》云："孝昌中，其乡人刘苍生、刘钧、房须等作乱，攻陷郡县，频败州军。时士达父忧在家，刺史元欣欲逼其为将，士达以礼固辞。欣乃命其友人冯元兴谓之曰：'今合境从逆，贼徒转炽，若万一陷州，君家岂得独全？既急病如此，安得顾名教也。'士达不得已而起，率州郭之人二千余人，东西讨击，悉破平之。"从这条材料可以看出，房士达一家当时居住在州城之内或周边。从举行葬丧仪式这点来看，此处的"家"应是房士达一族的主要居住地。

③ 参见《魏书》卷四三《房法寿传附房士达传》。

民众反乱的领导者。

首先可以指出的一点是，由刘宋转入北魏政权后，青齐当地的名望家族在地位上发生了明显升降。《魏书》卷四三《房法寿传》记载了北魏平齐之际对于若干青齐大姓的对待政策：

> 及历城、梁邹降，法寿、崇吉等与崔道固、刘休宾俱至京师。以法寿为上客，崇吉为次客，崔刘为下客。

史料中涉及的崔道固、刘休宾，分别出自清河崔氏、平原刘氏。房崇吉、法寿则出自清河房氏。众所周知，在刘宋控制青齐的时代，当地最为显赫的几个“土民”大姓主要是清河崔氏与平原刘氏、明氏。清河房氏的地位相当一般，史传中罕有出场。在北魏攻入青齐之际，由于政治选择的不同，他们在新政权中的政治地位完全逆转过来。① 被迫迁往平城的崔道固、刘休宾及其宗亲生活困苦，乃至发配至军镇，沦为奴婢、军户。一些尚未北徙的房支，同样处于“士人沉抑”的状态。房氏一族则与之形成对比，迁往平城者甚受优待，留守青齐者也与北魏政权合作亲密，多数委以郡守之任。② 值得一提的是，原本在刘宋时代籍籍无名的青州贾氏，在北魏占领青齐后甚受扶持，成长为当地名望之一，也很可能与平齐之际的政治选择有关。在当时，贾氏与房氏是交往甚密的姻亲，两族同调是合情合理之事。此外，清河张氏也同样是依托与北魏政权的合作来提升政治地位的“土民”家族。③

太和年间，准许“平齐民”返乡、征召“民望”、“定姓族”等一系列事件，是当地家族秩序的再次调整。在这一时期，清河崔氏通过种种努力恢复了原有地位，重新成为当地的名望大姓。另外，平原刘氏，以及同样在北魏平齐之际积极抵抗的平原明氏，则没有把握住这次政治机遇。刘

① 镇戍升城的房崇吉、法寿兄弟未做抵抗便很快投降，故被尊为“上客”。崔、刘二人及其宗亲则固守历城、梁邹城甚久，极大地拖延了北魏的攻势，因而投降后仅为“下客”。

② 最明显的表现是房氏曾一度垄断了青齐当地郡守职务。《魏书》卷四三《房法寿传》载：“（长孙）观军入城，诏以法寿为平远将军，与韩骐驎对为冀州刺史，督上租粮。以法寿从父弟灵民为清河太守，思顺为济南太守，灵悦为平原太守，伯怜为广川太守，叔玉为高阳太守，叔玉兄伯玉为河间太守，伯玉从父弟思安为乐陵太守，思安弟幼安为高密太守，以安初附。”

③ 据郭锋的考证，清河张氏家族地位提高，成为“郡姓”，主要是在北魏时期。参见郭锋《唐代士族个案研究》，厦门大学出版社 1999 年版，第 56—60 页。

氏一族在入魏后的境遇，在《魏书》卷四三《刘休宾传》中有集中记载。据之，刘休宾以平齐郡怀宁县令死于平城，其子刘文晔因族人南奔一度“被徙北边”，归还平城后，以郡太守终。同辈刘闻慰、刘文颢、刘季友等，或南奔，或任州府、军府僚佐，境遇亦不佳。再后一代的情况《魏书》不载，说明家族已游离于政治核心圈以外。至于明氏一族，《魏书》则根本没有专门为之设传，可见政治地位无足轻重。在青齐的地方社交圈中，刘氏、明氏的衰落也极其明显。众所周知，联姻对象是反映中古时期家族地位的重要标尺。结合史传与石刻资料来看，在刘宋时代，明氏、刘氏与崔氏频繁联姻，关系相当密切。① 而在北魏时代，当地名望大族联姻网络的主要构成家族则为清河崔、张、房、傅氏，渤海高氏，东莱刘氏，乐陵朱氏，等等，平原刘、明二氏则被排除在外。② 流行于当时的造像活动也从一个侧面反映出地方家族的社交网络及其活跃程度。就现存北魏造像记来看，在崔氏、张氏等名望大族所发起的造像活动中，基本见不到刘氏、明氏族人的身影。③ 这些现象背后所折射出的，正是平原刘、明氏家族地方精英地位的丧失。

以房氏、张氏的崛起，明氏、刘氏的衰落为代表的族姓升降是一方面。此外还可以注意到，即便是同为名族大姓，出于政治、社会等诸多因

---

① 明氏、刘氏与崔氏之间的密切联姻关系，在南京出土的《明昙憘墓志》中有较好的说明。参见陆帅、胡阿祥《〈明昙憘墓志〉所见南朝境内的“青齐土民”》，《东岳论丛》2014 年第 3 期。

② 就笔者管见，青齐地区大量出土的北朝墓志中，几乎看不见平原刘氏、明氏加入清河崔氏、张氏等家族婚姻网络的例子。需要特别说明的是，就平原刘氏在北魏时代的衰落，唐长孺、陈爽早已表达过类似观点，不过主要是从文献的角度出发，对于北朝墓志中平原刘氏的“缺席”似未加措意。参见唐长孺《北魏的青齐土民》，《魏晋南北朝史论拾遗》，中华书局 1983 年版，第 92—122 页；陈爽：《世家大族与北朝政治》，社会科学文献出版社 2003 年版，第 183 页。

③ 关于北魏时代青齐地区造像记，佐藤智水有过搜集整理工作。从现有的造像记来看，与平原明氏，刘氏相关的并不多，尤其是明氏。此外尤其需要指出的是，孝昌三年（527）刘平周造像记中出现诸多刘氏人物，造像记中又出现了“持节、齐州太原郡”等字眼，范兆飞据此认为他们极有可能是青齐当地豪望，为平原刘氏的后裔。不过值得注意的是，据《鲁迅辑校石刻手稿》（上海书画出版社 1986 年版，第二函第一册，第 149 页），这块造像记被发现于山东郯城县衙，尽管郯城被包含在广义的青齐范畴之内，但距离平原刘氏的主要活动区域如历城、东阳城距离则较为遥远。将他们与平原刘氏贸然联系起来，似乎有些草率。这块造像记的具体情况，则有待进一步的探讨。参见佐藤智水《北魏時代の山東石像銘史料の探索と整理》，平成 2022—2026 年度科学研究费补助金（基盘研究 A）项目报告书《石刻史料と史料批判による魏晋南北朝史研究》，第 21—33 页；范兆飞《北魏城市与农村关系新论——一体融合抑或二元对立》，《社会科学战线》2013 年第 3 期。

素，家族内部各个房支的地位也不尽相同。并且随着门阀制度的确立，这种差异呈现出扩大与固化的趋势。前文中对于崔祖螭与崔光韶、崔光伯，房士达与房须相互关系的考察，就是很明显的一些例子。事实上，当时人对于这种情况也有所认识。《魏书》卷七八《孙绍传》载北魏延昌年间（512—515）的一份上表云：

> 中正卖望于下里，主按舞笔于上台，真伪混淆，知而不纠，得者不欣，失者倍怨。使门齐身等，而泾渭奄殊；类应同役，而苦乐悬异。

按孙绍所言，北魏确立门阀制度后不久，便出现了种种弊端，地方选举在很大程度上为“中正”“主按（案）”所操纵，出现“卖望”“真伪混淆”等诸多乱象。其结果，一部分门第寒微的阶层通过种种手段获得士籍，即所谓“类应同役，而苦乐悬异”。另外，一些名望大姓的士人却无法获得符合预期的政治地位，因而“门齐身等，而泾渭奄殊”，可见家族内部的阶层分化已经相当地明显了。

这里有个问题需要进一步解释。崔、张、刘等大姓定居青齐，成为“土民”，早在刘宋时代就已发生。在由南燕入东晋的政治变迁及南朝门阀政治的体系下，各家族、房支无疑也会产生门第高下之分。那么，为何明显的阶层分化与冲突的出现要迟至北魏时代？应当注意到，刘宋时代，青齐是中央权力投射困难的边境地带。朝廷的地方官职授予，不过是对于“土民”家族既有乡里地域势力的承认。而在南朝的门阀体制中位于底层的他们，几乎是与政治中心绝缘的。“土民”家族的权力、地位，也完全来自乡里地方的支持。出于以上两个方面的原因，在这片地方名望大族展开自治的区域内，当地的权力结构与社会秩序处于相对平衡而稳定的状态。被纳入北魏政权，则是当地政治、社会秩序发生改变的一个节点。在新政权下，无论是名族大姓还是内部各房支之间，都发生了非常显著的地位升降。更重要的是，随着华北地区门阀制度的建立，那些地位上升的家族、房支开始出入朝廷，并通过垄断中正、州郡守宰等职把持着地方行政与优先选举的权力。也就是说，在北魏政治权力的影响下，原本政治地位、入仕前途较为均等化的“土民”家族内部，分化出一批政治新贵。另外，那些出于种种原因地位下降的家族、房支，他们尽管也不乏产业，颇具势力，甚至仍以名望自居，但由于在新的门阀体制中基本失去了上升信道，只能被迫以地方乡里为中心，以军功谋求升进。他们的心情，正如同在北魏迁都洛阳后，被逐渐排斥出政治中心的六镇子弟一样，对于现实政治秩序抱有强烈不满。孝昌之际，随着北魏政局走向动荡，这一人群自然应时而起，试图改变现状。

唐长孺曾敏锐地观察到，北魏平齐之际活跃于当地的是崔、刘、房、傅等姓，北魏末年聚众起兵的同样还是这几个大姓。[①] 然而对于其中的差异及其反映的社会结构变迁，似未再多作措意。实际上，如果对这两个时间段聚众起兵的“土民”加以更进一步的分析，就会发现他们的身份、目的与状态截然有别。刘宋泰始年间起兵的崔、刘等“土民”多是州郡县守令及其僚佐，具有官僚身份。他们在各自掌握一部分州郡兵的同时，也各自依靠乡里宗亲组织起了武装力量。聚众起兵的原因，主要是由于在刘宋的皇位继承人选上有冲突。因而刘子勋为刘彧所败之后，攻守两方便随即握手言和。对比之下，北魏末年在青齐聚众反乱，号召乡里的虽也是崔、刘等姓，但他们的身份却多是“州民”“郡民”。站在反乱的对立面，为朝廷所用的“土民”此时已大多丧失组织乡里武装的能力，而是依赖于州郡城中的军事武装力量。反乱的发生时间、地点分散，说明不是精心策划的产物。反乱的主要目标往往是居住在州郡城中的官员、“城民”，呈现出较强的反体制色彩。显然，这并非不同政治阵营的相互冲突，而正是青齐地区的“土民”家族出现较为明显的阶层分化、对立之后，地方社会在结构、秩序上出现危机的体现。

结　语

以上，本文试图以频繁发生的民众反乱为切入点，对北魏中后期青齐地区的社会结构与政治秩序进行考察。可以看到，在前后约一百年的时间内，诸多“土民”家族产生极为剧烈的变化。地位升降与门阀秩序的史实背后，是一部分“土民”家族走向官僚化与城居化，另一部分“土民”家族长期困顿于乡里的社会图景。随着这种情况的长期化与固定化，“青

① 参见唐长孺《北魏的青齐土民》，《魏晋南北朝史论拾遗》，中华书局 1983 年版，第 92—122 页。

齐土民”内部出现了显而易见的阶层分化，地方政治、地方社会中的一系列矛盾也随之而生。北魏末年动乱之际，那些转变为城居官僚的家族纷纷被卷入乱世的旋涡中，门户不保。另一批聚兵起事于乡里者围攻州郡、宣泄不满，这种短视的行为方式与政治诉求，也注定了他们无法为王朝政治所接纳。其结果，当河北地区的豪强大姓纷纷回归乡里，以坞堡为据点组织起乡兵集团之时，青齐地区的名望大族却无法有效地整合地域力量，而是在城乡之间的不断内斗中消耗着实力。

在北齐、隋代的地方政治中，这些“土民”家族已不再具有左右局势的影响力。而在朝廷内部，尽管仍有一些家族能够出入中央，却已经蜕变为纯粹依靠个人能力的技术官僚，或是以社会名望作为王朝粉饰传统的装饰物。[①] 在隋唐之际的政治变革中，崔、刘等家族已不再有组织起地方武装力量的能力，代之而起的是一批被称为“山东豪杰”的人群。[②]“土民”家族的身影尽管依然见于当地，但无疑，这是一个不属于他们的新时代。那么在这个时间段，青齐地方的社会结构、权力结构究竟呈现何种样貌？原先的“土民”家族在其中扮演着怎样的角色？社会阶层的分化、重组与流动又是如何展开的呢？作为展望下一个时代的课题，值得在将来作进一步的思索。

（陆帅，南京师范大学社会发展学院副教授）

① 例如出现于《北齐书》卷二三《崔㥄传》、卷四二《崔劼传》中的崔㥄、崔劼家族都很典型。这两个家族在北齐时代地位颇高，史家也称为“三齐大族”。不过这些家族加入北齐政权的资本主要在于在魏齐代换早期便归顺高欢的“从龙之功”以及门第、礼仪等方面的文化优势，基本以朝廷作为活动场所。而并非那些组织乡兵，“启立州郡”，以私人武装的形式加入高齐政权中的地方豪强。关于魏齐之际“启立州郡”的地方豪强，侯旭东曾有过系统考察，据侯氏对于北魏末年“启立州郡”的统计，青齐地区的新设州郡几乎没有，这也从一个角度说明在当时能够有效联络地方力量的青齐大姓不是很多，因此只能以个人身份参与政治。参见侯旭东《地方豪右与魏齐政治——从魏末启立州郡到北齐天保七年并省州郡县》，《中国史研究》2004 年第 4 期。

② 对于隋末唐初起事的“山东豪杰”，较早关注的是陈寅恪。黄惠贤则在此基础上又有更为细致的考证。参见陈寅恪《论隋末唐初所谓“山东豪杰”》，《金明馆丛稿初编》，生活·读书·新知三联书店 2001 年版，第 243—265 页；黄惠贤《隋末农民起义武装浅析》，《唐史研究会论文集》，陕西人民出版社 1983 年版，第 170—197 页。

两宋之际四川士大夫冯檝仕履著作考

刘　冲

摘　要：冯檝为四川小溪人，由科举入仕，官至知泸州，是两宋之际的一名中层官僚。作为一名士大夫与居士，他同时具备党附谄媚者、宋金和议依附者与关心民瘼者三种形象，呈现出一定的复杂性。冯檝热衷写作与保存个人文献，《临安录》主要记述他在苗刘之变中的作为，多纵横家之言，散篇收录于《全宋文》者有未臻完善之处。

关键词：四川；冯檝；士大夫；绍兴和议；《临安录》

冯檝是生活于两宋之际的一位四川籍士大夫，历仕徽宗、钦宗、高宗三朝，经历了绍兴和议等重大历史事件。作为一名士大夫与居士，冯檝是儒家学说的传承者与佛教的信仰者，却依附于权贵，汲汲于仕进，赞成和议却不影响其投附主战派领袖张浚，同时他也主持赈灾、关心民瘼，其形象呈现出一定的复杂性。对于此人，先前学者多关注其与大足石刻及佛教的关系①，本文将对冯檝的仕履进行梳理，并对其历史形象、个人著述进行考索，以期全面认识此人，从而加深对历史人物复杂性的理解。

一　冯檝籍贯与仕履考订

冯檝字济川，自号不动居士②，其父为冯昌期③。关于他的籍贯，《舆

---

① 如胡昭曦：《巴蜀历史考察研究》，巴蜀书社 2007 年版，第 252—315 页。

② 徐光溥编：《自号录》，商务印书馆 1937 年版，第 3 页。

③ 葛立方：《侍郎葛公归愚集》卷 10《陈橐父毅冯檝父昌期赠官》，《宋集珍本丛刊》第 41 册，线装书局 2004 年版，第 773 页。

地纪胜》记载为小溪[①]，查《宋史》，小溪为遂宁府下辖县之一[②]。《南宋馆阁录》记其为“广汉人”[③]，《舆地广记》云小溪县为“汉广汉县地”[④]，陈骙所用应为古称，故冯檝籍贯为遂宁府小溪县。

冯檝由太学登进士第[⑤]，至于中进士的榜次，《南宋馆阁录》记载为“嘉王榜进士出身”[⑥]，嘉王为徽宗第三子赵楷，他中进士的年份为重和元年（1118）初期。冯檝为进士出身，属于第三等[⑦]。考中进士后，冯檝应当出仕，但其初期任官履历却并不清晰。《宋朝诸臣奏议》曾收录他的《上徽宗论沿边纳土三害》，后注云“宣和三年四月上，时为蜀州教授”[⑧]。而后，冯檝的任职经历在文献记载中再次出现空白，直至他进入太学担任太学正。靖康元年（1126）五月三日，“学官冯檝、雷观并与外任宫观差遣”[⑨]，五日，御史中丞陈过庭弹劾说太学为礼义所出的地方，现在“学官相诟于上……学正冯檝、博士雷观轻浮争竞，大失儒生之体”[⑩]，经御史台调查后，两人皆被出为外任监当。

高宗即位后，冯檝出任秘书省正字，时间为建炎元年（1127）十月[⑪]。在任职期间，冯檝最主要的作为是参与了苗、刘之变的平定。至建炎三年四月，宋廷权罢秘书省，冯檝作为秘书省正字也应于此时罢任，被出为知富顺监。但他适时提出了自己在苗、刘之变中给苗傅写信要求其支持高宗复辟的功绩，加之张浚的推荐，他先获得进秩，三天后又被任命为司勋员外郎[⑫]。《南宋馆阁录》记载：其建炎三年五月由正字改任司勋员

① 王象之：《舆地纪胜》卷155《潼川府路·遂宁府·人物》，中华书局1992年版，第4213页。

② 《宋史》卷89《地理志五》，中华书局1985年版，第2216页。

③ 陈骙：《南宋馆阁录》卷8《官联下·正字》，中华书局1998年版，第117页。

④ 欧阳忞：《舆地广记》卷31《梓州路》，四川大学出版社2003年版，第906页。

⑤ 志磐：《佛祖统纪》卷29《往生公卿传居士附》，上海古籍出版社2012年版，第622页。

⑥ 陈骙：《南宋馆阁录》卷8《官联下·正字》，第117页。

⑦ 《宋史》卷155《选举志一》，第3610页。

⑧ 赵汝愚：《宋朝诸臣奏议》卷143《蛮傜》，上海古籍出版社1999年版，第1627—1628页。

⑨ 汪藻：《靖康要录笺注》卷6，四川大学出版社2008年版，第723页。

⑩ 《靖康要录笺注》卷6，第731页。

⑪ 陈骙：《南宋馆阁录》卷8《官联下·正字》，第117页。

⑫ 李心传：《建炎以来系年要录》（以下简称《要录》）卷22，建炎三年四月庚申，中华书局2013年版，第552页；《要录》卷24，建炎三年六月戊辰，第580页。

外郎不确[①]。至七月壬寅，“诏迎奉皇太后率六宫往豫章，且奉太庙神主、景灵宫祖宗神御以行。百司非预军旅之事者，悉从”[②]。冯檝也当随隆祐太后前往江西，在金兵将至时，他藏匿于庐山佛舍中，因此遭到张延寿弹劾，被降授承议郎，出为知巴州[③]。

但因为与张浚为同乡且为同年进士的关系[④]，绍兴元年（1131）七月，冯檝由朝散郎、知巴州升任利州路提点刑狱公事，至三年六月又权枢密院计议官，并于四年二月为荆湖抚谕，五年九月为湖南路干办公事[⑤]。此后，冯檝被罢官并返回四川，在家乡组织了一次救灾活动[⑥]。六年八月，冯檝出任试宗正少卿，并“兼权右司员外郎、兼权给事中，并行宫职”[⑦]，七年二月至十二月还兼权太常少卿[⑧]。张浚因郦琼兵变倒台后，冯檝并没有立即遭受罢任，《赵鼎杂记》记载赵鼎对勾龙如渊、冯康国、冯檝进行安抚后“三人并迁官”[⑨]，“檝，太常少卿”[⑩]，实际冯檝之前已兼权该官，他之后贬官时又是以本官宗正少卿出外，看来此次并未迁官。几个月后，冯氏被弹劾，先外放为直秘阁、知剑州，再遭到落职处分[⑪]，贬为主管洪州玉隆观。

但冯檝并不甘心于离开权力中心，靠附和宋金和议再次成为“守宗正少卿、假徽猷阁待制，为国信计议副使”[⑫]。绍兴九年正月戊子，“宗正

---

① 陈骙：《南宋馆阁录》卷8《官联下·正字》，中华书局1998年版，第117页。

② 《要录》卷25，第598页。

③ 《要录》卷29，建炎三年十一月壬子，第670页；卷37，建炎四年九月戊午，第835页。

④ 龚延明、祖慧：《宋登科记考》，江苏教育出版社2005年版，第624页。

⑤ 《要录》卷46，第973页；卷66，第1291页；卷73，第1395页；卷93，第1784页。

⑥ 冯檝在其《劝谕赈济诗》中说：“及我登第后，被罪归田里。寻复拜召命，迤逦治行计。忽见道途间，小儿有遗弃。复自劝乡邦，割己用施惠……我始趋行朝，蒙恩长宗寺。”则其罢职是在出任宗正少卿之前。见董煟《救荒活民书》卷3，《丛书集成初编》第964册，商务印书馆1936年版，第74页。

⑦ 《要录》卷一〇四，第1962、1965页。

⑧ 徐松辑：《中兴礼书》卷56《吉礼五六·明堂玉币》，《续修四库全书》第822册，上海古籍出版社2002年影印本，第233页；卷246《凶礼一一·永祐陵》，《续修四库全书》第823册，第167页。

⑨ 徐自明：《宋宰辅编年录校补》卷15引《赵鼎杂记》，中华书局1986年版，第1022页。

⑩ 熊克：《皇朝中兴纪事本末》卷42引《赵鼎逸事》，北京图书馆出版社2005年版，第823页。

⑪ 《要录》卷118，绍兴八年正月丙午、三月辛卯，第2193、2204页。

⑫ 《要录》卷124，第2325页。

少卿冯檝权尚书礼部侍郎，以国信计议之劳也”[1]。三月，冯檝兼侍讲，九月试给事中，到达其仕途之巅峰。绍兴十年六月丙午，给事中、兼侍讲冯檝因在高宗面前提及张浚，再次被贬为徽猷阁侍制、提举亳州明道宫，直至绍兴十一年二月才被任命为知邛州，并于十三年九月为“泸南沿边安抚使、知泸州”[2]。一直到十九年二月，冯檝才由徽猷阁侍制升为敷文阁直学士，并在知泸州任上离世，时间为绍兴二十二年六月，在任时间不足九年，故李心传说他“帅本路（泸州）者凡八年”[3]。

以上梳理了冯檝跌宕起伏的仕宦经历，并对其转官的时间和背景进行了考订。接下来将对冯檝在文献中呈现的形象进行分析，以见其复杂性。

二　冯檝的三种历史形象

（一）作为党附与谄媚者的冯檝

靖康元年五月冯檝任太学正时，曾与另一学官雷观发生冲突[4]。二人相骂之原因，据王明清听邵济讲，是因为冯檝出策题考试诸生经旨，而雷观摘取其瑕疵扬言于众人，云王安石学说被蔡京利用，而冯氏又习之。冯檝在回击雷观时说：“子去岁为学生，尝以书属我求为蔡氏馆客。”[5] 雷氏既然想通过冯檝这层关系去攀附蔡京，则冯氏已经依附于蔡京，且有一定之熟悉程度。而到了靖康元年十月一日，冯檝又被攻击为李纲之党，罪名为在李被罢免之后鼓动舆论而有伏阙之事，甚至被斥为“妄言无行之徒”[6]。如此攻击虽然十分激烈，但应非空穴来风。可见冯檝入仕之后，曾先后依附于蔡京与李纲。

高宗即位后，冯檝被起用。他与张浚同是四川人，又为同年进士，在苗、刘之变平定后，时任知枢密院事的张浚就向高宗举荐了冯檝[7]。但冯

① 《要录》卷125，第2363页。

② 《要录》卷127，第2397页；卷132，第2464—2465页；卷136，第2539—2540页；卷139，第2617页；卷150，第2833页。

③ 《要录》卷159，第3010页；卷163，绍兴二十二年六月，第3100页。

④ 《靖康要录笺注》卷6，第731页。

⑤ （宋）王明清：《挥麈后录》卷3，《全宋笔记》第6编第1册，大象出版社2013年版，第130页。

⑥ 《靖康要录笺注》卷11，第1134、1140页。

⑦ 《要录》卷24，建炎三年六月戊辰，第580页。

檝并未同张浚前往川陕，而是跟随隆祐太后去了江西。在其被降官后，张浚使用其便宜黜陟之权[①]，将冯檝由朝散郎、知巴州任命为利州路提点刑狱公事，之后冯氏所出任的权枢密院计议官及荆湖抚谕，皆是出于张浚的任用。郦琼兵变后高宗大怒，准备严厉处置张浚，后在赵鼎劝说下减轻处罚，据《赵鼎遗事》记载，他在退朝后"召祠部员外郎勾龙如渊、都官员外郎冯康国、工部员外郎冯檝至都堂，三人见鼎，皆踧缩。鼎曰：'上怜德远母老，有复辟功，决不远谪，无过岭之患，诸君速以书报上意'"[②]。之所以要召见此三人，是因为他们皆是张浚的依附者，即文献中所言"三人皆蜀士，张浚之密客也"[③]。冯檝对张浚亦不遗余力进行讨好，御史中丞常同弹劾冯檝"谗事张浚，仅同仆隶"[④]。对金作战需要钱财，冯檝于是"献策张浚，再行科敛"[⑤]。张罢宣抚还朝时，冯"抄敛属官、监司、郡守钱物以献于浚"[⑥]。而在张浚再次倒台后，冯檝又迅速投向和议，依附于高宗与秦桧的政策。在被外放为知泸州后，冯檝曾献嘉禾九穗，并"奏天雨豆，甘露降于郡园"[⑦]，谄媚于高宗和秦桧，但再也没有能够回到朝中任官。

（二）作为宋金和议依附者的冯檝

与金朝的和战是南宋建立伊始的大问题，当时朝中对该问题的态度，用冯檝的话来说，"不过和、击二议而已。和则遣使，击则用兵"[⑧]，而冯檝无疑属于主和一派。建炎二年五月初二，宋高宗下诏还京，次日冯檝上书宰相黄潜善，指出一旦还京，不知何以抵挡金人进攻，即使驻跸维扬也不是上策，因此他主张将宗庙百官与财用百物置诸建康，而"留兵将及宰执中谙练边事、军筹帷幄之人，从驾居此（扬州），专务讲武，以为战

① 《要录》卷23，建炎三年五月戊寅，第559页。

② 《要录》卷115，绍兴七年十月戊戌，第2149页。

③ 熊克：《皇朝中兴纪事本末》卷42引《赵鼎逸事》，北京图书馆出版社2005年版，第823页。

④ 《要录》卷66，绍兴三年六月庚寅，第1291页。

⑤ 《要录》卷118，绍兴八年三月辛卯，第2204页。

⑥ 《要录》卷118，第2193页。

⑦ 《要录》卷153，绍兴十五年正月戊申，第2887页；卷155，绍兴十六年五月甲午，第2935页。

⑧ 《要录》卷117，第2182页。

守之备"[①]，这样方易于逃避而无牵制之累。

而后，冯檝依附于其同年张浚，而张浚则属于坚定的主战派。绍兴七年十月，张浚被贬，十一月，刘豫被降为蜀王，而在十二月，冯檝就上奏疏，对于伪齐被废后宋朝向金遣使问题提出自己的意见，即"闻见议遣使，此正得策"[②]，而他在同一奏疏中说"和则遣使"，那么体现出他的意见仍是主和。亦即他所依附的主战派张浚倒台后，冯檝再次抛出遣使求和的主张。

对金和议，在朝中引起了轩然大波[③]。正是在此时，冯檝遭到处分，他在高宗召对时，抛出了为议和找寻的冠冕堂皇的理由，说"陛下之屈，乃为父母兄弟、宗庙陵寝、祖宗境土、族属臣民而屈耳"[④]，将屈膝求和的行为说成孝悌仁慈的表现，替赵构洗刷因议和带来的罪恶感。"上览疏，即日除檝故官，与王伦偕见使人议事"[⑤]，除复还其宗正少卿外，还让他假徽猷阁待制，充任国信计议副使。在此次和议后，冯檝还就巩固和议提出了八项措施作为善后之策，第一项即为"谨守盟誓，望敕诸将，不得见小利而动，以启衅端"[⑥]，冯檝此时已彻底成了和议的坚定支持者。

不久金朝就撕毁了第一次绍兴和议，秦桧感受到相位的危机，而冯檝在此时向秦桧提出任用张浚督军作战的想法，秦桧也趁机利用他去打探高宗的态度。但赵构对张浚深恶痛绝，"正色曰：'宁至覆国，不用此人。'桧闻之喜，檝曰：'适观天意，檝必被逐。'即引疾求去"[⑦]，遂被黜为宫观官。李心传认为冯檝"素附和议"，不可能如赵甡之在《中兴遗史》中所说，是他主动向秦桧提出召用张浚。究其原因，可能是冯檝预判宋金之间当再次开战，当时主战派领袖非张浚莫属，而他与张有旧，若张浚得到重用，冯檝亦能获得大任。但他没并未预料到高宗对张浚的厌恶程度，于是被秦桧利用，自己也被罢为宫观官。

由此来看，冯檝作为党附者，以谋求个人仕途为标准，虽然他以主和

① 《要录》卷15，第367—368页。
② 《要录》卷117，绍兴七年十二月戊辰，第2183页。
③ 王曾瑜：《荒淫无道宋高宗》，河北人民出版社2007年版，第166—181页。
④ 《要录》卷124，绍兴八年十二月乙卯，第2326页。
⑤ 《要录》卷124，第2327页。
⑥ 《要录》卷126，绍兴九年二月乙卯，第2379页。
⑦ 《要录》卷136，绍兴十年六月丙午，第2539—2540页。

为基调①，但并不妨碍他投向其主战派同乡张浚一边。李心传说他“以傅会和议，故为秦桧所厚”②，并不准确。因为他此次被罢任后，任宫观官达两年半之久，即使在知泸州任上，也仅由待制升为直学士，并未得到重用。究其原因，恐在于他与张浚的同乡兼密客之关系。

（三）作为关心民瘼者的冯檝

冯檝在历史上并非皆是谄媚依附者与和议依附者的负面形象，在为地方官与罢官在家乡时，他也为百姓做了好事，是一位关心民瘼的士大夫。

徽宗时，宋朝常向周边开拓，冯檝在任蜀州州学教授时，曾写有《上徽宗论沿边纳土三害》，他指出四川及广南边臣纳不毛之地，导致少数民族动乱，损耗钱财，增加百姓负担，希望能够予以核实省并，并杜绝该种举措，徽宗遂令“成都、潼川、夔州、广西路帅臣、监司同共相度，控扼紧慢利害，合省并存废处闻奏”③。此时他仅为一名州学教授，既非台谏也非侍从，并不负有言责，却仍根据个人见闻提出建议，以减轻百姓负担。

而后无论任职四川与否，冯檝都关心着故乡的民生疾苦。绍兴五年（1135）九月，他在湖南路干办公事任上，上奏说遂宁府康定年间“以税杂钱一千一百一十文折一匹紬。今潼川路随军漕司行下新科，约乃以六百文折一匹绢，又不许纳正色，每匹估钱七千五百文，乞改正”。④ 高宗令宣抚司觉察。潼川府路随军转运司减少绢的折纳钱数，复禁止百姓缴纳绢，而后又抬高绢估钱，百姓为此付出的是原来的十余倍之多。冯檝在得知后，遂奏请减轻百姓负担。绍兴年间，南宋行经界法清查隐没土地，冯檝认为该法行于本地不便，于是奏请朝廷，免去了泸州、叙州与长宁军的经界⑤。虽然此举获利的可能仅仅是兼并土地的形势户，但相关文献在提及冯檝时，仍会说“在泸八年，奏免泸、叙、长宁军经界，一方安之”⑥。

---

① 在江西逃亡时，冯檝也曾向刘光世写信讲明如何阻击金军，这只能是他被迫逃往、救死不暇时的权宜之计，见《宋史》卷369《刘光世传》，中华书局1985年版，第11480页。

② 《要录》卷163，绍兴二十二年六月，第3100页。

③ 赵汝愚：《宋朝诸臣奏议》卷143《蛮傜》，上海古籍出版社1999年版，第1627—1628页。

④ 《要录》卷93，第1784—1785页。

⑤ 《要录》卷161，绍兴二十年二月庚申，第3042页。

⑥ 王象之：《舆地纪胜》卷155《潼川府路·遂宁府·人物》，中华书局1992年版，第4213页。

除此之外，冯檝在四川还进行了赈灾和筑城工作。据其《劝谕赈济诗》，在未中进士之前，他就曾两次与乡人一起进行赈济①。而绍兴六年，四川大旱，冯檝作为退居乡里的官员，“自出米数百斛，以率乡人。乡人讙趋之，饥者赖以济”②。此次赈济“日饭八千人，八旬乃休止。于时已麦熟，粮食相接济”③。为此他也得到转一官的嘉奖，四川安抚制置使席益在上奏中还特地提及冯檝出米四百石之事④。至绍兴辛未岁亦即绍兴二十一年时，四川又遭遇饥荒，冯檝“聊舍三百斛，十中活一二。又以一千石，减价平行市。每石减十钱，庶几无涌贵”⑤。所采用的方式为减价出粜。之所以要这样做，不是钱财有余，而是“愍民不易”。泸州城濒临岷江，常有江水侵蚀城池的危险，于是冯檝奏请朝廷“悉以石甃土，凡石城千一百七十步，高二丈二尺；土城千三百二十八步，高三丈”⑥，从而保护了城池及人民的安全。

由此来看，冯檝常关心民生疾苦，在年轻时即就国家大事上书皇帝，为百姓谋福利。而在他任职四川或退居乡里时，更是运用自己的权力和威望，在减免百姓负担与赈济灾荒等方面做出贡献⑦，属于一方乡贤。

三　冯檝著述考

（一）冯檝诗文考

冯檝在世时曾撰写有不少作品，且编有集子，可惜已经佚失。其诗篇的辑佚见于《全宋诗》第 32 册，共有 5 首，除上述《劝谕赈济诗》外，其他均与佛教有关，整理者为王丽萍⑧。他的散篇文章则见于《全宋文》第 181 册，共有 25 篇，除议论时政与礼制外，多数仍与佛教有关，整理

① 董煟：《救荒活民书》卷 3，《丛书集成初编》第 964 册，商务印书馆 1936 年版，第 74 页。

② 《要录》卷 106，第 1989 页。

③ 董煟：《救荒活民书》卷 3，第 74 页。

④ 徐松：《宋会要辑稿》食货 59 之 29 至 30，上海古籍出版社 2014 年版，第 7394 页。

⑤ 董煟：《救荒活民书》卷 3，第 74 页。

⑥ 《要录》卷 154，第 2924 页。

⑦ 关于宋代地方官员在救荒中的作用，参见李华瑞《宋代地方官员与救荒》，《地方文化研究》2013 年第 2 期。

⑧ 《全宋诗》卷 1822，北京大学出版社 1997 年版，第 20278—20280 页。

者为刁忠民[①]，该集收录已较为全面，但仍有疏误。

《全宋文》收录冯檝《乞改正潼川折纳新科奏》，标注出处为《要录》卷九三[②]。该篇名应为整理者所拟，但定名有误。李心传在张浚以冯檝为权枢密院计议官后注文中说："檝权计议官，据绍兴三年九月十二日檝《论遂宁府绢估劄子》系衔如此，他书盖无有也。"[③] 查冯檝奏请改正遂宁府纳绢事在绍兴五年九月壬午，该月辛未朔，壬午为十二日，其职衔正为"左朝散郎、前权枢密院计议官、湖南路干办公事"[④]，故上述注文中三年应为五年之误，该篇奏议的正确名称应该为《论遂宁府绢估劄子》，而非整理者所拟。

《全宋文》体例有"零章断句一般不收"[⑤] 的规定，故冯檝的一些文字并未收录，但这些文字仍具有一定价值。建炎四年，李成叛，派其部将马进犯兴国军，当时"降授承议郎、新知巴州冯檝在岳阳，守臣袁植令檝草书遗成，说以忠义，成不听"[⑥]。这封书信就是《代袁植与李成书》，收录于其《谏议集》，其中提及："植无状之迹，前此奸邪用事，时固尝休致矣，昨自休致中，蒙恩再除监察御史"云云[⑦]。除《谏议集》外，据李心传记载，冯檝还著有《时议录》，其中收录了他建炎四年所作《代袁植与李允文书》，其中云："巴陵先于去年春间延烧殆尽，至夏又遭贵仲正残破。"[⑧] 绍兴九年十一月，冯檝曾与刘才邵等一起上奏说已故的秘书省正字常明"去乡万里，母老子幼，乞用梅尧臣、刘恕例，录其孤"[⑨]。奏疏虽为几人合上，但冯檝也应拥有著作权。

另据《要录》，绍兴六年十一月十二日，冯檝上有《辞免转官状》，具体内容除系衔外，其他已不可知[⑩]。此外，冯檝还写有《语录》《颂

① 《全宋文》卷3968至3969，上海辞书出版社、安徽教育出版社2006年版，第134—157页。

② 《全宋文》卷3968，第143—144页。

③ 《要录》卷66，绍兴三年六月庚寅，第1291页。

④ 《要录》卷93，第1784—1785页。

⑤ 《〈全宋文〉编纂凡例》，《全宋文》第1册，第14页。

⑥ 《要录》卷37，第835页。

⑦ 《要录》卷21，建炎三年三月壬辰注，第504页。

⑧ 《要录》卷24，建炎三年夏注，第585页。绍兴七年，冯檝又上《应付和议疏》，同样收录进其《时议录》，见《要录》卷117，第2182—2183页。

⑨ 《要录》卷133，第2485页。

⑩ 《要录》卷104，绍兴六年八月壬戌注，第1965页。

古》[①]《西方礼文》《弥陀忏仪》[②]《经藏记》[③]《韬光庵修庵记》[④]，除《经藏记》外具体内容都已不得而知。

（二）《临安录》[⑤]

冯檝最为人所熟知的著作当属《临安录》，这要归功于李心传在《要录》中的引用。此书宋代书目及《宋史》等都没有著录，它书亦未引及，仅见于《要录》。《要录》直接引录六则，提及者三则，另有一段记述也应来自《临安录》，即“范仲熊者，冲之子也，尝为河内丞，陷虏得归，旧厚王钧甫、马柔吉二人”[⑥]一段，因李心传曾说“以冯檝《临安录》考之，仲熊固与军中迹熟，然必不至与其逆谋”[⑦]。

就《要录》引述部分看，《临安录》主要内容为冯檝讲述他在苗、刘之变发生后，与黄概、叶宗谔密谋通过范仲熊策划如何动员苗傅、刘正彦主动提出让高宗复辟[⑧]，后又想通过冯康国面见张浚陈述该计划，但因为冯康国说需要请示张浚，而宰相朱胜非又不听从，谋划遂告失败[⑨]，于是他直接前往军中见苗傅，并致书苗傅、刘正彦，要求二人主动提出让高宗复位[⑩]。《临安录》似乎以上述冯檝直接面见高宗陈述功绩并得到升官为结束，李心传云：“《日历》檝除郎在二十八日乙亥，而檝《临安录》载此省劄在二十四日，今从之。”[⑪]现在看来，《临安录》中多纵横家之言，如他对冯康国说：“昨日请为大元帅已移得兵权，固善矣。然名尚未正，并犹在睿圣宫，何似我与你同往说贼复辟，我有策可以回之……只恐张侍郎未必有策，我却有个策”[⑫]，即使在朱胜非告诫他“大计已定，诸军初

① 普济：《五灯会元》卷20《给事冯楫居士》，中华书局1984年版，第1321页。

② 志磐：《佛祖统纪》卷29《往生公卿传居士附》，上海古籍出版社2012年版，第622页。

③ 王象之：《舆地纪胜》卷156《顺庆府·景物下·七佛台》，中华书局1992年版，第4232页。

④ 元敬、元复：《武林西湖高僧事略》，杭州出版社2006年版，第12页。

⑤ 顾宏义认为《临安录》是冯檝建炎三年在杭州任官时的记事。与本文考订结果有所不同，见《宋代笔记录考》，中华书局2021年版，第556页。

⑥ 《要录》卷二一，建炎三年三月庚子，第514页。

⑦ 《要录》卷二一，建炎三年三月辛丑注，第517页。

⑧ 《要录》卷二一，建炎三年三月庚子，第514页。

⑨ 《要录》卷二一，第522页。

⑩ 《要录》卷二一，建炎三年三月丁未，第529页。

⑪ 《要录》卷二四，建炎三年六月戊辰注，第580页。

⑫ 《要录》卷21，建炎三年三月癸卯注，第522页。

无疑阻，若擅入营寨生事，当收君下狱”① 后仍不停止，有夸大自己作用之嫌，真实性要打折扣。

由此来看，冯檝除本职礼官的工作外，因个人信仰原因多留下与佛教有关的著述，此外，他任职多作出位之思，多次论及国家大事，着重对其进行记述，并汇编为《谏议集》、《时议录》及《临安录》，非常注重个人文献的写作与汇编。

小　结

本文梳理了冯檝的仕宦经历，解释了其中的一些疑点，指出他在历史上所呈现出的作为党附与谄媚者、宋金和议的依附者、关心民瘼者三种形象，除此之外，他还是一名佛教的居士。冯檝热衷于保存个人文献，将自己的经历与奏议等写作、编集成书，我们现在所能看到的冯檝的形象，有些即出自他个人的构建。总体而言，有些看似矛盾的现象如作为居士却汲汲于仕进、基调为主和却并不妨碍他依附于主战派张浚，都体现在冯檝个人的思想和行为之上，由此也提醒我们要全面认识历史中的人物，才能更全面地去认识历史。

（刘冲，太原师范学院历史系讲师）

① 《要录》卷二一，第522页。

随宜而定：不同政治诉求下宋代官员兼职形态探析*

范　帅

摘　要：在制度运行中，往往会出现各种各样的兼职，这并非不同机构、各项职责之间的简单叠加，而是具有内在逻辑关系，兼职不同形态的运用体现出宋廷在不同时期为满足其政治诉求而进行的制度设计。常规与策略型兼职体现了宋廷对制度稳定与灵活的兼顾；外延与内嵌型兼职迎合了机构间协同与分离的需求；主管与协管型兼职实现了各方之间的权力配置；群体与个体型兼职则提高了决策效率。兼职的形态并非一成不变，其往往随着政治局势和运行条件的变化而互相转化。兼职形态的划分与运用要根据其所实现的政治效果综合考量。适宜的兼职有利于调适组织结构，整合机构职责体系，提升治理效能。

关键词：宋代；官员兼职；形态；政治诉求

建国伊始，为减少王朝统治所面临的阻力，宋太祖“在旧机构旁增设新机构”①，建立和完善了以事任为中心的治官体系，从而形成北宋前期官、职、差遣分离的设官分职制度。② 在机构叠床架屋，“诸司互以他官领之”的情况下③，宋代形成了以稳定专职为主体，灵活兼职为辅助的治事系统。④ 兼职不是不同机构、各项职责之间的简单叠加，而是具有内

* 本文受中国博士后科学基金面上资助项目“宋代中央官员兼职制度研究”（2020M681219）资助。

① 龚延明：《宋代官制辞典》，中华书局1997年版，第5页。

② 邓小南：《宋代文臣选官诸层面》，河北教育出版社1993年版，第8—22页。

③ 脱脱等：《宋史》卷169《职官志九》，中华书局1977年版，第4029页。

④ 范帅：《宋代兼职规律初探》，《浙江学刊》2020年第4期。

在逻辑关系，不同形态兼职的运用体现出宋廷在不同时期为满足其政治诉求而进行的制度设计。兼职赋予了制度收放自如的弹性机制，使各机构间、层级间能够以可接受的方式行使权力，加强沟通，协同合作，减少对抗。研究在制度运行中的不同兼职的运用，有利于揭示宋代君臣如何借助兼职手段构建国家治理体系。

目前学界主要从两种角度对官员兼职进行分类。第一种是单纯就兼职的属性将兼职分为政治、经济、文化、礼仪、军事五类。[①] 第二种是从机构独立性的角度将兼职分为职位型与职务型，以及从制度化的角度将兼职分为制度型与非制度型。[②] 这两种视角为深入研究宋代官员兼职的类型提供了研究思路，但未从制度运行的角度去动态研究官员兼职问题。从政治诉求的角度，对宋代官员兼职形态进行归纳，有利于深入研究宋代官员兼职制度，揭示兼职与宋代职官制度设计的逻辑关系。从制度设计、机构协同、权力配置、决策效率四个方面，将宋代官员兼职形态分为八类，以期揭示出兼职制度背后不同兼职之间的差异性及相关性。

一　制度的稳定与灵活

历朝历代的统治者在国家治理时，都会根据以往的治理经验，制定出相应的规则去处理各种关系，由此形成的各种制度成为构建国家治理体系的重要部分。为兼顾制度的稳定与灵活，从制度设计上看，宋代官员兼职的形态可以分为常规型与策略型，前者体现了宋廷于常规时期处理各种关系的规则，后者则体现出特殊时期应对突发事件的规则。

（一）常规型兼职

常规型兼职是指遵循典章制度和故事惯例而实施的兼职，用以保证制度的稳定性和连贯性。宋初时期，官、职、差遣相分离，致使以往诸如三省六部之类实权机构的下辖职官，随着差遣的设置而被架空，成为标榜官员地位及待遇的寄禄官，会存在一些名实分离的现象。如台官就面临名实分离的情况，一方面被当作宪衔，标榜待遇。唐玄宗开元年间，以外任官

① 常沁飞：《宋代宰相兼职问题研究》，硕士学位论文，河北大学，2019 年。

② 张泽伦：《宋代路级官员兼职问题研究》，硕士学位论文，河北大学，2017 年，第 27—32 页。

带御史台官，使增重其事、加威其命，后逐渐成为功赏，方镇幕职宾佐等无不带御史台官。及至宋初，军制仍以御史台为品秩，凡武臣内职、军职及刺史以上都带有检校官、兼宪衔，① 被视为“裁用以定俸入尔，而不亲职事”，并非真正的台官，② 形成“国朝左右谏议大夫、司谏、正言多不专言责，而御史或领他”③。而另一方面，台谏之责通过他官兼职台谏官的形式实现。因此，元丰改制之前，台谏官本无正员，只为兼官，御史中丞除有正式编制者，多数由他官兼，尚书则称“某官兼御史中丞”，郎官则称“御史中丞兼某官”，给谏则称“某官权御史中丞事”，官品更低者称“知杂御史副中丞判台事”。④

也有一些职官，因其清要的职能性质而成为常规型兼职，如史官多为兼职，并且唐宋皆令宰相兼修国史，以体现对史书修撰的重视。⑤ 如咸平元年（998）十月，李沆同中书门下平章事兼修国史。绍兴二年（1132），吕颐浩以仆射兼修国史。史称“宰臣论道，史官修史，若不相关，尔然咸乎”。⑥ 史书为“国家之典法也，自君臣善恶功过与其百事之废置，可以垂劝戒示后世皆得书而不隐”，极为重要。因此，宋史臣虽多由他官兼任，但皆非等闲之辈。宰相兼修，学士修撰，又以两府之臣撰时政记，并选三馆中当升擢者修起居注，重视程度可见一斑。⑦

经筵官也“例兼他职”。⑧ 如元祐二年（1087），崇政殿说书程颐曾在上书中提道：“今讲读官共五人，四人皆兼要职。”当唯一“不领别官”的程颐也因身负修国子监太学条制时，便出现“乃无一人专职辅导”的情况。之所以由他官兼职讲读、经筵官颇有“惜人材不欲使之闲”，使其兼人他职，“不妨讲读”。但程颐认为，“以朝廷之大，人主之重”，“当置二三臣专职辅导”。如今肩负讲读之职的臣僚同时身兼要职，若不能立即

① 龚延明：《宋代官制辞典》，中华书局1997年版，第608页。

② 李焘：《续资治通鉴长编》卷110，天圣九年七月甲戌，中华书局2004年版，第2564页。

③ 李焘：《续资治通鉴长编》卷100，天圣元年四月丁巳，第2321页。

④ 林駉：《新笺决科古今源流至论》前集卷6《台官》，《中华再造善本》第4册，北京图书馆出版社2005年版，第3页。

⑤ 王应麟：《玉海》卷46《淳祐四朝史》，江苏古籍出版社、上海书店1987年版，第878页。

⑥ 林駉：《新笺决科古今源流至论》前集卷8《兼官》，第15页。

⑦ 马端临：《文献通考》卷51《史官》，中华书局2011年版，第1468页。

⑧ 程颢：《二程集·二程遗书》附录《明道先生墓表》，中华书局1981年版，第341页。

从要事中抽身，专注于讲读之责，则请求免除自己修国子监条制的事务，以便其专佐辅导。①

此外，东宫官也多为他官兼任，北宋初年，多由其他文学之士兼任东宫官。天禧年间，由于宋真宗身体抱怨，需宰执辅佐太子监国，才打破宰执不兼东宫职事的惯例。命宰相丁谓、冯拯兼少师、少傅，枢密使曹利用兼少保，而任中正、王曾为参政，钱惟演为枢副皆兼太子宾客②，直到宋宁宗朝，宰执兼任东宫官成为定制。

由此可见，以台谏官、史官、经筵官、东宫官等为代表的职官，因其官无定员、因事而设的特点，往往须由他官兼职，属于常规型兼职。常规型兼职多为权柄不大的文字之官，或地位尊崇的荣誉之官。陈傅良坦言自己虽曾身兼数职，但大多为没有实权的“文字之官”属于清要之职。③ 汪藻曾一语中的地指出兼清要之职对为官者的意义：“阶官者积岁月可至，而职名者人主所以待天下英俊，一时甄擢之权，苟非其人，终身莫得而至也。”④ 兼清要之职，以示其恩宠体现了在常规时期，宋代统治者优容文官的态度。此外，诸如安抚使之类大权在握的职官也为常规型兼职。因为此类职官若设为专职容易形成地方割据势力，从而打破政治秩序，与宋代追求稳定的治国理念相违背。所以，常规型兼职的设置基本能体现出宋廷国家治理原则，如以史官等文字之官为常规型兼职，体现优容文人的特点；台谏官、经筵官等言事类职官则是宋代君主虚怀纳谏体现；安抚使兼职的常规化则体现宋代“崇文抑武”的治国特点。总之，常规型兼职的设计渗透着宋代君臣于常规时期处理各种关系的规则，与宋代“事为之防，曲为之设”的制度设计理念并行不悖。

（二）策略型兼职

制度设计终究要在执行中接受考验，只有执行效果符合预期，制度设计才能真正与国家治理体系融合为一。执行效果将制度由静态的条文转变为动态的行动。制度设计能否在执行中对人们的行为起到规范作用的关键

① 李焘：《续资治通鉴长编》卷381，中华书局2004年版，第9294—9295页。

② 李心传：《旧闻证误》卷1，中华书局1981年版，第14页。

③ 陈傅良：《陈傅良先生文集》卷24《乞祠申省状》，浙江大学出版社1999年版，第336页。

④ 汪藻：《浮溪集》卷2《奏论宋晦落职不当行词状》，文渊阁《四库全书》第1128册，台湾商务印书馆1986年版，第21页。

在于设计是否可以被有效地执行。当常规时期的制度不足以应对特殊情况时，其执行效果也会低于预期。为保证制度的执行效果，统治者往往会对制度进行适时调整，以保证其被有效落实，策略型兼职便应运而生。若常规型兼职蕴含着常规时期统治者的价值观念，策略型兼职则体现出宋代君臣面对突发事件时，所做出的价值判断。

策略型兼职指为应对战争、变法等特殊情况，使某些官员权宜兼职其他职官，随着情况回归正常，策略型兼职也随之结束，此种兼职兼顾了制度的稳定性与灵活性。灵活多变，“随宜而定”是宋代制度设计的突出特征。宋代统治者经常会根据不同时期的政局变化，通过不同职官的排列组合，调整机构之间的隶属关系，从而应对国家治理中所出现的问题。而兼职作为一种可灵活拆合机构的行政手段就显得尤为重要。为应对现实形势变化而采取的策略型兼职，较为典型的就是两府互兼。

以兼职为媒介，两府时分时合，中书门下负责民事，枢密院负责兵事，“其事相埒”，中书降麻，枢密院降宣，其形式相等。北宋建国之初，令两府分管政务与军事，旨在分权制衡。[①] 宋太祖黄袍加身后，为减少统治阻力仍保留了后周旧臣范质、王溥的权职，令其以宰相身份兼知枢密院事。后虽仍令范质、王溥、魏仁浦为宰相，却免除了范质、王溥两人于枢密院的兼职，令魏仁浦仍以宰相兼任枢密使。[②] 为何独留魏仁浦于枢府，从加恩制书中便可窥视一二：“谦和有立，慎重自持，周旋三事之司，练达万机之务，言无泄露，望洽弥纶。”[③] 由此可见，宋太祖看中了魏仁浦“谦和有立，慎重自持”的性格特点，希望他可以周旋于两府之间从而起到“望洽弥纶”的作用。建国之初，宋代统治者于制度设计上虽设枢密院以分宰相之军权，但两府作为国家中枢机构，仍需在一些问题上贯通协调。于是宋太祖在人事任命上采取相应的措施，令魏仁浦从中斡旋，以弥合两府之间的分歧。贯通两府的地位使有着前朝宰相经历的魏仁浦顾虑颇多，加之其谨小慎微的性格，及北宋建国之初敏感的政治气氛，使得此措施并未真正意义上发挥其应有的作用。

宋太祖、宋太宗时期，按照制度设计基本上严格执行了两府分庭奏事

① 林駉：《新笺决科古今源流至论》续集卷6《两府》，《中华再造善本》第四册，北京图书馆出版社2005年版，第8页。

② 李焘：《续资治通鉴长编》卷1，建隆元年二月乙亥，中华书局2004年版，第9页。

③ 《宋大令诏集》卷59《范质等进官制》，中华书局1962年版，第297页。

的原则。

然而，两府分别奏事，往往会造成信息不畅，尤其当事情紧急，两府意见相左时，导致不当的决策产生。咸平初年，田锡曾曾直言不讳地道出两府事务不相闻的问题："密院公事，宰相不得预闻，中书政事，枢密不得预，议不无憾。"最终出现"兵谋不精，国事未善"的情况。这说明两府分离奏事，"互不与闻"的运行模式，往往会带来信息不畅、决策失误等问题。景德元年（1004），宋真宗必命人将边奏送至中书门下。他曾对宰相毕士安、寇准说："军旅之事，虽属枢密院，然中书总文武大政，号令所从出。向者李沆或有所见，往往别具机宜。卿等当详阅边奏，共参利害，勿以事干枢密院而有所隐也。"宋真宗指出中书门下即为号令文武大政之处，并进一步指出："枢密之地，尤须谨密，漏禁中语，古人深戒。若与同列及枢密彰不协之迹，则中外得以伺其间隙，实非所便，卿等志之。"[①] 强调令两府互兼是为了减少"不协之迹"，增强决策、执行一体化。

尤其在战火纷飞的时期，"两府事务不相闻"已无法适应瞬息万变的边事，迫切需要采取措施去打破壁垒，加强沟通。对此，群臣频繁上书请求两府通议。翰林学士丁度道："古之号令，比处于一。今二府分兵民之政，若错置乖异，则天下无所适从，非国体也。请军旅重务，二府得通议之。"[②] 宋廷迫于形势令宰相枢密院职责对掌，以便协调沟通。康定元年（1040）二月，宋辽关系紧张，富弼认为不应"专委枢密"，为便于协调衔接两府事务令宰相兼领枢密院，于是吕夷简、章得象并兼判枢密院。[③] 因此，宰相兼职枢密使有信息共享，提高行政效率方面的考量。兼职遂成为制度灵活变化的一种方式。[④] 宋人以为制度设计并非一定要"分其事"或"併其职"，应当"于分之中而有合之理存，于判然不相为谋之际，而实有相贯通者寓然，后可与论设官之深旨欤"。两府之事务是合是分，往往要根据当时的形式决定。而兼职便是不打破原有制度框架基础之上，择利行权的一种灵活行政手段。

① 李焘：《续资治通鉴长编》卷57，景德元年八月丁酉，中华书局2004年版，第1257页。

② 李焘：《续资治通鉴长编》卷126，康定元年二月丁酉，第2975页。

③ 陈均：《皇朝编年纲目备要》卷11，中华书局2006年版，第234页。

④ 林駉：《新笺决科古今源流至论》续集卷6《两府》，《中华再造善本》第四册，北京图书馆出版社2005年版，第8页。

除两军对峙时，为应对变幻莫测的前线战况，提高决策应对能力而实行策略型兼职外，宋廷还会在特殊时期设置临时机构以他官兼职。如变法时期，宋神宗朝为统筹变法事务而设置三司条例司，由知枢密院陈升之与参知政事王安石为同制置三司条例司，兼领该司。[①] 北宋末年蔡京为讨好宋徽宗而设置的应奉局，以王黼等人兼领。[②] 尤其是两宋之际，两军对垒，南宋政权危如累卵，因“维时多艰，政尚权宜”，国家机器无法如常规时期进行运转，不得不采取一些应急措施。为应对战时需求，御营置使，国用置使，修政局置提举，军马置都督，以宰相兼任；总制司理财，同都督、督视理兵，以执政兼任。正如古人所言：“因事创名，殊非经久。”建炎四年（1130），中书、枢密院对掌机务，由宰相兼知枢密院事是仿用庆历年间故事，此后“兵兴则兼枢密使，兵罢则免”，直到开禧初年，才将宰臣兼枢密形成定制。[③] 策略型兼职是宋代君臣在国家治理中，兼顾制度与效果的探索。在特殊情况下，为减少措施推行的阻力，宋代君臣往往倾向于采用策略型兼任，避免制度层面的争执，更高效地在政务运行中实现目的。

二 机构的协同与分离

美国管理学家卡斯特、罗森茨韦克认为，组织是一个开放系统，它由各子系统组成，各子系统之间通过输入与输出的关系而构成一个完整的系统。[④] 若将宋代国家机器看作一个庞大组织系统，那么不同机构则是支撑其运转的子系统，各机构之间通过分拆与合并，实现横向沟通，增加协同合作。各机构之间通过兼职打破界限，因此互相关联并发生重叠，从而形成一个统一的整体。所以，外延、内嵌型兼职有利于增强机构间的协同性增强，使各方势力为共同目的而凝聚起来，产生整体功能大于部分功能之和的功效。从机构间关系来看，为实现机构间的协同与分离，宋廷于制度

---

① 杨仲良：《皇宋通鉴长编纪事本末》卷66《三司条例司废制》，黑龙江人民出版社2006年版，第1158页。

② 《宋史》卷470《王黼传》，中华书局1977年版，第13201页。

③ 《宋史》卷161《职官志一》，第3770页。

④ ［美］卡斯特、罗森茨韦克：《组织与管理》，中国社会科学出版社1985年版，第8—9页。

运行中会采用外延和内嵌型兼职。

（一）外延型兼职

当宋廷需要某机构扩大影响或依托其他机构发挥作用时，往往会运用外延型兼职，对职官进行排列组合，以实现机构间的协同，尤为典型的就是东宫官兼职京府官员。

宋太宗在令襄王赵元侃为开封尹进行从政训练时，特意升镇安行军司马杨徽之为左谏议大夫，与右谏议大夫毕士安并为开封府判官，并特置三员推官，分别以兵部郎中乔维岳、寿王府记室参军水部郎中杨砺、谘议司封员外郎夏侯峤共同担任推官。① 至道元年（995）八月，正式册立太子后，令其仍兼判开封府。② 以左谏议大夫杨徽之兼太子左庶子，右谏议大夫毕士安兼右庶子，兵部郎中乔维岳兼左育德，水部郎中杨砺兼右谕德，司封员外郎、直昭文馆夏侯峤兼中舍，继续担任开封府官员。③

东宫与开封府因杨徽之、毕士安等人的兼任而产生联系，在这种情况下两者之间的主次高低之别便直接影响到实际运行过程中权责划分。两次人事任命的文字表达并未凸显出东宫与开封府之间的从属关系与主次之别。从权责、人员和空间上，抽丝剥茧，理其端绪，方能揭示出东宫与开封府在太子兼领期间的从属关系。

从权责分配上看，开封府事归东宫管辖。由于皇太子兼判开封府，所以开封府所上表状皆由皇太子亲自书写，署名皇太子位，而送与中书、枢密院状纸等其他文书，只需由本府判官等书写。④ 其断案及处分公事并画准，用左春坊印。⑤ 印信作为一种身份和权力的证明，是行政机构行使职权的重要凭证，尤其是在兼任盛兴，机构间叠床架屋的现象甚为普遍的情况下，文书所盖之印信，签押之署名，就成为划分权责，判断机构间隶属关系的重要依据，在宋代制度运行中发挥着重要作用。正如南宋礼部侍郎李巘所言："文书有印，以示信防奸。"⑥ 开封府所上表状署名皇太子位，

---

① 李焘：《续资治通鉴长编》卷36，淳化五年九月乙丑、十月丙戌，中华书局2004年版，第797、799页。

② 李焘：《续资治通鉴长编》卷38，至道元年八月壬辰，第818页。

③ 徐松辑：《宋会要辑稿》职官7之22、23，上海古籍出版社2014年版，第3217页。

④ 陆游：《渭南文集》卷22《记太子亲王尹京故事》，《陆游集》第5册，中华书局1976年版，第2187—2188页。

⑤ 孙逢吉：《职官分纪》卷28《太子左春坊》，中华书局1988年版，第555页。

⑥ 《宋史》卷153《舆服志六》，中华书局1977年版，第3593页。

及断案等其他公事用左春坊印表明，开封府的文书系统已被纳入东宫系统，即在权责划分上看，开封府应是从属于东宫系统。

从人员配置上看，东宫官基本全面兼任开封府的高级官员。因宋太宗、宋真宗在藩邸时，曾以少尹权知府事，所以后来开封府一般不再置少尹，只设判官、推官各一员或二员，“通掌府事”，以常参官充。① 值得注意的是，此时未置开封府少尹一职，判官、推官数量虽多，但只分掌各项事务，开封府的实际管理权仍掌握于太子之手。另外，杨徽之等人在兼任开封府判官、推官等职务的同时，皆兼任东宫官。此时，从府尹到推官，开封府的高级官员基本都与东宫有关，东宫官与开封府僚属的重合度较高，使得东宫与开封府可以协同处理事务，以兼职的方式将开封府纳入东宫体系中运行。

从空间分布上看，东宫与京府合二为一。由于秦王赵廷美与许王赵元僖尹开封府曾于府邸视事，但两人皆不得善终，于是宋太宗命襄王赵元侃将办公之处移至开封府。② 此时东宫与开封府在权责、人员和空间上都实现了重叠。由此可见，宋太宗时期东宫全面借助开封府的实体运行。在太子即位之后，开封府官员结束皇储尹京的特殊之制，恢复到常规时期的设置，判官、推官各置一员。后因“府事繁剧”，王旦等人建议增置判官。于是景德四年（1007）宋真宗下诏，令开封府判官、推官，各增置一员，分掌狱讼刑法和户口租赋。③

由此可见，无论是从权责分配上看，还是从人员配置上看，此次兼职走向由东宫向开封府实现权力的扩张，机构间兼职类型是相对的，对于东宫而言，宋太宗朝的太子尹京，东宫官兼任开封府官员属于外延型兼职；而对于开封府而言，则是内嵌型兼职。

（二）内嵌型兼职

对于同一机构来说，不同的人事任命形式，所呈现出的兼职类型截然不同。

受东宫制度衰微趋势的影响，及宋朝对皇储“问安视膳”的定位，

---

① 陆游：《渭南文集》卷22《记太子亲王尹京故事》，《陆游集》第5册，中华书局1976年版，第2187—2188页。

② 陆游：《渭南文集》卷22《记太子亲王尹京故事》，《陆游集》第5册，第2187—2188页。

③ 李焘：《续资治通鉴长编》卷66，景德四年七月壬申，中华书局2004年版，第1471页。

宋代东宫官多为兼职。虽然有宋一代甚少设置专职东宫官，但兼职东宫官的来源对于东宫在宋代制度设计中的定位及作用有着举足轻重的影响。天禧四年（1020）之前，受东宫官讲经读史职责的影响，兼任东宫官的官员多为科举出身的文学之士，因侧重其讲读之责，大多曾为讲读学士，所以来源广泛，并未集中于某一机构。因此，宰执与东宫官之间本为风马不接的两大群体，相关性并不大，仅在宰执致仕时，授以相应的虚职东宫官以示恩宠。① 天禧四年，由于宋真宗身负沉疴，逼不得已令太子监国，为保证政务正常运行，以宰执兼职东宫官，“申羽翼之助”。② 先后以参知政事任中正、枢密副使钱惟演、参知政事王曾等人兼任东宫官，③ 开启宰执兼任东宫官之先例。

宋真宗身体抱恙之时，设会议令宰执辅政是偶发性事件。当皇帝无法正常理政，便触发了太子的储备作用，即在危机时刻，以皇室正统血脉的身份来稳定民心，凝聚力量。此时，便需要悉知国家事务的宰执从旁协助，令其兼任东宫官是保证国家政权正常运转的权宜之策。所以，北宋时期宰执兼任东宫官并未形成定制，而是在非常时刻以内嵌型兼职将东宫纳入国家中枢机构的运行当中。

经过北宋时期的探索和积累，南宋对于太子教育尤为重视，宋孝宗在效仿天禧年间资善堂会议的基础上，对太子从政训练进行了新尝试。④ 太子赵惇免去临安府尹一职后，宋孝宗令其择日开堂与宰执议事⑤，以对其进行系统深入的从政训练。李彦颖、王淮、周必大、施师点、余端礼等人都以宰执之身兼任东宫官，⑥ 以便与太子于会议时商讨政务，但此时宰执仅部分兼任东宫官。侍立参决的从政模式遂成定制，为宋宁宗、宋理宗两朝所继承。宰执开始“并兼”东宫官，从而使得东宫与两府人事变迁紧

---

① 谢维新：《古今合璧事类备要》后集卷45《总三太三少》，《中华再造善本》第48册，北京图书馆出版社2006年版，第5页。

② 王应麟：《玉海》卷129《至道东宫官》，江苏古籍出版社、上海书店1987年版，第2385—2386页。

③ 徐松辑：《宋会要辑稿》职官7之24，上海古籍出版社2014年版，第3217页。

④ 范帅：《宋代太子从政方式探究》，《郑州轻工业学院学报》（社会科学版）2019年第2期。

⑤ 佚名：《皇宋中兴两朝圣政》卷64，淳熙十四年一月甲寅，北京图书馆出版社2007年版，第555—556页。

⑥ 何异：《宋中兴百官题名》，《藕香零拾》，中华书局1998年版，第166—168页。

密相连，协同变化。从个人仕途上看，东宫为官员提供了一条跻身两府的青云之路，进一步带动东宫官品级的提升。如开禧三年（1207），史弥远由太子詹事跻身枢密院，并且进兼太子宾客。① 从人员布局上看，宰执之间的权力博弈会直接影响到东宫的人事变迁。嘉定元年（1208），宋宁宗令太子侍立，宰执赴资善堂会议，仿天禧故事，命宰执并兼东宫官，丞相钱象祖兼太子少傅，参知政事卫泾、雷孝友与签书枢密院林大中并兼太子宾客。② 六月，卫泾因被御史中丞弹劾而罢，签书枢密院事林大中去世，史弥远为参知政事。十月，钱象祖为左丞相，史弥远为右丞相，雷孝友知枢密院事兼参知政事，娄机为参知政事兼太子詹事，楼钥同知枢密院事。③ 与此同时，史弥远和钱象祖分别升兼太子少傅、太子太傅。④ 宋理宗时，太子侍立参决已成为“旧制”，于是仍令宰执并兼东宫官。宋理宗下诏令右丞相兼枢密使贾似道兼太子少师，知枢密院事兼参知政事朱熠、权参知政事皮龙荣、同签书枢密院事沈炎并兼太子宾客。当太子上奏请求免除侍立等事时，宋理宗御笔回应道：“参决侍立，家法攸传，控奏力辞，难从所请。”⑤ 由此可见，宰执与东宫官两大群体，以兼职为纽带，会议为形式，被紧密联系在一起，同向协同发展。当一方势力在博弈中占上风时，便可于两府与东宫的人事变动中取得主导地位，从而进一步左右政局变化。宰执兼任东宫官之所以由北宋时期的偶发事件演变为南宋时期的传统家法，是因为宋代太子从政方式由多种形式的探索，转变为一种形式的确定。随着侍立参决被确定为太子从政的妥当方式。宋宁宗、宋理宗在承袭侍立参决时，一并将宰执兼任东宫官也传承了下来，以内嵌型兼职将东宫体系纳入由宰执集团主导的政治场域中，令太子先行体验“与士大夫共治天下”政治运营模式。侍立参决的确立为宰执并兼东宫官提供制度保障，宋宁宗、宋理宗时期，宰执兼任东宫官成为定制。

宰执兼任东宫官是为便于辅助太子处理或了解政务，将东宫体系纳入

① 谢维新：《古今合璧事类备要》后集卷45《总三太三少》，《中华再造善本》第48册，北京图书馆出版社2006年版，第5页。

② 《宋史》卷246《景献太子询传》，中华书局1977年版，第8734页。

③ 佚名：《续编两朝纲目备要》卷11，嘉定元年十一月，中华书局1996年版，第199—200页。

④ 马端临：《文献通考》卷60《太子六傅》，中华书局2011年版，第1796页。

⑤ 佚名：《宋史全文》卷36，景定元年七月辛卯，中华书局2016年版，第2896页。

宰执主导的中枢运行体系之中。从东宫官的角度去观察兼职的走向，东宫官是被动接受的一方，宰执群体由部分到全部，逐渐以兼职的方式嵌入东宫体系之中，从而增强宰执与东宫官之间的协同发展。

外延与内嵌型兼职的判定决定了制度运行中机构间的主次关系。外延型兼职往往指主导机构而言，主导机构的官员通过兼任次要机构的职官而扩大影响，将次要机构纳入自我体系中运作，或者借助次要机构的体系发挥作用。值得注意的是，诸如宰执之类的中枢机构的高级别官员兼任其他机构，一般属于外延型兼职是宰执群体扩张影响，“无所不统”的表现。范仲淹就曾经建议，在众多职官中，选择职责重要者，“命辅臣兼领其纲要，体周之三公下兼其六卿，法周之六卿各帅其属，以佐理邦国”① 这充分体现出宰执群体权力触角的外延趋势，这种情况在南宋时期愈演愈烈。建炎初期，兵马倥偬，为总揽军政而置御营使，以宰相兼领。于是宰相借助此兼职，“遂专兵柄”，本应掌管军政要务的枢密院却“无所干预”。而宰相吕颐浩自认有拥立之功，“专恣尤甚”，遭到台谏弹劾，将其罢黜后，废除御营司。然而御营司虽废，宰相兼领军权却以兼知枢密院事的方式保留下来，直至秦桧去世之后，沈该等人拜相，“遂除去兼带”，令中书与枢密院再次分离。② 然而，这并不意味着高级别官员兼任下级官员就一定属于外延型，还要根据人事任命的具体情况及制度运行实况进行判定。

综上所述，外延、内嵌型兼职使机构、层级间互相关联并发生重叠，从而形成一个统一整体。这有利于增强机构、层级间的协同治理，使各方势力为共同目的凝聚起来，尤其当各机构以有序、优化的结构组成整体时，会产生整体大于部分之和的效能，但也有权责不明，效率降低等弊端。

三　职权的主导与协助

兼职期间所获得的权责是依托于所兼职位而存在的，那么兼职者从此职务中获得的权限与其所承担的责任就决定了兼职的形态。在兼职期间，

① 范仲淹：《范仲淹全集·范文正公政府奏议》卷上《奏乞两府兼判》，四川大学出版社2007年版，第555页。

② 王明清：《挥麈录》后录卷1，中华书局1964年版，第67页。

会产生机构重叠、权责交叉，不同兼职或专职需要进行有效的权力配置，权责的划分要有统有分、有主有次，以减少在政务运行中出现权责不明的情况。在不同时期，由于一些隐性因素的介入，理想的分配格局或多或少产生偏离，导致了各地方行政组织的真实权力、运作过程与明文所载的状态相去甚远。[①] 从权力配置的角度，宋代官员兼职可分为主管与协管型两种形态。

（一）主管型兼职

权力是决定职官影响大小的关键，即使地位尊崇如三公，当权力被侵夺时，也不过徒留虚名；即使是九品庶官，当手握要权时，也会在政务运政中发挥举足轻重的作用。主管型兼职指为便于主持管理某项事务而兼任的职官，分为以下两种情况：

第一，获得主管某项事务的权力。乾德二年（964）十一月，宋军进攻后蜀，以给事中沈义伦兼随军转运使。[②] “自乾德以后，僭伪略平，始置诸道转运使，以总利权。”尤其是随军转运使，“止因军兴，专主粮饷”，其主要职责为保障军需补给，王师征讨则置，战事结束即停。[③] 总体而言，随军转运使的主要任务是，在战事兴起时，主管筹备军需补给，或一路财赋。因此，在对蜀作战中，给事中沈义伦兼任随军转运使负责筹集军需粮草，当属主管型兼职。虽然随着战事结束，沈义伦随军转运使的职责也被免除，但其于兼职期间廉洁行事的作风却为其跻身宰执之列奠定基础。沈义伦随军入成都，独居于佛寺，伪蜀群臣有人向其进献奇珍异宝，他都严词拒绝，只收集了数卷图书而已。在曹彬的推荐下，得宋太祖的重用，由西川转运使、给事中升为户部侍郎，充枢密副使。[④] 由此可见，主管型兼任虽未必持续很久，由于提供给个人发挥才能的空间较大，其于兼任期间的表现和政绩往往能成为仕途晋升的重要参考。

为便于处理政务，宋廷在制度设计中，还会通过兼职的方式授予某些职官主管某事之权，如武臣知州就具有一般文臣所具有的职权，通掌一路

① 余蔚：《隐性的机构精简与南宋中央集权之弱化——论南宋地方行政机构的“兼职”现象》，《复旦学报》（社会科学版）2012 年第 4 期。

② 李焘：《续资治通鉴长编》卷 8，乾德五年二月乙丑，中华书局 2004 年版，第 189 页。

③ 马端临：《文献通考》卷 61《转运使》，中华书局 2011 年版，第 1846 页。

④ 李焘：《续资治通鉴长编》卷 8，乾德五年二月乙丑，第 189 页。

兵、民之政。[①] 如大中祥符五年（1012）六月，泾原路驻泊都钤辖兼知渭州曹玮言："乞依旧例别差人知渭州，臣止乞一面管勾钤辖司事。"曹玮欲通过解除知州之兼知，达到只掌军政的目的。然而，此建议并未得到准许，宋真宗回复道："边防军马所屯之地，若别置知州，即各生事体。"[②] 不光基层，中央机构也会通过兼职，实现权力的配置。如绍兴五年（1135），宋高宗以赵鼎为左仆射，升张浚为尚书右仆射、同中书门下平章事、兼知枢密院事、都督诸路军马。宋高宗张浚与赵鼎的职责进行了明确的分配，因欲令张浚分管边防事务，所以令其兼知枢密院事、都督诸路军马；而赵鼎则专门负责内部政务及人才任用，以实现"表里相应"，内外配合的目的。[③] 由此可见，虽同为宰相，二人的任职不同，其职权也各有分工。

第二，某职位空缺而暂代主管。为避免某职位空缺时间过长，引起行政工作失序，宋廷会综合职位高低、地域因素及职责分配等情况，选定适宜的官员暂兼主管。如开宝九年（976），以枢密副使楚昭辅、右卫大将军判三司王仁赡分领宣徽南北院事，自后宣徽使缺即命枢密使副兼领院事。[④] 值得注意的是，他官暂代阙职的同时，会对阙职权力造成侵夺，甚至逐渐取而代之。宣徽使在宋初时，为宣徽院实名长官，地位尊崇。[⑤] 其地位略高于参知政事、枢密副使，序位在枢密副使之上。[⑥] 因此，在兼职时，往往是以宣徽使为主导去兼任枢密副使，如宋初宣徽使兼枢密副使李处耘，[⑦] 淳化四年（993），赵镕除宣徽北院使兼知枢密院事，[⑧] 柴禹锡也曾因告发秦王赵廷美阴谋而被擢升为宣徽北院使兼枢密副使。[⑨] 熙宁三年（1070），宋神宗下诏宣徽使序位参知政事、枢密副使之下。[⑩] 随着宣徽使

---

① 郑文豪：《宋代的武臣知州（军）的选任与管理》，《学术研究》2015 年第 5 期。

② 徐松辑：《宋会要辑稿》职官 48 之 108，上海古籍出版社 2014 年版，第 4380 页。

③ 李心传：《建炎以来系年要录》卷 86，绍兴五年二月丁未，中华书局 2013 年版，第 1633 页。《翰苑新书集》前集卷 39《都督》，文渊阁《四库全书》第 949 册，台湾商务印书馆 1986 年版，第 298 页。

④ 李焘：《续资治通鉴长编》卷 17，开宝九年七月壬子，中华书局 2004 年版，第 375 页。

⑤ 仝建平：《宋代宣徽使初探》，《安徽史学》2016 年第 4 期。

⑥ 李焘：《续资治通鉴长编》卷 41，至道三年八月己亥，第 876 页。

⑦ 夏竦：《文庄集》卷 26《大安塔碑铭》，《宋集珍本丛刊》，线装书局 2004 年版，第 652 页。

⑧ 曾巩撰，王瑞来校证：《隆平集校证》卷 10，中华书局 2012 年版，第 302 页。

⑨ 曾巩撰，王瑞来校证：《隆平集校证》卷 9，第 297 页。

⑩ 李焘：《续资治通鉴长编》卷 88，大中祥符九年九月戊申，第 2014 页。

地位的下降及虚职化。在宣徽使与枢密副使的互兼中，两者从属地位开始发生变化。加之其事简官尊的特点，宣徽使逐成为枢密院官兼职，甚至沦为标榜待遇的寄禄官。①

此外，阙职的兼任也一定程度的受到地域差异的影响。如元祐二年（1087），宋哲宗下诏："三京及带一路安抚总管、钤辖知州阙，转运、提点刑狱官兼权，余州以次官或转运司选官权摄；武臣知州阙，安抚、钤辖司选官权。内河北、陕西安抚本路阙官，许牒转运司权差。"② 诏令中体现了兼职区域差异的两个方面。一方面，体现出职官空缺职位的兼职情况，受区域因素影响较大，宋廷会根据其所处地区的特点，由相关职官暂代事务。东京开封府（今河南开封）、南京应天府（今河南商丘）、西京河南府（今河南洛阳）三京及附近一带对国家政治、经济、文化腹地，事关全局，这些区域的安抚总管、钤辖知州空缺时，往往由转运、提点刑狱等路级长官兼权；其余各州则以次一级官员暂时代理；沿边地区的知州由于军事需要，往往令武臣担任，当武臣知州有空缺时，由安抚、钤辖司等主管地方治安、军事的机构负责选官暂代。另一方面，则体现出帅司、漕司、宪司等路级机构的势力分布情况。漕司等势力深入三京等腹地，而帅司等势力主要集中于延边等军事要地。此外，因为距离近，便于处理日常事务，宋廷还会优先考虑具有空间优势的职官兼任。如绍兴二十八年（1158）规定，成都知府阙，依条令监司兼权外，因都大茶马在成都府置司，四川制置阙则由都大茶马兼权，若都大茶马又缺则差总领兼权所有制置。③ 有时为避免兼任者权力骤增，会将空缺职官的权限分配给不同官员兼任。如政和五年（1115）十二月，陕西路转运司席贡言："乞沿边知州阙，令本州通判兼权，其兵马职事令帅臣选武臣权，不得干预郡事。"④ 席贡建议，当沿边知州空缺时，由本州通判兼权，但其兵马事务由帅臣选武臣暂代。此外，还会优先令行政级别接近的职官兼任，如淳熙十三年（1186）规定："监司去处守臣暂阙，令监司兼权。若监司两员去处，则

---

① 仝建平：《宋代宣徽使初探》，《安徽史学》2016年第4期。

② 李焘：《续资治通鉴长编》卷402，元祐二年六月甲辰，中华书局2004年版，第9789页。

③ 吴泳：《鹤林集》卷15《绍兴淳熙预储蜀帅》，文渊阁《四库全书》第1176册，台湾商务印书馆1986年版，第141页。

④ 徐松辑：《宋会要辑稿》职官47之19，上海古籍出版社2014年版，第4276页。

依官职次序。如遇监司巡历，时暂令本州以次官兼权，毋得辄受知州上下马供给公用之类。”①

实际上，因阙职而引起的兼职是政务运行中的常态，宋人曾评论道：“一路诸司往往多阙，而使一司兼之，至于半年一年，未闻有废事者，以此知官冗可省者多也。旧来武昌、益昌皆专差郡牧，其后以漕司建台于武昌，即以漕兼之，益昌亦以漕兼之未省。”② 尤其是路级诸司有职官空缺时，经常由“一司兼之”，一兼就是一年半载，其间“未闻有废事者”。宋人甚至认为，这是减少冗官的重要措施。

（二）协管型兼职

协管型兼职则指为便于协助其他部门管理事务而进行的兼任。高位领低职，表示重视时，往往会运用此种兼职。如令太子兼领开封府事务，由宰相兼修国史都属于此种情况。③ 宋代宰相曾兼任转运使、译经润文使等协管型兼职。虽然随军转运使为主管型兼职，但并非所有转运使职皆可一概而论。太平兴国四年（979），宋太祖令参知政事薛居正兼提点三司淮南湖南岭南诸州转运使事，吕余庆兼提三司荆南剑南诸州水陆转运使事。④ 由于宰相远在京师，虽兼任转运使，皆为遥领，无法躬亲具体事务，此时，薛居正、吕余庆等人兼任转运使属于协管型。宋高宗朝“国家暴兵露帅之日久，有财匮之忧”。起居郎楼炤建议，“考唐故事宰相领盐铁转运使，而同时在位者，或判户部，或兼度支。臣愚以谓，使宰相兼有司之事则不可，若参仿唐制，使户部长贰兼领诸路漕权，何不可之有？若户部兼领诸路漕权，内则总大计之出入，外则制诸道之盈虚，以时巡行。”宋高宗听从了楼炤的建议。⑤ 宋代君臣在制度惯性的驱使下，仿照唐代宰相遥领盐铁转运使，统筹财赋已无法瞬息万变的战事对物资的需求，加之宰相无所不统，无暇对所辖事务面面俱到，所以改由户部长官兼领诸路漕运。协管型兼职多为打破隔阂，增强协调性，以示重视的情况下

---

① 徐松辑：《宋会要辑稿》职官 45 之 34，上海古籍出版社 2014 年版，第 4251 页。

② 度正：《性善堂稿》卷 6《重庆府到任条奏便民五事》，文渊阁《四库全书》第 1170 册，台湾商务印书馆 1986 年版，第 196 页。

③ 李焘：《续资治通鉴长编》卷 5，乾德二年正月壬寅，中华书局 2014 年版，第 120 页。

④ 徐松辑：《宋会要辑稿》食货 49 之 3、4，第 7095 页。

⑤ 李心传：《建炎以来系年要录》卷 112，绍兴七年七月戊辰，中华书局 2013 年版，第 2097—2098 页。

运用。

另外，为拉拢安抚某些大臣、武将，宋廷也会授予协助型兼职，而这些兼职多为表尊崇，无实际权力。南宋时期，宋高宗为应对战时需求设置御营司，能够在御营司这样炙手可热的权力机构任职也成为官员跻身权力中枢的一种象征。为了安抚抗金将领或地方武装，宋廷也会根据情况授予其御营副使等协管型兼职。如为安抚在开封抗金的宗泽，令其为门下侍郎兼御营副使；为拉拢范琼令其为御营同都统制；苗、刘之变中，为安抚苗傅、刘正彦分别授其御营都统制、御营副都统制。[①]

综上所述，主管型与协管型兼职的区别在于职权主导地位的差异，若兼任者处于主导地位当属于主管型兼职，反之则属于协管型兼职。而决定职权是否处于主导地位的关键因素在于政务运行中是否对具体事务有直接决策权。此外，空间距离也是左右兼任是始于主管型还是协管型的重要因素。遥远的物理空间会导致政治空间的疏离，所以，遥领性质的兼职往往使兼任者因鞭长莫及而对事务力不从心，而使其成为协管型兼职。

四　决策的趋同与效率

宋代建国伊始，为根除积弊，恢复统治秩序，宋太祖君臣采取了一系列以分权制衡为原则的措施，对政务体系进行了改造。[②] 分权制衡固然能一定程度上有利于加强皇帝对群臣百司的控制力，但也出现机构重叠、名不副实的现象，大大降低了决策与行政效率。随着历史车轮的转动，分权制衡的制度设计与追求决策效率和实现机构趋同的实际运作之间的矛盾日益突出。政权、兵权和财权的分立可谓是宋太祖贯彻分权制衡原则的典型措施，然而在实际运行中，却屡屡出现信息沟通不畅，决策效率低下的现象。宋人范镇指出："今中书主民，枢密院主兵，三司主财，各不相知。故财已匮而枢密院益兵不已，民已困而三司取财不已，各不相知。故财已匮而使枢密减兵、三司宽财以救民困者，制国用之职不在中书也。"[③] 为迎合信息沟通、机构趋同和提升决策效率的政治诉求，宋廷会在制度运行

① 龚延明：《宋代官制辞典》，中华书局1997年版，第186页。

② 陈峰：《文治之路》，人民教育出版社2019年版，第16页。

③ 范镇：《上仁宗乞中书枢密院通知兵民财利》，赵汝愚《宋朝诸臣奏议》卷46，上海古籍出版社1999年版，第493—494页。

中，根据情况采取群体型或个体型兼职。

（一）群体型兼职

群体型兼职指某一机构或某级别以上官员同时兼任某类职官。从职权与机构上看两个方面构成了群体型兼职的运用。从职权上看，当宋代君臣需要实现“合并事权，增加职权”时，往往采用群体型兼职。一般情况下，群体型兼职是为了实现“省员而不费事”的目的，同时赋予某类职官一些职责。此种兼职常见于对地方长官的权责分配上。如乾德五年（967），令开封大名府，郓、澶、滑、孟、濮、齐、淄、沧、棣、滨、德、怀、博、卫州等州长吏并兼本州河堤使。① 同年，还命川陕诸州长吏、通判并兼桥道事。② 咸平三年（1000）七月，制置群牧使陈尧叟请令诸州有牧监处，知州、通判并兼管内群牧事。③ 景祐三年（1006）四月乙亥，诏知真、楚、泗州者，自今并兼管勾催遣纲运事。④

宋真宗朝，权三司使丁谓曾指出群体型兼职的直接目的，即避免增加“烦扰”。丁谓认为，唐代宇文融置劝农判官，检户口田土相关事宜，若此时别置职官，“虑益烦扰”，而诸州长吏应有劝农之责，于是建议令少卿、监、刺史、阁门使以上知州者，并兼管内劝农使，其余及通判并兼劝农事，诸路转运使副并兼本路劝农使。劝农使入衔自此开始。⑤

无独有偶，宋仁宗曾令转运使兼任按察使职务，以避免重新选任按察使所带来的麻烦。由于官吏数量极多，朝廷无从得知其是否称职。于是谏官欧阳修建议：“特立按察之法，于内外朝官中，自三丞以上至郎中官，选强干廉明者为诸路按察使。”然而由于“朝廷重于特遣使”，所以没有立即采用欧阳修的建议。参知政事贾昌朝在任御史中丞时，提出朝廷赋予转运使察官吏之责，但名分未正。于是朝廷下诏：“诸路转运使副并兼按察使副，令将辖下州、府、军、监、县、镇官吏姓名置簿，亲掌录其功过。”直接由转运使副兼任按察使副监察本部官吏，避免了朝廷重新选取任命按察使的麻烦，从制度上赋予了转运使监察官员的职责。因为“若特置使名，更加约束，则于常行之制，颇为得宜”。欧阳修又提出转运使

---

① 李焘：《续资治通鉴长编》卷8，乾德五年辛卯，中华书局2004年版，第186页。

② 李焘：《续资治通鉴长编》卷8，乾德五年十二月己巳，第197页。

③ 李焘：《续资治通鉴长编》卷47，咸平三年九月乙卯，第1028页。

④ 李焘：《续资治通鉴长编》卷118，景祐三年四月乙亥，第2782页。

⑤ 李焘：《续资治通鉴长编》卷63，景德三年二月丙子，第2386页。

未必皆可托付，“昏老病患者有之，贪赃失职者有之，此等之人，自当被劾，岂可劾人”。因此，欧阳修担心令转运使兼按察使，会使监察官吏之措“徒见空文，恐无实效”，再次建议“专遣使人”，但此建议未被采纳。[①] 可见，相比于大费周章的别置官员，群体型兼职能够带来的“省员而不废事”的管理效益则更为宋代君臣所接受，因此他们倾向于忽略因个别转运使“昏老病患”“贪赃失职”使监察之责流于形式的可能。

从机构间关系看，群体型兼职的运用往往是为了迎合机构趋同，双重体制的制度需求，尤为典型的事例就是宰执兼任东宫官。宋代建国之初本无宰执兼任东宫官制先例，由于顺应自中唐以来东宫虚化的趋势，宋代东宫官多由科举出身的文学之士兼任，并未集中于某些职官群体。天禧四年（1020），因宋真宗身体抱恙无力朝政，开设资善堂会议，令宰执辅助太子监理国政。[②] 以参知政事李迪、参知政事任中正、枢密副使钱惟演、参知政事王曾等人并兼东宫官[③]，从此开启宰执群体兼任东宫官之先河。

经过北宋时期的探索和积累，在天禧年间资善堂会议的基础上，宋孝宗将侍立参决作为太子从政训练的新模式，[④] 通过与宰执议事[⑤]，使太子进行系统深入的从政训练。宰执群体兼任东宫官，[⑥] 以便与太子于会议时商讨政务，但此时宰执仅部分兼任东宫官。直到宋宁宗、宋理宗，宰执“并兼”东宫官也成为惯例。[⑦]

由此可见，当机构间需要打破隔阂，加强沟通，出现同一趋势时，宋代君臣往往以群体型兼职为纽带，将其紧密相连，使其同向协同发展，从而出现机构趋同的双重体制。

（二）个体型兼职

个体型兼职指某人因某种情况而兼任某些职官。为进一步提高决策效

---

① 李焘：《续资治通鉴长编》卷141，庆历三年五月戊寅，中华书局2004年版，第3375—3376页。

② 王应麟：《玉海》卷129《至道东宫官》，江苏古籍出版社、上海古籍出版社1987年版，第2385—2386页。

③ 叶梦得撰，宇文绍奕考异，侯忠义点校：《石林燕语》，中华书局1984年版，第92页。

④ 范帅：《宋代太子从政方式探究》，《郑州轻工业学院学报》（社会科学版）2019年第2期。

⑤ 佚名：《皇宋中兴两朝圣政》卷64，淳熙十四年一月甲寅，北京图书馆出版社2007年版，第555—556页。

⑥ 何异：《宋中兴百官题名》，《藕香零拾》，中华书局1998年版，第166—168页。

⑦ 《宋史》卷246《景献太子询传》，中华书局1977年版，第8734页。

率，实现庭无留事的效果，会从不同机构选取代表人物兼领某一机构，而避免群体型兼职因意见不合而造成的推诿扯皮。如王安石变法时，变法派成立了统一领导变法的机构“制置三司条例司”。熙宁二年（1069）二月，宋神宗命知枢密院陈升之与参知政事王安石为同制置三司条例司，兼领该司。十月，陈升之晋升为宰相，认为既然身为宰相应当“无所不统”，“所领职事，岂可称司”！他认为自己贵为宰相，难“以签署名”有关条例司的公文，建议令“孙觉、吕惠卿领局，而升之与王安石提举”。王安石则认为此事不必更改，一切照旧。为折中双方的意见，宋神宗提出陈升之以前在枢密院，现在与王安石一样都在中书，可将三司条例司并归中书。王安石不赞成合并，因为“分为一司，则事易商议，早见事功”；若并归中书，则决断时必等正、副宰相达成一致意见，再起草文书，之后需每人都审阅同意后才可施行。如此，容易“事积而难集”，而条例司所奏请之事“皆关中书审复，然后施行”。为提高决策效率，避免因意见分歧而使得新法难以推进，所以王安石反对将三司条例司并归中书。当宋神宗建议由王安石一人总领该司时，王安石建议由两府各出一人兼领，以避免“专事而为奸”的嫌疑。于是令韩绛代替陈升之与王安石同领其事。①多重主体的参与和制衡可以一定程度上保证决策的合理性，所以适当的个体型兼职可以兼顾制度平衡与决策效率。随着其频率的增加，个体型兼任会逐渐演变成群体型兼职。

结　语

宋人认为“兼而行之则有余，专而行之则不是，以有限之官难以处无穷之事”。若非必备之官，可以令他人兼之。可见，兼任是一种节省人力资源的行政方法。而兼任效果如何，与其人素质关系密切，“官虽兼领，而人未有不称职，虽并行而事，未有不当”。权兼太重也会导致祸患，如汉代以将军兼九卿领尚书，而招致外戚之祸；唐代以帅臣总领郡守兼察使，而引藩镇之变。② 因此，宋代在采取兼任之制时，会根据政治局

① 杨仲良：《皇宋通鉴长编纪事本末》卷66《三司条例司》，黑龙江人民出版社2006年版，第1163页。

② 林駉：《新笺决科古今源流至论》前集卷8《兼官》，《中华再造善本》第四册，北京图书馆出版社2005年版，第14—16页。

势和运行条件“随宜而定”。随着政治局势的变化，宋廷会运用相应形态的兼职以满足不同的治理需求。从制度设计上看，在常规情况下，宋代君臣会将附属职官、文字之官等职官设为常规型兼职，以保证制度稳定；在特殊时期，为提升制度应对突发事件的能力，辅以相应的策略型职官从而实现制度的灵活性。从机构协同上看，统治者分别借助外延、内嵌型兼职去实现其整合职官，统分机构的目的。从权力配置上看，当需要明确权责，暂代管理事务时，宋代君臣会运用主管型兼职；需要沟通协调时，则选择协管型兼职。从决策效率上看，当不同机构间需要打破隔阂，决策同趋时，宋代君臣则采用群体型兼任，将两者联系起来；当需要兼顾分权制衡与决策效率时，宋廷则会采取个体型兼职，减少决策运行一体化中的阻力。然而，兼职形态并非一成不变，其往往随着政治局势和运行条件的变化而互相转化，并且各有侧重。如常规型兼职易于与群体型兼职同步，因为有制度惯例作为基础，例如宰相兼修国史，就是可以将常规型兼职等同于群体型兼职的典型事例。需要注意的是，常规型兼职强调的是制度上的一以贯之，群体型兼职往往强调的是同步兼职，及机构间权力流动和一体化趋势的增加。兼职类型的划分与运用要根据其所实现的政治效果综合考量。适宜的兼职有利于调适组织结构，整合机构职责体系，提升治理效能。宋廷在制度运行中运用恰当的兼职使分权与集权不再是非此即彼的对立关系，而令两者在一定情况下实现兼容成为可能。

（范帅，华东师范大学历史系博士后，
郑州轻工业大学马克思主义学院讲师）

元代上都留守司考论*

贾建增

摘　要： 上都留守司是元代枢要官府之一，相较于大都留守司，上都留守司职权更为广泛，这主要表现在它除工程造作、宫禁守卫、物资供应三项职能之外，还兼上都路总管府事，掌民政、司法、刑狱等事。在官员选任方面，上都留守司以蒙古人、色目人与大根脚汉人任职其中，南人被排除在外。但相较于大都留守司，上都留守司任官的锁闭性更强。在都城治理中，元朝在都城机构的设置与职能划分上做出规范，又在官员选任方面增加其民族性与锁闭性。这反映了元朝都城治理呈现出明显的蒙古统治的特点。

关键词： 元代；上都留守司；官员选任；都城治理

中国古代历代王朝都非常重视对都城的治理，留守司制度在中国古代都城治理中发挥了重要作用。它起源于周代，中国古代历代王朝的都城均有留守之设。① 留守司制度自唐代起，逐渐完善发展，有了较为固定的建置与执掌。唐代留守“领廉察之任，专御备之权，地广务殷，一皆咨禀”②。其职权范围包括统兵权、行政权与司法权三个方面。③ 宋代“天子巡守、亲征，则命亲王或大臣总留守事”④。南宋都城临安亦有留守司之设。宋代留守执掌非常广泛，“宫钥及京城守卫、修葺、弹压之事，畿内钱谷、兵民之政皆属焉”⑤。宋代留守司制度在治理京畿，拱卫都城安

---

* 本文系中国博士后科学基金第69批面上资助项目“投下，地方政府与地方社会：元代投下治理的运作与绩效研究”（资助编号2021M691932）阶段性成果。

① 参见丁海滨、刘文静《中国古代陪都留守官制初探》，《武汉科技大学学报》（社会科学版）2016年第4期。

② 陆贽著，王素点校：《陆贽集》卷8《崔纵东都留守制》，中华书局2006年版，第243页。

③ 陆冰：《唐代留守研究》，硕士学位论文，上海师范大学，2013年。

④ 《宋史》卷167《职官志七》，中华书局1977年版，第3959—3960页。

⑤ 《宋史》卷167《职官志七》，第3960页。

全，维持国家政治秩序稳定方面发挥了重要作用。①

辽朝与金朝作为少数民族建立的王朝，也建立了留守司制度。辽代五京各设留守，掌管各京军政大权。留守多以契丹国人担任，具有鲜明的民族性，但汉人亦可跻身其中。② 金代有一都五京之制，五京均设留守，其官员选任民族色彩甚重，留守司官员中女真人占绝对优势，其中皇族和外戚又占很大比重。③ 在职权方面，金代诸京留守有“治军”“治吏”“治民”等多项职权，金朝通过皇权威严和职官设置，控制任期，制定赏罚措施等制度的约束，加强对留守的控制，防止其威胁中央权威。④

元代是中国历史上第一个由少数民族建立的统一王朝，它实行两都制，在两都均设置了留守司。关于元代上都留守司，陈高华、史卫民所著《元代大都上都研究》对上都留守司的下属机构及其职能、官员选任等问题进行了较为详细的研究。⑤ 本文在前人研究的基础上，对上都留守司的若干下属机构进行进一步研究，分析上都留守司的职权分配与官员选任情况，并通过与大都留守司的比较研究，分析元代都城治理的特点。

一　上都留守司的机构设置

上都留守司的设置与上都城的建立及其地位变化密切相关。上都始建于元宪宗时，当时忽必烈总揽“漠南汉地军国重事”，开府金莲川，命刘秉忠主持营建上都城。⑥ 中统五年（1264），元廷以“开平府阙庭所在”，遂加号上都。⑦ 至元三年（1266）七月，忽必烈下诏：“上都路总管府，遇车驾巡幸，行留守司事，车驾还，即复旧。”⑧ 随着上都地位的提升，元廷调整机构，至元十六年，设立虎贲军，“管领上都路元籍军人，兼奥鲁之事”。⑨ 至元十七年六月，“罢上都奥鲁官，以留守司兼管奥鲁事”。⑩

① 孙婧婍：《宋代留守制度研究》，硕士学位论文，河南大学，2016 年。
② 王旭东：《辽代五京留守研究》，博士学位论文，吉林大学，2014 年。
③ 程妮娜：《金代京都制度探析》，《社会科学辑刊》2000 年第 3 期。
④ 张冰：《金代诸京留守研究》，博士学位论文，吉林大学，2018 年。
⑤ 陈高华、史卫民：《元代大都上都研究》，中国人民大学出版社 2010 年版，第 192—201 页。
⑥ 《元史》卷 4《世祖纪一》，中华书局 1976 年版，第 57 页。
⑦ 陈高华等点校：《元典章》卷 1《诏令一・建国都诏》，中华书局 2011 年版，第 6 页。
⑧ 《元史》卷 6《世祖纪三》，第 111 页。
⑨ 《元史》卷 86《百官志二》，第 2174 页。
⑩ 《元史》卷 11《世祖纪八》，中华书局 1976 年版，第 224 页。

至元十八年正式设立上都留守司，[1] 上都留守司设立后，改变了此前以总管府兼行留守司的做法。[2]

上都留守司有许多下属机构，关于这些下属机构及其职能，陈高华、史卫民已进行了较为详细的研究，[3] 但以下三个机构仍有可以进一步挖掘之处：

首先，上都路总管府。相对于大都留守司，上都留守司的一个特殊之处在于它兼上都路都总管府事。上都路的行政区划在元代是不断变迁的，随着上都政治地位的提高，元廷逐渐增其建制，扩大其辖境，提高其地位。中统二年（1261），“以兴、松、云三州隶上都”[4]。中统四年八月，“升宣德州为宣德府，隶上都”[5]。中统五年，以“开平府阙庭所在”，正式加号上都。[6] 至元二年（1265），又以蔚州隶宣德府。[7] 上都路的行政建置如表 1 所示：

表 1　**上都路行政建置**

	路辖府、州、县	府辖州、县（州辖县）	州辖县
上都路	警巡院		
	开平县		
	顺宁府	宣德、宣平、顺圣	
		保安州	永兴县
		蔚州	灵仙、灵丘、飞狐、安定、广灵
	兴州	兴安、宜兴	
	松州		
	桓州		
	云州	望云	

资料来源：《元史》卷 58《地理志一》，中华书局 1976 年版，第 1349—1352 页。

---

① 《元史》卷 11《世祖纪八》，第 230 页。
② 陈高华、史卫民：《元代大都上都研究》，中国人民大学出版社 2010 年版，第 192 页。
③ 陈高华、史卫民：《元代大都上都研究》，第 192—194 页。
④ 《元史》卷 5《世祖纪二》，第 82 页。
⑤ 《元史》卷 5《世祖纪二》，第 93 页。
⑥ 陈高华等点校：《元典章》卷 1《诏令一·建国都诏》，中华书局 2011 年版，第 6 页。
⑦ 《元史》卷 58《地理志一》，第 1351 页。

分析表1，我们可以看到：

第一，上都路是元代多级复合制政区的典型案例。上都路政区层级很多，有路、府、州、县四级，又采取复式统辖关系，上都路直辖有开平县，其所辖德宁府一府，兴州、松州、桓州、云州四州亦可辖县。这种多层复合政区体制是少数民族统治多数民族的一种手段。① 上都路作为元朝夏都，地位崇高，采用复式政区有利于加强对上都的控制，保障上都安全稳定。

第二，上都路的辖境十分广大，其辖境北至大漠，向南一直延伸到中原腹地的灵丘、飞狐二县，突破了大漠、燕山、太行山等自然界限之阻隔。这一方面是元朝控驭大漠南北，临御天下的需要。② 虞集记载："世祖皇帝建上都于滦水之阳，控引西北，东际辽海，南面而临制天下，形势尤重于大都。"③ 苏天爵也记载："世祖皇帝肇城上京，北带绝幕，南控中夏，宫室、苑囿、府库、官署咸备。天子岁一巡幸，朝觐会同，发号布政，罔不在焉。"④ 另一方面，这也是元廷出于保证上都物资供应的考虑。上都为元朝夏都，元朝皇帝每年巡幸，需要大量物资，扩大上都辖境有助于保障上都的物资供应。

第三，虎贲亲军都指挥使司。虎贲亲军都指挥使司始置于至元十六年（1279），其职权为"管领上都路元籍军人，兼奥鲁之事"⑤。虎贲亲军都指挥使司的驻地，在上都城北关。魏坚在元上都遗址的发掘工作中，清理出一处兵营遗址。兵营大致分为北部的兵营区、南部西侧的官署区和东侧的仓储区三部分。其中兵营区东西宽约128米，南北长约63米，院落内由北向南有四处房址。官署区由3个既独立，又相互联系的院落组成。北面西侧院落东西长46.2米，南北宽35.2米。北面东侧院落东西长40米，南北宽35.2米；南面院落东西长44.8米，南北宽39.2米。仓储区位于院落中部东侧。魏坚指出此兵营遗址即虎贲亲军都指挥使司驻地。⑥

① 周振鹤：《中国地方行政制度史》，上海人民出版社2017年版，第74—77页。

② 周振鹤指出，元代行政区划的犬牙相入原则走向了极端，行省与路一级政区的划界多基于军事控驭的需要，往往打破山川形便之原则。参见周振鹤《中国地方行政制度史》，第241—244页。

③ 虞集：《道园类稿》卷46《贺忠贞公墓志铭》，《元人文集珍本丛刊》第6册，台北：新文丰出版公司1985年版，第350页。

④ 苏天爵著，陈高华、孟繁清点校：《滋溪文稿》卷2《上都庙学碑阴记》，中华书局1997年版，第15页。

⑤ 《元史》卷86《百官志二》，中华书局1976年版，第2174页。

⑥ 参见魏坚《元上都》，中国大百科全书出版社2008年版，第229—237页。

虎贲亲军都指挥使司所辖屯田始置于至元十七年（1280），时“月儿鲁官人言：近于灭捏怯土、赤纳赤、高州、忽兰若班等处，改置驿传，臣等议，可于旧置驿所设立屯田”。元世祖从之，[①] 遂于至元二十八年，“以上都虎贲士二千人屯田，官给牛具农器，用钞二万锭”[②]。至元二十九年，元廷又增军一千，凡立三十四屯，于上都置司，为军三千人，佃户七十九，为田四千二百二顷七十九亩。[③]

最后，上都诸仓。上都留守司在皇帝车驾还大都之后，“则领上都诸仓库之事”[④]。《大元仓库记》记载了上都诸仓及其形制，列为表2：

表2　**《大元仓库记》所载上都仓库统计**

仓名	形制			
	分仓	数量	深	长
体源仓	正厫	二座，各五间	四丈五尺	六丈五尺
	东厫	二座，各五间	四丈五尺	六丈五尺
广济仓	正厫	一座，十三间	四丈五尺	十六丈
	东厫	二座，各十间	四丈五尺	十二丈
	西厫	二座，各十间	四丈五尺	十二丈
	南厫	二座，各十间	四丈五尺	十二丈
万盈仓	正厫	一座，十三间	四丈五尺	十六丈
	西厫	二座，各十间	四丈五尺	十二丈
	东厫	二座，各十间	四丈五尺	十二丈
	南厫	二座，各十间	四丈五尺	十二丈
太仓		一座，七间	四丈五尺	六丈五尺

资料来源：《大元仓库记》，《史料四编：大元马政记、大元仓库记、大元官制杂记、大元海运记》，台北：广文书局1972年版，第4—5页。

以上是传世文献所载上都仓库的情况，近数十年上都考古工作的展开

---

① 《元史》卷100《兵志三》，中华书局1976年版，第2564页。

② 《元史》卷16《世祖纪十三》，第344页。

③ 《元史》卷100《兵志三》，第2564页。

④ 《元史》卷90《百官志六》，第2297页。

为我们研究上都仓库的情况提供了珍贵材料。1973 年，贾洲杰在对元上都遗址的调查中，在东关与西关发现了两处仓址，认为这就是《经世大典》所载广济仓与万盈仓。[①] 魏坚在对元上都遗址的考古发掘中对上述仓址进行了细致的勘测，所得数据如表 3。

表 3　**考古发掘所见上都仓库统计**

仓名及其编号	形制				
	分仓	仓址	深	长	墙宽
东关仓（LYD—7）	正厫	三座	12.5 米	96.5 米	1 米
	东厫	三座	12 米	49 米	
	西厫	三座	12 米	49 米	
	南厫	两座	15 米	47 米	1 米
东关仓（LYD—4）	正厫	两座	17 米	45 米	0.7 米
	东厫	三座	17 米	45 米	1.2 米
			16 米	43 米	1.2 米
			16 米	45 米	1.2 米
	西厫	三座	16 米	48 米	1.2 米
			16 米	42 米	1.2 米
			16 米	42 米	1.2 米
	南厫	两座	16 米	42 米	1.2 米
西关仓（LYX—1）	正厫	一座	16 米	59 米	1 米
	东厫	四座	15 米	28 米	1.2 米
			15 米	28 米	1.2 米
			15 米	28 米	1.2 米
			15 米	28 米	1.2 米
	西厫	四座	15 米	28 米	1.2 米
			15 米	28 米	1.2 米
			15 米	28 米	1.2 米
			15 米	28 米	1.2 米
	南厫	两座	17 米	42 米	1.2 米

资料来源：魏坚：《元上都》，中国大百科全书出版社 2008 年版，第 194—198 页，第 219—223 页。

① 贾洲杰：《元上都调查报告》，《考古》1977 年第 5 期。

据魏坚的研究，上都粮仓均建于大都城外不远且地势高爽便于排水之处。其中东关粮仓有两处，一处位于东关之中部偏北处，西距上都古城之东墙约400米，另一处位于东关之东北端的小元山子的南侧缓坡地带。[①] 西关粮仓位于元上都西关约50米，建于便于排水的山坡之上。[②] 将魏坚所勘测粮仓数据与《大元仓库记》所载进行比对，可以推测东关仓（LYD—7）应即广济仓，西关仓（LYX—1）应即万盈仓。与《大元仓库记》所载广济仓形制相比，东关仓（LYD—7）正厫、东厫和西厫各增加仓一座，西关仓（LYX—1）东厫、西厫各增加仓一座，按《经世大典》成书于至顺二年（1331）七月，因此可以推测元末元廷又对二仓进行了扩建。上都仓的储量很大，这可以在至大四年（1311）户部官员的一则奏议中窥见一斑，“上都万盈、广积两仓……周岁出纳少者不下三四十万余石，比之大都仓分所收粮斛争悬数倍”[③]。

二　上都留守司的职能

上都留守司的职能，据姚燧的记载：“仓廪府库，一俟启闭，卫士衣食，亦仰均赋。乘舆岁至，比其南也，少乃数月，顿舍宴享，诸王百司，送往劳来，细而米盐、灯烛，大内之中，本州征呼，一日数至。”[④] 总结起来，其职能大致分为工程造作、物资供给、宫禁守卫、民政、司法五个方面，下面分别予以论述。

（一）工程造作

上都留守司主管工程造作。包括如下几个方面：修建上都城墙，如至元二十七年（1290）二月，元廷“发虎贲更休士二千人赴上都修城”[⑤]。修建庙宇，如皇庆二年（1313）元仁宗令上都留守贺胜重修上都孔子庙，

① 参见魏坚《元上都》，中国大百科全书出版社2008年版，第195—198页。

② 参见魏坚《元上都》，第218页。

③ 《大元仓库记》，《史料四编：大元马政记、大元仓库记、大元官制杂记、大元海运记》，台北：广文书局1972年版，第27页。

④ 姚燧著，查洪德编辑点校：《姚燧集》卷17《光禄大夫平章政事商议陕西等处行中书省事赠恭勤竭力功臣仪同三司太保封雍国公谥忠贞贺公神道碑》，人民文学出版社2011年版，第268页。

⑤ 《元史》卷16《世祖纪十三》，中华书局1976年版，第334页。

"增廊庑、斋厅、庾廪、庖湢，闬闳垣墉，西偏为堂庐，以待国子"①。营建功臣宅邸，如至顺三年（1332）正月，元文宗"诏上都留守司为燕帖木儿建居第"②。主持水利工程，如延祐四年（1317），上都留守司奏报："城南御河西北岸为水冲啮，渐至颓圮，若不修治，恐来春水泛涨，漂没民居。"上都留守司议定"委官督夫匠兴役，开平发民夫，幼小不任役，请调军供作，庶可速成"。元廷遂命虎贲司发军三百治焉。③

（二）物资供应

上都地处漠北之地，"不敏于树艺，无土著之民，自谷粟布帛，以至纤靡奇异之物，皆自远至"。元朝皇帝每年巡幸上都，"中外百官咸从，而宗王藩戚之期会朝集，冠盖相望，供亿之计，壹统之留守"④。为保证上都物资供应，元廷在上都设置广济仓、万盈仓等粮库，年出纳粮食多至三四十万石，并以上都留守提调。大德元年（1297），元廷又以八儿思秃仓粮隶上都留守司。⑤上都留守还主管上都运粮之事，如至元二十八年（1291）正月，元世祖"诏佣民运米十万石致上都，官价石四十两，以留守木八剌沙总其事"⑥。

上都所用物资亦多由商旅兴贩而来者，"宫府需用万端，而吏得以取具无阙者，则商贾之资也"⑦。为吸引商人，元廷给予上都商人若干优惠政策。至元七年（1270），元廷规定："上都地里遥远，商旅往来不易，特免收税以优之，惟市易庄宅、奴婢、孳畜，例收契本工墨之费。"⑧上都留守为保证上都物资供应，还很注意保护商人权益。贺胜任上都留守时，"通商贾，抑豪纵，出纳有法，裁量有度"，于是上都"供亿不匮，民赖以安"⑨。上都留守司御里帖木儿将"上都官买商旅之货，其直不即

① 许有壬：《至正集》卷44《上都孔子庙碑》，《北京图书馆古籍珍本丛刊》第95册，书目文献出版社1988年版，第227页。

② 《元史》卷38《文宗纪五》，中华书局1976年版，第800页。

③ 《元史》卷64《河渠志一》，第1602页。

④ 虞集：《道园类稿》卷46《贺忠贞公墓志铭》，《元人文集珍本丛刊》第6册，台北：新文丰出版公司1985年版，第350页。

⑤ 《元史》卷19《成宗纪二》，第412页。

⑥ 《元史》卷17《世祖纪十三》，第343页。

⑦ 虞集：《道园类稿》卷46《贺忠贞公墓志铭》，（珍本丛刊）第6册，第350页。

⑧ 《元史》卷7《世祖纪四》，第129页。

⑨ 《元史》卷179《贺胜传》，第4149页。

酬给，以故商旅不得归，至有饥寒死者”的情况奏报给元文宗，得旨出钞四百万贯偿之。[①] 此外，泰定四年（1327）二月，元廷还以尚供总管府及云需总管府隶上都留守司以保证上都物资供应。[②] 按尚供总管府之职权，掌“游猎供需之事”；云需总管府主管“行营供办之事”。[③]

（三）宫禁守卫

上都留守司主管上都宫禁之事，如延祐七年（1320）五月，元英宗诏：“留守司及虎贲司官，亲率众于夜巡逻。”[④] 上都留守司所辖尚供总管府与尚需总管府除物资供应之外，还有“守护东凉亭行宫”与“守护察罕脑儿行宫”之责。[⑤] 上都留守司主管上都宫禁守卫的细节，由于史料缺乏，其细节不太清楚。

（四）民政

上都留守司兼管上都路总管府事，路总管府为“管民官之首”，管理一路之民籍、赋役、教化、赈济等事。[⑥] 因而上都留守司也兼有路总管府的诸项职能。首先，管理户籍，如上都留守司所辖打捕户有三百九十七户。[⑦] 上都路民高氏，“隶籍虎贲卫，以多赀名，身死而子幼，贵官有利其家财者，使部曲强娶其妇”，上都留守贺胜“为辨之上前，不听娶，高氏乃得全其家”[⑧]。其次，推行教化，如至大四年（1311），上都留守王中议奏请厚风俗、重人伦，要求流官父母妻室获得封赠之后，“若夫、子不幸亡殁，不许本妇再醮，立为定式。如不遵式，即将所受宣敕追夺，断罪离异”[⑨]。又如上都留守贺仁杰曾“遣教授董君买书吴中，藏于学宫，刻书目于石。文臣之嗜学者往往假读之，比还，必归诸典守者”[⑩]。最后，赈济灾荒，如至元二十六年（1289）八月，“诸王铁失、孛罗带所部皆

---

① 《元史》卷142《彻里帖木儿传》，中华书局1976年版，第3403页。

② 《元史》卷30《泰定帝纪二》，第677页。

③ 《元史》卷90《百官志六》，第2299—2300页。

④ 《元史》卷95《兵志二》，第2537页。

⑤ 《元史》卷90《百官志六》，第2299—2300页。

⑥ 参见李治安《元代行省制度》，中华书局2010年版，第626—694页。

⑦ 《元史》卷101《兵志四》，第2600页。

⑧ 虞集：《道园类稿》卷46《贺忠贞公墓志铭》，《元人文集珍本丛刊》第6册，台北：新文丰出版公司1985年版，第350页。

⑨ 陈高华等点校：《元典章》卷18《户部四·婚姻·官民婚·命妇夫死不许改嫁》，中华书局2011年版，第641页。

⑩ 危素：《危太朴文集》卷10《上都分学书目序》，《元人文集珍本丛刊》第7册，台北：新文丰出版公司1985年版，第476页。

饥，敕上都留守司、辽阳省发粟赈之”[①]。至顺二年（1331）十一月，“左、右钦察卫军士千四百九十户饥，命上都留守司赈之”[②]。元统二年（1334）二月，“塞北东凉亭雹，民饥，诏上都留守发仓廪赈之”[③]。

（五）司法刑狱

上都留守司本兼上都路总管府事，因而兼管司法刑狱之事。上都留守司还专设判官二员，正五品，“专掌刑名”[④]。上都留守司管理司法刑狱之事，包括受理诉讼，如“至大元年（1308），上都开元寺西僧强市民薪，民诉诸留守李璧”。大德元年（1297），上都留守司归问到民户王用逼令妻阿孙、妾彭鸾哥为娼之事。[⑤] 纠察非违，如至大元年，有工匠擅自缝制元武宗所戴样式皮帽，元武宗颁布圣旨：“今后我带的皮帽样子，街下休交缝者。这缝皮帽底人，分付与留守司官人每，好生街下号令了呵，要罪过者。”[⑥] 泰定三年（1326），上都留守司奏报上都斡耳朵附近多有商人活动，泰定帝令上都留守司“出与榜文禁约者。今后似这般依前做买卖的人拿住，好生要罪过。更两邻不首，与犯人同罪者”[⑦]。点视狱囚，元制：“诸郡县佐贰及幕官，每月分番提牢，三日一亲临点视，其有枉禁及淹延者，即举问。月终则具囚数牒次官，其在上都囚禁，从留守司提之。”[⑧]

三　上都留守司的官员选任与迁转

（一）上都留守司的官员选任

元代留守一职“为职最要焉”，“非器巨而虑周，望孚而干固，明习国家典要，深为上所信向者，殆不足以胜其任也”[⑨]。陈高华、史卫民列

① 《元史》卷 15《世祖纪十二》，中华书局 1976 年版，第 325 页。

② 《元史》卷 35《文宗纪四》，第 793 页。

③ 《元史》卷 38《顺帝纪一》，第 820 页。

④ 《元史》卷 27《英宗纪二》，第 627 页。

⑤ 陈高华等点校：《元典章》卷 45《刑部七・诸奸・纵奸・逼令妻妾为娼》，中华书局 2011 年版，第 1525 页。

⑥ 陈高华等点校：《元典章》卷 58《工部一・造作一・杂造・禁异样帽儿》，第 1974 页。

⑦ ［韩］李玠奭等校注：《至正条格・断例》卷 1《卫禁・严肃宫禁》，首尔：韩国学中央研究院，2007 年版，第 169 页。

⑧ 《元史》卷 103《刑法志三》，第 2635 页。

⑨ 虞集：《道园类稿》卷 46《贺忠贞公墓志铭》，《元人文集珍本丛刊》第 6 册，台北：新文丰出版公司 1985 年版，第 350 页。

举了曾任职上都留守者29人。① 笔者进一步搜集史料，共得曾任职于上都留守者40人，列为表4：

表4　　上都留守司官员选任情况统计

名字	族群	出身	任职	兼职	史料来源
阿合马	色目	家臣	上都留守		《中堂事记》
张焕			同知上都留守司事		《元史》卷8《世祖纪五》。
孙民献			行上都留守		《元史》卷17《世祖纪十四》。
木八剌沙	色目		行上都留守		《元史》卷21《成宗纪四》。
憨剌合儿	蒙古		上都留守		《元史》卷25《仁宗纪二》。
阔阔出			上都留守		《元史》卷26《仁宗纪三》。
只儿哈郎	蒙古		上都留守		《元史》卷27《英宗纪一》。
铁木儿脱	蒙古	功臣	上都留司		《元史》卷27《英宗纪一》。
马札儿台	蒙古	宿卫	上都留守		《元史》卷138《马札儿台传》。
马儿			上都留司		《元史》卷34《文宗纪三》。
阿牙赤			上都留守		《元史》卷41《顺帝纪四》。
忽剌忽耳	蒙古		上都留守		《元史》卷139《乃蛮台传》，卷169《贺仁杰传》。
脱脱	蒙古	宿卫	上都留守	通政院使虎贲卫亲军都指挥使	《元史》卷119《脱脱传》。

① 陈高华、史卫民将《北巡私记》所载顺帝北遁元朝灭亡后任职于上都留守司的脱因不花、乃蛮台、王信、忽都帖木儿等四人统计在内，表4并未将此四人统计在内。参见氏著《元代大都上都研究》，中国人民大学出版社2010年版，第197—201页。

续表

名字	族群	出身	任职	兼职	史料来源
乃蛮台	蒙古		上都留守	虎贲亲军都指挥使	《元史》卷139《乃蛮台传》。
太不花	蒙古	外戚	上都留守	通政院使	《元史》卷141《太不花传》。
庆童	色目	宿卫	上都留守		《元史》卷142《庆童传》。
彻里帖木儿	色目	宿卫	上都留守		《元史》卷142《彻里帖木儿传》。
达礼麻识理	蒙古		上都留守	开平府尹提调虎贲司	《元史》卷145《达礼麻识理传》。
塔失帖木儿	蒙古		上都留守		《元史》卷140《别儿怯不花传》
刘德温	汉人	吏	同知上都留守司事		《元史》卷176《刘德温传》。
贺仁杰	汉人	宿卫	上都留守	本路总管开平府尹虎贲亲军都指挥使	《元史》卷169《贺仁杰传》。
贺胜	汉人	宿卫	上都留守	本路都总管、开平府尹、虎贲指挥使	《元史》卷179《贺胜传》。
贺惟一	汉人		上都留守同知		《元史》卷140《太平传》。
贺惟贤	汉人		同知上都留守		《元史》卷179《贺胜传》。
贺均	汉人		上都留守		《元史》卷140《太平传》。
忻都	色目	宿卫	上都留守	本路都总管府达鲁花赤	黄溍《金华黄先生文集》卷24《宣徽使太保定国忠亮公神道第二碑》。
哈剌帖木儿			上都留守		程钜夫《雪楼集》卷9《昌平县新治记》。
李璧			上都留守		《元史》卷202《释老传》。

续表

名字	族群	出身	任职	兼职	史料来源
古纳剌	蒙古		上都留守	本路都总管府达鲁忽赤	黄溍《金华黄先生文集》卷24《江浙行中书省平章政事赠太傅安庆武襄王神道碑》。
衮诺尔	蒙古		上都留守	兼本路都总管府达鲁花赤	黄溍《金华黄先生文集》卷24《江浙行中书省平章政事赠太傅安庆武襄王神道碑》。
董讷	汉人		上都副留守	本路都总管府治中	苏天爵《滋溪文稿》卷23《故嘉议大夫江西湖东道肃政廉访使董公行传》。
王桂	汉人		同知上都留守司事		刘敏中《中庵先生刘文简公文集》卷9《济南王氏先德碑铭》。
刘复新	汉人		上都留守		《南村辍耕录》卷23《田夫人》。
善安			上都留守		《元史》卷145《达礼麻识理传》。
李某			上都留守同知		同恕《榘庵集》卷13《送李廉副上都留守同知》。
周伸	汉人	吏	上都留守司判官	本路都总管府判官兼推官	柳贯《待制集》卷11《元故大中大夫海道都漕运万户周公墓志铭》。
张铎	汉人	吏	上都留守司掾		苏天爵《滋溪文稿》卷14《濮州儒学教授张君墓志铭》。
秃满海牙	色目		上都留守司都事		许有壬《圭塘小稿》卷8《河南省左右赞治堂记》。
牛诜	汉人	吏	上都留守司都事		宋褧《燕石集》卷14《奉元路总管致仕牛公神道碑铭》。
杨子敬	汉人	吏	上都留守司经历		姚燧《姚燧集》卷29《唐州知州杨公墓志铭》。

分析表4可以看到：

首先，上都留守司正官的族群多为蒙古人、色目人以及若干大根脚汉人。据《元史·百官志》记载，上都留守司正官，有留守六员，同知二员，副留守二员，判官二员。[①] 表4所列元代上都留守司正官的族群，除若干族群不详外，蒙古有12人，汉人有10人，色目人5人，没有任何南人任职。可见上都留守司与大都留守司一样，官员选任的族群色彩甚重。其原因，亦是受元朝族群任官政策的影响。萧启庆指出：元朝最高阶层的官职几为数十“大根脚”家族所占据，其中有蒙古、色目人，亦有汉人……南人之中并无真正“大根脚”家族，完全摒弃于最高统治阶层之外。[②] 叶子奇记载：“元朝自混一以来，大抵皆内北国而外中国，内北人而外南人。以致深闭固拒、曲为防护”[③]，甚至达到了“台省要官皆北人为之，汉人南人万中无一二”的程度。[④] 上都留守司作为枢要官署，选拔蒙古人以及较受信任的汉人、色目人任职其中。汉人在上都留守司中占据重要地位，这突出表现在京兆贺氏家族的贺仁杰、贺胜、贺惟一、贺惟贤、也先忽都四代五人担任上都留守一职。此外，如前所述，上都留守司管理刑名的判官一职，还专以汉人担任。如卫州人周伸，由工部员外郎迁转为上都留守司判官。[⑤]

其次，上都留守司的首领官，有经历二员，都事四员，照磨兼管勾一员，令史四十四人，译史六人，回回令史三人，通事、知印各二人，宣使一十二人。[⑥] 表4所列上都留守司首领官4人中，从族群上看，有汉人3人，色目人1人，不见南人的身影；从出身上看，有三人是吏员出身。据此可以推测，上都留守司首领官主要以熟习吏术的汉人担任，受族群任官政策的影响，南人难以任职其中。

再次，上都留守司正官的出身非常煊赫。蒙古人中，有出身木华黎家

---

① 《元史》卷90《百官志六》，中华书局1976年版，第2297页。

② 萧启庆：《元朝的统一与统合：以汉地、江南为中心》，见《内北国而外中国：蒙元史研究》，中华书局2010年版，第17—38页。

③ 叶子奇：《草木子》卷之3上《克谨篇》，中华书局1959年版，第55页。

④ 叶子奇：《草木子》卷之3上《克谨篇》，第49页。

⑤ 柳贯：《待制集》卷11《元故大中大夫海道都漕运万户周公墓志铭》，《景印文渊阁四库全书》第1210册，台湾商务印书馆1986年版，第365页。

⑥ 《元史》卷90《百官志六》，第2298页。

族者，如脱脱“幼颖异，自襁褓时，世祖抚育之若子。尝挟之南征，同舟济大江，虑其有失，系之御榻”[①]。乃蛮台，为木华黎五世孙，嗣国王忽速忽尔之子。[②] 出身外戚者，如太不花，弘吉剌氏，“世为外戚，官最贵显”[③]。汉人中，京兆贺氏家族世袭上都留守之职。贺氏自元初贺贲向元世祖献金以来，非常受信任，贺贲之子贺仁杰，孙贺胜均得以入宿卫，预枢要，得显官。陈高华先生指出，两个家族长期执掌上都留守和虎贲司的主要职务，一个是蒙古开国元勋札剌亦儿部木华黎家族，另一个是业已蒙古化了的汉人功臣贺氏家族。[④]

最后，上都留守正官的兼职。这包括：第一，上都留守兼虎贲亲军都指挥使。虎贲亲军都指挥使司始置于至元十六年（1279），其职权为“管领上都路元籍军人，兼奥鲁之事”[⑤]。至元十七年六月，元廷“罢上都奥鲁官，以留守司兼管奥鲁事”[⑥]。这也意味着虎贲亲军都指挥使司划归上都留守司管辖。虎贲亲军都指挥使司本有负责营造的职责，如至元二十七年，元廷曾以“虎贲更休士二千人赴上都修城”[⑦]。泰定二年（1325），泰定帝下令：“营造毋役五卫军士，止以武卫、虎贲二卫给之。”[⑧] 上都留守兼虎贲亲军都指挥使的原因，应与大都留守兼武卫亲军都指挥使的原因类似。[⑨] 上都的工程造作颇为浩大，需要调集军队完成。枢密院主管诸卫军，上都留守司调动不便。如延祐四年（1317）上都城南御河河堤之役，上都留守司指出：“开平发民夫，幼小不任役，请调军供作，庶可速成。”元仁宗下令：“移文枢密院发军速为之”，于是“虎贲司发军三百治焉”。[⑩] 为了方便上都留守司更好发挥工程造作的职能，元廷遂令其兼任虎贲亲军都指挥使之职。

上都留守往往也会兼任本路总管、达鲁花赤、上都路治中、开平府尹

① 《元史》卷 119《脱脱传》，中华书局 1976 年版，第 2943 页。

② 《元史》卷 139《乃蛮台传》，第 3351 页。

③ 《元史》卷 141《太不花传》，第 3381 页。

④ 陈高华、史卫民：《元代大都上都研究》，中国人民大学出版社 2010 年版，第 197—201 页。

⑤ 《元史》卷 86《百官志二》，第 2174 页。

⑥ 《元史》卷 11《世祖纪八》，第 224 页。

⑦ 《元史》卷 16《世祖纪十三》，第 334 页。

⑧ 《元史》卷 29《泰定帝纪一》，第 657 页。

⑨ 参见贾建增《元代大都留守司考述》，《庆祝蔡美彪先生九十华诞元史论文集》，社会科学文献出版社 2019 年版，第 79—110 页。

⑩ 《元史》卷 64《河渠志一》，第 1602 页。

等职，这与元代上都留守司兼本路都总管府的制度设计有关，本文不作展开。

（二）上都留守司官员的迁转

为了研究上都留守司的官员迁转情况，现将表4所列元代上都留守司官员仕宦信息较为完整者抽取出来，列为表5：

表5　上都留守司官员迁转情况统计

人名	前任官	留守司任官	后任官	终任官	终仕品级
木八剌沙		行上都留守	中书平章政事		
憨剌合儿		上都留守	平章政事		
只儿哈郎		上都留守	中书平章政事		
铁木儿脱	西台御史大夫	上都留守	御史大夫		
马札儿台	西台御史	上都留守			
脱脱		上都留守	江浙平章政事	江浙平章政事	从一品
乃蛮台	西台御史	上都留守	岭北行枢密院	辽阳行省左丞相	正二品
太不花	云南右丞	上都留守	辽阳平章政事	中书右丞相	正一品
庆童		上都留守	江西平章政事		
	太府卿	上都留守	辽阳平章政事	中书左丞相	正一品
彻里帖木儿	行枢密院事	留守上都	江浙平章政事	贬官安南	
达礼麻识理	中书参知政事	上都留守	上都分省右丞	知枢密院事	从一品
刘德温	礼部侍郎	同知上都留守司事	永平路总管	永平路总管	正三品
贺仁杰		上都留守	上都留守	平章政事	从一品
贺胜	大都护	上都留守	左丞相	左丞相	正一品
董讷	工部郎中	上都副留守	河东道廉访司事	江西道廉访使	正三品
王桂	吏部员外郎	上都副留守	上都留守司同知	山南道肃政廉访使	正三品
周申	工部员外郎	上都留守司判官	河南理问官	建德路推官	
牛诜	中书东曹掾	上都留守司都事	河东山西道宣慰司都事	奉元路总管	正三品
杨子敬	浙西宣慰司经历	上都留守司经历	唐州知州	唐州知州	正五品

分析表5，我们可以发现：

第一，上都留守正官的来源。上都留守司正官多由中枢机要官署迁转而来，首先，来自中书省者，如铁木儿脱，由中书平章政事迁转为上都留守。[①] 达礼麻识理，由中书参知政事为上都留守。[②] 其次，太府监，如庆童以太府卿为上都留守。[③] 再次，行台御史迁转而来，如铁木儿脱、马札儿台、乃蛮台，均以西台御史为上都留守。[④] 最后，以行省官员迁转而来，如太不花，以云南行省右丞为上都留守。[⑤]

第二，上都留守正官的迁转非常优越。首先，由上都留守司正官入相者有7人，如木八剌沙、憨剌合儿、只儿哈郎等人，均以上都留守为中书平章政事。[⑥] 其次，上都留守迁转为枢密院官者，如乃蛮台，由上都留守为岭北行枢密院事。[⑦] 最后，上都留守迁转为御史台者，如铁木儿脱，由上都留守为御史大夫。[⑧] 此外，上都留守还多有迁转为行省官员者，如太不花，以上都留守迁为辽阳行省平章政事。[⑨] 彻里帖木儿，以上都留守为江浙行省平章政事。[⑩]

第三，上都留守司正官的终任官也非常优越。表5所列上都留守司正官18人中，除7人终仕官不详外，其余11人中，除周申为正五品建德路推官以外，全部位居上品。其中终仕官为中书丞相者4人（太不花、庆童、贺仁杰、贺胜），终仕官为行省丞相者2人（脱脱、乃蛮台），此外还有为肃政廉访使、路总管者。上都留守正官身后亦多得显封，其中封王者，如乃蛮台，追封鲁王，谥忠穆。[⑪] 贺仁杰，追封奉元王。[⑫]

---

① 《元史》卷27《英宗纪一》，中华书局1976年版，第613页。

② 《元史》卷145《达礼麻识理》，第3451页。

③ 《元史》卷142《庆童传》，第3398页。

④ 《元史》卷31《明宗纪》，第697页；卷138《马札儿台传》，第3339页；卷139《乃蛮台传》，第3351页。

⑤ 《元史》卷141《太不花传》，第3381页。

⑥ 《元史》卷21《成宗纪四》，第448页；卷25《仁宗纪二》，第573页；卷27《英宗纪一》，第612页。

⑦ 《元史》卷139《乃蛮台传》，第3351页。

⑧ 《元史》卷31《明宗纪》，第697页。

⑨ 《元史》卷141《太不花传》，第3381页。

⑩ 《元史》卷142《彻里帖木儿传》，第3403页。

⑪ 《元史》卷139《乃蛮台传》，第3351页。

⑫ 《元史》卷169《贺仁杰传》，第3367页。

第四，上都留守司首领官的迁转仅见两例，高陵人牛诜，“资简重通敏，有干局”，以吏起家，大德十一年（1307）为上都留守司都事，随即迁转为河东山西道宣慰司都事。最后以奉元路总管致仕。① 大都人杨子敬亦以吏起家，历任曹州交钞库使、南京转运司知事等职，以浙西宣慰司经历迁为上都留守司经历，最后以唐州知州去世。② 由此可以推测，与一般首领官相比，上都留守司首领官的迁转情况应该也是相当优越的。其原因应该与上都留守司为枢要官署，任职于此可以接近权力中心有关。

余 论

留守司制度在中国古代的都城治理中发挥了重要作用。元代实行两都制，在两都分别设置了大都留守司与上都留守司。③ 上都留守司与大都留守司有诸多不同之处，主要表现在以下两个方面：

第一，两都留守司的职权有很大不同。在军事方面，大都留守司的军权非常有限，这与前代留守司制度有很大不同。前述唐宋留守均有较强的军事职权，辽代各京留守为当地最高军事长官，金代诸京留守司各设留守一员，“带本府尹兼本路兵马都总管”④。元代大都留守虽往往兼武卫亲军都指挥使，但“凡有兴作，必文移枢府而后行”⑤，权力受到限制；大都留守兀忽失曾带兵讨江浙之叛，但时间已到元末，乃是元末丧乱的权宜之举。此外，大都巡军虽在至元十九年（1282）归留守司，但此后又转归大都路兵马指挥使司管理。大都城门尉只管启闭城门，纠察可疑人员。而设置于上都的上都留守司，其在军事方面的权力较大，上都留守兼虎贲亲军都指挥使一职，上都路兵马司还专职负责维持上都治安。

在民政、司法权力方面，两都留守司亦有很大不同。大都留守司无权

① 宋褧：《燕石集》卷14《奉元路总管致仕牛公神道碑铭》，《北京图书馆古籍珍本丛刊》第92册，书目文献出版社1988年版，第221页。

② 姚燧著，查洪德编辑点校：《姚燧集》卷28《唐州知州杨君墓志铭》，人民文学出版社2011年版，第436页。

③ 关于元代大都留守司，参见贾建增《元代大都留守司考述》，《庆祝蔡美彪先生九十华诞元史论文集》，社会科学文献出版社2019年版，第79—110页。

④ 《金史》卷57《百官志三》，中华书局1975年版，第1305页。

⑤ 苏天爵著，陈高华、孟繁清点校：《滋溪文稿》卷22《荣禄大夫枢密副使吴公行传》，中华书局1997年版，第368页。

过问大都民政、司法事务。大都路总管府下设有左、右警巡二院，“领民事及供需”。大都路总管府下设有司狱司，“掌囚系狱具之事”①。而上都留守兼领上都路总管府事，在民政司法方面有较为广泛的权力，在户籍管理、推行教化、赈济灾荒等方面发挥重要作用。上都留守在司法刑狱方面亦拥有广泛的权力，包括直接受理诉讼、审理案件、点视罪囚等方面。

第二，在官员选任上，与大都留守司相比，上都留守司任官上的锁闭性要更强一些。这表现在以下几个方面：其一，上都留守司长期为木华黎和贺胜两大家族所把持。贺氏家族四代五人担任上都留守一职。其二，任职于上都留守司者多蒙古勋臣、外戚，勋臣如衮诺尔，为安庆武襄王帖木儿之子。② 外戚出身者如前述弘吉剌部人太不花，“世为外戚，官最贵显”，以世胄入官，累迁至上都留守。其三，权臣阿合马、桑哥之党羽亦可渗入上都留守司。③ 大都留守司的官员鲜有世袭的情况，④ 其来源也更具多样性。有出身宿卫者，亦有勋臣之子，有出身荐举者，甚至有出身科举者。⑤ 元廷还采取措施避免某一势力在大都留守司一家独大，如至元十九年（1282），忽必烈“以阿合马家奴忽都答儿等久总兵权，令博敦等代之，仍隶大都留守司”⑥。

总之，两都留守司在职能方面，都有营缮造作、物资供应与管理宫禁事务等权力，在官员选任方面，都以重臣担任，任官的锁闭性较强。但元朝蒙古统治者又根据大都与上都的不同特点，对两都留守司做出了不同的制度规范。相较于大都留守司，上都留守司的权力范围更为广泛，其原因在于大都留守司设置于国都，直接服务内廷，地位崇高，权力过分集中会有反噬之虞。因而削夺留守军事、行政、司法等权力，只保留其宫廷服务诸权限。这反映了元朝蒙古统治者在元代都城治理中的一些现实考量。在

---

① 《元史》卷90《百官志六》，中华书局1976年版，第2301页。

② 黄溍：《金华黄先生文集》卷24《江浙行中书省平章政事赠太傅安庆武襄王神道碑》，《四部丛刊》初编本，商务印书馆1922年版。

③ 萧㪺：《勤斋集》卷2《元故荣禄大夫平章政事议陕西等处行中书省事赵公墓志铭》，《景印文渊阁四库全书》第1206册，台湾商务印书馆1986年版，第397页。

④ 史籍所见大都留守司官世袭仅一例，晋城人赵弼至元末年为大都留守，其子赵献可，亦为大都留守，“受知三朝，鼎贵矣”。参见萧㪺《勤斋集》卷2《元故荣禄大夫平章政事议陕西等处行中书省事赵公墓志铭》，第397页。

⑤ 参见贾建增《元代大都留守司考述》，《庆祝蔡美彪先生九十华诞元史论文集》，社会科学文献出版社2019年版，第79—110页。

⑥ 《元史》卷12《世祖纪九》，第241页。

两都留守司的官员选任中，上都留守司官员选任的锁闭性比大都留守司要强一些，这与元代两都的不同地位有关。上都留守司设置于上都，蒙古势力强大，故多以勋臣和贵戚任职其中。此外，还有安抚蒙古贵族、维持与漠北草原的联系的因素在里面。忽必烈推行汉法，遭到了蒙古守旧势力的反对。忽必烈采取渐进步骤，将国都迁往燕京。但上都依旧作为夏都存在，每年一次巡幸，并专设留守司以备巡幸，以勋臣贵戚掌留守司，这也是做出一种姿态，安抚蒙古守旧势力，加强与漠北草原的联系。大都留守司的官员选任更具多样性，这与大都作为首都，元廷刻意在用人方面加强多样性，以防止一家独大，威胁蒙古统治有关。

通过对两都留守司的比较研究，可以发现在元代都城治理中，元朝蒙古统治者在两都机构设置与职能划分上颇费苦心，又在官员选任中大做文章，选拔蒙古人、色目人以及大根脚汉人担任国都官员，南人被排除在外，元代都城治理呈现出明显的蒙古统治的特点。

（贾建增，山东大学历史文化学院博士后）

唐顺之视师东南考论*

芮赵凯

摘　要：唐顺之晚岁再度出仕后，赴北京任职，官兵部职方司郎中。在结束为期两月的蓟镇阅兵事务后，因罹患脾疾寻求南归。在严嵩等人帮助下，得赴东南视师，与胡宗宪协谋御倭事宜。视师东南期间，唐顺之在巡视沿海的基础上进一步申严巡洋会哨之制，并提高对“打来倭”的奖赏。在谋划部署取得三爿沙大捷后，唐顺之率援兵北上，协助凤阳巡抚李遂应对江北倭寇。在三沙岛余贼激变之际，又自江北回援三沙岛，调兵筹饷，数次督战，围困倭寇三月有余。在倭寇奔突江北后，又立即北上与李遂协力将其剿灭。唐顺之视师东南的经历，可谓迎难而上，勇于任事又颇有建树。

关键词：东南御倭战争；唐顺之；胡宗宪；李遂

嘉靖三十七年（1559）三月，已罢官家居十八年的唐顺之再度出仕，赴北京兵部任职。在结束短暂的蓟镇阅兵任务后，于当年十月被朝廷委派视师东南，与胡宗宪共谋御倭事宜，至嘉靖三十八年九月升任凤阳巡抚结束。考虑到唐顺之于嘉靖三十九年四月即病逝于凤阳巡抚任上，因而，以钦差身份视师东南应是唐顺之晚岁出仕所从事的主要政务。关于唐顺之视师东南这一经历的研究，前辈学者多在分析唐顺之的人格精神、军事思想、海防诗创作时作连带述及，仅有的关于其抗倭斗争经历的研究，也集

* 本文受江苏省社科基金项目“嘉靖‘大倭寇’与南直隶海防建设研究”（项目编号：19LSD002）资助。

中于对其家国情怀的分析与晚节的评价，在史事考述上着墨不多①。《明世宗实录》所载唐顺之评传对其晚岁出仕的评价消极，以“竟靡所建立以卒”② 为其盖棺论定。然而，当笔者详细梳理唐顺之视师东南期间与诸人往来书信，勾勒出其在视师东南期间的行动轨迹之后，发现唐顺之并非如评传所谓“靡所建立”，而是“积极有为”。

一　阅兵蓟镇与谋求南调

唐顺之于嘉靖七年（1528）参加乡试，取第六名。嘉靖八年赴北京参加会试，取第一名。随后廷试，取第四名。先后任兵部武选司主事，吏部稽勋、考功二司主事，翰林院编修等职，因得罪权臣张璁于嘉靖十四年罢官致仕。嘉靖十八年，嘉靖帝册立皇太子，命内阁选置东宫官僚，在李开先、左镒的协调推动下，唐顺之得以复官编修，兼任右春坊右司谏。嘉靖十九年，因上疏奏请来岁元日太子出御文华殿，接受百官朝贺而触怒嘉靖帝，罢官为民。此后，唐顺之开启了长达十八年的家居生活，专心于研学与授徒。嘉靖三十五年十二月，在严嵩、徐阶等人的努力下，嘉靖帝应允唐顺之复官，出任南京兵部主事，因此时唐顺之正在为父服丧而未能到任。嘉靖三十六年九月，唐顺之服阕。同月，在严嵩父子的力主下，唐顺之由南京兵部主事晋升为北京兵部职方司员外郎。嘉靖三十七年三月，唐顺之在祭祀父亲唐宝后，赴北京就任，到达兵部后，再度晋升为兵部职方司郎中。③

当年七月，兵部尚书杨博“议以蓟镇入卫兵听宣大调遣”，而蓟辽总督王忬以“蓟镇右北诸口川原平旷，无险可守，独恃入卫卒以拥护陵京”为由拒绝此议。嘉靖帝认为“旧有旨，令蓟镇练兵，分区以守”，然而“今八年矣，一卒不练，每遇防秋，不过多调边兵”，导致“诸兵频年逮

① 相关研究成果主要有邵金金：《论唐顺之的人格精神与晚岁出山抗倭》，《陕西理工大学学报》（社会科学版）2017 年第 2 期；李德锋：《唐顺之军事思想探析》，《宁夏师范学院学报》（社会科学版）2011 年第 4 期；张慧琼：《明代抗倭儒将唐顺之及其海防诗创作》，《常州工学院学报》（社会科学版）2013 年第 4 期；黄毅：《唐顺之与明代抗倭斗争》，《深圳大学学报》（人文社会科学版）2009 年第 6 期。

② 《明世宗实录》卷 483，嘉靖三十九年四月丙申，“中研院”历史语言研究所 1962 年版，第 8062 页。

③ 《明史》卷 205《唐顺之传》，中华书局 1972 年版，第 5423 页。

戍，人情不堪，粮饷多縻”。兵部奏对“本镇原分区数皆有额兵，今缺伍数多，请诏两关御史王渐、萧九峰亲诣查补”，嘉靖帝下令“该镇原分各区人马，兵部可遣郎中一人与巡关御史备阅兵数多少，操练与否，期一月还奏”①。在此背景下，朝廷选命唐顺之赴蓟镇阅兵，查理军马。② 敕书记载：

> 今特命尔前去蓟镇，会同东西巡关御史，查照兵部原题事理，照依区分，逐一查点现在兵若干，缺少若干，及阅视曾经操练、堪战与否。俱要从实回奏，以凭处治。其缺少兵数目，今作何抽补增募，及责限将官如法训练，务要堪以御敌，以免岁调边兵，尔宜悉心区画来闻，钦哉。③

由此可知，唐顺之此行任务乃是会同巡关御史赴蓟镇按所设分区点阅士兵，查实各区兵员缺额与备战情况，并根据查核情况，谋划增补兵员与部队训练方法，以达到增强蓟镇军力的目的。唐顺之在蓟镇阅兵合计两个月的时间，“登驰绝徼峭壁三数千里之途，阅过铁靴铜面之辈十万余人，一一欲办其弱强，腥风酸鼻，惊沙暖面”④。当年九月，唐顺之完成点阅士兵任务，回京复命。唐顺之此行颇有成效，查明“马步官军原额九万一千有奇，见卒五万七千有奇，逃亡三万三千有奇”，且“不惟尺籍耗减，非复往时之旧。即见在守边者，除名关寨夜不收千余人及三屯、建昌两营，古北、燕河两区，巡抚标下民兵、射手数百人之外，皆羸兵惫马，朽甲钝戈，徒縻廪饷，不济缓急之用”，认为“额既旷，练习又疏，所据总督王忬、总兵欧阳安、巡抚马佩及诸将领袁正等俱宜坐旷职误事之罚”⑤。除据实上奏蓟镇军力情况外，唐顺之还分析了蓟镇士兵逃亡与训练不佳的原因以及补救之法，其在

---

① 《明世宗实录》卷461，嘉靖三十七年七月癸丑，“中研院”历史语言研究所1962年版，第7786—7787页。

② 《明世宗实录》卷461，嘉靖三十七年七月庚申，第7793页。

③ 唐鼎元：《明唐荆川先生年谱》卷4，《北京图书馆藏珍本年谱丛刊》第47册，北京图书馆出版社1999年版，第739页。

④ 唐顺之著，马美信、黄毅点校：《唐顺之集·荆川先生文集》卷8《与罗念菴》，浙江古籍出版社2014年版，第352页。

⑤ 《明世宗实录》卷464，嘉靖三十七年九月庚寅，第7828—7829页。

与严嵩的书信中言：

> 蓟兵所以多逃，一由于营官之剥削，一由于卫官利逃军与余丁之纳钱，为之渊薮，不肯解补。其所以不练之故，一诿于墙工，岁不休歇，无可练之时；一诿于将官，传舍数易，无专练之人，而当事者又因循而莫之处也。若使卫官不为逋逃渊薮，营官不得剥削，而在上之人又宽其工役，足其月廪以慰藉之，则蓟镇兵额原自足充，而垛集、招募皆为第二义矣。①

唐顺之认为，营官的剥削与卫所官收受逃军与军余的贿赂是士兵逃亡的主要原因，而困于工役是其训练不佳的主要原因，只要营官停止剥削，卫所官加强防控，辅以减轻士兵的工役负担，按时发放月粮，则士兵自然不再逃亡。

回京复命后，因身体原因，唐顺之迫切地寻求机会离京南下任职。早在嘉靖二十九年（1550），唐顺之便罹患囊痈恶疾，此疾甚为凶险，“二月三月之间，濒于死者三四，已分与世长别”②，“卧病百余日，溃出脓水过多，足髓流耗，至今未能起立一步，恐因此遂成瘫软，作一支离活死人”③。患病以来，“出脓水四五盌”④，在生死边缘徘徊数次，卧床百余日仍未能起身行走，以致唐顺之担忧自此不愈，遂成瘫痪。此疾虽在当年缓和，然而其后遗症延续数年，难以痊愈。其在嘉靖三十一年与赵时春的书信中仍言：“第三年为木肾所苦，今偶溃脓，几至殒生。”⑤ 本就身体虚弱的唐顺之，在到任北京后即因水土不服与频繁应酬带来的劳累导致突发脾疾。在嘉靖三十八年给时任礼部仪制司郎中白启常的书信中曾回忆此次

① 唐顺之著，马美信、黄毅点校：《唐顺之集·荆川先生文集》卷8《与严介溪相公》，浙江古籍出版社2014年版，第346—347页。

② 唐顺之著，马美信、黄毅点校：《唐顺之集·荆川先生文集》卷6《答洪方洲》，第264页。

③ 唐顺之著，马美信、黄毅点校：《唐顺之集·荆川先生文集》卷7《答蔡可泉》，第311页。

④ 唐鼎元：《明唐荆川先生年谱》卷3，《北京图书馆藏珍本年谱丛刊》第47册，北京图书馆出版社1999年版，第631页。

⑤ 唐顺之著，马美信、黄毅点校：《唐顺之集·荆川先生文集》卷8《寄赵浚谷》，第333页。

患病原因："去年冒暑入京，内则饮食之违其常，外则人事之苦其形，吐泻交作，遂发脾疾。"① 随后，又抱病前往蓟镇阅兵，"塞上风尘，寒侵病骨"②，导致"前疾转增，腹胀露筋，脐突半寸，两足尽肿，面骨削铁"，寻医诊治"皆谓恶症，且外形尽见"，唐顺之担忧"一交春气，木旺土克，命不可期"，因此在结束蓟镇阅兵事务后即向严嵩疏求外调：

某平生非敢偷安于山林，但得一佥事一郡守，虽在云、贵、两广之间，亦欲南人风土为便，即不敢以远为辞，庶几一见乡土。来春儌幸不死，便当驱驰就道，以酬门下始终成就之厚德，尚有日矣。伏惟门下曲成万物，各得其情，况辱在知爱如某者，有不能矜而亮之者哉？干渎尊严，不胜恐悚。③

原本就抱病的身体又经历塞外的风寒，导致脾疾加重，从其所述病症来看，已经产生了严重的腹水症状，生命危在旦夕。唐顺之担忧来年春天肝气横逆，犯胃克脾，加重所患脾疾，因而请求严嵩将其南调。为表南下决心，唐顺之对外调地区并不挑剔，哪怕云南、贵州、两广等边远省份也能接受，且对南调职位要求不高，担任按察司佥事或者知府业已知足。

其时，"浙江岭港倭徙巢柯梅，总督侍郎胡宗宪屡督兵讨之，不能克"④。朝廷正欲派遣官员前往视师，唐顺之恰在此时向严嵩疏请南调，兵部顺势佥推唐顺之担任此职：

查得本部署郎中唐生长地方，久谙夷情，素晓兵机。近奉旨查阅蓟镇兵马，一入经略，两关振饰，旋收堵截大虏之功。合行本官前去浙直地方，会同督抚等官，先将舟山余孽荡平，及将浙直紧关海防处所，或遵照旧制，或斟酌时宜，或增兵易将，或抡才储粮，一切战守

① 唐顺之著，马美信、黄毅点校：《唐顺之集·荆川先生文集》卷8《与白伯伦仪部》，浙江古籍出版社2014年版，第371页。

② 唐顺之著，马美信、黄毅点校：《唐顺之集·荆川先生文集》卷8《与董后峰宪副》，第350页。

③ 唐顺之著，马美信、黄毅点校：《唐顺之集·荆川先生外集》附录2《与严介溪相公》，第1001页。

④ 《明世宗实录》卷465，嘉靖三十七年十月辛亥，"中研院"历史语言研究所1962年版，第7845页。

机宜，俱要区画周详，会奏上请施行，以防来春倭夷。[①]

唐顺之生长于常州，复官前曾家居十八年，是倭患的亲历者，对倭寇情况熟悉，又通晓兵理，阅兵蓟镇卓有成效，于是兵部佥推获得嘉靖帝应允，遂“命兵部署郎中唐顺之往浙直视师，与胡宗宪协谋剿贼”[②]。

二 巡视沿海与厉行改制

获命南下视师后，唐顺之于“十一月二十三日过家一宿……明日遂行，二十八日至浙”[③]。当时，舟山贼寇已遁去，唐顺之利用这一作战间隙巡阅沿海，熟悉形势，“乃躬自泛海，审视险要贼寇出没藏匿之所，以为攻截堵御之策。自江阴至于浏河渡，自嘉兴放洋至蛟门，风泛日行几及千里，群从惊眩呕喘，公意气自如”[④]。据此观之，唐顺之巡海的足迹北至常州府江阴县，南至宁波府蛟门山，乘船而行，路途不可谓不艰险。尤其在行过蛟门山时，惊涛骇浪，颇为惊险，唐顺之在诗作中曾记载：“忽然石壁开双峡，坐觉楼船耸半空。岛以户宽延满月，潮缘口窄弄惊风。”[⑤]

此次巡海经历丰富了唐顺之对浙直沿海形胜险要的了解，其在嘉靖三十八年（1559）四月给时任福建巡抚王询的书信中曾提及巡海体会：

某自南役以来，涉海者凡三，乃得形格势禁之大略。江南控扼在崇明，浙东控扼在舟山，天生此两块土大海中，以障蔽浙直门户。诸哨船皆自此分，而南北总督会于洋山。若会哨严紧，遇船即打，贼何从入？[⑥]

---

① 唐顺之著，马美信、黄毅点校：《唐顺之集·附录1·兵部为荐举盛世人材乞赐超擢以图安攘事》，上海古籍出版社2014年版，第936—937页。

② 《明世宗实录》卷465，嘉靖三十七年十月己未，“中研院”历史语言研究所1962年版，第7850页。

③ 唐鼎元：《明唐荆川先生年谱》卷4，《北京图书馆藏珍本年谱丛刊》第47册，北京图书馆出版社1999年版，第751—752页。

④ 唐鼎元：《明唐荆川先生年谱》卷4，《北京图书馆藏珍本年谱丛刊》第47册，第754—755页。

⑤ 唐顺之著，马美信、黄毅点校：《唐顺之集·荆川先生文集》卷4《月夜渡蛟门》，第173页。

⑥ 唐顺之著，马美信、黄毅点校：《唐顺之集·荆川先生文集》卷8《与王芳湖中丞》，第366页。

唐顺之认为，江南地区的海防关键在于崇明县，而浙东地区的海防关键在于舟山县，以此二处分别为江南、浙东的巡哨兵船集散地，而浙直二省又于洋山一处会哨，如按此制严格巡洋会哨，则倭寇一旦入犯，将会及时发现，及时剿灭。

在洞悉浙直沿海形胜险要之外，唐顺之还通过此次巡海行动达到了砥砺将官与稽查沿海官兵对巡洋会哨制度落实程度的目的。唐顺之在巡海行动之前“密查历年飞报，凡寇贼登劫地方月日与官兵御避，咸编手镜”，在巡海过程中，遇到涉事将官予以诘责：“朝廷命吾查究功罪，尔曹纵贼残破郡邑，死不可逭。”待将官狡辩之际，又据历年飞报回应：“某贼于某月日登某岸，乃某之信地也，不然飞报奚而是汝名乎？某尝战而不胜，限于力可恕也。某未尝战、某未尝策应也，案卷可征，尔何得欺我！”当涉事将官认罪并请以立功相赎时，唐顺之并不应允，以命令涉事将官“各具死罪招由，用印而藏之”的办法处置。[①] 通过收集涉事将官在御倭行动中的记录，以事实让涉事将官认罪，并将所认之罪行诸文字，用印封藏，以此让涉事将官有所畏惧，在后续的御倭作战中不敢懈怠。唐顺之巡海恰值隆冬时节，正所谓“惊风怒涛，隆冬月黑”，其时“人不敢行，而公独络绎于溟渤中”，其利用这一时机稽查沿海官兵对巡洋会哨制度的落实情况，“间擒将官之潜泊者治之，曰以偶避风对。公应之：‘或我至不知，寇至宁知之乎？’叱左右缚送军门，诸将号泣而吁公仗之百。取其再犯连坐甘结，粘连于招由”[②]。对于那些未能如制进行巡洋会哨的将官，唐顺之先以擒送总督处治罪为震慑，待涉事将官求情之时，同样采取让涉事将官将罪行行诸文字，用印封藏的办法处置。除此之外，还让涉事将官签署连坐字据，粘贴于其所录罪行之后。通过上述办法，整饬海防取得了初步的成效，“自是将官兢兢焉，常哨海中，遥望风帆，輙疑公至，整搠齐截，不敢懈”[③]。

在砥砺将官，申严巡洋会哨之制以外，唐顺之力图通过改革奖赏制度以改变官兵不愿意迎击入犯倭寇的弊病。其在巡阅海洋后与浙直总督胡宗宪的书信中写道：“盖守港将官，全然不以会哨会剿为意，贼迫近岛，机

① 郑若曾：《江南经略》卷3下《崇明县倭患事迹》，《景印文渊阁四库全书》第728册，台湾商务印书馆1982年版，第237—238页。

② 郑若曾：《江南经略》卷3下《崇明县倭患事迹》，第238页。

③ 郑若曾：《江南经略》卷3下《崇明县倭患事迹》，第238页。

会可乘，辄以风潮不便为解，纵之登岸，陆地失事，则又罪坐陆战官兵，彼亦不与其责。习成套子，牢不可破，明旨近例所谓'邀之于海'，徒为空言。"[①] 唐顺之发觉防守港口的将官落实巡洋会哨制度不严格，没有如制会哨，更无法如制会剿。当倭寇入犯，逼近海岸时，以海浪汹涌为借口，不作防御，放任倭寇登岸。倭寇登岸后，防御职责便属于防守陆地的将官，即便御倭不力，也无须承担责任，因此形成放纵倭寇登岸的恶习，有恃无恐。在其后上报军情的奏疏中，唐顺之进一步分析官兵不愿意迎击入犯倭寇的原因："自来海中获功，止击归贼，不击来贼。归则贼气已惰，贼资又满，人既乐击，击之又易。来则贼气方锐，贼船又空，人不乐击，击之又难。"[②] 倭寇入犯之时，气势汹涌，战力强悍，且贼船无财货。倭寇逃归之时，气势衰减，战力下降，且贼船载满掳掠来的财货。因此，官兵乐于在倭寇离岸逃归之时与之作战，一来此时倭寇战力较弱，二来此时作战得以缴获更多赃物。

唐顺之认为消灭入犯倭寇与逃归倭寇意义绝不相同，"击贼之归，如虎啖人，而人杀虎，虎毙而人已残。击贼之来，如虎未啖人，而人杀虎，人不伤而虎毙"[③]。因此，"去船杀人劫财，已厌其毒，杀一贼是止于一贼而已，若杀却来贼一人，是全了几个好人性命，其功不可同日语也"[④]。倭寇暴虐如猛虎食人，迎击逃归的倭寇，即使将其击毙，其在登陆后业已伤害了数位军民的生命，而迎击入犯倭寇，则等于保全了陆上数位军民的生命。当时在海上击杀倭寇的奖赏规定是"水中首级一概以十五两论赏"，鉴于前述"打来船之难十倍于打去船也"，于是唐顺之向朝廷提议提升对迎击入犯倭寇所获首级的奖赏，以提高官兵迎击入犯倭寇的积极性，"打来船真倭首级，虽不能同之陆地首级三十两，亦可量增银五七

① 唐顺之著，马美信、黄毅点校：《唐顺之集·荆川先生文集》卷8《与胡梅林总督》，上海古籍出版社2014年版，第357页。

② 唐顺之著，马美信、黄毅点校：《唐顺之集·荆川先生外集》卷2《三沙报捷疏》，第829页。

③ 唐顺之著，马美信、黄毅点校：《唐顺之集·荆川先生外集》卷2《三沙报捷疏》，第829页。。

④ 唐顺之著，马美信、黄毅点校：《唐顺之集·荆川先生文集》卷8《寄内阁及本兵诸老书》，第354页。

两，则人人争奋，打来船者益众而贼之登岸者少矣”①。

申严会哨与激励官兵迎战入犯倭寇的策略很快在实战中得到实效。嘉靖三十八年（1559）三月，倭寇入犯崇明县，唐顺之先后奔赴嘉兴、吴淞所，与总督胡宗宪及应天巡抚陈锭商议御敌之策，“以为非御之于海，则不能制其冲突”，因此“严督副总兵官卢镗，游兵把总杨尚英、邵应魁等，若容一贼登岸，定以失机参奏，从重治罪”②。在确定御敌于海的策略后，唐顺之又与胡宗宪、陈锭商议在原有按照所获倭寇首级数量进行奖赏上，进行了相应改革：“有能打破贼船一只，连人船拏获者，当即赏银五百两，内冲锋船加赏。其斩获首级数多，或一船至三十颗以上真正倭贼首级者，另行给赏。将官打破贼船至三只以上，当以奇功论荐。”③

此次奖赏制度的改革，一方面增加了按照击破贼船的数量进行奖赏的新制度，另一方面对斩获倭寇首级数量多的、单只贼船倭寇首级达到三十颗以上的，还会额外增加赏赐。对将官而言，如所率部队击破贼船达到三只以上的，还会以奇功论赏。制定策略与议定赏格后，在胡宗宪、陈锭的辅助下，赏军银两陆续抵达前线：

> 时巡抚陈锭即遣主簿郝墅赍悬赏银二千两随臣至海船，开匣拆封，遍示诸官军，诸官军色动鼓舞，踊跃思奋。未几，总督军门贴助赏功银一千两亦解至，而巡按御史朱纲、巡江御史江北亦搜刷赃罚助军，兵备佥事熊桴解到月粮、火药，方船而至，诸官军则益踊跃。④

经唐顺之悉心料理，崇明县御倭前线官兵士气旺盛，咸欲杀贼立功。同一时期，江北地区陆续有倭寇登岸，前后积累约七八千人，凤阳巡抚李遂告急求援的书信一日数至。唐顺之身负视师浙江、南直隶的任务，于是将崇明县御倭事宜委派给副总兵官卢镗，其本人赴杭州与胡宗宪商议发兵

① 唐顺之著，马美信、黄毅点校：《唐顺之集·荆川先生文集》卷8《寄内阁及本兵诸老书》，上海古籍出版社2014年版，第354—355页。

② 唐顺之著，马美信、黄毅点校：《唐顺之集·荆川先生外集》卷2《三沙报捷疏》，第827页。

③ 唐顺之著，马美信、黄毅点校：《唐顺之集·荆川先生外集》卷2《三沙报捷疏》，第827页。

④ 唐顺之著，马美信、黄毅点校：《唐顺之集·荆川先生外集》卷2《三沙报捷疏》，第828页。

援救江北事宜。随后，唐顺之本人亲率援军北上，行至崇德县时，收到卢镗军报：

> 照得本职亲统游兵都司杨尚英等兵船出哨北洋，四月初九日哨至三爿沙，适遇新到大倭船二十余只，并随带小船，俱收本沙约贼二千余众。随该本职分布各哨官兵船只，四路埋伏。初十日早，各船奋勇齐进，举放佛狼机、鸟铳、喷筒、火箭，并力攻打，犁翻贼船三只，打破四只，生擒真倭一名，共斩真倭首级一百一十三颗，倭器倭衣共三百四十六件，溺水死者不计其数。余贼荒张，随潮沿滩收入三沙地方，见今兵船围剿。①

三爿沙岛在崇明县东北部，"孤立海中，四望无际"，地理位置颇为险要："倭寇从东北大洋而来，必经此沙，盖浙直二省之咽喉也。贼若南行，则浙之宁、绍、台、温，直之苏、松，无所不通矣。西行则本县三沙、平洋沙，常熟福山、许浦，江南之常、镇，江北之淮、扬，惟其所之。"② 作为咽喉之地，三爿沙是倭寇入犯崇明的必经之处，卢镗等按照既定策略，如期巡洋会哨，在哨至三爿沙岛时，遇到新到大倭船二十余艘，加上三爿沙岛原先盘踞的倭寇共计二千余人。卢镗在作战时部署得当，加以官兵士气旺盛，因而取得了相当的战果，剩余贼寇陆续逃往三沙岛，为官军围困。三爿沙大捷具有十分重要的意义，正如唐顺之所言："此二十余船之贼，若是不上南岸，必上北岸。若上南岸，则江南方幸无贼，岂堪此贼残破？若上北岸，则陆贼已将及万，又添此贼合夥，如炽火加薪，势将何止？"③ 此战因唐顺之与胡宗宪、陈锭等人谋划得当，激励有方，后勤补给及时，官兵士气高昂，唐顺之又亲临前线督战，将帅用命，令行禁止，方能取得如此骄人战绩。

---

① 唐顺之著，马美信、黄毅点校：《唐顺之集·荆川先生外集》卷2《三沙报捷疏》，上海古籍出版社2014年版，第828页。

② 郑若曾：《江南经略》卷3下《三爿沙险要说》，《景印文渊阁四库全书》第728册，台湾商务印书馆1982年版，第228页。

③ 唐顺之著，马美信、黄毅点校：《唐顺之集·荆川先生外集》卷2《三沙报捷疏》，第828页。

三 援兵江北与对敌庙湾

江北贼势汹涌，前文已述唐顺之将崇明县御倭事务委托卢镗后前往杭州与胡宗宪计议发兵援救。经二人谋划，首先，命令先前赴山东沂州募兵的都司何本源，青州募兵的把总刑镇率领所募士兵暂停南下，转为驻扎淮扬，听凤阳巡抚李遂调遣。其次，“发守备高提溆浦兵五百名，赞画沈迁、桂汝攀鸟铳手五百名，周冲箭手一百名、枪手二十名，叶灿处州兵三百名，继发指挥彭鹤年、土指挥张空等镇溪兵一万二千名”。最后，当得知三爿沙捷报后又于四月十四日“牌遣副总兵卢镗统领诸军往江北应援”[①]。因胡宗宪患病初愈，遂由唐顺之监督诸军前往。四月十六日，唐顺之抵达嘉兴后，接到凤阳巡抚李遂告知停发援兵的函件。因江北系陵寝所在，胡宗宪担忧贼势难以平定，因此仅令土兵指挥张空率七千名镇溪兵赴台州、温州等地御倭，而彭鹤年及其余将领继续北上应援。原定统兵将领卢镗因在三爿沙大捷后继续率兵围困剩余贼寇于三沙岛，故唐顺之只得亲自统兵北上。

在唐顺之抵达江北之前，凤阳巡抚李遂已督兵与倭寇数战，并取得姚家荡大捷。当倭寇陆续于海门登岸，入犯江北之际，李遂与诸将谋划计策：“贼趋如皋，其众必合，合则侵犯之路有三：由泰州逼天长、凤泗，陵寝惊矣；由黄桥逼瓜仪，以摇南都，运道梗矣；若从富安沿海东至庙湾，则绝地也。”[②] 李遂认为，倭寇在如皋会合后，可能入犯的路线有三条：其一，经泰州进逼天长、凤阳、泗州，将引发陵寝重地震动；其二，经黄桥进逼瓜洲、仪真，将导致运河运道梗阻；其三，经富安沿海岸北上至庙湾，倭寇将步入绝境。随后，李遂统兵于四月八日与倭寇战于丁堰、如皋，倭寇败退至海安。李遂“恐贼直犯扬、仪重地，湏越过贼前，方可迎敌”，于是“促丘游击边兵连夜从黄桥间道会合曹克新、许廉，径趋泰州”。四月十一日，“贼自海安西行一十五里，札住不动，见我兵列营在前，威声大振，料难西向，复回海安，倒往东北

---

① 唐顺之著，马美信、黄毅点校：《唐顺之集·荆川先生外集》卷3《咨总督都御史胡》，上海古籍出版社2014年版，第852—853页。

② 《（道光）丰城县志》卷11《列传三》，成文出版社1975年版，第1135页。

沿捍海堤流至富安"[1]。在倭寇败退海安后，李遂通过率军提前抵达泰州的方法应对倭寇西向入犯，迫使倭寇向北行进至富安，引致绝路。李遂派遣义勇官沈思学与边兵、毛兵等紧随其后，而亲率参将曹克新等从内地北上，赶赴淮安庙湾，拟在庙湾处对倭寇前后夹击，一举歼灭。四月十九日，庙湾贼寇大举入犯淮安，与李遂先期布置的兵马相遇于姚家荡，"贼尝试我兵易动，遂据高阜尽锐以冲"，李遂令"左哨之兵引却，前驱马兵横截而出，贼分为二"，随后"曹克新以所部劲卒贯其中坚，邢镇、周仁、雷鸣阳以所部兵击其右，何本源以所部兵掠其左，倪禄、梅三锡、王皋各以所部兵绕绕贼尾击之"，战斗"从寅至申，斗百十合"，倭寇大败，"当于阵前斩获倭首四百七十八级，生擒从倭三名，夺获牲畜、衣甲、刀枪、弓箭、标旗六千五百三十七头匹枝件，夺回被掳男妇四十五名口"[2]。剩余倭寇逃回庙湾，被官军围困。

当李遂于庙湾区处倭寇时，四月十七日接到情报称"青墩港续到登岸倭寇已到白蒲，数目不知，约摆二十余里"，李遂命海道副使刘景韶与游击丘升"专意剿杀继至之贼"，刘景韶当即组织应敌，"分布游击丘升于如皋城东，列阵冲锋，新推毛兵参将胡宗义于黄桥，本道中军把总贾勇于海安，各堵截及为丘兵援应。又分布军门原调统领颍亳兵马原任都司朱文于泰州，为各营后继"。虽然已经提前布置应敌，但是与新到倭寇的作战仍旧极为艰难。四月十九日，"胡宗义毛兵与贼交锋，败绩，杀伤三十余兵，阵亡千户赵世勋、镇抚韩徿，止获首级二颗"。李遂见形势危急，"催令丘升、贾勇各兵夹攻，毛兵止许札营，不得浪战"，于是"边兵、道兵复又超在贼前，大战数合，斩获首级四颗，夺获马骡等件。贼见我兵气胜，复又退回海安西吉家庄"。[3] 因此，当唐顺之于四月二十日抵达扬州之时，其面临的情况是前期登岸的倭寇大部已为凤阳巡抚李遂在姚家荡一役中歼灭，仅剩小部分贼寇逃回庙湾，被官军围困。后期登岸的倭寇贼势汹涌，盘踞海安，与海道副使刘景韶所率部队紧张对峙，形势危急。

李遂在取得姚家荡大捷后返回扬州，与唐顺之协谋下一步御倭策略，

---

① 李遂：《李襄敏公奏议》卷9《督抚稿》，《四库全书存目丛书》史部第61册，齐鲁书社1997年版，第141页。

② 李遂：《李襄敏公奏议》卷9《督抚稿》，第143页。

③ 李遂：《李襄敏公奏议》卷8《督抚稿》，第128—129页。

决定由唐顺之赴海安，与刘景韶共击如皋之敌，而李遂返回庙湾应对围困之敌。四月二十一日，围困庙湾余贼的把总谢诏、指挥王佐贪功冒进，中贼埋伏，导致千户萧凤来、百户苏臣及三十八名士兵阵亡。同日，刘景韶处迎战如皋倭寇颇有战绩。因此，李遂在拨付六百名士兵支援刘景韶后，又去函唐顺之，令其率兵回援庙湾，共同剿贼。唐顺之于四月二十九日抵达庙湾，与李遂合兵一处，距离贼巢七十里驻劄。五月一日，李遂将营前对敌事务委托于唐顺之，而自己专驻马逻调发兵食。唐顺之移营至贼巢东面约十五里处新沟驻扎。

盘踞庙湾的倭寇虽属前述姚家荡一役余寇，但庙湾地利为倭寇所用，易守难攻。据唐顺之记载："是时，庙湾之巢墙厚如坚城，楼居平屋延袤三里，深房曲巷险如设阱，皆平时盐场富商所筑以御寇，往年及今贼皆据之以御我军。贼又烧绝外屋，止留空墙以防火攻。其背据大河，抢船五十余只，联营浮桥，通南北走路。"[①] 根据倭寇所处形势，唐顺之开始排兵布阵：

> 高禔、何本源等五枝客兵，及主兵倪禄等，由西大路填沟而入，朱仁、苗腾由南路入。仁素细为贼挫，故框怯。又督发千总沈儒马兵一百八十名，潜师度河，贴仁与苗腾战。又夜遣健士潜裹大母炮、二子炮三十，使诣朱仁营，隔河击贼船。密票令朱仁埋木桩于下流浅狭处，以断贼船走海之路。又以庙湾北通云梯关，贼走要路，令邢镇率青州兵一枝，当北路邀贼。令管火药周需赍将军炮、子母炮、佛郎机等火器以俟。[②]

此外，哨探发现北边树林中有倭寇伏兵，唐顺之担忧青州兵难以抵挡，因此又派遣鸟铳手四十名，丁有德、白虎等马兵九十余骑搜索树林中隐藏的倭寇伏兵。唐顺之以高禔等由西路直逼倭寇营寨，以朱仁等在倭寇南岸以火炮隔河攻击，又遏敌北路与下游归海退路。唐顺之身披战甲，逼近贼巢札营，诸军奋勇，"共得首级四十六颗，内从倭三颗而已，南北共

① 唐顺之著，马美信、黄毅点校：《唐顺之集·荆川先生外集》卷3《咨总督都御史胡》，上海古籍出版社2014年版，第854页。

② 唐顺之著，马美信、黄毅点校：《唐顺之集·荆川先生外集》卷3《咨总督都御史胡》，第854页。

烧击船沉者十三只”[1]。此战虽只得数十颗首级，“然从来柘林、舟山之役，并无一人敢闯其巢者”，诸军“荡战巢贼，贼夺气已尽”[2]。五月二日，正当唐顺之整兵欲图再战之时，接到苏松兵备副使熊桴军报，得知先前被官军围困三沙岛的贼寇可能发生激变，于是唐顺之将庙湾御倭事务交付李遂后，率高湜等兵约一千二百名驰援三沙岛。

四　调兵求饷与困敌三沙

五月十五日，唐顺之抵达三沙岛，此时的唐顺之面临极为尴尬的处境。南直隶巡抚陈锭告病辞官，在太仓等候继任交接，只是将巡抚旗牌官委派于唐顺之，助其便宜行事，并辅助调发兵食。与此同时，南直隶巡按御史朱纲丁忧服丧，巡江御史江北任满离职。唐顺之曾去信陈锭，请求他暂缓辞官，以三沙岛御倭事宜为重：“公东南福星，东南正不可无公，公不宜归，而竟抗疏求归。况三沙正在紧急用兵之时，虽仗公余威足了此贼，然愿公少驻，以待事宁，以终惠东南，何如？此不过迟公十数日山中之乐，而东南利害关系甚大。”[3] 然而陈锭并未如其所愿，因此，三沙岛御倭重任皆系于唐顺之与苏松兵备副使熊桴二人。唐顺在与白启常的书信中说：

> 至如三沙之役，尤有不得已者，抚公告病候代，巡公丁忧，巡江自五月交代，至今未至，苏松皆缺正官，江南无一上司。吾若又推脱担子，贼未必不登老岸矣，然贼登老岸，人却又责不得我，我非守一处地方官也。此等使乘处，五十岁外老人，岂便智不能及此。念平昔素是愚人，只干愚人事耳，成败利钝不敢计也。[4]

唐顺之表示，自己虽然并不守御一方的专官，但是当江南地区领导层

① 唐顺之著，马美信、黄毅点校：《唐顺之集·荆川先生外集》卷3《咨总督都御史胡》，上海古籍出版社2014年版，第855页。

② 唐顺之著，马美信、黄毅点校：《唐顺之集·附录2·与李克斋中丞》，第1020页。

③ 唐顺之著，马美信、黄毅点校：《唐顺之集·荆川先生文集》卷8《与陈黄潭巡抚》，第366页。

④ 唐顺之著，马美信、黄毅点校：《唐顺之集·荆川先生文集》卷8《与白伯伦仪部》，第373页。

空缺的状态下，他如果再畏难避责，可能导致三沙岛贼寇登岸肆虐的严重后果，因此他决意承担起应对三沙岛倭寇的领导职责。

此时，距离倭寇盘踞三沙岛已有一月，诸将只在岛外围困，并未登岛杀贼，使贼“得以鸠粮立栅为坚持计，而又得造有小船数十只以备突走矣”①。针对诸将在岛外围困，不登岸作战的问题，唐顺之于五月十八日督令总兵卢镗与参将刘显、刘堂等部登岸驻扎。为防登岸时遭遇倭寇偷袭，唐顺之“密与熊公桴计造木城，每扇高广七尺，四人舁之，四人持铳箭，二人执刀随之，连比而进，遇芦苇处先从木棂中发铳箭驱走伏贼，刀手从城足刈芦，芦仆，践行而前，复发铳箭如初，如是者二十余里”②，通过木城、铳箭手、刀手的配合，官军得以顺利登岸。随后，唐顺之所率援兵高滉部，以及土官张空所率镇溪援兵亦陆续到达登岸，与卢镗等部联营驻扎。

为有效激励士气，唐顺之去信胡宗宪，请调发赏军银两：“今株守崇明，只得操两空拳，煮一锅无米粥，奈何奈何！用兵无他说，况多兵亦无用，真如扮戏所谓一贯钱做一贯道场，十贯钱做十贯道场也，事惫矣。”唐顺之比喻若无赏军银两，犹做无米之炊，战事将受到影响，提出“若得银万两作格外之赏，分作江南、江北两处，每处但得伍千两，则庙湾、三沙贼巢自可荡平”③。

五月二十一日，唐顺之督军出战，因田应山所部士兵未与敌交锋而先溃，导致其余将领皆草草收兵。六月一日，唐顺之督军再战，“贼四面起土墙障箭铳，墙内枪齐立，贼众时出，环墙而趋，官军不敢逼，巢贼亦不敢蹑官军，竟不接刃而还”④。同日，游击王应岐率援兵五千，都司李忱所募土官吴九韶镇溪土兵前军四百人抵达三沙岛。六月六日，唐顺之合兵作战：

刘显将前锋，与王应岐等分路入，而卢镗札老营在后。卢镗选锋

① 唐顺之著，马美信、黄毅点校：《唐顺之集·附录1·行总督军门手本》，上海古籍出版社2014年版，第978页。

② 郑若曾：《江南经略》卷3下《崇明县倭患事迹》，《景印文渊阁四库全书》第728册，台湾商务印书馆1982年版，第238页。

③ 唐顺之著，马美信、黄毅点校：《唐顺之集·附录2·与梅林督抚》，第1010—1011页。

④ 唐顺之著，马美信、黄毅点校：《唐顺之集·附录1·行总督军门手本》，第979页。

兵攻巢，得首级三颗，刘显兵得首级一颗。贼冲右哨王应岐兵，赞画生员李应春被杀，先锋亦多杀伤者。应岐子光祖弃马奔而免，余兵数千不顾主帅而先溃，右哨张窖兵亦溃。是役也，以老营坚，故贼不能远蹑，而溃兵得徐还营，刘显亦收兵归。①

此战，刘显与王应岐分左右翼进攻，王应岐所率士兵不顾主帅，自行溃退，导致右翼瓦解，所幸卢镗守卫的大本营坚固，因此溃散之兵得以陆续回营。唐顺之在此战后致信胡宗宪，表达了对士兵战力不堪的担忧：

王游击善斗而不能抚下，其部兵畏贼之甚而不顾主帅。王游击父子止与祝梦麟一枝兵攻巢，余皆望风不进。王游击父子几陷虎口，其子马为贼得去，古北口一生员竟为贼杀。弟细询游击部下北诸将官，皆言自梦麟兵外，其余兵实不堪战，临阵只欲溃耳……今只看李沈土兵何如，昨到此，其气殊锐，自请当一战，只数日间战也。②

王应岐所部既不堪战，唐顺之将希望寄托于在此战后全员抵达的李忱所募镇溪土兵之上。此外，鉴于江北倭患已由李遂与刘景韶在五月二十三日荡平，唐顺之同时向胡宗宪申请调拨何本源所募沂州兵赴三沙岛应援。六月十一日，唐顺之整兵再战，“指挥伍惟统、把总田应山为诱兵，布贼巢门。吴九韶、刘显苗兵分伏左右，王应岐选锋与张窖兵左右缀为副伏兵，欲诱贼入伏而夹击之。卢镗札老营，王应岐余兵及王如澄兵左右翼，以防贼东西冲”。然而“贼甚狡，先为四层木巢以觇我军，一动静十里必见，揣知我有伏，诱之不出”。唐顺之直入诱兵阵中，“见诱兵亦怯甚，去巢尚三箭远，不能怒贼，又畀火器至巢边，火亦不能入巢，贼以故不出应之”。于是唐顺之“过诱兵而前，下马独拔刀步行，过鲚鱼港，去巢二箭”，被卢镗、刘显等力阻而还，部队未过多久也收兵归营。③ 六月十二日再战，吴九韶所部土兵率先进攻，然被倭寇以鸟铳击伤数人后败退

① 唐顺之著，马美信、黄毅点校：《唐顺之集·附录1·行总督军门手本》，上海古籍出版社2014年版，第979页。

② 唐顺之著，马美信、黄毅点校：《唐顺之集·附录2·与梅林督抚》，第1012页。

③ 唐顺之著，马美信、黄毅点校：《唐顺之集·附录1·行总督军门手本》，第980页。

归营。

唐顺之先后组织数次对敌作战，皆因士兵畏贼不堪战而寸功未建。唐顺之在与胡宗宪的书信中表达了对局面的担忧："弟谛观此局面，半月后事无就绪，则海船不能久在涛中，而陆兵亦不得不渐抽矣。若此则俨然成一柘林、川沙也。况彼小船已多，又有夺船，上老岸一旦不可期之变乎?"① 唐顺之担忧三沙岛倭寇久攻不下，海陆士兵皆难以维持，三沙岛有可能重蹈往岁柘林、川沙覆辙。面对危急形势，唐顺之去信李遂请求协力剿倭：

> 照得海中余贼蟠据三沙，官军攻围已经两月，本司自江北应援，还至沙上，日夜风涛矢石间者，亦将一月。本司才迂智短，诸将怯贼，连战止得首级二十四颗，未见成功。诚恐前贼并奔突四出，贻患不小……除贵院已遣卢相领水兵防御外，其贵院原调游击丘升边兵，烦分遣一千过江南，至崇明截杀。设使边兵已还，或势有不便，则烦遣义勇官丁有德等马军百名，连人马前来，及苗腾、陈忠等骁锐步兵四百名至崇明应援。②

唐顺之向李遂通报了三沙岛的紧急军情，一方面请李遂做好三沙岛倭寇奔突江北的准备，另一方面请李遂调拨丘升所部边兵抑或丁有德所部马军及苗腾所部步兵前来应援。

七月九日，唐顺之自三沙前线前往太仓，于七月十七日返程时接到熊桴军报，得知三沙岛倭寇于七月十六日四更时分，趁海潮往北奔突。唐顺之于七月二十一日赶赴瓜洲，"会同巡抚都御史李遂，严督曹克新、丘升进兵剿贼，及催督刘显、杨尚英过江截杀"③。此部倭寇最终于当年八月在江北被全数剿灭，"共计斩获倭首并生擒真、从倭贼，火攻焚烧倭尸共计一千四百三十四级名躯，俘获被掳人口一十二名口，夺获器械等项五千

① 唐顺之著，马美信、黄毅点校：《唐顺之集·附录2·与梅林督抚》，上海古籍出版社2014年版，第1014页。

② 唐顺之著，马美信、黄毅点校：《唐顺之集·荆川先生外集》卷3《咨凤阳巡抚都御史李》，第862页。

③ 唐顺之著，马美信、黄毅点校：《唐顺之集·荆川先生外集》卷2《三沙贼遁疏》，第834页。

五百七十件根枝"[①]。随后，三沙岛纵敌北突的相关失事将领受到了严厉惩处。唐顺之在得知倭寇北突之时即行上奏：

> 三沙北面鵰港地方原系卢相、邵应魁派管信地……参照总兵官卢镗、副总兵官刘显，游兵都司杨尚英、把总邵应魁、守备卢相等，既不能奋勇攻坚，荡平巢穴，以收一鼓之功。又不能水陆协力，昼夜严备，以固四面之守。臣屡有牌行，月黑潮满，风雨晦雾，是贼突走之时，而乃不遵约束，畏避风汛，掣船入港。贼出巢不能知，贼登岸不能蹑，致使匣中之虎复出噬人，江北之民再罹荼毒……而狼山副总兵官曹克新、淮扬参将丘升及备倭把总等官，坐拥重兵，全不设备，海贼焚舟登岸照旧，深入略无拦阻……其总兵官卢镗、刘显、曹克新等乞敕该部论拟罪名，从重处治……内邵应魁、卢相失事重大，容臣会同总督胡宗宪先行拏问，以警其余。[②]

待倭寇剿灭以后，李遂与南直隶巡按御史陈志各自上疏："总兵卢镗师老财费，乃与阴相缔结，资以舟粮，令往江北地方，祸延邻境。其余将领若副总兵刘显、曹克新，把总邵应魁，守备卢相等均属有罪，乞赐重治。"最终，嘉靖帝下令："革镗职，戴罪任事，赂寇事抚、按官查奏；应魁、相褫职，付按臣逮问；显等令住俸杀贼。"[③]

剿灭倭寇后，李遂于同月由凤阳巡抚升任南京兵部右侍郎[④]。同年九月，已在本年三、四月先后升任太仆寺少卿[⑤]、通政使司右通政[⑥]的唐顺之又接朝命："升阅视直浙军情通政使司右通政唐顺之为都察院右佥都御史，巡抚凤阳。"[⑦] 唐顺之接替李遂任凤阳巡抚，其视师东南的使命至此

① 李遂：《李襄敏公奏议》卷10《督抚稿》，《四库全书存目丛书》史部第61册，齐鲁书社1997年版，第173页。

② 唐顺之著，马美信、黄毅点校：《唐顺之集·荆川先生外集》卷2《三沙贼遁疏》，上海古籍出版社2014年版，第832—834页。

③ 《明世宗实录》卷475，嘉靖三十八年八月壬戌，"中研院"历史语言研究所1962年版，第7965—7966页。

④ 《明世宗实录》卷475，嘉靖三十八年八月癸亥，第7966页。

⑤ 《明世宗实录》卷470，嘉靖三十八年三月庚子，第7906页。

⑥ 《明世宗实录》卷471，嘉靖三十八年四月丁巳，第7918页。

⑦ 《明世宗实录》卷476，嘉靖三十八年九月己巳朔，第7969页。

告一段落。

结　语

家居十八年后，唐顺之复官为兵部职方司员外郎，于嘉靖三十七年（1558）三月启程赴北京任职。到达北京后，再度升任兵部职方司郎中一职。当年七至九月，唐顺之奉命前往蓟镇点阅士兵。结束阅兵任务后，因在北方水土不服外加于塞外遭受风寒，唐顺之患上了严重的脾疾，为防来春疾病恶化，其向严嵩力请南下任职。恰逢此时浙江柯梅倭寇盘踞，朝廷欲派员视师，于是便佥推唐顺之担任此职，视师东南。

唐顺之于当年十一月底抵达浙江，此时盘踞柯梅的倭寇已散逸，唐顺之利用第二年春汛到来之前的数月时间乘船巡视浙直沿海形胜，并借此机会砥砺将官与稽查沿海官兵对巡洋会哨制度的落实情况，在此基础上进一步申严沿海官兵巡洋会哨制度。针对官军不愿迎击来犯倭寇的弊病，唐顺之与胡宗宪提议提高对攻击来犯倭寇的奖赏力度，以此激励官兵。嘉靖三十八年三月，倭寇入犯崇明岛，唐顺之于前线领导御敌事务，经其悉心经画，取得三爿沙大捷。江北在同一时期遭倭寇突袭，唐顺之亲率援军奔赴江北，助力凤阳巡抚李遂御敌，并在庙湾前线亲自部署对敌作战，率军勇闯敌巢，取得小胜。随后，因三爿沙一役余寇盘踞三沙岛，疑有激变，唐顺之又率援兵自江北南下三沙岛前线对敌。此时，应天巡抚陈锭、南直隶巡按朱纲、巡江御史江北皆不在任，唐顺之承担了三沙御倭事务的领导职责。他一方面先后向胡宗宪与李遂请调援军与饷银，另一方面组织军队登上三沙岛，督军与倭寇数战。然而，由于士兵畏敌不堪战，与倭寇的数次作战仅有些许斩获，未能剿灭倭寇。围困三沙岛倭寇三月有余，因部将在夜间把守不严，导致倭寇于七月中旬突入江北，唐顺之随即奔赴江北，与李遂协力将其剿灭。当年九月，唐顺之接替李遂担任凤阳巡抚，其视师东南的任务随之结束。

纵观唐顺之视师东南历程，始终活跃于御倭前线，三爿沙大捷与援兵江北皆为其功绩。区处三沙岛贼寇，虽因将帅失责、士兵畏敌而能将其剿灭，但将此倭围困三沙岛三月有余，一方面未使其登岸肆虐江南，另一方面为江北御倭战役扫除了后顾之忧。再观其于三沙岛前线，屡次以身犯险，披甲勇闯敌巢，又与兵备副使熊桴泊风涛中月余，诚不可谓不尽心。

正如唐顺之自言："平生不自量，吃亏处正是欲拣难事做。朝廷原用我做视军情官，我是看人干事的，假如我只高坐省城或苏州，今日一道文书江北督总兵，明日一道文书江南督兵备，谁论得我者？矢石驰驱，风波漂荡，岂是人情所乐？"[①] 清初著名学者朱彝尊评价唐顺之时也说："其建平倭之策，谓当御之海外。故北自崇明，南至蛟门，乘桴破浪，身作先锋，积劳而殒，是岂志驰骛于功名者邪！襄文之谥，允符公论也已。"[②] 迎难而上，勇于任事又颇有建树，应是对唐顺之视师东南这一经历的客观评价。

（芮赵凯，盐城工学院人文社会科学学院讲师）

① 唐顺之著，马美信、黄毅点校：《唐顺之集·荆川先生文集》卷8《与白伯伦仪部》，上海古籍出版社2014年版，第373页。

② 朱彝尊：《静志居诗话》卷12，人民文学出版社1990年版，第331页。

周汝登与徽州府讲学

陈时龙

摘　要：作为晚明的阳明后学，周汝登的讲学一向局限于浙东一带，万历三十二年往徽州婺源主讲六邑大会之行，是他少有的为讲学而远程旅行的赴会之举。他在徽州前后停留十四天，在婺源及歙县诸地停留，即途次亦不辍讲学。尽管在朱熹的家乡，尽管其讲学中对朱熹的思想也有所观照，但周汝登讲学的核心还是"心学"。不过，周汝登的讲学只是围绕着自心、反思等概念发论，缺乏概念分疏，与会众并不合拍，未能筆上听众。这说明阳明后学于数传之后，其思想见解不再有心学萌起时的创造性和吸引力。周汝登的思想极具个人特色，但创新不够，与晚明以东林为代表的回归程朱的时代思潮则渐行渐远。

关键词：周汝登；讲学；徽州；六邑大会

周汝登（1547—1629），字继元，号海门，浙江嵊县人，万历五年（1577）进士，官至南京尚宝司卿，是晚明重要的思想家，阳明后学代表人物之一，其思想主张集中在"良知现成""无善无恶"，并力主儒释互通。周汝登与徽州讲学之间的关系是微妙的。他曾被汪六符等徽州学者列为天启元年新安六邑大会的"教主"，因此引起清初《还古书院志》作者汪佑等人的不满，但实际并未临会，而是在之前的万历壬寅（1602）在徽州府曾经有过讲学活动。① 但是，对于周汝登万历三十年的徽州讲学活动，迄今并未见有认真的探讨。彭国翔先生《周海门先生年谱稿》于万历三十年下依其《新安会语》对周汝登在徽州数处讲学的语录作了一些

---

① 陈时龙：《十六、十七世纪徽州府的讲会活动》，（台湾）《政治大学历史学报》2003 年第 20 期。

思想分析，重点在展现其讲学之旨。[①] 但是，周汝登受何人之邀前往徽州？在徽州的讲学中与哪些学者有过接触？讲会讨论了什么问题？周汝登的徽州之行留下了什么样的学术影响？这些问题仍有继续探讨的余地。要解决以上系列问题，最值得依赖的材料便是周汝登的《新安会语》以及他在徽州之行中的一系列诗作及书信。兹依据这些材料对万历三十年周汝登在徽州讲学的情况作一略述，以就正于方家。

一　周汝登的徽州之行

周汝登徽州之行，是去主教六邑大会。关于六邑大会，潘士藻《六邑白岳会纪》说："吾郡大会，肇举于嘉靖庚戌，安成东廓邹公实亲举玉趾以临之。一时景从之士彬彬然，遂以为常。六邑各举于季秋……万历戊子（1588），自京师抵家，秋会于休阳之山斗……明年（1589），会祁。冬，祝无功来令休阳，则予所共晨夕者，于是会当轮歙彭令君主之，遂与无功登郡仙姑山所筑谈经处为会，七校之士诜诜然至。"[②] 从中可见，新安六邑大会1588年轮休宁，1589年轮祁门，1590年轮歙县。又，徐用检在《新安齐云会纪》载："丙申（1596）秋，属新郡讲会期次，当星源预供具……赴霞源精舍，会先后约五日。"[③] 可见，1596年轮婺源。六年之后，即1602年，婺源再次轮会，或者此时六邑轮举基本上已规范化了。这一年，婺源的新安六邑大会的教主是周汝登。

周汝登《新安会语》记载了周汝登九月十一日、十二日、十三日、十四日、十五日在婺源霞源书院，十九日在途中、廿一日在岩镇南山道院、二十四日在歙县开化寺的问答情形，而涉及的人物除一般诸生讲友外，还提到具体人物如汪澄老、洪舒民、余永宁、游一川、孙钦斋、方文坡、熊念塘、汪澄源、老学究、金某、方伯雨、刘调鼎、余常吉、章上之、胡汝嘉等人。汪澄老、汪澄源，即汪应蛟（1550—1628），字潜夫，号登原。周汝登赴婺源参加六邑大会，其实是接受了汪应蛟、祝世禄及时任婺源知县熊念塘的邀请。他在写给门人与刘冲倩的书信中说："九月初

① 彭国翔：《周海门先生年谱稿》，《近世儒学史的辨正与钩沉》，中华书局2015年版，第351—354页。

② 鲁点：《齐云山志》，社会科学文献出版社2013年版，第144页。

③ 鲁点：《齐云山志》，第145页。

三，意必为文成祠之会。今偶然婺源二生持石林兄并汪澄源公及其邑令诸书来，请主彼地之会。石林兄惓惓之嘱，谊不可辞，今将一赴。城中之会，又当俟之下月矣。此行冲倩谅当陪往，诸友不能悉数，愿俱无不可者。彼会在重阳起，望日毕。六邑之人，期不可易，只得早发耳。"① 祝世禄是周汝登的好友，曾同在南京任官，过往密切。抛却宦情共相讲学，是他俩的宿愿。周汝登写给祝世禄的信中说："弟于丈以神情相许，不须着语，自是忘形。弟宦味丈且见之，丈旷识超然，弟亦深知。何时共结山中之社，了此大事?"② 祝世禄，字延之，号无功，江西饶州府鄱阳县人，万历十七年（1589）进士，曾任徽州府休宁县知县、南京给事中，任休宁知县时曾举办过徽州府六邑大会。或许因徽宁池饶四府大会的不时举行，以及举办过六邑大会的经历，都使祝世禄对徽州府六邑大会情有独钟。这或许也是祝世禄邀请周汝登到婺源来主教的原因。但是，从后来《新安会语》的记录看，祝世禄出于某种原因自己未能至会，不然不至于在《新安会语》中没有留下任何痕迹。汪应蛟作为大会的组织者之一，又在婺源本地，自然会临会的。汪应蛟在《怀友》一文中曾追忆说："及家食，临婺阐教则有周海门。"③ 这大概正是指万历三十年（1602）周汝登的徽州之行。当时的婺源知县，即《新安会语》中所记的"熊念塘"。明人曹于汴曾有诗《熊念塘年丈终养毕谒选任婺源》，④ 指的便是熊寅。熊寅熊寅，字国亮，号念塘，湖广景陵人，登第后，以母老乞养十年，母卒始赴部，例得京秩，而掌选者嗔其不私谒，排挤他，授婺源知县，其始任婺源知县的时间是在万历二十九年。在婺源知县任上，熊寅"为政真诚剀切，直已不阿……会两台考，有'轻车渐就熟路'之语，铨曹犹修前郤，欲执'渐'字，诋为不及，同部力争不可，改南行人。命下，以试事劳瘁病卒，行李萧然，汪司徒厚赠以归"⑤。可见，熊寅与当时居乡的原户部尚书汪应蛟关系密切。正是在熊寅、汪应蛟、祝世禄等人共同派

① 周汝登：《周海门先生文录》卷十《与刘冲倩》，《四库全书存目丛书》集部第165册，齐鲁书社1997年版，第363页。

② 周汝登：《东越证学录》卷十《与祝掌科石林》，《明人文集丛刊》，文海出版社1970年版，第822页。

③ 汪应蛟：《汪子中诠》，清刊本，附录。

④ 曹于汴：《仰节堂稿》，上海古籍出版社2018年版，第192页。

⑤ 葛韵芬修，江峰青纂：《〈民国〉婺源县志》卷十三《官师一》，叶八；卷十四《官师五·名宦》，叶六。民国十四年（1925）刻本。

人前往邀请之下，周汝登决定从嵊县赴徽州府主教六邑大会。[①]

从周汝登与刘冲倩的书信看，此次在婺源举行大会的会期是从九月初九日起到九月十五日止。初九日似乎有一个重要的活动，即拜谒朱子故里。周汝登有《同诸子将谒文公故里九日过芙蓉岭》诗，诗云："访道同来拜大贤，重阳又过菊花天。佳期正有登高与，路在芙蓉最上岭。"又有《谒文公祠》诗，云："遥思阙里愿初酬，晓拂霜华奠一卣。仪像分明瞻华岳，山川仿佛似东邹。早通章句为童子，晚入宫墙已白头。拜罢西风吹欲暮，轻帆归去泛中流。"[②] 这看来是周汝登第一次来到朱子故里婺源。接下来的十一、十二、十三、十四、十五几天，都有在霞源书院讲学的记录。霞源书院在婺源县二十五都之霞坞，明知县朱一桂建。[③] 周汝登也为赴霞源大会赋诗一首，云："无闻已觉鬓毛皤，胜会相招特地过。三省朋来缘不偶，千年道在旨无多。孤衷恳恳非关语，满座融融尽起歌。共向此时明此意，杏坛消息更如何。"[④] 至于何谓"三省"，或者是指南直隶的徽州府及邻近学者、邻省的江西饶州府的学者，再加上周汝登及其从学者则来自浙江。

讲学中有汪应蛟、游一川、熊念塘等人的发言，也有洪舒民、余永宁、孙钦斋的发言或发问，而但凡被周汝登驳斥的提问则以"一友""友""老学究"等称谓隐去真名。洪舒民、孙钦斋等人无考。余永宁，字常吉，号震初子，是杨起元（1547—1599）的门人，徽州府歙县人。周汝登新安讲会中后来介绍另外一刘姓友人谒见的余常吉，其实也是余永宁，一作佘永宁。[⑤] 余永宁是徽州府六邑大会的积极参与者。次年的万历

① 此次婺源大会如果是轮办新安六邑大会，之前拙文中所推论的六邑大会的次序大概是需要重新考察的。

② 周汝登：《东越证学录》卷十五，《明人文集丛刊》，文海出版社1970年版，第1171页。

③ 丁廷楗、卢询修，赵吉士纂：《〈康熙〉徽州府志》卷七《学校》，叶三十六，康熙三十八年（1699）刻本。

④ 周汝登：《东越证学录》卷十五，第1171页。

⑤ 陈居渊先生在《明清徽州时期的易学》一文中也说周汝登万历三十年讲学徽州时，"歙县佘永宁即在其中"。参见陈居渊《明清时期的徽州易学》，《安徽大学学报》2019年第1期。另外，余永宁曾刻《性命圭旨》，于其《刻性命圭旨缘起》末亦自署"万历乙卯（1615）夏仲新安震初子佘永宁常吉书"。余或佘，必有一误。然而，据戴廷明、程尚宽《新安名族志》载，徽州府佘姓仅在歙县岩镇樟森塘一处，所载自一世至十六世亦无名"永宁"者，因而正文所谓"永宁"者"余"姓的可能性较大。参见戴廷明、程尚宽等纂《新安名族志》，黄山书社2004年版，第685—692页。

三十二年（1603），六邑大会邀焦竑主讲，余永宁亦曾与会。余永宁在《明德堂答问》小序中说："万历丁酉（1597），予受学于复所杨师。师谓予曰：'先师子罗子之特至金陵也，稔知焦子弱侯具大力，异日必弘斯道也。予于是景仰焦先生若山斗然。乃先生官翰苑，侍讲东宫，请见无繇。岁戊戌，先生翩然南归。予获闻绪论，如饮甘露，比载《法海纪闻》中。癸卯（1603）秋，予郡以岁会敦请先生，先生不鄙而辱临之，因得侍侧者浃旬日。"① 可见，余永宁先在南京向焦竑问学，后又在新安六邑大会上听焦竑讲学。余永宁因为是杨起元的门人，而杨起元是周汝登的同年，因此余永宁刻师门问学语录《秣陵纪闻》时，亦曾经请周汝登曾为其题词，可见彼此是熟悉的。周汝登《题秣陵纪闻》云："歙之生有余常吉者，游二先生（李贽与杨起元）门，追慕于既没，口时娓娓颂长者语不休，而又将类次太史之语付梓，以广其传，其中殆有深契不与俗同者……常吉次太史语既成，而求言于予。予惟太史之语，何待予叙？姑为书此，明其不可知，以寄吾感慨之思云。"② 在婺源会上，周汝登还认识了门人余懋孳（1565—1617，1604 年进士）。余懋孳，字舜仲，号瑶圃。周汝登在《文成祠讲学图序赠山阴令舜仲余君入觐》文中追叙说："盖予曩赴霞源之会，从稠人中识舜仲为真志之士，与谈性命有契，遂以一日长事予。"③ 又说："余尝会讲霞源……时听者数百人，而舜仲余子尤莫予逆。"④ 不过，《新安会语》中除了记录他在婺源霞源书院的讲学活动，还陆续记录了他离开婺源之后途次的讲学语。

十五日婺源会结束，周汝登大概次早即离开婺源，晚宿时雨堂，稍后几日登齐云岩，进入歙县，十九日在岩镇南山道院讲学，二十四日在歙县开化寺讲学，然后便顺新安江由严州一路返回。离别之际，诸生送行于舟中，有诗称"萧寺相逢话已投，更劳相送出江头"⑤，其中"萧寺"大概即指开化寺。送行十人中，有余永宁、章上之。章上之后来与周汝登有较多接触，曾经赴嵊县向周汝登问学。周汝登《题程生小像序》中说："丁

---

① 焦竑：《澹园集》卷四十九《明德堂答问》，中华书局 1999 年版，第 739 页。

② 周汝登：《东越证学录》卷九，《明人文集丛刊》，文海出版社 1970 年版，第 738—739 页。

③ 周汝登：《东越证学录》卷七，第 539 页。

④ 周汝登：《东越证学录》卷七《余子蕘言序》，第 557—558 页。

⑤ 周汝登：《东越证学录》卷十五《发新安，吴敬甫、程全之、吴伯成、程复之、余常吉、汪奎光、章上之、郑时成、吴汉卿、程尔骅出送梅浦，共宿舟中话别》，第 1173—1174 页。

未（1607）仲春，新安上之章子率其三徒入剡，与予久处。”[①]《剡中会语》也记载了章上之与“老师”周汝登之间的问答，[②]这表明章上之有可能此后还曾经赴越问学。

二　周汝登在徽讲学及相关争论

周汝登曾概述其在婺源霞源书院大会的讲学说：“余尝会讲霞源，专明心学，务在芟除芜蔓，一味真实。”[③]所谓专明心学，就是只谈心学。那么，首先来看周汝登如何“专明心学”？其“心学”又当如何理解？又如前述汪佑等人对汪六符《新安学会录》的不满可知周汝登在讲学在晚明清初的徽州士人圈中有不同的反响，而钱明先生则更是说：“晚明时期，王学末流的弊病已暴露无遗，新安讲学亦随之出现了以下新变化，即或者像周汝登那样受到讥讽和排斥……”[④]那么，周汝登在徽州讲学的真实场景究竟又是如何？

在十一日婺源霞源书院的大会中，周汝登有很长一段论“心”和“心学”的话。如果这不是周汝登在大会中率先所讲的，至少也可以说是周汝登认为他在这次讲会上重点想说的话，才会置于《新安会语》的开篇。这段话是这么说的：

（1）学问之道，不必他求，各各在当人之心。千圣相传，只传此心而已。

（2）夫人生而有此心。这个心，晦翁先生谓之“具众理而应万事”。众理本自完具，遇事自然能应，遇亲自知孝，遇长自知弟，遇见孺子入井自知怵惕恻隐，一毫无欠，不必加添。见在运用，皆是此心。孔子云：“欲仁，仁至。”象山云：“才警策，便与天地相似。”须臾不离，不须等待。造化具我心握，故致中和便天地位，万物育；境缘皆从心转，故素位之君子，无入而不自得。

---

① 周汝登：《东越证学录》卷十三，《明人文集丛刊》，文海出版社1970年版，第973页。

② 周汝登：《东越证学录》卷五《剡中会语》，第402、410页。

③ 周汝登：《东越证学录》卷七《余子蕡言序》，第557—558页。

④ 钱明：《王学在新安地区的遭遇与挫折——以王守仁与汪循关系为例》，《黄山学院学报》2008年第4期。

(3) 此心完完全全，平平坦坦，率此本心，便是大道。只为习气浓重，下者以声色货利汩没此心，上之者又好高务奇，起炉作灶，情识揣摩，执成窠臼。凡此皆是戕贼其心，所以本心迷昧，越求越远。有志于学者，但当信此一心，力自反求，随事随时察识磨炼，遇声色货利莫随之而去，伦理上率践，性情上调理，不要好高务奇，虚其心，不先主一物，莫落情识窠臼，廓之闻见，以触发此心，资之师友以夹持此心，有过即觉，一觉便改，绵绵密密，如此做去，总不离心。若心一刻自得，便是一刻圣贤。一日自得，便是一日圣贤。常常如是，便是终身圣贤。圣贤原非绝德。太阿之柄，具在我手。信此心法，更何尧舜不可为，孔子不可学哉?

(4) 是故圣贤立言处，凡曰性，曰命，曰才，曰情等，以至种种百千名目，皆是一心之别号。圣贤设做工夫处，如六经、《论》、《孟》中种种百千方便，皆只为此一心而设。尧舜执中，孔子一贯，孟子先立其大，周子立极，程子识仁，邵子弄丸，朱子之源头活水，语若玄微，岂离此心而别有哉? 此易简直截之旨，圣圣相传之宗。离心，无别有学。故今日大会，首举商之，再不须他求也。

为便于分析，我们且将这段长文字分成四个小段：(1) 第一段中，周汝登开宗明义，说学问就在于各各自求本心，而圣人相传不绝的也正是心学。(2) 第二段，周汝登借用了朱熹“具众理而应万事”的说法。朱熹在解释“大学之道，在明明德，在亲民，在止于至善”一语时说：“明德者，人之有所得乎天，而虚灵不昧，以具众理而应万事也。”① 朱熹对明德、虚灵不昧等概念的进一步解释都提到“心”。有人问：“明德是心是性?”朱熹的回答是：“灵底是心，实底是性。”又曾说：“虚灵不昧便是心，此理具足于中无少欠便是性，随感而动便是情。”② 周汝登在此借用朱熹的说法，可以说也是一种讲学的策略。在朱子的故里，还有比引用朱子的话更有亲和力吗? 尽管后来周汝对这一解释并不很满意，③ 但是此

① 朱熹：《四书章句集注·大学章句》，中华书局 1983 年版，第 3 页。

② 胡广辑：《四书大全》，《孔子文化大全》，山东友谊出版社 1989 年版，第 5 页。

③ 周汝登后来曾在其晚年的《四书宗旨》中曾引用袁了凡的说法来间接地批评朱熹的这一解释。周汝登《四书宗旨·大学章》：“袁了凡云：‘虚灵不昧四字极好，何更说具众理而应万事?’”参见周汝登《四书宗旨》，《中国子学名著集成》影印，《中国子学名著集成》编印基金会 1977 年版，第 241 页。当然，这也有可能是周汝登后来的思想有了更大的变化，所以不满这一解释。

时此刻他却引用朱熹的话来为自己的立论服务。随之，他的诠释不在于心之“具万理应万事”上，不局限于讨论心与理的关系，而突出“具万理”之心的完具自足、自然能应的特征，通过“遇亲自知孝，遇长自知弟”这样近似于《传习录》的话语，[①] 把人们对心的理解带入阳明学的范域内，还不忘借孔子、陆象山的话来佐证。（3）在第三段中，周汝登谈到心学修行之法，根本是“率自本心”，“力反自求”，不趋于声色货利，也不好高务奇，平平坦坦，伦理上率践，性情上调理，借助于师友，有过即改，绵密而行。（4）圣贤教人有多种教法，有性、命、才、情等不同的概念，也有立极、识仁之法，但总不离开人心。所以，周汝登最后说：“离心，无别有学。”

十二日，周汝登再次强调“惟心之旨”，而不要只“敷陈义理，讲解经书”。这是否可以理解为，有人对周汝登抛却经书而“空谈”心学是有怀疑的，所以才会引出周汝登这番议论来？周汝登说：“昨说惟心之旨，已无第二义……若只要敷陈义理，讲解经书，当下身心受用不来，有何实益？晦翁云：‘不会杀人者，载兵器数车无用；会杀人者，只持寸铁便足。’所以区区论学，决不许多言，决不许等待……诸君且道请区区千里到此，连六邑之众，大家会集，当为何事？若不于此讨个消息，莫论一会两会，便会百千遍，只是虚文。”[②] 于是接下来汪应蛟谈“放心”，洪舒民问“认得心时，颜曾思孟与我一般……到底只做得个乡人何也”？[③] 十三日，周汝登继续谈“只这心便好体察，不必他假”。会上，周汝登自言：“区区今日说了三日，当或有信，或有疑。”[④] 这大概也可以见当时大会对于周汝登所讲，很有疑信参半的意味。时乡居的游应乾（1531—1608）便说：“诸友今日在此，身心收敛，他日须要常不失此心方好，愿老先生着实指教，使有持循。”[⑤] 这大概希望周汝登把心学修行之法讲得实际一些，更具操作性些。游应乾，字顺之，号一川，婺源济溪人，嘉靖四十四

① 王阳明《传习录》上卷说：“见父自然知孝，见兄自然知弟，见孺子入井，自然知恻隐，此便是良知，不假外求。”参见陈荣捷《传习录详注集评》第8条，学生书局1983年版，第40页。

② 周汝登：《东越证学录》卷二《新安会语》，《明人文集丛刊》，文海出版社1970年版，第149—150页。

③ 周汝登：《东越证学录》卷二《新安会语》，第150—151页。

④ 周汝登：《东越证学录》卷二《新安会语》，第152—153页。

⑤ 周汝登：《东越证学录》卷二《新安会语》，第154页。

年（1565）进士，后官至户部右侍郎总督仓场。① 周汝登自然不能驳斥游一川的话，但他的回答多少让众人失望。他说："只游老先生这两言，便自受用不尽。区区虽屡言，能加此两言乎？大家能常不失此心，便是终身持循之法。"② 换言之，周汝登的回答心学的修行法不过是"常不失此心"而已。对于普通的会众来说，这样的循环论证等于是没有提供答案。而且，若只是继续空泛地论心，讨论恐怕无法再继续了。之后，十三日的讲会讨论了《中庸》，十四日的讲会讨论了《孟子·尽心章》。不过，周汝登思想不仅与徽州当地学者有异，而且对会众言语中也有不少的讥刺。有人问："觉是本体，照便落第二义，如何又要照？"周汝登则说他的提问已落第三、第四义，是信口之问。③ 其实即便对于婺源知县熊寅，周汝登也不客气。例如，在对《尽心章》的解释中，周汝登认为："阳明先生云，尽心节是生知安行事，存心节是学知利行事，殀寿节是困知勉行事……倘一念自然相应，便是生知安行；深思力究而后有得，便是学知利行；深思力究极至艰难辛苦，百倍其功而后有得，便是困知勉行。随自根器，只管用工，不必分疏等级。"虽然说不用分疏等级，但显然"一念自然相应"的生知安行，是周汝登最看重的。然而，知县熊寅却说："人须有殀寿不贰之心，方可入道。"这显然是说困知勉行才是入道手段。周汝登却将殀寿二字作更虚玄的解释："殀寿不特在身命之短长，眼前顺逆憎爱，一念生灭，就是殀寿。"④ 换言之，殀寿不仅是寿命之长短，而且在一念之生灭。当熊寅说："世界缺陷，吾人当随分自足，心方宽太。"周汝登则说："自心缺陷，世界缺陷，自心满足，世界满足，不干世界事。"⑤ 十五日大会中，汪应蛟再次问周汝登如何才能让学者信其学，信而有下手之处："学者于此事有不能信者，何以使之信？信而无处下手者，何以使之下手？下手而间断者，何以使之无间断？请先生一一指示之。"周汝登的回答是"大要只在自思"⑥。当一位"老学究"问"人心、

---

① 过庭训：《本朝分省人物考》卷三十七《南直隶徽州府二·游应乾》，广陵书社 2015 年版，第 758 页。

② 周汝登：《东越证学录》卷二《新安会语》，《明人文集丛刊》，文海出版社 1970 年版，第 154 页。

③ 周汝登：《东越证学录》卷二《新安会语》，第 155—156 页。

④ 周汝登：《东越证学录》卷二《新安会语》，第 156—157 页。

⑤ 周汝登：《东越证学录》卷二《新安会语》，第 159—160 页。

⑥ 周汝登：《东越证学录》卷二《新安会语》，第 160 页。

道心”如何区别，周汝登直接说这样的“分疏论辩”不应该去理会。[①] 其实，主教的功能，要在为会众阐明大旨。这一点，兰溪的徐用检可能就做得比周汝登好。徐用检在1596年大会之后，回程中经屯溪，聚集溪浒，坐半山亭中，“詹孝廉首发静虚之旨，走（徐用检）稍为阐明，若谓物生于虚，灭于虚，而虚终古不动，大易所谓原始反终，佛所谓寂灭为乐，虽入门稍殊，大概不远也”[②]。在前后五天的大会中，周汝登与会众之间的问答并不合拍，而且他的讲学因为缺乏对概念的分疏，而是只围绕着自心、反思这样相对较虚的修养的概念发论，未能耸上听众。

离开婺源后，周汝登还在途中与人讨论心的虚实的问题，要人理会“虚实不二”，在十九日歙县的南山道院与金某讨论儒佛之辨、气习、善等问题。在善的问题上，周汝登说：“只心虚无一物便是善。”在南山道院中，周汝登与方时化等人讨论《易》。二十四日，在歙县之开化寺，周汝登似乎突然对其在婺源一味讲学有点不安，对会友们说：“昨在婺源也，只讲得一心之法，各于心上用功。心功又要朴实头在家庭内做，不必务高慕远……不然，一切空谈虚见，于道绝不相关。”[③] 之外，他还与友人讨论了儒佛之辨，与章上之、胡汝嘉讨论嗜欲、境之对治等问题。

结　论

晚明徽州府的讲会活动依然兴盛而且举行很有规律，而且延续了十六世纪中期以来邀请外地学者前来主教的做法，所邀请的学者也尽量都是一时的大学者如周汝登、焦竑等人，当然越到后来所邀的学者越无法做到闻名天下，如金凤仪等人。但是，与十六世纪五十年代至七十年代的钱德洪、王畿等王门大弟子前来主教时的风气不一样，晚明徽州府的讲会中往往会出现更多的与主教声音不协调的意见。这首先可能是因为主教者在思想界中的地位相对之前的钱、王诸人的下降。五十九岁的“教主”周汝登，就其在朝廷任官的身份地位而言自然不低，之前他从广东按察佥事乞归养，但是在思想界却仍未获得很高的尊重。作为王畿的门人，万历二十

① 周汝登：《东越证学录》卷二《新安会语》，《明人文集丛刊》，文海出版社1970年版，第161—162页。

② 鲁点：《齐云山志》，社会科学文献出版社2013年版，第145—146页。

③ 周汝登：《东越证学录》卷二《新安会语》，第167—168页。

年（1592）与许孚远之间围绕无善无恶问题的争论可以说是周汝登在哲学史中较早的亮相。但是，这一争论本身就造成了晚明思界的分流，而明确地反对性无善无恶论的无锡的东林学派、关中的冯从吾等人在思想界的影响可能更大，而徽州地区汪应蛟、余懋衡等人的讲学活动也在呼应着东林学派，尤其是余懋衡更是明确地反对性无善无恶论的。因此，万历三十年周汝登的徽州之行，其所面临的徽州地区的学术环境已然与王畿的时代不同。周汝登在徽州的讲学中，策略性地数次引用朱熹的言语来企图与听众有更多的共鸣，也很审慎地避免大谈其性无善无恶之论，只一处谈及“只心虚无一物便是善”，还未明言“无善无恶”，但一则因其思想见解不再有心学刚萌起时那样有创造性和吸引力，再则因为其学术过度地强调内心、反思、自思等概念，可与人共享者不多，三则因其讲学一味犀利（他自称“一味真实”）而无娓娓道来的分梳，周汝登在徽州府的讲学显得不顺利，不仅其间多有争论，甚至在二十四日的歙县开化寺他本人也开始反思自己在婺源的讲会上所讲过于局限于自己个人的体悟。周汝登思想极具个人特色，但创新不够，也多少有点不太适应那个时代了。周汝登万历三十年徽州一行的最大收获，也许就是收获了余懋孳这个门人，后来周汝登所刊行的《王门宗旨》《圣学宗传》等作品的序跋中，多可见余懋孳的身影。

（陈时龙，中国社会科学院古代史研究所研究员，
中国社会科学院徽学研究中心研究员）

清代徒阳运河挑年制度述论*

王裕明

摘　要： 本文主要通过清宫档案梳理清代徒阳运河挑年制度。这一制度确立于乾隆八年，与江南漕粮北上相关，在咸丰五年京杭大运河中断前，为清代历朝所遵守。徒阳运河挑年制度虽被遵守，但并不墨守成规，而是因年有异，在例挑的同时，也存在特挑。乾嘉年间小挑多改为大挑，道光年间大挑多改为小挑。特挑的出现，打破了挑年制度。道光年间大挑改为小挑极为频繁，徒阳运河治理日益松懈。

关键词： 徒阳运河；挑年；漕运

徒阳运河，即京杭大运河镇江段，北起大运河镇江段长江口，南至丹阳与武进交界的吕城，全长 40 余千米。它始修建于秦，至今不废。徒阳运河沟通长江和太湖两大水系，是江南运河重要组成部分，也是明清江南漕粮北上重要通道。由于运河两岸地处山岗，河道浅涩，易于淤塞，故而需要不时疏浚。两宋时期重要疏浚达 19 次，元代重要疏浚 2 次。明代疏浚更为频繁，主要有洪武初年筑坝修闸、永乐年间疏浚京口新港及甘露三港、景泰元年修筑丹阳甘露等坝、天顺年间开凿社稷坛西隙地、正德年间疏浚白塔河及江口四闸和崇祯年间对运河疏浚等数次。清代徒阳运河疏浚不仅频繁，而且在管理、挑年、经费和夫役等方面制度化，挑年方面确立“六年一大挑，一年一小挑”制度。

---

* 本文受江苏省大运河文化带建设研究院一般项目“清代徒阳运河档案整理与研究”（DYH21YB14）资助。

一

清朝建立之初，徒阳运河不时疏浚。顺治九年（1652）首次对徒阳运河进行疏浚，康熙六年（1667）再次对徒阳运河进行疏浚。此后无岁不阻，无岁不浚。康熙七年、九年、十二年和十四年等相继疏浚，征发役工数十万人，用银18000多两。雍正三年（1725），在疏浚徒阳运河的同时，还修建黄泥坝和吕城闸。雍正十三年徒阳运河疏浚，兼之修理横闸、黄泥坝和吕城三闸，共用银3400余两。乾隆元年（1736），疏浚徒阳运河共用银3600余两。乾隆二年和四年，又对徒阳运河进行大挑。在不时疏浚的同时，清廷对挑年开始规范。雍正七年，清廷“议准京口一带运河为漕船经由要道，每岁令该管官及时疏浚，以利重运”。乾隆八年，清廷“议准丹徒丹阳一带运河每年测量水势，间段捞浚，定限六年长浚一次”①，正式确立“六年大挑一次”的挑年制度。

徒阳运河挑年制度始由苏州巡抚陈大受提出。乾隆七年（1742）陈大受为徒阳运河挑浚事上奏朝廷。在这次上奏中，陈大受奏道：

> 徒阳一带运河，攸关漕艘运行，商民船只往来要道。准部咨令，嗣后作何严定章程，俾河身得以深通，不致淤塞，有碍官舫民船之处详查妥议，等因。今查徒阳运河淤塞，雍正二、四年等大挑一次，迨后丹徒县于雍正十年、丹阳县于乾隆三年各择段挑挖，其余每岁捞浅，久未通长大挑，并非经理未善。今应酌定大挑以六年为限，长挑一次，至期测量。如河水宽深，止需择段挑挖，或仅需捞浅，临时相度办理，展至下岁长挑。至挑捞俱在冬时，印官办漕，捕巡驿丞各有专责，应归镇江府水利通判及丹徒丹阳二县县丞。于挑捞时，将河身闸座勘估造册核详，委员覆勘确实，分段领帑，办理挑捞。泥土远置旷处，不许就近倾倒河干，以致旋卸入河。道府不时稽查，如有草率玩误之员，详揭参究，追赔所需钱粮，照例领贮府库放给，工完造册题销。如此永定章程，则河道不致淤塞，官舫民船俱无妨碍矣。至挑浅应用人夫，无论外郡本地民人，凡系情愿赴工力食者听，其认雇

① 乾隆《钦定大清会典则例》卷133《工部·河工三》，哈佛燕京图书馆藏。

工，以杜滋扰。每年挑浅，例系随时雇募民船装载；今应仍循其旧，酌定夫船数目，临期行县，仍雇民船交工应用。①

奏折中，陈大受明确提出徒阳运河“六年大挑一次”挑年制度。陈大受上奏后，获得乾隆的同意。乾隆八年（1743），工部根据乾隆旨意，正式批准这一挑年制度。

今据该抚等既经酌定，大挑以六年为限，长挑一次。责令镇江府水利通判及徒阳二县县丞经管，仍令道府不时稽查，详悉定议，应如所题。丹徒丹阳一带运河工程，准其定限六年长挑一次，至期仍令该道府确勘测量，如河水宽深不需长挑，或止需择段捞浚，临时相度办理，展至下年长挑。责令镇江府水利通判及徒阳二县县丞，嗣后于长挑之年，及应需捞浚之时逐一确勘造估详核如式办理。②

对此，乾隆十四年（1748）工部尚书三和重申：“乾隆八年四月十二日准工部咨开都水清吏司案呈，工科抄出苏州巡抚陈大受等题前事等因，乾隆七年十二月初九日题，八年二月十一日奉旨该部议奏。钦此钦遵。”③

乾隆八年后，徒阳运河挑年制度一直被遵循。乾嘉年间，徒阳运河疏浚遵循挑年制度。乾隆十六年（1751）捞浚徒阳运河，尹继善奏道：“镇江府属之徒阳运河攸关漕运，缘河身窄狭，同连大江，潮汐往来，泥沙淤积，且两岸高岗夹峙，沙土冲刷入河一遇隆冬水涸即致浅阻，是以题定六年长挑一次，常年测量河水深浅，或择段挑挖，或仅须捞浅，临时相度办理。”④ 乾隆三十七年疏浚徒阳运河，江苏巡抚萨载也奏道，镇江府属丹徒丹阳二县运河，“题定六年大挑一次，每年仍择段捞浚深

① 陈大受：“为题请丹徒丹阳两县应循旧例雇募民船挑浚河道事”，乾隆七年年十二月初九日，中国第一历史档案馆，档号：02-01-008-000351-0018。

② 转引自三和：“题覆江督黄廷桂疏请拨银长挑徒阳二县运河事”，乾隆十四年八月十六日，“中研院”史语所藏内阁大库，档号045041-001。

③ 三和：“题覆江督黄廷桂疏请拨银长挑徒阳二县运河事”，乾隆十四年八月十六日，“中研院”史语所藏内阁大库，档号045041-001。

④ “户部为捞浚徒阳二县运河事”，乾隆二十一年五月，“中研院”史语所藏内阁大库档案，档号168155-001。

通，以利运行”[①]。又乾隆五十四年两江总督书麟奏道，丹徒丹阳二县运河，“向例每年间段捞浚，六年大挑一次”[②]。又嘉庆四年（1799），王念孙在巡视淮安漕务时奏道：“江苏徒阳运河为江浙粮船经由要道，例设小挑、大挑，以防浅阻。”[③] 嘉庆十一年江苏布政使胡克家奏道，丹徒丹阳二县运河，“定例六年大挑一次，其余年分于漕运回空之后择浅分别挑捞择滩估切，以济重运”[④]。

道光年间，挑年制度仍被遵循。道光元年（1821）江苏巡抚韩文绮奏道：“镇江府属丹徒丹阳二县运河，为江浙两省漕船经由要道，该处河面窄狭，水无来源，全赖江潮灌注，每日潮溜挟沙而行，水去沙停，易致淤浅，定例于每年回空过竣后择浅挑捞，届六年大挑一次，以利漕运。”[⑤] 又道光七年山东道监察御史蒋泰堦奏道：“向例每年小挑，六年大挑。小挑则派镇江府属之丹徒丹阳等四县承办。大挑则调派通省中缺分最优之十余州县协挑。”[⑥] 道光十四年江苏巡抚臣林则徐奏道：“镇江府属丹徒丹阳二县运河，为江浙两省空重漕船经由要道。该河原系凿山而成，水无来源，全借江潮灌注，而潮汐挟沙易致停淤，定例于每年回空过竣后择浅挑捞，至六年大挑一次。”[⑦] 道光十九年江苏巡抚臣裕谦奏道：“镇江府属丹徒丹阳二县运河为江浙两省漕船经由要道，该处水无来源，全借江潮灌注，而潮汐挟沙易于停滞，定例每年于回空帮船过竣后小挑一次，届至六年大挑一次。”[⑧] 道光二十年苏布政使臣程矞采奏道：“镇江府属丹徒丹阳两县运河为江浙两省漕船经由要道，每年回空过竣择浅兴挑，至六年大挑

---

① 萨载：“奏报动项分别挑捞丹徒丹阳二县运河事”，乾隆三十七年正月二十四日，中国第一历史档案馆，档号04－01－35－0162－003。

② 书麟：“挑浚徒阳运河”，乾隆五十四年十一月十六日，台北“故宫博物院”军机处档，档号042476。

③ 王念孙：《王石臞先生遗文》卷1《筹浚徒阳运河折》，民国刊本。

④ 胡克家：“奏为估挑丹徒徒阳二县运河事”，嘉庆十一年十二月初一日，中国第一历史档案馆，档号04－01－35－0204－016。

⑤ 韩文绮：《韩大中丞奏议》卷1《奏为勘估徒阳运河挑捞工段银数》，道光刻本。

⑥ 蒋泰阶：“酌筹江苏徒阳运河挑工由”，道光七年八月二十一日，台北“故宫博物院”军机处档，档号056626。

⑦ 林则徐：“勘估大挑徒阳运河工段银数”，道光十四年十二月二十日，见《林则徐全集》，海峡文艺出版社2002年版，第1册第374页。

⑧ 裕谦：为勘估徒阳运河挑捞工段银数奏祈圣鉴。台北“故宫博物院”军机处档，档号003559。

一次。”[1] 道光二十五年江苏巡抚也李星沅奏道：“镇江府属丹徒丹阳二县运河为江浙两省漕船经由要道，该处水无来源，全借江潮灌注，而潮汐挟沙，易于停滞，定例每年于回空帮舡过竣后小挑一次，届至六年大挑一次。”[2]

不过，咸丰五年黄河改道、运河中断后，徒阳运河疏浚不再遵循挑年制度。咸丰八年、同治三年、同治十年、同治十一年、同治十二年、同治十三年、光绪二年、光绪六年、光绪十年、光绪十七年、光绪二十七年和光绪二十八年先后对徒阳运河进行疏浚，但均没有提及“向例六年大挑”“向例每年小挑”等挑年制度。

二

乾道年间，徒阳运河基本遵循“每年小挑、六年大挑一次”挑年制度进行例挑。

大挑。按其规定，徒阳运河每六年大挑一次。第一次例行大挑为乾隆八年（1743）。对此，乾隆二十年九月二十八日署理两江总督庄有恭“为题请豁免水利效力候补知县杜迪功名下应追乾隆八年份大挑徒阳运河核减银两事”和乾隆二十三年二月十九日大学士兼管工部事务史贻直“为核议两江总督题请豁免效力监生张仑乾隆八年大挑徒阳运河应追核减银两事”可以例证。乾隆八年大挑之后，按例而言，则下一次当为乾隆十四年。对此，乾隆十三年两江总督策楞在“请挑徒阳运河”奏折中明确奏道：“臣覆查徒阳运河例应逐年捞浚，六年大挑一次。今按旧乾隆八年大挑以来，虽应至乾隆己巳年相符大挑之限。”[3] 又乾隆十四年工部尚书三和也奏道：“今徒阳运河于乾隆八年长挑完工，每年仍复间段捞浚在案，扣至乾隆十四年冬季始届长挑之期，今该督虽称自江口门起至丹徒西坝止计河道四千丈零深者不满尺许，浅者至断流，应请预行煞坝兴挑，以期无误漕运。勘估挑捞筑坝戽水及更换闸板绳索等项共银一万二千一百三十四

① 程禹采：“勘估徒阳运河挑捞工段银数”，台北“故宫博物院”军机处档，档号004857。

② 李星沅：“徒阳运河挑工由”，道光二十五年十二月廿七日，台北“故宫博物院”军机处档，076823。

③ 策楞：“请挑徒阳运河”，乾隆十三年十一月初三日，台北“故宫博物院”军机处档，档号003520。

两一钱四分九厘零，并声明于乾隆十三年十一月初十日煞坝挑没于十二月初十日工竣开坝通流。”① 两人皆言明乾隆十四年按例大挑。

乾隆二十三年（1758）、三十五年和四十四年皆按例大挑。其中，乾隆二十三年，两江总督尹继善奏道：“常镇二属武进阳湖丹徒丹阳四县乾隆二十三年分大挑运河，经臣据册题估接准部覆行据苏州布政使安宁等详称，乾隆二十三年冬挑浚……徒阳二县运河，原估土方工料银五万七千八百二十三两七钱八分二厘零，内除节减银四两八钱七分，实请销银五万七千八百一十八两九钱一分二厘零。”② 乾隆三十五年两江总督高晋奏道：“镇江丹徒、丹阳二县运河，为江浙漕运经由要道。案经题定，六年大挑一次，每年择段分挑，以利运行。今岁当大挑之年。丹徒境江口至利涉桥，并南门义冢地、猪婆滩、丹徒高岸子等处，丹阳境观音山三闸起至西城湾止，连段俱有淤处，应行挑浚。其余各处河道，所存底水，足资浮送重运，毋庸一律大挑。间段浅工，樽节确估，及应换各闸板绳索，共估工料银七千三百三十一两，臣逐加履勘，均属确实。并核计估需银数，较从前节次大挑，用银二三万两以上者，倍为节省。”③

道光五年（1825）、六年和十四年也按例大挑。其中，道光五年，所挑河段为：丹徒县境内自江口起至丹徒桥上止河长 3765 丈，自樱桃园上起至越河闸上止河长 950 丈，江口坝外间段浅涩之东坝等 20 处共长 1690 丈，各段内南北两岸俱有阳滩共长 500 丈。丹阳县境内由闸上起至南熏闸止河长 800 丈，自三义阁起至六里桥上止河长 600 丈，定山湾等 34 处间段浅涩共长 580 丈，各段内应切阳滩 125 丈。所需经费：丹徒县估需银 14648 余两，丹阳县估需银 4798 余两，两县共估银 19446 余两。④ 道光十四年，所挑河段为：丹徒县境内自江口坝内起至界碑止四段长 6915 丈，各段内阳滩共长 1120 丈，江口坝外并越河下至倒缺桥等七处长 540 丈，运河西闸下利涉桥支河一道长 150 丈；丹阳县境内定山湾起至青阳铺上止

① 三和：“题覆江督黄廷桂疏请拨银长挑徒阳二县运河事”，乾隆十四年八月十六日，“中研院”史语所藏内阁大库，档号 045041－001。

② “题报常镇二属武进阳湖丹徒丹阳四县乾隆二十三年分大桃运河实请销银请准核销”，乾隆二十六年九月二十八日，“中研院”史语所藏内阁大库，档号 077067－001。

③ 高晋：“奏为勘办丹徒丹阳二县运河照例动项间段挑浚深通事”，乾隆三十五年十二月二十二日，中国第一历史档案馆，档号：04－01－05－0045－013。

④ 陶澍：“勘估徒阳运河河工段银数折子”，《陶澍全集》第 1 册，岳麓书社 2010 年版，第 280 页。

共长3200丈，各段内阳滩长110丈，备用涵起至吕城茶庵等26处共长1030丈。所需经费：丹徒县估需银21708余两，丹阳县估需银8333余两，两县共估银31042余两。①

小挑年份。在六年大挑一次之后，其他年份进行小挑。

乾隆十六年（1751）、二十年、三十七年、五十三年均按例小挑。其中，乾隆十六年小挑河段为丹徒县自江口至西坝和丹阳县自草舍头至吕城三板桥两段，所需工料银2485余两；兼之修理丹徒县越河闸座所需工料银2651余两。乾隆二十年小挑所需银4412余两。乾隆三十七年小挑河段为丹徒江口至利涉桥和丹阳馆驿前至东城湾两段，共需工料银2785余两。乾隆四十年小挑河段为自江口至利涉桥止河长350丈、自义冢地起至慈云庵止河长370丈和宝塔山起至莫家港丁卯桥靳家坟猪婆滩华家庄止河长1530丈，所需经费银5900余两。乾隆五十三年小挑河段为丹徒县境内自江口起至猪婆滩长1937丈和自缸瓦厂起至东坝一带长310丈，估需银4824余两。乾隆五十五年小挑所需经费银7216两。

嘉庆七年和十一年按例小挑。其中，嘉庆十一年（1806）小挑河段为丹徒县境内自江口大坝起至高岸子止长3362丈、自樱桃园起至越河闸上止计估挑工800丈、江口坝外及搜盐厅便益桥猪婆滩淤滩四段工长190丈、江口坝外淤浅滩以兴挑应同间段浅涩之高岸子下等13处长858丈，丹阳县境内中心河等13处共长870丈，共需银9987余两。②

道光元年（1821）、三年、十九年、二十五年和二十七年皆“轮届小挑”。其中，道光元年，丹徒县境内所挑河段自江口起至丹徒桥上止河长3755丈，江口坝外淤滩挺入河心并鸭蛋行至猪婆滩小奶下等处南北两岸阳滩长495丈，坝外淤滩难以筑坝兴挑应同闲段零星浅涩之东坝等21处长1420丈，所需经费银11304余两；丹阳县境内所挑河段为定山湾等36处长2010丈，所需夫工银1596两。两县共挑河段长7680丈，需银12900余两。③ 道光二十五年“轮届小挑”，丹徒所挑河段自江口起至丹徒桥止河长3765丈，又各段内有阳滩挺入河心共长990丈，

---

① 林则徐：“勘估大挑徒阳运河工段银数”，道光十四年十二月二十日，见《林则徐全集》第1册，海峡文艺出版社2002年版，第374页。

② 胡克家：“奏报估挑丹徒徒阳二县运河事”，嘉庆十一年十二月初一日，中国第一历史档案馆，档号04-01-35-0204-016。

③ 韩文绮：《韩大中丞奏议》卷1《奏为勘估徒阳运河挑捞工段银数》，道光刻本。

又江口门东下等21处共长3290丈，所需经费银15259余两；丹阳县境所挑河段自中心河起至小南门河长800丈，又定山湾等28处共长1580丈，所需经费银2687余两。两县共挑河段长10425丈，经费银17946余两。[①] 而对于道光三年例挑，江苏巡抚韩文绮奏道，镇江府属丹徒丹阳二县运河，“定例于每年回空过竣后择浅挑捞，届六年大挑一次，以利重运，本年轮届小挑”[②]。对于道光十九年例挑，江苏巡抚臣裕谦奏道，镇江府属丹徒丹阳二县运河，“定例每年于回空帮船过竣后小挑一次，届至六年大挑一次，本年轮届小挑”[③]。对于道光二十七年例挑，江苏布政使程矞采奏道：“轮届小挑。据该府县等按段勘估禀报前来，查核所估银数尚觅浮多。”[④]

三

清代徒阳运河在按例挑年外，还存在特挑。所谓特挑，指该小挑而大挑，或该大挑而小挑。对此，乾隆年间两江总督高晋奏道，徒阳运河，“虽有大挑小挑之例，向来总视水势之深浅据实办理，是以乾隆二十三年通河大挑，用银五万三千余两，二十六年又经大挑，用银一万三千余两；二十九年仍需大挑，用银七千三百余两。小挑用银二三千两不等”[⑤]。此则说明，徒阳运河挑年是否按例大挑、小挑，主要根据水势等一些主客观因素来决定。若水势充盈，即便例行大挑也当改为小挑；若水势浅涸，即便是例行小挑，也要大挑。

小挑改为大挑。乾嘉年间，小挑改为大挑挑年较多。如前所述，乾隆八年（1743）按例大挑，此后二十年、二十六年、三十二年、三十八年、四十四年、五十年和五十六年应按例大挑。实际上，乾隆十三年小挑曾改

① 李星沅：“徒阳运河挑工由”，道光二十五年十二月二十七日，台北“故宫博物院”军机处档，档号076823。

② 韩文绮：《韩大中丞奏议》卷6《截停浙省帮船兴工徒阳运河疏》，道光刻本。

③ 裕谦：为勘估徒阳运河挑捞工段银数奏祈圣鉴。台北“故宫博物院”军机处档，档号003559。

④ 程矞采：“户部为挑空估需银两事”，道光二十七年正月三十日，“中研院”史语所藏内阁大库档案，档号126723－001。

⑤ 高晋：“奏为动项挑浚丹徒运河完竣缘由事”，乾隆四十年正月十九日，中国第一历史档案馆，档号04－01－35－0164－020。

为大挑，后虽经工部查核改为小挑。乾隆十三年，因为“沙涨坚积之处，非挑不能源通，事关运道民生断难迟缓，且今岁大挑之后，明年即可无事复挑先后通融，原不致靡费公项”①。十四年大挑后，按例二十年大挑，实际上，十八年由小挑改为大挑。② 十八年大挑后，按例二十一年应为小挑，实际上进行大挑。③ 此后，乾隆二十三年、二十六年和二十九年进行大挑。按例二十一年大挑后，二十三年应该小挑；二十三年大挑后，二十六年应该小挑；二十六年大挑后，二十九年应该小挑。二十三年、二十六年和二十九年按例均非大挑之年，而是小挑之年，实际上由小挑改为大挑。又乾隆六十年为大挑之年，按例而言，嘉庆二年应为小挑，实际上该年改为大挑。④ 又嘉庆十八年和嘉庆二十五年均为大挑，两者相差 7 年，这说明两者至少有一年为小挑改为大挑。⑤

大挑改为小挑。道光年间，大挑改为小挑挑年较多。道光五年（1825）漕运由河运改为海运，故而大挑改作小挑。陶澍奏道：“本年轮届大挑。当经饬据该道府先后禀称，苏省回空船只，现留河北接运，未经南下。明春试行海运，漕船不由京口行走。而浙省重运抵境，须在二月望间，其时春潮旺涨，足资浮送。惟徒阳二县新漕运赴上海交兑，正在冬腊潮枯之际，必得河道深通，方可遄行无阻。拟请展缓大挑，仍改小挑，以节糜费。”陶澍上奏后，道光五年十二月初五日内阁奉旨议准：“陶澍奏估挑徒阳运河一折。江苏丹徒、丹阳二县境内运河，为漕船经由要道本年

① 策楞：“请挑徒阳运河”，乾隆十三年十一月初三日，台北“故宫博物院”军机处档，档号 003520。

② 见李元亮：“为核议苏州巡抚题请豁免候补知县杜迪功名下应追乾隆十八年份大挑徒阳运河案内核减银两事”，乾隆二十年十二月初七日，中国第一历史档案馆，档号 02－01－008－001058－0014。

③ 尹继善：“为题请豁免效力监生张仑大挑徒阳运河应追核减银两事”，乾隆二十二年十一月十四日，中国第一历史档案馆，档号 02－01－008－001129－0009。又史贻直：“为核议江南总督题请核销乾隆二十一年份徒阳二县大挑运河并丹阳县挑浚护城河道以及更换闸板等项用过银两事”，乾隆二十三年六月十三日，中国第一历史档案馆，档号 02－01－008－001129－0015。

④ 参见苏凌阿“奏为大挑徒阳运河及酌挑武阳二县运河事”，乾隆六十年十一月初九日，中国第一历史档案馆，档号 04－01－35－0187－045。陈桂生：“奏报徒阳运河大挑工程完竣验收启坝铺水情形事”，嘉庆二年正月二十七日，中国第一历史档案馆，档号 03－2105－053。

⑤ 孙玉庭：“为题请核销江苏嘉庆十八年份大挑徒阳运河工程用过工料银两事”，嘉庆二十五年三月二十四日，中国第一历史档案馆，档号 02－01－008－003266－0004。“奏为徒阳大挑运河工段在事各员恳恩量加鼓励事”，嘉庆二十五年二月十二日，中国第一历史档案馆，档号 03－2105－041。

轮届六年大挑。据该抚奏请展缓大挑，仍改小挑，以节糜费，共估需银一万九千四百四十六两零。著照所请，准其于苏州藩库动支乐生洲租息银五千八百一十二两零，其不敷银一万三千六百三十四两零，着于司库盐规、匣费、平市及文职空缺等款银内动支给办。"① 道光十二年（1832）轮届大挑，因底水尚充，改作小挑。十三年按例应该大挑，又因故改为小挑。对此，江苏巡抚臣林则徐奏道："道光十二年轮届大挑，因底水尚充，改作小挑，十三年仍照小挑估辨。"②

道光二十年（1840），适逢鸦片战争，清兵南下，将大挑改作小挑。署理江苏巡抚苏布政使臣程矞采奏道："道光二十年应届大挑，改作小挑。本年入冬后，雨雪较多，存水尚足，惟该河本无来源，全赖江朝灌注，河身窄狭，最易垫淤。冬令潮落之时，一经西风刮刷，水即消耗，向来古浅如猪婆难等处尤易干涸，不得不加挑捞，以资重运浮送，但大挑需费倍繁，现又兵差络绎，均由丹徒水路南下，未能及早煞坝，自应力加樽节，仍作小挑，估办藉省经费，而于重运亦得以利转输。"③ 道光二十年大挑改为小挑后，按例道光二十一年应该大挑，然而道光二十一年仍为小挑。对此，江苏巡抚李星沅奏道："徒阳运河自十四年大挑至今八年，淤垫日甚，势难再办小挑。"④

道光二十八年（1848）按例大挑，由于河道水势充足，便改为小挑。二十八年由大挑改为小挑后，按例二十九年应该大挑，实际上，不仅二十九年仍然小挑，而且道光三十年、咸丰元年仍为小挑。对此，江苏巡抚臣杨文定奏道："窃照镇江府属丹徒丹阳两县运河为江浙两省漕船经由要道，该处水无来源，全赖江潮灌注，而潮汐挟沙易于停滞，定例每年小挑一次，六年大挑一次，计自道光二十二年大挑以后，二十八年轮居大挑，因水势旺大，改办小挑。二十九、三十两年，又因迫于经费，复改为小挑。今咸丰元年本应大挑，因苏省漕粮改由海运，仅有浙省漕船经过，现

① 陶澍："勘估徒阳运河河工段银数折子"，见《陶澍全集》第1册，岳麓书社2010年版，第280页。

② 林则徐："勘估大挑徒阳运河工段银数"，道光十四年十二月二十日，见《林则徐全集》，海峡文艺出版社2002年版，第1册第374页。

③ 程矞采："为勘估徒阳运河挑捞工段银数奏祈圣鉴事"，台北"故宫博物院"军机处档，档号004857。

④ 李星沅：《李星沅日记》下册"道光二十二年十一月二十九日"，中华书局1987年版，第446页。

值库款支绌之际，不得不通融筹计择要挑捞，仍行展作小挑，以期撙节。”[①]

结 语

本文主要通过清宫档案梳理清代徒阳运河挑年制度。这一制度萌芽于雍正七年，于乾隆七年江苏布政使陈大受正式提出，乾隆八年获得清廷批准。该制度确立后，在咸丰五年京杭大运河中断前，为清代历朝所遵守。咸丰五年京杭大运河中断后，徒阳运河虽仍不时疏浚，但这一制度便不再遵循。清代徒阳运河挑年制度与江南漕粮北上相关。

乾隆八年至咸丰四年间，徒阳运河挑年制度虽被遵守，但并不墨守成规，而是因年有异，在例挑的同时，也存在特挑。特挑的原因，不仅与运河河道水势相关，而且与经费、漕运和战争等有关。特挑中，乾嘉年间小挑多改为大挑，道光年间大挑多改为小挑。特挑的出现，打破了挑年制度。道光年间大挑改为小挑极为频繁，成为常态化。此则说明道光年间徒阳运河治理日益松懈。

（王裕明，江苏省社会科学院研究员）

① 杨文定：“奏报勘估徒阳运河挑捞工段之所需银数”，台北“故宫博物院”军机处档，档号001924。

近代徽州平民家族的社会生活与命运走向

——以汪鼎文修订本《纪念祖宗谱》为中心

汪　奔　　康　健

摘　要： 新发现的汪鼎文修订本《纪念祖宗谱》及分家阄书等民间文献，为深入认识该家族命运走向提供了绝佳素材。在对其进行详细解读的基础上，认为汪鼎文家族属于近代徽州普通平民家族。通过梳理晚清以降家族重要成员的生命轨迹，可见家族生计模式受到当地经商传统与特定社会环境的双重作用，在不断转变的同时又呈现出内在延续性。家族内外危机、家族女性群体、家族祭祀转型等日常生活各层面亦深受近代社会剧变影响。汪鼎文家族命运在近代经历由急转直下到曲折回升的艰难历程，其命运走向与近代乡村社会转型息息相关。

关键词： 近代徽州；平民家族；生计模式；日常生活；命运走向

传统徽州作为典型的宗族社会，历来受到学界重点关注，相关成果可谓汗牛充栋。学界以往多聚焦于徽州各地著姓望族及代表性支派，对众多普通平民家族发展关注不够。笔者认为，著姓望族聚焦于传统徽州精英阶层的核心作用，而平民家族更直观地揭示徽州普通民众的生活样态，深入考察平民家族发展历程，有助于丰富对徽州普通民众日常生活及社会变迁的整体研究。[①] 笔者近来在歙县瞻淇村收集到《纪念祖宗谱》1 册，此谱

---

① 有关晚清民国徽州社会生活的研究成果，笔者管见所及主要如下，王振忠：《晚清徽州民众生活及社会变迁——〈陶甓公牍〉之民俗文化解读》，《徽学》2000 年卷，安徽大学出版社 2001 年版；王振忠、陶明选：《晚清徽州民间社会生活管窥——〈新旧碎锦杂录〉抄本两种整理札记》，《安徽史学》2006 年第 5 期；黄志繁、邵鸿：《晚清至民国徽州小农的生产与生活——对 5 本婺源县排日账的分析》，《近代史研究》2008 年第 2 期；王振忠：《晚清民国时期的徽州宗族与地方社会——黟县碧山何氏之〈族事汇要〉研究》，《社会科学战线》2008 年第 4 期；（转下页）

在内容上与传统族谱相近，在体例上则大为简化，主要记载汪鼎文家族晚清以降重要成员的生命轨迹。另得见汪鼎文家族于同治四年（1865）所立分家阄书1册，内中详细开列阄书持有者所分得各处产业及家族公产，反映出咸同兵燹后的家族经济状况。本文在详细解读两种资料的基础上，从汪鼎文家族的生计模式与日常生活两方面出发，考察近代社会剧变对普通平民家族命运走向的影响。

一 《纪念祖宗谱》、分家阄书与汪鼎文家族概况

新发现的汪鼎文修订本《纪念祖宗谱》及分家阄书等民间文献，为深入认识该家族命运走向提供了绝佳素材。笔者拟以此两种资料为依托，勾勒出汪鼎文家族发展概况。

（一）《纪念祖宗谱》及分家阄书

《纪念祖宗谱》1册，线装写本，文字内容共计45页，6300余字。主体内容书写于白棉纸上，字迹工整，品相完好。封面内容从左至右依次为标题、修订人、修订时间以及持有人等信息，具体如下：

> 纪念祖宗谱　附瞻淇汪氏挂线部份
> 汪得顺堂三房鼎文修订
> 汪礼洸立本　公元一九八六年仲春①

笔者经访谈得知②，汪鼎文生于1915年，早年随父承安公在绩溪县

（接上页）郑小春：《从繁盛走向衰落：咸同兵燹破坏下的徽州社会》，《中国农史》2010年第4期；王振忠：《排日账所见清末徽州农村的日常生活——以婺源〈龙源欧阳起瑛家用账簿〉抄本为中心》，《中国社会历史评论》第13卷，天津古籍出版社2012年版；刘永华：《从“排日账”看晚清徽州乡民的活动空间》，《历史研究》2014年第5期；王振忠：《晚清民国徽州的日常生活与乡村治理——以稿本〈开检可观〉为例》，《安徽大学学报》（哲学社会科学版）2020年第1期；康健：《晚清徽州乡村社会的日常生活图景——以〈局董日记〉为中心的考察》，《中国农史》2020年第5期；等等。

① 汪鼎文：《纪念祖宗谱》，1986年写本，第1页。

② 访谈对象：汪金花老人（86岁）。访谈时间：2020年4月15日。为下文注释简洁起见，若非特别说明，文中提及访谈环节均与此次相同，不再注出具体时间、对象等信息。

临溪米油店工作，解放前该店铺关门停业。1949 年后，汪鼎文曾在上海大隆织布厂、江西新余钢铁厂任会计，至 60 岁退休回家，1986 年开始修订《纪念祖宗谱》，1993 年病逝。《纪念祖宗谱》由汪鼎文独自据旧本修订而成，一式四份，分属其所生四子持有，汪礼洸为其中之一。由于种种原因，笔者迄今尚未得见旧本，故此仅以修订本为中心进行考察。

笔者在阅读其内容时发现，此谱原本应称作金银袋簿，即当地每逢清明墓祭时，为填写金银袋封条信息提供参照之物①，故每页正面均注明祖先世系、名讳、墓地现状及子嗣情况等信息，与当地墓碑的书写格式基本一致。末尾留有数页空白，即待家中长辈逝世后，子孙仿照旧例，将逝者基本信息续载其上，在家族世代传承，以为纪念。然此本金银袋簿的不同之处在于，除按惯例注明祖先信息外，在背面相应叙述其生平经历，各篇长短格式不一，语言通俗易懂。着重叙述晚清以降世系较近者，男性与女性所占篇幅总体相当，具有鲜明的时代特征。试举其中承烈公夫妇之例如下：

> 墓地社屋岭婆婆山左右边厢
> （乳名社荣）
> 九十世先嫡堂伯祖考承烈府君汪公　仝受纳
> 妣　　孺人朱氏
> 奉祀侄孙礼洸曾侄孙明民　仝百拜
>
> 该伯祖出身，据说屯溪商业，其他地方也做过。据言，伯祖在业务中，带了一个学徒，乘船出外，其学徒在船上弯腰船边，不幸跌下水去，抢救无效死亡。因此该祖得了神经病患（猪癫疯），失业为家，幸得未生子女，坐吃山空。田地房产出卖出押，维持生活，仅存一个房间住宿，两个房间抵押出去。一斗熟地社屋岭一坵八分田，留给侄辈纪念祭祀。此祖最终病发，跌落横门口，破脑伤风而故也。终年五十余岁。
>
> 该伯母朱氏，一生善良，因夫病累，不能生活，在本村汪芸甫家当佣人，另外做纸扎，做点东西卖卖，维持生活。对保持得顺堂房屋

① 有关金银袋、金银袋簿及二者功能的研究，可参阅王振忠《清代藏书家汪启淑的商业经营与社会生活——对几份新见契约文书的解读》，《学术月刊》2019 年第 1 期。

问题上，协助叔娘殿勋方氏，抵制殿锡公作风，两丁寡妇，出了一番大力，真不简单。今后侄孙辈，所以不能忘记先人之恩。朱氏终年七十余岁，就田人氏。①

汪鼎文另参照族谱体例，在开头补充《序言》一篇，以及瞻淇汪氏分支情况和家族所属支派的简要世系图。《序言》主要说明修谱原因和资料来源，具体如下：

此本吾年幼时，性习好问，在祖母身旁，一贯说于我听。同时在吾父身边，常对我说“以往吾家扫墓，自七十九世祖起，都要到坟，祭祀摽纸，每年不到坟摽纸，就有人破坏”，因此得受知识。另外在外堂老一辈请教。小部份按老本配合，大部份在记忆中，两者配合抄写于本。内附瞻淇汪氏来源和挂线记载，以及各祖贡献和我自祖生前事迹。草草略记一二，惟此立本交给子孙，以为纪念先人之恩也。②

据此序言可知，汪鼎文自身具有深厚的家族情怀，热衷于整理家族记忆。又因清明墓祭的现实需要，即以金银袋簿为底本，根据旧本和长辈口述资料，记载祖先生平经历并量定祭祀方式。又参照传统族谱体例，增加序言与世系图，最终修订成《纪念祖宗谱》以留赠子孙，可谓用心良苦。

《同治四年二月歙县汪张氏立分家阄书》1 册，原有红色题签已遗失，标题为笔者自拟。③ 阄书内容共计 9 页，封面题写“三房”二字及具体时间。阄书正文内容具体如下：

立阄书汪门张氏：缘尔父一生克勤克俭，沐雨栉风，遂成家业。及冠，受室元配吴氏，生长子殿芳。既娶胡氏，续生二子殿锡、殿勋。伊母已故，二子尚幼，内庭无依。于咸丰己未年，氏适汪门，未追数载，尔父只因贼氛窜境，多受惊恐，遂至劳顿抑郁，忧虑犹深，不幸驾返仙班。长子殿芳相继夭亡，彼经受室胡氏，生孙承烈。次子

① 汪鼎文：《纪念祖宗谱》，1986 年写本，第 34—35 页。

② 汪鼎文：《纪念祖宗谱》，1986 年写本，第 2 页。

③ 此阄书内容承安徽师范大学历史学院康健副研究员不吝提供，特此致谢。

殿锡，配娶王氏。惟三子殿勋幼小，业已婚聘，尚未过门。奈家政不舒，兄弟叔侄公同较议，自愿将田地各执收租，并无异论。是将尔父遗业，兹凭亲族阄定，各执各业。惟愿尔等，分拨之后，昆友弟恭，仰体尔父创业维艰，各承先志，日盛月新，裕后光前，是所幸甚。特立阄书三本，各执一本，永远大发存照。

同治四年岁次乙丑杏月

立阄书汪张氏（押）

仝男　殿锡（押）

　　　殿勋（押）

长孙　承烈（押）

凭亲张承桂（押）

凭族汪兆禄（押）

　　汪级三（押）

胞叔汪仰云

依书汪柳溪（押）

计开

色香源　大小买田一亩二分

……

一洪青塘山业与长房社屋桥头合契，其契存于勋处，此批

余庆

根据上述内容可知，此次分家时间为同治四年（1865），正值咸同兵燹刚刚平定不久。主持分家者为汪张氏，乃其夫于咸丰己未年（1859）所娶第三位配偶，然婚后不久，其夫因兵燹受惊而逝世，长子殿芳相继夭亡。故此次分家即围绕长孙与二子、三子进行。笔者所见此份阄书当属三房殿勋执有。

（二）汪鼎文家族概况

据谱中世系图记载，汪鼎文家族属于瞻淇汪氏嘉会堂支派，该派始祖为75世祖亨师公。瞻淇汪氏属唐越国公汪华长子建公后裔，历经数百年辗转迁徙，至68世祖浚公“自凤凰村迁章祁，是为章祁始迁祖”①。又经

① 汪道昆纂修：《汪氏十六族近属家谱》卷7《世系小传》，万历二十年刻本，第30页。

数世繁衍，人丁渐趋茂盛，至亨师公分衍出嘉会堂支派。亨师公生长子澄公与次子清公，此二支发展格局截然不同。[①] 澄公支人丁兴旺且不乏杰出代表[②]，后世相继分出余庆堂、四维堂、敦睦堂、四友堂各支，皆独立建祠。而清公支整体实力远不如前者，后世并未独立分支建祠。嘉会堂原祠位置又较偏僻，“寝殿结构简单，用料较小，甚少装饰”[③]。由此可见，清公支作为嘉会堂支派的弱势群体，其影响力与澄公各分支不可同日而语。

就此支下属汪鼎文家族来看，成员多属普通民众和小商人阶层，属于近代徽州普通平民家族。在近代社会剧变的大背景下，家族命运尤为曲折坎坷。首先，家族人丁渐趋凋零。《纪念祖宗谱》记载自84世至90世诸位享祀男性及其子孙，其中，因病早逝而绝嗣者屡见不鲜，单传现象亦时有发生。其次，家族成员经历大多坎坷。汪鼎文家族文化水平整体偏低，并无科举显贵，仅玉泰公、承安公二人曾短暂担任乡间私塾先生。而家族经商之途亦颇曲折，兆珍公及其子孙曾在江西玉山县经营“祥兴纸号”，咸丰年间因时局动荡被迫停闭；承安公身逢清末民国乱世，谋生之路屡遭碰壁。最后，家业继承面临内外危机。士福公以经商所得利润兴建宅第“得顺堂”，可谓家族发展之顶峰。然“得顺堂”及附属家产在咸同兵燹期间虽有惊无险，却未能得到顺利继承。士福公子孙辈多人因病早逝，加之殿锡公变卖公共房屋引发严重纠纷，家族命运遭受严重挫伤。

整体而言，《纪念祖宗谱》与分家阄书从不同侧面反映出汪鼎文家族历经近代社会剧变，家族生计模式和日常生活各层面发生显著变化，对考察近代徽州平民家族的命运走向具有重要参考和研究价值。

二　社会剧变下的家族生计模式

生计模式为支撑家族发展的基本保证，集中反映家族经济实力与生活

① 访谈对象：汪德浩老人（76岁）。笔者据其所藏《汪氏世系宗谱》（清抄本）卷2及口述内容，梳理出瞻淇汪氏嘉会堂支派发展脉络。访谈时间：2020年8月2日。

② 笔者据《汪氏世系宗谱》卷2与民国《歙县志》（《中国地方志集成·安徽府县志辑》第51册，江苏古籍出版社1998年版）得知，澄公支后裔人才辈出，如万历陕西甘州行都司断事汪守鲁、崇祯辽东副总兵汪翥、康熙丁未进士汪溥勋等，此三人分别载入民国《歙县志》卷6《人物志·宦跡》，第232页；卷7《人物志·忠节》，第264页；卷7《人物志·文苑》，第287页。

③ 东南大学建筑系、歙县文物管理所：《徽州古建筑丛书——瞻淇》，东南大学出版社1996年版，第125页。

水平。家族生计模式受各方面因素综合影响，是考察家族发展历程与命运走向的重要线索。生计模式的转变往往具有鲜明的时代特征，同时也反映家族传统对成员潜移默化的影响。

（一）“祥兴纸号”之兴衰

俗谚“前世不修，生在徽州；十三四岁，往外一丢”，生动道出徽人为谋生存而外出经商奋斗的艰辛。从《纪念祖宗谱》各传记内容来看，汪鼎文家族具有长期的经商传统。自84世玉泰公至90世承安公，历代男性成员大多以商为业，其中有关87世兆珍公及其两子在江西玉山县经营“祥兴纸号”的记载较为详细。明清时期，玉山县属江西广信府，当地向以造纸业发达著称。据《江西省大志》记载，玉山县在洪武年间即建有纸槽，早于同府的永丰、铅山、上饶三县①，所用原料多数由吉安、徽州二府商贩从各地装运至广信府出售②，此外，各纸槽以雇佣手段招募大量工匠从事生产。③ 由此可见，该地造纸传统悠久，资源条件得天独厚，市场广阔，地缘、行业、群体效益明显。④ 加之此处位于闽、浙、赣三省交界处，距徽州咫尺之遥，交通水系极为发达，人员物资流动便利，成为徽商投资经营的理想之处，故“率少土著，富商大贾挟资而来者，大率徽、闽之人”⑤。兆珍公创办“祥兴纸号”既属秉承家族经商传统，亦是外部环境支持下的产物。

关于兆珍公经商资本及“祥兴纸号”的经营规模，本传记载语焉不详，然据士福公传记可略窥一二：

> 该祖继承父业，和胞弟士庆一起，在江西玉山纸厂经理。兄弟两人，轮流撑握职业，士庆为上半年，士福为下半年，迄至咸丰年代停闭。在停业前，兴建得顺堂房屋和买进老屋。⑥

据上，兆珍公以“分产不分业”的分家方式保证纸厂继续运转。“分

① 王宗沐纂修、陆万垓增修：《江西省大志》卷8《楮书》，万历二十五年刻本，第3页。
② 王宗沐纂修、陆万垓增修：《江西省大志》卷8《楮书》，第4页。
③ 王宗沐纂修、陆万垓增修：《江西省大志》卷8《楮书》，第3页。
④ 张海鹏：《论徽商经营文化》，《安徽师范大学学报》（人文社会科学版）1999年第3期。
⑤ 连柱总修：《广信府志》卷2《地理·物产》，乾隆四十八年刻本，第70页。
⑥ 汪鼎文：《纪念祖宗谱》，1986年写本，第23页。

产不分业”表现为商业财产分归诸子所有，诸子分得财产后仍共同经营，原有的家庭商业组织保持不变。这种分家方式有利于资本积累和集中，同时改变了资本组织形态，转变了经营方式，调整了利润分配制度。① 兆珍公将纸厂交由两子共同管理，采取轮流制的合伙经营方式。既保证兄弟二人拥有同等经营权，又有利于集中纸厂资本，维持已有规模，不致因资本分散而迅速衰败。由此可见，此时纸厂实力仍十分有限，唯集中资本，辅之以家族亲情关系，团结协作，以冀在同业竞争中谋得生存空间。士庆公生平今已不详，而据士福公兴建宅第之记载可推知，“祥兴纸号”在兄弟二人执掌前期得以继续发展并有所盈利。

然好景不长，“祥兴纸号”在咸丰年间停业倒闭，致使家族生计遭受重大影响。笔者分析其内外原因主要如下：

首先，兴建宅第影响纸厂资金周转。旧时徽人外出经商，赚得利润后多用以买房置地、大兴土木，以光宗耀祖。士福公亦不例外，其以纸厂利润购置土地并兴建得顺堂。据笔者访谈得知，此宅历经数年落成，前后纵深三进，地面及柱墩皆以青石造就，窗门木雕图案精美，耗用家资之巨可想而知。值此发展方兴未艾之际，建宅造成储备资金不足，若遭逢突发情况，资金调度更显捉襟见肘，极大削弱抵御商业危机的能力。

其次，玉山县造纸业整体竞争力日益不足。据上文征引史料可知，明代玉山县造纸业在当地处于领先水平。然自清中叶以后，玉山县造纸业衰落之势已清晰可见，“向惟玉山玉版纸擅名……相传明时与铅、丰同贡，今则无之，有亦薄劣，不中书”②。与此同时，铅山县造纸业广泛分布于各乡，产品种类繁多，以致“铅山土物，此为第一”③，其中尤以石塘镇最为突出，“石塘一镇，贾客贸迁，纸货为盛，曰毛六，曰黄表，色样不一，命名各殊”④。上饶作为广信府府治所在，其造纸业“西南北乡皆有，纸之名类亦不一”⑤。玉山县造纸业衰落之具体原因尚不清楚，然周边各县造纸业不断发展壮大，加之品类繁多，可适应社会不同阶层的日常需

---

① 王裕明：《明清商人分家中的分产不分业与商业经营——以明代程虚宇兄弟分家为例》，《学海》2008 年第 6 期。

② 连柱总修：《广信府志》卷 2《地理·物产》，乾隆四十八年刻本，第 70 页。

③ 华祝三纂修：《铅山县志》卷 5《地理·物产》，同治十二年刻本，第 48 页。

④ 郑之侨纂修：《铅山县志》卷 1《地理·物产》，乾隆八年刻本，第 14 页。

⑤ 汪文麟纂修：《上饶县志》卷 3《物产·货属》，乾隆九年刻本，第 7 页。

要，一定程度上冲击了玉山县原有的造纸主体地位。相较之下，玉山县生产玉版纸原为满足进贡朝廷之需，在明中叶以来商品经济日益活跃的趋势下，当地造纸业未能在品类上有所突破，在区域竞争中渐落下风。有学者推断，自明后期起至清中叶，铅山县造纸业迅速发展，且似乎已取代玉山县之地位。[①] 另外，时值咸同兵燹爆发不久，且江西地处长江中下游，恰为太平军与清廷对峙的主战场之一。战乱使当地经商环境更形艰难，加之普通小商人阶层资本十分有限，在双方势力的经济压迫下，破产倒闭难以避免。

“祥兴纸号”停业倒闭使家族生计陷入困境，为后世内部纠纷的产生埋下隐患，家族由最初的平稳发展逐步陷入内外危机之中，一定程度上可视作汪鼎文家族晚清以降命运曲折的开端。

（二）承安公乱世谋生

士福公子孙以商为业者不在少数，然大多记载不详，难以探明究竟。谱中关于承安公之生平记载较详细，笔者即以此为例，考察汪鼎文家族在清末民国时期的生计模式发展情况。以下为承安公传记内容：

> 该祖父出生三月，父故母养，幸得有一祖母张氏协力。同胞两人，喜有一姐。长大后十四岁，托了姨祖氏找了苏州潘有宜酱园米店当学徒。一生能干，文化较高，工作勤恳，步步上进，由学徒升为二副。可是先天不足，胆小，当时政治混乱，受了惊吓，不幸得了神经病患，告病归家养病。病愈后，生活维艰，生有一男一女，只好办了私塾学校，当老师教书，地址得顺堂大厅。教有二三年，生活仍是不能维持。又由其母方氏，托了大阜表亲，荐了绩溪县临溪米油职业，步步顺利，当了经理，店业年年盈余。一生勤俭朴素，善良从人，省吃俭用，为子孙着想，赎回幼时押出田地房屋，保障儿孙。已娶媳，嫁一女，后将子带到身边一起营生。不幸中日战争，炸染惊灾逝世。其子顶父职，可是桑田沧海，店业不能常立下去，店主通知停闭营业。一生未享受后人之福，奔波一世，遗下次女未嫁，后事一无准备，最后有孙女送终（照有相像，子孙留念）。[②]

① 徐建清：《清代的造纸业》，《中国史研究》1997 年第 3 期。

② 汪鼎文：《纪念祖宗谱》，1986 年写本，第 41 页。

纵观承安公生平可知，其生活年代适逢清末民国社会动荡之际，普通民众生活十分艰难。承安公先后经历米店学徒、私塾先生、米油店经理三种不同的谋生方式，然因社会环境及自身性格等原因，谋生之途颇为坎坷。

旧时徽人外出经商，大多以学徒身份为起点。胡适对此曾有言："我们徽州人通常在十一二三岁时便到城市里去学生意。最初多半是在自家长辈或亲戚的店铺里当学徒。"① 待学有所成并掌握经商之道后，或逐步升迁，成为主家的得力助手；或积累资本，以备日后独立经商致富。承安公凭借自身努力，由学徒升为二副。然其身处家族衰败之际，且幼年丧父，由母方氏与祖母张氏共同抚养长大，此家庭环境很大程度上造就承安公后天怯懦的性格，在时局影响下，最终因病离开米店归家。承安公此时已具备一定的文化素质，加之得顺堂房屋前厅尚有余地，又恰逢新添子女，故在家以开设私塾为生，既保证相对安稳的谋生环境，亦可获得些许收入贴补家用，照顾妻小。然在清末民初的时代变迁中，普通塾师阶层因自身职业属性所限，在中国教育的现代转型下遭到颠覆性的冲击②，其生存状态较传统时期更形艰难。承安公既无功名，又无从教经验，更因社会环境对塾师而言已今非昔比，在经济收入、社会地位等方面失去切实保障，实难借此立足。因生计所迫，承安公重操旧业，在邻近的临溪米油店谋得差事。因早年的学徒经历为日后经商提供宝贵经验，加之自身勤恳能干，很快成为店铺经理，主持日常营业并保持盈利。然性格因素再次成为谋生之桎梏，终因在战乱环境中受惊吓过度而逝世。

综合来看，个人性格与社会环境在内外两方面对承安公谋生之途产生重要影响，且后者更具主导性作用，表明近代社会剧变造成徽州平民家族生计模式的不稳定性，呈现由固定化向多样化转变的特征。这种转变既是承安公竭力维持家族生存的客观需求，也反映平民家族在应对时局变化上缺乏强有力的经济和社会支撑。承安公凭借谋生所得赎回部分田地房屋，然受外部环境和自身性格影响，谋生之途变化无常，并未使家族命运产生实质性转变。

另外，汪鼎文早年随父在临溪米油店谋生，可见汪鼎文虽身逢乱世，

① 胡适：《胡适口述自传》，唐德刚译，华文出版社 1992 年版，第 2 页。

② 蒋纯焦：《一个阶层的消失：晚清以降塾师研究》，上海书店出版社 2007 年版，第 137 页。

仍秉承家族经商传统，掌握基本经商技能，为日后谋生奠定基础。在计划经济时代下，汪鼎文在国企从事会计工作，服从组织安排，领取固定工资，不再如祖辈般自行在外经商谋生，这是特定时代政策促使家族生计模式转变的结果。此时家族生计渐趋稳定，虽与以往鼎盛时期不可同日而语，然较咸同兵燹以来已逐渐好转。

通览汪鼎文家族近代以来的生计模式变迁历程，从兆珍公父子经营“祥兴纸号”昙花一现，到承安公谋生经历坎坷艰辛，再到汪鼎文担任国企会计，特定的社会环境始终是促使家族生计模式变迁的直接因素。生计模式的选择虽因环境不同而形式各异，然家族数代成员以商为业，外出经商成为家族惯例，可见明中期以来徽州地区普遍形成的经商传统是影响生计模式选择的根本因素。二者如同推动家族生计模式变迁的明线与暗线，相互交织，使生计模式不断转变的同时，又呈现出内在延续性，成为考察家族命运走向的重要参照。

三　社会剧变下的家族日常生活

《纪念祖宗谱》不仅详细记载汪鼎文家族成员谋求生计之艰难，同时涉及家族纠纷、家族祭祀以及家族记忆重构等大量家族日常生活的相关内容，可谓汪鼎文家族在乱世中艰难前行的缩影。

（一）咸同兵燹与家族命运

众所周知，咸同兵燹使传统徽州社会秩序遭受巨大冲击。然学界相关研究多以官方史料为主，缺乏对相关民间文献的深入挖掘，不利于整体考察咸同兵燹下的徽州社会实态。[①] 笔者经阅读士福公生平经历后发现，得顺堂建成不久，该家族曾围绕此屋与太平军有所互动，相关记载如下：

> 房屋建成，正值洪杨革命战争，避难外地数年，政治平定后不久逝世。该祖气魄高大，在建屋时，待匠人亲如骨肉，慷慨为怀，能知匠人甘苦，不摆架子，待人和气。匠人订定包饭点工，私下都要贴补送点肉食荤菜，使得五色匠人个个满意。在革命战争时期，新屋未得

① 戴昇：《徽难疏略：太平天国时期徽州的地方记忆与民间书写》，《地方文化研究》2017年第6期。

损坏。据说有个雕匠，被洪杨军俘去，当了革命军头头，反到瞻淇。其雕匠革命军头子，马上到得顺堂新屋，插了保护红旗，丝毫一无受损。仅厅上献柱，被小军剁了一刀，立斩门前。革命军回去后，写了一编字道歉，在箟子门上。[①]

由上文可知，士福公以“祥兴纸号”利润所得兴建得顺堂，此宅可谓其父子两代奋斗之结晶，故对建宅过程极为重视。因士福公善于待人接物，以慷慨之心体恤各色匠人，加之资金尚较充裕，遂使得顺堂能够顺利建成。此时太平军已进入徽州本土，该工匠加入其中并成为头领，以实际行动力保得顺堂免遭劫难。

表面上看，工匠保护得顺堂与感念士福公之恩密切相关，但结合时代背景不难发现，此事件背后另有深层次原因。1851 年，洪秀全发布诏旨“一、遵条命；二、别男行女行；三、秋毫莫犯；四、公心和傩，各遵头目约束；五、同心合力，不得临阵退缩”[②]，对太平军纪律进行严格约束。据材料可大致推断，此时太平军进入瞻淇时间不长，立足未稳，必须努力协调与徽州本土各阶层的关系，彼时得顺堂主人士福公及其家族尚有余资，更成为太平军争取合作的重点对象。头领严厉处置违命者并向家族道歉一事，除却个人感情因素外，应属遵照洪秀全旨意而为，以树立自身正面形象，争得民众支持。

咸同兵燹无疑是造成汪鼎文家族命运急转直下的重要因素。诸如“祥兴纸号”破产倒闭、得顺堂外部危机等事件，导致家族经济遭受巨大冲击。而士福公因“贼氛窜境，多受惊恐”以致抑郁而终，内外交困的家族处境促使汪张氏不得不主持分家。

（二）家族危机及艰难维持

笔者所见分家阄书中，详细开列三房殿勋所分得各处田地山场情况。对其数目进行统计后发现，包括作为赡养汪张氏及将来作为丧葬费用的田地在内，殿勋共分得田地 15 亩。阄书中未详列长、二两房的田地情况，而传统时代基本坚持以“诸子均分制”为分家原则，故大致可推算汪鼎

① 汪鼎文：《纪念祖宗谱》，1986 年写本，第 23 页。

② 《天命诏旨书》，辛亥年十二月初三日，中国史学会主编《中国近代史资料丛刊·太平天国》第 2 册，上海人民出版社 1957 年版，第 63 页。

文家族彼时田地产业应在45 亩左右。明清时代徽州地区多有外出经商的人户，其在徽州本地常拥有数量不等的地产，在占有三五十亩土地的经商人户中，既有资本微薄的小工商业者，亦有资产颇丰的富户。① 就汪鼎文家族在兵燹前的谋生方式而言，当属前者无疑。此外，为应对屋基风水钱粮等需要，少量田土仍作为公产存在，由各房轮次收租。

然阄书在划分田地山场的同时，规定得顺堂房产及附属菜地存公取用，为殿锡公欲变卖房产而引发严重的家族纠纷埋下隐患。此事件导致家族人际矛盾急剧激化，陷入更加严重的内部危机。

有关殿锡公之生平，谱中记载大略如下：

> 该伯祖生两子（承高、承堂）一女（翠玲）。长子承高已成家，生有一孙女，在太仓职业。次子承堂有残疾病患，尚未成家。不幸长子中年夭世，长媳、孙女相继而亡，长房绝脉。此祖思想上可能产生某些问题，游嬉好闲，遗产卖点吃点，田地卖光，房屋押光，最后达到不做人的态度，成为二流之徒。并且后来还要拆毁公共房屋变卖，最终父子二人休尾，概由三房殿勋夫人方氏料理善后也。②

晚清徽州民间社会世风日下，以致"窃贼之散于四乡，痞棍之杂于村众"③，传统家族秩序遭受冲击。在此环境影响下，加之本房子孙遭遇重大变故，殿锡公遂不务正业，成为无赖游民。如上述，阄书中仅对田地山场而未对房产进行划分，故殿锡公将所得田地山场尽数挥霍后，更欲变卖房产以满足私欲，致使父子关系破裂，各房利益均受侵害。加之家族其他男性成员纷纷因病早逝，无力对其形成牵制。幸得殿勋公妻方氏与承烈公妻朱氏二人出面抵制殿锡公胡作非为，力保祖宅完整，在内外艰难中支撑家族现状：

> （方氏）保持得顺堂房屋，出了一番大力，吃了浩大的苦。当时，夫兄殿锡，不务正业，流氓成性，拆毁房屋出卖。出场抵制，召

① 栾成显：《明代黄册研究》，中国社会科学出版社 2018 年版，第 167 页。

② 汪鼎文：《纪念祖宗谱》，1986 年写本，第 29 页。

③ 刘汝骥：《陶甓公牍》卷 12《法制科·休宁民情之习惯·从生活上观察民情》，安徽师范大学出版社 2018 年版，第 228 页。

开祠堂文会多次，立场坚定，宗族佩服爱戴。[①]

（朱氏）对保持得顺堂房屋问题上，协助叔娘殿勋方氏，抵制殿锡公作风，两丁寡妇，出了一番大力，真不简单。[②]

在维护得顺堂问题上，以方氏为代表的家族女性主动承担责任，以家族利益为重，经过多方共同努力而基本保住房产。然此事件无疑使家族命运雪上加霜，彼时族内人丁凋零，田地房产因生活所迫大多出卖或抵押，生计问题与人际矛盾使家族自兵燹以来遭遇前所未有之困境。

（三）女性群体与家族发展

与传统徽商家族类似，汪鼎文家族女性群体在存续家族命运中起到不可替代的关键作用。因男性大多长期在外经商谋生，女性主要负责打理家族日常事务。[③] 汪鼎文家族男性大多因病早逝，女性自然成为主导家族命运的核心力量。谱中对家族女性成员给予充分肯定，不仅详细记载兆珍公以下各女性成员来源地，对杰出者更附详细介绍。笔者参照清末《歙县舆图》[④] 及民国《歙县志》[⑤] 等相关资料，确定各地具体方位，制成表格如下：

表 1　**汪鼎文家族部分女性成员及其来源地**

女性成员	来源地	女性成员	来源地
兆珍公妻吴氏	北岸（三十五都）	士福公元妻吴氏	北岸（三十五都）
士福公继妻胡氏	城里（具体不详）	士福公继妻张氏	定潭（三十一都）
殿芳公妻胡氏	七贤（三十四都）	殿锡公妻王氏	蔡坞（三十五都）
殿勋公妻方氏	王村茂（三十七都）	承烈公妻朱氏	就田（三十七都）
承高公妻江氏	小梅口（三十七都）	承安公妻江氏	小梅口（三十七都）

① 汪鼎文：《纪念祖宗谱》，1986 年写本，第 33 页。

② 汪鼎文：《纪念祖宗谱》，第 35 页。

③ 唐力行：《论商人妇与明清徽州社会》，《社会学研究》1992 年第 4 期。

④ 此图由瞻淇人汪廷栋于 1902 年夏至 1904 年秋主持测绘而成，现藏歙县档案馆。

⑤ 许承尧总纂：《歙县志》卷 1《舆地志・都鄙》，江苏古籍出版社 1998 年版，第 36—38 页。

由表1可知，汪鼎文家族女性来源基本限于歙南，多数村庄与瞻淇邻近。值得注意的是，表格中女性并无出自瞻淇本地者，此现象与瞻淇人口、姓氏格局密切相关。瞻淇汪氏占当地总人口八成以上，其余杂姓人口极少且地位较低[①]，汪氏为保证宗族血缘清晰、谱系有序，虽支派繁衍日久，仍力戒族内通婚，而倾向选择邻近地区。可见汪鼎文家族婚姻圈范围狭小，且传统婚姻观念的影响力根深蒂固。

徽州长期受程朱理学思想浸润，虽时至近代，女性守节传统仍根深蒂固。然汪鼎文家族守节女性并非以命殉夫，而以抚孤续宗为第一要务，充分表明该家族女性在守节问题上采取生命服从责任的“权变”之计。[②] 如殿芳公妻胡氏：

> （殿芳公）身后遗下孤儿幼女，其妻胡氏，苦节抚养小孩成人。后来胡氏被夫弟殿锡欺压，弱待逼嫁等情，幸得宗族出场，压倒殿锡。该氏一生，苦苦一生，已将儿娶亲，女儿出嫁昌溪大户。[③]

可见，胡氏面对夫弟殿锡公欺压，依旧守节明志，抚养亡夫遗孤，直至各自成家立业。而殿勋公妻方氏之经历，更显女性在近代家族生活与乡村社会中的多元形象：

> 该方氏王村茂嫁于汪门，一生克苦于世。婚后生一子三月（承安），一女五六岁（即瑞姑），不幸其夫因病卅五岁夭世。遗下孤儿幼女，病笃又多，连年治病，主要先天不足，产业田地出卖出押，维持生活，苦节抚养成人。一生善良，口才突出，人生能干，在女流中一表人才，代人家和解了事数十次之多，无一不到。憎爱分明，待人和气，在场面上，人人称赞。一生嗜酒，凡碰到酒量过度，都有人陪送上门，从来不误大事……一位女流，这样能为，又无文化，卅四岁丧夫，孤儿幼女，尽节抚养男女成人。子已托人找职业于苏州，女已出嫁。病危一息之中，对孙儿含笑于九泉，最后有孙儿十一岁送终。

---

① 汪文华主编：《瞻淇村志》（未刊稿），第14页。

② 王世华：《名与责：徽州妇女守节的“经”与“权”——以〈新安女行录〉〈新安女史征〉为例》，《徽学》第11辑，社会科学文献出版社2018年版，第9页。

③ 汪鼎文：《纪念祖宗谱》，1986年写本，第27页。

寿享七十六岁。有一位姪孙送来一副挽联，句言："柏节松贞，侃侃垂千秋善业；须眉巾帼，巍巍建十分宗厅[①]（兴建嘉会堂主事人之一）"。[②]

一方面，方氏在家族危机严重之际守节四十余载，抚孤续宗，苦撑危局。由上文可知，方氏顽强抵制殿锡公不良作风，在保护得顺堂房产中居功至伟。另一方面，方氏凭借自身的社交能力，在修整祠堂、调解纠纷等大量宗族公共事务中发挥重要作用。面对近代化浪潮冲击，传统道德礼教对女性的束缚逐渐发生松动，女性的社会性角色越发凸显，男女平权观念已深入百姓日常生活中。[③] 方氏在主持家族事务的同时，热衷于宗族及乡村社会公共事务，表明近代徽州女性的社会参与意识开始觉醒，由深闺逐渐步入前台，成为保证宗族社会运转的重要力量。

另外，守节女性因家庭生计所迫，逐渐参与乡村社会经济活动。如承烈公妻朱氏：

该伯母朱氏，一生善良，因夫病累，不能生活，在本村汪芸浦家当佣人，另外做纸扎，做点东西卖卖，维持生活。[④]

朱氏因承烈公抵押房产度日又染病而逝，生活无以为继，因此进入汪芸浦家当佣人，以求谋得微薄收入。汪芸浦即汪廷栋，清代著名数学家汪莱之孙，曾任甘肃河州知州等职，以治水有功著称。[⑤] 汪廷栋作为晚清瞻淇的著名士绅，其名望与家业在当地均首屈一指，朱氏幸能成为家中佣人，自身基本生活需求应当有所保障。纸扎常用于徽州各类祭祀及节日活动[⑥]，民间需求量极大，朱氏借此可勉强维持家族生计。

徽州平民女性多有信仰佛教者，由于长期背负繁重的生活压力，加之

---

① 笔者据《汪氏世系宗谱》卷2得知，嘉会堂始祖亨师公直系孙辈共有10人，故又名"十分厅"。

② 汪鼎文：《纪念祖宗谱》，1986年写本，第33页。

③ 康健：《理学、商业与宗族——祁门韩楚二溪汪氏研究》，《中国社会历史评论》第17卷（上），天津古籍出版社2016年版，第81页。

④ 汪鼎文：《纪念祖宗谱》，第35页。

⑤ 许承尧总纂：《歙县志》卷6《人物志·宦跡》，江苏古籍出版社1998年版，第254页。

⑥ 鲍义来：《徽州工艺》，安徽人民出版社2005年版，第227—230页。

传统礼教的束缚，多数女性缺乏必要的精神慰藉，而信仰形式的随意性使佛教在女性群体间产生巨大吸引力。[①] 清代以来，徽州女性虔诚礼佛者亦不在少数，所谓“谈佛法者惟妇女居多，间有茹素诵经者”[②]。谱中记载，贵宁公继配方氏崇信神佛，严格遵循佛教素食要求，后人贯以“吃素太太”称之。再如兆珍公夫人吴氏“在祭神时，有一蜜蜂飞进内衣，都要到敬神完毕，再到闺房解衣、放蜂。咬了七口，曾不伤生命，可谓善良耳”[③]。可见吴氏虔诚礼佛之程度实非比寻常。

总之，汪鼎文家族女性大多出身平民阶层，受传统礼教影响，守节明志、抚孤续宗成为她们的必然选择。在家族内外多重危机的笼罩下，女性群体在家族血脉延续与维持生计方面起到不可替代的关键作用。与此同时，部分家族女性由深闺逐渐步入前台，凭借自身能力，在宗族与乡村社会事务中扮演重要角色，拓宽了自身的活动空间，促进了近代徽州乡村社会秩序的自我调整。另外，女性以崇信佛教等方式弥补精神缺失，此现象至近代已日趋频繁。

（四）家族祭祀及现代转型

家族祭祀作为传统徽州“尊祖敬宗”的主要方式，历来受到民间高度重视。传统徽州祭祖形式包括祠祭、墓祭、家祭、会祭四大类。[④] 祠祭、墓祭、会祭因场面隆重且程序繁杂，基本由宗族或会社组织举行，平民家族因经济能力和社会地位限制，大多以清明墓祭和除夕家祭为主。

清明墓祭，又俗称“摽挂”“摽纸”“挂纸”等。据民国《歙县志》记载：“清明沿唐代遗风，家家插柳于户，上冢增封，悬纸钱于墓，名曰‘挂纸’，亦称‘标祀’。”[⑤] 祖墓为家族先人体魄安息之所，关乎家族命运甚巨，又徽人葬俗深受风水观念影响，因墓地争夺引发诉讼纠纷者不可胜计。由《序言》可知，汪鼎文家族墓祭传统由来已久，且规模较大。另外，上坟摽纸不仅期盼祖先护佑家族兴旺发达，更显示家族对祖墓的保

---

① 郑永福：《佛教与近代中国女性》，李小江、朱虹、董秀玉主编《性别与中国》，生活·读书·新知三联书店 1994 年版，第 213—229 页。

② 刘汝骥：《陶甓公牍》卷 12《法制科·歙县风俗之习惯·宗教》，安徽师范大学出版社 2018 年版，第 224 页。

③ 汪鼎文：《纪念祖宗谱》，1986 年写本，第 14 页。

④ 胡槐植：《徽州宗族祭祀制度》，周绍泉、赵华富主编《95 国际徽学学术讨论会论文集》，安徽大学出版社 1997 年版，第 86—93 页。

⑤ 许承尧总纂：《歙县志》卷 1《舆地志·风土》，江苏古籍出版社 1998 年版，第 40 页。

护能力，以震慑各类不轨行为，在家族内强化“尊祖敬宗”思想。由此不难看出，近代徽州民间墓葬破坏及相关纠纷日趋频繁，既是传统徽州墓葬纠纷现象的长期延续，亦与彼时整体社会风气衰颓不无关系。

除夕家祭亦为民间所重，以张挂祖容像为主要仪式。“岁时礼俗，正月悬祖容于庭，张灯设饮，至元宵后三日撤，谓之十八朝。”① 徽人视祖容像为祖先的形象化身，值辞旧迎新之际张挂祖容像，有助于强化子孙与祖先的情感联系。就此谱内容来看，汪鼎文家族成员中拥有祖容像者，大多为经商之远祖及配偶，一定程度上表明其制作成本不菲，需要一定的财力支撑。笔者访谈得知，自民国以来，该家族成员承安公与汪鼎文，以近代照相技术拍摄遗像留作子孙纪念，祖容像因自身功能被其取代而不再广泛流行，体现出鲜明的时代变革气息。

近代徽州家族祭祀在仪式上呈现新旧转型的时代特征。笔者经梳理后发现，汪鼎文家族祖先墓地大多在“平坟改地”运动中荡然无存，少数墓地或经搬迁，或不在平改范围内才得幸免，因此清明墓祭仪式不得不大为简化。汪鼎文在《纪念祖宗谱》中根据世系与墓地情况制定不同的祭祀程序。针对世系较远且已遭平改者，家族仅在祖宅门前焚化金银袋以为纪念；世系较近者则在同辈成员，如亲表兄弟、继妻墓前共同祭祀；另有墓地较远者，亦在门前祭祀。由此可见，家族祭祀的现代转型，表明其影响力在徽州民间仍根深蒂固，家族命运在祭祀仪式的现代转型中缓慢回升。

结　语

通过对《纪念祖宗谱》的梳理解读不难发现，汪鼎文家族既无科举显宦，亦无富商巨贾，属于近代徽州普通平民家族。自晚清以降，家族生计模式因时代和个体因素影响而呈现不同形式，然家族内部始终将以商为业作为内在准则。可见社会环境始终是家族生计模式变迁的直接因素，而家族传统在此过程中发挥至关重要的作用。

此外，近代社会剧变在汪鼎文家族日常生活各层面亦有所体现。咸同兵燹给传统徽州社会造成巨大冲击，汪鼎文家族命运由此急转直下。值得

① 许承尧总纂：《歙县志》卷1《舆地志·风土》，江苏古籍出版社1998年版，第40页。

注意的是，女性群体在支撑家族命运过程中起到不可替代的关键作用，在乡村经济与社会生活中的参与意识日益增强。由于社会环境的转变，家族在传承“尊祖敬宗”理念的同时，在祭祀形式上不得不大为简化。汪鼎文家族生计模式与日常生活各层面的变化，亦是近代徽州乡村社会转型在平民家族层面的具体表征。

传统徽州在社会剧变中艰难步入近代，相较于著姓望族群体而言，平民家族的发展历程更直观地反映徽州普通民众的生活样态。《纪念祖宗谱》整体揭示出汪鼎文家族命运在近代由急转直下到曲折回升的艰难历程，其命运走向与近代乡村社会转型息息相关。通过对汪鼎文家族进行个案剖析，有助于深化对近代徽州平民家族生活样态与乡村社会转型的相关认识。

（汪奔，安徽大学徽学与中国传统文化研究院硕士研究生；
康健，安徽师范大学历史学院副研究员）

自治与合作：清至民国黔东南木业金融制度的内生与外塑

程泽时

摘　要：清至民国时期的1937年，黔东南地区基本处于“土俗自治”阶段，木材运销至内外三江的过程中，“准会社银行”由民间信仰组织演化而来，“准富户银行”因乡里地权市场、互助合作而生，“准木行银行”基于商业习惯而生，三足鼎立，较好地满足了山客运销木材的资金融通的需要。南京政府控制黔省政治后，黔东南筹办地方自治，强制征收“准会社银行”资产，以作办学校这个自治要务的经费。实施民法，在商事交易中贯彻个人自治，取缔木行的习惯垄断，试图实现“法理自治”。以合作运动而强制购买社股，以农村信用合作、合作金库重构和控制乡村金融，反而让山客、林农的资金融“通瓶”颈更加滞塞。给当下乡村振兴和基层治理提供了一些启示。

关键词：木业金融；土俗自治；法理自治；木材运销；银行；合作

一　引言：山客贩运木植的资力不足而如何融通资金

清至民国黔东南的木材运销，与乡村振兴、基层治理密切相关，[①] 其

---

① 早在中华民国北京政府时期，就有学者提出“农村破产”的命题。参见钟全人《如何救济农村破产》，《铎声》1922年第1卷第6期。到南京政府时期，李大钊、费孝通、梁漱溟、陈瀚笙、薛暮桥、晏阳初、李景汉等，纷纷探讨农村破产问题，观点互相争鸣，分析其各方面原因，并提出其对策。参见赵兴胜等《地方政治与乡村变迁》，南京大学出版社2015年版，第1—43页。该著绪论《民国乡村变迁之思想渊源：以“乡村问题”的建构与表达为中心》，对此问题的学术史有较为清楚的梳理，颇受启发。1933年4月25日南京国民政府行政院设立“农村复兴委员会”，聘请财政、经济、银行学（8人），法律、政治学（3人），农学、生物学（5人），文学、哲学（4人），商学、会计学（4人），军事学、陆军测量学（2人），社会学（2人），地质学（3人），水利工程学（1），佛学（1），教育学（1），其他（4）12类学科专家38人为委员。

研究依然十分薄弱。从交易主体结构上讲存在两个“三面结构”：林农→中人←山客和山客→行户←水客。其买卖，并非即时木价两结清，且需要较长的时空过程（山→溪→清水江→三江码头，有的长达三年之久[①]），充满市场的、自然的风险和不确定性。杉木成熟后，林农常常无资力砍伐，山客即使合伙也是资力不逮，于是产生了一个资金融通的乡村社会需求。什么样的金融制度供给，在多大程度上满足该需求，就是本文的问题意识。

山客木贩对较大额度的资金融通需求是客观存在的，贩运木材折本也是可能的。乾隆三十九年（1774），加池寨姜柳保与堂兄姜合保合伙“贩木折本，无处归还”，只得将“屋一间、地基一间、仓一间、地一间”，作价银11两，出卖给姜合保。[②] 道光二年（1822）黎平府忙脸寨石芝杰、石声祥二人，因为木植生意，缺少费用，向八柳寨杨品极借本银300两，照月加三行息，并以田7坵、载禾120把作抵。[③] 在一份向黎平知府呈递的清代诉禀稿中记载“贩运木植……借本银八百七十两，迄今十四载，债主加三结算，本利实认三千之多”[④]。1915年前，加池寨姜兴盛卖给南哨萧万臣正木270根，议定实价银每根6钱8分8厘，折合宝纹银185两7钱6分，萧万臣支付元宝2元，重108两9钱，下欠宝纹银76两8钱5分，[⑤] 并于1915年十月初八日立下欠银字，承认拖欠“足银柒拾陆两捌钱”，承诺“如下回之木卖获银，即能归还，决不致误”。[⑥]

本文的木业金融，是指清代至民国时期贵州清水江流域（以今锦屏、黎平、天柱、剑河县为核心）持续的、大宗的木材运销过程中的自发产生的融通资金的行为方式、组织形态。它属于非正式的、非国家的金融制度范畴。又因本文仅限于探讨“山客”（即本地木商）的贩运木材过程中的资金融通，不涉及“水客”（外地木商），也不涉及王寨、茅坪、卦治这样的商贸码头集镇，实为“前段”的木业金融。本文的民间信仰，是指清代至民国时期贵州清水江流域苗、侗等少数民族和汉族，因信奉不同

① 张应强、王宗勋主编：《清水江文书》第1辑第3册，广西师范大学出版社2007年版，第298页。该告禀稿记述“条木一百八十余株，从雇佚伐木搬运，迨至本年将近三个年头，方才出江”。

② 张应强、王宗勋主编：《清水江文书》第1辑第3册，第4页。

③ 李斌主编：《贵州清水江文书·黎平文书》(1)，贵州民族出版社2017年版，第23页。

④ 张应强、王宗勋主编：《清水江文书》第3辑第6册，第449页。

⑤ 张应强、王宗勋主编：《清水江文书》第3辑第6册，第307页。

⑥ 张应强、王宗勋主编：《清水江文书》第3辑第6册，第438页。

于清朝礼部所颁祭祀礼典所列的、[①] 地方神灵所形成的宗教观念、行为习惯和组织形态。通过清水江文书、碑刻和期刊等，进行历史实证，找寻该地区木业金融与民间信仰之间的逻辑关联，试图得出清至民国时期清水江流域的木业金融的深层结构，即“神人互惠互构”，是为内生的“准会社银行”。此外，基于市场理性而生成的有“准富户银行”和“准木行银行”，也为山客提供资金融通。此三者统属于传统社会的“土俗自治”范畴。[②]

1937 年以后民国政府力量介入黔东南后，继清末办理地方自治，[③] 再度推行地方自治。兴办学校是筹办地方自治的要务。无偿地强制征收“准会社银行”的财产导致其萎缩，甚至终结。个人自治或称意思自治，与地方自治，一起构成“法理自治”。1929 年民国民法典颁行，确立私人交往领域的个人自治原则，也成为另一种意识形态，终结“准木行银行”的习惯垄断地位，但就黔东南区域内的木材运销金融而言，这是不利的强力干扰。

二　内生：“准会社银行”“准富农银行”和“准木行银行”的三足鼎立

（一）“准会社银行”由民间信仰组织转化而来

1. 清至民国黔东南的民间信仰组织——会[④]

民间信仰，既有宗教观念形态，又有行为组织形态，还有坛庙器物形

---

① 礼部会规定神坛规格、致祭日期、祭奠仪式等。参见光绪十八年黎平府志局刻本《黎平府志》卷二下，坛庙。

② 所谓“土俗自治”，借用了王阳明先生的语辞。原文“参看思、田二府，近该本院会议，设立流官知府，控制土官，各以土俗自治”，《行通判陈志敬查禁田州府私征商税牌（五月十五日）》，《王阳明全集》第四册，中国画报出版社 2016 年版，第 236 页。

③ 光绪末年至宣统年间，曾成立“黎平府第十区王寨自治公所”。参见龙泽江、傅安辉、陈洪波编《九寨侗族保甲团练档案》，贵州大学出版社 2016 年版，第 78 页所载“王寨自治公所告示”。

④ 目前，学界关于钱会、合会的研究很多，尤其以徽州钱会研究成果最为丰富。此类钱会、合会属于农村金融组织的较高级形态，属于脱离了民间信仰的农村金融组织形态，不同于本文的以民间信仰为基础的农村金融组织形态，属于农村金融组织的低级阶段。此外，陈宝良先生的《中国的社与会》，浙江人民出版社 1996 年版，将中国历史上的会社分为政治型、经济型、军事型和文化生活型四类，其中文化生活型会社又包括宗教结社、风俗之社等。由于该著属于总体性研究，资料丰富，注重逻辑分类和横向共时性考察，对历时性纵向考察不够深入。其宗教结社，大体等同于本文所指民间信仰组织的会，不同是本文着重考察作为民间信仰组织的会，如何演变成乡村金融组织。换言之，各类型会社可能会演化转变，不单是共时并存的。

态。对过往的清代、民国时期，能够把三者串联起来的、可以文字实证的唯有清水江文书。下面以至今保存在锦屏县平略乡平鳌寨的文书，来证明曾经存在这个古老苗寨里的民间信仰及其缔结祭祀会社（即“约会”）的行为。

（1）杨公庙会

据《黎平府志》记载：“敦寨膏箕滩上有杨五庙，船过此甚险，往来者竭诚祷祀，以保无虞。”[①] 又据《会同县志》云：杨公水神，“黔阳托口人，兄弟三，杨三将军、杨四将军、杨五将军，平苗有功，没后英灵不泯，宋敕封为神。今新化江及清水江一带滩甚险，皆藉神力，易危为安，黎平所以立祠祀之，并沿江上下亦立祠祀之也，又称镇江王”。[②] 位于清水江畔的平鳌寨，也修建了杨公庙，并且购置了会田，作为祭祀之用。

> 立断卖田约人姜老目父子，为因要银使用，无处得出，自愿将到先年得买河边杨公庙会上之田，地名加堵，大小叁丘，界限照老契清明，自己亲身登门，问到本房姜彩焕名下承买为业，当日凭中，三面议定断价银六两八钱正，其银亲手领回家中应用，自卖之后，任凭买主耕种管业，我卖主父子房族并外人不得异言，如有不清，俱在卖主子孙上前理落，不干买主之事，恐后无凭，立断买田约为据。
>
> 外批：其田之粮，照老契代纳。
>
> 凭中代笔姜朝伟
>
> 凭中妻旧（舅）范本芝
>
> 道光廿七年十一月十六日姜老目押立[③]

根据此约记载，可以推断杨公庙会的会田有三丘，在道光二十七年之前，出卖给姜老目父子。

（2）清明会

清明节祭祖扫墓，源自祖先神信仰。同一个祖先的子孙后代，常常集资或捐资购置祭田。下引的卖田契即是适例。平鳌寨与岑梧寨接壤，平鳌

① 光绪十八年黎平府志局刻本《黎平府志》卷二下，坛庙，三十四。

② 光绪十八年黎平府志局刻本《黎平府志》卷二下，坛庙，三十五。

③ 锦屏县档案馆藏文书，编号 JPWS-JP-0190-姜承奎-262，来源于锦屏县平略镇平鳌村。

寨的姜熺等人建立的清明会，以四十四两余的巨资一次性购买了岑梧寨陆春棋的七丘田，可见该清明会颇有资力。

立卖田字岑梧陆春棋，为因缺少银用，无处得出，自愿将到先年得买姜国顺之田，地名归瑞溪，萧安全屋背岭上田三丘，萧安全门口水田一丘，下坝水田一丘，又萧安全屋背左边岭杨梅田二丘，此杨梅田二丘分为三股，本名占一股，共计田七丘，共约谷二十担，今将出卖与平鳌寨姜熺、姜国望、姜之幹、姜东吕、东凤、卓英、秉智、煜文等清明会上承买为业，当日凭中议定价纹银四十两四钱八分整，亲手领回应用，其田自卖之后，任凭买主耕种管业，倘有不清，俱在卖主理落。今欲有凭，立此卖字一纸，永远发达存照。

外批：老契未缴，尚在陆春辉处存。

凭中陆相义

代笔陆春象

外批：下坝田一丘，各在会上管业。又萧姓屋背左边岭杨梅田二丘之股，先年将此田补与盛德管业，此三丘在外。光绪卅二年八月廿七日盛鳌笔。此契所余之田拨换与绍清管业。

光绪七年二月十五日立①

（3）土地会

清水江流域一带城乡居民信奉土地神。据《黎平府志》记载：“黎平府社坛，开泰县同，在城西门外、官厅后。社，土地之主也。土地阔，不可尽敬，故封社以功。稷，五谷之长也，谷众不可偏祭，故立稷以祭之。顺治初定每年春秋二仲上戊日祭太社、太稷。太社以后土句龙氏配，太稷以后稷配，各直省府州县祭日同，祭前致斋三日，不理刑名。”② 黎平府、开泰县官方祭祀太社、太稷二土地神。又载“土地祠，府城多有，惟城南角楼及易家街西二处最灵异。凡疾病、灾患，祀之辄应，往来祈祷者络绎不绝”。③ 黎平府与开泰县，城县同城。生活其中的城镇居民也信奉、

① 锦屏县档案馆藏文书，编号 JPWS-JP-0190-姜承奎-302，来源于锦屏县平略镇平鳌村。

② 光绪十八年黎平府志局刻本《黎平府志》卷二下，坛庙，十七、十八。

③ 光绪十八年黎平府志局刻本《黎平府志》卷二下，坛庙，三十二。

祭祀土地神，并建有多处土地庙。下文援引的典田契，表明平鳌寨的苗人也祭祀土地神，并缔结了土地会。

立典田契字人姜奉诚父子等，为因短少粮食，无处设法，自愿借到土地会之银，本利不得归还，情愿将冲也汪田一丘，出典与会友姜荣春、志仁、永松等名下承典为业，此田每年下田分花，不得短少斤两，此田自典之后，任凭田主耕种，典主任现下田分花，其田自典之后，不得异言，恐口无凭，立此典字为据是实。

外批：本□俱有簿子存。

光绪三十年九月十六日志仁笔立①

平鳌寨的该土地会，有一定资本，曾向姜奉诚父子提供贷款，但该父子无力偿还，只得向会友出典田一丘。下引卖会资契，表明该土地会作为一个营利性经济组织，可以转让。

立卖会资，姜永吉情因先年与姜永松、永芳、姜荣春、志仁、杨顺美约成一会，逐期作敬土地神之资，所有银钱谷簿者，自卖以后，概归姜增文永远经管，此据。

凭中代笔傅志文

光绪叁十叁年叁月初七日　立②

（4）污堵溪大桥会

清水江流域，沟壑纵横，溪流众多，以木石架桥，以利出行，十分普遍自然。但是，也存在一种不利于桥梁维护和永续利用的排他性的、消极的民间信仰——“保命桥”。天柱县坌处镇归宜溪边的《上应七星》碑就记载：“盖闻造桥以便人行，所以积德于己，未闻据以为己业，因而贻害于人。窃叹我等地方，每有后裔，以先人所造之桥，据为己业，动谓桥各有主，称为保命桥。虽家业已败，无力重修，而不许外人再架者，于是有愿买桥为己业，以便重修，而桥主固执己见，不愿卖者，意谓卖桥与人，

① 锦屏县档案馆藏文书，编号 JPWS-JP-0190-姜承奎-391，来源于锦屏县平略镇平鳌村。

② 锦屏县档案馆藏文书，编号 JPWS-JP-0190-姜承奎-414，来源于锦屏县平略镇平鳌村。

则保人之命而不保己之命也。独不思己既无力重修，又不许人再架，行人至此，被水阻隔或涉水溺毙，则桥主难保行人之命，天何尝保桥主之命哉！况人之命受于天，非桥所能保，不待智者而后知也。即如坌处对岸之归宜溪……旧有桥翼，然临于溪上者，乃先年坌处老房街王春梅、王永禄二公所架也，原架长条石板，尝闻在昔有人愿买此桥，砌石为巩（拱），以图久远，而二人后裔扭于保命之说，不愿售出，继而溪水暴涨，木植横流，掀石板而为两。久之，而梅公后裔名志映者，愿将此桥十二股卖出一股，德即率侄正诚共买之，非买桥保命，实欲破桥保命之说，资众力砌石成巩（拱），则一劳永逸耳。幸二公后裔有桥股者，皆信德述善与人之言，欣然开簿，募化四方，又蒙四方善信解囊乐助，计得钱一千余串，共成美举。”[①] 此种“保命桥”民间信仰，延续至今。[②]

既然不让人重修，那么只有“桥主”及其后裔们持续维修、维护和管理，于是设立桥会，购置山木田土资产，以其孳息充当维修、祭祀费用。下引平鳌寨的卖乌堵溪大桥会会股，即是适例。

立卖字人傅志远、志恒、志文、志端弟兄，为因缺少银用，无处得出，我等商议，自愿将到污堵溪大桥会，以作卅八股，我弟兄一股，其有会以前所买得山木田土者、账簿，一概出卖与姜盛齐名下，承买为业，凭中议定价银七两〇八分，自此以后，任凭买主修桥管业，子孙永远发达，卖主不得异言，此据。

凭中姜盛周、苏发顺

志远批：忠臣之股，亦卖在内。

光绪卅一年十二月初六日志远笔立[③]

至光绪三十一年（1904），该桥会的资产市值，按 38 股，每股 7.08 两估算，约达 269 两之多。资产包括山场、林木、水田等，并立有专门账

① 政协天柱县第十三届委员会编：《清水江文书：天柱古碑刻考释》上册，贵州大学出版社 2016 年版，第 89 页。

② 参见徐晓光、徐斌《修桥、祭桥与拆桥——黔东南“敬桥”习俗及相关法律问题》，《贵州民族研究》2017 年第 4 期。该文将“保命桥”信仰，归纳为修桥积福求子的“敬桥”习俗。

③ 锦屏县档案馆藏文书，编号 JPWS-JP-0190-姜承奎-398，来源于锦屏县平略镇平鳌村。

簿。下引一则卖污堵溪桥会股字，与上文所载为同一桥会。“污”同“乌”，又均为三十八股。且平鳌寨西与河口乡文斗村隔乌斗溪相望，[①] 即只有一条乌堵溪（或称乌斗溪）。至光绪三十四年（1908），该桥会的资产市值，按38股，每股4.18两估算，约值159两，依然不菲。

立卖污堵桥会字人姜氏龙妹，奈我年迈无银用度，自愿将先年人留下污堵溪大桥会资，作为卅八股，我名下占壹股，其有会内买得有田地山场并簿契，概将与族侄姜增文名下，凭中品评价银四两一钱八分，日后任凭增文修管，我龙妹并房族不得异言，此据。

凭中代笔傅志恒

光绪叁拾肆年三月廿七日立[②]

桥会将所购置田业，出租出去，每年固定收租，以供每年农历二月初二的祭祀费用。但是，为何桥会的资产中还有山场、林木呢？须知种植杉木，需要20—30年才能成熟砍伐出卖，变成现金。要回答这个问题，就必须了解作为乡村金融组织的桥会。

2. 乡村“准会社银行”：清至民国黔东南民间信仰组织的演化

上文论证是以平鳌寨的文书为例，事实上这种乡村民间信仰组织十分普遍。比如，锦屏县魁胆寨有孔桥会、土地婆会、土地会、大他路会，[③] 加池寨有南岳会、土地会等。[④] 笔者曾以魁胆、加池、平鳌三寨的文书为例，论证了“会”具有劳动产品再分配功能和借贷融资功能的结论。[⑤] 下文以平鳌寨的乌斗溪桥会为例，进一步论证它已成为一个乡村“准会社银行”。

（1）乌堵溪桥会的山场林木多因放贷抵债而来

下引的摊还字，迄今保存有两份内容基本一致的文书，一份记载了文书的书写时间和笔立人姓名，[⑥] 另一份没有记载书写时间和笔立人姓名，但是略载了四次放贷的契据，详见下面的录文。

① 王宗勋编：《乡土锦屏》，贵州大学出版社2008年版，第119页。

② 锦屏县档案馆藏文书，编号JPWS-JP-0190-姜承奎-426，来源于锦屏县平略镇平鳌村。

③ 参见拙著《清水江文书之法意初探》，中国政法大学出版社2011年版，第136—139页。

④ 参见拙著《清水江文书之法意初探》，第143—147页。

⑤ 参见拙著《清水江文书之法意初探》，第142—146页。

⑥ 参见拙著《清水江文书之法意初探》，第145—146页的录文。

立摊还字人姜必荣、子于简、于泽父子，前因亏欠污堵桥梁会上银钱谷子，积欠数年，本利合算，该洋柒拾肆元零捌分。情因时局惟艰，未能偿还清楚，至民国廿七年腊月，众会首议论起诉，嗣蒙地方姜承善、姜承智、姜□□从中解和，而必荣父子自愿将本己所有山场□处，凭中摊还。一处地名细在打首，界限上凭□岭，下抵大路，左上凭冲，与欠主之山，左下凭冲与承礼等山为界，右凭岭，土栽全占。又一处地名引漏缸营盘脚山场一截，界限上凭梁岭，下内凭承礼山下，外凭禁山，有土塁（坎）为界，左凭小岭有埋岩，右凭冲，与前幅界限相连，土栽全占。又一处粟引漏缸，界上凭刀尖，下抵漏缸古盘路，左凭洪路，右凭小岭，与宣权、杨姓等山，此山土股全占。又一处地名鸠仰□□，土股分为五股，父子实占壹股，界限照前，我等会上得买富春之四股管业。又一处地名皆妍大路砑下，此山土原分为三截，先年伯父姜学明与我父学广，将三截之式，补与会上，其山□□必荣挖栽种，界上凭大路，下抵土塁（坎），左凭埋岩，□□发榜得买奉诚之山，右凭小冲，此二截，栽手□□占。以上共计五处，界限均载明燎，当凭地方将此数处之山摊还此账金，立契约，任凭会首姜为宏、姜为耀、姜为煌、姜宣权、姜天仕、姜天锡众会人等，照契承受，欠主父子不得异言，恐后无凭，立此摊还字。

凭中姜承善、承智　姜宣韬

□三笺

□□　一借谷字一张　一借钱字一张

一借银五两式钱字一张　一典田卅一元字一张 必荣 必镛乐仁①

据此二份摊还字，可以推知：乌堵溪桥会至少在1904—1939年还存在，上溯和下截的准确时点尚待考。桥会的最初资产应是水田，所收租谷，除敬桥祭祀外，尚有结余。于是放贷给姜必荣父子，立有借谷字一张。此外，信用放贷钱和银两各一次。最后，姜必荣父子以田出典给桥会，借得31元。另据该摊还字左上角记载“于简、于泽栽手字”②，可以

① 张应强、王宗勋主编：《清水江文书》第2辑第1册，广西师范大学出版社2009年版，第441页。

② 张应强、王宗勋主编：《清水江文书》第2辑第2册，第42页。

推知该姜必荣父子应是职业栽手，主要以种植杉木为生。在杉木砍伐收益之前，需要人工和粮食，于是向桥会借贷。换言之，桥会向林农提供一定金融借贷服务。

> 乌堵溪桥会的银钱本金，也主要是来自于杉木股份发卖所得。兹引一则卖木分银单为证。
>
> 民国卅年十二月初二日发卖地名皆研汪度库山一截，上凭大路，下凭于泽山，左凭景周山，右凭冲与高山为界，卖与姜于简斫伐下河作贸，凭中议定价市洋壹拾元零捌角，所占山多寡列后：
>
> 内除各食洋叁元，实存洋七元八角，又除栽手三元一角二分，实存四元六角八分，作三股分派。
>
> 姜必荣占山壹股，该洋一元五角六分。
>
> 姜灿春占山壹股，该洋一元五角六分。
>
> 乌堵桥头会占山壹股，该洋一元五角六分。
>
> 姜于简笔①

（2）乌堵溪桥会向山客们合伙贩运杉木提供金融借贷服务

山客将杉木砍伐后，通过旱路搬运至溪边，然后通过水运，抵达王寨、茅坪和卦治，其间历时达 2 个月至 3 年，需要提供斧手、旱夫、排夫的伙食、工钱费用，需要不菲的资本，常常需要向桥会等金融组织借贷。下引一份诉讼稿，就是例证。1930 年具诉人和姜于立、姜于荣合伙贩卖杉木，缺少搬运资本，由具诉人代表合伙，向乌堵桥头会借谷一百九十余斤和洋二元有零。后三个合伙人因偿还该合伙债务而发生纠纷。

> 为盘剥重利、藉众邀狭、俯恳传究，以维贫困事。缘民国庚午年民与伙友姜于立，同本寨姜于荣合作木植生理，缺少搬费，由民经手借得乌堵桥头会首姜宣梓、姜为仪、姜天煌等本谷一百九十余斤，又洋二元有零。后因生理发卖所得木价洋银，概由姜于荣一人全收，民与伙友姜于立丝毫不据。乃民现有积股资本数十元，显经手拉欠桥会

① 张应强、王宗勋主编：《清水江文书》第 2 辑第 2 册，广西师范大学出版社 2009 年版，第 46 页。

之谷，无从赔偿，日累月积，延至壬申年，本变息，利作本，即将照他凶年，以谷变价，算成光洋卅一元，真是本少利多，实当难还，而会首姜宣梓、姜为美、姜宣武、姜宣端等，以众欺孤，恃行捆绑，逼勒赔还，受此压诈，民当设法，只得将到父母所有养赡之田二丘，地名东茂暂，将作十倍，屡年邀求会首从宽相让，退还抵据，等云。众皆允承，未卜姜宣梓、姜为美二人，有何嫌隙，于中阻持，着何鬼怪，掯字不缴。复至今秋，死灰复焰，该姜宣梓、姜为美约集会友，众口哓哓，即经地方姜承善、杨顺隆向民索还，东扯西拉，说民有欠六十余元之多，如未照数赔还，必将提捐公家等议，民当骇然，无法无天，含冤莫白，似此本少利多，实所难还。为此迫切，只得辩乞□□台前作主，赏准传集会首姜宣梓、姜为美等到案，并恳查存簿记，烛照燎然，退还抵据，了清手续，解除冤民痛苦，顶戴不朽。

前次代撰公[①]

如果说诉讼稿的证明力稍显不强，那么下引一份1936年锦屏兼司法县政府民事判决书来加强论证。

原诉人姜灿春，五十二岁，锦屏县人，商。

被诉人姜必镛，五十二岁，锦屏县人，商。

证人姜为煌，六十五岁，锦屏县人，商。

姜永隆，六十一岁，锦屏县人，商。

姜为美，六十岁，锦屏县人，商。

姜承英，四十岁，锦屏县人，商。

上列当事人因合伙债务事件，经本府审理终结，判决如下：

主文

姜灿春备洋二十一元缴给姜必镛具领，自赎抵与桥梁会首人东茂之田壹丘，并备息谷六十六斤，□交与桥头会收清，讼费□姜灿春负担。

事实

缘姜灿春、姜必镛与姜为煌等，均系同族叔侄弟兄。民国八年十

① 张应强、王宗勋主编：《清水江文书》第2辑第2册，第99页。

月，姜灿春等合伙经营木植，未立契约，仅有簿据。灿春出本银二百三十二两，为煌出本银五十六两，永隆出本银四十两，必镛出本银十四两余，灿春又交必镛运费银一百五十余两，共本银四百九十余两。灿春经理买卖，必镛经管账目。因当时买眼佳者、报东笼两处山木，应付山价银三百四十余两，不敷五两，经必镛代各合伙向平鳌场桥梁会首人借以补清，每两按月行息二分。民十算账，木仅卖获价银四百七十二两，已折本二十余两余，行户尚欠价银六十余两。已获之价均为灿春等支用，许俟行户价银补清即结算合伙账目，照数分给并还桥梁会首人借项。迨民国十五年桥梁会首人催利甚急，全家仍未补价，必镛即以己之东贸田一丘，抵与桥梁会首人，每年认息息谷一百斤，由灿春、必镛、为煌三人负担，必镛当时并垫付利息九两余。未几龙道生病故，无人继续营业，灿春等三人连年认付息谷，延不议还债项。去秋灿春并将应付息谷未给必荣，镛受首人催索，不免忿有烦言，灿春仍以价未收获为辞，必镛遂谓民十所算之账，未见红单，价值以多报少，经灿春约集为煌、永隆、为美、承英等证明清算，必镛坚执己见，事未结束。县城克复，灿春即以折本无利等情，告诉必镛到府，兹经集讯并据两造及证人等供述，控词追索前情。

理由

查姜灿春与姜必镛等合伙经营木植，既系必镛经管账目，如果民十清算，灿春未将行户红单执出，必镛何以知木之卖价为四百七十二两，折本二十余两，且必镛向行户龙道生拨银十七两五钱支用，并开单载明行户尚欠价银六十余两，足见卖木价值灿春决无以多报少情事，惟必镛借桥梁会首人银五两，补给山价，从民十清算，价尚未补清，不妨稍缓议还，何以龙道生死后，行户倒闭，灿春既经理买卖，亦不约集合伙，筹商赎还手续，致必镛垫付利银九两余，忽焉十年，并与为煌负担息谷，亦各有三百余斤，迟延之咎，其何能辞？依民法债编第二百七十一条之规定，连合债务应各平均负担给付，但事隔十六七年各合伙人现均贫乏无力应赎，灿春负责清偿。据上论结，并依民事诉讼法第七十八条判决如主文。

民国廿五年十月廿日

核与原本无异

县长

承审员　　书记员
民国廿五年十一月　　　　　日校发①

据此，山客姜灿春、姜必镛、姜为煌、姜永隆四人合伙贩卖杉木，至茅坪龙道生木行交易。合伙资本不足付清木价，遂向乌堵溪桥梁会借银五两。后因龙道生木行倒闭，尾欠木价无着，导致无法偿还给桥梁会。

不仅桥会向山客提供资金融通服务，而且其他民间信仰组织也提供类似服务。兹举一借字如下：

立借字人姜于简，为因要钱急用，自愿借到姜景恩、世文、世泽等清明会大洋拾元，其洋系加三行息，限至后五月内归还勿误，将虎培南田一丘，约谷三担，作抵是实。
民国廿二年前五月廿日亲笔立②

1933年山客姜于简向清明会借大洋十元，期限仅一个月，以田作抵。

不仅锦屏境内如此，而且黎平县境内也有民间信仰组织向山客提供资金融通服务的。兹举一例如下：

立借字人杨昌玉为因木植缺少用费，借到龙灯会友刘文焕、杨胜兰等，实借过足银玖两肆钱叁分，又借钱七百八十文，清手领回应用，其银钱自借之后，言定每两照月加三分行息，自愿将归力扒锦偃田二丘，载谷五石，作抵，限至卖木本利归还，不得有误。如有误者，任凭会友进田管业，借主不得异言，恐口无凭，立此借字为据。
凭中杨会庆
代笔胜渊
民国庚申年二月十六日③

1920年黎平县罗里的杨昌玉运销杉木，向龙灯会借银9.43两、钱

① 张应强、王宗勋主编：《清水江文书》第2辑第2册，广西师范大学出版社2009年版，第38页。
② 张应强、王宗勋主编：《清水江文书》第2辑第2册，第38页。
③ 黎平县档案馆藏文书，编号JPWS-LP-36-杨秀元-125，来源于黎平县罗里乡上龙村。

780 文，月息 3%，约定卖木本利归还。

3. “准会社银行”的深层结构：神人互惠互构

（1）林农们将卖木收入部分捐作敬神费用

清代的平鳌寨民间信仰组织，除桥会、土地会、清明会外，还有魁星菩萨会。且在二三十年买木分银一届的时候，捐银作敬神费用。兹引分清单合同如下：

> 立分清单合同字人姜作开、吉春、占春、永春、灿春、姜登科、登程、登贵、登廷、姜德顺、德明等所有共山一幅，地名未加……
>
> 其山木价，土栽四拾两零八钱，木客姜学广、作武砍伐，内除各食并接中用费，该银四两弍钱七分，又除敬魁星菩萨银贰两五钱，实存银叁拾肆两〇三分，作五股分派，土股占三股，栽手占二股……
>
> 光绪二十九年十一月廿八日立①

（2）林农将争议山林、木价捐作民间信仰组织财产

林农常常相信神判权威，调处山林、木价纠纷，也时常将争议山林、木价捐作民间信仰组织财产。光绪四年（1878），加池寨姜大荣、姜献瑞、凤仪、恩瑞、光朝、庚寿等，将所有共山，捐作南岳庙管业。② 下文再引一文斗寨的清白字为证。

> 立清白字人萧送彩、范三保为因道光七年内所买到文堵（斗）寨姜绍略、姜载渭二家之山杉木一块，砍伐下河生理，遭姜宗周具控，经天柱县主案下，送彩所用规费，二比开馆面理，蒙中等于内排解，姜绍略、载渭家出银六两充公上下南岳庙，二比自愿息和，中等并无强压，立此清白为据。
>
> 凭　　　　　　中
>
> 客长　黎平向文清、江西张德明、福建李林通、湖南吴建谋、开太朱陶文、湖南杨选孝、黎平杨通林

① 张应强、王宗勋主编：《清水江文书》第 2 辑第 3 册，广西师范大学出版社 2009 年版，第 127 页。

② 参见拙著《清水江文书之法意初探》，中国政法大学出版社 2011 年版，第 143 页的“立山场充公字”录文。

绅士　姜荣、姜春发、姜本清、姜钧渭、姜济泰、姜朝幹
寨长　姜通圣、姜宗智、姜廷贵、姜通义、姜朝旺
代笔 李万年
清白人 肖运彩立
道光拾壹年拾壹月初七日①

道光十一年间，山客萧运彩、范三保，买得文斗寨姜绍略、载渭的杉木，砍伐下河贸易，遭到文斗寨姜宗周的拦阻，并到天柱县控诉，为此山客花费了不菲的诉讼费用，要求姜绍略、载渭平均分担，发生纠纷。在客长、绅士和寨长的调解下，姜绍略、载渭无须向萧运彩补偿，而是向文斗上、下两寨的南岳庙捐银六两，和息了事。

（3）民间信仰之神灵作为神判权威，调处山林地界纠纷

清至民国时期，清水江流域的纠纷解决机制存在“三元”格局，或控官，或向地方伸理，或神判，实现正义，互为补充。② 根据文书记载，平鳌寨清嘉庆年间以来，发生山林纠纷，常常向南岳大王祈求神判。平鳌寨人兄弟分家析产，书立分关，也要多写一份合同，在“南岳忠靖助国侯王、当山护教十八位伽蓝菩萨位前焚烧一纸合同”③。甚至周边的林星寨也信奉杨公大王、南岳忠靖注死侯王，在控官、向地方伸理不服后，向以上二神及地方过往神灵，具呈阴状。④ 清水江流域人们笃信神灵惩恶扬善，毫厘不爽，兹举民国时期平鳌寨一文书所载“砍鸡凭神”为证：

计我引攸之大山，于民十二年二月内，因有我山上下两截，上截为买一段，下截为第二段，其上段，前届老木现卖与文斗姜世隆、加池姜凤凰、我兄盛达伙砍，现佃与发荣子盛玉、盛国等栽杉，各有土埂清白为界。其有第二段，因前届被德礼、德顺、德义、德仁等有第

① 张应强、王宗勋主编：《清水江文书》第1辑第12册，广西师范大学出版社2007年版，第75页。

② 参见拙著《清水江文书之法意初探》，中国政法大学出版社2011年版，第357—370页，“第七章第四节 清水江纠纷解决机制之成本、程序”。

③ 张应强、王宗勋主编：《清水江文书》第2辑第5册，广西师范大学出版社2009年版，第207页。

④ 程泽时：《清水江文书之法意初探》，中国政法大学出版社2011年版，第181页，详参“第四章第一节 拈阄、具阴状与分配正义、校正正义”。

三段之山，砍错越上我二段之木二百八十根，其小木不计其数，立有错砍字，清白赔还我银卌来两，方完此次，其有前砍错我之二段之土，又放送我姨妈种地栽杉，各与发荣、盛玉、盛国分界清白。又及因年前，绍政叔伯父德智、德义将三段之土小股，卖与正荣。又有德顺、绍桢将伊三段土小股并栽，卖与为宏。至今年二月间，有为宏、正华子宣猷、宣梓，学做混子，勾串绍政、绍桢，奈此人忠厚，愚呆之人，被伊啰嗦，上伊圈套，与我做事，将伊三段之山木，并我二段之木，伙卖与岗首吴秀科、本族姜志邦砍，其价足银八十八两八钱，而伊去砍，故我等才阻客，二比请中理论，有我姨妈之逆种姜正华，反云前栽我二段，今移上来，作我头一段的山脚，在盛玉、盛国栽之界内，我等才要玉、国上山去指引界，因宣猷横不尚理，定要与玉、国争界，砍鸡凭神等语，正在庙前欲砍时，有极呆之姜绍桢，横言帮正华腔。又帮伊那鸡与盛玉、盛国砍，只将鸡砍一支左脚并脑壳，才完此一截。二比又告县署，而伊三契上之界，只凭岩栏，现山伊上界各有岩墚清白。又承□饬先生并法警来上山勘验，我指先生法警，概无云可答。至后不过四十九天外，有绍桢大子承哲，帮华放木下洪，哲在洪脚，华在上放木下去撞坏，断哲一只左脚。不过两日，又有绍正去白斗看田水，被野鬼将伊打死，在大路边。看起来，事不可做过，定有报应。其有他们等用我等山价几十两，亦不值几何。至后我等亦不催案，此盖（届）之银送他们用，我等又来研究（阄）此山又栽，看二届填补。奈我家这几年事浩繁，收事为法。①

此文为民国北京政府时期平鳌寨的姜盛齐自撰，记述山林纠纷裁判、调处之经过。一是较仔细记录砍鸡凭神的场景，以及神判报应灵验。砍鸡一只左腿，后来有一人应验，撞断一只左腿。砍鸡脑壳，后来另一人应验，被野鬼打死在路边。二是姜盛齐的感叹："事不可做过，定有报应。"三是姜盛齐的自我安慰，此届木价被人妄争损失，期待下届木价弥补。

综上，清至民国时期黔东南的"会社准银行"是神人互惠互构的。一方面，民间信仰作为一种地方性的"意识形态"，具有较强的形塑、规范、约束和凝聚力量。日益频繁的木材、山林交易，日益增多的外来客民，激

① 锦屏县档案馆藏文书，编号 JPWS-JP-0191-姜承奎-824，来源于锦屏县平略镇平鳌村。

发起黔东南人竞逐经济利益的动机，利益与是非、善恶的纠结纷争也随着增多，也需要神判发挥更大的作用，去调节和平衡人们内心的那杆动荡不安的秤，作为回报，林农和山客捐资，使得会产增值。正如下所示：

民间信仰→林农山客→信仰神灵→神判服务→林农山客→捐资回报→会产增值

另一方面，黔东南的杉木，具有市场竞争力，持续地吸引外来水客来三江购买，官府赋予三江木行对木材交易居间服务的垄断权力，使得木材必须搬运至三江码头才能外销。砍伐、搬运、水运的成本不菲，非一家一户的林农资力所能独立承担，于是乡村金融服务的普遍性制度需求产生了。拥有一定闲置资金的民间信仰组织——会，与时俱进，从会友灾荒死葬危困之时的金融互助机构，逐渐演化成服务山客木材贸易的金融服务机构，桥会、南岳会、清明会等演变成一个个“乡村小微银行”，很大程度上填补了国家金融体系在乡村的空白。正如下所示：

民间信仰→林农、山客→信仰神灵→约会→集资敬神→资金融通服务→山客→偿还会款、会谷本息（还田、典田、还山林）→会产增值→扩大资金融通服务→山客

一言以蔽之，清水江流域的每一个村寨的每一个会社，都是一个服务林农、山客的小微银行，或称为乡村“准会社银行”。这也符合西方经济社会学所提出前现代社会中经济的嵌入性命题。

（二）“准富户银行”基于乡里地权市场、互助合作而生成

所谓的“准富户银行”，是指清至民国时期，黔东南的清水江流域畔的村寨中常常有一至两户家资丰厚，接受其他农户卖木价金的存储，同时也为山客运销木材提供贷款的农户。山客、林农贷款，一般需要以田、土、杉木、地基、猪等作典、作抵、作当。该银行存在的前提，是存在一个乡村的地权市场，以“发现”担保物的价格，并与借贷金额进行比较。“千年田八百主”就是中国自宋以后地权市场形成并持续的真实写照。

1. “准富户银行”满足了卖木后的林农有存款的需求

平鳌寨的姜盛齐于1923年9月15日自撰，记述收存姜承亨母亲林香的卖木价银。林香担心其丈夫及儿子将该价银很快花费掉，央求姜盛齐收存。兹录文援引如下：

齐计：民五年十二月廿三，亨母名林香，有南穷格栽手木，卖与

作武砍，价八两七钱八分，作武欠四两五钱七分，武只兑三两零一分，有原单系义笔，我看不对数目，我故留此原单。自此日林香将三两零一分，那（拿）作我存，而我存至民十年八月内，算有九两五钱本利，林香云此五钱那（拿）作公买土吃，其有九两正，放把你手存。公等云，如林香收者，只恐丈夫及老昌将用完了，我要用此两都不得，等语。故我才收留，又至民十年、十一年陆续收，共得二万七千二百二十文，以四申银，十两零八钱八分，内除九两本，余一两八钱八分作为利，等语。此数以作两清，此银如前若放在我手要利者，那不知我答应否，此不过你帮，暂留存，以免昌乱那（拿）乱用等情，故耳。①

2. “准富户银行”的贷款

在一本保存在加池寨的《佐兴、之毫、之谨、开让祖公买山场总簿姜元贞抄录》中，其开头的16页，集中记录了道光三年至十二年大约126笔借贷的简账。② 兹部分整理42笔，录文如表1：

表1　加池寨借贷简账

序号	年份	月日	借款人所在寨名	借款人	本银（两）	备注
1	嘉庆廿四年	七月初二	加池	之豪	2.7	
2	嘉庆廿五年	六月廿七	加池	开贤	4	有借约
3	嘉庆廿五年	十二月初八	加池	姜笼绞	2	有借约
4	嘉庆廿年	十二月	加池	姜世培	2.14	有借约
5	道光二年	五月初九	加池	三绞	0.9	
6	道光二年	五月十九	加池	三绞	0.45	
7	道光二年	十一月廿八	加池	燕林	15	将暴库田作当，收
8	道光二年	十二月	加池	三绞	谷一秤	
9	道光三年	二月初二		姜登文	2.5	有借约

① 锦屏县档案馆藏文书，编号JPWS-JP-191-姜承奎-817，来源于锦屏县平略镇平鳌村。

② 张应强、王宗勋主编：《清水江文书》第3辑第5册，广西师范大学出版社2011年版，第33—48页。

续表

序号	年份	月日	借款人所在寨名	借款人	本银（两）	备注
10	道光三年	二月十五		龙献彩	3.08	收
11	道光三年	二月十五		姜宗周众人	10	有借约，收
12	道光三年	二月十八	加池	龙长生	0.9	将党养五股占一股作当，有约
13	道光三年	三月十九		姜登智	2.88	有借约
14	道光三年	三月廿日	堂东	吴光彩	2.94	
15	道光三年	三月廿五	加池	姜开礼	2.2	将猪作当，有约
16	道光三年	四月初七	加池	姜献兰	1.7	有借约
17	道光三年	四月十一		福香包	0.43	将猪作当，收
18	道光三年	四月十二		士能	6.2	洪平
19	道光三年	五月初二		乔凤	0.45	
20	道光三年	五月初六		姜宗周	7	九八平，收
21	道光三年	五月十八		姜凤乔	12	有约
22	道光三年	五月廿六		姜福宗	1.3	有借约
23	道光三年	五月廿七		世林、开明	50	有借约
24	道光三年	六月初五	岩湾	范绍学	100	收
25	道光三年	六月初六	绕号寨	老养	10	收
26	道光三年	七月初二		姜成烈	2.5	有借约
27	道光三年	七月初二	堂东寨	吴焕奎	3.5	
28	道光三年	七月初三		姜世宽	50	有借约，收
29	道光三年	七月十七日		黄明道	10	有借当字
30	道光三年	八月初七日		世琏、开明	20	红平兑，有借约
31	道光三年	八月初四		士道	25 + 19.8	好银，买马
32	道光三年	八月十一日		姜登智	10	好银
33	道光三年	九月廿四		吴光彩	18.9	光明手
34	道光三年	十月廿四		吴光彩	15.01	长生手
35	道光三年	十月廿六		姜成烈、福宗	14	有约
36	道光三年	十月廿六		姜世元	20	有约
37	道光三年	十月十八日		姜开明	14.7	
38	道光三年	十一月初三		彭相吉	112	
39	道光三年	十一月初九	党央	宋万臣	20.4	无约

续表

序号	年份	月日	借款人所在寨名	借款人	本银（两）	备注
40	道光三年	十二月廿一		借臣凤	9.04+6	
41	道光四年	十二月十四	平鳌	姜老富	34	有约
42	道光十二年	十月初十	格翁	彭应祖	14	每年秋收称脚谷五百五十斤

从上表可知，姜佐兴家族俨然是一个“准富户银行”。道光三年就借贷31笔，累计本银达584余两，其中，最大一笔达112两。加池寨姜元贞家族的“准富户银行”不仅向本寨放贷，而且还向周边格翁、平鳌、党央、堂东、岩湾、绕号等寨放贷。之所以称为“准富户银行”，除其拥有大量山林外，还因为其家中财产不菲，有一份清嘉道年间姜佐兴为家产被劫事禀稿为证，兹录文如下：

小的姜佐兴，年纪六十二岁，是加池寨人，妻子姜氏，儿子思贤。本月十六日，小的在城候案，见工人上城说，小的家十五日三更时分，被强盗打劫，手拿榔头木，又用墨化脸，上楼打开睡柜，劫去银一百廿二两，必机面织绒袍子二件，毛等布夹袍子一件，蚕绸袍子一件，青布大褂一件，必机马褂二件，青缎夹大褂一件，三兰缎夹袍子贰件，兰布衫子二件，白布衫一件，蓝布单裤二条，青布棉裤一条，青布二疋，兰布二疋，白布一疋，青布棉袜一对，白布棉袜一对，布鞋二对。①

姜佐兴、姜开让、姜元贞的“准富户银行”的大额借款，主要是为山客运销木材。兹举数例如下：

立借字人岩湾寨范咸宗，今因生理，无银交价，自己上门问到姜佐兴名下，定借个（过）本银壹百伍拾两正，亲手收回应用，其银

① 张应强、王宗勋主编：《清水江文书》第1辑第5册，广西师范大学出版社2007年版，第287页。

照月加三行息，不居远近归还。今恐无凭，立此借字存照。

范绍仲亲笔

嘉庆拾贰年五月初七立①

范咸宗向姜佐兴借银一百五十两，用于交付运销木价。

立借字人剪赖寨姜国彩，为因先年国彩、吴焕奎、姜绍、姜士文合伙生理，国彩、焕奎向加池寨姜开让借过本色银壹佰两，多年本利无归，至道光贰拾肆年，开让取讨，伙等无银归还，苦求开让让利，将色银壹佰两折归纹银伍拾两，伙计四人分，每人名下落纹银壹拾贰两伍钱，各写抵当，每年每名下，上谷利壹佰伍拾斤，不得短少，本银不拘远近归还，各还各清，国彩自愿将剪赖国道屋坎下田一丘作当，恐口无凭，立此借当字为据。

凭中 吴焕章

子清湖笔

道光贰拾肆年十一月十八日②

（三）“准木行银行”基于商业习惯而生成

卖客即山客，其中有山主自伐之木，但以木贩向三江行户贷款，购林伐运者为多。③ 山客运销木材的过程中，常常得到王寨、卦治和茅坪的木行的信用贷款，为了通俗起见，笔者称之“准木行银行”。山客从林农们中收购一团杉木，邀请中人喊价，居间撮合，并支付“中人钱”。常常向林农支付定金或少部分木价后，雇请斧手、旱夫砍伐，搬运至溪边，并支付其“工食钱”。从高山到溪边的过程，其间的费用，需要山客有资本支付。如果山客没有更多的资本，继续雇请水夫从小溪放排至清水江，终到王寨、卦治和茅坪，就需要请求木行排人到上游的溪边木材存放点，初步点数、围码和议价，并与木行达成委托售卖的意向，山客就会要求木行在此后的水运过程中预付水夫们的“工食钱”。这种分期逐笔预付银钱的方

① 张应强、王宗勋主编：《清水江文书》第1辑第4册，广西师范大学出版社2007年版，第138页。

② 张应强、王宗勋主编：《清水江文书》第1辑第4册，第209页。

③ 《三江木业简述》，《企光月刊》1942年第1—2期。

式，一定程度上可以说是信用贷款，且是无息的。木行是一种金融服务项目比“准会社银行”和“准富户银行”更多的金融机构，笔者曾称为“混业钱庄”。[①]

清宣统年间，锦屏县的“三江”共有木行80余家，其中，茅坪30家，王寨33家，卦治21家。从业人员120余人，拥有资本6000至7000银元，总营业额300多万元。[②] 民国八年（1919），锦屏县“三江”的木材斧记有400余家，其中，山客300家，行户80余家，全年经营木材12万两码，折合材积近20万立方米。自民国元年至十四年，锦屏县每两码子（条木）12—13元。[③] 平均一个行户，服务3—4个山客。木行之间的市场竞争，促使它们向山客提供信用贷款服务。

三　外塑之一：“准会社银行”和“准木行银行”因自治而衰退

清至民国时期，黔东南地区的自治可以分为两种类型：一种是王阳明所讲的“土俗自治”，“准会社银行”的产生和运作，就是典型的“土俗自治”。它体现了族群社会本位，经济、宗教、文化相互“嵌入”，不存在纯粹个人主体性、自由意志、经济人理性，这里的人们有着对祖先神、土地神、杨公等诸神的较为虔诚信仰，确信人托庇于神的护佑而平安、富足，甚至“忍嘴”，从牙缝里节省，而向诸神贡献钱物。另一种是外来输入的“法理自治”。法理自治，包括地方自治和个人意思自治。地方自治曾被近代中国先进知识分子所接受，试图用以改造传统政治制度的专制弊端，克服传统政治制度的不平等、不公平。而个人自治，或称意思自治，作为私人领域的根本法理，通常是由民法典确立和保证的。1929年至1930年，民国民法典五编先后颁行。

（一）地方自治

孙中山曾著有《地方自治开始实行法》，认为地方自治开始应进行的“六事”是清户口、立机关、定地价、修道路、垦荒地和设学校。其中，

① 详参拙著《从牙行至混业钱庄：民国清水江的木行》，《原生态民族学刊》2019年第3期。

② 贵州省地方志编纂委员会：《贵州省志·林业志》，贵州人民出版社1994年版，第23页。

③ 贵州省地方志编纂委员会：《贵州省志·林业志》，第26页。

设学校的要求是，凡在自治区域之少年男女，皆有受教育之权利。学费书籍及学童之衣食，当由公家供给。[①]《中华民国训政时期约法》（1931 年 6 月 1 日公布）第九条规定“地方自治依《建国大纲》及《地方自治开始实行法》之规定推行之”。第八十二条“各县组织自治筹备会执行建国大纲第八条所规定之筹备事项”。尽管南京国民政府直到 1935 年之后才掌控了贵州省的政局，但是黔东南的锦屏县也能紧跟中央形势，把地方自治当作意识形态的话语工具。下引一份 1931 年向时任锦屏县长万宗震得禀稿，就是明证。

呈为褫夺公权，霸收学款，仰恳提究，以维学费而免封建势力，死灰复燃、破坏成风事。窃本区立高、初两级小学校，原系区属四大乡镇组织成立之，其经费原以乌夏江木植捐及落地猪牛捐为惟一之基金。因近年来，木业萧条，不敷开支，难以继续，当经区务会议督催各种重要工作时，及提议学校经费困难情形，仰各乡镇间长如何设法补助等提议，当经各乡镇间长等议决，惟呈请政府准予抽收本区之落地猪牛捐，以资补助乡镇学校，以一成缴区学校，等议决后校长姜为宏曾将经济困难情形，及区长等曾面谒呈明，当蒙钧长培植人才为怀，准予抽取落地捐布告，当于四乡张贴晓谕在案，并由各乡镇承认遵办，推选干事各二三人不等，领票前往抽收，将近月余无异，各抽收集腋成裘，承缴校者，前不得多大困难，此乃钧长维持教育之盛意。近突据文斗乡之抽收人姜元贞、姜兴贵等报称，文斗乡之猪捐，共已截去票，该得洋拾五元余，不料姜周昌禀何公事，突被周昌无故全数没收，报请是何原故，等语。据此恐有误会，特派人前往调查，复报无异，并校长函问，亦未见复。后又据加池寨之姜元淋等报称，有文斗乡丁数人，执有提票，称奉乡长令，前来拘提民等押缴落地捐，但其意欲将民藉故执法以绳，无故擅罚之意，报请此捐究系可缴乡公所，等语。据此，该姜周昌有此行为，霸区学款为已私囊，并以弱民族为鱼肉可噬，实属目无法纪，在区长为促进自治、济弱扶倾为前提，学校之责任尤为重任，校长职员等为教育人才起见，均非以权利为目的，幸蒙钧长准予抽收落地捐，补助区校于前，而被该劣绅破

① 邵元冲：《训政时期地方行政计划》，上海中山书店 1927 年版，第 5—7 页。

坏公益，霸收学款为己独享于后，不得不请严惩以儆将来，但未识该姜周昌有无蒙蔽捏词，呈请准抽收此项学款，不惟视学校兴败为关重要及视功令为具文，作何宗公用，请祈指示，俾资遵循，如无令准而私行霸吞学款，不惟视学校兴败为关重要及视功令为具文，如此将来学校其何以兴，人才其何以出，功令置若罔闻，成何自治？而私行褫夺公权，破坏公益，霸吞学款，为实现矣。所以周昌为沿革，攘成边沙乡亦随波逐流，前（借）故拦途抽收大题，蒙蔽钧长，幸蒙明察秋毫，不然奉令抽收学款，为教育之资，反被行为不轨，罪不容诛矣。现值训政时期，各乡镇均负有维持地方之秩序，筹备自治，学校尤须广为建设之责，一旦被该姜周昌如此违反议案，褫夺肥己，律所不容。若不呈请惩究，将来侵沿遍地，封建势力死灰复燃，不惟区县省及全国不堪设想矣。所呈前情是否有当，理合备文，呈祈

钧长鉴核指示祇遵谨呈

锦屏县长万。[①]

锦屏县行政系统分为县、区、乡镇、闾四层级。《中华民国训政时期约法》第五十二条“中央及地方应宽筹教育上必须之经费。其依法独立之经费，并予以保障”。第六十二条“中央对于各地方之课税，为免除左列各款之弊害，以法律限制之：……五、为一地方之利益对于他地方货物之输入为不公平之课税。六、各地方之物品通过税”。地方自治是南京政府时期国家治理体系的基本原则之一。该禀稿强调建设学校是县、区、乡镇政府筹备自治的重要职责，为学校筹款是区县政府的职权。抽收落地捐，本身违背了训政约法第六十二条，但是借助于多数决的“民主形式”，由乡镇闾长参加的区务会议通过的议案，且报经县长批准，发布公告，就在该区具有法律效力。

（二）筹办地方自治导致了“准会社银行”的衰退

黔东南的“准会社银行”，大约在1944年以后陆续被乡、县政府征收，充作学校办学经费，走向萎缩。[②] 设学校是筹办地方自治的要务之

① 张应强、王宗勋主编：《清水江文书》第1辑第5册，广西师范大学出版社2007年版，第200—202页。

② 程泽时：《清水江文书之法意初探》，中国政法大学出版社2011年版，第146—149页。

一。但会社资产被无偿强制征收，不无违背法治原则和民法精神之嫌疑。其积极意义在于兴办教育，有利于增进个人主体性之健全，完善个人理性之充分发展，从而最终摆脱神灵信仰的羁绊和束缚。但是，其消极效果则在于，既妨碍了基于民间神灵信仰的“约会”活动的积极性，又妨碍了基层民众对政府的信任、信用的建立和维护，不利于民众购买合作社的社股和农村合作社的增设。

（三）“准木行银行”因民国民法典颁行而衰败

王寨、茅坪、卦治三埠诸木行，其资产积累，得益于几乎垄断了清水江流域木材外销的中介、居间业务。清嘉庆、光绪年间，下游的天柱县坌处、清浪、三门塘等屡次“争江”，试图分享该中介、居间服务的业务和利益。[①] 1929 年至 1930 年，《中华民国民法》五编陆续颁布施行，南京民国政府以之法律工具，试图建构一个统一市场经济秩序。居间合同、行纪合同是民法债编规定的有名合同，是商人自愿选择的交易形式和规范，并非强制性规范。王寨、茅坪、卦治“内三江”木行，或坌处、清浪、三门塘“外三江”木行，再顽固地坚持媒介山客、水客的木材交易的习惯，就违背了民法精神和民法基本原则了。1931 年，撤销瓮洞、王寨厘金局，取消了限制“三帮”“五勷”等以外木商入上游购木的章规，木材买卖可自由进行。[②] 没有了水客的“被强制”落行和“被服务”，木行就没有了水客资金的注入，最终走向消亡。

四　外塑之二：农村信用合作社、合作金库的设立与现代银行网络的布点

（一）农村信用合作社、合作金库的设立

1. 农村信用合作社的法律依据：《合作社法》及其修订

《中华民国训政时期约法》（1931）第二十四条规定“为发展农村经济，改善农民生活，增进佃农福利，国家应积极实施左列事项：……二、设立农业金融机关，奖励农村合作事业……”1934 年 3 月 1 日南京国民

① 详参拙著《互动与共享：清代苗疆社会转型之理讼调适》，中国法制出版社 2017 年版，第 214—236 页。

② 贵州省锦屏县志编纂委员会编：《锦屏县志》，贵州人民出版社 1995 年版，第 14 页。

政府公布施行《合作社法》。所谓合作社是指“依平等原则，在互助组织之基础上，以共同经营方法，谋社员经济之利益，与生活之改善，而其社员人数及资本额均可变的之团体”，其中就包括“为谋金融之流通，以低利贷放生产上或制造上必要之资金于社员，并以较高利息收受社员之存款与储金”的业务类型。合作社之责任分为有限、保证和无限三种。所谓无限责任是指合作社财产不足清偿债务时，由社员连带负其责任。该《合作社法》于 1939 年 1 月 17 日修正公布。通俗地讲：“信用合作社，就好像农村中农民合开的一家小银行，所以有人就称他为农民合作银行。”① “社员有余钱的可以存在社里，社员要用钱的可以向社里去借，社里没有钱时可以凭社员全体的信用及担保，向外面去筹借。”② “信用合作社的组织，就是阻止这种趋势或转移这种趋势的”，“农村上的金钱就可以借此在农村中流通，不至于再流溢于外或集中于都市，并可借此机关由都市上吸收借款运用于农村，农民都可以得到比较低利的通融或高利的储蓄”。③ 南京国民政府希望建立一个触角延伸至乡村、双向流通的金融新系统：农户→←信用合作社（联社）→←县（省）合作金库→←中国农民银行→←中央银行。

南京政府试图以农村信用合作社、合作金库，去改造、控制内生的、自发的乡村民间金融系统（包括合会、摇会、义仓等），去替代已经被征收弱化了的“准会社银行”。1935 年平越县政府向省政府建设厅报告，该县第一次县政会议议决通过，利用义仓基础及摇会习惯，④ 组织合作社，以振兴农业的法案，以及办理合作社情形，祈求核准。省政府建设厅回复：“据呈已悉。查合作社法业经实业部明令公布，并奉令以本年九月一日为施行日期，其同法施行细则亦经奉到，均由厅先后刊登公报，通饬遵照有案。该县组织合作社应依据是项法规，切实办理，具报候核，仰即遵照，此令。”⑤ 义仓、摇会习惯，不受政府控制，也不从国家银行系统获取资金，一般受到绅士、地主或保甲长的控制。

---

① 于树德：《合作讲义》，中国合作学社 1935 年再版，第 1 页。
② 于树德：《合作讲义》，第 2 页。
③ 于树德：《合作讲义》，第 15 页。
④ 此处的“摇会”，即钱会，或称合会。
⑤ 《贵州建设公报》1935 年第 27 期，公牍，第 7 页。

2. 农村信用合作社、合作金库在黔东南地区的设立

1938 年，贵州农村合作委员会（1939 年冬改称贵州省合作委员会，1942 年改为贵州省合作事业管理处）在省内各县相继建立合作指导室（1940 年改为合作室、1944 年并入县建设科为合作股，1944 年恢复为合作室），为合作事业行政管理机构，其任务是组织合作社，接受政府贷款。从 1938 年至 1945 年，特别是 1940 年推行“新县制”后，要求农村合作组织以每保一社、每户一社员为目标，在黔东南境内建立了一批合作社（绝大部分为信用社）。炉山、麻江、丹寨、榕江、镇远、施秉、黄平、三穗、岑巩 9 县，截至 1943 年 6 月底，共建有合作 840 个。其余各县也有为数不少的乡（镇）和保建立了信用社。从 1938 年 8 月起，至 1939 年 12 月，该 9 县建立起县合作金库，经营存、放、汇业务。①

1941 年至 1947 年，锦屏县政府设有信用合作室，隆里、钟灵、铜鼓等部分乡镇设有 49 个信用合作社，社员 2290 人，3918 股，股金 9415 元。1941 年由中国农民银行贵阳分行批准贷款 27 个社，金额 85025 元法币。1946 年县成立联合社，社员 15 人，股金 200 万元。1947 年后各信用社消失。②

1939 年，天柱县政府内设立合作室，由贵州省合作事业管理处统管。同年 5 月 21 日成立平甫寨信用社。截至 1942 年 4 月 13 日止，县内有 50 个信用社。社址一般设在宗祠、庵堂、小学或保长、富户住宅中。人员有理事主席、监事主席、司库，为乡绅富豪把持。股本主要是政府股，辅设行局股，当地合作股甚少。业务为专放垦荒、植桐贷款，对象名为民众，实为乡绅富豪。③

1937 年 2 月 1 日，贵州农村合作委员会农村合作指导室驻三穗办事处成立。同年 4 月 13 日，成立了三穗县第一家信用社——白崇信用社。至 1939 年，全县以自然村寨为主，先后建立了 64 个农村信用合作社，其业务是接受政府贷款，办理发放和收回贷款。多数信用社为保甲长或富绅所把持。④ 1939 年 7 月 13 日，成立三穗县合作金库，以调剂合作事业资

① 贵州省黔东南苗族侗族自治州地方志编纂委员会编：《黔东南苗族侗族自治州志·金融志》，贵州人民出版社 1990 年版，第 6—7 页。

② 贵州省锦屏县志编纂委员会编：《锦屏县志》，贵州人民出版社 1995 年版，第 709 页。

③ 贵州省天柱县志编纂委员会编：《天柱县志》，贵州人民出版社 1993 年版，第 653—654 页。

④ 贵州省三穗县志编纂委员会编：《三穗县志》，贵州人民出版社 1994 年版，第 484 页。

金为宗旨，经营存、贷款业务。① 至1943年6月止，有资金10万元，其中，合作社认股1000元，省政府认股9800元，辅导银行认股8.82万元，历年存款余额5.16万元，放款5.93万元。

黔东南地区各县乡镇陆续组建农村信用合作社，兹引锦屏县平鳌寨和黎平县罗里村的三份文书为证：

无限责任锦屏县平鳌信用合作社

股份证书

字第18号

兹有社员姜志春君认购社股壹股，合国币弍元整，现已缴清。特此给证为凭。

理事主席姜于荣印

经　　理姜仪叁印

司　　库姜必庆章

中国民国三十年七月十五日②

平鳌信用合作社的股份总数不可考，至少18股以上，每股认购价为2元。而黎平县的罗里信用合作社的股份总数也不可考，至少30股以上，每股认购价为1.5元。见下引录文：

无限责任黎平县罗里信用合作社

股份证书

罗字第29号

兹有社员杨淮远君认购社股贰股，合国币叁元整，现已缴清。特此给证为凭。

理事主席□□□章

经　　理

司　　库□□□章

① 三穗县金融志编撰办公室编：《三穗县金融志》，1991年印刷，第23页。

② 锦屏县档案馆藏文书，编号JPWS-JP-192-姜承奎-979，来源于锦屏县平略镇平鳌村。

中国民国三十年八月卅日[①]

罗里乡杨淮远认购了两股，出资三元。接着闵臣贤也认购两股，出资三元。从股份证书看，平鳌信用合作社股份证书规范，有理事主席、经理和司库的盖章，而罗里信用合作社就显得随意。罗字第29号有理事主席和司库的盖章，但罗字第30号上只有理事主席的盖章了。

无限责任黎平县罗里信用合作社

股份证书

罗字第30号

兹有社员闵臣贤君认购社股贰股，合国币叁元整，现已缴清。特此给证为凭。

理事主席□□□章

经　　理

司　　库

中国民国三十年八月卅日[②]

需要特别指出的是，在该制式的信用合作社股份证书的铁链环扣的边框顶部，印有合作社的黑白图标，其中央为中华民国国徽，周边环绕一句话“我为人人，人人为我”。《修正合作社法》（1939）的第十六规定“社股金额每股至少国币二元，至多国币拾元，在同一社内必须一律”，而罗里信用合作社社的社股每股才1.5元，低于法定标准。第二十二条规定“社股年息不得过一分，无盈余时，不得发息”。显然，此存款利息，低于“准富户银行”的利息。

为何罗里信用合作社的股份证书如此随意，且社股单价低于法定最低价格呢？合理的解释可能是：由于群众对信用合作参与积极性不高，甚至不少群众把它当一种政府摊派的税捐，即所谓的“合作捐”。谢杰民在贵州省参议会第一届第三次大会所做《合作施政报告》就指出：“尚有一般人漠视合作，以为出了股金，就等于纳了合作捐一样，已出之财，从不理

① 黎平县档案馆藏文书，编号JPWS-LP-231-闵文章-128，来源于黎平县罗里乡罗里村。

② 黎平县档案馆藏文书，编号JPWS-LP-231-闵文章-128，来源于黎平县罗里乡罗里村。

会，让少数人去把持肥私，乃至侵吞无余。”①

3. 农村信用合作社、合作金库并未给山客、林农提供可以替代“准会社银行”“准富户银行”的资金融通服务

截至民国三十二年六月底止，全省县合作金库系统内，共有农村信用合作社6517个，吸收社员股金58.64万元，存、放金额分别为2310.83万元和1989.5万元。虽然初步建立了农户→←信用合作社（联社）→←县（省）合作金库→←中国农民银行这样一个新的金融子系统，但是并未给山客、林农提供可以替代“准会社银行”“准富户银行”的资金融通服务。

首先，社员难以找到保证人，而实际获得信用合作社的无抵押的信用贷款。中国农民银行贵阳分行农贷专员张汝俭，在民国二十九年（1940）《农贷工作总结报告》指出：“一般农民虽能加入合作社，因不易觅得（还款）保证人，难能享受借款之益。”②

其次，1940年以后通货膨胀“稀释”了合作社股本。“本省五千多个合作社，共有股金508097715元，平均每社不到十万元，以今日之物价而论，十万元尚不能摆一个小摊，那里还可以办合作社？”③

再次，中国农民银行能够给农村信用合作的农贷资金，微不足道。“本省本年度农贷为十二亿三千一百五十万元，美烟生产贷款三亿元，土地金融贷款六亿五千万元，后又增加普通贷款六亿，共计二十七亿八千一百五十万元。这廿多亿的贷款，在今天看起来，效用已不甚大。何况贷款对象很多，演了‘僧多粥少’的滑稽戏。依中国农民银行办理农贷办法纲要暨中国农民银行办理土地金融办法的规定，农贷对象有农民团体（合作社、农会及其他农民合法组织），农业改进机关及企业机构（农业机关、农业学校、农业团体及企业机构等）、农场、林场、渔牧场、垦植场、政府机关、农民及市民个人等十余种，合作社不过其中之一，可贷获之款，可想见真是微不足道。据中国农民银行贵阳分行及遵义、安顺、毕节、镇远各办事处抄送本年元月至十月合作贷款月报表统计，共放出十亿〇六千一百一十一万三千一百六十元，约占总数十分之四。统计此项合作

① 谢杰民：《合作施政报告》，《贵州合作通讯》1947年第10卷第8—12期。

② 贵州省地方志编纂委员会编：《贵州省志·金融志》，方志出版社1998年版，第97页。

③ 谢杰民：《合作施政报告》，《贵州合作通讯》1947年第10卷第8—12期。

贷款中，计农业生产贷款八〇一三〇八一六〇元，农村副业贷款三一〇〇〇〇〇〇元，农产运销贷款一〇〇〇〇〇〇〇〇元，小型农田水利贷款五二四五〇〇〇元，土地金融贷款二一三五六〇〇〇〇元。考其贷放实况，以贵定所贷最多……惠水次之……贵筑又次之……安顺、遵义、盘县、玉屏、开阳、普安、凤岗等九县，……黄平、普定、独山、都匀、毕节、施秉、镇宁、息烽等八县……同仁、威宁二县各得不到一百万元，其余五十几县，竟分文未得，试问仰赖此微乎及微的农贷，又何济于事？”① 锦屏、天柱、黎平、剑河、三穗等杉木运销大县，均没有获得农贷资金。

复次，农贷手续烦琐，时间成本高，不如“准会社银行”“准富户银行”便捷。“据中国农民银行办理农贷手续细则之规定，各种借款人（除大型水利贷款外）应于用款前一个半月填具借款申请书，连同组织章程、借款人之印鉴纸、借款人分配明细表、业务计划等迳送当地农行核贷，农行接到上项文件后，要办理审查手续，必要时并须派员前往实地调查，经决定后，乃将准否情形，以书面通知借款人，其核准者应由借款人填具借据或合约，加盖印章，向农行办理贷款手续，至此贷款始能贷借到手，时间最快要一个月，最多三月五月不等。又依中国农民银行土地金融处土地改良放款规则及扶持自耕农规则中放款程序之规定，借款人应备正式公函，或填具借款申请书，检同开垦、承垦，或代垦或农田水利实施计划书及其他有关图表契据与文件，担保请单，送交农行审查，借款人为公司或合作社时，并需附送组织章程及股东或社员名单，借款书函及附属文件，经审查认可后，即可办理放款手续，依普通放款规则办理之。而贷款对象不同，申请方法亦因申请主体之不同而各异其趣。农民智识简单，何能胜任如此麻烦，而且公文往返，旷费时日，审核稽延，缓不济急。本年全省行政会议中，各县县长提议，请由省政府函商贵阳农行设法简化贷款手续……未予同意……今后只有发动各级合作工作同志，协助所有需要申请贷款之人，指导并代办各种手续，以全其事，而资救济。”②

最后，从名义利率上看，农村信用合作、合作金库提供的农贷利率要低于月息三分，但实际利率几乎等同。1943 年中中交农四行联合办事处所颁行的《农贷利率计算办法》规定：（一）直接对合作社贷款，定为月

① 谢杰民：《合作施政报告》，《贵州合作通讯》1947 年第 10 卷第 8—12 期。

② 谢杰民：《合作施政报告》，《贵州合作通讯》1947 年第 10 卷第 8—12 期。

息二五五厘，合作指导事业补助费一厘，照案另收；（二）对合作金库贷款月息二分八厘；（三）合作金库转贷合作社，定为月息二分五厘，合作指导事业辅助费一厘，照案另收；（四）合作社转贷利率以月息二分八厘为原则，如经社员大会通过，得增加一厘；（五）对其他农民团体、农业改进机关及农田水利等贷款，一律月息二分五厘；（六）战区、边区及收复地区贷款，定为月息二分二率，经办机关转贷利率不得超过二分五厘。（七）未正式申请展期，未经核准之逾期期间，利率加八厘计。[①]“准会社银行”“准富户银行”的借贷月息一般为三分，有时为二分，有时甚至为一分。

（二）现代银行在黔东南部分县的尝试布点

1940 年 2 月 5 日，中国农民银行贵阳分行，在镇远县设立中国农民银行镇远办事处。1942 年 9 月，中国银行剑河县农贷工作站，改为中国农民银行剑河县农贷通讯处，直属中国农民银行贵阳分行领导。1943 年 7 月 3 日，中国农民银行贵阳分行在黄平县设立分理处，属镇远办事处领导。镇远、黄平、施秉、三穗、玉屏、岑巩、余庆 7 县的合作金库，以及锦屏、天柱、石阡等县的农贷通讯处，均由农民银行镇远办事处代管。由于受到货币急剧贬值的影响，这些库、处于 1946 年前后撤销。1947 年 10 月，农民银行镇远办事处在清溪设立专办农产品储押业务的“农仓”（其放款以桐油、稻谷等农产品作抵押），由于资金不足，尚未开展运销，于 1949 年 9 月奉命裁撤。[②]

中国农民银行贵阳分行，曾于 1946 年上季，在天柱县试办木材运销贷款，以合作社组织为贷款对象，试办结果，收效极大。嗣后该县木材运销合作社，纷纷成立，申请贷款者颇多。1946 年 10 月，贵阳中国农民银行拟在贵州天柱县扩大木材运销贷款。[③] 这里的运销，不是从木材砍伐地，到“内三江”“外三江”木材集散地的运销，而是从“外三江”，到下游的洪江、岳阳、汉口的运销。

1915 年至 1929 年，中国银行贵阳分行成立。1916 年至 1927 年在三江（今锦屏县城）设立支行，代理国库，收纳税款，发行盖有“贵州”

---

① 《兰州市政府公报》1943 年第 3 期。

② 贵州省黔东南苗族侗族自治州地方志编纂委员会编：《黔东南苗族侗族自治州志·金融志》，贵州人民出版社 1990 年版，第 7—8 页。

③ 马鸿瑞：《贵州天柱县木材产销概况》，《中行月刊》卷 8 第 9 期。

和“三江”字样“中国银行兑换券”，对当地政府提供借款。1938 年 12 月，重建中国银行贵阳支行。1939 年 11 月至 1941 年 6 月，在镇远设立过中国银行贵阳支行办事处。1944 年 11 月，在黄平县旧州设立“黄平办事分处”。①

这些现代银行，一般不对林农、山客贷款，它们一般只对政府贷款，热衷于揽存和汇兑。

五　结论与启示

清至民国时期，分为两段，1937 年以前的山客们的木材运销的资金融通的需求，得到“准会社银行”、“准富户银行”和“准木行银行”的供给和较好满足。1937 年以后，“准会社银行”和“准木行银行”因“法理自治”而削弱。合作运动下，合作变强制，新设的信用合作社、合作金库并没有替代它们，反而让山客、林农的资金融“通瓶”颈更加滞塞。其启示当下的有以下四点：

（一）乡村振兴，首在产业兴，要在主业兴。清至民国时期的黔东南地区的乡村经济端赖木业。清至民国 1937 年以前，在“土俗自治”下，“准会社银行”、“准富户银行”和“准木行银行”，三足鼎立，基本适应了区域内的木材运销的资金融通需求，有力促进了乡村的繁荣。《黔南识略》记载：“郡内自清江以下，至茅坪二百里，两岸翼云……商贾络绎于道”，“茅坪、王寨、卦治，商旅几数十万……”。道光二十五年《黎平府志》载：“黎郡产木极多，若檀梓樟楠之类，仅以供本境之用，惟杉木则遍行湖广及三江等省。远商来此购买，数十年前，每岁可卖二三百万金。今虽盗伐者多，亦可卖百万余。此皆产自境内，若境外则为杉条，不及郡内所产之长且大也。”1931 年锦屏县政府明确提出“无木之荒等于无米”，“要使地尽其利，莫如造林”，“造林是发展民生必由之途径”等口号。②

（二）基层治理，应当地方自治、法治和德治结合，其理据在于教育发展和民众智识的不平衡性，无法以唯一的法治方式，整齐划一，一以贯

① 贵州省黔东南苗族侗族自治州地方志编纂委员会编：《黔东南苗族侗族自治州志·金融志》，第 8—9 页。

② 贵州省锦屏县志编纂委员会编：《锦屏县志》，贵州人民出版社 1995 年版，第 176 页。

之，只能行之以渐渐。如果强行推进，拔苗助长，就会欲速不达。

如果说民间信仰组织是一种不容回避的客观存在，即使到今天锦屏古老的侗寨还存在着巫师、头人和村委会依次祭拜书神的活动和习惯，那么它代表了一种根深蒂固的、来自传统的德治观念。地方神灵们被想象成惩恶扬善、因果报应的德治权威。黔东南村寨的木业金融制度，从清代直到1937年前后，仍然是内生的、自发的和自治的，是深深、牢固地“嵌入”其社会文化传统之中的。小微的“准会社银行”、“准富户银行”和“准木行银行”均是自治的。不过，“准会社银行”的自治，不是建立个人理性自治的基础之上，而是在神鬼信仰之下的、个人主体性尚未健全、个人理性尚未完全确立的团体自治，不同现代西方的“法理自治”。但是，这又有什么关系呢？它能很好适应山客、林农的资金融通的需要。如果从实现“法理自治”的长远目标来讲，把办学校当作筹办地方自治的前提条件，有其合理性，而无偿地征收“准会社银行”的资产，充作办学经费，也因而具有一定的合理性。但就黔东南木业这个主业发展而言，则是一定程度上起着抑制、消极的作用。

（三）合作本是基于个人自治的，但是合作被政治运动，裹挟着人们去购买社股，违背了法理，违背了法律的自由精神。合作本来是一项弥补西方资本主义经济制度的缺陷，组织竞争中处于弱势低位的劳工人群起来，互助生产、消费、借贷的改良性质的经济制度，却被南京国民政府拿来当作主要在中国农村试图缓和地主、佃农矛盾，给农民（尤其是佃农）以帮助政治工具。只不过，对此南京国民政府没有直白地声明而已。南京国民政府试图通过合作社、合作金库，改变乡村金融不被政府控制，而由地主、绅士、富农控制的局面，让中国农民银行向合作社、合作金库提供贷款，向乡村“输血”，使其逐渐导入并“就范”于国家金融体系。但是，很快全面抗战爆发，财政日益吃紧，向县以下的乡村，扩大征税终有达到极限之时，而合作社、合作金库，向各级政府贷款，就像毛细血管不断地从乡村向外“失血”。战争消耗大量物质财富，超发、滥发货币，成为最后的办法，也稀释了货币的购买力。

（四）乡村振兴，需要政府与乡村民众之间相互信任。政府不讲信用，就会失去民众的支持。民众不去信仰国家和政府，就会去信仰神灵。政府给民众讲合作之理，讲自治之理，从而形成合作信仰，形成自治信仰，从“信神”转变为“信理”，但是，最后落实到“信用”上，即

“信之效用”，信之且行之，有大效用，有大作用，才能让合作信仰、自治信仰，“仰之靡坚”，形成新的习惯，才会导向政府与乡村社会之间良性合作。南京国民政府制定了《训政约法》和《合作社法》，指出合作社事业是“我为人人，人人为我”，是促进社会公共利益的。但是，新设立的信用合作社，并没有吸引足够数量的农户参社，主要是政府资金入社股，而且合作金库主要是向政府提供贷款，并未向林农和山客提供贷款，背离了合作社法的立法目的，也背离实质法治，还违背了信用原则。

（程泽时，贵州师范大学历史与政治学院教授）

底层视角下的民国时期人力车夫群体探析

张雨新

摘　要： 人力车夫因劳动强度大、工作条件艰苦而以牺牲健康，甚至缩短寿命为代价换取家庭日常生活所需，因而生活长期处于贫困状态。由于经济上的贫困和社会地位的低下，人力车夫对生活失去了希望，抽烟、酗酒、赌博、嫖娼成为他们发泄内心苦闷和不满的方式，但这种不健康的行为习惯和生活方式使他们的生活更加贫困。底层社会群体缺乏合理的利益表达方式，虽然平时逆来顺受，但在生存遇到挑战的时候，会以极端方式，甚至不惜以生命为赌注来表达利益诉求。

关键词： 底层群体；民国时期；人力车夫；生活贫困；社会地位；心理脆弱

底层研究始于20世纪七八十年代，古哈等人在研究印度历史时提出了“底层”的概念。近年来底层研究成为历史学、社会学、人类学、经济学、政治学等学科研究近现代转型时期中国社会的一个新视角。但由于学科体系迥异，学者们观察的角度和研究的取向也有明显的差异，对于“底层”的概念和范围并没有明确清晰的界定。尽管“底层”的概念还很模糊，但诸如经济上的贫困、社会地位低下等特征却并未被学者们所公认为是“底层”的应有之义。因而，民国时期的人力车夫等苦力群体毫无疑问属于“底层”社会的范畴。以底层视角考察民国时期人力车夫群体，不仅对于中国近现代底层社会群体研究有理论意义，对当前解决中国农民工等底层社会群体问题也有现实意义。底层视角下的民国时期人力车夫群体，具有以下三个特征。

一　生活状态贫困

经济上贫困是社会底层群体最显著的特征。人力车夫群体生活贫困的状况通过老舍、鲁迅等经典作家的小说已经深入人心，“非人的生活”“牛马一样”“难得一饱”等描述其生活艰难的词语也频繁见诸报端杂志。然而，当时的报刊也常有对人力车夫收入的羡慕的报道，不仅澡堂里的搓澡工羡慕，甚至连政府公务员也羡慕。1947 年《工商新闻》中有一篇关于西安人力车夫的通讯就提到当地政府公务员对人力车夫收入的羡慕之情。“抗战以后，因人口内移，工商业跟着繁荣，车夫也随之增多，他们的收入也还不错，数口之家，可以衣食无忧。这种情形，很引起一部份公务员的羡慕。”不仅停留在羡慕的感性认识上，有些公务员甚至“跃跃欲试，既试之后，果然不错，便索性来一个‘票友下海’了”[①]。此非独例，当时的报纸杂志不时有对其他城市人力车夫收入并不算太低的报道。如太原人力车夫的收入除去车租外“每日约有五六角大洋之收入，以晋省生活之俭朴，足以养家属而无忧冻馁”[②]。强一经对济南 100 名人力车夫生活进行调查后发现，除 35 人收入情况不详外，剩余 65 人中，收入不足使用者仅 3 人，42 人的收入可以维持生活，还有 20 人的收入除去生活开支外还有盈余。因此他的结论认为，“济南洋车夫的生活尚不算是十分苦寒，大概说起来，他们这种生活状况，较之一般下级工人的生活稍佳”[③]。南京人力车夫“每日除去开支，足一人之温饱，若一车之有六口者，则不能敷用”[④]。若按照该文推断，南京车夫一人收入虽然养六口之家难以敷用，但其收入养活不足六口之家显然是足够的，其收入应该还是相当可观的。一名外国记者 Essoyan 采访上海一名人力车夫张力子后撰文写道：“他的每日收入平均是十五万（约合美金一元）。在这当中，四万元付车租，又四万元在他工作时间内用来吃面和饭，约七万元作家庭伙食及其他

① 李腾龙：《人力车夫的“惊”与“苦”》，《工商新闻》1947 年第 11 期。

② 《太原人力车夫之生活》，《生活》1925 年第 1 卷第 8 期。

③ 李文海主编：《民国时期社会调查丛编》（城市劳工生活卷下），福建教育出版社 2005 年版，第 1178 页。

④ 左齐：《南京人力车夫生活之一瞥》，《生活周刊》1933 年第 1 卷第 19 期。

开支。”[①] 每天收入除去车租和自己的餐费后，留下的钱足够2个成年男子一天的饭钱，意味着上海一个人力车夫一天的收入可以维持三个成年人的温饱。若以核心家庭模式来推测，一个人力车夫的收入养活一夫一妻和两个未成年子女的四口之家应该没有问题。

这些材料，在以往的人力车夫研究中常被视而不见，或者为了凸显人力车夫的贫困生活而故意略去不计。显然，学者以往对人力车夫收入和生活的研究有一个先入为主的观念，作为与其观点不相一致的材料既不采用，也不做分析和解释，这种情况有碍于对人力车夫研究的深入开展。如何看待这些材料呢？是否因此可以得出民国时期人力车夫收入还不错、生活悠闲的结论呢？以往对人力车夫贫困生活的研究结论是不是不符合实际情况呢？笔者认为，这些相互矛盾甚至观点冲突的材料其实都是当时真实情况的反映，只是观察的角度不同。若从绝对收入来看，似乎人力车夫收入不算太差。但文章中那些对人力车夫收入羡慕的人群显然忽视了一个重要的问题，那就是人力车夫的收入并不稳定，上述材料应当是身体强壮的车夫在生意好时的收入，并非每个车夫每天都能挣到那么多的钱，倘若遇到疾病、车祸，甚至死亡等情况，人力车夫的家庭生活会受到严重摧残而陷入绝境。而人力车夫生活贫困，除收入偏低外，艰苦的工作条件和高强度劳动是导致其生活贫困的一个重要原因。

虽然人力车夫的收入在当时一些人的眼中还不算太差，却是以牺牲健康为代价的，这是常常被忽视却非常重要的导致人力车夫生活贫困的至关重要的因素。为了养家糊口，人力车夫每天需要拉足够多的客人来能在交付车租后才有余资供给全家人的日常开支。因此，他们工作的大部分时间奔跑在城市的大街小巷。然而，长年累月拉车奔跑对车夫身体有很大的影响，暑热、寒冬和雨雪天气伤害更大。“终日奔驰于炎夏溽暑之中，涸耗元气；而严冬酷寒之际，衣食缺乏无家可归，以剥损其精力。”[②] 而人力车夫为了多挣几个钱，更喜欢在下雨天拉车。Essoyan 采访的车夫张力子便说，“他最喜欢坏天气，那时候对人力车的需要更大，他的车资收入也

① Essoyan, *Life of the Rickshaw Puller in Shanghai*（《上海人力车夫的生活》），《现代英语周刊》1948 年第 8 卷第 2 期。

② 《上海人力车夫第三年报告书一九一五年至一九一六年》，《申报》1916 年 8 月 3 日。

就更多”[①]。下雨天路滑，行人走路都不方便，拉车比平时更加费力气，因而车夫索要的车资也比平常要高一些。

虽然收入比平时增加了，但人力车夫被汗水、雨水浸湿的衣服却无法及时换上干衣服，湿气浸透体内，容易生病，损害健康。这样浅显的常识当时人并不是不知道，“汗衣于着衣人常有大害，如猩红热、感冒、风湿及其他致命之病症，皆可由汗渍衣服发生”[②]。而且人力车夫常年奔跑在尘土飞扬的街道，大口喘气时“所吸又为通衢上污浊之尘芥，实有害于肺部之健康；而其身体终日着汗垢所渍之衣服，尤易感染各种疾病”[③]。肺病是人力车夫群体常见病之一，“据说人力车夫很多患呼吸器病”[④]。李大钊通过对北京人力车夫死因进行分析，得出“车夫之殟卧而死者，必以患肺病者居多”[⑤]。在上海市人力车夫互助会的统计数据中，患肺病及肺结核在人力车夫死因中排第三位，仅次于传染病和疑难杂症。生病期间，不但挣不到养家糊口的钱，而且车租还得足额照缴。人力车夫家庭主要靠拉车的收入，一日没有收入，生计便会出现问题。超过 3 天不缴车租，就有可能被取消拉车资格而失业。因此，车夫们生病了也不敢休息，除非大病不起，导致本已劳累的身体更加虚弱。长年累月高强度劳作，导致体力透支，不仅会免疫力降低，容易受到疾病尤其是传染病的感染而损害健康，甚至导致死亡都不鲜见。据上海人力车夫互助会统计，1938 年 8 月至 1939 年 7 月一年间，共有 328 名人力车夫死亡，平均每个月有 27 名人力车夫死亡。在这些死亡的人力车夫中，因传染病死亡者最多，达 119 人，占死亡总数的三分之一还要多。而且时间多集中在七、八、九月，一年之中最热的三个月，足见拉车对车夫健康乃至生命的影响。

因病致死对人力车夫虽屡见不鲜，但毕竟不会发生在每个车夫身上，但因拉车过度劳累导致疾病以及早衰却会发生在每个车夫身上。“由于工作和坏天气的折磨，张没有了活力，而且已经早熟早衰了。他三十四岁，

---

① Essoyan, *Life of the Rickshaw Puller in Shanghai*（《上海人力车夫的生活》），《现代英语周刊》1948 年第 8 卷第 2 期。

② 李文海主编：《民国时期社会调查丛编》（城市劳工生活卷下），福建教育出版社 2005 年版，第 1150 页。

③ 李文海主编：《民国时期社会调查丛编》（城市劳工生活卷下），第 1145 页。

④ 徐日洪：《北平的人力车夫》，《人言周刊》1935 年第 2 卷第 34 期。

⑤ 李大钊：《可怜之人力车夫》，《甲寅》1917 年 2 月 10 日。

看起来像是四十多岁的人了。"[①] 人力车夫因耗费体力过多，他们赚的钱完全是以消耗健康为代价。在年轻力壮时，生意一般也会好一些，收入也基本上有保证。然而一旦丧失劳动能力，家庭生活无法便难以为继。人力车夫这种剧烈劳动的工种，注定其劳动年限不会太长。据观察，"人力车夫平均只能拉五六年，最多十年。这个时期过后，他就不能够维持，因此人力车夫就变成了跛子、乞丐、盗匪、或则因饥寒而倒毙"[②]。在对成都250名人力车夫健康状况进行调查后发现，只有15人认为身体比拉车前更好了，认为与以前一样好的有42人，而常年有病的达97人，认为不如以前好的有36人。[③] 长期从事拉洋车生意对身体的损害是显而易见的。拉车不仅使劳动者本人"丧失其健康，短促其寿命"，也会严重影响到他们的家庭生活，"如遇有疾病死亡，即无法善后。更有一家数口，靠其生活者，则因一人之故，全家立受饥寒"[④]。人力车夫本人一旦丧失劳动能力，家庭生活会立即陷入困境。

除生病、残疾、死亡外，人力车夫可能遇到的无法预料的打击还有很多，比如修车费用高昂。车子虽然是租车行的，但是损坏却得自己维修，要是出现大的破损，可能会导致收入锐减，甚至倾家荡产。《一个人力车夫底日记》里记叙了这样一件事情：该车夫在拉车时被汽车碰倒，车轴断了，"把车送到车厂，把黑汗白汗流好几个月置的钱，一下替人家换了车轴"[⑤]。辛苦数月攒下的钱，只因为一次意外变丧失殆尽。车辆的自然耗损本应是车主的固定资产折旧，却要由车夫来负担。人力车夫生活的脆弱处处可见，只要他们"遇着了一切的不幸的事情，那问题就更大了"[⑥]。大多车夫家庭依靠拉车收入维持生活，遇到诸如生病、车祸、修车等不幸的事情发生，没有了拉车收入，家庭生活变失去了来源。而一旦车夫因病伤残甚至死亡，这个车夫的家庭便完全没有了生活来源，从而陷入赤贫

---

① Essoyan, *Life of the Rickshaw Puller in Shanghai*（《上海人力车夫的生活》），《现代英语周刊》1948年第8卷第2期。

② 蔡斌贤：《从农村破产所挤出来的人力车夫问题》，《东方杂志》1935年第32卷第16号，第40页。

③ 李文海主编：《民国时期社会调查丛编》（城市劳工生活卷下），福建教育出版社2005年版，第1196页。

④ 《北平市当局人力车办法》，《国际劳工通讯》1936年第21期。

⑤ 张苹：《一个人力车夫底日记》，《劳动界》1920年第18期。

⑥ 尘殷：《生活重压下的人力车夫》，《群众》1940年第4卷第12期。

状态。

因此，人力车夫收入在一些人看来还不错，甚至有人羡慕要下海当人力车夫，但这只是人力车夫收入的一个方面，而且只是年轻力壮的人力车夫才有的收入。然而因过度劳累，人力车夫劳动时间只有十年左右，丧失劳动能力后生活只能陷入贫困。即使在有劳动能力期间，也会因为生病而挣不到养家糊口的钱，要是发生一些意外，则对其家庭有致命打击。所以，从长远来看，人力车夫的生活并不像有些文章得出的结论那样生活安逸或者衣食无忧，而是生活贫困，而且趋势是随着体力的下降逐渐走向贫困。

二　不健康的行为习惯和生活方式

除经济上的贫困外，不健康的行为习惯和生活方式是人力车夫等底层社会群体另外一个显著的特征。生活方式是人们长期受一定社会经济、文化、风俗和家庭影响而形成的生活习惯和行为方式，“是不同阶层人群在起生活圈、文化圈内表现出来的行为方式”。社会经济地位高的群体显然和社会经济地位低的群体具有不同的生活和行为方式，而相同社会经济地位阶层群体具有比较相似的行为习惯和生活方式。[①] 人力车夫因长期生活在贫困中，处于社会底层，整日奔跑损害了健康，却没有办法改变自己贫困的命运，因而对生活失去了希望，从而产生悲观失望情绪。心中郁积的怨气总得找途径发泄，于是他们中很多人破罐子破摔，寻找刺激便成为底层社会群体发泄内心情绪的一种特殊方式。抽烟、酗酒、赌博、嫖娼等不健康行为习惯和生活方式成为他们休息时排解苦闷的主要消遣方式。

李景汉在对北京人力车夫现状进行调查后认为，抽烟、喝酒已经是北京人力车夫两种主要不良嗜好。“200 处车厂中吸烟的车夫共有 5089 人，占车夫总数的 77%。喝酒的车夫共有 2918 人，占车夫总数的 44%。”[②] 而且，不只是偶尔抽烟、喝酒，其中有不少人有了烟瘾、酒瘾，而且有了严重的依赖。在一份调查数据中，所调查的人力车夫共有 36 人，其中对

① 冯显威：《健康社会学发展中的新理论范式研究》，《医学与社会》2012 年第 1 期。

② 李文海主编：《民国时期社会调查丛编》（城市劳工生活卷下），福建教育出版社 2005 年版，第 1162 页。

酒有强度依赖的有 6 人，对烟有强度依赖的有 12 人,[①] 其中不乏同时严重嗜好烟酒者。当然，抽烟、喝酒并不是人力车夫群体特有的现象，应该是一种存在于各行各业的普遍现象。但车夫严重嗜好吸烟，致使咳嗽、慢性支气管炎、肺病已经成为人力车夫群体的常见病和职业病，对其身体伤害很明显。甚至有人力车夫借吸食鸦片打发无聊的等待时间。

喝酒更加伤害身体，“余曾调查车夫之不能驱驰，或驱驰而不能耐久者，盖多因饮酒太多之故”[②]。强壮的身体是人力车夫赖以维持家计的唯一资本，若长期嗜好烟酒，身体受到损害，也将直接导致其家庭收入来源日益因车夫身体变差而越来越少，直到车夫丧失劳动能力而收入来源断绝，从而使家庭生活受到致命打击。

赌博也是人力车夫排解苦闷生活的一种方式，而且在他们中间颇为流行。“据云，赌博确为人力车夫之一种普通嗜好。”[③] 由于人力车夫大多值青壮年，结婚和未婚的比例基本上各占一半。未婚车夫拉车之余，没有别的娱乐方式，“常藉此以消遣”。在一份人力车夫嗜好调查表中，赌博在所有嗜好中排第一，100 个洋车夫里面，64 个有嗜好，其中嗜好赌博的有 17 人。[④] 人力车夫缴了车租外，即使还有一些盈余，但因赌博而输钱是造成他们生活贫困的重要因素之一。对此，时人就有清醒的认识，“人力车夫之所以大都全无储蓄，原由于赌博者颇多”[⑤]。本来收入并不算太高的人力车夫因此而收入更加不敷使用，导致生活更加贫困。甚至有些人力车夫并不以赌博为消遣，而专以输赢为目的。一旦陷入以输赢为目的的赌博，即使有再多的收入也会有倾家荡产的一天，收入本来并不是十分丰厚的人力车夫因此而陷入贫困生活则是必然。

很多车夫还有嫖妓的恶习。陶孟和认为人力车夫去嫖妓有以下三个原因：其一，人力车夫多无妻室者，嫖妓为其满足性欲之一法。其二，富庶之人常赴城外妓院游乐，人力车夫耳濡目染也陷入嫖妓之中。其三，人力车夫借嫖妓之际晾晒汗渍的衣服并进行适当的休息。但不管出于何种目

---

① 林几：《人力车夫心脏及脉搏之变态》，《中华医学杂志》第 14 卷第 4 期。

② 李文海主编：《民国时期社会调查丛编》（城市劳工生活卷下），福建教育出版社 2005 年版，第 1150 页。

③ 李文海主编：《民国时期社会调查丛编》（城市劳工生活卷下），第 1276 页。

④ 李文海主编：《民国时期社会调查丛编》（城市劳工生活卷下），第 1295 页。

⑤ 李文海主编：《民国时期社会调查丛编》（城市劳工生活卷下），第 1276 页。

的，“嫖妓实为恶俗，无论自社会道德，或社会卫生方面观之，皆有极恶之影响”①。但由于牵扯个人私生活，车夫嫖妓人数难以统计，“只有一处车厂有车夫95人，嫖过的有四五人”②。不少人力车夫每日所得“除房饭费数十文之外，俱消耗于此乡”③。

抽烟、酗酒、赌博、吸食大烟、嫖妓等不良嗜好不仅消耗了人力车夫赖以为生的身体，而且花费了本来就剩余不多的收入，使他们更加贫困，这些不良嗜好“就成了他们经济上的致命之伤——也可说这也是寄生在他们身上的一个吸血鬼”④。其实，这些不良嗜好也正是人力车夫作为底层社会群体对生活失去信心，用特殊的渠道排解内心苦闷的一种方式，“其涉足烟赌娼，既有文化低下情趣粗俗的因素，也有其寥落寂寞、苦中作乐的心里需要”⑤。他们明明知道自己收入太少，除过一家人的饮食之外，没有余钱供给他们这些开销，但经常有人力车夫“得钱则饮酒赌博”⑥。他们之所以要抽烟、要酗酒、要赌博、要嫖娼，并不是他们对这些活动有多大的兴趣，仅仅是因为苦闷的生活让他们看不到希望，通过寻求刺激，目的无非解闷而已，支持他们继续去从事劳苦的工作，这也是底层社会群体排解心中苦闷惯常的方式。但“这些虽然能够给他们一时的兴奋，可是他们的生活便会加一层的苦困”⑦。

三　在沉默和失范之间：人力车夫群体脆弱的心理

人力车夫等底层社会群体对现实生活的困苦和不满有其独特的表达方式，政治学上称之为底层表达，“其行为方式是隐性的，自发而零散的”⑧。

① 李文海主编：《民国时期社会调查丛编》（城市劳工生活卷下），福建教育出版社2005年版，第1150页。

② 李文海主编：《民国时期社会调查丛编》（城市劳工生活卷下），第1162页。

③ 黄式权：《淞南梦影录》，上海古籍出版社1989年版，第102页。

④ 尘殷：《生活重压下的人力车夫》，《群众》1940年第4卷第12期。

⑤ 樊卫国：《近代上海的奢侈消费》，《探索与争鸣》1994年第12期。

⑥ 左齐：《南京人力车夫生活之一瞥》，《生活周刊》1933年第1卷第19期。

⑦ 张弩：《广州市人力车夫的组织问题》，《抗日旬报》1938年第4期。

⑧ 梁德友：《在“沉默”与“失范”之间——论弱势群体利益表达的底层方式》，《社会学辑刊》2011年第4期。

美国著名农民研究专家詹姆斯·斯科特提出了农民的“日常抵抗”这一概念。他认为，公开的、有组织的政治行动对于多数处于底层社会群体来说是太过于奢侈的，因为那样不是自取灭亡，也是过于危险的。为了回避风险，农民更多采取的是“日常反抗”——这一“弱者的武器”来表达自己的不满和对强者的抗争。这些日常反抗的形式包括：偷懒、诽谤、装糊涂、开销差、假装顺从、偷盗、装疯卖傻、纵火、怠工，等等。[①] 斯科特的理论为我们分析人力车夫等底层社会群体的利益表达提供了理论框架。人力车夫处于社会底层，经济上贫困，也没有社会地位，对于现实生活的不满很少采取有组织的行动，受传统精英政治的影响，底层社会群体“人微言轻”，在利益表达方面处于集体失语的境地，像一个沉默的羔羊一样，对强权势力的辱骂殴打不敢顶嘴还手，甚至还要笑脸相迎。

用人力代替牛马等牲畜拉车供别人役使，人力车夫成为任人使唤的一个行业，也因此而被雇佣者所轻视。尤其是有权势的政府官员、士兵，以及有钱的商人经常拒绝付给车资，甚至不给钱还要对人力车夫随意殴打、辱骂。“有个阔大爷雇了我同伴的车。赶拉他那里，不但不给他钱，反张口就骂，伸手就打，反说偷了他的东西，叫站岗的警察把他抓到警察厅里去。”[②] 有时候，那些有钱有势的坐车人会因为车夫拉车太慢而随手打骂车夫，被打得鼻青脸肿也是常有的事。打人的理直气壮，不会担心受到别人的责罚和谴责，被打的也不敢还口，甚至还得赔着笑脸。诗歌《人力车夫》中描写一个老车夫因已经有乘客而和一个当兵的辩解一句后，“刮刮两声”，扇在那老车夫的脸上，那老车夫脸上顿时一阵红一阵青，“说不出心中的苦恨，却还要赔着笑脸”[③]。即使笑脸回应，那个当兵的依然拳打脚踢，老车夫没有办法，只好含着泪跑了。还有一个政府公务员模样的人坐上车后，嫌车夫拉车时吃红薯耽搁了他上班时间，“掀起腿来照我背上给了一脚”，车夫“看着那楞爹不像是好惹的，也不敢和他犟嘴”，还要满脸堆笑地说，“先生，不必着急，这就要快走”。话音未落，“觉得那边嗖的给我一棍子”，“后面上一棍下一脚，转脸由挨了几个嘴巴子”。拉到目的地后，挨了打却没有拿到车资，他也不敢抱怨这黑暗的世道，不

① 斯科特：《农民的道义经济学：东南亚的反叛与生存》，陈立显译，译林出版社2001年版。

② 张苹：《一个人力车夫底日记》，《劳动界》1920年第18期。

③ 剑奴：《人力车夫》，《平民》1921年第52期。

敢向那些有钱有势的打人者讨还公道，也不敢报警，只能怨恨自己运气不好，“我挨摔挨骂还不算，又叫人家打。我怎么倒霉就到了这般地步呢!”① 越想越生气，甚至想不如死了算了。“日复一日，年复一年，日日街头，年年街头，这种生活何时完?”② 只要不威胁到生存，对于辱骂殴打，人力车夫已经习以为常，顶多也就是抱怨几句。

不在沉默中灭亡，就在沉默中爆发！对现实生活的苦闷和不满总得找到一个发泄的途径。因而，人力车夫等底层社会群体在忍无可忍的情况下，“基于生存伦理的考虑，会转向非制度渠道寻求保护，通过冲撞法律红线，以社会‘失范’的形式来表达自身的利益诉求”③。一种表达方式是近似于“痞子”式的消极抵抗，一种是极端的玉石俱焚式的暴力反抗。

人力车夫脱离农村来到城市，原来在农村的熟人社会中受制约的道德规范在陌生人社会中逐渐被淡忘，长期受到压制的人性得到了释放的机会。由于对改变命运失去了信心，他们破罐破摔，玩世不恭，加上城市生活的濡染，他们养成了“一种欺诈、贪狠、野蛮的习气”④。对权势者的欺压不敢反抗，对但陌生人或者妇女老幼等非强势群体却常常施以“小动作”，以此来表达对社会的不满，表现出一种“痞子化”的倾向。⑤ 其具体表现就是势利眼、敲竹杠。

车夫拉客的价钱起初并无定规，完全由车夫和乘客商量，这便给了车夫宰客的机会。有时候他们会在到达目的地后在谈好的价钱上加钱，或者故意多绕路。有一位外地记者来长沙办事，坐人力车时就被宰了。“譬如你与他讲的加强明明是四百，到了目的地，他会要四角（这里铜元七百合洋一角）；有一次，我喊了一辆车子到书院坪去，不几时，后来跟来一辆，上面端坐一位苦力，在离坪还有条多街远的地方，已听得后面的车夫喊道：‘你是到大书院坪？还是到小书院坪?’” 正当记者在纳闷是否如长沙有大西门和小西门一样，还有大书院坪和小书院坪之别时，“不期然车

① 张苹：《一个人力车夫底日记》，《劳动界》1920 年第 18 期。

② 史关文：《人力车夫》，《夜光》1932 年第 5—6 期。

③ 梁德友：《在“沉默”与“失范”之间——论弱势群体利益表达的底层方式》，《社会学辑刊》2011 年第 4 期。

④ 吴健熙、田一平：《上海生活》，上海社会科学院出版社 2006 年版，第 97 页。

⑤ 严昌洪：《从弱势群体特征看民国时期人力车夫救济制度》，《江汉论坛》2008 年第 10 期。

夫同时微笑起啦，这便是若辈敲钱的一种手段，他的意思是非加钱不可，假如要到彼处的话，否则，请先生跑路，有时，彼此两处相距分明很近，他偏不从此走直路去，使你吃些亏。凡此种种计划，都是一壁和你议价，一壁定好了的。总之一句话：是生客上当多，凡街头巷尾，都可为我们旁观者的试验区"①。人力车夫宰客会看准对象，对于有钱有势者，即使人家没给钱也不敢要，挨了打也得笑脸相迎。但对于生人和老弱妇女，经常进行欺诈，通常在顾客付钱时将银洋换成铜、铅铸成的假钱，并气势汹汹地要顾客拿钱来换；还不时欺负老弱，如宁波王夏氏乘船抵沪，雇用黄包车车夫林德清以该妇年老可欺，遂趁其不备载着箱笼逃走。② 对有权势者的屈服和对同样处于弱势群体的欺诈，正是底层社会群体的脆弱心理反映。

平常逆来顺受的羔羊，一旦遇到生存危机，会以惊人的力量和方式表现出来。人力车夫家庭生活大多依赖拉车收入，因此当人力车夫遇到实业的挑战时，会爆发群体性事件，甚至械斗。人力车夫大多没有自己的车，而是到车行租车，一般一辆车出租给两个人，一个人拉白班，一个拉夜班。但二十世纪三四十年代，由于农民经济破产和抗日战争的全面爆发，涌入城市的破产农民和难民日益增多，没有资本和技术，拉洋车成为他们不得已的选择。新来人力车夫的大量增加，使原有人力车夫有丧失工作的可能性，或者车行老板会因为需要拉车的人数增多而增加车租，对原来人力车夫就业和生活会形成大的冲击和挑战。广州的人力车夫分广州和潮州两派，"这以乡土语言为分别的两大集团，各据着固定的区域去活动。遇有抢生意，越界等时发生，他们都不惜牺牲打起群架，械斗的方式去解决纠纷"③。汉口人力车夫还和马车夫因为抢生意而爆发大规模的报复行动，甚至罢工。

在公共汽车尚未发达之前，人力车因方便上下车，也没有路线的限制，因而颇受欢迎，生意还不错。但公共汽车若大量行驶在城市，势必会给人力车夫的生存带来前所未有的挑战，甚至致命性打击。于是他们以血肉之躯挑战钢铁汽车，在不同城市爆发多起暴力抗争事件。"现机械车日

① 谢钧：《长沙市面的人力车夫》，《华年》1934 年第 3 卷第 32 期。

② 《黄包车夫十分可恶》，《申报》1928 年 5 月 3 日。

③ 张弩：《广州市人力车夫的组织问题》，《抗日旬报》1938 年第 4 期。

渐发达，人力车的营业，大受影响，每日所有营业的收入，除付车租外，余者只能饱腹自己，无力担养全家人口。于是有许多地方的人力车夫，不得不与机械车尽力抗争，而发生罢工风潮，捣毁汽车、电车等事情。如：北平有数千人力车夫躺在电车轨道上阻止电车行驶，捣毁电车。民十六年，汕头的人力车夫捣毁公共汽车。民十五年，广州的人力车夫工会向政府要求停止公共汽车开行。民二十年，杭州爆发人力车夫捣毁全市的汽车行和汽车。民二十二年，又要求政府限止公共汽车行驶地域。”[①] 一旦羔羊不再沉默，往往以赴死的勇气爆发出惊人的能量。镇江人力车夫得知市政府要试行公共汽车，为了他们的生活不受影响，“于是，他们集了许多人，开始暴动了，石块子掷坏了汽车的玻璃，木棍打伤了汽车的脑袋，他们是狠着心情愿犯法了，并且还全体罢了几天工”[②]。由于人力车夫以甘愿犯法坐牢的精神进行抵抗，迫使政府改变了开通公交车的打算。1946年5月1日上午是汉口市公共汽车管理处开辟王家巷至三民路短程路线的当天，人力车夫孙昌清用自己的身躯挡在一辆正要出发的公共汽车面前，以阻止公共汽车抢夺他们的生意，甚至以死来相威胁。之后，孙某和司机发生了殴打事件，“车夫用头一撞，把车长门牙撞落了一颗并撞歪了一颗，车夫之头顶也被牙齿撞破一眼，彼此都留有血”[③]。在人力车夫工会的调解下，政府取消了这条公共汽车路线。为了生存，平时软弱怕事的人力车夫不惜以生命保护自己的权益，是底层社会群体不得已之举，也是对现实不满的一次集中爆发。

因此，人力车夫一方面看起来逆来顺受，不敢反抗有权势者，但生计问题遇到挑战，往往会把集聚已久的怨气和不满对同他一样的弱势群体或者机器发泄出来，甚至不惜犯法和丧失生命为代价。这说明人力车夫等底层社会群体在心理上的脆弱：要么成为沉默的羔羊，要么铤而走险，以社会“失范”的形式来表达自身的利益诉求。

结　论

第一，民国时期人力车夫生活贫困的原因不仅在于收入偏低，更由于

① 吴平：《农工衰败与人力车夫》，《劳工月刊》1936年第二三期合刊。

② 赵宏弼：《镇江人力车夫的生活调查》，《江苏研究》1935年第1卷第1期。

③ 《各种车辆营业纠纷》武汉市档案馆，40-13-1459。

工作条件的艰苦和高强度的劳动而损害健康，致使该社会群体劳动年限和寿命缩短，最终必然导致生活的贫困。常年飞奔在城市的大街小巷，被汗渍浸湿的衣服侵蚀着车夫的健康，导致健康受损，免疫力下降，不仅容易受流行病的侵袭而致病、致死，更容易感染上肺病等职业病。生病期间，车夫家庭不仅失去了生活来源，还得一分不少地向车厂交车租。因病致贫，是人力车夫无法改变的人生命运。

第二，不良嗜好是人力车夫作为底层群体无法改变命运的无声反抗，但也因此而更加损害了健康，导致其生活更加贫困。虽如牛马一样辛苦劳作，却看不到改善生活、改变命运的希望，甚至贫困在代际传递，底层社会群体的子女仍然大多从事苦力的工作，生活如父辈一样艰难。没有了希望的生活还得继续，心里的苦闷需要发泄，于是通过吸烟、酗酒、赌博、嫖娼等方式打发时光，发泄内心的苦闷和不满。但这些不良行为习惯和生活方式在麻醉自己暂时忘记生活痛苦的同时，也在严重侵蚀着车夫的身体，使本来就贫困不堪的生活更加雪上加霜。

第三，处于底层社会群体的人力车夫缺乏合理的利益表达方式，而且受传统精英政治的熏染，缺乏有组织的反抗意识。只要有车拉，就有饭吃，哪怕吃得糙一些，住得差一些，只要有饭吃就能以低水平维持生存。但是，一旦遇到严重的生存危机的时候，他们会采取非常规手段来反抗，常常表现出暴力性、破坏性的特征，甚至不惜牺牲自己的生命来维护自己拉车的权利，以“失范”的形式来表达自身的利益诉求。

（张雨新，西安医学院马克思主义学院教授）

特色史料

孔府藏《洪武二年行中书省劄付碑》考释

刘伟杰

摘　要：从文本来看，洪武二年《山东等处行中书省劄付碑》不仅记录了明朝崇儒恤裔的政策内容，且通过分析公文结构，也能反映出明初中央与地方之间政令沟通的基本流程。另外，梳理邹鲁地区公文碑发展路径可见，劄付碑所见林庙洒扫、圣裔免役及专设官署等事，均为沿袭宋元立石之项。在此过程中，公文立碑不仅作为铭赞功绩的文献载体，先圣后裔的法律特权也借之得垂久远。

关键词：劄付；衍圣公府；明代

"济济邹鲁，礼义唯恭。诵习弦歌，于异他邦"，西汉诗人韦孟笔下的孔孟之乡文化璀璨，亘古不断，而当地蔚为壮观的石刻碑碣也在诉说着这片沃土的悠久历史。在曲阜孔府二门里西侧，立有洪武二年（1369）《钦赐属员碑》，又名《洒扫户碑》，因记载明代衍圣公官属、洒扫人户等政策内容而得名。此碑作为朱元璋"尊孔崇儒"的史料证据，反映出明朝对衍圣公府在林庙、赋役、差发等方面的优渥待遇。[①]然区别于记事文本，此碑采公文体式，行数间格式明确，保留洪武初期中书省、山东等处行中书省、尚书礼部等机构间的文书往来，亦是研究明朝早期政务运作的珍贵史料。基于此，本文将着眼于此碑的个案研究，从文书结构、内容程序以及立碑意图等方面进行分析，进而揭示此通碑石的历史价值。

---

① 孔祥安：《明初朱元璋的尊孔崇儒及其政治原因——以曲阜现存洪武初年的碑文为考察中心》，杨朝明主编《孔子学刊》（第五辑），上海古籍出版社2014年版，第259—261页。

一　碑文整理与定名

该碑高193厘米，宽81厘米。碑文正书，共计26行，行58字，约960字。为如实反映公文格式，录文将文书空抬部分予以保留。按行数整理如下：

01 皇帝圣旨，山东等处行中书省，吏房准户房付，准

02 中书省咨，近准江淮行省平章韩荣禄咨为林庙洒扫户、女户、乐户事。该照田平章榜文，收集洒扫庙户一百户，女户、乐户二十六户。尼山庙元

03 设一十五户，另有石碑可考。虽有旧典，增灭准否，例从

04 朝廷开咨施行。送据翰林国史院官会同太常博士陈承事议得，女户、乐户不见历代载籍明文，林庙洒扫人户拟合存设，名数多寡，宜从朝省定

05 夺。又准本省咨为孔、颜、孟三氏子孙赋役，袭封衍圣公官属，孔、颜、孟子孙儒学教授，尼山、洙泗书院山长事。送据翰林院国史院官会同太常博士

06 陈世昌参考得，宋哲宗元祐元年，礼部太常寺礼官议立学以训其子孙，其袭封专主祀事，赐书置教授教谕孔氏子孙，乡邻愿从学者听。孔、颜、

07 孟三氏子孙俱系

08 先圣先贤之后，历代崇重，事同一体，其教授训谕三氏子孙理宜存设。颜、孟子孙差税

09 闻奏蠲除，袭封衍圣公官署员数多寡，尼山、洙泗二处书院山长合无设置，宜从　都省定夺。得此。送据尚书礼部呈

10 行。准此除外，仰移付本房照验施行。准此，省府合下仰照验施行。须议劄付者。

11 一、呈林庙事。本部议得，上项洒扫人户合依汉唐宋制存设一百户外，据女户、乐户不见载籍，别难定拟。洪武元年十二月十六日，礼部傅

12 侍郎、张郎中同陈修撰、李起居注、单起居注、安给事中、

安殿中侍郎御史、宿卫等官于

13 奉天门奏奉

14 圣旨：准拟。钦此。除钦遵外，具呈照验。得此，前件钦依施行。

15 一、呈赋役等事。定拟到后项事理。洪武元年十二月十六日，本部傅侍郎、张郎中同陈修撰、李起居注、单起居注、安给事中、安殿中侍郎御史

16 宿卫等官，于

17 奉天门奏奉

18 圣旨：准拟。钦此。又洪武元年十二月十九日，本部崔尚书、宝侍郎同朱学士、濮指挥、周指挥、李指挥、陆镇抚等官于

19 谨身殿西廊下钦奉

20 御笔

21 圣旨：孔氏子孙皆免差发，颜、孟子孙，惟大宗免差，余枝不免，钦此。除钦遵外。一、孔、颜、孟三氏子孙差发前件，钦依

22 圣旨事意施行。仰照验。一、合设员数，本部议得奏准，额设官署人等，宜从袭封衍圣公举保堪用人数，俱呈都省，以凭铨用。袭封衍圣公官署掌

23 书一名，书写一名，知印一名，奏差一名，属官二员，管勾、典籍、司乐。孔、颜、孟三氏子孙儒学教授司。今授教授一员，

24 学录一员，学司一员、尼山、洙泗二处书院山长今授各设一员，前件钦此施行，仰照林庙等事。设洒扫一百户。曲阜县陈玉等。

25 右劄付袭封府。准此。

26 洪武二年正月日①

首先，根据文书第10行“须议劄付者”以及第25行“右劄付袭封府”推断，此件公文应属于劄付。劄，牒也。元代将文种“劄”与行为“付”结合，固定为一种下行文书，《吏学指南》言：“劄付，《演义》

① 经笔者实地访碑，按原行对碑文进行整理。参考碑文包括骆承烈汇编《石头上的儒家文献——曲阜碑文录》，齐鲁书社2001年版，第351页；孟继新主编《孔府孔庙碑文楹联集萃》，中国社会出版社2011年版，第232页；杨朝明主编《曲阜儒家碑刻文献辑录》（第2辑），齐鲁书社2015年版，第199页。

曰：‘栉也。以木为牒，简笺之属。’又刺著为书曰劄，以文相与曰付。犹畀赐也。”[1] 从格式来看，此件文书与黑水城文书所见元代劄付也基本一致：顶格书写“皇帝圣旨里”，紧接书写发文单位甘肃行中书省，提行低两字书写正文，正文结尾一般用“仰照验施行，须议劄付者”，另提行低两字写受文单位“右劄付亦集乃路总管府，准此”或“亦集乃路总管府准此”。[2]

对应到此通碑文中，首句“皇帝圣旨”沿袭元朝公文起首语“皇帝圣旨里”，但此类公文用语在明朝建立后不久就被废弃。[3] 受文单位比较明确，依据“右劄付袭封府”判断，应是袭封衍圣公府。至于发文单位，若以首行“准户房付”为分割，应是“山东等处行中书省吏房”发文。但若以此解释，则其后“准户房付，准中书省咨”的嵌套关系难以成立。“咨”作为一种平行文书，元明两代均为“二品以上官行同品衙门之文，又上项各衙门各与堂上官行”[4]，山东等处行中书省于洪武元年（1368）建置，至洪武九年“诏改行中书省为承宣布政使司”[5]，其间下设各房的设置情况暂且不明。但由文书所见，显然吏房、户房是作为行中书省下属机构，无法与中书省进行平行咨文的交流。故笔者认为，在此处应将户房与吏房的文书往来视作山东等处行中书省的内部文书往来，“吏房准户房付”解释为户房向吏房发出“付”，“付”作为房科所行文书种类，即“各房清吏司行本衙门清吏司、各房科行本衙门房科之文”[6]。故从总体来看，此件劄付则是以山东等处行中书省作为发文单位，同袭封衍圣公府产生的文书联系，只有这样才能符合劄付下行文书的基本属性。

在以往讨论中，此碑因涉及孔庙洒扫、官署设立等事，故多以《洒扫户碑》《钦赐属员碑》为名，但是因此件碑文涉及事务较多，单以某项内容定名难以概括全文。碑文既采用公文体，故本文以“时间＋发出机

---

① 徐元瑞：《吏学指南》，浙江古籍出版社1988年版，第35页。

② 李逸友：《元代文书档案制度举隅——记内蒙古额济纳旗黑城出土元代文书》，《档案学研究》1991年第4期。

③ 刘晓：《元代公文起首语初探——兼论〈全元文〉所收顺帝诏书等相关问题》，《文史》2007年第3期。

④ ［日］前间恭作遗稿，末松保和编纂：《训读吏文（附）吏文辑览》，东极书院1962年版，第317页。

⑤ 《明太宗实录》卷106，“中研院”历史语言研究所1962年版，第1772页。

⑥ 前间恭作遗稿，末松保和编纂：《训读吏文（附）吏文辑览》，第345页。

构＋主题＋文种”的定名方式，将此碑定为《洪武二年山东等处行中书省为洒扫等事劄付袭封衍圣公府碑》，简称《洪武二年山东等处行中书省劄付碑》。

二 碑文结构分析

至迟自宋代以降，公文普遍采取层层嵌套引用的“装叙法”行文方式，通过拆解文书装叙结构，重建文书行政流程也为考察政务运行流程提供新的可能性。[①] 按碑文装叙结构所见，山东等处行中书省发出札付中，吏、户两房的内部行移均以“合下仰照验施行”的公文套语予以传达落实，公文的主要依据则是自第2行“准中书省咨”至第10行“准此”所见中书省咨文内容，较为复杂的是，在该咨文中还包括了中书省接收的另两件咨文，构成装叙关系，分别是“近准江淮行省平章韩荣禄咨为林庙事”（第2行）及“又准本省咨为孔、颜、孟三氏子孙赋役等事”（第5行）。之所以将这两件咨文均纳入中书省收执范围，原因在于“宜从朝省定夺”（第4行）与“宜从都省定夺”（第9行）分别作为两件咨文的结束语，均指向中书省这一单位，其后中书省“得此，送据尚书礼部呈行”，又对应后文礼部向中书省所呈内容。可以说，此件文书的流转过程是以中书省作为核心而展开，关于其具体内容，现按照先后顺序，详细叙之。

（一）“江淮行省平章韩荣禄咨为林庙事”

江淮行省平章韩荣禄即韩政，《明实录》记载，“政，睢州人。元季集兵守捍乡里，后以所部来归，数往征伐有功，岁甲辰授江淮省平章政事。吴元年，从大将军徐达定中原，克滕、峄二州，下济宁，遂守济宁、东平等处。洪武元年授荣禄大夫山东行省平章政事”[②]。因咨亦可应用“各衙门各与堂上官行”，又因授职时间不详，此处暂可理解为韩政任江淮行省平章时，因身在济宁，为处理曲阜孔庙事而向中书省发出的咨文。据该咨文称，现存洒扫庙户共一百户，女户、乐户共二十六户，尼山庙元设一十五户（第3行）。韩政称虽有“旧典”参照，但洒扫户的设立与

① 申斌：《万历七年省级赋役书册纂修之行政流程——根据公文装叙结构复原政务运行之一例》，黄正建主编《中国古文书学研究初编》，上海古籍出版社2019年版，第288页。

② 《明太宗实录》卷117，“中研院”历史语言研究所1962年版，第1913页。

否，以及人数增减等细节，还需由朝廷定夺（第4行），此处“旧典”即指历代孔庙洒扫管理的国家政策。《阙里志·林庙》有载：

> 鲁哀公十七年立庙于旧宅，守茔庙百户；后汉桓帝元嘉三年三月诏孔子庙置百户；灵帝建宁中给守庙百户；魏文帝黄初元年诏令鲁郡修起旧庙置百户卒史，以守卫之；宋高祖孝文帝太和十九年诏兖州为孔子起园，栢修饰坟垅；文帝元嘉十九年十二月诏墓侧数户以掌洒扫，蠲其课役；后魏孝文帝泰和十九年给邑一百户……历代守陵户增减不常，宋例给洒扫户五十人，看林户五人，熙宁中役法行裁减洒扫户村三十人，看林户存三人；哲宗元祐元年敕依旧法差洒扫户五十人，看林户五人，并依役人法；元太宗九年给孔氏一十五家，洒扫户依旧一百户；成宗大德二年复洒扫二十八户。①

先贤庙宇的供奉与管理须由国家按礼制规范进行调配，历朝也多以诏令公文的形式实现对孔氏林庙的祭祀管理，洒扫人户数目也逐渐成为政务审批的重要内容。孟庙现存元至正二十六年（1366）碑石也有相关内容：“亚圣五十四代孙孟思谅禀，历代优恤孔、颜、孟即系一体，只今除孔颜二氏所设洒扫户，有先祖亚圣庙林缺人守护洒扫。得此。依准所禀。仰行下有司，拨付五户，免差税，晨昏洒扫。”② 如劄付碑文所见，中书省在接收韩政的咨文后，送翰林国史院官会同太常博士商议。明代翰林院在草创之初，依元旧制仍称翰林国史院，“凡制度仪章，诸所草创，皆委之”③，太常司“掌祭祀礼乐之事，总其官署，籍其政令，以听于礼部”④，经查阅“旧典”，议得以往历朝仅见洒扫人户的名数规定，至于榜文搜集而来的女户、乐户未见相关记载，向中书省提出“宜从朝省定夺”的意见（第4行）。

（二）“山东等处行中书省咨为孔、颜、孟三氏子孙赋役等事”

根据外层所见山东等处行中书省“准中书省咨”，推断此处“本省”即指山东等处行中书省，两单位构成文书往来的闭环关系。但在文书中，

① 陈镐：《阙里志》，山东友谊书社1989年版，第195页。

② 刘培桂：《孟子林庙历代石刻集》，齐鲁书社2005年版，第59页。

③ 焦竑：《玉堂丛语》，中华书局1981年版，第46页。

④ 《明史》卷72，中华书局1974年版，第1786页。

山东等处行中书省发出的咨文内容被省略，仅保留中书省接收之后的过程，即送据翰林国史院会同太常博士查证（第5行）。从查证结果来看，翰林国史院仅对教授训谕孔、颜、孟三氏子孙持“理宜存设”的明确态度，但关于尼山、洙泗二处书院、山长的设置则以“合无设置”为由回复中书省（第6行）。检索可见，实际上翰林国史院所参照的宋元祐元年（1086）政策对于建置衍圣公官署也有一定影响，据《续资治通鉴》载：

今看详典故，自汉、魏以来，莫不封孔子之后，优赐田邑，然未尝明立制度，故承祠之礼有时而盛衰。国朝褒崇先圣，日益隆厚，真宗皇帝又尝赐经史于其家，使兖州择儒生讲授，有以见祖宗尊奉圣祀，度越前代。今参议欲依所请，厘定典礼，命官以司其用度，立学以训其子孙，则朝廷崇儒尊道之意厚矣。今袭封衍圣公专主祠事，添助田百顷供祭祀外，许均赡族人，差洒扫户五十人，看林户五人，并依旧法；赐书，置教授一员，教谕本家子弟，如邻近乡人欲从学者听。改衍圣公为奉圣公，及删定家祭冕服等制度，颁赐施行。①

实际上，该条政策的核心内容在于“袭封衍圣公专主祠事”，在此之前，因衍圣公有爵无禄，其收入必须依赖兼职，包括兼带寄禄官、出任各种差遣获得。但这种模式影响其祭孔本职，故朝廷特给予其“一有料钱寄禄官”，其俸禄随晋升而增加。② 元期也延续了这一政策，至元三十一年（1294）《衍圣公给俸牒碑》重申：“朝廷崇尚圣人之后，郡已颁降，宣命独领虚名，未沾实禄，岂称爵禄相颁之义？照得前代袭封各兼他职，视其兼职以为俸廪之差。今既无兼职，若止视散官品秩，照依随朝正四品例，每月帮支俸钞，俾之有爵有禄，以奉祭祀，益见明时尊崇圣道之意。”③ 正因如此，明初在一例袭封的基础上才会有设置衍圣公官属之举，反映其尊孔崇儒的态度。《明实录》载：“洪武元年十一月甲辰，以孔子五十六世孙希学袭封衍圣公，希大为曲阜世袭知县。置衍圣公官属，曰掌书、曰典籍、曰司乐、曰知印、曰奏差、曰书写，各一人。”④ 山东等处

① 《续资治通鉴长编》卷289，中华书局2004年版，第9450页。

② 王宇：《宋代衍圣公制度试述》，《孔子研究》2009年第4期。

③ 骆承烈：《石头上的儒家文献——曲阜碑文录》，齐鲁书社2001年版，第230页。

④ 《明太宗实录》卷36，“中研院”历史语言研究所1962年版，第665页。

行中书省所咨一事便是对政策内容的具体落实，但翰林国史院认为“官署院人数多寡”仍应由中书省定夺（第9行）。

（三）“礼部呈文”

中书省将翰林国史院意见汇总后，交尚书礼部“呈行”（第9行）引出后文中书省与尚书礼部的文书往来，与之对应的是“呈林庙事”（第11行）、“呈赋役等事”（第15行），第11—24行多次出现的“本部”也印证了在第10行“须议劄付者”与第25行“右劄付袭封府”之间存在着礼部呈文。不同于翰林国史院的查引典故，礼部向中书省所呈内容多是当朝政策与皇帝旨意，直接作为政令意见下达，反映出明初中央决策处理机制。这一点在《训读吏文》所载《洪武三年中书省咨高丽国王》中也有类似的情形：

中书省，据尚书礼部呈：洪武二年十二月二十一日，本省杨右丞、陈参政、侯参政，礼部崔尚书，于金水桥中道，钦奉圣旨，内一款：安南、高丽、占城，既来归附，其各国山川，合于洪武三年过正朝后，择日斋戒降香。钦此。开具该用祝版、香币、金香合、紵丝幡，并收买牺牲、大牢、猪羊，香烛、酒醴、段疋，及差出人银两、衣服等物。

洪武三年正月初四日，文武百官于戟门中座，早朝，杨右丞、陈参政、侯参政，右司滕郎中，礼部崔尚书，奏奉圣旨：准。钦此。呈乞施行。得此。

又据本部呈：考究到安南、高丽，山川名号，当日奏奉圣旨：只写高丽山川之神、安南山川之神、占城山川之神。各于本处城南设坛致祭。钦此。除钦遵外。呈乞施行。得此。都省除外。今差朝天宫道士徐师昊钦賫御香、祝币，并香合、紵丝幡，及收买牺牲、香烛、段疋等，前去钦依致祭外。合行移咨，请照验，钦依施行。须至咨者。

右　咨

高丽国王

洪武三年正月初十日①

① ［日］前间恭作遗稿，末松保和编纂：《训读吏文（附）吏文辑览》，东极书院1962年版，第1页。

此件咨文为中书省因祭祀名号等事向高丽国王发出的咨文，其中引述礼部向中书省上呈文字，包括洪武二年十一月二十一日钦奉、洪武三年正月初四日奏奉圣旨内容。无论是吏文所见，还是劄付所载，在中央政令处理过程中，礼部拟奏获准或钦奉旨意，将政令内容上呈至中书省，两者关系或可印证赵翼“明初六部属中书省，权轻，多仰丞相意旨”[①] 之言。从劄付碑所见呈文内容来看，根据政务属性不同，其办理程序亦有不同：

其一，若未有定拟意见，须上奏皇帝。如林庙洒扫人户是否存设、名数多寡未定，故礼部参照翰林国史院查证结果，提出“洒扫人户合依汉唐宋制存设一百户外，据女户、乐户不见载籍，别难定拟”意见，于洪武元年十二月十六日奏奉圣旨，取得皇帝“准拟”之意，乃下发“具呈照验”；孔、颜、孟三氏子孙赋役是否蠲除，则是根据洪武元年十二月十九日御笔圣旨“孔氏子孙皆免差发，颜、孟子孙惟大宗免差，余枝不免”执行。

其二，若已有定拟意见，由礼部重申。洪武元年十一月甲辰，以孔子五十六世孙希学袭封衍圣公，希大为曲阜世袭知县。与之相关，对置衍圣公官属、孔、颜、孟三氏教授司、尼山、洙泗书院山长等事已有规定，前文已述。故在礼部呈文中，将此部分内容重申并细化，如实录所载“官属并从衍圣公选举，呈省擢用”明确为“额设官署人等，宜从袭封衍圣公举保堪用人数，俱呈都省，以凭铨用”。

至此，文书的流传过程得以明晰（见图 1），此件文书虽然是由山东等处行中书省向袭封衍圣公府发出，但由图 1 可见，文书的流转始终是以中书省作为核心，由地方上报到中央，再由中央决策下达到地方，洪武初期中书省在国家政务处理过程中的作用可见一斑，然“自洪武十三年罢丞相不设，析中书省之政归六部”[②]，明代官府往来文书行移关系也发生了巨大变化。[③] 借助此通劄付碑，将中书省体制下的中央、地方文书行政流程大致复原，为探讨明初国家政务运作提供了珍贵史料支撑。

① 赵翼：《廿二史札记》，中华书局 1984 年版，第 770 页。

② 《明史》卷 72，中华书局 1974 年版，第 1729 页。

③ 何朝晖：《等级、制衡与变异：明代文移制度探论》，吴艳红主编《明代制度研究》，浙江大学出版社 2014 年版，第 27 页。

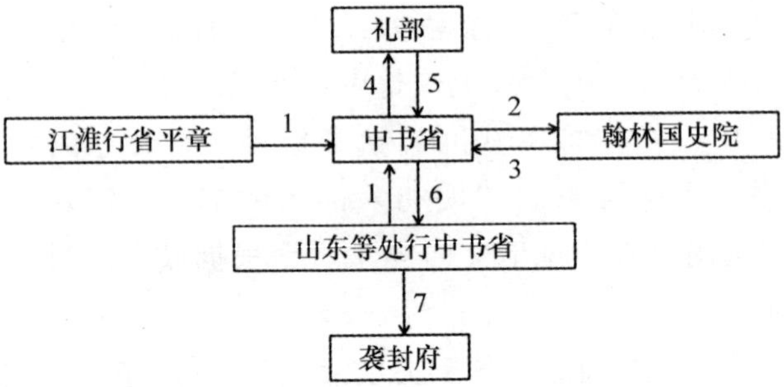

图1　洪武二年行中书省劄付文书流转过程

三　邹鲁地区公文立碑的传统

中国古代行政活动的基础是公文，而中国法制“镂之金石”传统的核心特色是布行“公政”。[①] 除以时段作为划分依据，分析各类公文文种的发展演变外，从区域发展的视野，或许对于个案研究而言，也有更大范围的讨论空间。以《行中书省札付碑》所在邹鲁地区为例，公文碑在见证阙里袭封的同时，也逐渐形成自身的发展模式。

邹鲁地区早期碑石中，以《乙瑛碑》为典型代表，虽然碑文有载东汉元嘉三年（153）三月诏书和永兴元年（153）六月公文，记录鲁相乙瑛提议增设百石卒史一事。虽然其主体为公文，但公文与记事的界限较为模糊，且刻碑的目的是铭赞颂扬为孔庙发展做出贡献的鲁相乙瑛等人。这种记功性公文碑中，公文是一种象征性的内容，保留象征性格式即可，无须按原公文格式摹刻。[②] 同存于汉魏碑刻博物馆的唐咸通十年（869）《新修庙碑》记载了孔子第四十九代孙孔温裕自费修缮孔庙一事，此碑亦为铭赞记事与公文的结合，但格式结构更加明确：前部“新修曲阜县文宣王庙记”为贾防撰文记事，赞颂孔子第三十九代孙孔温裕自费修缮孔庙的行为，结尾处强调“仰圣姿而如在，叹休烈而难名。承命纪功，让不获已。刻诸贞石，深愧菲才”。后部“请修兖州曲阜县文宣王庙”则是公文部分：

① 李雪梅：《法制“镂之金石”传统与明清碑禁体系》，中华书局2015年版，第316页。

② 李雪梅：《汉代公文碑体式及特征探析》，《中华文化论坛》2020年第1期。

14 请修兖州曲阜县文宣王庙

15 右郓曹濮等州观察使孔温裕奏：伏以礼乐根本，百王取则，千古传风。国朝弘阐文明，遵尚礼典，不违

16 古制，大振皇猷。今曲阜县乃鲁国故都，文宣庙即素王旧宅，兴儒之地，孕圣之邦，所宜庙宇精严，礼物具举。近者

17 以兖州频年灾欠，都废修营，徒瞻数仞之墙，才识两楹之位。虽春秋无关于释奠，而揖让颇紊于彝章，遂使金石

18 之音，靡闻于助响，俎豆之设，尝列于荒芜。圣域儒门，岂宜堙坠？臣忝为远裔，叨领重藩，咫尺家乡，拘限戎镇，望阙

19 里而无由展敬，瞻庙貌而有愿兴功。臣今差人赍持料钱，就兖州据庙宇倾毁处，悉令修葺，皆自支费，不扰州县。所

20 需获遂幽，恳克申私诚。伏缘兖州非臣本界，须有申奏。伏乞天恩，允臣所请，无任悃追屏营之至，谨具

21 如前。

22 中书门下 牒郓曹濮观察使，

23 牒奉敕：邹鲁故乡，俎豆遗教。文武之道未坠于地，温裕虽持戎律，宛有家风。属兵车之方殷，饰圣门以弘

24 教。墙新数仞，庙设两楹。尽出私财，不烦公用，绰有余裕，益见器能，已赐诏嘉奖，余宜依。仍付所司，牒至准

25 敕。故牒。

26 咸通十年九月二十八日牒①

从类别来看，此件文书应属敕牒。在唐代，敕牒作为七种正式王言之一，是由中书门下发出的奉“敕”而牒的公文。② 碑文所见第15—21行是孔温裕上奏的内容，阐述修缮文宣王庙之必要性，又因“兖州非臣本界”，申请获得修葺资格，并申明“皆自支费，不扰州县”。第22—26行则是中书门下向孔温裕发出的敕牒内容，如敕所言“已赐诏嘉奖，余宜依”。虽然敕牒文书本身反映出唐代行政运行体制的严谨程序，但在此通碑石的结构中，公文仍是作为依附于铭赞功绩而存在，未对公文形态作出

① 经笔者实地访碑，按原行对部分碑文进行整理，前文略，故自14列开始录文。

② 王孙盈政：《唐代“敕牒”考》，《中国史研究》2013年第1期。

突出与强调，仅是作为证实记事内容真实性的证据。然至宋元之际，邹鲁地区的公文碑数量增多，且将纸本样式摹刻于石成为趋势，公文碑成为邹鲁地区碑刻的重要组成部分。现将孔、颜、孟三庙留存宋元时期公文碑整理如表1。

表1　**宋元时期邹鲁地区公文碑整理①**

刻立时间	碑文名称	类型	主要内容
景德三年（1006）	敕修文宣王庙碑	敕牒	修庙，禁止使臣在庙居住
大中祥符二年（1009）	御赐孔庙书物敕牒碑	敕牒	赐太宗皇帝御书
元丰六年（1083）	加封孟子敕牒碑	敕牒	追封孟子邹国公
元丰七年（1084）	太常寺牒	敕牒	本州增修孟子庙
宣和四年（1122）	邹县牓	牓	拨庙户二十五户
至元三十一年（1294）	衍圣公给俸牒碑	咨	随朝四品官例给俸
至元三十一年（1294）	学田地亩碑	不详	拨学田地土
大德二年（1298）	孔颜孟三氏免役碑	符	优恤蠲免
		关	优恤蠲免
大德四年（1300）	衍圣公给俸碑碣	牒	随朝四品官例给俸
大德十一年（1307）	保护颜庙圣旨禁约碑	榜	毋得侵夺产业
至大四年（1311）	保护颜庙禁约榜碑	榜	毋得辄入本庙
皇庆元年（1312）	颜庙晓谕诸人通知碑	榜	诸人毋得亵渎骚扰
泰定五年（1328）	摽拨孟庙祭田公文	执照	摽拨孟庙祭田
至顺二年（1331）	曲阜文庙免差赋税碑	关	更为照勘地亩税石
至正二十六年（1366）	孟庙额设户计公文	执照	除免差税

从形式上看，宋元时期公文碑种类多样，包括敕牒、榜、咨、关、符在内，各类文书的适用对象以及应用功能各有侧重，使得公文成为区别于拜谒、记事之外的独立碑石类别。宋大中祥符二年（1009）立《御赐孔庙书物敕牒碑》载："宜以所赐太宗皇帝御制御书，与九经书并正义释文

① 本表主要参照骆承烈《石头上的儒家文献——曲阜碑文录》（齐鲁书社2001年版），整理标准为完整公文形式，排除兼具记事内容的碑石。

及器用等，并置于庙中书楼上收掌，委本州长吏职方与本县令佐等同，共检校在庙。如有讲说释奠，并须以时出纳，勿令损污。此敕文仍仰刊之于石，昭示无穷。”[①] 通过在邹鲁之邦以碑石形式颁布敕牒文书，传达国家尊崇师道，启迪化源的思想。同样孟庙所藏两通宋代敕牒碑，分别为追封孟子邹国公以及增修孟子庙事，敕文强调“厥惟旧邦，实有祠宇，追加爵号，以示褒崇”[②]，同为表现崇奉先贤之意。禁约榜文则是国家为保护祠宇周边秩序向公众明示的禁止性规范，如孟庙藏宣和四年（1122）邹县榜明确“公私不得诸般居占”[③]，颜庙藏三通元代保护禁约榜文要求“诸官员使臣军马，毋得于内安下，或聚集理问词讼，亵渎饮宴，工役造作，收贮官物，其赡学地土产业及贡士庄田，诸人毋得侵夺”[④]。不同等级、不同功能的公文种类在碑石上的活跃表现，反映出国家行政与阙里事务管理的密切联系，同时也展现“碑以载政”的自身特征。

元代则是免役、赐田为主题的公文碑频繁刻立，如元贞三年（1237）《曲阜文庙免差役赋税碑》“亚圣子孙历代并免差发……今兖国公后见子孙八家，邹国公后见有子孙二家。仰依僧道一体蠲免差发去讫，并不得夹带他族”[⑤]；延祐元年（1314）十一月《曲阜文庙免差赋税碑》：“邹国公五十二代孙孟惟敬等呈，孟氏子孙合该税石，于丁酉年间奉圣旨依僧道例，将各家合该地税除免了当。”[⑥] 大德二年（1298）《孔颜孟三氏免粮碑》碑石虽然残破，但“优恤蠲免”“为孔颜孟地税事”[⑦] 等关键词，仍然可以辨识孔颜孟三氏子孙免役特权成为这一时期公文碑的主要内容。与“碑以载政”的旨趣不同，此类公文往往是先贤后裔主动向国家申请，获批后主动立石，除保留公文具备的官员签押外，还会在结尾注明立石者身份，用此宣示其政治、经济特权的合法性。

在此背景下，当我们重新审视洪武二年行中书省劄付碑，可以发现明初关于林庙洒扫、后裔教育、免粮优恤等项政策的制定，实际上是沿袭了

---

① 骆承烈：《石头上的儒家文献——曲阜碑文录》，齐鲁书社 2001 年版，第 149 页。
② 刘培桂：《孟子林庙历代石刻集》，齐鲁书社 2005 年版，第 4—6 页。
③ 刘培桂：《孟子林庙历代石刻集》，第 8 页。
④ 骆承烈：《石头上的儒家文献——曲阜碑文录》，第 258 页。
⑤ 刘培桂：《孟子林庙历代石刻集》，第 37 页。
⑥ 刘培桂：《孟子林庙历代石刻集》，第 59 页。
⑦ 骆承烈：《石头上的儒家文献——曲阜碑文录》，第 238 页。

以往历代遵奉先圣的思路，且亦是通过公文立碑的形式，将政策予以具体落实，将权益予以明确。予以佐证的是，邹县孟庙还留存了一通洪武八年（1375）公文碑，为济宁府兖州邹县下发至孟氏主奉的帖文，同样记录了孔、颜、孟三氏子孙免差一事。现录文如下：

01 济宁府兖州邹县，洪武八年二月十七日承奉

02 宣圣五十六代孙、资善大夫、袭封衍圣公，承准

03 山东等处行中书省照会，准

04 中书省咨，准江淮行省平章韩荣禄咨为林庙等事。送据翰

05 林国史院官会同太常博士陈承事，议得孔、颜、孟三氏赋役

06 等事，定拟到后项事理。洪武元年十二月十六日，本部傅侍

07 郎、张郎中，同陈修撰、李起居注、单起居注、安给事中、安殿中

08 侍御史、宿卫等官，于

09 奉天门奏奉

10 圣旨准拟。钦此。洪武元年十二月十九日，本部崔尚书、宝侍郎，同朱

11 学士、濮指挥、李指挥、周指挥、陆镇抚等官，于

12 谨身殿西廊下钦奉

13 御笔

14 圣旨：其孔孟子孙①，皆免差发税粮，有司依例科征。颜氏子孙，惟大宗

15 免差，余枝不免。钦此。除钦遵外，前件钦依

16 圣旨事意施行。请照验依上施行。准此照会，可照验施行。承此。照得

17 孔、颜二氏除已行下曲阜县照验外，据孟氏子孙见于邹县

18 守护林庙住坐，拟合行移该管有司，钦依

19 圣旨事意施行。为此。公府合下仰照验，依上施行。奉此。

---

① 同是引用洪武元年十二月十九日圣旨，帖文碑中将“孔氏免役”改为“孔孟免役”，意为孟氏子孙比照孔氏子孙等级全部免役，但据后文“孟氏大宗子孙免差”推断，前处应为笔误，但是否是孟氏子孙有意为之，暂不可考。

使县合下仰

20 照验，即将孟氏大宗子孙免差，依上施行。须至帖者。

21 右下孟氏主奉孟思谅。准此。

22 洪武八年［印］二月十八日

23 帖　知县汪押

24 大宗子孙族长孟之全，主奉孟思谅，

25 孟思言、孟思能、孟思泉、

26 孟克明、孟克尹等立。①

此件文书为洪武八年邹县向孟氏大宗子孙族长、主奉等人发出的帖文，其上级来文是洪武八年二月十七日，衍圣公府与邹县的文书下达，文中指出孔、颜二氏已行曲阜县，因孟氏子孙于邹县守庙，故交邹县转达，即“孟氏大宗子孙免差”。实际上在此通帖文碑中，自第4行“准中书省咨”至第16行“准此照会”，与洪武二年劄付碑所载“准中书省咨”系同一来源，然对比可见引用内容有大量裁剪，仅保留“为林庙事”部分，或许是根据不同的传达对象，下达公文的内容与结构也会进行相应调整。隔日即二月十八日，邹县便通过帖文形式将相关内容转达至孟氏主奉处。从结尾第24—26行可见，此通碑石的刻立者为受益者孟氏子孙人等，并将公文原状及印押标识摹刻于石，以彰显其免差特权。

时过境迁，当圣裔优免权利被侵犯时，公文立碑仍是其诉求权利的重要手段。万历三十七年（1609）《邹县为恳恩照例优免以杜攀扰事碑》记载自宣和四年始，孔庙人户、礼生等各役杂差悉行蠲免，历经年久，然“被里书地方、保甲人等科诈不遂，朦胧妄攀，苦累逃窜，不愿供庙，皆将离心……仰祈天台轸念先贤俯存庙祀，行县查明，照例优免，刻石垂后，永远遵守。以杜奸宄之攀害，永载洪恩之再造”，经巡抚批示，要求“本县行令里书保甲人等免编佃庙人户、礼生杂差，刻石本庙垂后，永远遵守施行”②。无论是后裔申请，还是官府批示，公文立碑成为邹鲁地区保障特定优恤政策的重要方式。

① 经笔者实地访碑，按原行对碑文进行整理。

② 刘培桂：《孟子林庙历代石刻集》，齐鲁书社2005年版，第279—280页。

结 论

在以往讨论中，洪武二年《行中书省劄付碑》的关注点集中在林庙洒扫、优待后裔等事，以此作为明朝“尊孔崇儒”政策的辅助史料，但对其文本属性与载体特征未有涉及。首先，从文本属性来说，碑文整体保留了明初劄付文书的基本结构，同时涉及了中书省、行中书省、礼部等机构间的文书往来，是探讨明初中书省体制下中央与地方之间政令沟通的珍贵史料。其次，通过梳理邹鲁地区公文碑发展路径可见，碑文所涉及林庙洒扫、后代赋役以及设官事，均非明初首创，乃沿袭宋元之旧制，甚至立石之举亦然。在朝代更迭的过程中，修庙、赐田、子孙免役逐渐成为封赐阙里的必由路径，反映在碑石上便是一种公文内容的“循环”，在此过程中，碑石的刻立也不再仅作铭赞功绩的文献载体，先圣后裔的法律特权也借之立石得以公示垂远。

（刘伟杰，中国政法大学法律古籍研究所博士生）

孤本《条例全文》载弘治元年盐法条例整理*

刘正刚　吴振鹏

明代弘治时期，为了编纂《问刑条例》等“常法”，以弥补洪武时期《大明律》在司法实践中存在的缺陷，即以例辅律之不足。为此，朝廷下令将天顺八年（1464）至弘治七年（1494）的条例汇编成册，以便为编纂《问刑条例》提供依据。这批被汇编成册的文献，名曰《条例全文》，不分卷。其体例是按照年月日的顺序进行编排，每年单独命名。现存世内容仅为成化、弘治年间的条例，即便如此，也非所有年份皆齐全，有的年份即使有，但又月份不全，故为残本。目前该书分别散藏于中国国家图书馆1册，天一阁8册，台北史语所傅斯年图书馆31册。各馆显示皆为明抄本，不著编纂者姓名，均为十行，无格，每行字数不等，尤其是遇到皇帝避讳等字，均会抬高二、三格字。这些藏本不重复，不同馆际之间同一年藏本的上下册之间可衔接，足见为同一部《条例全文》。除三处图书馆有收藏外，尚未见他处有收藏，应为孤本。

傅斯年图书馆藏《皇明弘治元年条例》保存较完整，计10册，收录条例76条。每册首页钤“东方文化事业总委员会所藏图书印”、“史语所收藏珍本图书记”及“傅斯年图书馆”三枚朱文方印，册尾钤“东方文化事业总委员会所藏图书印”“史语所收藏珍本图书记”两枚朱文方印。因册一卷首载“纂修实录”条，故曾被命名为《弘治实录》。傅斯年图书馆在编目时指出，其原书非弘治实录，此书名系北平人文科学研究所误加。20世纪初，日本组建“东方文化事业总委员会”利用“庚款”，于1927年在北京成立“北平人文科学研究所”，并设置东方文化图书馆借名

* 本文受国家社会科学基金重大项目“明清孤本法律典籍整理与研究”（16ZDA125）的资助。

纂修《续修四库全书提要》，广泛搜集中国珍本古籍。[①] 抗日战争胜利后，东方文化图书馆近三四十万册的藏书，分别由北京大学图书馆和中央研究院历史语言研究所接收，[②] 经辗转后藏于台北傅斯年图书馆。

盐法作为中国古代社会重要的门类，一直受国家控制，有所谓"煮海之利，历代皆官领之"[③]。明太祖朱元璋立国之初设立盐法，采用开中，以资军饷。洪武二十八年，颁定《开中纳米则例》。此后历代多设《纳盐粮则例》《纳粮开中则例》，仅成化一朝，就颁布三十次以上，[④] 可见明朝对盐法之重视。弘治朝作为明代社会转折的重要时期，[⑤] 这些盐法条例既是研究明代食盐制度的重要史料，也是研究此时社会转型的珍贵文献。《皇明弘治元年条例》既有专门的盐法条例，也有混杂在其他条例中。本文整理的 4 款条例均全文照录，略作校释。

选择弘治元年盐法条例，一方面是因为学术界自 20 世纪初就一直关注明代盐业史研究，但研究时段多集中在明中叶以后，即便有学者研究明代前期，内容也多以占窝、开中等为主，出现这一现象可能主要是限于明前期史料发掘得不够丰富；另一方面是过往学术界研究明代盐业主要利用盐法志、地方志和实录等文献，甚少利用专门的法律文献资料。自 20 世纪 90 年代开始，中山大学黄国信教授一直从事明清食盐制度研究，至今已形成了最具活力的盐史研究团队，对明清食盐多个领域进行了开创性的讨论，取得的成绩令人瞩目，但该团队至今无专门研究明代食盐的立法问题。因此，公布这一史料，希望能引起学者对盐业立法开展研究。

本文辑录的弘治元年盐法条例，均为当时的盐场所在地官员层层上报，最终由户部以题本的形式上呈皇帝，经过皇帝批准后通行某盐区或几个盐区执行的权宜之法。这些盐法条例均是因地因时因事而出台的临时性权宜之法，与明代法律呈现动态性演变的特点相一致。[⑥] 这些权宜之法经过朝臣议论，有的则进入国家"常法"如《问刑条例》之中，有的甚至

① 孙颖、徐冰：《"北京人文科学研究所"筹建始末——20 世纪上半叶日本对华文化侵略之典型一例》，《求是学刊》2007 年第 5 期。

② 王一心：《东方文化图书馆始末述论》，《山东图书馆学刊》2017 年第 6 期。

③ 张廷玉：《明史》卷 80，中华书局 2000 年版，第 1289 页。

④ 杨一凡，刘笃才：《历代例考》，社会科学文献出版社 2009 年版，第 243—244 页。

⑤ 万明主编：《晚明社会变迁》，商务印书馆 2005 年版。

⑥ 刘正刚、高扬：《明代法律演变的动态性：以"佥妻"例为中心》，《历史研究》2020 年第 4 期。

进入国家“大法”《大明会典》中。换句话说，这些由朝廷颁布的法律，是在地方官员上奏地方盐法出现问题而形成的法规，显然属于区域史研究的重要史料，从中又可以管窥王朝法律在地方的落实情形。

一　巡盐御史查究势要顶名中盐例[①]

弘治元年六月初五日，户部题，为兴利除害以新治道等事。山东清吏司案呈，该南京工部营膳清吏司主事夏英奏称，两淮运司盐课多被势要之家，以奏讨为名侵夺民利，及运司同知要选年壮廉洁之士，副使判官要除进士，通、泰二州并淮安等府水次，仍要置立三分司仓厫等项事件，移咨到部，拟开立前件，具题。

弘治元年五月二十三日，奉圣旨：“运司官员，吏部照依所奏选除，该行斟酌作急回报定夺势要中支的，即便查来革治，其余准拟。钦此。钦遵。抄出送司，除选除运司官员、置立分司仓厫等事，备行吏部等衙门。钦此。”选除行勘外，其势要中支的，查无两淮、两浙、河东等运司，缴到成化二十三年并弘治元年分实征文册，止有成化二十二年分文册，开有锦衣卫守衙门指挥千百户等官下舍人中支存积常股等盐，已经二年，诚恐事已结绝，人无见在，难以追究。其余客商虽报军民籍贯，亦有势要顶名报中，必须运司清查方得其伪，明白案呈。合无本部差人赍文前去，各该巡盐御史并管盐按察司官督同运司官员，除事已完结，人无见在外，将前项势要顶名报中之人，逐一查审，要见某商系某官弟侄儿家人，中支是何年分引盐，中间有无顶名报中，俱要从实审出，各令星驰具奏，以凭革治。其查审官员，不许畏避势要，回护容隐。事发，罪有所归。具题。（奏）［奉］圣旨：“是。着彼处巡盐御史督该管运司官员不隐讳查究的实，即便来说。钦此。”

本条为弘治元年六月初五日户部题本，但依据是南京工部营膳清吏司主事夏英上奏给山东清吏司，又有山东清吏司上呈户部。主要描述了两淮运司的问题，经过皇帝允准而成为事例。从中可知，当时两淮势要“顶

① 傅斯年图书馆藏《弘治条例》第五册，登录号 171805。

名报中”现象。明代实行“开中”制，包括报中、守支、市易三个部分。其中“报中”即商人按国家要求，将米粮等物运往边疆卫所，从官府领取盐引。但弘治初两淮“势要之家以奏讨为名侵夺民利”，此现象在成化时已较流行。该条例主要是防止“顶名报中”。

二　禁革沧州军民堆卖私盐及客船夹带私盐例[①]

弘治元年九月初六日，都察院左都御史马等题，为陈言公道以正偏私等事。该南京守备内官监太监蒋琮题前事，内一件纵卖私盐，诱人犯法之弊。臣惟备火患者，莫善于曲突徙薪；治盐法者，莫（言）［严］于禁人贩卖，此理势至明而易见者也。今照离京不远，自天津迤南至靖海、（清）［青］县、兴济、沧州砖河一带堤岸，接连三百余里，军民杂处，内多奸懒游食、强窃盗贼之辈，皆以私盐为活。访得其家公然堆积，动以千计，专候马快、粮官、民商旅船只南还，各以小舟装载，随船称逐，各船见得本轻利重，顺便买去各该地方转卖，（被）［彼］此得利，习以为常。递年巡察御史罔究其源，徒自立法，不过出给榜文，案行所属卫府州县巡司官吏，委官人等拦截过往船只，捉拿搜盐。所委官吏人等一奉巡按之差，（加）［如］虎添翼，专用随处流来无藉（官）光棍兼同本处积年民害凶徒、隶兵、快手、火甲，布为牙爪，群聚水次，名为盘诘，实肆暴［虐］。有等官民客商船只惯熟者，预先令人投属，送与财物。及有在京文职、在外方面所坐顺回马快、粮船、黑楼大船，锡牌藤棍、义槊摆列，公然放过。惟南北两京差使内官、武职所坐马快，并运粮船只尽被拘留，逐船搜检，不问多寡，勒要银两，亦皆放过。无银两者，就被召呼大汉凶徒，将船拦扯阁岸，驾船军余拿去锁打，在船行李乘机乱抢。时有坐船官员进退无奈，只得代为出钱，送与官吏、兵牌、光棍，分收足意，却将盐货十包之内止抬一二包，假为名色，以掩重众人眼，人船才方疏放。及到前路（迫）［泊］头等处，巡司官吏随处皆然，是虽兴贩者无知而贪于利，抑亦巡捕者无法而实为害也。

以臣愚见，既欲严革买盐之弊，何如痛革卖盐之徒。彼卖盐者皆

---

① 傅斯年图书馆藏《弘治条例》第八册，登录号171808。

当地所属之人，堆货在家，多至三四百引，亦少一二百引。宽则随时发卖，急则无所藏匿，捕之至为不难。而买盐者皆过路，无拘权货在船，多至三四十包，少至一二十包，宽（财）［则］用财买脱，急则丢弃落水，获之尤为不易。设使巡捕官兵，果不贪财受嘱，故纵部属之人贩卖，而肯排门搜捉，绝其堆积。凡日前盐课尽收入官，则过往船只从何而买，盐法之弊何由而生？为监司者昧于法（法），故纵官兵侵渔；为官者不体至公，而纵部属兴贩，故特以其所设之机，而诱人于误犯，以其不禁之利而陷人于过恶。似此故心，岂有分毫为国为公，（武）［成］已成物者哉。合无乞敕内外文武多官，会同公议前项弊端，应该何人独任其咎，明白奏请，通行着落先差巡察、巡捕官员，查其经过船只，贩卖私盐出于何地，贩卖之家应否纵容，捕获之人有无受财脱放，从实回话，明正其罪。自后仍差练老成达、知识大体的当官员，务要严督部属军卫、有司当该官吏委官人等，用心巡捕，痛绝所在军民堆积私盐盗卖之患。倘有似前贩卖，事发，通究卖主来历，并该巡官吏、兵牌人等，一体治罪。仍将前项地方潜住逃军、逃民人等赶逐发遣，果肆恶不悛，留恋不去者，务要捉拿究问。军发边卫，民发附近，永远充军。如此，则盐法既清，而河路自无阻碍，等因，具题。奉圣旨：“这本所言时弊，该衙门看了来说。钦此。”

钦遵。查得成化三年十月二十日户部尚书马昂等题，为疏通盐法事。该巡按直隶监察御史左钰奏前事，本部拟奏，但有越境夹带兴贩官私盐引者，即便擒拿。巡盐御史并各按察司追问如律。情轻买食者，依律问断发落；情重盐至二千斤以上者，不拘军民、舍余，就（被）［彼］问发缺军卫所充军，止充本身。军舍、余丁腹里卫分者，发沿边卫所；原系沿边卫所者，发辽东铁岭卫分，及经过官司纵放者，查治以罪。若有通同受贿情由，各从重论。其四邻里老知而不举者，事发，一体问罪。长芦沿河一带不许私自贩卖。倘遇马快、粮船经过，逐一盘验。若有夹至二千斤以上者，一体问发。果有干碍，内外官员径自具奏施行。具题。奉宪宗皇帝圣旨：“是。钦此。”

钦遵。又查得成化十三年二月十三日，户部尚书杨鼎等题，为整饬河道等事。该总督漕运右副都御史李裕等奏前事。照得禁革私盐，已有旧制。其粮船搜检，有见行事例，并有原定地方，但前项事例已行日久，惟恐人心废弛，合再申明，备咨都察院，转行长芦、山东、两淮、两浙等处巡按、巡监御史各出榜，该管地方透漏私盐去处，常川张挂禁约，不许一应官豪势要，及军民客商人等兴贩，及越境货卖。违者，俱照成化三年十月内奏准事例施行。其长芦、山东、两淮巡盐御史，仍要严禁该管灶丁人等，今后再有私煎私贩，将犯人依律照例问罪。其沿河军卫、有司应该巡捕官兵，止许缉捕本处地方私煎私贩及窝藏寄顿者，不许拘留马快、粮运船只，扰误军士。其运粮并马快回船，照旧于临清、仪（贞）[真]二处，委官如法搜检。如搜船之人似前乘势抢船上盘缠、食米等项，一体拿问。其称临清盘获私盐，责在长芦运司等官；仪（贞）[真]盘获私盐，责在临清委官并运司等官，言虽有理，恐中间妄指虚供。事虽结绝，若有十分盐多情重，亦要招由明白，事务着实，方许参究。具题。奉宪宗皇帝圣旨："是。钦此。"

钦遵。又查得本年五月二十八日，都察院掌院事、太子少保左都御史李等节该钦奉宪宗皇帝圣旨："近闻两京公差人员装送官物，应给马快等船，中间有等玩法之徒，恃势多讨船只，受要各船小甲财物，纵容附答私货，装载私盐，沿途索要人夫，揹[勒]取银，恃强越过巡司，抢开洪闸，军民受害，不可甚言。运粮官军仿效成风，回还船只广载私盐，阻坏盐法，势要之家违法，中买盐引，侵夺民利，似此奸弊，非止一端。恁都察院便出榜通行禁约，敢有不思改悔，仍蹈前非者，船只等项，许管闸、管河官员并军卫、有司巡捕官兵严加盘（结）[诘]。其余奸弊，许巡抚、巡按等官严加纠举，应拿问者就便拿问，如律照例发落，应奏请者指实参究以闻。若管河、管闸、巡抚、巡按等官容情不举，坐视民患，事发，一体究治。钦此。"

钦遵。臣等切惟国家重务，莫先于边储，所资莫先于盐课，故与贩者，律有明条，夹带者，时有禁例。既分差御史巡禁，而又不时钦命大臣清理，所以比先年间，人知警惧，不敢兴贩。奈何近年以来，天津靖海、兴济、沧州一带有等奸诈军民，通同盗贼之徒，别无活计以为生，专贩私盐以度日，或用船装载，或驴驼肩负，堆积在家，动致数千百斤，以候回还马快、运粮船只及官民等船，减价（钱）[贱]卖，全无忌惮，习以成风。其巡盐御史止是一身，不能遍历，不过行文督属委官严加巡捕。而所委之官，奸诈贪赃者多，奉公守法者少，暗受财物，既不捉拿积盐之家，又不擒捕贩卖之人。况两京分差内外势要官员，所讨马快船或七八十只，少则不下一二十只，或接受帮钱而纵其收买，或自出银两而亲为兴贩，甚至马快船小甲人等买求外夷之人，假作奏讨船只，亦买私盐，张挂飞虎号，摆列旌旗，吹打响器，声甚胜。沿途军卫、有司并巡检司官兵，惧其势要，莫敢盘诘。间有盘诘者，祸患立至。

今湖广地方为因代与势要发卖私盐，借用官库银两，尚未还完。又该户部奏准，将长芦官盐许诸报中，前往扬州等处贩卖，沿途俱不许盘诘，以此真伪难辨，私盐盛行。其在京文武官员奏准，给与马船者方敢乘坐。顺回粮船者，亦不过一二只，既有行李妻子在上，纵有不顾廉耻，夹带私盐，数亦不多。抑或船夫人等收买坐船官员，或恐不知，其自回马快、粮船，若有装载私盐，别无势要之人在上者，委被沿途巡捕委官、巡检司弓兵、光棍人等挟诈银两，方肯放过。递年马快、粮船所载私盐，到于南京龙江关上新清河，亦多卖与彼处势要之人，公然散与铺行发卖。盐法之坏，莫盛于此。其言乞敕内外文武多官，会同公议前项弊端，应该何人独任其咎，明白奏请，着落巡察、巡捕官员，查其经过船只，贩卖私盐出于何地，贩买之家应否纵容，有无受财脱放，从实回话，明正其罪一节。且盐法总于户部，出纳掌于运司，而禁革奸弊则又在于巡盐御史。私盐之出，无过于天津一带，而贩卖之家，无过于此中。军民受财脱放，亦不过各处巡捕委官与巡检司官吏弓兵人等。但买卖私盐者，非一人受财；作弊者非一处，俱已犯在成化二十三年九月初六日大赦以前，况无指实，俱难追究。革后法令严明，人知警惧，卖盐者既少，买盐者亦无，大概本官所言，是亦清理盐法之意。

见今已蒙钦差户部侍郎李嗣兼宪职，前去清理盐法，难以再拟差官查究。合无通行两淮、[两] 浙、长芦、河东巡盐御史及福建、广东、四川按察司巡盐官，并各运盐司官员，各要用心禁奸弊，警戒下人遵守法度，(巡) 禁革私盐。各处私盐固多，而长芦尤甚。其长芦巡按御史尤当督令军卫、有司委官，多领军兵人等将沿河两岸，但系积盐之家，逐一晓谕，今后但有堆积私盐贩卖者，务要捉获送官。两邻知而不举者同罪。仍不时往来缉访巡视，遇有 (提) [捉] 拿，先将在地逃军逃民、无藉光棍人等赶逐回还原籍原卫。肆恶不悛，留恋不去者，就便捉拿，所在官司牢固枷钉发遣。仍行自天津直抵仪真各巡检等官，若有马快、粮船并官民船只经过，务要用心搜检，但有夹带私盐者，就将人船擒拿，应问人役，先送所在官司问理，但干碍应奏官员，明白参奏提问，俱照节该奏准事例，并钦降榜文内事理发落。若临清搜获私盐，将迤北一带巡捕委官并巡检司官吏并（直）［值］日弓兵人等，若仪真搜获私盐，将临清以南巡捕并巡检等官，俱参问如律。其搜检之际，俱不许纵容下人乘机抢夺在船财物，仍通行各处巡抚、巡按官员，着落按察司、分巡官，严督军卫、有司，各照行盐地方卖盐，不许越境贩卖，阻坏盐法。如有故违，一体拿问。庶使宿弊革除，盐法疏通。具题。奉圣旨："是。钦此。"

此款为弘治元年九月初六日，都察院左都御史马文升就长芦盐司的沧州一带私盐盛行之事的题本。从中可知，以往缉查私盐，强调搜检运河过往船只，未能有效控制私盐，反给贪官污吏提供科索借口。该地区军民家内私屯盐，候有南还船只路过便低价出售，扰乱盐法的情况并未根除。户部援引成化三年户部尚书马昂、成化十三年户部尚书杨鼎以及弘治元年五月都察院左都御史李宾，三条关于疏通盐法惩治私盐的事例，对从严整治屯盐卖者的建议予以肯定。明时沧州盐务属长芦盐运司管辖，"长芦运司，有沧州、青州二分司"①。马文升在题本中强调弘治初贩卖私盐最严重的路段为天津迤南的四个县，即静海、青县、兴济及沧州，均为运河北段的交通枢纽。这也是明代长芦盐务较两浙、河东等地如条例中所言"各处私盐固多，而长芦尤甚"的原因。

三　阻坏盐法军发边远［充军］民发口外［为民］坑陷商人资本追陪边卫充军新近寄居路村恃强不服发遣者口外为民例②

弘治元年十月初四日，户部尚书李等题，为禁豪横以通盐法事。

---

① 黄训辑：《皇明名臣经济录》卷17，《四库提要著录丛书》史部第29册，北京出版社2011年版，第326页。

② 傅斯年图书馆藏《弘治条例》第九册，登录号171809。

巡抚山西地方兼提督雁门等关都察院右佥都御史翟题，据山西布政司等衙门分守河东道右参政等官冯续等呈，各准本司咨，关抄蒙案验，准刑部咨，山西清吏司案呈，奉本部，送刑科抄出，山西平阳府解州安邑县军籍张衡奏，为建言变乱旧制，商民不便，低落盐价，有误边储事。依蒙公同河东陕西都转运盐使司运使李钊、平阳府知府李琮，亲诣解州并安邑县东、西三场，从公查勘得彼处盐池，古额西门在于解州城外池西北角，东门在于安邑县城外池东北角。宋元祐元年碑图开载，自解州抵安邑县东西凡五十里，南北广七里，中随两池之境分之，曰（解）解县池，即今之西场。安邑县池，即今之东场。元初置场于琰泉之（在）［左］，即今之中场。及查得至元十四年《解州复盐场碑记》：秦汉而下，迨于隋唐，降及近代，盐池之制，止分东西二场，设置榷盐院于解州。后司盐长与守土官意不相合，改立盐司于圣惠镇。元至正二十九年，运使那海筑城于镇，即今路村城，运司治处其中。国朝罢两池制，为东西二场。成化九年，监察御史王，止知一时禁革私盐，筑禁墙于旧墙之外，由是东西二门泯然无迹，客商盐丁悉在路村往来居住，一村人民独专其利，是以居民日益富饶，街市日益繁华。而解州、安邑绝无纤毫盐利，人民因而贫穷，不能聊生。城市（肖）［萧］条甚于乡村。

成化十九年以来，连遇饥荒，逃亡殆尽，守盐池而饥死者不可胜计。成化二十二年间，该巡抚山西都御史叶，会同镇守山西太监刘政、巡按监察御史吴珍，因见解州与安邑县二处密近盐池，地土赚薄，人民多资盐利以为活计。先年被御史王臣筑塞门路，阻绝二处盐利，奏复古制，仍立东西二门，添设中场。除官铸印加增盐课一十二万六千引，每岁共该盐课四十二万引，每门分定出盐一十四万引。运司分守官员各照场分，轮流放盐，使民均霑盐利，是体朝廷一视同人之至公，甚为便益。近该知府李琮访得东西二门虽尝复设，一向盐课仍被路村（亳）［豪］横之徒阻坏，不得放行。奏行巡盐御史往来三场，均放盐课。本村奸民不得专取盐利，其（间）［开］店之家及（车）［军］户、牙行人等犊集银两，买平日在场打搅光棍张衡，假以建言为名，仍要闭塞东西二门，一村独专其利，捏称开设禁门二处，官不便于关防、商不便于守支、民不便益捞办等项虚词奏搅。及勘得前项东西二门，先该各官奏准便民，遵行已定，一旦闭塞，诚恐解州、安邑二处穷困之民不无激变，致生他虞，贻患地方，难擅革去，等因。备呈到臣，督同参政冯续、副使刘璋、运使李钊、知府李琮，亲诣前项盘池地方查勘相同。

及查得解州人民共三十一里，安邑县人民共九十五里，路村居住人民止于九里，且系安邑县所属。前项盐课四十二万，每场均派一十四万，则路村得利，比之二处已为大过。今尚不足，又行捏词奏搅，要行闭塞东西二门，专取其利，诚为不公之甚。除行运司将东、西、中三门禁门，仍依先年都御史等官叶等奏准便民事例，照例关放盐课外，照出具本人张衡奏事不实，合依刑部原行令该府提问去后。续据本府申，据安邑县申依，蒙行提张衡到官，当被一船光棍李真等店户孙著等约有七八十人，用强夺去讫，随即上马，口称再破一万两银，赴京打点，务要闭了东西二门等语。本县无从提解，具申到府。访得各人又鼓舞本处客商，及哄诱中场盐丁赴官，或诉称盐青无利，或告称捞办不便，千方百计只欲闭塞东西二门，以快专利之私，显是各人扶同妄捏，专利一方，不顾一州一县贫民困苦之极。

查得本府近奉山西布政司分守河东道右参政冯续札付，准本司咨，承准刑部照会该锦衣卫舍余仇安奏，为朋奸把持客旅图霸财本事。先年自备资本，中到河东运司官盐一万引，支出赁房堆放。有开店人吕岩等作中，不由客便。被伊计同心腹人张琢、张鼐、乔汉等写立合同文约，领卖前盐，至期取讨价银。不期吕岩等将臣卖盐财物，尽被指霸不还，年久不能回乡，亦要将臣性命谋害。今张琢、吕岩等户内刁豪数十余丁，专在本处积年把持商人，坑赚财本，以为惯便等情。见今行府追问。及查得已故商人江杰男江安亦奏，为朋奸结党坑骗客商资本以致人命等事。臣父江杰，先因遇例，(中)[申]到河东运司官盐支出办卖，被豪强店家张璠、吕岩等共谋设计，结为朋党，将臣卖盐银两措勒在手，不肯交还。有父江杰又与理说催讨，致被张璠意要行凶欺打，不敢抵对，含忍回店，当日因气身故。臣欲赴官告理，声(杨)[扬]连臣谋死，使臣胆怯心惧，密走来京具奏，等因。见行巡盐御史处追问未结。再访得路村居店多系各州县躲避差役之人，因见先年本处盐利盛行，俱各逃移本村，寄籍安邑县，专一在场阻坏盐法，挟诈官吏，措勒商人。申乞通行禁治。等因。

臣窃尝闻之，解盐若通舟揖，可食天下。则前项盐池乃天地自然之利，取之无穷，用之不竭，上足以资国用，下足以济斯民，岂一村一方独能专取其利？今朝廷设官管理，即古“与民共之而有厉禁”之意。奈何前项贪（吏）［利］无厌之徒，先因御史王臣筑塞东西二门，专利日久，奄为固有。后因各官奏开前门，不得专取其利，捏词赴京妄奏御史吴珍，其诬枉可知。近该知府李琮奏，要三场通行盐课，却又辏银买求光棍张衡，假以建言为名，捏词妄奏，私意不遂，又将犯人张衡聚众打夺，及要买客商盐丁及无籍之徒，再行赴京奏搅。为利不畏法律，结为群党，恣肆［无］忌。若不严加禁治，虑恐争端日滋，非惟阻坏盐法，抑且贻患地方。照得两淮等处，即今命官整理盐法，禁革奸弊。而河东盐法一向俱被豪横之徒阻坏，不得通行，尤当禁治。如蒙乞敕户部会同刑部、都察院从长计议，如遇前项各犯，仍前捏词赴京奏扰，牢固差人押解巡盐御史处，仍查前项结党主使奏扰，及指霸商人财本犯人，通问如律。阻坏盐法者，照依《光棍打扰仓场事例》；指勒商人财本者，照依《揽头坑陷纳户事例》发落。今后有犯前罪，俱照此例施行。安邑县将各州县逃避差役，及寄住路村人户，逐一清查明白，发遣各回原籍州县收籍当差，敢有恃强不（报）［服］发遣者，俱发口外为民。具本奏。奉圣旨：户部知道。钦此。钦遵。

随该刑部山西清吏司手本，将奏扰犯人张衡、杨景各奏委官勘合不公等词，见今收问缘由，开报前来。臣等议得前项盐池开立二门，既官［民］两便，国课日增，豪横之徒却乃赴京捏奏，往来搅扰，专要闭塞前门，以快其私。及至官府行提，又且聚众打夺，结成群党，大（四）［肆］凶恶，阻坏盐法，陷害商人，似此罪恶深重，难照常例发落。今都御史翟要将前项各犯，如遇仍前捏奏，差人解巡盐御史处，查结党主使奏扰，及指霸商人财本，通问如律。阻坏盐法者，照依《光棍打扰仓场事例》；指勒商人财本者，照依《揽头坑陷纳户事例》发落一节。比之律例，虽是加重，论其情犯，最亦相应。合无准其所奏，先将犯人张衡、杨景差人押解巡按御史处，径自查问，仍通行河东御史运司及各处运司衙门，备榜张挂晓谕，今后遇有豪横之徒结党赴京捏奏（旨），该部差人径解巡按御史处，通问如律

> 除外，仍查问但有阻坏盐法情由，就行照依《光棍打仓场事例》发落。军发边远充军，民发口外为民。如有勒措商人财本，不肯给还者，亦照《揽头坑陷纳户事例》，尽其财产，变卖（陪）［赔］还，完足，连当房家小，发边远充军。庶人知警惧不敢有犯。及称要行安邑县，将各县逃避差役及寄住路村人户，逐一清查明白，发遣各回原籍收籍当差，敢有恃强不服发遣，俱发口外为民一节，固为有理，但前项人户寄居年久，一旦清查发遣，不无安土重迁人难。合无行令安邑县，通将寄居人户逐一清查，若是寄居年久，本县寄籍，仍令照旧当差。但有恃强刁泼，照例追问发落。如是各县新近流来躲避差役，不曾本县寄籍当差，敢有恃强不服，就行拘拿到官，取具的确招状，发口外为民。如此则地方不敢生事，而盐法亦得疏通矣。具题。奉圣旨："是。钦此。"

此为弘治元年户部尚书李敏就山西解州安邑县盐场设置以及对扰事民众惩治诸事上奏朝廷。明代全国主要盐场之一的河东地区在解州，所产盐主要供陕西、河南以及山西本地。文中所指路村系元末盐运使那海筑城于安邑县圣惠镇。《河东盐政汇纂》称："元末，运使那海德俊再迁圣惠镇，乃筑凤凰城，以固仓库，而运治始立。"[①]《平阳府志》称："路村，古郇瑕之地，迩盐利为天下商贾所趋，故设运司，以司货雄。"[②] 元明鼎革，洪武二年，设河东都转运盐使司于路村。成化九年，山西道监察御史王宾为解决私盐盛行的问题，裁撤东西二场，将所有建置归并到路村，路村得以独占盐利。如此，除路村外，其余原本依盐为生的民众生活受到困扰。成化十九年，值遇饥荒，有盐无粮的困境凸显。因此，成化二十二年，巡抚山西都御史叶淇等要求重开东西二场，打破路村独占盐利的局面。为阻止东西二场重开，路村人雇用军籍张衡上书朝廷谎称诸多不便，甚至公开与官府滋事。文中所引《光棍打扰仓场事例》，可参见天顺八年刑部尚书

① 苏昌臣：《河东盐政汇纂》卷2，《续修四库全书》第839册，上海古籍出版社2002年版，第521—522页。

② 傅淑训：万历《平阳府志》卷九，《原国立北平图书馆甲库善本丛书》第339册，国家图书馆出版社2013年版，第425页。

陆瑜题《白昼抢夺三五成群及打扰仓场充军为民例》,[①] 及傅斯年图书馆藏《皇明成化条例》载成化十六年《各仓打搅及寅缘作弊者枷号充军例》。[②]《揽头坑陷纳户事例》可参见《大明会典》所载天顺元年所定事例。[③] 成化二年都察院左都御史李秉所题《揽纳粮草物料坑陷纳户充军免枷号例》。[④]

四　势要中盐及运司派场不均听户部户科巡抚巡按纠举治罪盐货入官例[⑤]

弘治元年十二月二十七日，户部尚书李等题，为申明盐禁事。钦奉圣旨："朝廷开中盐粮，本为足边饷，省转输，乃利国利民，经久良法。近年以来，各边开中，多被官豪势要之家占窝报中，及支打包越次搀卖，奸弊多端，以致盐法阻坏，边储不充。已尝备查革治，尤虑玩法之徒不知警惧，恁部里便出榜京城及各边，并各运司、提举司张挂晓谕，今后遇有开中，都依户部先年奏准事例，止许军民客商人等报中，并不许内外官员之家中纳包占，粮料草束俱照彼中时价收受，务要堪用足数，不许徇私作弊。运司派场，务要高下相搭，挨次掣户，[不] 许搀越。盐包斤重，悉如定制。违了的，在内，许户部户科，在外，许巡抚、巡按官纠举，都治以重罪，盐货尽数入官。若各官容情不举，事发，一体治罪。钦此。"钦遵。案呈，拟合通行。除备榜京城及各布政司、运盐司、提举司，并各边仓等衙门张挂晓谕外，合咨贵院，烦为转行各处巡按、巡盐御史，并管盐按察司官一体钦遵施行。

此为弘治元年户部尚书李敏就官豪势要侵占报中，且以次充好等破坏

① 《皇明条法事类纂》卷34《刑部类·白昼抢夺·白昼抢夺三五成群及打扰仓场充军为民例》,《中国珍惜法律典籍集成》乙编第5册，科学出版社1994年版，第340页。

② 傅斯年图书馆藏《皇明成化条例》不分卷，第5册。登录号176057。

③ 申时行:《大明会典》卷21《户部八》,《续修四库全书》第789册，上海古籍出版社2002年版，第353—354页。

④ 《皇明条法事类纂》卷15《户部类·揽纳粮草物料坑陷纳户充军免枷号例》,《中国珍稀法律典籍集成》乙编第4册，第650页。

⑤ 傅斯年图书馆藏《弘治条例》第10册，登录号171810。

盐法之事上奏题本。该款与本文整理的第一款《巡盐御史查究势要顶名中盐例》都是针对官豪势要侵占盐利而出台。从中也可见，尽管朝廷屡屡出台条例，并“通行”各盐场张挂晓谕，但执行的效果有限。

（刘正刚，暨南大学历史学系教授；
吴振鹏，暨南大学历史学系硕士研究生）

书　评

溯源穷流 探赜索隐*

——评《燕国八百年》

桑东辉

四川大学彭华教授乃“金门”（学界对金景芳学派的称呼）弟子，先秦史专家谢维扬教授的高足。据作者自云，《燕国八百年》这部书的发轫可以追溯到1996年其在华东师范大学读“先秦史”硕士时的毕业论文——《燕地的古族与古国》。从此，作者与燕国史地研究结缘，深耕有年，不断推陈出新，先后出版了《燕国史稿》（中国文史出版社2005年版）、《燕国史稿》（修订本）（台湾花木兰文化出版社2013年版）。彭华教授坚持学无止境，对先秦燕国历史的研究从未止步，始终关注燕国史地的最新研究成果，注意搜集最新出土的考古成果。这部由中华书局2018年出版的《燕国八百年》就是彭华教授在大量吸收最新研究成果和出土文献资料的基础上，对《燕国史稿》增删补葺而成的。读罢这部严谨规范、资料翔实的学术专著，笔者有以下几点感想。

一 以历史脉络为经，寻根溯源，考其流变

《燕国八百年》以史学为视角，以周朝诸侯国——燕国的八百年历史为中心，对姬燕及燕地的历史进行了系统研究。该书分上下两编，上编通过对燕地历史的纵向研究，重点对燕国史进行了历时态的考索。

上编共包括六章，第一章主要介绍燕地的自然环境，第二章则主要从考古学的角度，概述前燕时期（指西周分封燕国之前）的历史，包括旧石器时期、新石器时期和夏、商、西周初年（封燕前）的历史。第三、

* 本文受国家社科基金后期资助项目“中国传统忠德变迁史研究”（19FZXB026）资助。

第四、第五、第六章分别叙述了燕国的开国时期、发展时期、强盛时期、衰落时期的嬗变历史，为读者勾勒出姬燕从建侯立国、初期发展到一度强盛、终致衰落、最终沦亡的历史脉络。作者通过历史这条经线，串联起了姬燕从建国、发展、强盛、衰落、覆亡的历史轨迹。

应该说，作者在上编中从追溯古燕地人类活动的源头开始，重点循着姬燕八百年历史，对先秦燕地历史进行了一次溯源穷流的知识考古。有时为了论述的需要，作者还向下延伸到秦汉时期的燕地文化，以开放的视角梳理了燕国源远流长的历史。在上编的主体章节中，作者以姬燕历史为中心，围绕召公封燕、燕哙让国、昭王兴燕、苏秦反间、乐毅伐齐、荆轲刺秦等燕国史上重大的历史事件，借助传世文献与出土文献，进行了深入的解读和阐析。特别是围绕召公封燕的过程以及召公的历史作用和功绩，燕王哙受苏代、鹿毛寿的蛊惑将王位禅让给子之的阴谋闹剧，苏秦游说诸侯、反间于齐的死间故事，燕昭王对乐毅的信任和燕惠王对乐毅的猜忌这两种态度所带来的不同后果，燕太子丹急于复仇而亟遣荆轲刺秦的鲁莽，以及燕国与赵国交恶的外交失策等，作者在深入论证的基础上，综合前人研究成果，提出了很多有创见的新观点。

通过上编的论述不难发现，作者不仅史料功底扎实，资料翔实，而且视野宏阔，思路清晰，通过从源到流的探研，为读者描绘了先秦燕地特别是姬燕八百年的发展轨迹和盛衰规律。

二 以政经文社为纬，条分缕析，探赜索隐

如果说《燕国八百年》的上编属于编年体的话，那么其下编无疑可以归入纪传体。该书的下编共分六章，分别从经济制度、政治制度、思想文化、社会生活、古族与古国、燕国人物六大方面进行论述。这几大方面相当于纪传体史书中的帝王纪、人物列传、食货志、职官志、地理志、风俗志、艺术列传（这里的“艺术”非指今日我们所说的“艺术”，而是如李贤在《后汉书》注中所说的，“艺谓书、数、射、御，术谓医、方、卜、筮”，亦如《晋书·艺术传》）、四夷志等。笔者非常赞同作者在下编按照不同领域所作的分门别类论述，因为这种叙述和论证方式与上编编年体的历时态线性论述方式形成了有效的互补。如果说上编是一条经线的话，下编则是由不同方面构成的多维度纬线的集成。在下编，作者重点围

绕政治、经济、文化、社会生活等方面，对燕国历史做了进一步的条分缕析、分类论证，并深入历史的细部，进行探赜索隐、钩深致远的细致考证工作。

下编的分类论证不仅使读者对燕国政治经济活动、社会生活以及思想文化有了较为系统的了解，也可对上编的线性叙事方式的不足形成有效的补充。同时，其将一些无法纳入编年体的燕国史地内容，得以通过分类论述进行阐析。在阐析过程中，作者还做了很多细致的考证工作，不仅探赜索隐，而且还对每一章的内容又进行了进一步细化。如在“经济制度”一章中，作者又细分了农业、畜牧业、手工业、商业、建筑业、交通、城市、人口等八个方面的内容。在“古族与古国”一章中，不仅对燕地的有易氏、蓟国做了论述，还对一些与燕国、燕地有所交集的华北、东北等地的古族和古国进行了介绍，极大地丰富了燕国史地的相关资料，有利于帮助读者建立起完整立体的燕国史地认知。

三　以二重证据为法，多维勘证，独具只眼

作者服膺王观堂的二重证据法，并将其运用到《燕国八百年》的研究写作中，同时广泛借鉴民族学、文化学、人类学等研究成果，形成了多维研究视角。正如作者在绪论中所说的，“本书立意于（同时又是立足于）王国维当年率先倡导并且身体力行的‘二重证据法’……同时，适当援引民族学、人类学的相关资料，合理参照国外的相关理论和方法”。（第8页）这部《燕国八百年》的专著也充分体现了作者对传世经典的熟稔和对考古成果的关注。正因为有着深厚的学术积淀、强烈的问题意识和敏锐的学术思维，作者才能驾轻就熟地将“纸上遗文”与“地下实物”进行有效对勘，转相发明，多方印证，发现前人没有发现或不及深入的问题，提出很多有创见的新观点。

如围绕周初封燕的年代、始封君、燕都故地等早期燕国历史问题，作者通过仔细研读先秦史料，深入分析克罍、克盉等钟鼎铭文以及北京琉璃河遗址等考古资料，多相对照，得出可信据的结论：西周封燕不在周武王克商之年而在成王初年；燕国的始封君虽然是召公奭，但实际赴燕就国、管理国事的是召公奭的长子克；召公虽未就国执政，但到过燕国。但在这里，作者认为实际赴燕领国的召公奭世子克为第一代燕侯。对此，笔者认

为，周王无疑是因为召公奭的功绩才分封其为燕国诸侯的，尽管召公奭一直辅佐周王左右而没有实际就国，但始封君（也就是第一代燕侯）还应该是召公奭，而不是其世子克。这就像鲁国始封君是周公旦，而不是伯禽一样。关于这点，也是笔者要向作者请教的问题。

读罢掩卷，给笔者最大的感触就是作者那种锲而不舍的钻研精神和精益求精的精品意识。彭华教授以十年磨一剑的精神，积二十余年之力，始终关注燕国历史文化研究，并根据最新考古发掘成果，借鉴最新理论方法，不断完善和深化对燕国历史的研究。尤其难能可贵的是，作者浸淫燕国史研究数十年，殚精竭虑，皓首穷经，可谓是上穷碧落下黄泉，动手动脚找东西，但并没有执着于那种爱屋及乌的皮格马利翁情结，而是站在研究者的角度，对燕国史地给予客观公正的评价，对一些历史人物给予"了解之同情"。

当然，作为一项人文社科研究成果，作者的有些观点还是见仁见智，可以商榷的。比如作者提到燕国初封时的人口构成主要是姬姓燕人、子姓殷人和一些当地土著居民，这个应该是大体可信的。但作者将新旧石器时代的燕地先民部分也融入"燕民"的范畴，并强调"尤其是以北京人、山顶洞人、东胡林人为代表的燕地先民最具有说服力"。（第 5 页）对此，笔者认为，东胡林人或许部分融入"燕人"，但因远古时代多有迁徙，如没有有力的考古证据支持，尚不宜遽然将北京人、山顶洞人等石器时代的原始人列入"燕人"的构成来源。另外，如果《燕国八百年》再版的话，能增加相关图片、图示就更完美了。

不管怎么说，作为一部专门研究姬燕历史的学术论著，彭华教授的《燕国八百年》在先秦历史研究特别是诸侯国史研究方面，不啻为用心、用力的扛鼎之作。其不仅开辟了燕国史研究的新局面，而且极大地推动和丰富了先秦史研究，在燕国史地研究领域写下了浓墨重彩的一笔，是当下乃至今后研究姬燕历史无论如何也绕不过去的里程碑式著作。

（桑东辉，黑龙江大学客座教授）

征稿启事

《中国区域文化研究》是安徽师范大学高端科研平台“中国区域文化研究院”、安徽省重点智库安徽师范大学“安徽文化发展研究院”和安徽师范大学历史学院主办的学术辑刊，每年出版两辑。刊物由中国社会科学院古代史研究所所长卜宪群研究员担任主编、国内著名专家学者担任编委，主要刊登中国区域文化研究相关前沿成果，努力为学术界提供交流对话平台。

本刊热忱欢迎广大专家、学者赐稿，就中国区域文化研究的相关问题提出新观点，作出新阐释，公布新史料，推动中国优秀区域文化的创造性转化和创新性发展。

《中国区域文化研究》对所有来稿实行三审制，由责任编辑初审，同行专家复审，主编终审。请勿一稿多投，来稿请自留底稿，2 个月内未收到录用通知者可自行处理。本刊投稿邮箱为：zgqywhyj@ ahnu. edu. cn；纸质投稿地址为：安徽省芜湖市九华中路 189 号安徽师范大学历史学院《中国区域文化研究》编辑部，邮编 241002。

一　主要栏目

笔　　谈：每辑邀请 3—5 位学界名家撰写一组每篇 3000 字左右的主题笔谈。

理论反思：刊载对中国区域文化进行理论探讨与学科建设的理论性文章。

专题研究：刊载中国区域文化专题研究论文。

特色史料：选载稀见中国区域文化研究资料。

综述、书评：刊载对中国区域文化相关会议、著作的评介文字。

二　投稿要求

1. 文章必须未曾在其他正式刊物发表。来稿内容之著作权问题，由作者负责。如发生侵害第三方权利之事，概由投稿者承担法律责任，与本刊无关。

2. 文章篇幅原则上控制在20000字以内，重大选题稿件字数不限，需附中、英文标题、摘要、关键词，摘要200个字左右，中、英文摘要内容对应。

3. 文书文献、档案史料类投稿，建议采用word文档，并附分辨率较高的照片或扫描件，以便核对。

4. 各级基金项目应在文章首页以页下注形式标注，例如“基金项目：国家社科基金一般项目‘×××’（×××）”，注明基金项目名称，并在圆括号内注明项目编号。

5. 文章中出现的外文专门名词（人名、地名等）除特别常见的以外，一律附外文原文，用圆括号标明。

6. 文章所引资料的注释必须规范，一律采用页下注，正文与脚注相对应以①②③……标明序号。具体格式可参照中国社会科学出版社注释要求或本辑文章格式。

7. 所有稿件，建议采用word文档投稿，也可投纸质稿。来稿请注明作者姓名、工作单位、职称、研究方向、联系地址、邮件地址等。

本刊实行优稿优酬，一经刊出，即赠送样刊，并酌付稿酬。稿酬中包含收录中国知网等数据库的稿酬，凡向本刊投稿，则视为同意将大作收录数据库。

《中国区域文化研究》编辑部

2022年5月

新能源科学与工程专业系列教材

太阳能光伏组件技术

（第二版）

薛春荣　钱　斌　　编著
江学范　周承柏

科学出版社
北　京

内 容 简 介

本书以太阳能光伏组件的设计封装为主要内容，在简要介绍太阳能电池基本原理和技术的基础上，全面、深入地介绍了光伏发电系统的核心——太阳能光伏组件的设计、封装、检测和应用等各个方面。

本书围绕“如何设计并制备高效太阳能光伏组件”这个主题展开，在体系安排上遵循从基本原理到组件设计再到应用，内容由浅入深，由理论到应用。

本书可作为高等院校新能源相关专业本科生、专科生的教材或者参考用书，也可作为太阳能光电企业及相关领域的工程技术人员的培训及参考用书。

图书在版编目（CIP）数据

太阳能光伏组件技术/薛春荣等编著. —2版 .—北京：科学出版社，2015.8

ISBN 978-7-03-045318-1

Ⅰ. ①太… Ⅱ. ①薛… Ⅲ. ①太阳能电池-高等学校-教材 Ⅳ. ①TM914.4

中国版本图书馆CIP数据核字（2015）第181797号

责任编辑：余 江 张丽花 / 责任校对：桂伟利

责任印制：徐晓晨 / 封面设计：迷底书装

科学出版社出版

北京东黄城根北街16号

邮政编码：100717

http://www.sciencep.com

北京九州迅驰传媒文化有限公司 印刷

科学出版社发行 各地新华书店经销

*

2014年 1 月第 一 版 开本：720×1000 B5

2015年 8 月第 二 版 印张：15 1/2

2018年 6 月第五次印刷 字数：321 000

定价：49.00元

（如有印装质量问题，我社负责调换）

前　　言

能源技术的革新带动人类社会日益进步，并对社会发展起着巨大的推动作用。至今所采用的“化石燃料”能源，在带给人类文明与进步的同时，却因能源消耗的大幅提高以及随之而来的环境污染，给人类生存环境造成灾害。“改善能源结构，保护地球”成为全球的呼声，被世界各国所关注。在全球环境污染和能源危机日益严重的今天，研究太阳能利用对缓解能源危机、保护生态环境和促进经济的可持续发展具有重要意义。在太阳能利用中，最具优势的是太阳能光伏发电。太阳能光伏组件几乎可以在世界各地使用，能满足可持续发电的要求。从能量转换技术上说，太阳能光伏发电只需要一步就简捷地实现了光-电转换，避免了传统方式的热动力或机械传递的步骤。

本书旨在全面、深入地介绍光伏发电系统的核心——太阳能光伏组件的设计原理、设计、封装、检测和应用等各个方面；同时尽可能地反映目前生产和科研的最先进水平和技术，力求成为既有较深理论基础又有实用价值和实际指导意义的教科书。

本书共 10 章，从内容上分为以下 3 部分：

- 太阳能光伏组件基础理论与设计（第 1～4 章）；
- 太阳能光伏组件封装技术（第 5～7 章）；
- 太阳能光伏组件的检测、故障分析与应用（第 8～10 章）。

第 1 部分是教学的重点，侧重于基本概念、基础理论与设计，以课堂讲授为主，注意启发式教学，旨在培养学生学习的主动性和创造性。在具体实施过程中，建议利用问题法教学，通过提出和解决一个个亟待解决的问题达到掌握知识的目的。

第 2 部分侧重技术技能的培养，注重实践性和应用性，实施过程中应注重和企业接轨，通过一定数量的实验达到掌握技术技能的目的。

第 3 部分是综合应用，侧重综合分析与设计，实施过程中建议通过工程法教学，通过工程设计，引导学生把所学知识融会贯通，设计完成一个工程发电项目或者光伏光电产品，提高学生对知识的综合运用能力和实践创新能力。

本书编写过程中得到常熟阿特斯阳光电力科技有限公司的大力协助，在此表示深深的感谢。

本书部分内容材料来自互联网，其原作者无法一一查证和联系，对此深表歉意和感谢！

由于作者水平有限，书中难免有不妥之处，恳请广大读者予以指正。

作　者

2015 年 4 月

目　　录

第 1 章　太阳能利用

1.1　社会发展需要新能源

从“蒸汽机”到“电动机”的一系列动力技术表明，能源技术的革新带动人类社会日益进步，是社会发展的动力。如今的“化石燃料”能源，带给人类文明与进步的同时，却因环境污染，给人类生存环境造成灾害。“改善能源结构，保护地球”成为全球的呼声。同时，石油、煤炭价格暴涨，地球上的常规能源在逐渐稀少。那么未来人类将靠什么生存？作为主动力的电从哪里来？唯一的出路就是尽早开发新能源！

新能源是相对于常规能源来说的，作为后起之秀的新能源必须具备以下要素：第一，能源的源头是巨大的、无限制的；第二，要有明显的安全保障性和技术可行性；第三，作为新型能源必须是“绿色”的，以减少由于燃烧煤、石油等常规能源对环境造成的严重污染和温室效应。

新能源包含太阳能、生物质能、海洋能、风能、氢能、地热能、潮汐能等许多种，由于煤、油、气等常规能源具有污染环境和不可再生的缺点，人类越来越重视新能源的开发和利用。

生物质能是指由光合作用而产生的各种有机体，是太阳能以化学能形式储存在生物中的一种能量形式。它直接或间接地来源于植物的光合作用，可转化成常规的固态、液态和气态燃料。生物质能是仅次于煤炭、石油、天然气的世界第四大能源，在世界能源消耗中，生物质能占总能耗的 14%，其中在发展中国家占 35%以上。在我国，储存量是仅次于煤炭的第二大能源。

海洋能指依附在海水中的可再生能源，海洋通过各种物理过程接收、储存和散发能量，这些能量以潮汐、波浪、温度差、盐度梯度、海流等形式存在于海洋之中。包括潮汐能、波浪能、海流能、海水温差能、海水盐度差能等。这些能源都具有可再生性和不污染环境等优点，是一项亟待开发利用的具有战略意义的新能源。

水能资源是一种清洁无污染且能循环利用的可再生资源，指水体的动能、势能和压力能等能量资源。广义的水能资源包括河流水能、潮汐水能、波浪能、海流能等能量资源。不论是水能资源蕴藏量，还是可能开发的水能资源，中国在世界各国中均居第一位。我国煤炭储量居世界第三位。

风是由太阳辐射热引起的，由于地球表面各处受热不同，产生温差，引起大气的对流运动形成风。全球的风能约为 2.74×10^9 MW，其中可利用的风能为 2×10^7 MW，比地球上可开发利用的水能总量还要大 10 倍。

氢是宇宙中最常见的元素，宇宙质量的75%是氢。氢是能源载体和燃料，是一种极为优越的新能源，其燃烧热值很高，每千克氢燃烧后的热量约为汽油的3倍，酒精的3.9倍，焦炭的4.5倍。其燃烧的产物是水，不产生任何污染，称得上世界上最干净的能源。氢资源丰富，氢气可由水制取，而水是地球上最为丰富的资源。氢能演绎了自然物质循环利用、持续发展的经典过程。

地热能是来自地球深处的热能，起源于地球的熔融岩浆和放射性物质的衰变。其储量比目前人们所利用的总能量多很多倍，而且集中分布在火山和地震多发区的构造板块边缘一带。如果地球深处的热量提取的速度不超过补充的速度，地热能便是可再生的。地热能在世界上很多地区应用相当广泛。但它的分布比较分散，开发难度大。

图1-1所示是潮汐能的应用，图1-2所示是地热能的利用。目前开发利用的能源中，核能的能流密度最大。

图1-1 海底潮汐能发电机

图1-2 地热发电站

1.2 太阳能利用特点

在诸多新能源中，太阳能是一种取之不尽、用之不竭的清洁能源，在全球环境污染和能源危机日益严重的今天，研究太阳能利用对缓解能源危机、保护生态环境和促进经济的可持续发展具有重要意义。

1.2.1 太阳能利用的优缺点

地球每秒钟接收到的太阳能是人类每年需求的能量总量的好几倍。太阳能具有储量无限的特点，是目前全球主要能源探明储量的10000倍，相对于常规能源，太阳能储量丰富。太阳能与煤炭、石油、天然气、核能等矿物燃料相比，具有以下明显的优点。

（1）普遍。太阳光普照大地，无论陆地或海洋，高山或岛屿，处处皆有，可直接开发和利用，无须开采和运输。

（2）无害。它是最清洁的能源之一，在环境污染越来越严重的今天，这一点是极其重要的。

（3）巨大。每年到达地球表面上的太阳辐射能约相当于130万亿吨标煤，是如今地球上可以开发的最大能源。

（4）长久。根据目前太阳产生的核能速率估算，氢的储量可以维持上百亿年，而地球的寿命约为几十亿年，从这个意义上讲，太阳的能量是用之不竭的。

太阳能对于地球上绝大多数地区具有存在的普遍性，可就地取用，这为常规能源缺乏的国家和地区解决能源问题提供了绝佳的方案。从利用的经济性看，在目前的技术发展水平下，太阳能利用技术与现有电力的技术兼容，同时呈现高的安全保障性。因此太阳能必将在世界能源结构转换中担当重任，太阳能发电成为世界新能源研究的热点。

太阳能资源虽然具有上述几方面常规能源无法比拟的优点，但其作为能源利用也有以下缺点。

（1）分散性。尽管到达地球表面的太阳辐射的总量很大，但是能流密度很低。在利用太阳能时，想要得到一定的转换功率，往往需要面积相当大的一套收集和转换设备，造价较高。

（2）不稳定性。由于受到昼夜、季节、地理纬度和海拔高度等自然条件的限制，以及晴、阴、云、雨等随机因素的影响，到达某一地区的太阳辐照度是间断的、极不稳定的，这给太阳能的大规模应用增加了难度。为了使太阳能成为连续、稳定的能源，必须很好地解决蓄能问题。目前，蓄能也是太阳能利用中较为薄弱的环节之一。

（3）效率低和成本高。虽然目前太阳能利用涉及的很多方面在理论上是可行的，技术上也是成熟的。但因为效率偏低，成本较高，经济性还不能与常规能源竞争。在今后相当长的一段时期内，太阳能利用的进一步发展主要受到经济性的制约。

1.2.2 太阳能利用技术

根据太阳能利用的实际特点，太阳能利用涉及的共性技术主要有 4 项，即太阳能采集、太阳能转换、太阳能储存和太阳能传输。

（1）太阳能采集。因为太阳辐射的能流密度低，必须采用一定的技术和装置如集热器，对太阳能进行采集。集热器按是否聚光，可分为聚光集热器和非聚光集热器两大类。非聚光集热器如平板集热器、真空管集热器，它能利用太阳辐射中的直射辐射和散射辐射，但集热温度较低；聚光集热器能将阳光汇聚在面积较小的吸热面上，获得较高温度，但它只能利用直射辐射，且需要跟踪太阳。图 1-3 所示为平板太阳能集热器。

图 1-3　平板太阳能集热器

（2）太阳能转换。因为太阳能具有即时性，因此只有转换成其他形式的能量才能更好地利用和储存。按能量转换的方式，太阳能利用主要有光热转换、光电转换和光化学转换三个领域，并且需要不同的能量转换器。光热转换即太阳能的热利用，是将太阳的辐射能转换为热能，实现这个目的的器件称为“集热器”，如集热器通过吸收面可以将太阳能转换成热能，如太阳能热水器、太阳灶、太阳房、海水蒸馏器、太阳能热发电等，如图 1-4 所示。太阳能热利用的领域主要有太阳能空调降温、太阳能热发电、太阳房、太阳能灶等。

光电转换即利用太阳能电池的光伏效应将太阳能转换成电能，如太阳能光伏发

图 1-4　光热光伏系统

电系统，如图 1-5 所示。在太阳能利用中，最具优势的是太阳能光伏发电，相比于光热发电受限于地理位置，需要较高的直接辐射，平板式（标准）太阳能光伏组件几乎可以在世界各地使用。光伏技术在工作的过程中，没有有害物质的排放或者物质变化（产生污染物），也不会产生任何噪声或其他副产品，能满足可持续发电的要求。同时，光伏发电仅一步就实现了能量转换，避免了传统方式的热动力或机械传递步骤。综上所述，各国选择大力发展光伏发电的原因可归纳为：①无枯竭危险；②安全可靠，无噪声，无污染排放，绝对干净（无公害）；③不受资源分布地域的限制，可利用建筑屋面的优势；④无须消耗燃料和架设输电线路即可就地发电供电；⑤能源质量高；⑥建设周期短，获取能源花费的时间短。

图 1-5　太阳能光伏发电系统

光化学转换有植物通过光合作用将太阳能转换成生物质能；太阳能光解水制氢等，如图 1-6 所示。

图 1-6 太阳能光合细菌连续制氢试验系统

（3）太阳能储存。因为地面接收到的太阳能具有间断性和不稳定性，有必要储存。大容量、长时间、经济地储存太阳能，在技术上比较困难，目前太阳能转换成电能储存常用的是蓄电池，正在研究开发的是超导储能。目前，与光伏发电系统配套的储能装置，大部分为铅酸蓄电池，它利用化学能和电能的可逆转换，实现充电和放电。铅酸蓄电池价格较低，但使用寿命短，重量大，需要经常维护。近来开发成功了少维护、免维护铅酸蓄电池，性能有一定提高。镍-铜、镍-铁碱性蓄电池，使用维护方便，寿命长，重量轻，但价格较贵，一般在储能量小的情况下使用。新近开发的蓄电池有银锌电池、钾电池、钠硫电池等。某些金属或合金在极低温度下成为超导体，理论上电能可以在一个超导无电阻的线圈内储存无限长的时间。这种超导储能不经过任何其他能量转换就可直接储存电能，效率高，启动迅速，但目前超导储能在技术上尚需继续研究开发。

（4）太阳能传输。应用光学原理，通过光的反射和折射，太阳能可进行直接传输，适用于较短距离。间接传输是将太阳能转换成其他形式的能量进行传输，适用于不同距离和形式，如将太阳能转换为热能，通过热管将太阳能传输到室内；将太阳能转换为氢能或其他载能化学材料，通过车辆或管道输送到用能地点、空间电站将太阳能转换为电能，通过微波或激光将电能传输到地面等。

1.2.3 太阳能资源分布

地球上太阳能资源的分布与各地的纬度、海拔高度、地理状况和气候条件有关。资源丰度一般以全年总辐射量(单位为千卡/(厘米^2·年)或千瓦/(厘米^2·年))

和全年日照总时数表示。就全球而言，美国西南部、非洲、澳大利亚、中国西藏、中东等地区的全年总辐射量或日照总时数最大，为世界太阳能资源最丰富地区。

我国地处北半球，土地辽阔，幅员广大，国土总面积达960万平方公里。南从北纬4°的曾母暗沙，北到北纬52.5°的漠河，西自东经73°的帕米尔高原，东至东经135°的黑龙江与乌苏里江汇流处，距离都在5000千米以上。在我国广阔富饶的土地上，有着丰富的太阳能资源。全国各地的年太阳辐射总量为928～2333kW·h/m^2，平均年辐射量为1626kW·h/m^2。按接收太阳能辐射量的大小，全国大致可分为五类地区。

一类地区：为我国太阳能资源最丰富的地区，包括宁夏北部、甘肃北部、新疆东部、青海西部和西藏西部等地。尤以西藏西部最为丰富，居世界第二位，仅次于撒哈拉大沙漠。

二类地区：为我国太阳能资源较丰富地区，包括河北西北部、山西北部、内蒙古南部、宁夏南部、甘肃中部、青海东部、西藏东南部和新疆南部等地。

三类地区：为我国太阳能资源中等类型地区，主要包括山东、河南、河北东南部、山西南部、新疆北部、吉林、辽宁、云南、陕西北部、甘肃东南部、广东南部、福建南部、苏北、皖北、台湾西南部等地。

四类地区：是我国太阳能资源较差地区，包括湖南、湖北、广西、江西、浙江、福建北部、广东北部、陕西南部、江苏北部、安徽南部以及黑龙江、台湾东北部等地。

五类地区：主要包括四川、贵州两省，是我国太阳能资源最少的地区。

1.3 太阳辐射特性

太阳光有很多重要的特性，如入射光的光谱分布、太阳辐射的功率强度、太阳光入射到太阳能电池的角度、一年或一天，太阳光照射到特定表面的总能量，这些特性在决定入射光与太阳能电池如何作用时非常重要。

1.3.1 光子的基本特性

光子的能量与波长之间存在反比例关系，方程如下：

$$E = hc/\lambda \tag{1-1}$$

式中，h 是普朗克常数，c 表示光速。可见由光子组成的光的能量越高（如蓝光），波长就越短。能量越低（如红光），波长越长。当描述光子、电子等粒子时，共同使用的能量单位是“电子伏特”(eV)，而不是“焦耳”(J)。一个电子伏特的能量相当于把一个电子的电势提高一伏所需要做的功，所以 $1\text{eV}=1.602\times10^{-19}\text{J}$，由此得到下式：

$$E(\text{eV}) = 1.24/\lambda(\mu\text{m}) \tag{1-2}$$

光子通量被定义为单位时间内通过单位面积的光子数量：

$$\Phi = \frac{\#(\text{光子数量})}{S(\text{m})^2} \tag{1-3}$$

光子通量是决定太阳能电池产生的电子数量和电流大小的重要因素。然而，单光子通量并不足以确定太阳能电池产生的电流大小或说明光源的特性。光子通量没有包含关于入射光子的能量或波长的信息。对于一群能量相同（单色光）且光子能量已经知道的光子，总的辐射强度以 W/m^2 为单位可以用以下公式计算：

$$H\left(\frac{\text{W}}{\text{m}^2}\right) = \Phi E(\text{eV}) = \Phi \frac{hc}{\lambda} \tag{1-4}$$

式中，Φ 指的是光子通量，E 是以单位 eV 计算的光子能量。式（1-4）表明了要获得同样的辐射强度，高能量的光子（短波）所需的光子通量比低能量的光子（长波）所需的光子通量小。

光谱辐照度（记作 F）作为光子波长（或能量）的对应量，是描述光源性质最常用的物理量。在分析太阳能电池时，通常既需要光子通量也需要光照度，它们之间的关系方程如下：

$$F\left(\frac{\text{W}}{\text{m}^2\mu\text{m}}\right) = q\Phi E(\text{eV})\frac{1}{\lambda(\mu\text{m})} = q\Phi\frac{1.24}{\lambda^2(\mu\text{m})} = q\Phi\frac{E^2(\text{eV})}{1.24} \tag{1-5}$$

式中，F 为光照度（$\text{W}\cdot\text{m}^{-2}\cdot\mu\text{m}^{-1}$），$\Phi$ 为光子通量，$E(\text{eV})$ 和 $\lambda(\mu\text{m})$ 分别是光子的能量和波长。q、h 和 c 都是常数。

发射自光源的总的辐射强度可以通过所有波长或其对应的能量的光谱辐照度的叠加计算获得。然而，计算光源光照度的近似方程通常并不存在。取而代之的是，被测量出的光照度乘以所处波长范围，然后计算所有的波长的光照度，如下所示：

$$H = \int_0^\infty F(\lambda)\,\text{d}\lambda = \sum_{i=1}^{\infty} F(\lambda)\,\Delta\lambda \tag{1-6}$$

式中，H 为光源发出的总功率强度，以 $\text{W}\cdot\text{m}^{-2}$ 为单位；$F(\lambda)$ 是以 $\text{W}\cdot\text{m}^{-2}\cdot\mu\text{m}^{-1}$ 为单位的光照度，而 $\text{d}\lambda$ 及 $\Delta\lambda$ 都是波长。

1.3.2　太阳辐射

地球大气层外的太阳辐射强度可通过太阳表面的辐射功率强度、太阳半径和地球与太阳之间的距离计算得到，约为 1.36kW/m^2。实际的功率强度会有轻微的变化，因为地球以椭圆形轨道围绕太阳公转以及太阳的辐射功率也是一直在改变着的。一般来说这些变化都是非常小的，对光伏应用来说，太阳辐照度可看成一个常数。这个常数的值及其光谱已经被定为标准值，称为大气质量零辐射（air mass-zero radiation），记作 AM0，此时辐射值为 1.353kW/m^2。

当入射到地球大气层的太阳辐射相对稳定时，影响地球表面辐射的主要因素是大气效应（包括吸收和散射）、当地大气质量的不同（如水蒸气、云层和污染）、纬度位置不同、一年中季节的不同和一天内时间的不同。在光伏应用领域，大气效应的主要影响如下。

（1）由大气吸收、散射和反射引起的太阳辐射能量的减少。

（2）由于大气对某些波长的较为强烈地吸收和散射而导致光谱含量的变化。

（3）分散的或间接的光谱组合被引入太阳辐射中。

（4）当地大气层的变化引起入射光能量、光谱和方向的额外改变。

当太阳光穿过大气层时，气体、灰尘和悬浮颗粒都将吸收入射光子。特殊的气体包括臭氧（O_3）、二氧化碳（CO_2）和水蒸气（H_2O）都能强烈地吸收能量与其分子键能相近的光子。如多数波长大于 $2\mu m$ 的远红外光会被水蒸气和二氧化碳吸收。相似的，大多数波长小于 $0.3\mu m$ 的紫外光会被臭氧吸收。然而，这些大气中的特殊气体在改变地表太阳辐射的光谱含量的同时，并没有相应地明显减少辐射的总能量。而空气分子和尘埃通过对光的吸收和散射成为辐射能量减少的主要因素。这种吸收引起能量的减少（大小取决于穿过大气的路径长度）。当太阳处在头顶正上方时，大气分子引起的吸收会导致光谱中可见光领域一整片的减少，所以入射光呈现白色。然而，当路径变得越长，能量更高（波长更小）的光子能更有效地被吸收和散射。所以在早上和傍晚太阳会变得更红，强度也比中午低。

当光穿过大气层被吸收的同时也发生散射。大气中光的散射机制之一就是人们熟知的瑞利散射，它由大气中的分子引起。瑞利散射对短波光（如蓝光）作用效果显著，因为瑞利散射的强度与波长四次方成反比。蓝光的波长与大气中粒子线度相当，所以被强烈散射。红光的波长大于多数的粒子线度，不会受影响。除了瑞利散射之外，气溶胶和尘埃粒子也会使入射光产生散射。散射光的方向是杂乱无章的，所以它可以来自天空的任何地区。这种光也称为分散光。由于散射光主要是蓝光，所以除了太阳所处的区域外，来自天空所有区域的光都呈现蓝色。假如大气中没有散射，天空将变成黑色，而太阳则会变成一个圆盘状的光源。在天气晴朗的日子，入射光线中大概有 10% 会被散射。

由于大气的存在，太阳辐射能在到达地面之前受到很大的衰减，这种衰减的大小与太阳辐射穿过大气路程的长短有着密切的关系。太阳光线在大气中经过的路程越长，能量损失得就越多；路程越短，能量损失得越少。大气质量被定义为光穿过大气的路径长度，长度最短时的路径（即当太阳处在头顶正上方时）规定为“一个标准大气质量”。通常把太阳处于头顶，即太阳垂直照射地面时，光线所穿过的大气的路程，称为 1 个大气质量（AM1）。太阳在其他位置时，大气质量都大于 1。“大气质量”量化了太阳辐射穿过大气层时被空气和尘埃吸收后的衰减程度。大气质量由下式给出：

$$AM=\frac{1}{\cos\theta} \tag{1-7}$$

式中，θ 表示太阳光线与垂直线的夹角，当太阳处在头顶时，大气质量为 1。“大气质量”描绘了太阳光到达地面前所需走过的路程与太阳处在头顶处时的路程的比例，也等于图 1-7 所示的 Y/X。

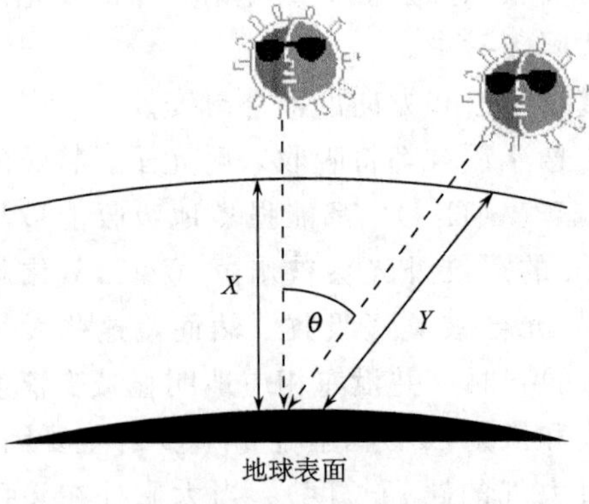

图 1-7　大气质量计算示意图

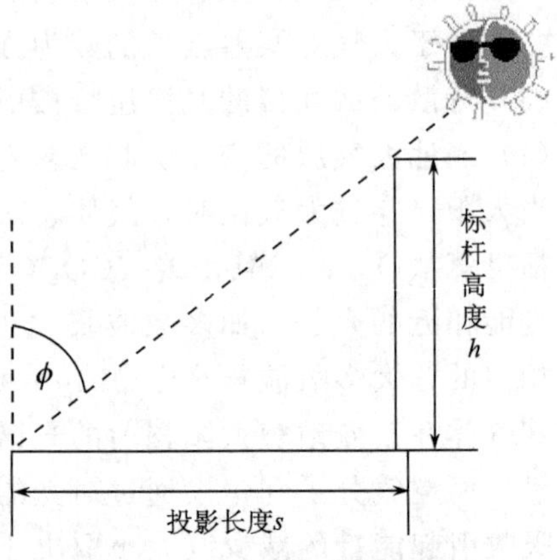

图 1-8　大气质量计算示意图

估算大气质量的一个最简单的方法就是测量一个垂直立着的标杆的投影长度，如图 1-8 所示。

大气质量等于斜边的长度除以标杆的高度 h，然后由勾股定理得到：

$$\mathrm{AM}=\sqrt{1+\left(\frac{s}{h}\right)^2} \tag{1-8}$$

太阳能电池的效率对入射光的能量和光谱含量都非常敏感。为了方便不同时间和不同地点太阳能电池的数据比较，人们定义了地球大气层外和地球表面的光谱和功率强度的标准值。

地球表面的标准光谱称为 AM1.5G（G 代表总的辐射，包括直接的和分散的辐射）或者 AM1.5D（只包含直接的辐射）。AM1.5D 的辐射强度近似于减少 28% 能量后的 AM0 光谱的光谱强度（18%被吸收，10%被散射）。总的光谱辐射强度要比直射的光谱强度高 10%。从上面的计算可得 AM1.5G 的值近似为 970W/m^2。然而，由于整数计算比较方便以及入射太阳光存在固有的变化，人们规范了标准的 AM1.5G 光谱值为 1kW/m^2。地球大气层外的标准光谱称为 AM0，因为光没有穿过任何大气。这个光谱通常被用来预测太空中太阳能电池的表现。

太阳的运动改变着射入地球的光线的直射分量角度，很大程度上影响太阳能收集器件获得的能量。当太阳光垂直入射到吸收平面时，在平面上的功率强度等于入射光的功率强度。然而，当太阳光与吸收平面的角度改变时，其表面的功率强度就会减小。当平面与太阳光平行时，功率强度基本上变为零。对于 0°和 90°之间的角，它们相对的功率强度为最大值乘以 $\cos\theta$，其中 θ 为太阳光与器件平面之间的夹角。太阳偏向角就是指赤道平面与地球中心点——太阳中心点的连线的夹角，计算如下所示：

$$\delta=23.45^{\circ}\sin\left[\frac{360}{365}(284+d)\right] \tag{1-9}$$

式中，d 为观测偏向角时所在的一年中的天数。在二分日（3 月 22 日春分日和 9 月 22 日秋分日）时偏向角为 0°，在北半球夏天时角度为正，北半球冬天时为负。在夏至日 6 月 22 日偏向角达到最大值 23.45°（北半球夏至日）而在 12 月 22 日达到最小值－23.45°（北半球冬至日）。

仰角指的是天空中太阳相对于地平面的高度角。日出时高度角为 0°，太阳处在头顶时高度角为 90°（如在赤道地区，春分日和秋分日时就会出现这种情况）。太阳高度角在一天中不断变化。其大小还取决于观测位置的纬度和所在一年中的天数。

天顶角与高度角相似，但是相对于地平面的垂直线而不是地平面来说的，因此可以计算天顶角＝90°－高度角，如图 1-9 所示。

设计光伏系统时，一个重要的参数是最大太阳高度角，即一年中太阳在天空的高度达到最大时的角度。最大高度角出现在正午时分，大小取决于所在的纬度和偏向角。计算正午太阳高度角的公式如下：

$$\alpha=90^{\circ}+\phi-\delta \tag{1-10}$$

式中，ϕ 为观测位置所处的纬度，在南半球它的符号是负的，在北半球符号为正。δ 为偏向角，大小取决于所在一年中的天数。

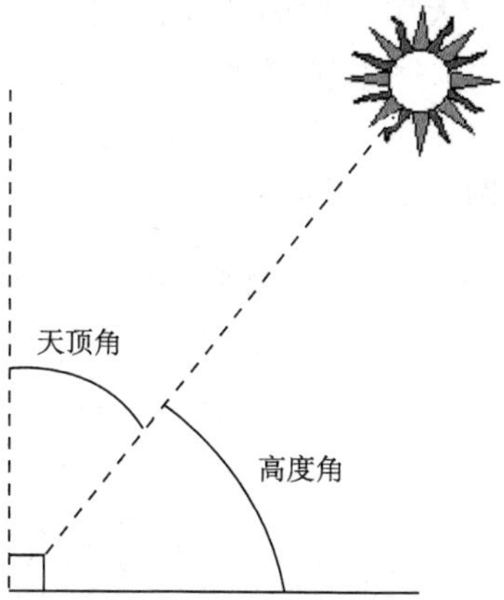

图 1-9　天顶角与高度角

夏至日，在北回归线处，太阳在头顶正上方，其高度角为 90°。在夏天，在赤道与北回归线之间观测的正午太阳高度角是大于 90°的。这意味着阳光是来自北方的天空而不是南方的天空。相似的，在一年中的某个时期，在赤道和南回归线之间，太阳光是来自南方，而不是北方。最大太阳高度角被应用到非常简单的光伏系统设计中，然而更精确的光伏系统仿真则需要知道高度角在一天中是如何变化的这些知识。

方位角是罗盘方向与阳光入射方向的夹角。在正午时分，北半球地区的太阳总是从南方射入，南半球地区则从北方射入。一天中方位角是不断变化的。在赤道地区，春秋分日时太阳直接从东方升起西方落下，不管所处的纬度是多少，日出时的方位角都为 90°，日落时为 270°。尽管如此，总的来说方位角还是随着纬度和一年中日期的改变而改变的。

正午时分的太阳方位角和太阳高度角是摆放太阳能光伏组件使用到的两个重要角度参数。要计算一整天的太阳位置，就必须计算一整天的太阳高度角和方位角。

1.3.3 太阳辐射的光谱特性

由于大气层对太阳辐射的吸收和散射具有选择性，所以当太阳辐射通过大气后，不仅辐射强度减弱，而且光谱成分也发生了变化。太阳高度升高，紫外线和可见光所占比例随之增大；反之，高度降低，长波光比例增加。在空间变化上，低纬度处短波光多，高纬度长波光多；同时，随海拔升高，短波光增多。在时间变化上，夏季短波光多，冬季长波光多；中午短波光多，早晚长波光多。

太阳辐射的光谱可以划分为几个波段，波长短于 400nm 的称为紫外波段，从 400nm 到 750nm 的称为可见光波段，而波长长于 750nm 的则称为红外波段。尽管太阳辐射的波长范围很宽，但绝大部分的能量却集中在 220～4000nm 的波段内，占总能量的 99%。其中可见光波段约占 43%，红外波段约占 48.3%，紫外波段约占 8.7%。而能量分布最大值所对应的波长则是 475nm，属于蓝色光，如图 1-10 所示。

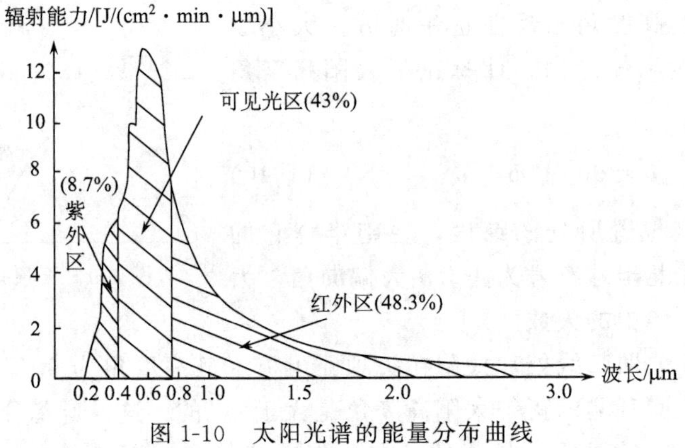

图 1-10 太阳光谱的能量分布曲线

1.4 太阳能电池、组件和发电系统

太阳能电池，又被称为太阳能电池单体，是光电转换的最小单元，一般不能单独作为电源使用。

将太阳能电池单体进行串并联封装后，就成为太阳能光伏组件，其功率为几瓦至几十瓦，是可以单独作为电源使用的最小单元。如一个由 36 片（10cm×10cm）标准太阳能电池单体组成的组件大约能产生 18V 的电压，正好能为一个额定电压为

12V 的蓄电池进行有效充电。太阳能光伏组件经过封装具有一定的防腐、防风、防雹、防雨等能力，广泛应用于各个领域和系统。当应用领域需要较高的电压和电流而单个组件不能满足要求时，可把多个组件组成大的太阳能光伏阵列，以获得所需要的电压和电流，满足负载所要求的输出功率。如图 1-11 所示为硅太阳能电池光伏产业链示意图。太阳能光伏发电是利用太阳能电池这种半导体电子器件有效地吸收太阳光辐射能，并使之转变成电能的直接发电方式，这是如今太阳光发电的主流方式。

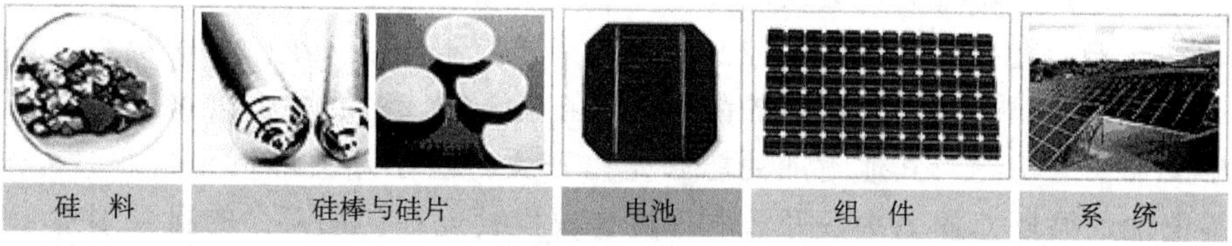

图 1-11　硅太阳能电池光伏产业链示意图

太阳能光伏发电系统分为并网发电系统和分布式（独立）发电系统，如图 1-12 所示。光伏发电系统由太阳能光伏组件、蓄电池组、充放电控制器、逆变器、交流配电柜、太阳跟踪控制系统等设备组成。部分设备的作用如下。

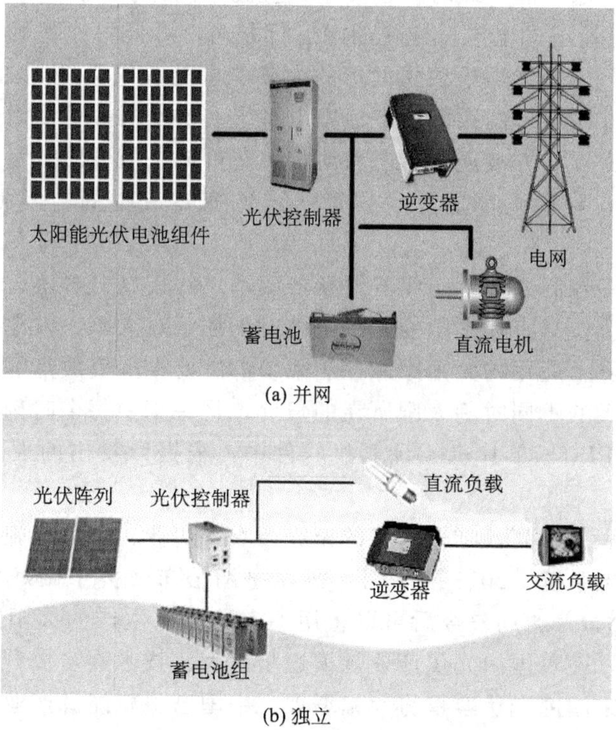

图 1-12　光伏发电系统的组成示意图

(1) 太阳能光伏组件：是太阳能发电系统中的核心部分，也是太阳能发电系统中价值最高的部分。其作用是将太阳的辐射能力转换为电能，或送往蓄电池中存储起来，或推动负载工作。太阳能光伏组件的质量和成本将直接决定整个系统的质量和成本。

(2) 蓄电池组：一般为铅酸电池，小微型系统中，也可用镍氢电池、镍镉电池或锂电池。其作用是在有光照时将太阳能电池板所发出的电能储存起来，到需要时再释放出来，并可随时向负载供电。

(3) 太阳能充放电控制器：控制器的作用是控制整个系统的工作状态，并对蓄电池起到过充电保护、过放电保护的作用。在温差较大的地方，合格的控制器还应具备温度补偿的功能。其他附加功能如光控开关、时控开关都是控制器的可选项。由于蓄电池的循环充放电次数及放电深度是决定蓄电池使用寿命的重要因素，因此能控制蓄电池组过充电或过放电的充放电控制器是必不可少的设备。

(4) 逆变器：是将直流电转换成交流电的设备。很多场合需要提供 220V 交流电、110V 交流电的交流电源。由于太阳能的直接输出一般都是 12V 直流电、24V 直流电、48V 直流电。为能向 220V 交流电的电器提供电能，需要将太阳能发电系统所发出的直流电能转换成交流电能，因此需要使用直流-交流逆变器。在某些场合，需要使用多种电压的负载时，也要用到直流-直流逆变器，如将 24V 直流电的电能转换成 5V 直流电的电能。逆变器按运行方式，可分为独立运行逆变器和并网逆变器。独立运行逆变器用于独立运行的太阳能电池发电系统，为独立负载供电。并网逆变器用于并网运行的太阳能电池发电系统。逆变器按输出波形可分为方波逆变器和正弦波逆变器。方波逆变器电路简单，造价低，但谐波分量大，一般用于几百瓦以下和对谐波要求不高的系统。正弦波逆变器成本高，但可以适用于各种负载。

(5) 太阳跟踪控制系统：一年春夏秋冬四季、每天日升日落，太阳的光照角度时时刻刻都在变化，只有让太阳能光伏组件时刻都正对太阳，发电效率才会达到最佳状态。目前世界上通用的太阳跟踪控制系统都需要根据安放点的经纬度等信息计算一年中的每一天的不同时刻太阳所在的角度，将一年中每个时刻的太阳位置存储到可编程控制器 PLC、单片机或计算机软件中，根据计算出的太阳位置以实现跟踪调整。

随着节能意识的提高，越来越多的家庭、农工商业、公共设施等将在屋顶上安装分布式光伏发电系统。2013 年 2 月，国家电网公布《关于做好分布式电源并网服务工作的意见》，普通用户今后可以将用不完的自己生产的太阳能光伏发电卖给电网。可以预期，随着国内光伏产业规模逐步扩大、技术逐步提升，光伏发电成本会逐步下降，未来国内光伏容量将大幅增加。中国已将新能源产业上升为国家战略产业，未来五到十年，中国光伏发电有望规模化发展。

思 考 题

1.1　为什么要发展新能源？新能源有哪些？并简要叙述。

1.2　为什么要发展太阳能？怎样利用太阳能？

1.3　为什么要大力发展光伏发电？

1.4　叙述太阳能光伏发电系统的分类及各组成部分的作用。

第 2 章 晶硅太阳能电池

2.1 半导体基础

2.1.1 太阳能电池材料

材料永远起着决定一代科技水平的关键作用，太阳能光伏发电的历史是伴随着太阳能电池材料的选择、开发和结构创新的历史。学术界和产业界普遍认为太阳能电池的发展已经进入了第三代，第一代为半导体晶体太阳能电池，第二代为薄膜太阳能电池，仍在探索研究中的第三代太阳能电池应在保持第二代薄膜太阳能电池低成本优点的基础上，具有高于 Shockley-Queisser 极限的高效率，并且电池材料来源丰富、电池性能稳定可靠。也就是说第三代太阳能电池是一种高效率、低成本、长寿命、无毒、高稳定性的、接近理想化的太阳能电池。

开发太阳能电池的两个关键问题是提高转换效率和降低成本。自然界的材料按导电性可分为导体（主要是金属）、半导体和绝缘体 3 类。绝缘体由于本身导电性差，不适合作为光伏发电的材料。导体和半导体受到光照射时的电性质会发生变化，这类光变致电的现象被人们统称为光电效应（photoelectric effect）。光电效应分为光电子发射、光电导效应和光生伏特效应。前一种现象发生在物体表面，又称外光电效应。后两种现象发生在物体内部，称为内光电效应。

金属中的电子比较自由，受光照射时可直接溢出，属外光电效应。但物体内的电子逸出物体表面时，电子剥离需要克服原子核的束缚和表面势能。电子克服原子核的束缚，从材料表面逸出所需的最小能量，称为逸出功，逸出功是从金属表面发射出一个光电子所需要的最小能量。几种金属材料的逸出功如表 2-1 所示。金属表面势能较大，光子激发的电子能量小，能提供剥离能量的光子只占少数，所以不适合作为太阳能电池的材料。

表 2-1 几种金属材料的逸出功

金属	铯	钙	镁	铍	钛
逸出功/eV	3.0	4.3	5.9	6.2	6.6

半导体受光照射时其电导率发生变化，或产生光生电动势的现象，分别称为光电导效应和光生伏特效应（光伏效应）。基于光电导效应的光电器件如光敏电阻。基于光伏效应的器件如光电池和光敏二极管、三极管等。发生光伏效应时光照使不均匀半导体或半导体与金属结合的不同部位之间产生了电位差。光伏效应首先是光

子转化为电子、光能量转化为电能量的过程，其次是形成电压过程。半导体由于杂质敏感性、负的电阻率温度系数、光敏性、两种载流子参与导电、光生伏特效应等特有属性，成为最适合作为光伏发电的材料。但并不是所有的半导体材料都适用于太阳能电池材料，太阳能电池是基于半导体材料 pn 结的光生伏特效应实现光电转换的。因此作为太阳能电池的半导体材料首先其带隙必须适合太阳辐射光谱的范围，其次还受材料物理性质、制备及提纯工艺、成本等因素的限制。综合考虑，硅、锗半导体材料、GaAs 系的 III-V 化合物半导体材料、CdS 系的 II-VI 化合物半导体材料是常用的太阳能电池的材料，它们普遍在元素周期表的Ⅳ族、Ⅱ-Ⅵ族和Ⅲ-Ⅴ族，如图 2-1 所示。表 2-2 列出了用于太阳能电池的主要半导体材料，其中锗是最早实现提纯和完美晶体生长的半导体材料，硅是最典型、用量最广泛而数量最多的半导体材料。由一种元素组成的半导体称为元素（element）半导体，如硅。由两种以上元素组成的半导体称为化合物（compound）半导体，如 GaAs、CdS 等。

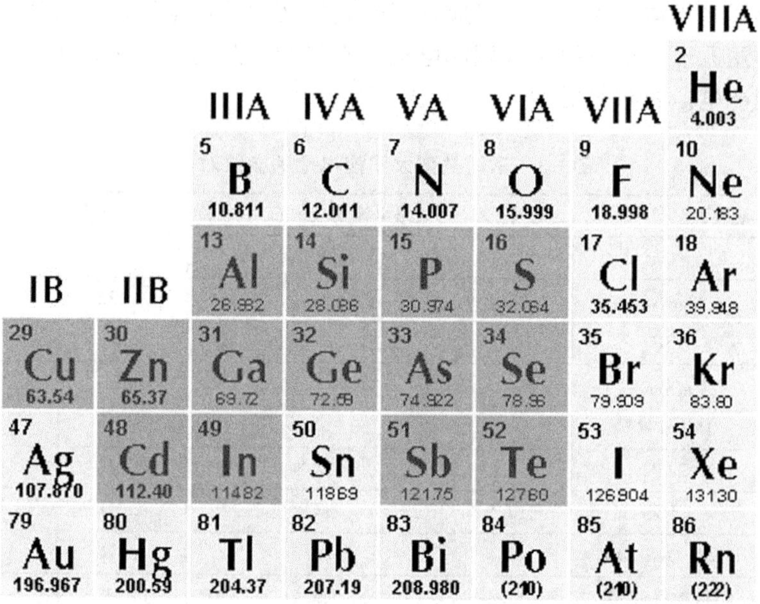

图 2-1　太阳能电池材料在元素周期表中的位置

表 2-2　用于太阳能电池的主要半导体材料

材料	带隙 E_g/eV	折射率 n	晶格常数 /A	密度 /(g/cm³)	热膨胀系数 /(10^{-6}/K)	熔点/K
c-Si	1.12 (i)	3.97	5.431	2.328	2.6	1687
GaAs	1.424 (d)	3.90	5.653	5.32	6.03	1510
InP	1.35 (d)	3.60	5.869	4.787	4.55	1340

续表

材料	带隙 E_g/eV	折射率 n	晶格常数/A	密度/(g/cm³)	热膨胀系数/(10^{-6}/K)	熔点/K
a-Si	～1.8 (d)	3.32				
CdTe	1.45 (d)	2.89	6.477	6.2	4.9	1365
$CuInSe_2$	0.96～1.04 (d)				6.6	～1600
$Al_xGa_{1-x}As$ ($0\leqslant x\leqslant 0.45$)	$1.424+1.247x$ (d)		$5.653+0.0078x$	$5.36-1.6x$	$6.4-1.2x$	
$Al_xGa_{1-x}As$ ($0.45<x\leqslant 1$)	$1.9+0.125x+0.143x^2$ (i)					

注：表中折射率是在波长 590nm（2.1eV）下测得。带隙中的 d 表示直接，i 表示间接。光入射波长默认为 600nm。

除了利用半导体的光生伏特效应进行光电转换的无机半导体太阳能电池，还有模拟光合作用原理的染料敏化太阳能电池、有机物太阳能电池等。表 2-3 所示为不同类型太阳能电池的参数对比。

表 2-3　不同类型太阳能电池的参数对比

电池类型		效率/%	短路电流密度/(mA/cm²)	开路电压/V	填充因子 FF/%
晶体（单结）	c-Si	24.7	42.2	0.706	82.8
	GaAs	25.1	28.2	1.022	87.1
	InP	21.9	29.3	0.878	85.4
晶体（多结）	CaIn/GaAs/Ge 级联	31.0	14.11	2.548	86.2
薄膜（单结）	CdTe	16.5	25.9	0.845	75.5
	CIGS	18.9	34.8	0.696	78.0
薄膜（多结）	a-Si/a-GeSi 级联	13.5	7.72	2.375	74.4
光电化学	燃料敏料 TiO_2	11.0	19.4	0.795	71.0

2.1.2　半导体的基本特性

半导体是由许多单原子组成的，每个单原子由原子核和电子构成，原子核包括质子（带正电荷的粒子）和中子（电中性的粒子），而电子则围绕在原子核周围。电子和质子拥有相同的数量，因此一个原子的整体是电中性的。半导体材料可以来自元素周期表中的Ⅴ族元素，或者是Ⅲ族元素与Ⅴ族元素相结合（Ⅲ-Ⅴ型半导体），还可以是Ⅱ族元素与Ⅵ族元素相结合（Ⅱ-Ⅵ型半导体）。硅是使用最为广泛的半导体材料，它是集成电路芯片的基础，大多数的太阳能电池是以硅作为基本材料的。

半导体的价键结构决定了半导体材料的性能。半导体中围绕每个原子的电子都是共价键的一部分，每个原子被 8 个电子包围着。共价键中的电子被共价键的力量束缚着，被限制在原子周围的某个地方，不能移动或者自行改变能量，所以共价键中的电子不能够参与电流的流动、能量的吸收以及其他与太阳能电池相关的物理过程。

价键的存在导致电子有两个不同的能量状态：基态和激发态。电子处在价带（E_v，valence band）时具有最低能量态，即基态。价带中的电子如果吸收了足够的能量打破共价键，它将进入导带（E_c）成为自由电子，即激发态。电子不能处在这两个能带之间的能量区域，它要么束缚在价键中处于最低能量状态，要么获得足够能量摆脱共价键。但它吸收的能量有个最低限度，这个最低能量值被称为半导体的“禁带（E_g）”。

电子一旦进入导带，将自由地在半导体中运动并参与导电。然而，电子在导带中的运动也会导致另外一种导电过程的发生。电子从原本的共价键移动到导带必然会留下一个空位。来自周围原子的电子能移动到这个空位上，然后又留下了另外一个空位，这种留给电子的不断运动的空位，称为“空穴”，也可以看作在晶格间运动的正电荷。因此，电子移向导带的运动不仅导致了电子本身的移动，还产生了空穴在价带中的运动。电子和空穴都能参与导电并都称为“载流子”。

自由载流子的数量和能量是研究电子器件性能的基础。对于太阳能电池，半导体最重要的参数是禁带宽度、能参与导电的自由载流子的数目以及光射入半导体材料时，自由载流子的产生和复合。

把电子从价带移向导带的热激发使得价带和导带都产生载流子。这些载流子的浓度称为本征载流子浓度，用符号 n_i 表示。载流子的数目取决于材料的禁带宽度和材料的温度。宽禁带使得载流子很难通过热激发产生，因此宽禁带的本征载流子浓度一般比较低。但可以通过提高温度让电子被激发到导带，提高本征载流子的浓度。没有注入能改变载流子浓度的杂质的半导体称为本征半导体。

通过掺入不同价电子的原子可以改变本征半导体中电子与空穴的平衡。在已掺杂的材料中，浓度高的载流子称为“多子”，浓度低的载流子称为“少子”。如图 2-2 描述了单晶硅掺杂后制成的 n 型和 p 型半导体。在一块典型的半导体中，多子浓度可达 $10^{17}\,cm^{-3}$，而少子浓度为 $10^{6}\,cm^{-3}$。半导体材料的电导率可以通过杂质原子调变，调变范围可达 10^{10}。同

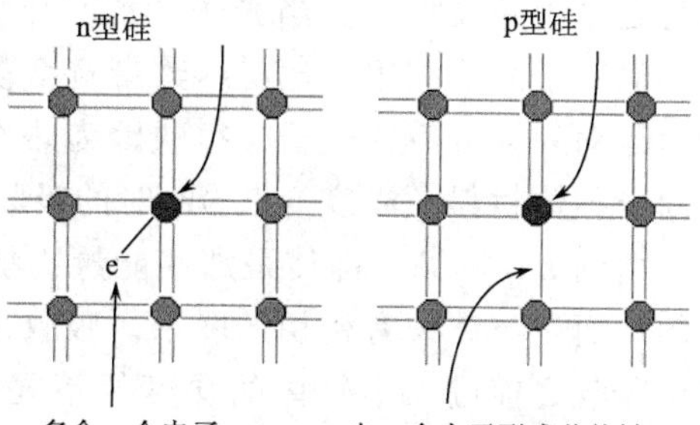

图 2-2　单晶硅掺杂后的 n 型和 p 型半导体

时电导率受温度影响比较大，随温度增加，导电能力增强。这一点与金属不同，金属材料的电导率受温度影响不大，且基本上温度越高，电导率越小。

多数情况下，掺杂后半导体的自由载流子浓度比本征载流子浓度高出几个数量级，因此多子的浓度几乎等于掺杂载流子的浓度。在平衡状态下，多子和少子的浓度为常数，由质量作用定律可得其数学表达式：

$$n_0 p_0 = n_i^2 \tag{2-1}$$

式中，n_i表示本征载流子浓度，n_0和 p_0分别为电子和空穴的平衡载流子浓度。

2.1.3 半导体材料对光的吸收

入射到半导体表面的光子要么在表面被反射，要么被半导体材料所吸收，或者只是从此材料透射而过。对于光伏器件，反射和透射为损失部分，就像没有被吸收的光子一样不产生电。基于光子的能量与半导体禁带宽度的比较，入射到半导体材料的光子可以分为以下三种。

(1) $E_{ph}<E_g$，光子能量 E_{ph}小于禁带宽度 E_g，光子与半导体的相互作用很弱，只是穿过，似乎半导体是透明的一样。

(2) $E_{ph}=E_g$，光子的能量刚好足够激发出一个电子-空穴对，能量被完全吸收。

(3) $E_{ph}>E_g$，光子能量大于禁带宽度并被强烈吸收。

光的吸收同时产生了多子和少子，但在很多光伏应用中，光生载流子的数目要比由于掺杂而产生的多子的数目低几个数量级，因此在被光照的半导体内部，多子的数量变化并不明显。与之相反，光照产生的少子的数目要远高于原本无光照时的少子数目，因此在有光照的太阳能电池内的少子数目几乎等于光照产生的少子数目。

吸收系数 α 决定着一个给定波长的光子在被吸收之前能在材料内走多远的距离，它的大小取决于材料的带隙和被吸收的光的波长。一个光子被吸收的概率取决于这个光子能与电子作用（即把电子从价带转移到导带）的可能性。能量大小非常接近禁带宽度的光子被吸收的概率是相对较低的，因为只有处在价带边缘的电子才能与之作用并被吸收。当光子的能量增大时，其被吸收并产生电子的数目也会增大。但对于光伏应用，比材料禁带宽度多出的那部分光子能量是没有实际作用的，因为运动到导带后的电子又很快因为热作用回到导带的边缘。如图 2-3 显示了四种不同半导体材料在温度为 300K 时的吸收系数 α。

由图 2-3 可见，即使是那些能量比禁带宽度高的光子的吸收系数也不是全都相同的，而是与波长有密切的联系。吸收系数与波长的关系导致了不同波长的光在被完全吸收之前进入半导体的深度的不同。吸收深度与吸收系数呈反比例关系，即 α^{-1}。高能量光子的吸收系数很大，所以它在距离表面很短的深度就被吸收了，例如，蓝光在进入硅太阳能电池表面几微米以内就被完全吸收了。而红光的吸收就很

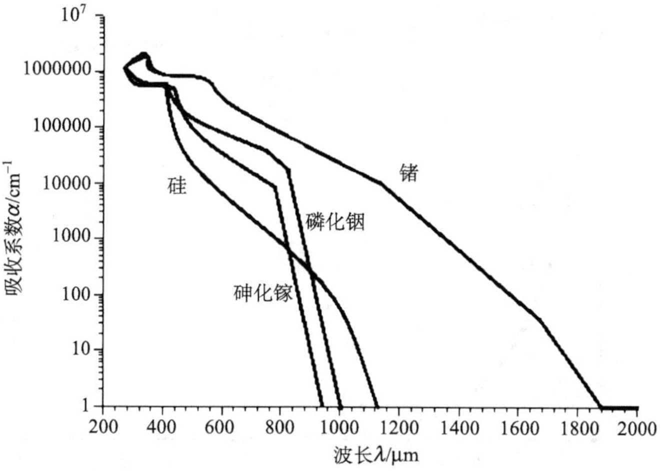

图 2-3　四种不同半导体材料在温度为 300K 时的吸收系数 α

弱，即使在几十微米之后，也不是所有的红光都能被硅吸收。

生成率是指被光线照射的半导体某一点内生成电子空穴对的数目。忽略反射，半导体材料吸收光的多少取决于吸收系数和半导体的厚度。半导体中每一点光的强度可以通过以下方程计算：

$$I = I_0 e^{-\alpha x} \tag{2-2}$$

式中，α 为材料的吸收系数，单位通常为 cm^{-1}，x 为光入射到材料的深度，I_0 为光在材料表面的光强。方程（2-2）显示，光的强度随着在材料中深度的增加呈指数下降，材料表面的生成率是最高的。该方程可以用来计算太阳能电池中产生的电子空穴对的数目。假设减少的那部分光子能量全部用来产生电子空穴对，那么通过测量透射过电池的光强便可以计算半导体材料生成的电子空穴对的数目。因此，对上面的方程进行微分将得到半导体中任意一点的生成率。即

$$G = \alpha N_0 e^{-\alpha x} \tag{2-3}$$

式中，N_0 为表面的光子通量（光子/(单位面积・秒)）。

对光伏应用来说，入射光是由一系列不同波长的光组成的，不同波长光的生成率也是不同的。如图 2-4 所示为三种不同波长的光在硅材料中的生成率。

半导体对光的吸收分为本征吸收和非本征吸收。如图 2-5 所示，价带中的一个电子，吸收一个能量为 $h\nu$ 的光子越过禁带进入导带，在价带中留下一个空穴，形成了一个电子-空穴对。这种在能带间跃迁并形成载流子的过程称为本征吸收。这实际上是半导体本身的原子对光子的吸收。在晶格图像中，硅原子间共价键的一个电子吸收了一个能量为 $h\nu$ 的光子后成为自由电子，同时在共价键断裂处留下一个空穴。光子被吸收的条件必须满足公式（2-4）。

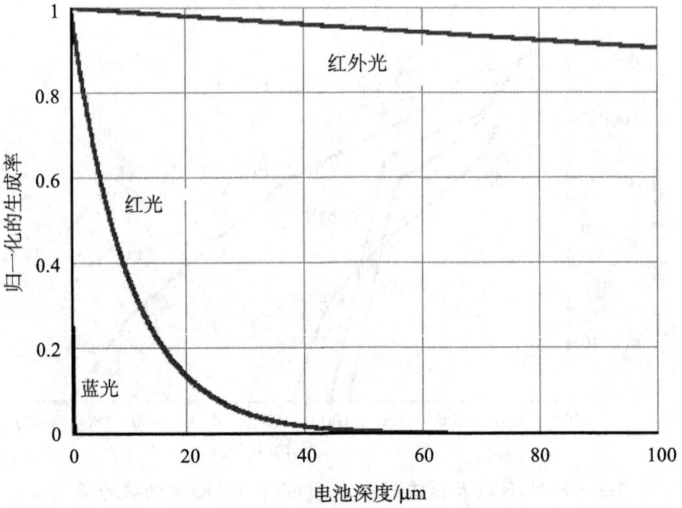

图 2-4　不同波长的光在硅材料中的生成率

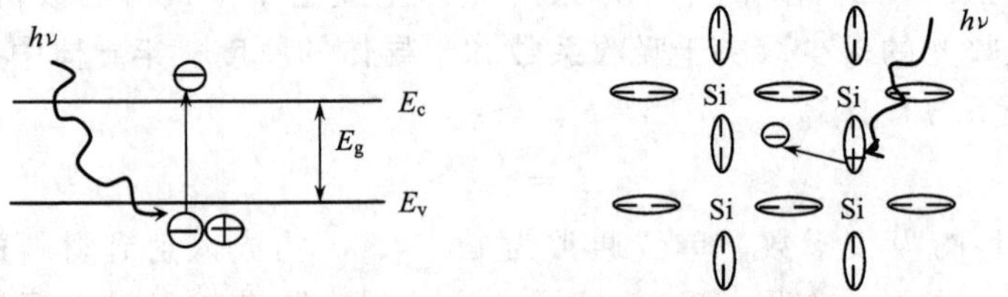

图 2-5　载流子的本征吸收

$$h\nu \geqslant E_{g} \tag{2-4}$$

或者

$$\lambda \leqslant \frac{hc}{E_{g}} = \frac{1.24}{E_{g}}(\mu m) \tag{2-5}$$

公式（2-5）中 E_g 的单位为 eV，如硅的禁带宽度 $E_g=1.12eV$，则硅材料可以本征吸收的截止波长为 $1.1\mu m$。

与本征吸收对应的是非本征吸收，非本征吸收包括激子吸收、自由载流子吸收、杂质吸收和晶格振动吸收等。激子吸收指价带中的电子吸收一个能量为 $h\nu<E_g$ 的光子而离开价带，但却无法进入导带成为自由电子。该电子实际上还和空穴保持着库仑力的相互作用，形成一个新的电中性系统，称为激子。激子可以再吸收光子而激发成为自由电子-空穴对，也可能发射一个光子或将能量传递给晶格而复合消失；自由载流子吸收是自由载流子吸收了一个光子后向导带（电子）或价带（空穴）的能量高端运动；杂质吸收指部分未电离的杂质上的载流子吸收了带有

足够能量的光子后跃迁入导带（电子）或价带（空穴）；晶格振动吸收指晶格吸收了较低能量的光子，并将其转变为振动能。

半导体对光的吸收最主要的是本征吸收，其他吸收对半导体中的光生载流子的影响可以忽略不计。但是，其他吸收对太阳能电池本身的温度的影响却是十分重要的，将影响太阳能电池实际使用过程中的光电转换效率。半导体材料每吸收一个满足 $h\nu \geqslant E_g$ 的光子，产生一个电子-空穴对，也可能由于非本征吸收而不产生电子-空穴对。半导体材料吸收 $h\nu \geqslant E_g$ 的光子而产生的光子-空穴对数和照射进入半导体材料的 $h\nu \geqslant E_g$ 的光子数之比，称为该半导体材料的内量子效率。

2.1.4 载流子的复合

导带中的电子回到价带的同时有效地消除了一个空穴，这种过程称为复合。在单晶半导体材料中，复合过程大致可以分为辐射复合、俄歇复合和肖克莱-雷德-霍尔复合。

辐射复合是 LED 灯和激光这类半导体器件的主要复合机制，硅太阳能电池中辐射复合不是主要的，因为硅的禁带不是直接禁带，电子不能直接从导带跃迁到价带。发生辐射复合时电子与空穴直接在价带结合并释放一个光子，释放的光子的能量接近禁带宽度，所以被吸收的概率很低，大部分能够飞出半导体。

通过复合中心的复合即肖克莱-雷德-霍尔或 SRH 复合，它不会发生在完全纯净的、没有缺陷的材料中。SRH 复合过程分为两步：①一个电子（或空穴）被由晶格中的缺陷产生的禁带中的一个能级所俘获。这些缺陷要么是无意中引入的，要么是故意加入材料当中去的，如掺杂。②如果在电子被热激发到导带之前，一个空穴（或电子）也被俘获到同一个能级，那么复合过程就完成了。载流子被俘获到禁带中的缺陷能级的概率取决于能级到两能带（导带和禁带）的距离，处在禁带中间的缺陷能级发生复合的概率最大。

俄歇复合过程有 3 个载流子参与。一个光子与一个空穴复合释放的能量不是以热能或光子的形式传播出去的，而是把它传给了第三个载流子，即在导带中的电子。这个电子接收能量后因为热作用最终又回到导带的边缘。俄歇复合是重掺杂材料和被加热至高温的材料最主要的复合形式。

如果半导体中少子的数目因为外界的短暂激发（如光照）而在原来平衡的基础上增加，这些额外激发的少子将因为复合过程而渐渐衰退回原本平衡时的状态。激发态的载流子在复合之前存在的平均时间，称为“少子寿命”，用符号 τ_n 或 τ_p 表示。与之相关的一个参数为少子扩散长度，指载流子从产生到复合运动的平均路程。复合发生的速率，称为复合率，它取决于额外少子的数目，例如，当没有额外少子时，复合率将为零。

硅太阳能电池中 SRH 复合是主要的复合机制，其复合率取决于材料中的缺陷数量。因此当太阳能电池的掺杂增加时，SRH 复合的速率也将随之增加。因为俄歇复合发生在重掺杂和被加热的材料，所以俄歇复合也会随着掺杂的增加而增强。生成半导体薄片的方法和过程对扩散长度有重要影响，对于单晶硅太阳能电池，少子寿命可以达到 1μs，扩散长度通常在 100～300μm，这两个参数表征了材料相对于电池应用的质量和适用度。

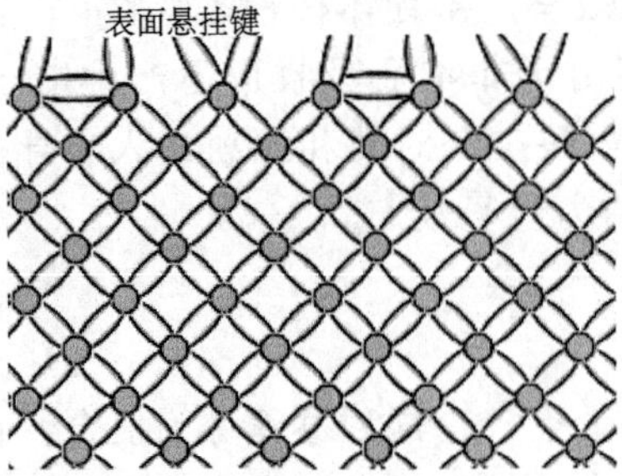

图 2-6　半导体表面的悬挂键

半导体内部或表面的任何缺陷和杂质都会促进复合。太阳能电池表面存在严重的晶格分裂，所以电池表面是一个高复合率区域。高复合率导致表面附近区域的少子枯竭，因为某些区域的低载流子浓度会引起周围高浓度区域的载流子往此处扩散。表面复合率受扩散到表面的载流子速率的限制。“表面复合率”的单位为 cm/s，用来描述表面的复合。如图 2-6 所示为半导体表面的悬挂键引起了此处的高复合率。

半导体表面的缺陷是由于晶格排列在表面处的中断造成的，减少挂键的数目可以通过在半导体表面处生长一层薄膜以连接这些挂键，这种方法也称为表面钝化。在没有发生复合的表面，表面复合率为零，往表面运动的载流子数目也为零。当表面复合非常快时，向表面运动的载流子的速度受到最大复合速率的限制，对大多数半导体来说，最大复合速度为 1×10^7cm/s。

2.1.5　载流子的运动

导带中的电子和价带中的空穴之所以称为自由载流子，是因为它们能在半导体晶格间移动，其速度取决于晶格的温度。在温度为 T 的半导体内载流子的热运动是分散的、不均匀的，有的速度很快，有的则很慢。尽管半导体中的载流子在不停地做随机运动，但是并不存在载流子势运动，因为载流子往每一个方向运动的概率都是相同的。如果半导体中一个区域的载流子浓度比另一个区域的高，载流子将从高浓度区域流向低浓度区域，这种载流子的流动称为“扩散”。扩散的速率取决于载流子的运动速度和两次散射点相隔的距离。温度越高的区域，扩散速度越快，因为提高温度能提高载流子的热运动速度。扩散使载流子的浓度最终达到平衡。

在半导体外加一个电场可以使做随机运动的带电载流子往一个方向运动，如果此载流子是空穴，其在电场方向将做加速运动，电子则反之。在特定方向的加速运动导致了载流子的势运动，这种由外加电场所引起的载流子运动称为“漂移运动”。

2.1.6　pn 结二极管

完全不含杂质且无晶格缺陷的纯净半导体称为本征半导体，其导电性能主要由材料的本征激发决定。常温下本征半导体的电导率较小，载流子浓度对温度变化敏感，很难对半导体特性进行控制，因此实际应用不多。

在本征半导体中掺入某些微量元素作为杂质，可使半导体的导电性发生显著变化，掺入杂质的本征半导体称为杂质半导体。掺入的杂质主要是三价或五价元素，构成 p 型或 n 型半导体。制备杂质半导体时一般按百万分之一数量级的比例在本征半导体中掺杂，尽管杂质含量很少，但其提供的载流子数量远大于本征半导体中载流子的数量。如 $T=300\text{K}$ 时，锗本征半导中掺入的砷原子是锗原子密度的万分之一，其提供的载流子数量比本征半导体中载流子的数量 n_i 大十万倍。因为杂质的激活能很小，如磷在硅晶体中的激活能仅为 0.044eV。表 2-4 列出了硅、锗晶体中Ⅲ族和Ⅴ族杂质的激活能。

表 2-4　硅、锗晶体中Ⅲ族和Ⅴ族杂质的激活能

单位/eV	P	As	Sb	B	Al	Ga	In
Si	0.044	0.049	0.039	0.045	0.057	0.065	0.16
Ge	0.0126	0.0127	0.0096	0.01	0.01	0.011	0.011

当 p 型半导体和 n 型半导体紧密结合在一起时，两者的交界面就形成一个 pn 结。可以预料，电子将从高浓度的 n 区向低浓度的 p 区扩散，而空穴流动的方向相反。当电子和空穴由于浓度差进行扩散运动时，也在杂质原子区域留下了与之相反的电荷，这种电荷被固定在晶格当中不能移动。n 型区留下的是带正电的原子核，p 型区留下的是带负电的原子核。于是，一个从 n 型区的正离子区域指向 p 型区的负离子区域的电场 E 就建立起来了，如图 2-7 所示。这个电场区域称为“耗尽区”。

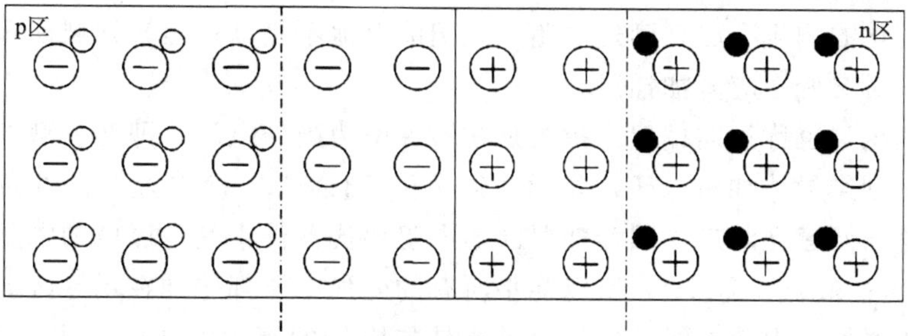

图 2-7　pn 结

如果没有外加刺激，由于耗尽区电场的存在，载流子之间的产生、复合、扩散以及漂移将会达到平衡。在平衡状态下，漂移电流的大小受到少子数目的限制，这些少子是在与耗尽区的距离小于扩散长度的区域通过热激发产生的。在平衡状态下，电子的漂移电流与扩散电流相互抵消。同理，空穴的漂移电流与扩散电流也是相互抵消的。半导体内的净电流为零。

从能带图（图 2-8）上看，处于热平衡的系统只有一个费米能级，如果费米能级出现分裂，载流子将从较高能量的费米能级流向较低能量的费米能级，最终使费米能级统一，从而引起导带和价带弯曲形成载流子扩散势垒。以 E_{fn}代表 n 型材料的费米能级，以 E_{fp}代表 p 型材料的费米能级，由 p-n 结形成的势垒高度如下所示：

$$qV_d = E_{fn} - E_{fp} \tag{2-6}$$

V_{bi}是两种不同半导体材料的接触电势差，也是 pn 结接触区形成的内建电场。pn 结的接触区，通常称为耗尽区，即图 2-8 中能带弯曲部分形成的过渡区。在平衡态 pn 结中，内建电场 V_{bi}作用下形成的漂移电流与载流子浓度差形成的扩散电流相等，总电流为零。

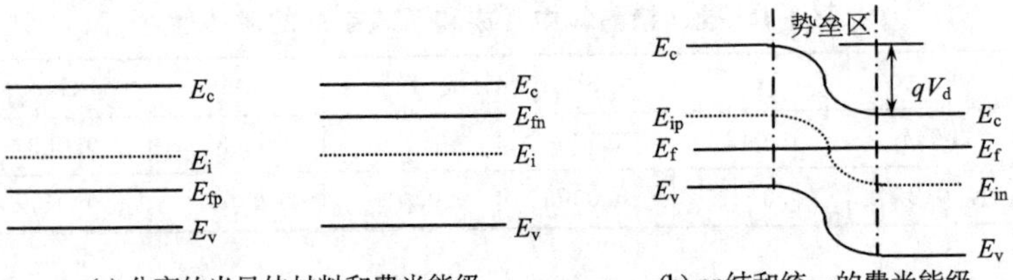

图 2-8　pn 结的能带图

半导体器件共有三种状态模式：①热平衡状态。该模式下半导体没有额外的刺激（如光照或外加电压），载流子的运动相互抵消，器件内没有净电流。②稳态。如有持续光照或施有外加电压，但这些条件并不随时间而改变。器件通常处于稳定状态，要么正向偏压要么反向偏压。③突变状态。当施加的电压迅速改变时，太阳能电池对变化的响应会出现延迟。鉴于太阳能电池不是高速运转领域使用的电子器件，这里不对突变效应多加描述。

正向偏压（也称正向偏置）指的是在器件两边施加电压，即在 p 型半导体加正电压而在 n 型半导体加负电压，如图 2-9 所示。于是，一个穿过器件方向与内建电场相反的电场便建立起来。因为耗尽区的电阻要比器件中其他区域的电阻要大得多(由于耗尽区的载流子很少)，所以几乎所有的外加电压都施加在耗尽区上。对于实际的半导体器件，内建电场的电压总是比外加电场的高。电场的减小将破坏 pn 结的平衡，减小了载流子从 pn 结的一边到另一边的扩散运动的阻碍，增大了扩散电流。因为漂移电流的大小只取决于在与耗尽区的距离小于扩散长度的区域还有耗散区内部产生的载流子的数目，所以当扩散电流增加时，漂移电流基本保持不变。

从 pn 结的一端到另一端的扩散运动的增加导致少数载流子（少子）往耗散区边缘的注入。这些少数载流子由于扩散而渐渐远离 pn 结并最终与多数载流子（多子）复合。多数载流子是由外部电流产生的，也因此在正向偏压下产生净电流。假设没有复合作用，少数载流子的浓度将达到一个更高的水平，而从结的一端到另一端的扩散运动将会停止。然而在半导体中，注入的少数载流子会被复合掉，因此不

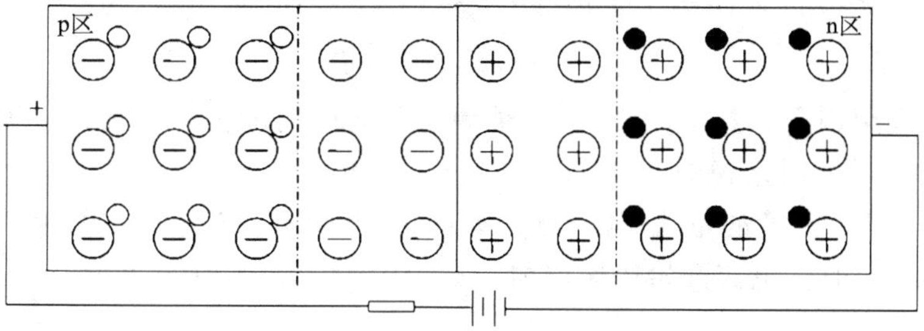

图 2-9　pn 结加正向偏压

断有更多的载流子扩散过 pn 结。结果是，在正向偏置下的扩散电流也是复合电流。复合的速度越高，通过 pn 结的扩散电流就越大。“暗饱和电流”（I_0）是区别两种不同二极管的非常重要的参数。I_0是衡量一个器件复合特点的标准，二极管的复合速率越大，I_0也越大。

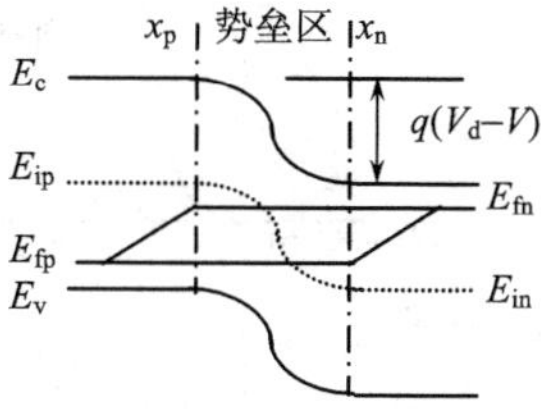

图 2-10　准平衡态 pn 结的费米能级

外加电场使得 pn 结内的载流子分布的平衡态受到破坏，并且在新的条件下建立起新的平衡态。所以，原来代表载流子平衡态分布的费米能级已经不存在，而代表新的平衡态分布的载流子能级被称为准费米能级。在空间电荷区内及附近，已不存在电子和空穴的统一的费米能级。电子和空穴的准费米能级分别用 E_{fn}和 E_{fp}表示。如图 2-9 所示，当 pn 结加正向偏压时，由图 2-10 可以看出，由于外加电压 V 的作用，势垒高度由 qV_d下降为 $q(V_d-V)$。显然有：

$$qV = E_{fn} - E_{fp} \tag{2-7}$$

反向偏置电压是指在器件两端加电场，以使 pn 结增大。在 pn 结中的内建电场越大，载流子能从 pn 结一段扩散至另一端的概率就越小，即扩散电流就越小。与正向偏压时相同，由于受到进入耗尽区的少数载流子的数量限制，pn 结的漂移电流并没有因内建电场的增大而相应增大。

二极管方程解释了通过 pn 结二极管的电流与电压的关系，即理想二极管定律：

$$I = I_0(e^{qV/kT} - 1) \tag{2-8}$$

I 为通过二极管的净电流，I_0为暗饱和电流（在没有光照情况下输出的电流），V 是施加在二极管两端的电压，q 和 k 分别代表电荷的绝对值和玻耳兹曼常数，而 T 则表示热力学温度（K）。值得注意的是，I_0随着 T 的升高而增大。在温度为 300K 时，KT/q 约为 0.025V。所以由公式（2-7）可知，当外加电压为 −0.1V 时，电流为 $-0.98I_0$；当外加电压为 0.1V 时，电流为 $54I_0$；当外加电压为 0.5V 时，电流为 $4.8\times10^8 I_0$。

对于实际的二极管，其方程需稍作改变：

$$I=I_0(e^{qV/nkT}-1) \tag{2-9}$$

式中，n 为理想因子，数值为 1～2，通常随着电流的增大而增大。上面的两个方程都是相对于硅材料来说的。

典型 pn 结二极管的电流-电压特性如图 2-11 所示。对于硅二极管，当电压持续增加到 0.7V 时，电流开始快速增加。

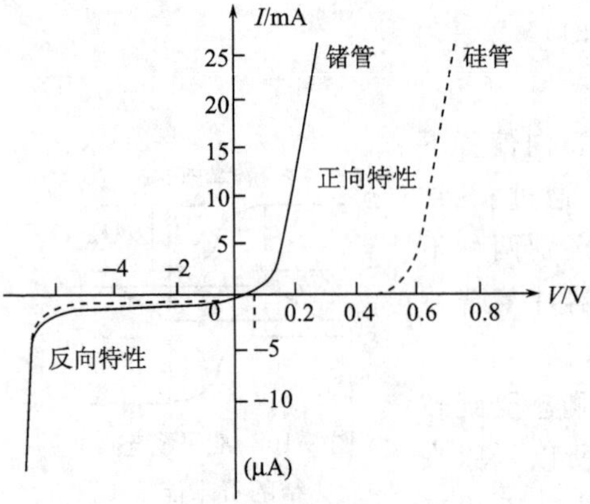

图 2-11　pn 结二极管的电流-电压特性

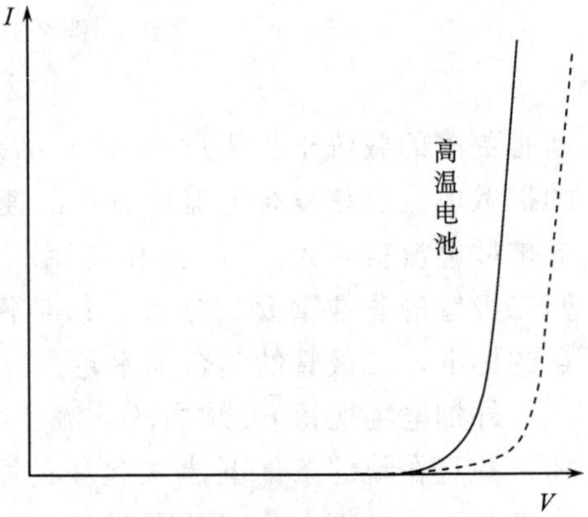

图 2-12　硅二极管中电流与电压和温度的关系

图 2-12 显示了硅二极管中电流与电压和温度的关系，当电流大小一定时，曲线的改变规律大概为 2mV/℃。

如果 pn 结的两端点连接在一起，在耗尽区内光照产生的电子-空穴对受内建电场影响而分离，电子向 n 区漂移，空穴向 p 区漂移，产生由 n 流向 p 的漂移电流。至于两端的 n 型和 p 型区域，没有电场的作用，且多数载流子浓度基本上不受光照的影响有明显的改变，所以只产生少数载流子的扩散电流。以 p 型半导体区域为例，由于耗尽层靠近 p 型端区域内的电子不断流向 n 区，造成在耗尽区边缘的电子浓度低，因此 p 型区域内光照产生的电子会扩散流入耗尽区，再流入 n 型半导体区，形成 p 区流向 n 区的电子扩散电流。同理，n 型半导体区会产生流向 p 区的空穴扩散电流。耗尽区的漂移电流、p 区的电子扩散电流、n 区的空穴扩散电流的总和就是所谓的光电流，也就是短路电流，其流向与 pn 结二极管正向偏置下的电流相反。

如果 pn 结的两端点是断路状态，光照产生的光电流流到两端点表面时无法排出，会累积负电荷在 n 型半导体端点表面，累积正电荷在 p 型半导体端点表面，造成类似平行板电容效应。当累积的电荷产生的电压抑制耗尽区的内建电压时，多数载流子容易扩散进入耗尽区，与光照少数载流子扩散电流、耗尽区的漂移电流复合，净电流趋于零。此时的电压即开路电压。

当 pn 结两端连接有负载时，光照产生的光电流从 p 端流出，流过负载，导致负载两端形成电位差，此电位差的方向如同正向偏压，造成耗尽区内建电场电位降低，因此多数载流子扩散电流升高，抵消部分光电流。

2.2 晶硅太阳能电池特性

太阳能电池是一种能直接把太阳光转化为电的电子器件。入射到电池的太阳光通过同时产生电流和电压的形式来产生电能。这个过程的发生需要两个条件，①被吸收的光能在材料中把一个电子激发到高能级；②处于高能级的电子能从电池中移动到外部电路。在外部电路的电子消耗了能量然后回到电池中，如图 2-13 所示。许多不同的材料和工艺基本上都能满足太阳能光电转化的需求，但实际上，几乎所有的太阳能电池转化过程都是使用组成 pn 结形式的半导体材料来完成的。

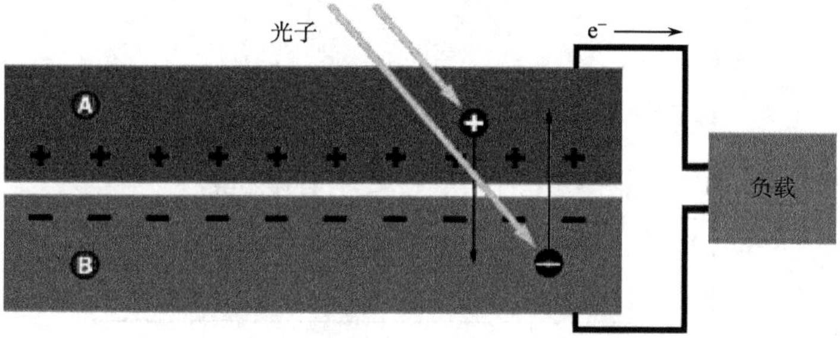

图 2-13　太阳能电池的工作原理

硅太阳能电池一般制成 p^+/n 型结构或 n^+/p 型结构。p^+ 和 n^+ 表示太阳能电池正面光照层半导体材料的导电类型，n 和 p 表示太阳能电池背面衬底半导体材料的导电类型。太阳能电池的电性能与制造电池所用半导体材料的特性直接相关。

2.2.1 理想太阳能电池

半导体太阳能电池是一个经过最佳化设计、可以吸收部分太阳光、转换产生电压、电流的器件，它的输出电压、电流受负载影响而改变，不像一般电池那样可以输出固定的电压。只有在适当光照射时，太阳能电池才能输出电能，意味着太阳能电池没有储存电能的能力。

在太阳能电池中产生的电流称为“光生电流”，它的产生包括两个主要的过程。第一个过程是吸收入射光子并产生电子空穴对。电子空穴对只能由能量大于太阳能电池禁带宽度的光子产生。然而，电子（在 p 型材料中）和空穴（在 n 型材料中）是处在亚稳定状态的，在复合之前其平均生存时间等于少数载流子的寿命。如果载流子被复合了，光生电子空穴对将消失，也产生不了电流或电能了。第二个过程是pn结通过对这些光生载流子的收集，把电子和空穴分散到不同的区域，阻止了它们的复合。pn结是通过其内建电场的作用把载流子分开的，如果光生少数载流子到达pn结，将会被内建电场移到另一个区，然后它便成了多数载流子。如果用一根导线把发射区跟基区连接在一起（使电池短路），光生载流子将流到外部电路。

理想短路情况下少数载流子不能穿过半导体和金属之间的界限，如果要阻止复合并对电流有贡献，必须通过pn结的收集。“收集概率”描述了光照射到电池的某个区域产生的载流子被pn结收集并参与到电流流动的概率，它的大小取决于光生载流子需要运动的距离和电池的表面特性。在耗散区的所有光生载流子的收集概率都是相同的，因为在这个区域的电子空穴对会被电场迅速地分开。在原来电场的区域，其收集概率将下降。当载流子在与电场的距离大于扩散长度的区域产生时，那么它的收集概率是相当低的。相似的，如果载流子是在靠近电池表面这样的高复合区的区域产生，那么它将会被复合。图2-14描述了表面钝化和扩散长度对收集概率的影响。可见，表面的收集概率低于其他部分的收集概率。

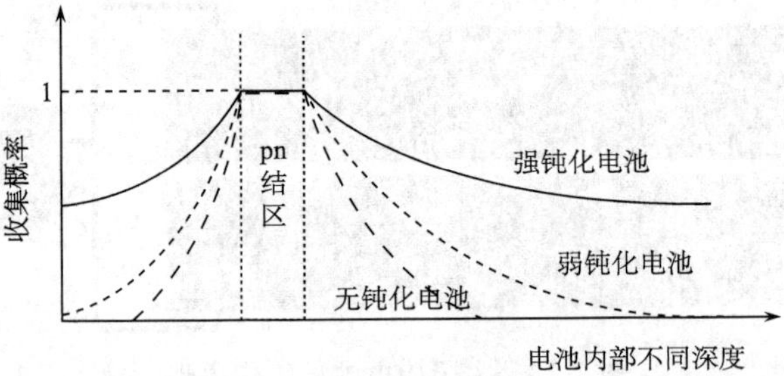

图2-14 不同程度钝化电池在不同区域的收集概率

收集概率与载流子的生成率决定了电池的光生电流的大小。光生电流大小等于电池各处的载流子生成速率乘以那一处的收集概率。收集概率的不一致导致光生电流的光谱效应。如波长0.45μm的蓝光拥有高吸收率和生成率，吸收系数为10^5cm^{-1}，它在硅表面的零点几微米处几乎被全部吸收，如果顶端表面的收集概率非常低，入射光中蓝光将不会对光生电流做贡献。波长0.8μm的红光的吸收系数为10^3cm^{-1}，其吸收长度更深一些。1.1μm的红外光几乎没有被完全吸收，因为它的能量接近于硅材料的禁带宽度。

太阳能电池所收集的载流子的数量与入射光子的数量的比例称为量子效率。量子效率既可以与波长相对应又可以与光子能量相对应。如果某个特定波长的所有光子都被吸收，并且其所产生的少数载流子都能被收集，则这个特定波长的所有光子的量子效率都是相同的。而能量低于禁带宽度的光子的量子效率为零。图2-15为硅太阳能电池的量子效率。通常波长小于350nm的光子的量子效率不予测量，因为在A1.5大气质量光谱中，这些短波的光很少。

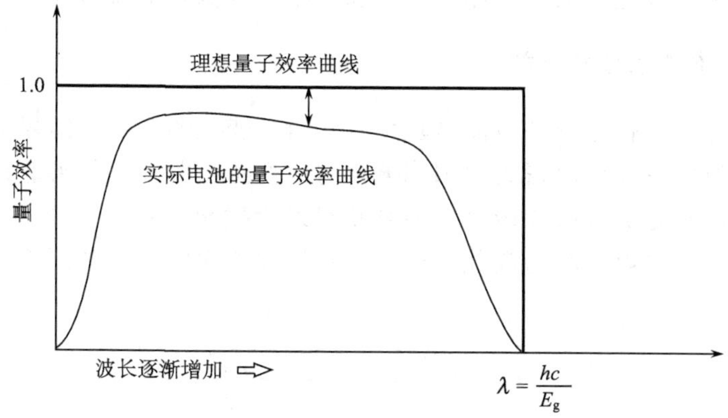

图 2-15　太阳能电池的量子效率曲线

如图 2-15 所示，尽管理想的量子效率曲线是矩形的，但实际上几乎所有太阳能电池的量子效率都会因为复合效应而减小。影响收集效率的因素同样影响着量子效率，如顶端表面钝化会影响靠近表面的载流子的生成，又因为蓝光在非常靠近表面被吸收，所以顶端表面的高复合效应会强烈影响蓝光部分的量子效率。绿光能在电池体内的大部分被吸收，但是电池内过低的扩散长度将影响收集概率并减小光谱中绿光部分的量子效率。硅太阳能电池中，“外部”量子效率包括光的损失，如透射和反射。然而，测量经反射和透射损失后剩下的光的量子效率是非常有用的。“内部”量子效率指的是没有被反射和透射且能够产生可收集的载流子的光的量子效率。通过测量电池的反射和透射，可以修正外部量子效率曲线并得到内部量子效率。

被收集的光生载流子并不是靠其本身产生电能的。为了产生电能，必须同时产生电压和电流。在太阳能电池中，电压是“光生伏打效应”过程产生的。pn 结对光生载流子的收集引起了电子穿过电场移向 n 型区，而空穴则移向 p 型区。在电池短路的情况下，不会出现电荷的聚集，因为载流子都参与了光生电流的流动。然而，如果光生载流子被阻止流出电池，那 pn 结对光生载流子的收集将引起 n 型区的电子数目增多，p 型区的空穴数目增多。这样，电荷的分开将在电池两边产生一个与内建电场方向相反的电场，也因此降低了电池的总电场。

因为内建电场代表着对前置扩散电流的障碍，所以电场减小的同时也增大了扩散电流。穿过 pn 结的电压将达到新的平衡。流出电池的电流大小就等于光生电流与扩散电流的差。在电池开路的情况下，pn 结的正向偏压处在新的点，此时，光生电流大小等于扩散电流大小，且方向相反，总的电流为零。当两个电流达到平衡时的电压称为“开路电压”。

不同情况下，流过 pn 结的电流不同。热平衡下（光照为零）扩散电流和漂移电流都非常小。电池短路时，pn 结两边的少数载流子浓度以及由少数载流子决定的漂移电流都将增加。电池开路时，光生载流子引起正向偏压，增加了扩散电流。

因为扩散电流和漂移电流的方向相反，所以开路时电池总电流为零。

2.2.2 太阳能电池的性能参数

太阳能电池的工作电压和电流是随负载电阻而变化的，将不同阻值所对应的工作电压和电流值做成曲线就得到太阳能电池的伏安特性曲线。如果选择的负载电阻值能使输出电压和电流的乘积最大，即可获得最大输出功率，用符号 P_m 表示。此时的工作电压和工作电流称为最佳工作电压和最佳工作电流，分别用符号 U_m 和 I_m 表示，如图 2-16 所示。

$$I_D = I_0\left(\exp\left(\frac{qV}{nkT}\right)-1\right) \tag{2-10}$$

$$\begin{aligned} I &= I_{ph} - I_D \\ &= I_{ph} - I_0\left(\exp\left(\frac{qV}{nkT}\right)-1\right) \end{aligned} \tag{2-11}$$

式中，I_{ph} 为光生电流。

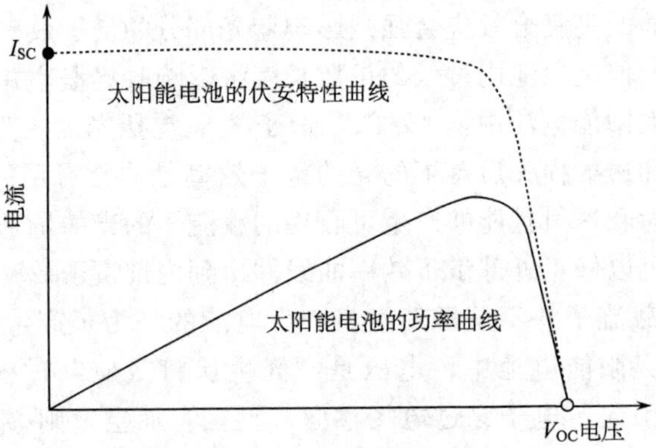

图 2-16　太阳能电池的伏安曲线

短路电流 I_{SC} 源于光生载流子的产生和收集。对于电阻阻抗最小的理想太阳能电池，短路电流就等于光生电流，因此短路电流是电池能输出的最大电流。短路电流的大小取决于以下几个因素。

（1）入射光的强度。太阳能电池输出的短路电流 I_{SC} 的大小直接取决于光照强度。

（2）入射光的光谱。测量太阳能电池通常使用标准的 1.5 大气质量光谱。

（3）太阳能电池的表面积。要消除太阳能电池对表面积的依赖，通常用短路电流密度（J_{SC} 单位为 mA/cm^2）衡量。

（4）电池的光学特性（吸收和反射）。

（5）电池的收集概率，主要取决于电池表面钝化和基区的少数载流子寿命。

短路电流的理论极限值从太阳光谱很容易计算出来。分析短路电流的最方便的方法是将太阳光谱划分成许多段，每一段只有很窄的波长范围，并找出每一段光谱所对应的电流，电池的总短路电流是全部光谱段贡献的总和，即

$$I_{SC}=\int_0^{\infty}J_{SC}(\lambda)\mathrm{d}\lambda \approx \int_{0.3\mu m}^{\lambda_0}J_{SC}(\lambda)\mathrm{d}\lambda$$

$$=\int_{0.3\mu m}^{\lambda_0}(1-R(\lambda))qF(\lambda)\eta(\lambda)\mathrm{d}\lambda \tag{2-12}$$

式中，λ_0 为本征吸收截止波长，$R(\lambda)$ 为表面反射率，$F(\lambda)$ 为太阳光谱中波长 $\lambda \sim \lambda+\mathrm{d}\lambda$ 间隔内的光子数。其中本征吸收截止波长取决于材料的禁带宽度，太阳能电池电流密度的理论极限与禁带宽度的关系如图 2-17 所示。

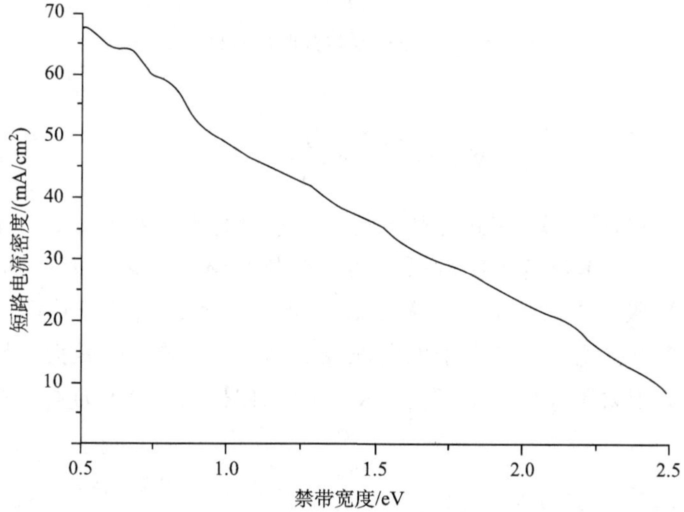

图 2-17 太阳能电池的短路电流密度极限值

在 AM1.5 大气质量光谱下的硅太阳能电池，其可能的最大电流密度为 $46mA/cm^2$。实验室测得的数据已经达到 $42mA/cm^2$，而商业用太阳能电池的短路电流密度为 $28\sim35mA/cm^2$。

开路电压 V_{OC} 是太阳能电池能输出的最大电压，此时输出电流为零。开路电压的大小相当于光生电流在电池两边加的正向偏压，它是由暗电流与光电流的平衡决定的。一般禁带宽度越宽，开路电压越高，如图 2-18 所示。硅太阳能电池的开路电压约等于禁带宽度减去 0.4eV。CdTe 和 CIGS 等多晶薄膜，开路电压约等于禁带宽度减去 0.5eV 或 0.6eV。非晶硅太阳能电池的禁带宽度约为 0.7eV，但对应的开路电压为 0.9V。

通过把输出电流设置成零，便可得到太阳能电池的开路电压方程：

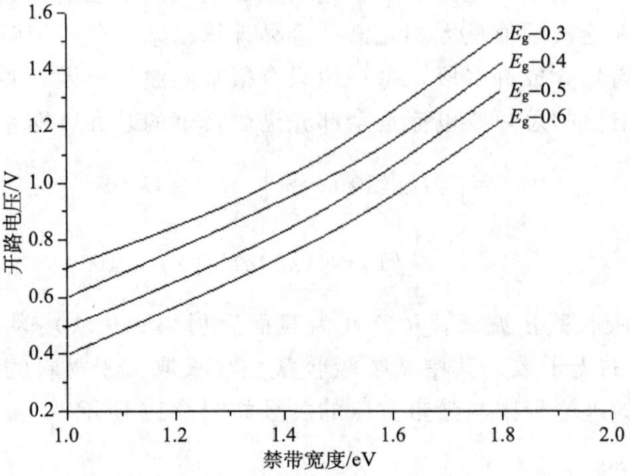

图 2-18　禁带宽度与开路电压的关系

$$V_{OC}=\frac{nkT}{q}\ln\left(\frac{I_{ph}}{I_0}+1\right) \tag{2-13}$$

上述方程显示了 V_{OC} 取决于太阳能电池的饱和电流和光生电流。由于短路电流的变化很小，而饱和电流的大小可以改变几个数量级，所以主要影响是饱和电流。饱和电流 I_0 主要取决于电池的复合效应，因此可以通过测量开路电压来算出电池的复合效应。实验室测得的硅太阳能电池在 AM1.5 光谱下的最大开路电压能达到 720mV，而商业用太阳能电池通常为 600mV。如图 2-19 所示为典型晶硅电池的伏安特性曲线。

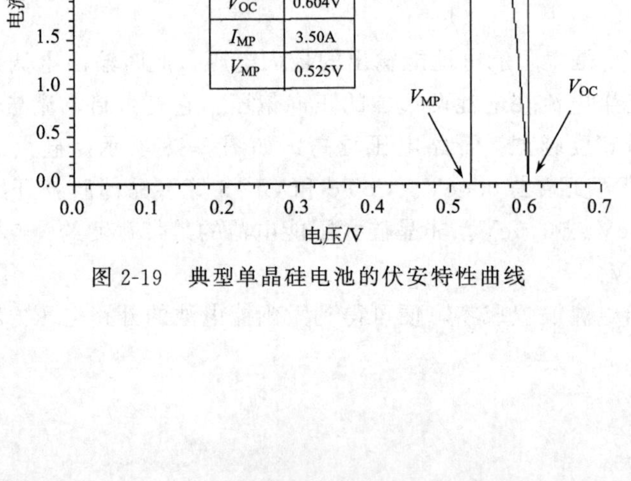

图 2-19　典型单晶硅电池的伏安特性曲线

图 2-20 表示具有代表性的硅和 GaAs 太阳能电池的 I_{SC} 与 V_{OC} 之间的关系。Si 与 GaAs 比较，GaAs 的 V_{OC} 值比 Si 的高 0.45V 左右。假如结形成的很好，禁带宽度越宽的半导体，V_{OC} 也越大。

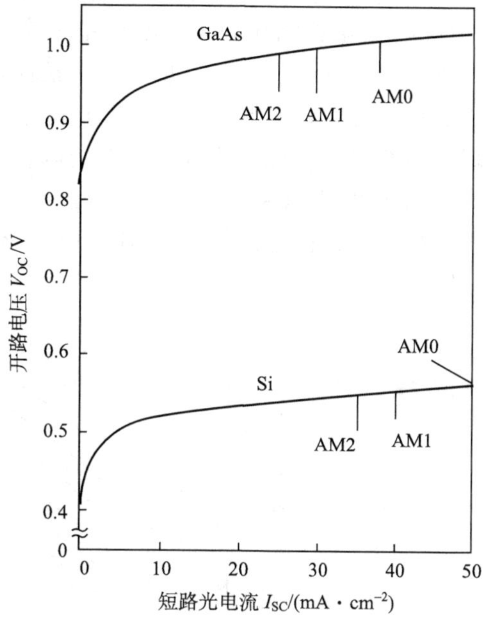

图 2-20　开路电压与短路电流的关系

短路电流和开路电压分别是太阳能电池能输出的最大电流和最大电压。但当电池工作这两点时，输出功率都为零。要计算电池的最大输出功率点可以对电池的功率进行求导，令其值为零，便可找出功率最大时对应的电压电流值。

$$d(IV)/dV = 0 \tag{2-14}$$

并给出：

$$V_{MP} = V_{OC} - \frac{nkT}{q}\ln\left(\frac{qV_{MP}}{nkT}+1\right) \tag{2-15}$$

“填充因子 FF”是由开路电压 V_{OC} 和短路电流 I_{SC} 共同决定的，决定了太阳能电池输出效率的参数，它被定义为电池的最大输出功率与开路 V_{OC} 和 I_{SC} 的乘积的比值。如图 2-21 所示，FF 就是能够占据 I-V 曲线区域最大的面积。一个比较常用的经验方程为

$$FF = \frac{V_{OC} - \ln(V_{OC}+0.72)}{V_{OC}+1} \tag{2-16}$$

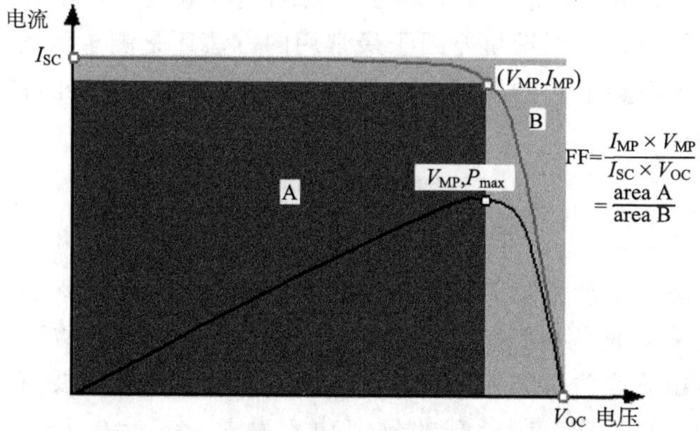

图 2-21　填充因子 FF 就是能够占据 I-V 曲线区域最大的面积

方程（2-16）显示了电池的开路电压越高，填充因子就越大。然而，材料相同的电池的开路电压，它们的变化也相对较小。例如，在一个 AM1.0 下，实验室硅太阳能电池和典型的商业硅太阳能电池的开路电压之差大约为 120mV，填充因子分别为 0.85 和 0.83。然而，不同材料的电池的填充因子的差别则可能非常大。例如，GaAs 太阳能电池的填充因子能达到 0.89。

方程（2-16）中 n 是理想因子，是描述 pn 结质量和电池的复合类型的测量量。对于简单的复合，n 的值为 1，对于效应很强的复合，n 的值为 2。大的 n 值不仅会降低填充因子，还会因为高复合而降低开路电压。

如图 2-22 所示为实测的开路电压与填充因子的关系。填充因子反映结中的电流输运机制，二极管因子 n 越小，FF 越大，单晶硅系的 n 约为 1.1～1.3。

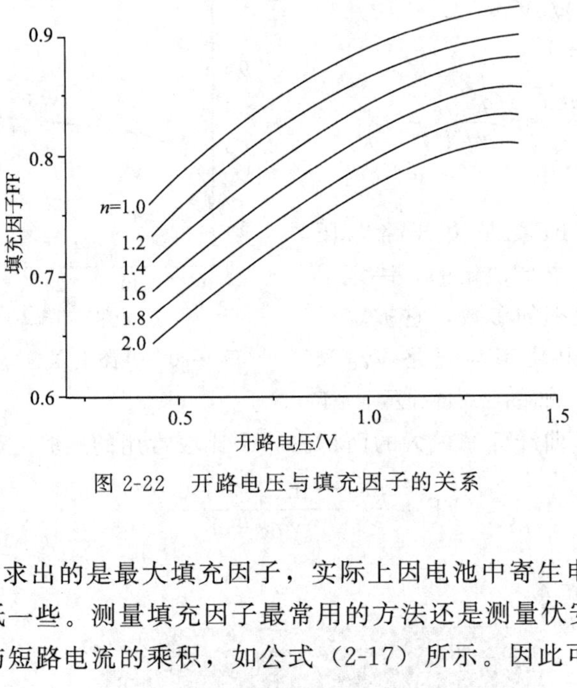

图 2-22　开路电压与填充因子的关系

方程（2-16）求出的是最大填充因子，实际上因电池中寄生电阻的存在，填充因子的值可能会低一些。测量填充因子最常用的方法还是测量伏安曲线，即最大功率除以开路电压与短路电流的乘积，如公式（2-17）所示。因此可得到最大功率如公式（2-18）所示。

$$FF = V_{MP} I_{MP} / (V_{OC} I_{SC}) \tag{2-17}$$

$$P_m = V_{OC} I_{SC} FF \tag{2-18}$$

这是理想功率，衡量太阳能电池功率大小的是额定功率 P。太阳能电池的输出效率只有 70%左右，使用中由于光强度的不同，不同时刻的功率也不同，根据实验数据，它的实际平均功率 $P=0.7P_m$。所以如果太阳能电池要直接带动负载，并且要负载长期稳定的工作，则负载的额定功率为 $P_r=P=0.7P_m$。如果按照负载的功率选择太阳能电池的功率，则电池的功率为 $P_m=1.43P_r$。就是说太阳能电池的功率是负载功率的 1.43 倍。

光电转换效率是人们在比较两块电池好坏时最常使用的参数，定义为电池输出的电能与射入电池的光能的比例。除了反映太阳能电池的性能之外，效率还取决于入射光的光谱、光强以及电池本身的温度，测量陆地太阳能电池的条件是光照AM1.5和温度25℃。计算光电转换效率的方程如下：

$$\eta = P_{max}/P_{in} = V_{OC} I_{SC} \, FF/P_{in} \qquad (2\text{-}19)$$

从高转换效率方面，存在着最佳的禁带宽度。禁带宽度越大，透过长波长光子产生的损失就越大。禁带宽度越小，高光子能量与禁带宽度的差值造成的热损失就越大。从理论上说，禁带宽度为1.4eV左右的半导体材料可以达到最高转换效率，如砷化镓和碲化镉太阳能电池。图2-23显示了不同材料的理论转换效率与禁带宽度的关系。多晶硅系达到20%是比较现实的目标，通常把28%作为单结太阳能电池能量转换效率的理论极限。如果把多个不同禁带宽度的太阳能电池组合成多结太阳能电池，转换效率的理论极限就会大幅提高。

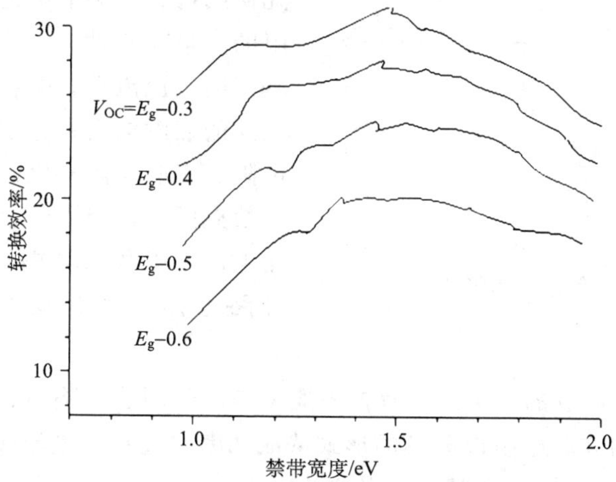

图 2-23　理论转换效率与禁带宽度的关系

2.2.3　太阳能电池的电阻特性

太阳能电池的特征电阻就是太阳能电池输出最大功率时的输出电阻。如果外接负载的电阻大小等于电池本身的输出电阻，那么电池输出的功率达到最大，即工作在最大功率点。此参数在分析电池特性，特别是研究寄生电阻损失机制时非常重要，如图2-24中直线斜率的倒数就是特征电阻R_{CH}，可以表示为

$$R_{CH} = V_{MP}/I_{MP} = V_{OC}/I_{SC} \qquad (2\text{-}20)$$

太阳能电池的电阻效应以在电阻上消耗能量的形式降低了电池的发电效率。图2-25为考虑电阻损耗时太阳能电池的等效电路。

串联电阻和并联电阻的阻值以及它们对电池最大功率点的影响都取决于电池的

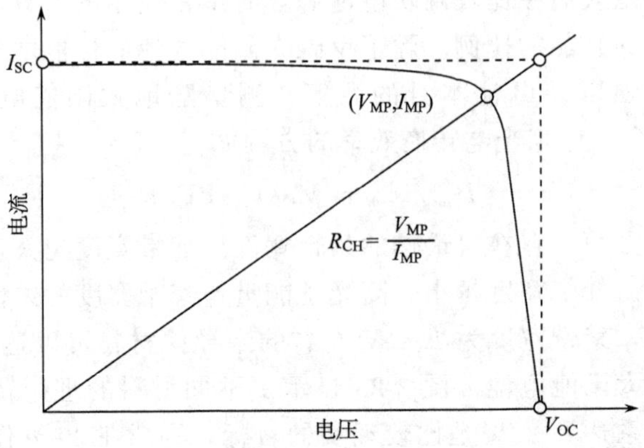

图 2-24　直线斜率的倒数就是特征电阻

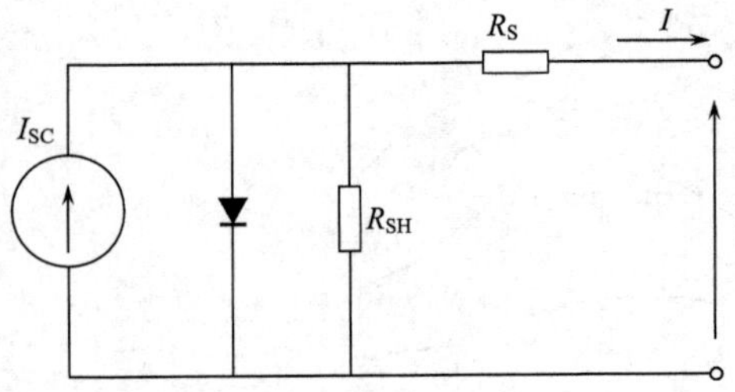

图 2-25　太阳能电池的等效电路

几何结构。太阳能电池中，引起串联电阻的因素有三种：①穿过电池发射区和基区的电流流动；②金属电极与半导体之间的接触电阻；③顶部和背部的金属电阻。串联电阻对电池的主要影响是减小填充因子，当阻值过大时还会减小短路电流。串联电阻并不会影响到电池的开路电压，因为此时电池的总电流为零。

并联电阻 R_{SH} 造成的显著的功率损失通常是由于制造缺陷引起的，而不是糟糕的电池设计。小的并联电阻以分流的形式造成功率损失。此电流转移不仅减小了流经 pn 结的电流大小，同时还减小了电池的电压。

当并联电阻和串联电阻同时存在时，太阳能电池的电流-电压关系为

$$I=I_L-I_0\exp\left[\frac{q(V+IR_S)}{nkT}\right]-\frac{V+IR_S}{R_{SH}} \tag{2-21}$$

第一象限的伏安曲线方程为

$$I'=-I=I_L-I_0\left[\exp\left(\frac{qV}{nkT}\right)-1\right] \tag{2-22}$$

式中，I_L为光生电流。

2.2.4　太阳能电池的温度特性

像所有其他半导体器件一样，太阳能电池对温度非常敏感。温度的升高降低了半导体的禁带宽度，因此破坏共价键所需的能量更低。在半导体禁带宽度的共价键

模型中，价键能量的降低意味着禁带宽度的下降。在太阳能电池中，受温度影响最大的参数是开路电压。

载流子的扩散系数随温度的升高而增大，所以少数载流子的扩散长度也随温度的升高稍有增大，光生电流密度 J_{SC} 也随温度的升高有所增加。但是 J_{SC} 随温度的升高是指数增大，而 V_{OC} 随温度的升高急剧下降。因此当温度升高时，*I-V* 曲线形状改变、填充因子下降、转换效率随温度的升高而降低。

太阳能电池的输出电流随温度的变化特性曲线如图 2-26 所示。对于硅太阳能电池，开路电压的变化约为 2.2mV/℃。即硅太阳能电池在室温 25℃左右，每升高 1℃，就减少 2.2mV。开路电压的减小，导致了转换效率的减小，硅太阳能电池每上升 1℃，转换效率约减少 0.4%～0.5%。禁带宽度越大的材料，转换效率随温度的变化越小，如砷化镓太阳能电池每上升 1℃，转换效率只减少 0.2%～0.3%。

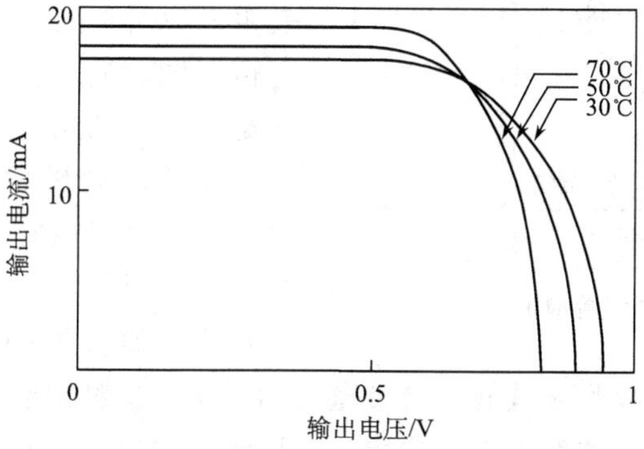

图 2-26　太阳能电池的 *I-V* 曲线随温度的变化

由于温度上升导致电池的输出电流下降，有时需要用通风的方法来降低太阳能电池组件的温度以提高电池的转换效率。电池的温度特性一般用温度系数表示。温度系数小说明输出电流随温度的变化较小。

2.2.5　太阳能电池的光谱特性

光谱特性指太阳能电池的吸收随能量相同、波长不同的入射光而变化的关系。太阳能电池接收到的入射光中每一种波长的光作用下的光电流，与对应于入射到电池表面的该波长的光子能量的比，称为太阳能电池的光谱响应，也称光谱灵敏度。

太阳能电池中只有能量大于其材料“禁带”宽度的光子才能在被吸收时在材料中产生电子-空穴对，而那些能量小于“禁带”宽度的光子即使被吸收也不能产生电子-空穴对（它们只能是使材料变热）。表 2-5 显示了常见太阳能电池材料的吸收截止波长。理论分析表明，对太阳光而言，最佳工作性能材料应有 1.3～1.5eV 的“禁带”宽度，当“禁带”宽度增加时，被材料吸收的总太阳能就会越来越少。

表 2-5 不同材料太阳能电池的光谱特性

材料	禁带宽度/eV	截止波长/μm	太阳能的吸收效率/%
硅	1.1	1.1	76
砷化镓	1.35	0.9	65
磷化铟	1.25	0.97	69
锑化镉	1.45	0.84	61
硒	1.5	0.81	58

"光谱响应"在概念上类似于量子效率。量子效率描述的是电池产生的光生电子数量与入射到电池的光子数量的比，而光谱响应指的是太阳能电池产生的光电流大小与该波长入射能量的比例。每种太阳能电池都有自己的光谱响应曲线，它表明电池对不同波长的光的灵敏度（光电转换能力）。硅太阳能电池光谱范围很宽，从可见光到近红外光，尤其在近红外光范围内灵敏度很高。图 2-27 显示了理想太阳能电池与实际太阳能电池的光谱响应曲线。

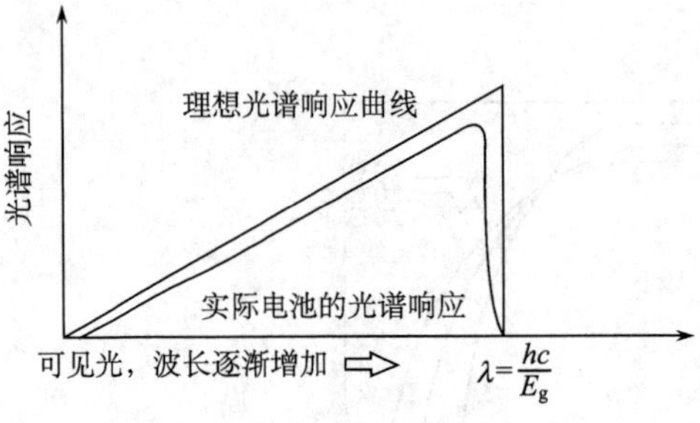

图 2-27 光谱响应曲线

理想的光谱响应在长波段受到限制，因为半导体不能吸收能量低于禁带宽度的光子。这种限制在量子效率曲线中同样起作用。不同于量子效率的矩形曲线，光谱响应曲线随波长减小而下降。因为短波长的光子能量高，导致光生载流子与光子能量的比例下降。光子的能量中，所有超出禁带宽度的部分都不能被电池利用，而是只能加热电池。太阳能电池中，高光子能量的不能完全利用以及低光子能量的无法吸收，导致了显著的能量损失。

光谱响应（SR）是非常重要的量，测量了光谱响应能计算出量子效率（QE），如下所示：

$$SR=\frac{q\lambda}{hc}QE \tag{2-23}$$

太阳能电池的光谱响应描述的是光电流与入射光波长的关系，设单位时间波长为 λ 的光入射到单位面积的光子数为 $\Phi_0(\lambda)$，表面反射系数为 $\rho(\lambda)$，产生的光电流为 J_L，则光谱响应 SR（λ）为

$$SR(\lambda)=\frac{J_L(\lambda)}{q\Phi_0(\lambda)[1-\rho(\lambda)]} \tag{2-24}$$

式中，$J_L=J_L|_{顶层}+J_L|_{势垒}+J_L|_{基区}$。理想吸收材料的光谱响应应该是当光子能量 $h\nu<E_g$ 时，SR=0；当 $h\nu>E_g$ 时，SR=1。

从太阳能电池的应用角度来说，太阳能电池的光谱特性与光源的辐射光谱特性相匹配是非常重要的，这样可以更充分地利用光能和提高太阳能电池的光电转换效率。不同的太阳能电池材料与光源的匹配程度是不一样的。

2.2.6 太阳能电池的光照特性

太阳能电池的输出随照度（光的强度）而变化，如图 2-28 所示，短路电流与照度成正比；如图 2-29 所示，开路电压随照度按指数函数规律增加，低照度值时，仍保持一定的开路电压。最大输出功率 P_{max} 几乎与照度成比例增加，影响因子 FF 几乎不受照度的影响，基本保持一致。

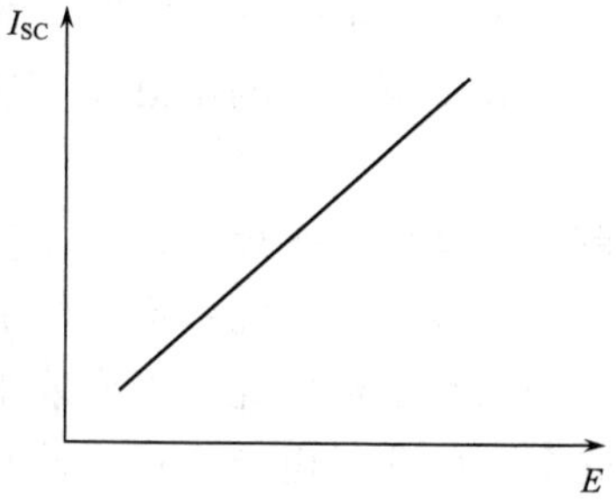

图 2-28 短路电流与照度成正比

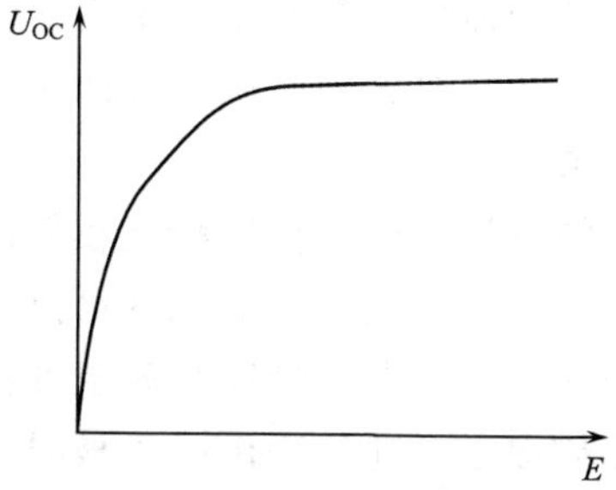

图 2-29 开路电压随照度按指数函数规律增加

改变入射光的强度将改变太阳能电池的短路电流、开路电压、填充因子 FF、转换效率以及并联电阻和串联电阻对电池的影响等参数。通常用多少个太阳形容光强，例如，一个太阳就相当于 AM1.5 大气质量下的标准光强，即 $1000W/m^2$。如果太阳能电池在功率为 $10kW/m^2$ 的光照下工作，也可以说是在 10 个太阳下工作，或 10X。

聚光太阳能电池是在光强大于一个太阳的光照下工作的电池，入射太阳光被聚焦或透过光学器件形成高强度的光束射到小面积的太阳能电池上。

因为同样的功率输出只需小面积的太阳能电池，聚光太阳能电池系统的成本比功率相同的平板太阳能电池系统要低。但聚光电池的效率优势可能会因串联电阻的能量损耗增加而有所下降，因为短路电流呈线性增加，引起电池的温度也迅速上升。由短路电流引起的损失的大小与电流的平方成正比，则串联电阻造成的能量损失大小也与光强的平方成正比。

2.2.7 太阳能电池的测试

太阳能电池性能测量是在精确控制的光源照射下测量电池的伏安曲线，并严格控制电池的温度。图 2-30 是测量装置。

太阳能电池对光强和温度都很敏感，因此测试时需要仔细控制测试条件。对于

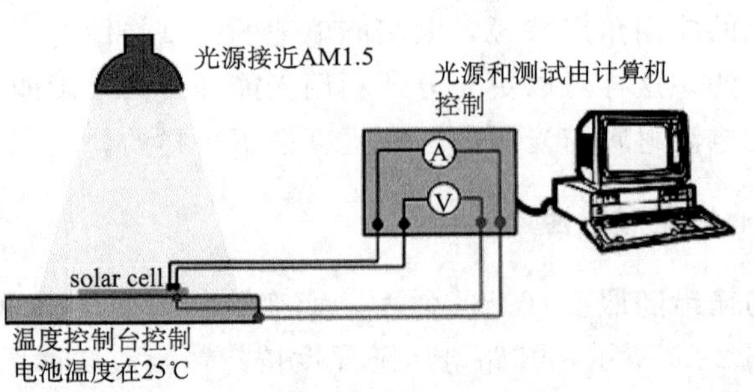

图 2-30　测试 I-V 曲线的装置原理图

光源，光谱和光强这两个数据很重要，要控制在标准 AM1.5 光谱上。世界上有几个实验室专门从事对太阳能电池的测量，只有从这些实验室测量出的结果才被认为是官方的结果。

非正规的测量将使用控制精度较低的光源，并利用参考电池来校对。所谓参考电池，指电气性能和光学性能都尽可能与被测电池相近，并且已经在标准光源下测试过的太阳能电池。电气性能和光学性能的相近能保证两个电池的光谱响应能很好地匹配。如果参考电池的输出电流被设置成在标准光源下的测量电流，那么被测电池的输出电流将与在标准 AM1.5 光谱下的测量结果大小相当。

2.3　晶硅太阳能电池的设计

2.3.1　基础太阳能电池设计

太阳能电池的设计包括明确电池结构的参数、使转换效率达到最大；设置一定的限制条件，如商业以生产最具价格优势的电池为目标，则需要着重考虑制造电池的成本问题；实验研究以获得高转换效率为目标，则主要考虑最高效率而不是成本。

理论上太阳能电池的最高转换效率能达到90%以上。然而，这一数字的获得是以几个假设为前提的，这些假设在实际上很难或根本不可能达到，至少在现今人类的科技水平和对器件物理的理解上很难达到。对于硅太阳能电池在一个太阳照射下，比较实际的理论最高效率值为26%～28%，图 2-31 显示了多年来硅太阳能电池效率的不断提高。

转换效率的理论值与实际值之间的差距主要来自两个方面。首先，在计算理论最大效率时，人们假设所有入射光子的能量都被充分利用了，即所有光子都被吸收，并且是被禁带宽度与其能量相等的材料吸收了。为了获得这种理论效果，人们想出一种由无限多层材料禁带宽度不同的电池叠加在一起的模型，每一层都只吸收能量与其禁带宽度相等的光子。第二个因素是假设入射光有高聚光比，并假设温度

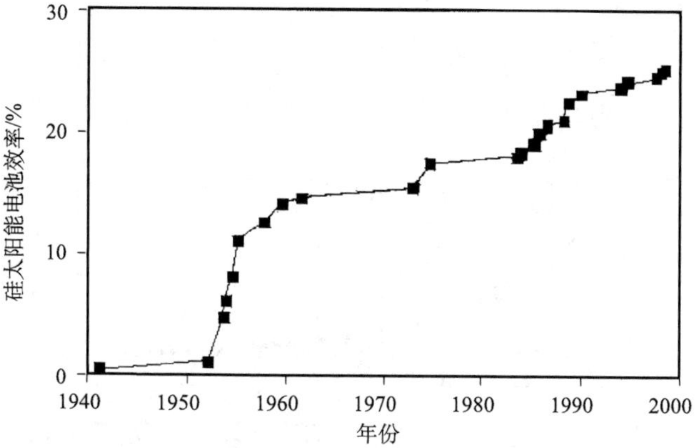

图 2-31　硅太阳能电池效率的不断提高

和电阻效应对聚光太阳能电池的影响很小，而光强的增加能适当增加短路电流、开路电压 V_{OC}、填充因子 FF，从而使聚光太阳能电池获得更高的效率。

太阳能电池运行的基本步骤表现为半导体材料对光的吸收并产生光生载流子、光生载流子输运并聚集成电流、产生跨越太阳能电池的高电压、能量从电池中移动到外部电路。

光在介质中传播时，光的强度随传播距离（穿透深度）而衰减的现象称为光的吸收，光经过一定介质后的出射光强为 $I=I_0e^{-\alpha x}$，I_0表示入射光强，x 表示光束垂直通过介质层的厚度，α 为一正常数，称为介质对该单色光的吸收系数。介质的吸收系数 α 的量纲是长度的倒数，单位是 cm^{-1}。吸收系数 α 的倒数（$1/\alpha$）的物理意义是因介质的吸收使得光强衰减到原来 $1/e \approx 36.8\%$时，光所通过的介质厚度。吸收系数决定着一个给定波长的光子在被吸收之前能在材料走多远的距离。如果某种材料的吸收系数很低，那么光将很少被吸收；并且如果材料的厚度足够薄，它就相当于透明的。吸收系数的大小取决于材料和被吸收的光的波长。因为高能量光子的吸收系数很大，所以它在距离表面很短的深度就被吸收了。

太阳能电池吸收的光子并非都产生了光生载流子，生成率指被光线照射的半导体每一点生成电子-空穴对的数目，假设减少的那部分光能量全部用来产生电子空穴对，那么通过测量透射过电池的光强度便可以推算出半导体材料生成的电子空穴对的数目。图 2-32 为在 AM1.5 光谱下硅的生成率。

光生载流子在输运过程中部分电子有可能回到价带，同时有效地消除了一个空穴，这种过程称为复合。复合发生的速率，称为“复合率”。如果载流子被复合了，光生电子空穴对将消失，也产生不了电流或电能。

收集概率描述了光照射到电池的某个区域产生的载流子被 pn 结收集并参与到电流流动的概率，它的大小取决于光生载流子需要运动的距离和电池的表面特性。

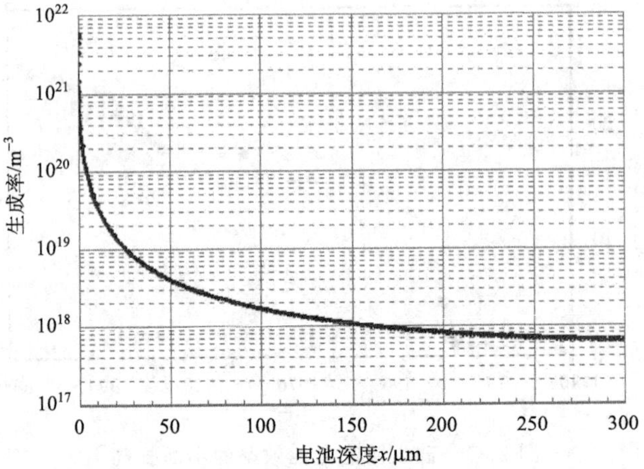

图 2-32　AM1.5 光谱下硅的生成率

在耗散区的所有光生载流子的收集概率都是相同的，因为在这个区域的电子空穴对会被电场迅速地分开。当载流子在与电场的距离大于扩散长度的区域产生时，它的收集概率是相当低的。如载流子在靠近电池表面这样的高复合区域产生，它将会被复合。

为获得最高效率，在设计单节太阳能电池时，应注意几项原则：①提高能被电池吸收并生产载流子的光的数量；②提高 pn 结收集光生载流子的能力；③尽量减小黑暗前置电流；④提取不受电阻损耗的电流。

2.3.2　太阳能电池的光学设计

光的损耗主要以降低短路电流的方式影响太阳能电池的功率。这些光本来有能力在电池中产生电子空穴对，但是被电池表面反射掉了。对于大多数太阳能电池，所有的可见光都能产生电子空穴对，因此它们都能被很好地吸收。太阳能电池对光的反射损耗主要包括上表面光反射、电池内部背面光反射和上电极反射或者阻挡的光，如图 2-33 所示。实用太阳能电池减小光反射损耗采用的主要方法有镀减反射膜、表面制绒、光陷阱、朗伯被反射层和顶端电极的优化设计。

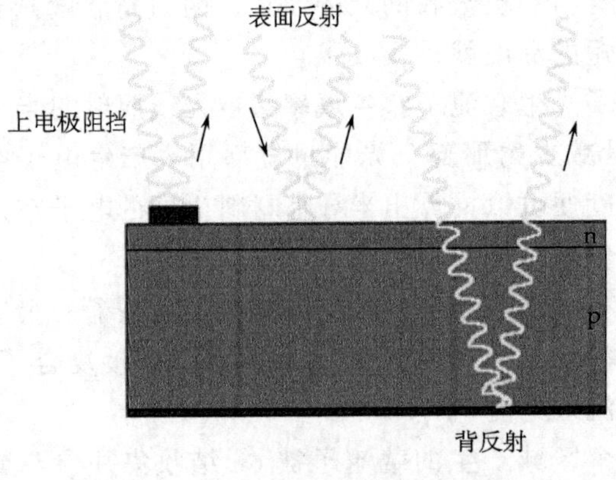

图 2-33　太阳能电池的反射损耗

(1) 减反膜设计。减反膜是利用光的干涉原理。两个振幅相同，波程相同的光波叠加，结果光波的振幅加强。如果有两个光波振幅相同，波程相差 $\lambda/2$，则这两个光波叠加，结果相互抵消了。减反膜就是利用这个原理。在硅片的表面镀上薄膜，使得在薄膜的前后两个表面产生的反射光相互干扰，从而抵消反射光，达到减反射的效果。

加在太阳能电池上表面的减反射膜包含了一层很薄的介电材料层，膜的厚度经过特殊设计可以使光在膜间发生干涉相消，避免光被反射出去。

光学薄膜的特性可以用等效界面法，如图 2-34 所示，找到每一层膜的特征矩阵进行理论推算，对于任意多层膜光学特性的精确计算，大都采用特征矩阵在计算机上完成。

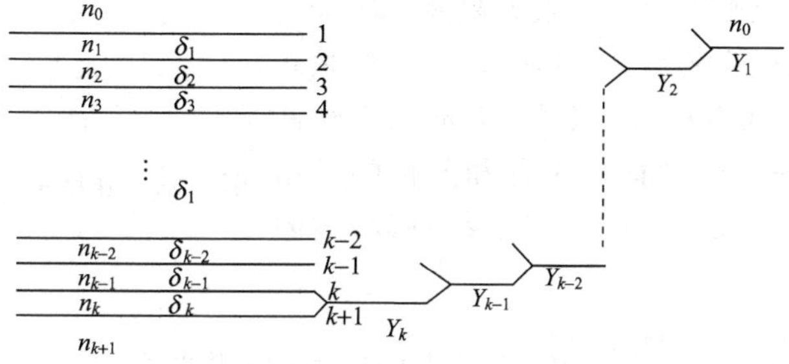

图 2-34　等效界面示意图

其中 Y_{k+1}、Y_k、Y_{k-1}、Y_{k-2}、Y_2、Y_1 为各层的组合导纳，可由相应的特征矩阵直接求出，最后多层膜的反射率为

$$R=\left(\frac{n_0-Y_1}{n_0+Y_1}\right)^2 \tag{2-25}$$

对于层数较少的减反膜，可以用矢量作图法作近似计算，此方法设计减反薄膜时比较直观，其前提条件是膜层中无吸收层、薄膜特性可以近似地由界面处单次反射来决定。由矢量作图法可知，对标准四分之一膜系，单层减反膜实现零反射的条件为 $n_1=\sqrt{n_0 n_s}$，即减反射膜的折射率等于膜两边材料的折射率的几何平均数。其中 n_0、n_1、n_s 分别为入射介质（常为空气）、膜、基底的折射率。膜系结构可常表示为 A/L/S，其中 A 代表空气，L 代表低折射率膜，S 代表基底。双层减反膜实现零反射的条件为 $n_2=n_1\sqrt{n_0 n_s}$，n_2 为膜层 2 的折射率，膜系结构可表示为 A/LH/S,其中 H 代表高折射率膜层 n_2，其他字母的意义同上。层数越多，减反膜的减反带宽越大，效果越好，详见文献（唐晋发等 2006）。

目前所有晶硅太阳能电池表面都镀了一层或多层光学性质匹配的减反射膜（SiO_2、SnO_2、TiO_2、SiN_x、SiC_x 等）。

对于折射率为 n_1 的薄膜材料，入射光波长为 λ_0，则使反射最小化的薄膜厚度为 d_1：

$$d_1 = \lambda_0/(4n_1) \tag{2-26}$$

根据上面的公式，选用相应厚度、折射率的膜，能使参考波长处反射光减少到零。但是每一种厚度和折射率只能对应一种波长的光，在光伏应用中，参考波长常取 0.6μm，因为这个波长的能量最接近太阳光谱能量的峰值。如图 2-35 所示为硅片在不同情况下的反射率曲线。

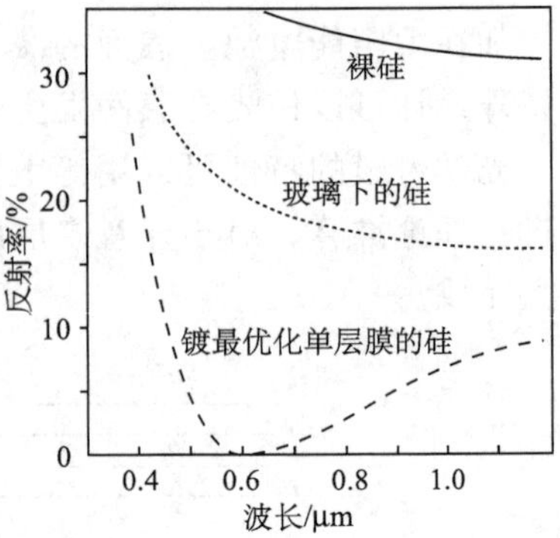

图 2-35 硅片在不同情况下的反射率

镀上多层减反射膜，能增加低反射率的光谱范围，即宽带减反膜。但对于多数商业太阳能电池，这样的成本比较高，所以商业太阳能电池常用单层或双层减反膜，少数高效太阳能电池采用三层减反膜。减反膜的设计可以使用专业的膜系设计软件优化，如 TFcale 软件、Macleod 软件等。TFCale 是一个光学薄膜设计和分析的通用工具，简单易学。表 2-6 为常用减反射膜材料的折射率。

表 2-6 常用减反射膜材料的折射率

材料	MgF_2	SiO_2	Al_2O_3	Si_3N_4	Ta_2O_5	ZnS	SiO	TiO_2
折射率 n	1.38	1.46	1.76	2.05	2.2	2.36	1.8～2.0	2.46～2.9

(2) 表面制绒。在硅表面制绒，可以与减反射膜相结合，也可以单独使用，都能达到减小反射的效果。因为任何表面的缺陷都能增加光反弹回表面但不离开表面的概率，起到减小反射的效果。一块单晶硅衬底沿着晶体表面刻蚀便能达到制绒效果。如果刻蚀的表面符合内部原子结构，硅表面的晶体结构将变成金字塔形，如图 2-36 (a) 所示。另一种表面制绒方式称为“倒金字塔形”制绒，这种制绒方法是往硅表面下面刻蚀，而不是从表面往上刻蚀，如图 2-36 (b) 所示。

(a) 金字塔　　(b) 倒金字塔

图 2-36 单晶硅制绒表面的电子显微镜扫描照片

多晶硅表面只有一小部分面积才有〈111〉方向，所以刻蚀单晶硅的方法不适合多晶硅。多晶硅制绒常用光刻技术和机械雕刻技术，使用切割锯或激光把表面切割成相应的形状，如图 2-37所示。

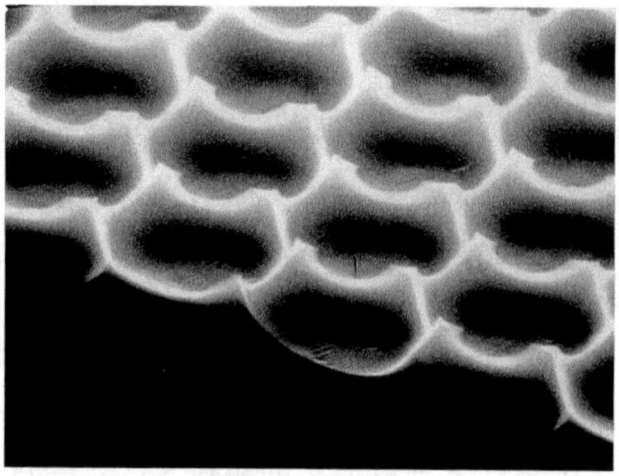

图 2-37　多晶硅制绒表面的电子显微镜照片

(3) 光陷阱。充分吸收入射光是获得高效率的重要途径，而吸收光的多少取决于光路径的长度和吸收系数。厚度超过 10mm 的硅电池能基本全部吸收符合条件的入射光，当硅材料厚度为 10um 时，只有 30%的可吸收光被吸收。但最佳的电池厚度并不单单是由吸收所有的光这一需要决定的，因为：①薄的电池材料省；②吸收同样的光，薄电池的开路电压比厚电池的大；③如果光在与 pn 结距离大于扩散长度的区域被吸收，产生的载流子就会被复合。因此，经过结构优化的太阳能电池通常具有“光陷阱”结构，拥有比电池实际厚度长几倍的光路径长度。

光路径长度指没被吸收的光在射出电池前在电池内走的距离，一个没有光陷阱结构的电池，它的光路径长度可能只相当于电池的实际厚度，而经过光陷阱结构优化的电池的光路径长度能达到电池实际厚度的 50 倍，这意味着光线能在电池内来回反弹许多遍。

光子入射到倾斜面上会改变光子在电池内运动的角度，达到光陷阱的效果。一个经过制绒的表面不仅能像前面所讲的那样减少反射，还能使光斜着射入电池，光入射到半导体的折射角可以通过折射定律 $n_1\sin\theta_1 = n_2\sin\theta_2$ 求得，如下所示：

$$\theta_2 = \arcsin\left(\frac{n_1}{n_2}\sin\theta_1\right) \tag{2-27}$$

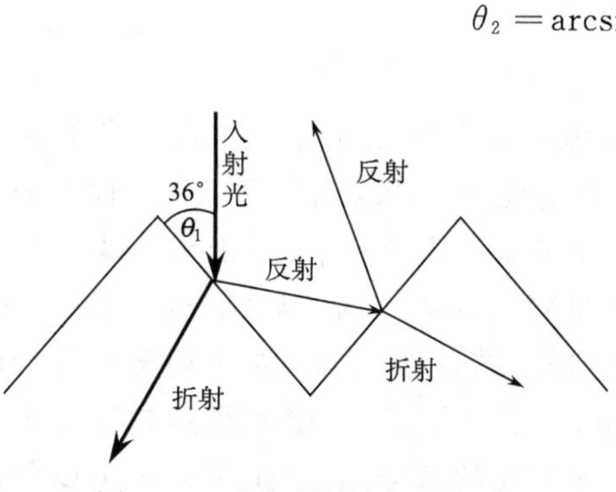

图 2-38　光在制绒太阳能电池表面的反射和折射

式中，θ_1、θ_2 分别是入射角和折射角，n_1 为光入射介质的折射率，n_2 为光射出介质的折射率。经过表面制绒的单晶硅太阳能电池，由于晶体表面的存在使得正入射光的角度 θ_1 等于 36°，如图 2-38 所示。

如果光线从折射率大的介质入射到折射率小的介质，将有可能发生全反射。此时的入射角为临界角，根据折射定律，设 θ_2 为 0°，得

$$\theta_1 = \arcsin\left(\frac{n_2}{n_1}\right) \tag{2-28}$$

利用全内反射，可以把光困在电池内，使穿入电池的光路径成倍增加，因此厚度很薄的电池也能拥有很长的光路径长度，如图 2-39 所示。

(4) 朗伯背反射层。朗伯背反射层能使反射光的方向随机化，方向的随机化使许多反射光都被全反射回电池体内。如图 2-39 所示，有些被反射回电池顶端表面的光与表面的角度大于临界角，则又再次被全反射回电池内，这样光被吸收的机会就大大增加了。电池背反射层的高反射率减小了背电极对光的吸收和光穿出电池的概率，并把光反弹回电池体内。通过表面制绒、光陷阱、朗伯背反射层等相结合可以大大增加光在电池中的路径长度，经过优化的光学路径长度能达到 $4n^2$，n 为半导体的折射率，可高达电池厚度的 50 倍，是十分有效的围困光线的技术。

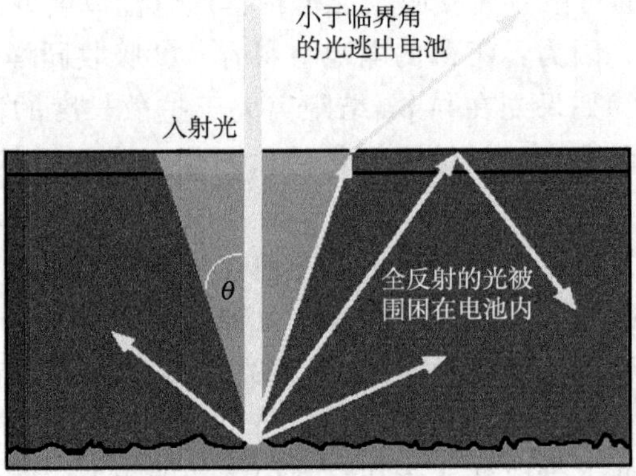

图 2-39　背反射层对光的反射

2.3.3　太阳能电池的复合效应

复合效应同时造成光生电流（即短路电流）和前置偏压注入电流（即开路电压）的损失。太阳能电池的复合主要有发生在电池表面的表面复合、电池体内的体复合和耗尽层复合，前两种复合是复合的主要形式。为了让 pn 结能够收集尽可能多的光生载流子，表面复合和体复合都要尽量减到最小，因此载流子必须在与 pn 结距离小于扩散长度的区域产生，才能扩散到 pn 结并被收集。对于局部高复合区域（如没有钝化的表面和多晶硅的晶界），光生载流子与 pn 结的距离必须小于与高复合区域的距离。对于局部低复合区域（如钝化的表面），光生载流子可以与低复合区域距离更近些，因为它依然能扩散到 pn 结并被收集。

电池的前表面和背表面存在局部复合区域，意味着能量不同的光子将有不同的收集概率。蓝光的吸收率很高且在距离前表面非常近处被吸收，所以如果前表面是高复合区域将主要影响蓝光产生的载流子的收集。类似的，如果电池背表面的复合效应很强，将主要影响红外光产生的载流子（红外光在电池深处产生载流子）。太阳能电池的量子效率量化了复合效应对光生电流的影响。2.2 节的图 2-15 理想和实际太阳能电池的典型量子效率，描述了复合损失和光损失的影响，前表面量子效率比较低是因为前表面的反射和复合，背部量子效率偏低是体内和背面的复合加上没被吸收的光。

如图 2-40 所示为三种不同类型的晶硅太阳能电池的量子效率曲线。其中埋栅和丝网印刷曲线表示的是电池的内部量子效率，而 PERL 曲线则表示电池的外部量子效率。PERL 电池对红外光的响应最好，因为被良好地钝化，有高效率的背表面反射。

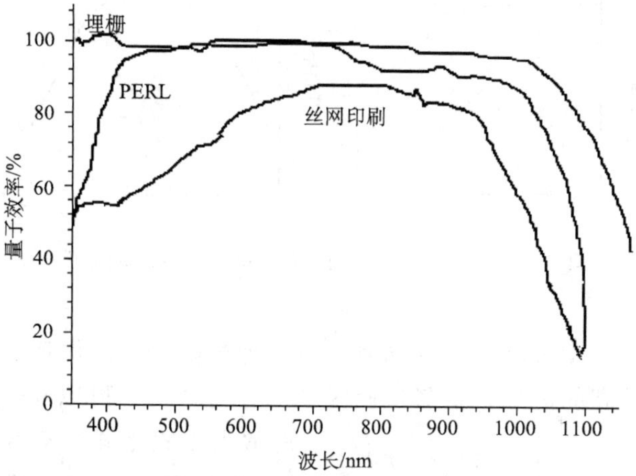

图 2-40　三种不同类型晶硅太阳能电池的量子效率

复合效应对开路电压有很大影响。开路电压是当前置扩散电流与短路电流大小相当时的光电压，前置扩散电流的大小取决于 pn 结处复合效应的大小。扩散电流随着复合的提高而上升，高复合提高了前置扩散电流反过来降低了开路电压。复合的大小由 pn 结边缘的少数载流子的数量控制，它们离开 pn 结的速度有多快，复合的速度就有多快。所以为了提高开路电压，①减少平衡少数载流子浓度将减少复合，而减少平衡少数载流子浓度可以通过增加掺杂来实现。掺杂浓度越高，V_{OC} 越大。一种称为重掺杂效应的现象近年来已引起较多的关注。但在过高掺杂浓度下，有效掺杂浓度将出现峰值，那么用很高的掺杂不会再有好处，特别是在高掺杂浓度下寿命还会减小，如图 2-41 所示。②短的扩散长度意味着

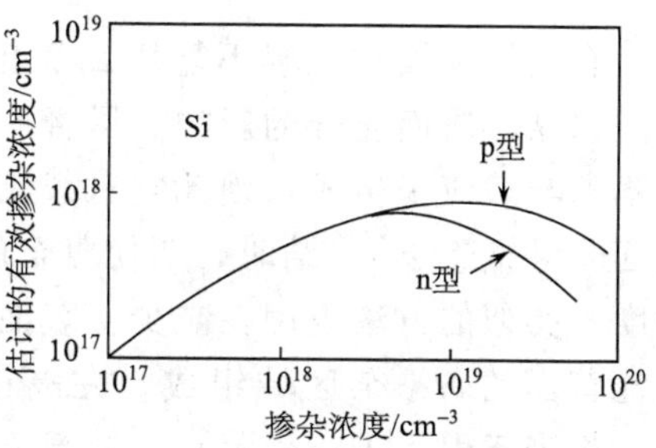

图 2-41　高掺杂效应

少数载流子在 pn 结边缘处由于复合快速消失，以使得更多的载流子通过电池，提高前置电流。因此，提高载流子的扩散长度能减少复合并获得高电压。而扩散长度取决于电池材料的类型、制造电池的过程和掺杂的情况。高掺杂导致低扩散长度，因此需要找到高扩散长度（它同时影响着电流和电压）与高电压之间的平衡。③与 pn 结距离小于扩散长度的区域存在局部复合区。高复合区（通常为表面或晶界）使得载流子迅速地移向它而被复合，大幅度提高了复合电流，通过表面钝化能够降低表面复合的影响。图 2-42 显示了在假设良好表面钝化的前提下，掺杂（N_d）对扩散长度和开路电压的影响。

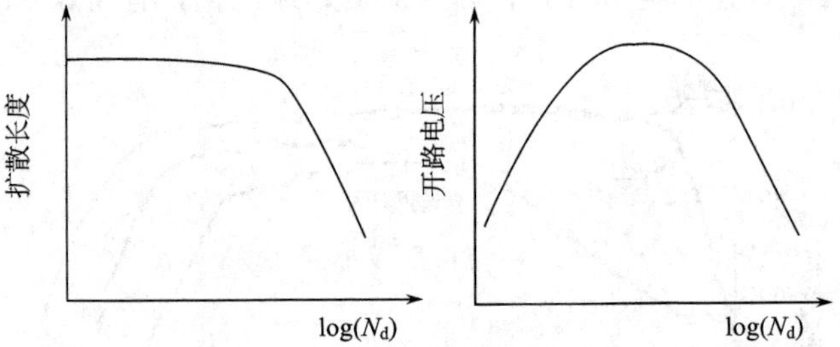

图 2-42　掺杂浓度对扩散长度和开路电压的影响

表面复合强烈影响短路电流的同时，也强烈影响着开路电压。前表面是电池中载流子生成率非常高的区域，要降低此区域的高复合率，可以通过在表面镀钝化层（通常为二氧化硅）来减小硅表面的悬挂键，如图 2-43 所示；其次可以在电极下面重掺杂，让少数载流子远离高复合率的前端电极；同样可以对电池背部进行重掺杂，让少数载流子（这里为电子）远离高复合率的背电极，如图 2-43 所示。背表面复合速率对电场参数的影响如图 2-44 所示。

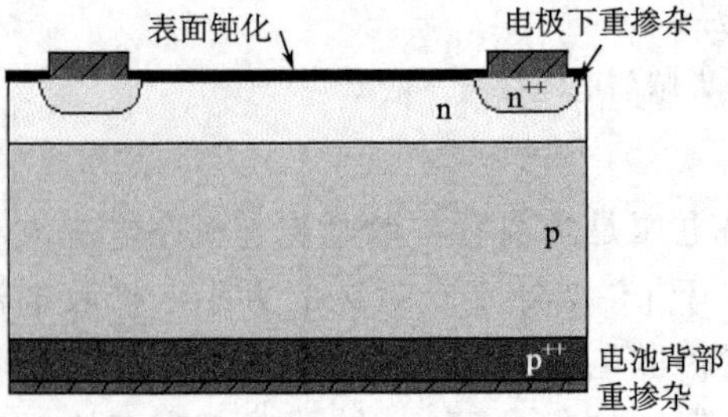

图 2-43　降低表面复合的技术

硅太阳能电池的钝化层通常为绝缘体，有金属电极的区域不能用二氧化硅钝化。取而代之的是在表面电极下面重掺杂，以减小表面复合的影响。尽管这样的重掺杂会严重减小扩散长度，但电极区域并不参与载流子生成，因此它对载流子收集的影响不大。此外，当高复合率的电池表面非常接近于 pn 结时，要使复合的影响达到最小，就必须尽可能地增加掺杂的浓度。类似的方法也用在减少背表面复合率对电压和电流的影响上，“背电场”由电池背面的高掺杂区域组成，在高掺杂和低掺杂区的交界处形成了类似 pn 结的场，相当于引入了一个阻止少数载流子流到背面的屏障，此背电场取得了钝化背面的效果。

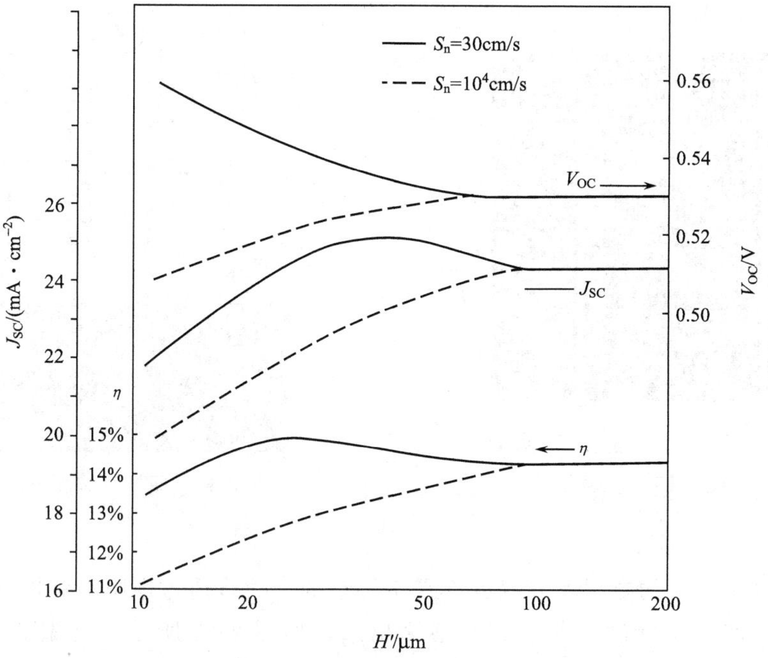

图 2-44　背表面复合速率对电场参数的影响

2.3.4　太阳能电池顶端电极设计

通常，光生电流从电池体内垂直移动到电池表面，然后横向穿过重掺杂表面，直到被顶端电极收集。除了使吸收最大化和复合最小化之外，设计一个高效率太阳能电池的最后一个条件，便是使寄生电阻造成的损耗降到最低。并联电阻和串联电阻都会降低电池的填充因子和效率。有害的低并联电阻是一种制造缺陷，而不是参数设计的问题。由顶端电极电阻和发射区电阻组成的串联电阻可以通过小心设计电池结构的类型和尺度进行优化。

金属顶端电极是用来收集电池产生的电流的，如图 2-45 所示，“母栅”直接与外部电路连接，而“子栅”负责从电池内部收集电流并传送到母栅。顶端电极的设计关键是要取得一个平衡，即窄的电极网线造成的高电阻与宽电极网线造成的遮光面积增加的平衡。

电池的体电阻可定义为

$$R_b = \rho_b W/A \tag{2-29}$$

式中，ρ_b为电池的体电阻率（电导率的倒数）（硅电池通常为 0.5～5.0Ω·cm），A为电池面积，W为电池主体区域的宽度。

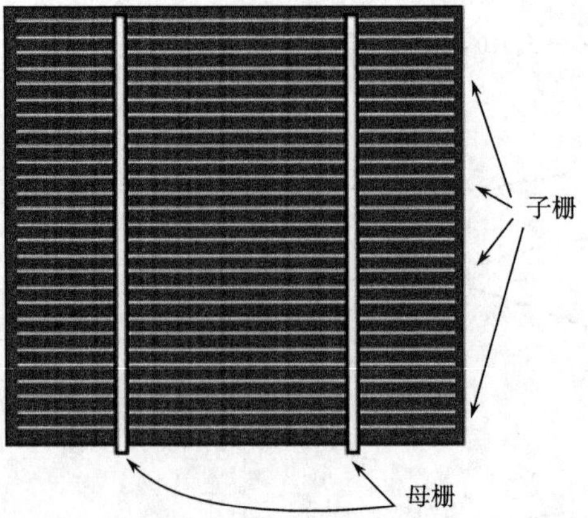

图 2-45　顶端电极

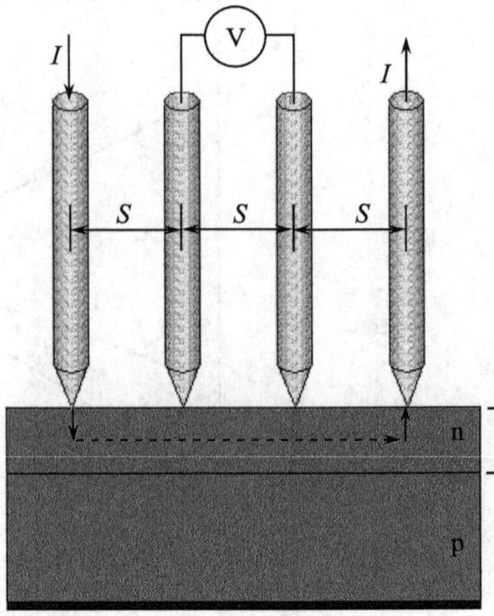

图 2-46　四探针法测电阻示意图

发射（区）层的电阻率和厚度都是不知道的，很难通过电阻率和厚度计算，但可以使用“四点探针法”非常容易地测出来，如图 2-46 所示。电流 I 流到探针，在中间两个探针之间产生压降 V，n 型区与 p 型区之间的 pn 结扮演着绝缘层的角色，使得测量表层电阻时不受影响。测量时电池必须处在黑暗环境中。利用实验测得电压 V 和电流 I，可算得表层电阻率为

$$\rho_{\Pi}(\Omega/\Pi)=\frac{\pi V}{\ln 2I} \tag{2-30}$$

式中，$\pi/\ln 2=4.53$，一般硅太阳能电池的表层电阻率在 $30\sim100\Omega/\Pi$。

发射区的电流流动的距离并不都是相等的，如果电流刚好从电池内部流到电极附近，则路程很短。但如果电流流到两个栅条之间，则电阻路径刚好等于两个栅条距离的一半，如图 2-47 所示。图 2-47（a）是载流子从电池的产生点流到外部电极的理想效果图，图 2-47（b）为计算由电池表层的横向电阻造成的功率损失的计算示意图。需要注意的是，实际中的发射区要比图中的薄很多。如图 2-47（b）所示，在 y 方向逐渐递增的功率损失为

$$\mathrm{d}P_{\text{loss}}=I^2\mathrm{d}R \tag{2-31}$$

式中，$\mathrm{d}R=\rho_{\Pi}\mathrm{d}y/A$，$y$ 为两个栅条之间的距离。

表层横向电流的大小取决于 y 和 $I(y)$，两栅条之间中间点的电流大小为零，并沿着中间点到栅条的线逐渐增加。计算电流的方程为

$$I(y)=Jby \tag{2-32}$$

式中，J 为电流强度，b 为栅条的长度，而 y 是两栅条的间隔距离。

综上所述，顶层阻抗引起的功率损耗为

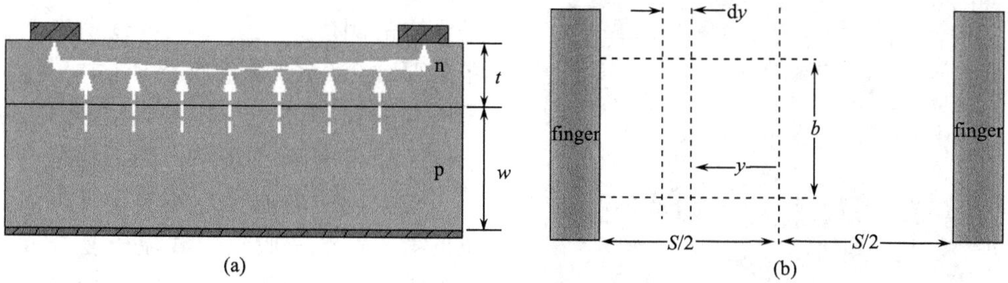

图 2-47　载流子流向理想效果图和计算示意图

$$P_{\text{loss}}=\int I^2(y)\mathrm{d}R=\int_0^{S/2}\frac{J^2b^2y^2\rho_{\text{II}}\mathrm{d}y}{b}=\frac{J^2b\rho_{\text{II}}S^3}{24} \tag{2-33}$$

在最大功率输出点，这个区域内的功率为 $V_{\text{MP}}J_{\text{MP}}bS/2$，则相对功率损耗为

$$P_{\%}=\frac{P_{\text{loss}}}{P_{\max}}=\frac{\rho_{\text{II}}S^2J_{\text{MP}}}{12V_{\text{MP}}}(100\%) \tag{2-34}$$

接触电阻损耗发生在硅电池与金属电极的交界处，要降低接触电阻的损耗，就必须对 n 型层的顶层进行重掺杂。然而重掺杂会引起不良后果，如果高浓度的磷被扩散到硅中，温度下降时多余的磷会被析出电池表层，形成一层“死层”，该层中光生载流子的收集概率非常低，许多商用电池因为死层的出现而导致对蓝光的响应很差。解决的办法是对金属电极的下面部分进行重掺杂，而表层的其余部分则需控制在一个平衡值，也就是在获得低发射区饱和电流和高发射区扩散长度之间达到平衡，如图 2-48 所示。

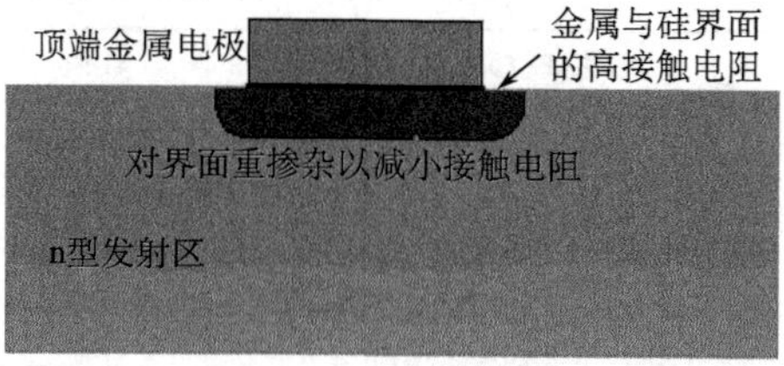

图 2-48　接触电阻

顶端电极的优化设计不只有子栅和母栅电阻的最小化，还包括与顶端电阻有关的总的损耗的最小化，如发射区的电阻损耗、金属电极的电阻损耗和阴影损耗。①发射区的电阻损耗取决于金属网格的间距，短的栅间距有利于降低发射区电阻。②金属电极的电阻损耗大小取决于金属的电阻率、网格的排列布局和金属栅条的横纵比。低的电阻率和高的横纵比对电池比较有利，但也会受到制造技术的限制。③阴影损失是覆盖在电池表面的金属栅条阻挡光线射入电池引起的，一些设计的因素决定了损耗规模的大小，包括子栅和母栅的间距、金属的宽高横纵比（横纵比=宽/高）、金属栅条的最小宽度以及金属的电阻率。

顶端电极的设计方案众多，但基于现实原因，都设计成相对简单和十分匀称的网格，匀称的网格把电池分成均等的几部分。如图 2-49 所示为顶端电极的示意图，展示了母栅和子栅的形状结构分布。设计时有几个重要的原则要注意：①最优的母

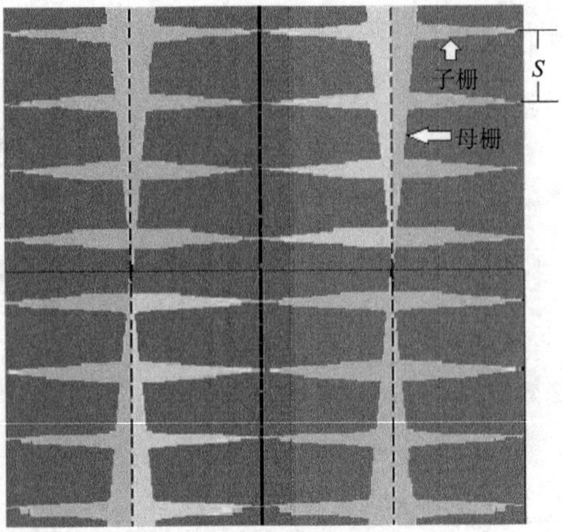

图 2-49　顶端电极示意图

栅宽度 W_B，此时母栅的电阻损耗大小等于它的阴影损耗。②宽度逐渐变小的栅条要比等宽的栅条所造成的损耗小。③电池的面积越小、栅条的宽度 W_F 越小以及栅条间隔 S 越小，则损耗越小。

硅太阳能电池经过基本设计、表面减反射、载流子收集、载流子复合和寄生电阻这几方面优化后，转换效率能达到约 28%的理论值。

2.3.5　太阳能电池的结构参数

硅太阳能电池能在光伏市场占据统治地位，得益于硅材料资源丰富，且在集成电路产业的杰出表现。但硅材料的参数并不是最好的，特别是硅的禁带宽度对于最优的太阳能电池稍微过低，且硅是间接带隙材料，吸收系数较低。虽然低吸收系数可以通过光陷阱解决，但很难把硅的表层制造得很薄。表 2-7 是单晶硅太阳能电池常用结构参数。

表 2-7　单晶硅太阳能电池器件结构模型物理参数

物理参数	数值	物理参数	数值
器件截面积 A/cm^2	100	空穴扩散长度 L_P/μm	12
n 型半导体厚度 W_n/μm	0.35	电子扩散系数 D_n/[cm^2/(V·s)]	35
n 型半导体掺杂浓度 N_d/cm^{-3}	1×10^{20}	电子寿命 t_n/μs	350
p 型半导体厚度 W_p/μm	300	电子扩散长度 L_n/μm	1100
p 型半导体掺杂浓度 N_A/cm^{-3}	1×10^{15}	正向电极等效表面符合速率 $S_{F.\,eff}$/(cm/s)	3×10^4
空穴扩散系数 D_p/[cm^2/(V·s)]	1.5	背向表面电场等效复合速率 S_{BSF}/(cm/s)	1×10^2
空穴寿命 t_p/μs	1		

太阳能电池制备时应重点考虑的结构参数如下。

(1) 电池厚度（100～500μm）。经过优化的、伴有光陷阱和表面钝化的硅太阳能电池厚度约为 100μm。然而 200～500μm 的厚度是常用的，部分原因是考虑到表面制造薄层或表面钝化等实际情况。

(2) 基区掺杂（1Ω/m）。高掺杂能获得高电压和低电阻，但高掺杂也会导致晶体结构的破坏。

(3) 控制反射。表面制绒和减反膜能提高电池捕捉光线的能力。

(4) 正负极。n 型硅比 p 型硅的质量好，常被置于电池的表面，因此，电池的上表面为负极，背面为正极。

(5) 发射区厚度（$<1\mu m$）。绝大部分入射光是在靠近电池表面处被吸收的，大幅度降低表层的厚度，能让大部分的光生载流子被 pn 结收集。

(6) 发射区掺杂。发射区的掺杂水平在 $100\Omega/\Pi$，过度掺杂会降低材料的质量，以致载流子在到达 pn 结之前就被复合了。

(7) 网格的排布（栅条宽在 20～200μm，间隔 1～5mm）。硅的电阻率太高以至于不能导通走所有的光生电流，所以在电池表面放置了电阻率更低的金属网格，以运走所有的电流。网格覆盖在表面会挡住一部分入射光，所以必须在收集光线和降低电阻值之间做个折中。

(8) 背电极。背电极比顶端电极的重要性要低，因为它与 pn 结距离要远许多，不需要透明。但是，背电极在设计中正变得越来越重要，因为总的效率正在提高，电池也变得越来越薄。

晶硅太阳能电池的结构参数对太阳能电池性能的影响可以通过电池模拟软件进行比较、分析、设计。可以更快、更方便地发现电池的问题以及了解各参数对电池的影响。PC1D 太阳能电池模拟软件采用非线性方程模拟晶硅半导体器件中电子和空穴的准一维传输过程，是目前光伏研发中最简便且广泛应用的模拟软件。

2.4 晶硅太阳能电池发展

2.4.1 晶硅太阳能电池分类

太阳能电池所使用的硅或其他半导体材料可以是单晶体、多晶体、微晶体或者非晶体。这些材料之间最主要的不同就是组成材料的晶体大小和晶体结构的有序程度不同。

大多数的晶体硅太阳能电池是由硅片制成的，要么单晶硅要么多晶硅。单晶硅片通常都拥有比较好的材料性能和较高的成本。单晶硅的晶体结构规则有序，每个原子都理想地排列在预先确定的位置上，每个硅原子的最外层都有四个电子，每个原子都与周围原子共享四个共价键，形成清晰可见的价带结构，如图 2-50 所示。所以单晶硅的行为可预见且十分统一，但因为需要精确和缓慢的制造过程，也使得它成为最昂贵的硅材料。

太阳能电池和集成芯片通常都使用直拉法（CZ）制备的硅晶片，但它对于高效率实验室太阳能电池和特定市场的太阳能电池有些不足。直拉法硅片内含有大量的氧，杂质氧会降低少数载流子的寿命，继而减小电压、电流以及转换效率。此外，氧原子以及氧和其他元素共同形成的化合物可能在高温时变得十分活跃，使得硅片对高温处理过程非常敏感。为了克服这些问题，人们使用悬浮区熔法（FZ）制硅片。熔融区域缓慢地通过硅棒或硅条时，熔融区的杂质留在熔融区内，而不是混合在凝结区内，因此，当熔融区的硅都过去后，一块非常纯净的单晶硅锭就形成了，如图 2-51 所示。

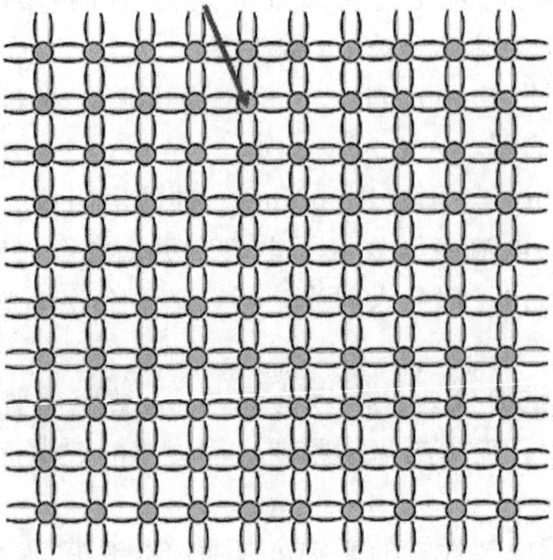

图 2-50 单晶硅的晶体结构规则

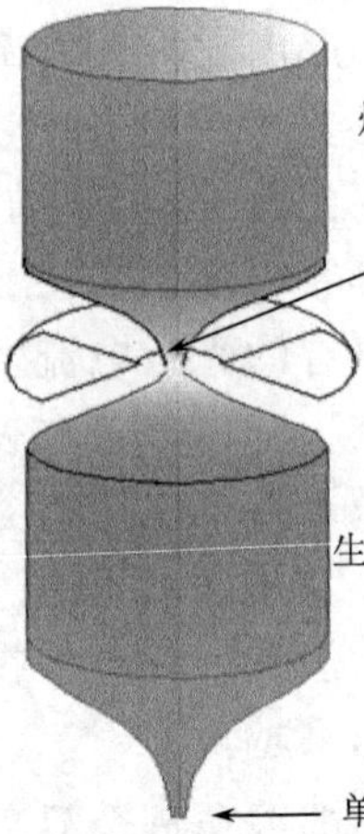

图 2-51 区熔法制硅片

制备多晶硅的技术相对要简单一些，成本也因此更低一些。多晶硅由于晶界的存在，性能比不上单晶硅。因为晶界的存在导致了局部高复合区，它把额外的能级缺陷引入到了禁带，减少了总的少数载流子寿命。此外，晶界还通过阻碍载流子的流动以及为穿过 pn 结的电流提供分流的方式降低太阳能电池的性能，图 2-52 显示多晶硅的两个晶粒之间的挂键是很不友善的。为了避免晶界处的过度复合损失，晶界尺寸必须控制在几毫米以上。这能让电池从前到后扩大单个晶界的规模，减少对载流子流动的阻碍，同时也减小电池单位面积上的总晶界长度。这种多晶硅材料被广泛使用在商业太阳能电池制造中。

多晶硅可作拉制单晶硅的直接原料，当熔融的单质硅凝固时，硅原子以金刚石晶格排列成许多晶核，如果这些晶核长成晶面取向不同的晶粒，则形成多晶硅。如果这些晶核长成晶面取向相同的一个晶粒，则形成单晶硅。一般单晶硅棒是在单晶硅炉中拉制而成的，通常要经过滚圆、再通过切片机切成。为了充分利用硅片，四个角保留圆弧，成为准方片。多晶硅通常是由铸锭炉浇筑成大块的多晶硅锭，经过破锭机和多线切片机切割成厚度为 0.15～0.3mm 的方片再制成电池，所以一般都是方形。

非晶硅（α-Si）结构中有许多不受价键束缚的原子、缺少长程有序排列，这是由于“悬挂键”的存在造成的。原子排列中缺少长程有序将严重影响非晶硅的材料性能，所以在把非晶硅材料制成太阳能电池之前，需要对这些悬挂键进行钝化处理。可以把氢原子与非晶硅材料结合，使氢原子的比例达到 5%～10%，让悬挂键处于饱和状态，因此提高了材料的质量，如图 2-53 所示。非晶硅的材料性能与晶体硅有显著不同，禁带宽度从晶体硅的 1.1eV 上升到 1.7eV，且吸收系数比晶体硅高得多，但大量悬挂键导致了高缺陷密度和低扩散长度。

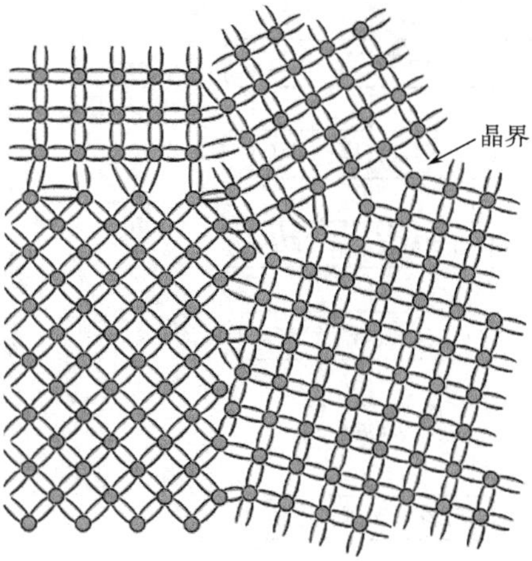

图 2-52　多晶硅的晶界

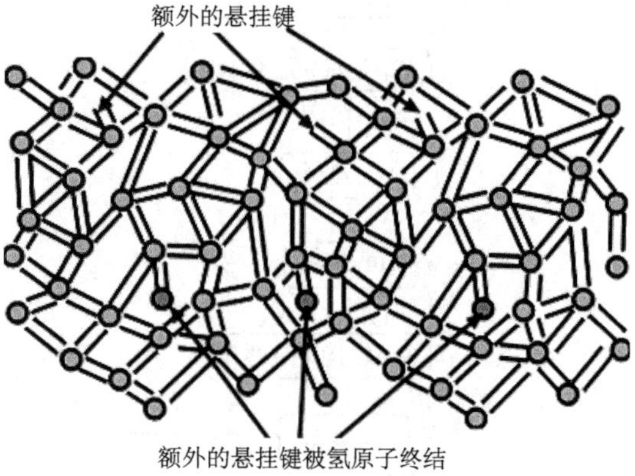

图 2-53　非晶硅的悬挂键

非晶硅的不同材料性质需要不同于晶体硅的结构设计，特别是非晶硅中硅-氢合金的少数载流子的扩散长度远远低于 1μm，要获得高的收集效率就必须在 pn 结耗尽区产生尽可能多的光生载流子，即载流子要在电场存在的区域产生。非晶硅的高吸收系数使得其电池只有几微米厚，也意味着比起发射区和基区，耗散区的厚度要大得多，因此耗散区采用在 p 和 n 层之间增加一个弱掺杂或无掺杂的本征硅层（i 层），如图 2-54 所示。另外，为了解决非晶硅中较低的载流子迁移性，在电池表面涂覆一层导电层，提供沿电池表面的横向电流通道。

非晶硅太阳能电池是一种低成本的太阳能电池，对于能量需求小、易安装的消费产品是一种理想的选择，常被用在许多小型消费产品中，如计算机、手表以及一些户外产品。如图 2-55 所示的手表的整个表面都是非晶硅薄膜太阳能电池，足以为手表运行提供能量。

图 2-54　非太阳能电池结构示意图

图 2-55　太阳能电池手表

2.4.2　晶硅太阳能电池制备

晶硅太阳能电池制造工艺流程如图 2-56 所示。

（1）清洗制绒。清洗制绒是为了去除硅片表面机械损伤层，并进行硅片表面结构化。未制绒的硅片表面十分光滑，可反射多于 35%的入射光，表面结构化能使

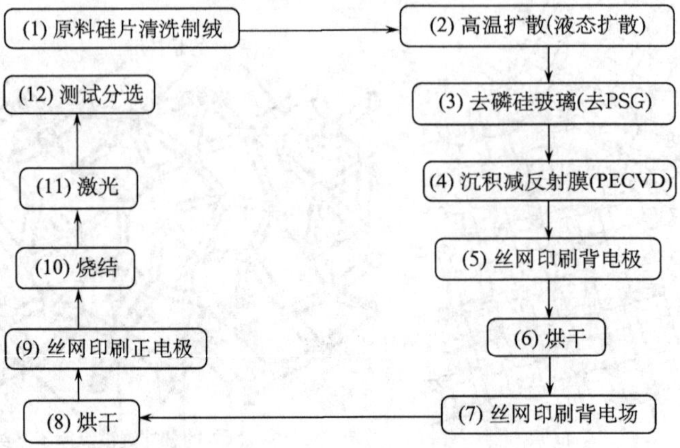

图 2-56　晶硅太阳能电池的制造工艺流程

光学反射减小到 10%以下。除了减反射外，前表面结构化还能确保斜入射的光耦合到太阳能电池中，使光从背面反射后不从前表面溢出。这种陷光效应有助于 750～1000nm 波长范围光的内量子效率的改善。

（2）扩散制结。扩散是为了制备 pn 结，多数厂家都选用 p 型硅片制作太阳能电池，一般用 $POCl_3$ 液态源作为扩散源。pn 结结深一般为 0.3～0.5um。

（3）去磷硅玻璃。扩散时在硅片周边表面会形成扩散层，使电池上下电极短路，去磷硅玻璃就是腐蚀去除周边的扩散层，也称周边刻蚀。

（4）沉积减反射膜。沉积减反射膜是采用等离子体增强型化学气相沉积 (PECVD)，沉积一层减反射膜，不仅可以减少光的反射，而且在制备减反射膜过程中有大量的氢原子进入，起到了很好的表面钝化和体钝化的效果，从而提高了电池的短路电流和开路电压。

（5）～（10）印刷、烘干、烧结。为了从电池上获取电流，一般在电池的正面、背面分别制作电极。正面栅网电极要求一方面要有高的透过率，另一方面要保证栅网电极有一个尽可能低的接触电阻。背面做成 BSF 结构，以减小表面电子复合。印刷后要进行高温烧结，防止脱落。

（11）激光刻蚀。激光刻蚀是用激光切出绝缘沟道，避免电池短路，减少电流泄露，如图 2-57 所示。

（12）测试分选。通过外观检测和电池分选仪对电池测试分选，根据电池的输出电性能对电池分类摆放。

2.4.3　晶硅太阳能电池的发展趋势

晶硅电池的发展趋势是低成本、高效率，这是光伏技术的发展方向。低成本的实现途径包括效率提高、成本下降及组件寿命提升三方面。效率的提高依赖工艺的

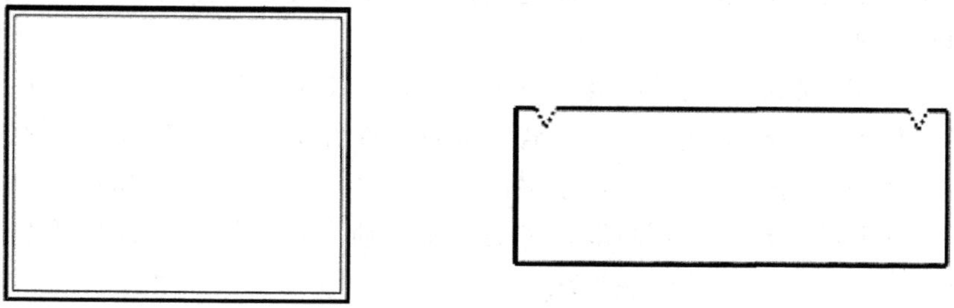

图 2-57　硅片刻蚀示意图

改进、材料的改进及电池结构的改进；成本下降依赖现有材料成本的下降、工艺的简化及新材料的开发；太阳能光伏组件寿命的提升依赖组件封装材料及封装工艺的改善。要想早日实现晶体硅电池发电平价上网，除了产业规模化的扩大外，最重要的是依赖产业技术（包括设备和原材料）的改进。工艺水平的改进对电池效率的提升空间已经越来越有限，电池效率的进一步提升将依赖新结构、新工艺的产生。具有产业化前景的新结构电池包括选择性发射极电池、异质结电池、背面主栅电池及n型电池等。这些电池结构采用不同的技术途径解决了电池的栅线细化、选择性扩散、表面钝化等问题，可以将电池产业化效率提升2～3个百分点。

太阳能电池硅片技术发展趋势是薄片化，降低硅片厚度是减少硅材料消耗、降低晶硅太阳能电池成本的有效技术措施，是光伏技术进步的重要方面。30多年来，太阳能电池硅片厚度从20世纪70年代的450～500μm降低到目前的150～180μm，降低了一半以上，硅材料用量大大减少，对太阳能电池成本降低起到了重要作用，是技术进步促进成本降低的重要范例之一，如表2-8所示。

表 2-8　太阳能电池硅片厚度

年份	厚度/μm	硅材料用量/t
20世纪70年代	450～500	>20
20世纪80年代	400～450	16～20
20世纪90年代	350～400	13～16
2008年	180～240	12～13
2010年	150～180	10～11
2020年	80～100	8～10

高效电池是光伏的突围之匙，近年来晶硅太阳能电池的转换效率取得重大进展，浆料及丝网印刷技术进步最快；但随之而来的是银的消耗日益突出，其成本已占到电池成本的17%左右。

多晶硅太阳能电池成本远低于单晶硅太阳能电池，而效率高于非晶硅薄膜太阳能电池。从工业化发展来看，太阳能电池的发展重心已由单晶向多晶方向发展，主要原因可概括如下。

（1）近十年单晶硅工艺的研究与发展很快，其工艺也被应用于多晶硅太阳能电池的生产，例如，选择腐蚀发射结、背表面场、腐蚀绒面、表面和体钝化、细金属栅电极等，其中快速热退火技术用于多晶硅的生产可大大缩短工艺时间。

（2）多晶硅的生产工艺不断取得进展，全自动浇铸炉每生产周期可生产200kg以上的硅锭，晶粒的尺寸达到厘米级。

（3）对太阳能电池来说，方形基片更合算，通过浇铸法和直接凝固法所获得的多晶硅可直接获得方形材料。

为了进一步降低成本、提高效率，各国光伏研究机构和生产商不断改进现有技术，开发新技术。如澳大利亚新南威尔士大学研究了近20年的先进电池系列PESC、PERC、PERL电池，2001年，PERL电池效率达到24.7%。后来由此衍生了南京中电电气集团的SE电池与尚德的PLUTO电池。PLUTO电池的本质是将实验室PERL电池进行量产，SE电池可以算是PLUTO电池的一个简化，它们均含有PERL电池最典型的选择性发射极技术。SE电池只选取了PE系列收益最明显、产业化相对容易的前表面结构部分。如图2-58所示。

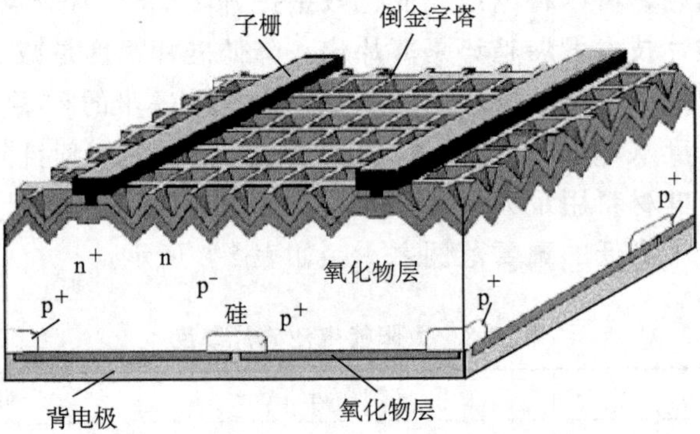

图2-58　PERL电池结构

（1）电池正面采用“倒金字塔”形。这种结构受光效果优于绒面结构，具有很低的反射率，从而提高了电池的短路电流J_{SC}。

（2）淡磷、浓磷的分区扩散。栅电极下的浓磷扩散可以减少栅电极接触电阻；而受光区域的淡磷扩散能满足横向电阻功耗小且短波响应好的要求。

（3）背面进行定域、小面积的硼扩散p^+区。这会减少背电极的接触电阻，又增加硼背面场，蒸铝的背电极本身又是很好的背反射器，从而进一步提高了电池的转化效率。

（4）双面钝化。发射极的表面钝化降低表面态，同时减少了前表面的少子复合。而背面钝化使反向饱和电流密度下降，同时光谱响应也得到改善。

但是这种电池的制造过程相当烦琐，涉及好几道光刻工艺，所以是一个成本较高的生产工艺。

高效电池还有如 SunPower 公司采用丝网印刷工艺的低成本背面点接触电池，效率已达 22%；松下公司（原三洋公司）的 HIT 电池，效率达到 24.7%；德国 KonstanzISEC 采用 n 型 ZEBRA IBC 技术的双面电池达到了 21.1%的效率，背面的光照可得到 20%额外的输出功率；阿特斯阳光电力有限公司制备的高效表面结构陷光结构的“黑硅”太阳能电池效率已经超过了 18%，并且还有较高的效率提升空间。

2.4.4 提高晶硅太阳能电池效率的方法

只有尽量减少损失才能开发出高效的太阳能电池，影响晶硅太阳能电池转换效率的原因主要来自两个方面，一是光学损失，包括电池前表面反射损失、接触栅线的阴影损失以及长波段的非吸收损失；二是电学损失，包括半导体表面及体内的光生载流子复合、半导体和金属栅线的接触电阻等损失，如图 2-59 所示。

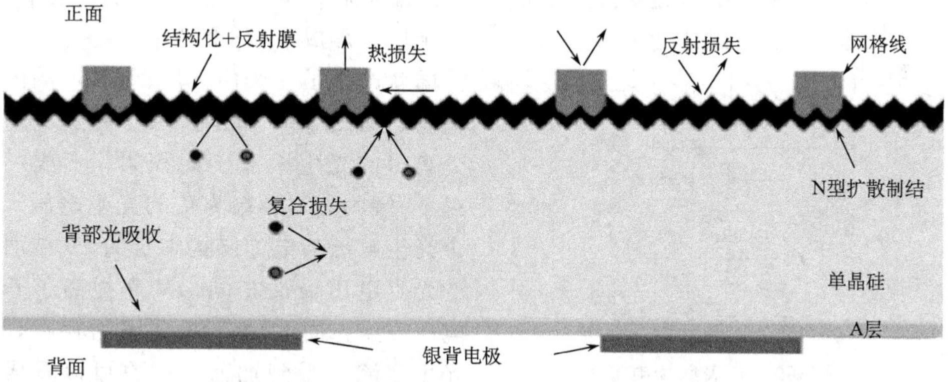

图 2-59　普通硅太阳能电池的多种损失机制

这其中最关键的是降低光生载流子的复合，它直接影响太阳能电池的开路电压。光生载流子的复合主要是由于高浓度的扩散层在前表面引入大量的复合中心。此外，当少数载流子的扩散长度与硅片的厚度相当或超过硅片厚度时，背表面的复合速度对太阳能电池特性的影响也很明显。

围绕提高晶硅太阳能电池的转换效率，目前正在采用的有效技术如下。

(1) 优化晶体硅材料。太阳能电池的效率与硅材料的电阻率及少子寿命有着极其密切的联系，理论和实践都证明 0.5～3Ω・cm 的工业生产直拉单晶硅片及铸锭多晶硅片都可以有很好的效果。

(2) 高方阻技术。采用均匀高方阻技术，高方阻 pn 结具有高表面活性磷浓度、低非活性磷浓度、深结的特点。

(3) 先进的金属化技术。为了降低栅线遮挡造成的电池效率损失，可以缩小细栅的宽度，采用超细主栅或无主栅、背面接触、栅线内反射、选择性扩散技术、激光刻槽埋栅电池等技术。

(4) 光陷阱结构。高效单晶硅太阳能电池采用化学腐蚀制绒技术，制得绒面的反射率可达到10%以下。目前较为先进的制绒技术是反应等离子蚀刻技术（RIE），该技术的优点是和晶硅的晶向无关，适用于较薄的硅片。

(5) 减反射膜。晶硅太阳能电池一般可以采用 TiO_2、SiO_2、SnO_2、ZnS、MgF_2单层或双层减反射膜。在制好绒面的电池表面上蒸镀减反射膜后可以使反射率降至2%左右。

(6) 钝化层。钝化工艺可以有效地减弱光生载流子在某些区域的复合，一般高效太阳能电池可采用热氧钝化、原子氢钝化，或利用磷、硼、铝表面扩散进行钝化。如金属电极和硅界面处载流子的复合速度非常快，可以达到 10^6cm/s，而氧化硅（SiO_2）膜和硅界面载流子的复合速度可减至10～100cm/s，在太阳能电池表面和背面形成氧化膜能够减少载流子复合的损耗。

(7) 增加背场。沉积金属接触之前，电池的背面p型材料上先扩散一层 p^+ 浓掺杂层，形成 p^+/p 的结构，在 p^+/p 的界面就产生了一个由p区指向 p^+ 的内建电场，如图2-60所示。由于内建电场所分离出的光生载流子的积累，形成一个以 p^+ 端为正，p端为负的光生电压，这个光生电压与电池结构本身的pn结两端的光生电压极性相同，从而提高了开路电压 V_{OC}。同时由于背电场的存在，使光生载流子受到加速，这也可以看成增加了载流子的有效扩散长度，因而增加了这部分少子的收集概率，短路电流 J_{SC} 也就得到提高。

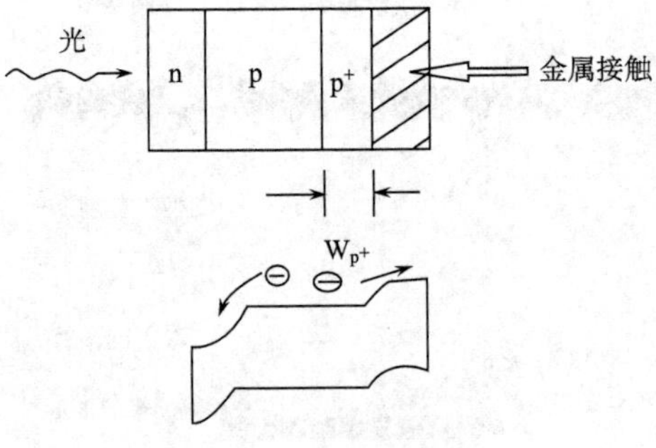

图 2-60　背表面场电池

(8) 改善基体材料。选用优质硅材料，如n型硅具有载流子寿命长、制结后硼氧反应小、电导率好、饱和电流低等优点。

2.5　晶硅太阳能电池质量控制

制备晶硅太阳能电池的半导体材料对杂质非常敏感，因此电池片生产对环境、设备等有着严格的要求。首先，生产过程要求全部在净化厂房内，净化程度不低于10万级，温度恒定保持在20～25℃，湿度不大于60%。其次，避免使用金属夹具，扩散工艺中的石英管、石英舟定期清洗。最后，工作人员穿全套净化服，佩戴口罩和手套，严禁用手直接接触硅片。

电池的生产，从原材料检验开始，到成品检验入库结束，每道工序都包含严格的检验，质量控制流程如图 2-61 所示。

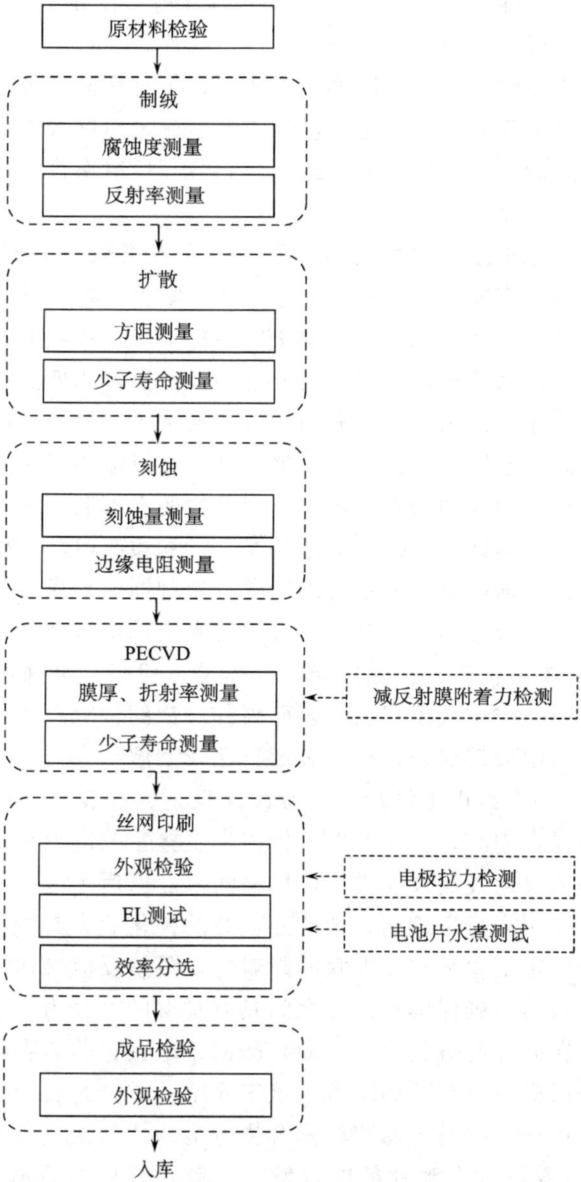

图 2-61　电池质量控制流程图

原材料的质量是成品质量的基础。电池片车间的进料主要包括硅片、各类化学品、磷源、浆料、网版、感光纸、包材等。这些原料和用材都需要通过外观检验，关键材料还需要进行更严格的质量检验，如硅片需要进行碳氧含量的测试、化学品和磷源需进行成分分析。

制绒工序利用化学腐蚀破坏硅片的光滑表面，制备出能降低反射率的粗糙绒面。绒面的粗糙度和腐蚀深度对反射率有直接的影响。在该工序中包含两个检测，即腐蚀量的检测和反射率的检测。对于特定种类硅片，通过工艺实验确定最佳腐蚀量，并转换成硅片的质量变化。在流水线生产中，每批次硅片都要抽取一定数量样片，使用电子天平称量其质量，获得质量减少量。测量腐蚀量的同时使用反射率仪进行绒面反射率的测量。只有硅片质量减少量和绒面反射率都处在规定范围内，该批硅片才能流入下一工序。

扩散工序将杂质原子注入硅片表面，改变硅片表层载流子浓度，最终形成 pn 结。扩散工序是制备太阳能电池的核心工序，从根本上决定电池片的效率。硅片经扩散后，要进行方阻和少子寿命两个性能的检测。对于每一舟硅片，从炉尾到炉口，依次取 6 片硅片，每片硅片上取四角和中心五个点，用四探针仪测量方阻。测完方阻后，被抽硅片还需使用少子寿命测量仪测量少子寿命。如所得数据均处在正常范围内，将被抽硅片放回舟上原位置，整舟硅片可以流入下一工序。

刻蚀工序去除硅片边缘的杂质注入层，使硅片的上下表面相互绝缘，同时清理硅片表面的磷硅玻璃。刻蚀后的硅片要检测腐蚀量和边缘电阻。腐蚀量的检测同制绒后腐蚀量检测类似，通过电子天平检测抽样硅片刻蚀前后质量的变化。抽检硅片还需要测量边缘电阻，合格的硅片其上下表面之间应该是近似绝缘的。边缘电阻的检测可以用 pn 型号测试仪直接检测边缘半导体类型代替。刻蚀后边缘的半导体类型应该与原硅片相同，与扩散面相反。表面磷硅玻璃的清除在硅片下料处由操作员工目测检验，如还残留磷硅玻璃，硅片表面会比较潮湿。

PECVD 镀膜工序在绒面上沉积一层 SiN 减反射保护膜，并且完成钝化，减少硅片表面和体内的复合中心。膜的厚度、折射率直接影响电池片的效率。每批次硅片的膜厚和折射率都要通过椭偏仪进行抽样检测，合格后才能流入下一工序。钝化的效果则通过测量少子寿命来检测。硅片经较好的钝化后，其少子寿命会有明显的延长。另外，还需要定期检测减反射膜的附着力，更换反应气体或硅片批次后也要检测减反射膜的附着力，确保膜和硅片之间具有足够的黏合力。

丝网印刷工序在硅片的镀膜面（正面）印刷正电极、非镀膜面（背面）印刷背电场和背电极，完成晶硅电池片的制备。该工序中，首先是目测所有电极是否印刷到位，剔除断栅、虚印、堵网、漏浆等不合格电池片。其次是每片电池片都要经过 EL 缺陷检测仪，查看整片电池片的电致发光亮度，合格的电池片亮度较为均一。该检测能有效地发现原料硅片自身或者之前工序中存在的、目测或现有检测无法发现的问题。最后每片合格的电池片进行效率测试，根据电性能不同分挡。生产过程中还需要定期进行电极拉力检测和背电场水煮实验，更换电极浆料和硅片批次后需加测，保证电极和背电场的质量。

产线上下来的合格电池片还需要经过严格的外观检测。根据外观检测和效率测试的结果将电池片分成不同的等级，将同等级的电池片包装、贴标签后入库保存。

2.6 小　结

为获取高效率，希望有大的短路电流、高的开路电压和大的填充因子。如果太阳能电池用禁带宽度（E_g）小的材料做成，则短路电流较大；若用 E_g 大的材料做成，则开路电压较大；用 E_g 值介于 1.2～1.6eV 的材料做成太阳能电池，可望达到最高效率。

明确了太阳能电池的设计和影响效率的主要因素后，建立一定的理论模型进行模拟计算对设计高效电池是非常重要的。应用计算机程序可以模拟太阳能电池在光照条件下的物理行为，通过对器件各主要参数的模拟结果，可以确定太阳能电池研究工作的方向，少走弯路。其中 PC1D 采用非线性方程模拟晶硅半导体器件中电子和空穴的准一维传输过程，是目前光伏研发中最简便且广泛应用的模拟软件，该程序在硅太阳能电池物理特性研究方面起着重要作用，并逐渐成为模拟典型光伏器件的标准软件。

思 考 题

2.1　试述影响太阳能电池转换效率的主要因素和提高效率的主要方法。

2.2　简述太阳能电池的工作原理。

2.3　画出理想太阳能电池的等效电路，并写出输出电流的表达式。

2.4　简述 U_{OC}、U_m、I_{SC}、I_m、J_{SC}、FF、QE、η 的含义。

2.5　简述太阳能电池的光谱特性、照度特性和温度特性。

2.6　为获得最高效率，设计单节太阳能电池时，应注意哪几项原则？

2.7　如何减少太阳能电池的光学损耗？

2.8　试述一个高效的太阳能电池应该从哪几方面进行优化设计？

2.9　试述影响太阳能电池转换效率的主要因素。

2.10　试述太阳能电池顶电极的作用和设计。

2.11　试用 TFcale 软件优化设计晶硅太阳能电池的单层、双层和三层减反膜。

2.12　用 PC1D 软件模拟总结太阳能电池各参数对电池性能的影响。

第 3 章　薄膜太阳能电池

3.1　太阳能电池分类

太阳能电池根据所用材料的不同，分为有机体系、无机体系以及有机无机混合体系太阳能电池，如硅太阳能电池、多元化合物薄膜太阳能电池、聚合物多层修饰电极型太阳能电池、纳米晶太阳能电池、有机太阳能电池等，如图 3-1 所示。按用途分为空间用和地面用太阳能电池。按工作方式分为平板、聚光、分光太阳能电池。按结构分为同质节太阳能电池、异质节太阳能电池和肖特基太阳能电池。

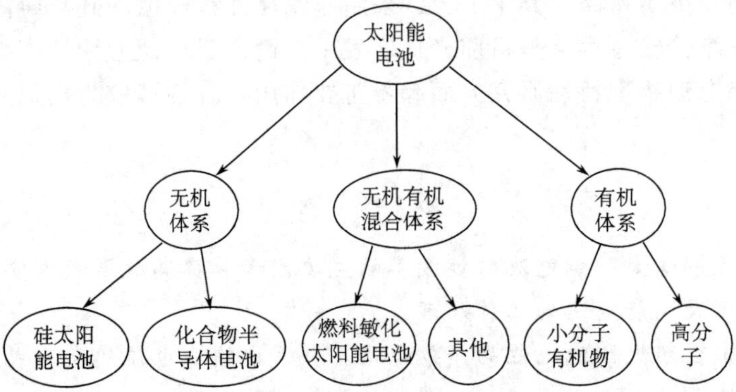

图 3-1　太阳能电池根据材料分类

薄膜太阳能电池指利用薄膜技术将很薄的半导体光电材料铺在非半导体的衬底上制备的太阳能电池，这种电池因减少了半导体材料的消耗而降低了太阳能电池的成本。用于薄膜太阳能电池的材料有很多如多晶硅、非晶硅、碲化镉以及 CIGS 等。其中沉积在柔性衬底上的又称为柔性太阳能电池，可应用于太阳能背包、太阳能敞篷、太阳能手电筒、太阳能汽车、太阳能帆船、太阳能飞机上以及光伏建筑上。

同种带隙宽度相同但导电类型不同的材料形成的 pn 结称为同质结，同质结构成的太阳能电池称为同质结太阳能电池。两种禁带宽度不同的材料形成的 pn 结称为异质结，用异质结构成的太阳能电池称为异质结太阳能电池。利用金属-半导体界面上的肖特基势垒而构成的太阳能电池称为肖特基结太阳能电池，简称 MS 电池。目前已发展为金属-氧化物-半导体（MOS）、金属-绝缘体-半导体（MIS）太阳能电池等。

作为太阳能电池材料，一般应具备：①半导体材料的禁带不能太宽；②要有较高的光生载流子产量与寿命；③材料本身对环境不造成污染；④材料便于工业化生产且性能稳定。基于以上几个方面考虑，到目前为止，硅是最理想的太阳能电池材料，这也是太阳能电池以硅材料为主的主要原因。但随着新材料的不断开发和相关技术的发展，以其他材料为基础的太阳能电池也越来越显示出诱人的前景。表 3-1 所示为各种太阳能电池性能对比，表 3-2 为各种常见太阳能电池材料的带隙及对光的吸收效率。

表 3-1　各种太阳能电池性能对比

太阳能电池类别	晶硅太阳能电池		薄膜太阳能电池			
	单晶硅	多晶硅	碲化镉	铜铟镓硒	非晶硅	非晶/微晶硅
工业生产达到效率	23%	18.5%	13%	12%	8%	11%
可实现效率目标	>25%	20%	18%	18%	10%	15%
生产成本（美元/瓦）	1.1	1	0.7	1.2	1	1
2020 年预计成本（美元/瓦）	<0.7	<0.5	<0.3	<0.3	<0.3	<0.3

表 3-2　常见太阳能电池材料的带隙及对光的吸收效率

材料	禁带宽度/eV	截止波长/μm	太阳能的吸收效率/%
硅	1.1	1.1	76
砷化镓	1.35	0.9	65
磷化铟	1.25	0.97	69
锑化镉	1.45	0.84	61
硒	1.5	0.81	58

3.2　薄膜太阳能电池的特性

薄膜太阳能电池是可以使用价格低廉的玻璃、塑料、陶瓷、石墨、金属片等不同材料当基底、完成光电转换、产生电压的薄膜。薄膜太阳能电池厚度仅需数微米，具有可挠性，可以制作成非平面构造，应用于太阳能背包、敞篷、手电筒、汽车、帆船甚至飞机上。薄膜太阳能电池的一个重要应用领域是光伏建筑，它可以集成在窗户、屋顶、外墙或内墙上，与建筑物结合或是变成建筑体的一部分，应用非常广泛。

用于构成薄膜太阳能电池的材料很多，包括无机薄膜太阳能电池（如以非晶硅薄膜太阳能电池为代表的硅系薄膜太阳能电池、以铜铟镓硒太阳能电池为代表的黄铜矿系太阳能电池、以碲化镉太阳能电池为代表的Ⅱ-Ⅵ族太阳能电池、以砷化镓太阳能电池为代表的Ⅲ-Ⅴ太阳能电池)、有机薄膜太阳能电池（如有机小分子太阳能电池、聚合物太阳能电池)、染料敏化太阳能电池和正在研发中的各种新概念、新结构的高效太阳能电池等，用这些材料制备的太阳能电池厚度都在 1μm 左右。

吸收系数是各种半导体作为太阳能电池材料的重要参数，吸收系数越大，光吸收层越薄。薄膜太阳能电池材料的吸收一般都比较大，1μm 厚度的半导体薄层基本上就能吸收 90%以上的太阳光。一般薄膜太阳能电池材料都必须是直接带隙材料，具有间接带隙的晶硅不适合薄膜电池，因为要充分吸收太阳光需要 300μm 以上的厚度。如图 3-2 所示为太阳能电池常用的各种半导体材料的吸收系数。

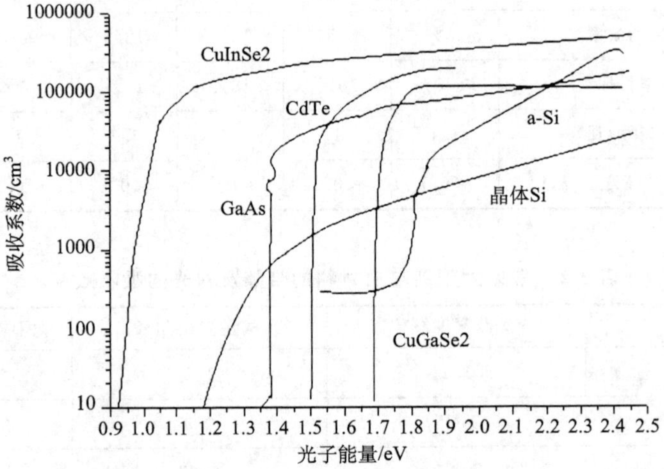

图 3-2　太阳能电池常用半导体材料的吸收系数

3.3　透明导电氧化物薄膜

薄膜太阳能电池和组件是由嵌在顶部的透明导电氧化物（transparent conducting oxide，TCO）涂层和后部背板之间一系列极薄的感光层组成的，感光层沉积在镀膜 TCO 玻璃和成本较低的基底材料之间。几乎所有薄膜太阳能电池都需要 TCO 薄膜或 TCO 镀膜玻璃，因为对于薄膜太阳能电池，中间半导体层几乎没有横向导电性能，必须使用透明导电氧化物薄膜收集电池的电流。

3.3.1　TCO 薄膜分类

衡量透明导电膜的质量主要有以下三个指标。

(1) 电导率。透明导电膜本身是电池的正电极，为了收集从电池发出的电流，希望 TCO 有低的电阻值，减少焦耳热损耗。导电薄膜的导电原理是在原本导电能力很弱的本征半导体中掺入微量的其他元素，使半导体的导电性能发生显著变化。氧化铟锡（ITO）透明导电膜就是将锡元素掺入氧化铟中，提高导电率，它的导电性能在目前是最好的，最低电阻率达 $10^{-5}\Omega \cdot cm$ 量级。

（2）光透过率。透明导电膜作为光通过的窗口，必须具有高透和减反射的性能，能让大部分光进入吸收层。因此它在可视区域内必须是透明的，基础吸收端必须小于 0.4μm，即禁带宽度在 3eV 以上。

（3）透明电导膜表面的绒面织构（texture）。为了有效利用太阳光，需要把表面做成凹凸织构，以减少反射损耗，绒面质量决定光的散射效果。

透明导电氧化物的镀膜原料和工艺很多，通过科学研究进行不断地筛选，目前主要有氧化铟（In_2O_3）、氧化锡（SnO_2）、氧化锌（ZnO）三种 TCO 与太阳能电池的性能要求相匹配，这些全都是禁带宽度在 3eV 以上的材料。

①ITO。添加 Sn 后的 In_2O_3 为氧化铟锡（indium tin oxide，ITO），是氧化锰铁结构的 n 型半导体。在氧化物导电膜中，以 ITO 膜的透过率最高和导电性能最好，其透过率已达 90%以上，ITO 膜能得到 $10^{21}cm^{-3}$ 以上的高自由电子浓度，最佳成膜条件下可以得到 $1\times10^{-4}\Omega \cdot cm$ 的低电阻率。而且它容易在酸液中蚀刻出微细的图形。ITO 中其透过率和阻值分别由 In_2O_3 与 Sn_2O_3 之比例来控制，通常 $SnO_2:In_2O_3=1:9$。但它织构化比较困难、In 扩散导致电池特性降低、无法达到高效率，因此可用于计算器等民用太阳能电池。

②FTO。氟掺杂氧化锡 SnO_2（stannic oxide，FTO）是红宝石结构的 n 型半导体，自由电子浓度最大为 $5\times10^{20}cm^{-3}$，电阻率约为 $3\times10^{-4}\Omega \cdot cm$，比 ITO 高，易得到低自由电子浓度的膜且具有高透过率。其导电性能虽然比 ITO 略差，但具有成本相对较低、激光刻蚀容易、光学性能适宜等优点。

③AZO。氧化锌（ZnO）是近年来开发盛行的 n 型半导体，其电阻率在 ITO 膜和 FTO 膜之间，为 $2\times10^{-4}\Omega \cdot cm$。氧化锌在氢气等离子体条件下较为稳定，且透光率较高。本征氧化锌的主要问题是电导率不够高。为了解决这样的问题，人们采用掺杂的方法来增加其电导率。常用的掺杂元素是铝（Al）或镓（Ga）。其中铝掺杂的氧化锌（AZO）薄膜研究较为广泛，它可以用不同种类的含有 ZnO 和 Al 的靶溅射而成，Al 在 ZnO 中作为施主。为了提高光的散射效应，人们利用化学刻蚀的方法增加氧化锌的粗糙度。它的突出优势是原料易得，制造成本低廉，无毒，易于实现掺杂，且在等离子体中稳定性好。氧化锌基薄膜的研究进展迅速，材料性能已可与 ITO 相比拟，结构为六方纤锌矿型，预计会很快成为新型的光伏 TCO 产品，目前主要存在的问题是工业化大面积镀膜时的技术问题。

3.3.2 TCO 玻璃

TCO（transparent conducting oxide）玻璃，即透明导电氧化物镀膜玻璃，是

在平板玻璃表面通过物理或者化学镀膜的方法均匀镀上一层透明的导电氧化物薄膜，主要包括In、Sn、Zn和Cd的氧化物及其复合多元氧化物薄膜材料。TCO玻璃是制造薄膜太阳能电池的关键原材料之一，薄膜太阳能电池的发展在一定程度上依赖光伏TCO玻璃的改进程度，两者相辅相成。

太阳能电池对TCO镀膜玻璃的性能要求除了上述提及的TCO薄膜应该具备的高光谱透过率和优良的导电性能外，还需要满足以下三点。

(1) 雾度。为了增加薄膜太阳能电池半导体层吸收光的能力，光伏用TCO玻璃需要提高对透射光的散射能力，这一能力用雾度（haze）来表示。雾度即透明或半透明材料的内部或表面由于光漫射造成的云雾状或混浊的外观。以漫射的光通量与透过材料的光通量之比的百分率表示。一般情况下，普通镀膜玻璃要求膜层表面越光滑越好，雾度越小越好，但光伏用TCO玻璃则要求有一定的光散射能力。目前，雾度控制比较好的商业化TCO玻璃是AFG的PV-TCO玻璃，雾度值一般为11%～15%。

(2) 激光刻蚀性能。薄膜太阳能电池在制作过程中，需要将表面划分成多个长条状的电池组，这些电池组被串联起来用于提高输出能效。因此，TCO玻璃在镀半导体膜之前，必须对表面的导电膜进行刻画，被刻蚀掉的部分必须完全除去氧化物导电膜层，以保持绝缘。

(3) 耐气候性与耐久性。TCO膜层必须具有良好的耐磨性、耐酸碱性。因为太阳能电池安装后，尤其是光伏一体化建筑安装在房顶和幕墙上时，不适于经常维修更换，这就要求太阳能电池具有良好的耐久性，目前，行业内通用的保质期是20年以上。因此，TCO玻璃的保质期也必须达到20年以上。

TCO镀膜玻璃按镀膜工艺可分为在线镀膜TCO玻璃和离线镀膜TCO玻璃。当前TCO镀膜玻璃的镀膜工艺主要采用的是化学气相沉积法（APCVD）与磁控溅射法（PVD）。化学气相沉积法又分为在线化学气相沉积法、离线化学气相沉积法与低压化学气相沉积法。在线化学气相沉积法是目前光伏TCO镀膜的主要方式，它是在浮法玻璃生产线锡槽的上方安装镀膜设备，在浮法玻璃生产过程中，当玻璃处于接近700℃高温时，在玻璃表面沉积金属氧化物薄膜，通过化学间结合，成为玻璃表面一部分。其主要特点是生产过程中直接产生雾度，可以生产大尺寸的玻璃，膜层稳定性好，耐酸碱性能突出，易于搬运。

太阳能光伏玻璃按常用膜层成分可分为ITO（氧化铟锡）TCO玻璃、FTO（氟掺杂氧化锡）TCO玻璃、AZO（铝掺杂氧化锌）TCO玻璃。ITO镀膜玻璃是一种非常成熟的产品，具有透过率高、膜层牢固、导电性好等特点，初期曾应用于光伏电池的前电极。但随着光吸收性能要求的提高，TCO玻璃必须具备提高光散射的能力，而ITO镀膜很难做到这一点，并且激光刻蚀性能也较差。铟为稀有元素，在自然界中储存量少，价格较高。ITO应用于太阳能电池时在等离子体中不够稳定，因此目前ITO镀膜已非光伏电池主流的电极玻璃。

氟掺杂 SnO_2 镀膜玻璃也简称 FTO 玻璃，目前主要用于生产建筑用 Low-E 玻璃（低辐射玻璃）。其导电性能比 ITO 略差，且 F 有毒。但具有成本相对较低、激光刻蚀容易、光学性能适宜等优点。通过对普通 Low-E 玻璃的生产技术升级改进，已经制造出导电性比普通 Low-E 好，并且带有雾度的产品。利用这一技术生产的 TCO 玻璃已经成为薄膜太阳能电池的主流产品。

AZO 玻璃由于原材料丰富，制造成本低廉无毒，易于实现掺杂，成为目前发展最迅速，前景最好的 TCO 玻璃，但 AZO 玻璃附着性差，易于潮解，制约它的应用推广。

为了增加光的吸收，可以把 TCO 薄膜和减反射膜（AR）依次镀在平板玻璃上，从而起到高的透过率和好的导电性，图 3-3 所示为镀制三层减反膜的玻璃图。三层膜中，ITO（$n=2$）厚度一定，只能靠调节 SiO_2（$n=1.4$）和 TiO_2（$n=2.4$）厚度获得增透效果，但前提是保证 SiO_2 和 TiO_2 的折射率和极低的吸收率。

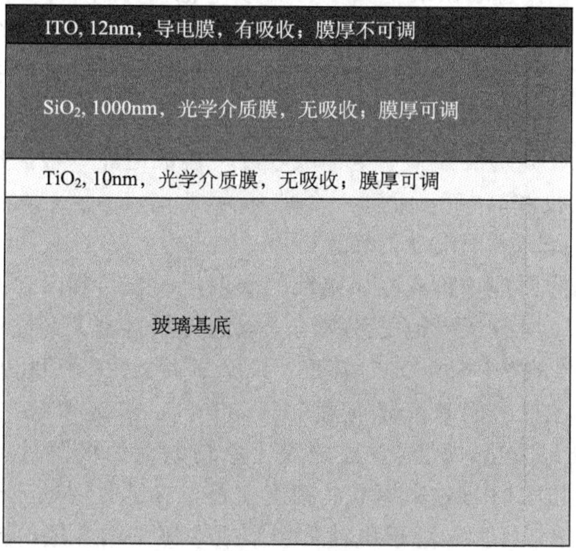

图 3-3　镀制三层减反膜的光伏玻璃

3.4　多结叠层太阳能电池

3.4.1　叠层太阳能电池原理

用单一材料成分制备的单结太阳能电池效率的提高受到限制，因为太阳光谱的能量范围很宽，分布在 0.4～4eV，而材料的禁带宽度是一个固定值 E_g，太阳光谱中能量小于 E_g 的光子不能被太阳电池吸收，能量远大于 E_g 的光子虽被太阳电池吸收，激发出高能光生载流子，但这些高能光生载流子会很快弛豫到能带边，将能量

大于 E_g 的部分传递给晶格，变成热能浪费掉了。在传统单结太阳能电池的设计上，通常要选用能隙大小位于整个太阳辐射光谱中间的材料，才可达到最大的理论效率。也就是说，最佳的太阳能电池材料的能隙为 1.3～1.5eV。

提高光子充分利用的重要途径是寻找能充分吸收太阳光谱的太阳电池结构，其中最有效的方法是叠层电池。叠层电池的原理是用具有不同带隙 E_g 的材料作成多个子太阳电池，然后把它们按 E_g 的大小从宽至窄顺序叠起来，组成一个串接式多结太阳电池，其中第 i 个子电池只吸收和转换太阳光谱中与其带隙宽度 E_{gi} 相匹配的波段的光子，也就是说，每个子电池吸收和转换太阳光谱中不同波段的光，而叠层电池对太阳光谱的吸收和转换等于各个子电池的吸收和转换的总和。因此，叠层电池比单结电池能更充分地吸收和转换太阳光，从而提高太阳电池的转换效率。

例如，对于三结叠层电池，选取三种半导体材料，它们的带隙分别为 E_{g1}、E_{g2} 和 E_{g3}，其中 $E_{g1}>E_{g2}>E_{g3}$，按顺序以串接的方式将这三种材料连续制备出 3 个子电池，带隙 E_{g1} 子电池在最上面（称为顶电池），带隙为 E_{g2} 的子电池在中间(称为中电池)。带隙为 E_{g3} 的子电池在最下面（称为底电池）。顶电池吸收和转换太阳光谱中 $h\nu>E_{g1}$ 部分的光子，中电池吸收和转换太阳光谱中 $E_{g1}>h\nu>E_{g2}$ 部分的光子，底电池吸收和转换太阳光谱中 $E_{g2}>h\nu>E_{g3}$ 部分的光子，也就是说，太阳光谱被分成 3 段，分别被 3 个子电池吸收并转换成电能。很显然，这种三结叠层电池对太阳光的吸收和转换比任何一个带隙为 E_{g1}、E_{g2}、E_{g3} 的单结电池有效得多，因而可大幅度提高太阳电池的转换效率。

根据叠层电池的原理，构成叠层电池的子电池的数目越多，叠层电池可望达到的效率越高。Henry 对叠层电池的效率与子电池的数目的关系进行了理论计算，在地面光谱，1 个光强的条件下，他计算出了 1 个、2 个、3 个和 36 个子电池组成的单结和多结叠层电池的极限效率分别为 30%、50%、56%和 72%，如图 3-4 所示。从 Henry 的计算结果看出，两结叠层电池比单结电池的极限效率要高很多，而当子电池的数目继续增加时，效率提高的幅度变缓，三结叠层电池比两结叠层电池的极限效率只提高了 6%，四结叠层电池的极限效率比三结叠层电池的极限效率只提高了 12%。另外，从实验的角度考虑，制备四结、五结以上的叠层电池是十分困难的，各子电池材料的选择和生长工艺都将变得非常复杂，这势必影响材料和器件的质量，因而给太阳电池的性能造成不利影响，这样反而降低了太阳电池的转换效率。因此，有人对于四结以上的多结叠层电池的实用性表示怀疑。实际上，目前三结叠层电池获得的效率最高，由于工艺的复杂性，四结、五结和六结叠层电池的效率，目前反而都比三结叠层电池获得的效率要低一些。

叠层电池按输出方式可分为两端器件、三端器件和四端器件。以两结叠层电池为例，两端器件是指叠层电池只有上、下两个输出端，即只有上电极和下电极，与单结电池的输出方式相同。三端器件的意思是除了上、下两个电极外，在两个子电池之间还有一个中间电极，中间电极既是顶电池的下电极，也是底电池的上电极，

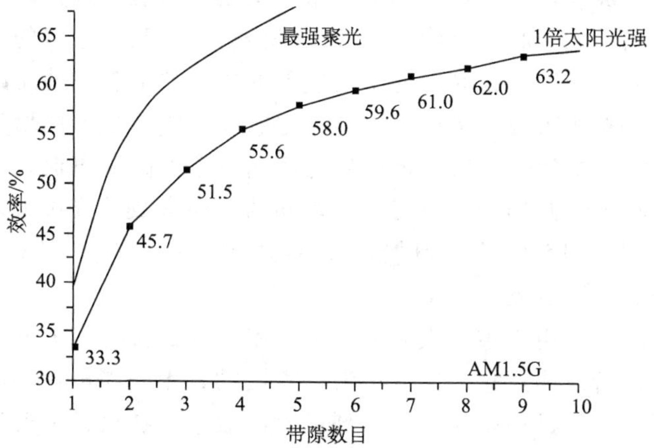

图 3-4　叠层电池效率随子电池数目变化曲线

顶电池通过上电极和中电极向外输出电能，而底电池通过中电极和底电极向外输出电能。四端器件的意思是顶电池和底电池各有自己的上、下两个电极。分别向外输出电能，互不影响。两端器件中的两个子电池在光学和电学意义上都是串联的，而三端器件和四端器件中的两个子电池在光学意义上是串联的，而在电学意义上是相互独立的。三端器件和四端器件中的两个子电池的极性不要求一致，可以不同（如顶电池为 p/n 结构，而底电池可以为 p/n 结构，也可以是 n/p 结构）。三端器件和四端器件对两个子电池的电流和电压没有限制，计算叠层电池的效率时，先分别计算两个子电池的效率，然后把两个效率相加，便得到了叠层电池的总效率。

两端器件中的两个子电池属于串联连接，对其有许多限制。首先要求两个子电池的极性相同，即都是 p/n 结构或都是 n/p 结构。其次要求两个子电池的短路电流尽可能接近，这样整个叠层电池才能获得最大的短路电流，否则，短路电流将受子电池中最小的短路电流的限制，这就将影响叠层电池效率的提高。

两端叠层电池器件，虽然存在上述的一些限制，但它能大幅度地提高太阳电池效率，而且它组成太阳能电池组件的工艺过程简单，与单结太阳电池组成太阳电池组件的工艺过程几乎相同，因而受到广泛重视，近十年来获得了飞速的发展，成为 III-V 族太阳电池研究和应用的主流。三端和四端的叠层电池器件，虽然对子电池的限制较少，也能获得高效率，但因器件工艺复杂，而且在实际应用中需要复杂的外电路，因此实用价值较差，近年来对这类叠层电池器件的研究报道已不多。

3.4.2　叠层太阳能电池设计

两端器件多结电池设计的重点是材料能隙的选择、晶格常数的匹配、各层电流的匹配和每层厚度的设计。

(1) 能隙的选择。多结太阳能电池中每层材料的能隙大小，决定了每个太阳光子会在哪一层里面被吸收。理想状态下，每一层之间的能隙差异越小越好，这样每一层的太阳能电池才能吸收相等能量的太阳光谱。为了吸收最多的太阳光，越上层的薄膜应具有越大的能隙，越底层的薄膜应具有越小的能隙。使用越多层的多结太阳能电池，对太阳光的吸收效率越好，但这也意味着制造成本的增加。

(2) 晶格常数。要使最上层与最底层之间达到最大的光电流，最好是每一层的材料都能具有相同的结晶构造。当层与层之间的晶格常数差异过大时，将会在晶体中产生缺陷或差排，降低了太阳能电池的效率。据研究，晶格常数差异达到0.01%，就已会显著影响光电效率。

(3) 电流的匹配。由于多结太阳能电池是串联式的接合，电流会由太阳能电池的顶端流向底端，所以通过每一层的电流是相同的，太阳能电池的整体输出电流会受限于各结面所产生的最小电流。要得到最大的效率，在设计上要让各结面可以产生相同的光电流。而半导体结面产生的光电流，主要是与大于能隙的入射光子数目及材料对光的吸收率有关。

(4) 薄膜厚度。前面提到的两项影响光电流的因素，也决定了太阳能电池需要如何的薄膜厚度才足够。如薄膜层对光的吸收率较高，所需的薄膜厚度就可以薄一些。如果薄膜层对光的吸收率低，就要使用厚一点的薄膜。

3.5 硅基薄膜太阳能电池

3.5.1 硅基薄膜太阳能电池特点

硅基薄膜太阳能电池是所有以硅为主要材料的薄膜类太阳能电池的总称。硅基薄膜太阳能电池包括非晶硅薄膜太阳能电池、微晶硅薄膜太阳能电池、多晶硅薄膜太阳能电池和纳米晶硅太阳能电池等种类，目前市场主要是非晶硅薄膜太阳能电池产品。硅基薄膜太阳能电池相对于晶硅太阳能电池优势如下。

(1) 材料省，成本低。①硅基薄膜太阳能电池主要原材料是硅烷、硼烷等多种气体，硅用量是普通晶硅太阳能电池的1/100；②便于采用玻璃、不锈钢等廉价原材料作衬底，不会受到原料短缺的限制；③工艺集成度高，适宜大规模自动化生产，极大降低了成本。

(2) 弱光性好。非晶硅电池弱光性好，尤其是其叠层结构设计可使光谱响应从可见光扩展到红外线区域，具有更加宽频的光谱能量吸收，使电池在弱光环境或散射光、阴、云、雨天环境条件下也能发电。

(3) 高温适应性好。具有更低的耐高温衰减系数（仅为晶硅的一半），适用于高温、沙漠及潮湿地区等严苛条件下的应用环境，表现出耐高温、耐潮湿的品质稳定性。

(4) 能源回收期短。其制备节省了许多流程工序，采用低温工艺技术，确保了品质稳定和一致性；便于使用廉价衬底，并极大节省了昂贵的半导体材料，有利于节能降耗，能量回收期短。

(5) 应用范围广。可根据需要制作成不同的透光率，代替玻璃幕墙。既漂亮、能发电，又能很好地阻挡外部红外线进入和内部热能散失；由于弱光效应，对安装角度要求不强，既适用于强光、直射光，也适合散射光和反射光，在金太阳示范工程和光电建筑一体化项目应用上具有无可比拟的潜力和优越性。

此外，硅基薄膜太阳能电池相对 CIGS 和 CdTe 等化合薄膜太阳能电池，不存在原材料稀缺（CIGS 需要铟，为稀缺金属），也没有毒性污染（CdTe 中有镉，为有毒物质）等缺陷，因此目前产业化程度最高。

非晶硅（a-Si）的硅原子排列非常松散，含有大量的结构或键结上的缺陷，类似玻璃的非平衡态结构。其优点在于对可见光谱的吸光能力很强（比结晶硅强 500 倍），只需薄薄的一层就可以把光子的能量有效地吸收，而且生产技术非常成熟，不仅可以节省大量的材料成本，也使得制造大面积太阳电池成为可能。一般由溅射或化学气相淀积方式，在玻璃、陶瓷、塑料或不锈钢衬底上生成。

非晶硅薄膜太阳能电池的重大缺点是 Staebler-Wronski 效应（简称 SWE）。即被太阳光照射数百小时后，转换效率明显下降。这是因为太阳光打断一些键结较弱的硅原子共价键，使得悬浮键的数目随着光照时间而增多。据研究，悬浮键缺陷的生成速度，会随着光照度的平方成比例增加，不过通常在经过 1000 个小时后，劣化程度达到饱和值，不会进一步劣化。据研究，一个单一结面的非晶硅薄膜太阳能电池在被太阳光照射 1000 小时后，效率比起始值低 30%左右，一个三层结面的则会下降 15%左右。

不过这种光劣化现象并不会出现永久性的崩溃，而是一种可逆反应，当将已发生光劣化的 a-Si 电池在 160℃左右的温度、进行数分钟的退火处理，即可回到原先状态。

3.5.2 硅基薄膜太阳能电池结构

硅基薄膜太阳能电池所用的材料通常是非晶或微晶材料，材料中载流子的迁移率和寿命，都比在相应的硅体材料中低很多，载流子的扩散长度也比较短，如果选用通常的 pn 结的电池结构，光生载流子在没有扩散到结区之前就会被复合。为了解决这一问题，硅基薄膜电池常含有一个本质层，鉴于掺杂层内缺陷态浓度很高，当太阳光照射到电池上时，光生载流子主要产生在本征层中。如图 3-5 所示为非晶硅薄膜电池通常的两种结构，即 p-i-n 和 n-i-p 结构，p 层和 n 层分别是硼掺杂和磷掺杂的材料，i 层是本征材料。

p-i-n 结构一般在玻璃上，以 p、i、n 的顺序连续淀积各层而得。由于光是透过玻璃入射到太阳电池的，所以人们也将玻璃称为衬顶，在玻璃上先淀积一层透明导电膜（TCO）。透明导电膜有两个作用，其一是让光通过玻璃进入太阳能电池，其二是作提供收集电流的电极（称顶电极），如图 3-5（a）所示。

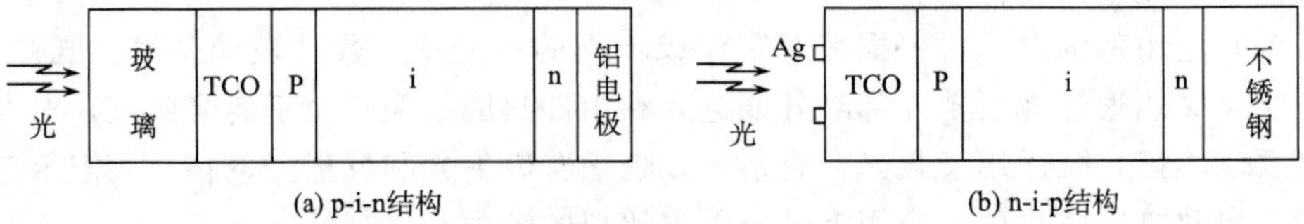

图 3-5　非晶硅薄膜电池通常的两种结构

p 层通常采用非晶碳化硅合金（a-SiC：H），因为开路电压 V_{oc} 是太阳电池的重要参数之一，它除了取决于本征层的禁带宽度和本征层的质量外，还取决于掺杂层的特性，特别是掺杂浓度，尤其是 p 层掺杂浓度。为了增加开路电压，人们通常采用非晶碳化硅合金（a-SiC：H）或微晶硅（uc-Si：H）作为 p 层材料。由于非晶碳化硅合金的禁带宽度比非晶硅宽，其透过率比通常的 p 型非晶硅高，所以 p 型非晶碳化硅合金也称窗口材料。

使用 p 型非晶碳化硅合金可以有效地提高电池的开路电压和短路电流，但 p 型非晶碳化硅合金和本征非晶硅在 p/i 界面存在带隙的不连续性，在界面处容易产生界面缺陷，从而产生界面复合，降低电池的填充因子（FF）。为了降低界面缺陷密度，一般采用一个缓变的碳过渡层（buffer layer），这样可以有效降低界面态密度，提高填充因子。在过渡层上面可以直接沉积本征非晶硅层，然后沉积 n 层。

背电极可以直接沉积在 n 层上，常用的背电极是铝和银。银的反射率比铝高，使用银电极可以提高电池的短路电流，实验室中常采用银做背电极。但银的成本比铝高，而且在电流的长期可靠性方面存在一些问题，在大批量非晶硅太阳电池的生产中铝电极仍然是常用的。

为了提高光在背电极的有效散射，在沉积背电极之前可以在 n 层上沉积一层氧化锌（ZnO）。氧化锌有两个作用，首先它有一定的粗糙度，可以增加光散射，其次它可以起到阻挡金属离子扩散到半导体中的作用，从而降低由于金属离子扩散所引起的电池短路。

n-i-p 结构电池如图 3-5（b）所示，通常是沉积在不透明的衬底如不锈钢和塑料上。由于硅基薄膜中空穴的迁移率比电子的小近两个数量级，所以硅基薄膜电池的 p 区应该生长在靠近受光面的一侧。沉积顺序为先在衬底上沉积背反射膜，在背反射膜上依次沉积 n 型、i 型和 p 型非晶硅或微晶硅材料，然后在 p 层上沉积透明导电膜。常用的透明导电膜是氧化铟锡（ITO），很薄，一般仅为 70nm，在 ITO 上面添加金属栅线，以增加光电流的收集率。常用的背反射膜包括银/氧化锌（Ag/ZnO）和铝/氧化锌（Al/ZnO），同样考虑到成本因素，银/氧化锌常用在实验室中，而铝/氧化锌多用在大批量太阳电池的生产中。

n-i-p 结构的优点为：①n 层沉积在背反射膜上，由于通常的背反射膜是金属/氧化锌，氧化锌相对稳定，不易被等离子体中的氢离子刻蚀，所以 n 层可以使用非晶硅或微晶硅。②电子的迁移率比空穴的迁移率高得多，所以 n 层的沉积参数范围比较宽。③p 层是沉积在本征层上，可以用微晶硅。使用微晶硅 p 层有许多优点，如微晶硅对短波吸收系数比非晶硅小，电池的短波响应好；使用微晶硅 p 层可以有效地提高电池的开路电压。

n-i-p 结构也有缺点，①由于要在顶电极 ITO 上加金属栅电极增加电流的收集率，所以电池的有效受光面积会减小。②由于 ITO 的厚度很薄，ITO 本身很难具有粗糙的绒面结构，所以这种电池的光散射效应主要取决于背反射膜的绒面结构，因此对背反射膜的要求比较高。

3.5.3 硅基薄膜太阳能电池制备

以玻璃为衬底的硅基薄膜太阳能电池和组件的生产分为以下几个步骤。

(1) 制备透明导电膜。以玻璃为衬底的硅基薄膜电池的首道工序是制备透明导电膜。为了阻挡金属离子扩散到半导体材料中，在沉积透明导电膜之前要先在玻璃上沉积一层二氧化硅，厚度在 50nm 左右，然后用热分解或溅射等方法沉积透明导电膜（常用氧化锡）。由于太阳电池需要大量的透明导电膜，因此有专门的公司生产透明导电膜。

(2) 透明导电膜的激光切割。在沉积非晶硅或微晶硅之前，先用激光将透明导电膜刻成相互绝缘的条形电极，如图 3-6 所示。电极宽度通常为 1cm 左右，激光刻蚀的刻痕宽度为 10～20μm，所用激光器常为 1064nm 波长的红外激光器。

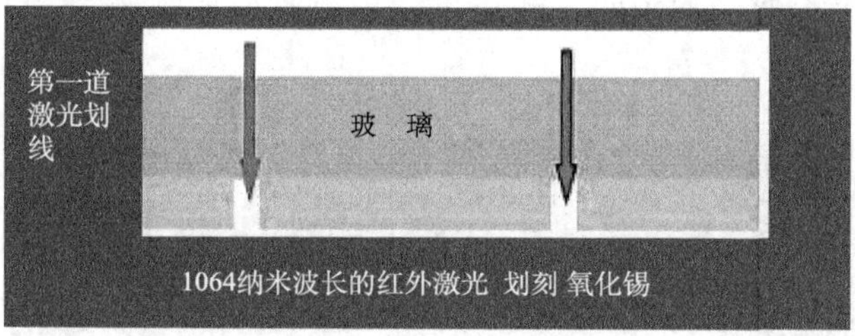

图 3-6　透明导电膜的激光切割

(3) 非晶硅电池的沉积。非晶硅薄膜的沉积设备是整个生产线中最重要的设备，其中最简单的是单室设备，即非晶硅电池的 p-i-n 层都在同一反应室内沉积。如美国 EPV 公司设计的单室设备，可以同时装入 48 片玻璃衬底，太阳电池中所有不同层都在同一反应室内沉积。

单室沉积的优点是成本低，运行稳定，相应的太阳电池的成本也低。缺点是反应气体的交叉污染，如 p 层的生长过程中需要含硼的气体，常用的气体是硼烷（B_2H_6）、三甲基硼（$B(CH_3)_3$）或三氟化硼（BF_3）。在沉积完 p 层后，反应室中总是会有一定含硼的残留气体，这些残留气体影响本征层的质量。同样 n 层的沉积过程需要含磷的气体，如磷烷（PH_3）。在沉积完 n 层后，残留的含磷气体也会对下结电池的 p 层产生一定的影响。为了将交叉污染的影响降低，在每层沉积后要用氢气对反应室进行冲洗。

多室反应系统是生产高效硅基薄膜电池的重要手段，如图 3-7 所示。多室系统可以有效避免反应气体的交叉污染，降低本征层中的杂质含量，提高太阳电池的效率。多室系统的缺点是设备成本高，需要维护的部件多。对于生产规模较大的企业，多室分离沉积系统是以玻璃为衬底的硅基薄膜太阳能电池的重要沉积设备。

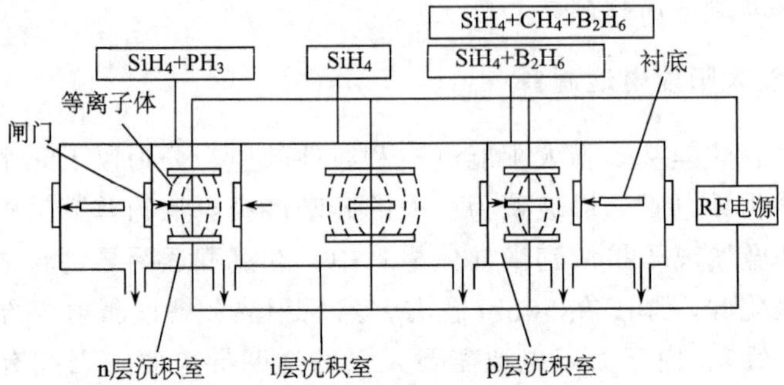

图 3-7　高效硅基薄膜电池多室反应系统

（4）非晶硅层的激光切割。为了提高电池的电压，通常采用激光刻蚀的方法将大面积的电池分割成较窄的电池条，然后将每一条电池串联起来。薄膜硅的激光切割线要接近透明导电膜的切割线，如离透明导电膜的切割线 10μm 左右，如图 3-8 所示。

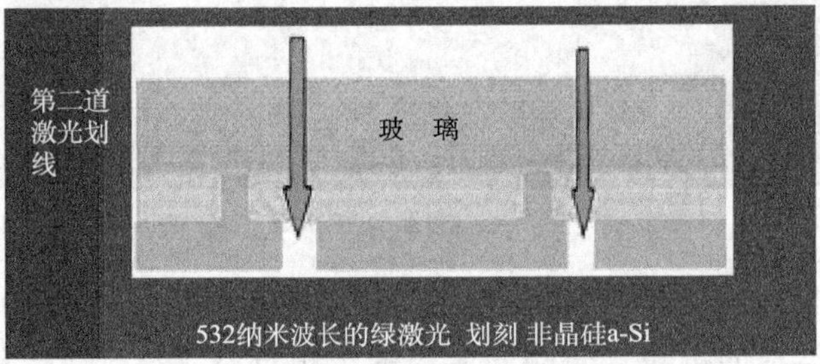

图 3-8　非晶硅层的激光切割

（5）金属背电极的沉积。在完成第二次激光切割后，一般使用溅射法进行金属背电极的沉积。在被激光刻蚀的硅薄膜处，金属背电极与前面透明导电膜相连接。

（6）金属背电极的激光切割。在完成背电极的沉积后，在靠近第二道激光刻痕处进行第三次激光切割，将背电极和薄膜硅层一同切开，这样就实现了每条电池间的串联，如图 3-9 所示。

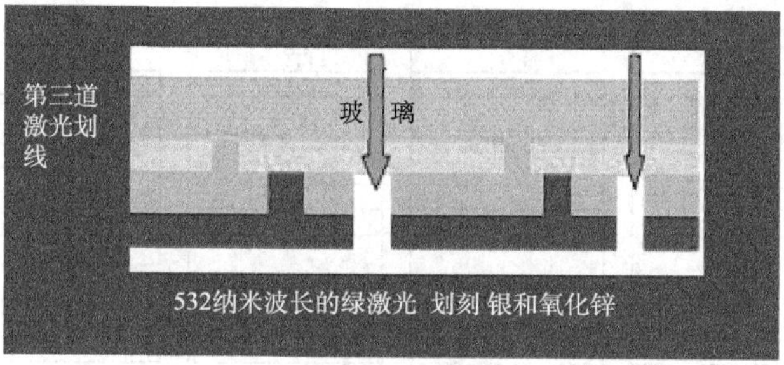

图 3-9 金属背电极的激光切割

(7) 边缘绝缘处理。在电池的边缘还要进行最后一次激光切割，将背电极、薄膜硅和透明导电膜一同切掉，实现电池与周边的绝缘。

(8) 清洗和漏电流的钝化。在完成所有的激光切刻后要进行超声波清洗，将激光切刻的残留物清除。之后还要进行电池的钝化，利用反向偏压产生的电流将所有的短路区烧掉。

(9) 测试。特性测试指在大面积太阳模拟器下测量电池的电性能参数，如短路电流、开路电压和填充因子，并将不合格的产品去除。

(10) 封装。电池的封装包括利用乙烯醋酸乙烯酯共聚物（EVA）将另一块玻璃封装到电池板上，将电池接上引线，装上框架等。

(11) 测试。在出厂之前还要进行电池特性的测量。

太阳能电池生产是一个复杂的过程，任何工艺过程中的失控都会影响产品的质量，因此生产过程中的在线监测和控制是非常重要的，特别是非晶硅和微晶硅各层的沉积过程必须严格稳定地控制，除了通常的监测等离子体的偏压外，人们还利用监测等离子体发光光谱（OES）来监测等离子体的稳定性。

3.5.4 多结硅基薄膜太阳能电池

太阳光具有很宽的光谱，一种禁带宽度的半导体材料不能有效地利用所有太阳光子的能量。一方面光子能量小于半导体禁带宽度的光在半导体中的吸收系数很小，对于太阳电池的转换效率没有贡献；另一方面光子能量远大于禁带宽度的光，有效的能量只是禁带宽度的部分，大于禁带宽度的部分能量通过热电子的形式损失掉。基于这种原理，利用多结电池可以有效地利用不同能量的光子。在以非晶硅、非晶锗硅合金和微晶硅为吸收材料的太阳电池中，多采用双结或三结的电池结构。图 3-10 为某公司开发研究的单结、双结和三结非晶硅太阳能电池结构示意图。图 3-11 为三结非晶硅太阳能电池的结构原理图。

其顶电池的本征层通常选择禁带宽度较宽的非晶硅。在早期的研究中人们也曾采用过非晶碳化硅合金作为顶电池的本征层，但是由于其缺陷态密度太高，电池的

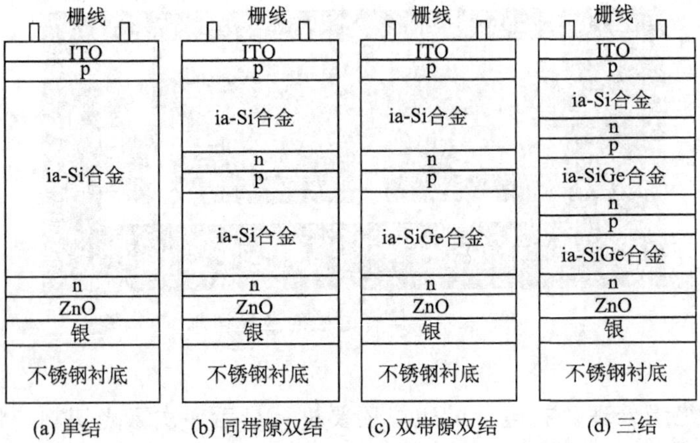

图 3-10 某公司开发研究的单结、双结和三结非太阳能电池结构示意图

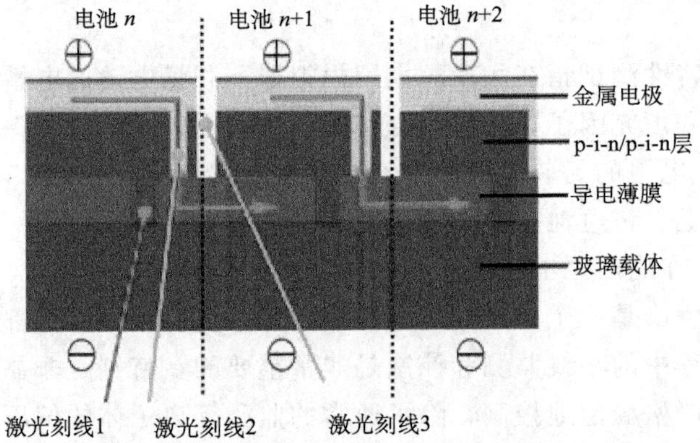

图 3-11 三结非晶硅太阳能电池的结构原理图

转换效率太低，所以目前已经很少有人采用非晶碳化硅合金。底层电池的本征层理论上应选禁带宽度小的材料，早期使用的窄带隙材料为非晶锗硅合金。自从微晶硅作为太阳电池的本征层以来，微晶硅作为多结电池中底电池的本征层得到了深入的研究。然而由于许多技术上的困难，目前微晶硅还处于实验室阶段。

非晶硅/非晶硅（a-Si∶H/a-Si∶H）双结电池不仅是最简单的多结电池，而且是目前大规模生产中被广泛采用的一种器件结构。虽然其顶电池和底电池都是非晶硅，但是通过调整本征层的沉积参数可以使其禁带宽度有所不同。一般顶电池的本征层在较低的衬底温度下沉积，低温下材料中氢的含量较高，禁带较宽。底电池的本征层在相对高的衬底温度下沉积，高温材料中氢的含量较低，材料的禁带宽度较小。为了使底电池有足够的电流，底电池的本征层要比顶电池的本征层厚得多，例如，镀有银/氧化锌（Ag/ZnO）的不锈钢衬底的 a-Si∶H n-i-p/a-Si∶H n-i-p 双结电池，顶电池和底电池本征层的厚度分别为100nm和300nm左右。

限制a-Si∶H/a-Si∶H双结太阳电池转换效率的主要参数是短路电流，主要问题是底电池的波长响应不好，为了提高底电池的波长响应，非晶锗硅合金（a-SiGe∶H）是理想的底电池本征材料。通过调节等离子体中硅烷（或乙硅烷）和锗烷的比率可以调节材料中的锗硅比从而调节材料的禁带宽度。对于a-Si∶H/a-SiGe∶H双结太阳电池的底电池，最佳锗硅比为15%～20%，相应的禁带宽度为1.6eV左右。利用这种材料得到的单结a-SiGe∶H电池的开路电压为0.75～0.8V，短路电流可达21～22mA/cm^2。利用这种a-SiGe∶H底电池和a-Si∶H顶电池组成的双结电池的总电流为22～23mA/cm^2。美国联合太阳能公司所报道的最佳a-Si∶H/a-SiGe∶H的初始和稳定转换效率分别为14.4%和12.4%。

为了进一步提高太阳电池的效率，三结电池成为研究的对象。早在20世纪80年代，美国能源转换器件公司（ECD）就开始了a-Si∶H/a-SiGe∶H/a-SiGe∶H三结太阳电池的研究。三结电池可以有效利用太阳光谱，光谱响应可以覆盖整个300～950nm光谱区。三结电池中三个单结电池的填充因子不同，顶电池是很薄的非晶硅电池，其本征层中的缺陷态密度比非晶锗硅中缺陷态密度低，而底电池的本征层中锗的含量比中间电池本征层的锗含量高，相应的缺陷态密度高，所以底电池的填充因子最低。因为a-Si∶H/a-SiGe∶H/a-SiGe∶H三结太阳电池效率高、稳定性好，已被美国联合太阳能公司用在大规模太阳电池的生产中。

3.6 无机化合物薄膜太阳能电池

元素半导体仅有锗、硅、碳、硒、碲五种，其中只有硅是优良的太阳电池材料。化合物半导体的数量比元素半导体多得多，如二元系半导体的能隙宽度变化范围大，砷化镓、锑化铝、磷化铟、碲化镉的能隙与太阳光匹配好，制备成同质结太阳电池的理论转换效率高，是很有前景的光伏材料。三元系半导体能在较大范围内调制能隙宽度，形成异质结时通过能隙的调制，能与太阳光有更好的匹配，既扩展了光谱响应范围，也有很好的结特性，在取得高转换效率上具有明显的优势。

化合物半导体材料多为直接带隙，光吸收系数高，仅数微米就可以制备高效率太阳能电池。它们的禁带宽度一般比较大，做成的太阳能电池抗辐射能力高于晶硅电池。但作为太阳电池材料的化合物半导体薄膜几乎都是多晶薄膜，晶粒结构和化学组分两方面的复杂性，给研究开发带来一定的难度。

3.6.1 Ⅲ-Ⅴ族化合物太阳能电池

周期表中Ⅲ族元素与Ⅴ族元素形成的化合物简称Ⅲ-Ⅴ族化合物，是具有直接能隙的半导体材料，仅2μm厚的材料，就可以在AM1的辐射条件下吸光97%左右，达到超过30%以上的转换效率，特别适于在太空卫星的能源系统上使用。

Ⅲ族元素与Ⅴ族元素组合有许多种可能，因而种类繁多，其中最主要的是砷化稼（GaAs）及其相关化合物，称为 GaAs 基系Ⅲ-Ⅴ族化合物，其次是磷化铟（InP）基系Ⅲ-Ⅴ族化合物。但近年来在高效叠层电池的研制中，人们普遍采用 3 元和 4 元的Ⅲ-Ⅴ族化合物作为各个子电池材料，如 GaInP、AlGaInP 、InGaAs、GaInNAs 等材料，这就把 GaAs 和 InP 两个基系的材料结合在一起了。如表 3-3 所示为常见的Ⅲ-Ⅴ化合物半导体的性质，该族化合物全是闪锌矿结构、具有 n、p 两种导电类型。

表 3-3　Ⅲ-Ⅴ化合物半导体的能隙

名称	分子式	能隙宽度/eV	名称	分子式	能隙宽度/eV
磷化铝	AlP	2.45	砷化镓	GaAs	1.42
砷化铝	AlAs	2.36	锑化镓	GaSb	0.72
锑化铝	AlSb	1.65	磷化铟	InP	1.35
磷化镓	GaP	2.26	砷化铟	InAs	0.36

GaAs 太阳电池是Ⅲ-Ⅴ族太阳电池中研究最深入、应用最广泛的，是Ⅲ-Ⅴ族太阳电池的典型代表。GaAs 的晶格结构与硅相似，属于闪锌矿晶体结构，与硅不同的是，Ga 原子和 As 原子交替占位于沿体对角线位移 1/4（111）的各个面心立方的格点上。具有以下优点。

（1）GaAs 具有直接带隙结构。带隙 E_g＝1.42eV（300K），太阳电池材料所要求的最佳带隙宽度为 1.3～1.5eV。目前 GaAs 单结电池以及与其他相关材料组成的叠层电池所获得的效率是所有类型太阳电池中最高的。

（2）光吸收系数大。GaAs 的光吸收系数在光子能量超过其带隙宽度后，剧升到 $10^4 cm^{-1}$ 以上，如图 3-12 所示。

（3）GaAs 基系太阳电池具有较强的抗辐照性能。大多数Ⅲ-Ⅴ族化合物太阳电池的抗辐照性能都好于 Si 太阳电池，抗辐照性能最好的是 InP 太阳电池。Ⅱ-Ⅵ族化合物太阳电池，如 CulnSe 太阳电池的抗辐照性能超过 InP 太阳电池，是抗辐照性能最好的太阳电池。

（4）GaAS 太阳电池的温度系数较小，能在较高温度下正常工作。GaAs 电池效率的温度系数约为－0.23％/℃，而 Si 电池效率的温度系数约为－0.48％/℃。GaAs 电池随温度升高效率降低比较缓慢，例如，当温度升高到 200℃时，GaAs 电池效率下降近 50％，而硅电池效率下降近 75％。这是因为 GaAs 的带隙较宽，要在较高温度下才会产生明显的载流子本征激发，因而 GaAs 材料的暗电流随温度的提高增长较慢，这就使与暗电流有关的开路压减小较慢，因而效率降低较慢。

（5）Ⅲ-Ⅴ族化合物太阳能电池比较适合聚光技术。聚光技术是使用透镜去聚焦太阳光，使之照射在太阳能电池上增加效率。聚焦的太阳光会使太阳能电池的温

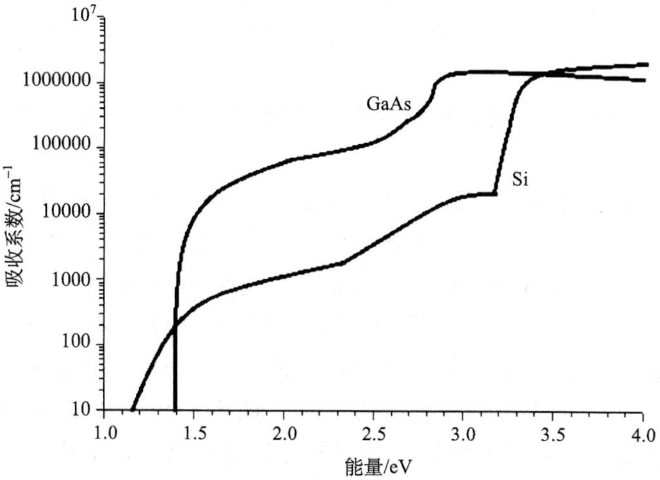

图 3-12　砷化镓与硅光吸收系数的对比

度增加，而就Ⅲ-Ⅴ族化合物而言，太阳能电池的效率随着温度而下降的程度远比硅慢，Ⅲ-Ⅴ族化合物可以聚焦到 1000 倍或 2000 倍的程度，而硅则只能聚焦到 200～300 倍。

GaAS 基系太阳电池的上述优点正好符合空间环境对太阳电池的要求：效率高、抗辐照性能好、耐高温、可靠性好。因此，GaAs 基系太阳能电池在空间科学领域正逐渐取代 Si 太阳电池，成为空间能源的重要组成部分。

但 GaAs 基系太阳能电池也有固有缺点，如 GaAs 材料的密度较大（为 Si 材料密度 $\rho=2.33g/cm^3$ 的 2 倍多）、机械强度较弱、易碎、材料价格昂贵（约为 Si 材料价格的 10 倍），因此多年来一直得不到广泛应用，特别是在地面领域的应用微乎其微。

Ⅲ-Ⅴ族太阳电池中 InP 基系电池也备受瞩目，其最引人注目的特点是抗辐射能力强，不但远优于 Si 电池，也远优于 GaAs 基系电池。InP 具有直接能隙，对太阳光谱中最强的可见光及近红外光波段有很大的光吸收系数，有效厚度只需要 3um 左右。InP 的能隙宽度为 1.35eV，也处在匹配太阳光谱的最佳能隙范围内，理论能量转换效率和温度系数介于 GaAs 电池与 Si 电池之间。InP 的表面再结合速度远比 GaAs 的表面再结合速度低，使用简单的 pn 结结构即可得到高效率。但 InP 材料的价格比 GaAS 材料更贵，所以长期以来对单结 InP 太阳电池的研究和应用较少。但在叠层电池中，InP 基系材料得到了广泛应用，GaInP/GaInAs /Ge 三结叠层聚光电池已获得高达 40.7％的效率，并在空间能源领域获得了日益广泛的应用。

采用液相外延（LPE）技术制备 GaAs 太阳能电池，获得了高于 20％的效率。LPE 技术的优点是设备简单、价格便宜、生长工艺也相对简单、安全、毒性小。

缺点是：①难以实现多层复杂结构的生长，如很难在 Si 衬底或 Ge 衬底上外延 GaAs。②LPE 生长的外延层的厚度不能精确控制，厚度均匀性较差，小于 1μm 的薄外延层生长困难。③LPE 外延片的表面形貌不够平整。由于 LPE 技术的上述缺点，近 10 年来已逐渐被金属有机化学气相沉积 MOCVD 技术和分子束外延 MBE 技术所取代。

金属有机化学气相沉积（MOCVD）技术，也称金属有机气相外延（MOVPE）技术，是目前研究和生产Ⅲ-Ⅴ族化合物太阳能电池的主要技术手段。同 LPE 技术相比较，MOCVD 技术的设备和气源材料的价格昂贵，技术复杂，而且这种气相外延生长使用的各种气源，包括各种金属有机化合物以及砷烷（AsH_3）、磷烷（PH_3）等氢化物都是剧毒气体，具有一定的危险性。但是 MOCVD 技术在材料生长方面有突出的优点，如生长出的外延片表面光亮、各层的厚度均匀、浓度可控，因而研制出的太阳电池效率高，成品率也高。用 MOCVD 技术容易实现异质外延生长，可生长出各种复杂的太阳电池结构，因而有潜力获得更高的太阳能电池转换效率。MOCVD 一般采用低压生长，生长系统要求有严格的气密性，以防止这些剧毒气体泄漏，同时避免系统被漏进的氧和水汽等沾污。

分子束外延（MBE）技术是另一种先进的Ⅲ-Ⅴ族化合物材料生长技术，特点是：①生长温度低，生长速度慢，可以生长出极薄的单晶层，甚至可以实现单原子层生长。②MBE 技术很容易在异质衬底上生长外延层，实现异质结构的生长。③MBE技术可严格控制外延层的层厚、组分和掺杂浓度。④MBE 生长出的外延片的表面形貌好，平整光洁。但 MBE 的设备复杂、价格昂贵、生长速率太慢、不易产业化，影响了它在太阳能电池研究领域的发展。但近两年来，随着量子阱、量子点太阳能电池研究的升温，MBE 技术在太阳电池研究领域的应用已越来越多。

因为可以达到 30% 左右的效率，使得 GaInP/GaAs/Ge 成为目前最普遍的Ⅲ-Ⅴ族多结太阳电池。其中 GaInP 的能隙为 1.8eV、GaAs 的能隙为 1.4eV、Ge 的能隙为 0.7eV，所以 GaInP 就必须在最上层，而 Ge 则放在最底层。调整化合物中元素的组成比例，还可变化出很广范围的能隙。以三元化合物 GaInP 为例，GaP 能隙为 1.85eV，晶格常数为 5.65Å，如果想要得到较小的能隙，可以下降 Ga 的比例而增加 In 的比例，直到 Ga 的比率降到 0，这时得到的就是 InP，能隙为 1.3eV。GaInP、GaAs、Ge 三者的晶格常数非常接近，这是它们被广为采用的原因之一。其中 Ge 的光吸收系数最低，所以比较厚，比较常见的 Ge 层厚 150μm。

如图 3-13 所示为三结 GaInP/GaAs/Ge 太阳能电池结构连接图，制造上利用 MOCVD 方法，在同一基板上一层接一层地长上这些不同成分的薄膜。因为 GaInP、GaAs、Ge 具有非常接近的晶格常数，使得异质外延的生长相对比较容易。下面分别介绍它的三个子电池。

（1）Ge 电池。锗的制造成本较低，具有优于砷化镓的力学性能，其晶格常数非常接近砷化镓（Ge＝0.5657906nm，GaAs＝0.565318nm），具有很好的匹配性，

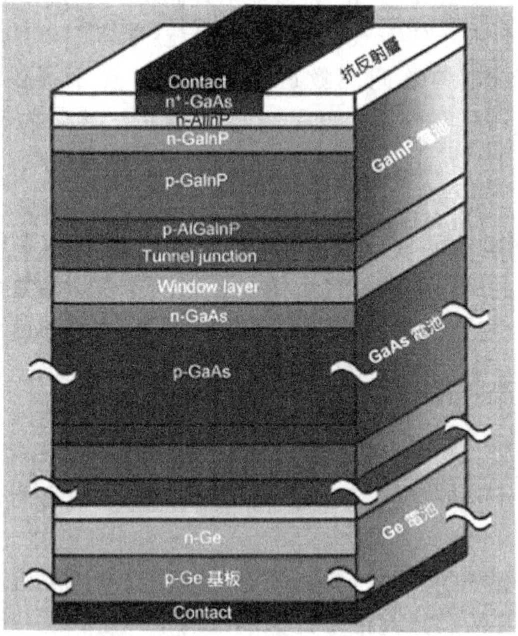

图 3-13　三结 GaInP/GaAs/Ge 太阳能电池

所以Ⅲ-Ⅴ族多结太阳能电池通常是以锗当基板。但锗也具有一些缺点，如锗为非直接能隙材料，开路电压 V_{OC} 仅能达到 300mV，且对温度很敏感。由于 Ga、As、In、P 都算是 Ge 的掺杂物，所以在锗电池上长 GaAs 及 GaInP 薄膜时，这些元素都难免会扩散进入 Ge 电池内，因此整个 Ge 电池技术的特性在于减少这些不必要的扩散现象，精确地控制导电率及形态，以及如何在其上面长出零缺陷的 GaAs 异质结外延层。

(2) GaAs 电池。虽然 Ge 与 GaAs 两者之间的晶格常数非常的接近，但在 Ge 上长出的 GaAs 异质外延层的品质却是充满变化的。GaAs 外延层的品质指标在于薄膜表面的粗糙度及晶格缺陷。据研究，如果在 GaAs 中添加 1% In，形成的 $Ga_{0.99}In_{0.01}As$ 外延的品质会优于一般的 GaAs 外延。在 GaAs 电池上面的窗口层，通常可采用 $Al_xIn_{1-x}P$ 或 $Ga_xIn_{1-x}P$ 薄膜。理论上 $Al_xIn_{1-x}P$ 比 $Ga_xIn_{1-x}P$ 更适合当窗口层，因为其具有大的能隙。但由于 $Al_xIn_{1-x}P$ 对于气污染相当敏感，所以比较难与 GaAs 形成好的接合品质。因此 $Ga_xIn_{1-x}P$ 薄膜反而比较常用来当窗口层。此外在 GaAs 电池下面的 $Ga_xIn_{1-x}P$ 薄膜，是作为背面效场层的目的。

(3) GaInP 电池。利用 MOCVD 法在 GaAs 上面生长出的 $Ga_xIn_{1-x}P$ 薄膜，其能隙大小除了跟组成有关，也与 $Ga_xIn_{1-x}P$ 薄膜的生长条件及品质有关，如生长温度、生长速率、磷的分压及掺杂物的浓度等。位于 GaInP 电池上方的 AlInP 薄膜用来当成窗口层，它的目的在于钝化射极表面的表面状态，以降低其对少数载流子的再结合影响。位于 GaInP 电池下方的 AlGaInP 薄膜用来当成背面效场层(BSF)，它的作用在于钝化 GaInP 电池的基极与隧道结。

在 GaInP 与 GaAs 电池之间的隧道结的作用，在于提供 GaInP 电池的 p 型 BSF 与 GaAs 电池的 n 型窗口层之间的低电阻连接。倘若没有这层隧道结，p 型 BSF 与 n 型窗口层所形成的 pn 结，会产生一个与电池受光所产生的光电压相反的顺向电压，因而抵消了光电压。

Ⅲ-Ⅴ族多结叠层电池的发展取得了巨大成功，大大提高了太阳电池的效率。但由于多结叠层电池的结构复杂，各子结材料之间要求晶格常数匹配和热膨胀系数匹配，因而对各个子电池材料的选择和连接各个子电池的隧道结材料的选择都十分严格，MOCVD 外延生长工艺也十分复杂，因而Ⅲ-Ⅴ族多结叠层电池的成本较高，这一缺点限制了它的应用范围。人们企图寻找其他途径来提高太阳电池的效率，目的是希望能采用相对较为简单的工艺实现高效率。在众多的技术路线中，量子阱、量子点结构太阳能电池比较新颖，已有了较好的进展，也可能是比较有成功希望的一种。

为了扩展对太阳光谱长波长范围的吸收，进而提高光电流，另外的一个做法是 p-i-n 型太阳电池的 i 层中植入高浓度的深能阶的不纯物，这些不纯物在能隙中间形成一个或多个中间的能带。由于接合的能级 E_g 并不会受到改变，所以开路电压 V_{OC} 也不会受到改变。同时这些中间能带可以吸收低能量的长波长光子，而且所产生的电子、空穴对也不会随着温度而衰退。这样的太阳电池被称为量子阱太阳电池。理论上量子阱的数目达到无限多时，太阳电池的转换效率会达到 86.8%的极限值。

Ⅲ-Ⅴ族量子点太阳电池的原理与Ⅲ-Ⅴ族量子阱太阳电池的原理是相似的。量子阱太阳电池是在 p-i-n 型太阳电池的 i 层（本征层）中植入多量子阱（MQW）结构，而量子点太阳电池是在 p-i-n 型太阳电池的 i 层（本征层）中植入多个量子点层，形成基质材料/量子点材料的周期结构。由于量子点的量子尺寸限制效应，可通过改变量子点的尺寸和密度对量子点材料层的带隙进行调整，有效带隙 E_{eff} 由量子限制效应的量子化能级的基态决定。

分光谱太阳电池也获得大量的研究，已获得 42.3%的高效率。分光谱太阳电池的原理是入射的太阳光经聚光镜聚光后，投射到一个双色半反镜上，波长较短的光被半反镜反射，入射到一个带隙较宽的两结叠层电池上。而波长较长的光透过半反镜，入射到一个带隙较窄的两结叠层电池上。这两个电池分别吸收太阳光谱中不同波段的光，产生电能。如果两个叠层电池都是 3 端器件，计算叠层电池的效率时，只是简单地将顶电池的效率和底电池的效率相加。

GaAs 及其他Ⅲ-Ⅴ族太阳能电池，具有直接能隙及高吸光系数，耐放射损伤佳且对温度变化不敏感，所以Ⅲ-Ⅴ族太阳能电池特别适合用在热光伏系统、聚光系统及太空等主要应用领域。

(1) 热光伏系统。指将红外光谱转换为电能的系统，主要是利用低能隙(0.4～0.7eV)的Ⅲ-Ⅴ族材料制造。GaSb锑化镓的能隙宽度为0.72eV，是适合这方面用途的材料。GaSb也可应用在多结太阳能电池，搭配聚光系统去吸收更多的红外光。热光伏（TPV）电池是太阳能电池在红外条件下的一种特殊应用类型。

(2) 聚光系统。聚光技术是使用透镜去聚焦太阳光，使之照射在太阳能电池上以增加效率。Ⅲ-Ⅴ族化合物太阳能电池的效率，随着温度增加而下降的程度远比硅慢，所以可以聚焦到1000倍或2000倍的程度。利用聚光技术，使得Ⅲ-Ⅴ族太阳能电池的效率已可达到30%以上。

(3) 太空应用。由于Ⅲ-Ⅴ族太阳能电池具有高转换效率及耐辐射损伤性佳，所以GaAs电池早已取代硅而成为最佳的太空及卫星用途上的材料。而GaInP/GaAs/Ge多结太阳能电池，更具有可以在高电压、低电流下操作的优点，是更亮眼的新世代太空应用的太阳能电池。从神一到神六采用的是硅太阳能电池，现在神八、神九和“天宫一号”采用的都是高效的三节砷化镓太阳能电池。

3.6.2 Ⅱ-Ⅵ族化合物太阳能电池

Ⅱ-Ⅵ化合物半导体材料是重要的半导体材料，在重要性与应用方面仅次于Ⅲ-Ⅴ族化合物半导体材料，在太阳能光电转换方面得到了广泛的关注，其中碲化镉薄膜太阳能电池是其中的典型。它们的主要性质如表3-4所示。该族化合物的显著特点是全是直接带隙、具有相同的纤锌矿结构，能隙变化范围大，容易形成异质结。

表3-4 Ⅱ-Ⅵ化合物半导体的性质

名称	分子式	能隙宽度/eV	密度/(g/cm^{-3})	导电类型
氧化锌	ZnO	3.2	5.6	n，p
硫化锌	ZnS	3.7	4.1	n，p
硒化锌	ZnSe	2.67	5.26	n，p
碲化锌	CdS	2.26	5.7	p
硫化镉	CdS	2.42	4.82	n
硒化镉	CdSe	1.7	5.81	n
碲化镉	CdTe	1.44	5.9	n，p

碲化镉CdTe属于Ⅱ-Ⅵ族的化合物半导体，具有直接能隙，能隙值为1.45eV，正好位于理想太阳电池的能隙范围之间。CdTe也具有很高的光吸收系数($>5\times10^5$/cm)，仅2μm厚的CdTe薄膜，就已足够吸收AM1.5条件下99%的太阳光。使得CdTe成为一个可以获得高效率的理想太阳能电池材料之一，是技术上发展较快的一种薄膜太阳能电池。CdTe可利用多种快速成膜技术制作，易沉积成

大面积的薄膜，沉积速率也高，CdTe/glass 已应用于大面积屋顶建材。

CdTe 薄膜太阳能电池通常以 CdS/CdTe 异质结为基础。尽管 CdS 和 CdTe 和晶格常数相差 10%，但它们组成的异质结电学性能优良，制成的太阳能电池的填充因子高达 FF=0.75。几乎所有高效率 CdTe 太阳电池都是采用如图 3-14 所示的 superstrate 结构。它是在玻璃基板上依次生长透明氧化层（TCO）、CdS、CdTe 薄膜，太阳光由玻璃基板上方照射进入，先透过 TCO 层，再进入 CdS/CdTe 接面。另一种 substrate 形态太阳电池，是先在适当的基板上长上 CdTe 薄膜，再接着长上 CdS 及 TCO 薄膜。但是由于 substrate 形态太阳电池的品质较差（如 CdS/CdTe 的界面品质不佳、欧姆接触性差等），效率远比不上 superstrate 结构的太阳电池。

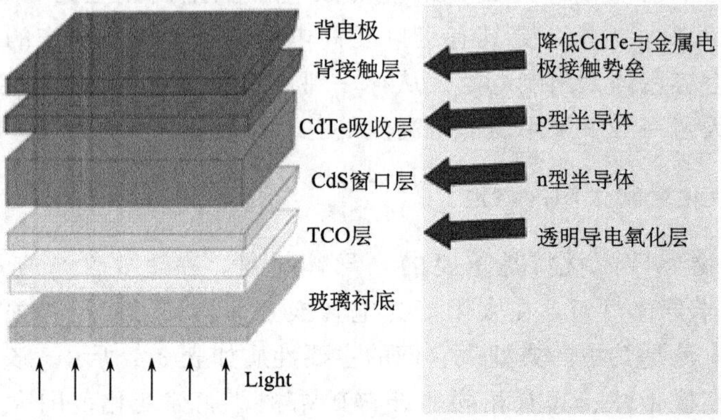

图 3-14 碲化镉电池的结构

（1）玻璃衬底。主要对电池起支架、防止污染和入射太阳光的作用，光通过玻璃衬底进入电池。在玻璃基板的选用上，使用耐高温（～600℃）的硼玻璃作为基板，转换效率可达 16%，而使用不耐高温但是成本较低的钠玻璃作基板可达到 12%的转换效率。一般玻璃基板的厚度在 2～4mm，它除了用来保护太阳电池活化层，使它不会受到外在环境的侵蚀外，也提供了整个太阳电池的机械强度。在玻璃基板的外层，有时也会镀上一层抗反射层来增加对光线的吸收。

（2）透明导电氧化层。起透光和导电的作用。用于 CdTe/CdS 薄膜太阳能电池的 TCO 必须具备在波长 400～860nm 的可见光的透过率超过 85%、低的电阻率（大约 $2\times10^{-4}\Omega\cdot cm$ 数量级）、在后续高温沉积其他薄膜层时的良好的热稳定性。在 CdTe 太阳电池中所使用的透明导电氧化层（TCO），通常是使用 SnO_2 或 In_2O_3：Sn（ITO）也有人采用 Cd_2SnO_4，它是正面的电极。SnO_2 薄膜的面电阻率一般为 10Ω，光透过率为 70%～80%。ITO 不管是电导率还是透过率都比纯 SnO_2 要好，但由于 In 的成本比较高，这种薄膜会贵得多。同时 In 会在高温处理过程中扩散进入 CdS/CdTe 层，引入并不需要的 n 型 CdTe，通常在 ITO 上沉积一层薄的纯 SnO_2 薄膜来防止 In 扩散。

$CdSn_4$化合物可以用 Cd 的氧化物与 Sn 共溅得到，这种薄膜表现出比 ITO 更好的性质。例如，同样的电阻率下透过率更好，或者同样的光透过率电阻率更小，使它成为工业化生产中值得注意的备选材料。

ZnO：Al 通常用作铜铟锡（CIS）薄膜太阳电池的透明接触层，不幸的是，ZnO：Al 薄膜在 CdTe 沉积过程中（大于 550℃）会由于热应力而丧失掺杂性。但是由于这种材料成本比 ITO 低，所以人们最终希望得到更稳定的该种薄膜。

（3）CdS 窗口层。CdS 具有略宽的能隙，室温约为 2.4eV，在通常的沉积技术中生长成为 n 型材料，与 p 型 CdTe 组成 p/n 结，CdS 的吸收边大约是 515nm，几乎所有的可见光都可以透过，所以在整个结构上它被视为“窗口层”。为了让整个太阳能电池获得最高的电流密度，CdS 必须相当薄（约 0.5μm）

（4）CdTe 吸收层。CdTe 薄膜是电池的主体吸光层，CdTe 强烈趋向于生长成 p 型的半导体薄膜，它与 n 型的 CdS 窗口层形成 pn 结，是整个电池最核心的部分。多晶 CdTe 薄膜具有太阳能电池理想的禁带宽度（E_g=1.45eV）和高的光吸收率，光谱响应与太阳光谱几乎相同。电子-空穴对在接近结区产生，电子在内建场的驱动下进入 n 型 CdS 膜。空穴仍然在 CdTe 内，空穴的聚集会增强材料的 p 型电导，最终，不得不经由背接触离开电池。电流由与 TCO 薄膜和背接触连接的金属电极引出。由于 CdTe 对波长低于 800nm 的光有很强的吸收（10^5/cm），几微米厚度的薄膜将足以完全吸收可见光。一些实际设计的应用，常常选用 3～7μm 的厚度。

（5）背接触层和背电极。背接触层和背电极的作用是降低 CdTe 和金属电极的接触势垒，引出电流，使金属电极与 CdTe 形成欧姆接触。CdTe 与大多数的金属都难以形成欧姆接触。一种可行的方法是先对 CdTe 薄膜表面进行化学刻蚀，再沉积高掺杂的背接触材料。背面电极通常使用 Ag 或 Al，它提供 CdTe 电池低电阻连接。

大部分形成背面电极技术，都包括以下几个步骤：①刻蚀 CdTe 表面，在 CdTe 与金属层之间产生 p^+ 的区域，这层 p^+ 区域可降低金属与 CdTe 之间的能量障碍。②镀上 Ag、Al 等金属层。③在 150℃以上，做热处理以促进电极的形成。

几乎所有淀积技术所用到的 CdTe 薄膜，都必须经过 $CdCl_2$处理，才能得到结构比较完美、晶粒比较大的薄膜。原因是：①能够在 CdTe 和 CdS 之间形成界面层，降低界面缺陷态浓度；②导致 CdTe 膜的再次结晶化和晶粒的长大，减少晶界缺陷；③热处理能够钝化缺陷、提高吸收层的载流子寿命。将 CdTe 薄膜置于约 400℃的 $CdCl_2$环境之下，$CdCl_2$的存在促进了 CdTe 的再结晶过程。不仅比较小的晶粒消失了，连带着 CdTe 与 CdS 的界面结构也比较有次序。而未经过 $CdCl_2$处理过的 CdTe 的太阳电池，仅能产生非常小的短路电流。硫化镉、碲化镉、复合背接触层三层薄膜的沉积和后处理是获得 CdTe 电池高效率的技术关键。

CdTe 太阳能电池的生产工艺流程如图 3-15 所示。其中激光刻划 TCO 膜指选择衬底玻璃，将 TCO 膜刻划成平行的条带，以此确定单元电池。含氯气氛后处理

指在 $CdCl_2$ 的作用下，于 400℃左右活化膜层。封装测试包括焊接接触汇流条，使用恰当的塑料（如 EVA 或者热塑性薄膜）层压第二块玻璃（或塑料），事先将接触带穿过覆盖玻璃的小孔。安装电极盒，作为商业化应用，在这个电极盒中，用一个合适的插座，将易断裂的组件引出带和稳定的电缆连接。用太阳模拟器测试每个组件的效率。其中 CdS 膜一般是 100nm。

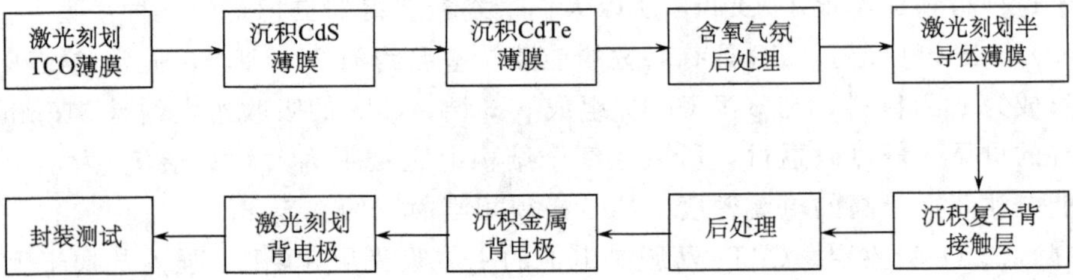

图 3-15　CdTe 太阳能电池的生产工艺流程

CdTe 太阳电池的优点之一是制造 CdTe 和 CdS 薄膜的技术多，且大多适合大规模生产。以成熟技术制备的 CdTe 电池，电流密度达 $27mA/cm^2$，开路电压达 880mV，AM1.5 的效率为 18%。碲化镉和透明导电玻璃构成材料成本的主体，分别占到消耗材料总成本的 45.4%和 38.2%，如将碲化镉薄膜的厚度减薄 1μm，碲化镉材料的消耗将降低 20%，从而使材料总成本降低 9.1%。如使用 99.999%纯度的碲化镉，材料成本还将进一步降低。

发展碲化镉薄膜太阳能电池面临的首要问题是地球上碲的储藏量是否能满足工业化规模生产及应用。碲是地球上的稀有元素，据相关报道，地球上有碲 14.9 万吨，其中中国有 2.2 万吨，美国有 2.5 万吨。另外，镉元素可能对环境造成污染，使用受到限制。

目前，碲化镉薄膜太阳能电池的生产成本正在逐步接近、甚至低于传统发电系统，这种廉价的清洁能源在全世界范围内引起了关注，各国均在大力研究解决制约碲化镉薄膜太阳能电池发展的因素，相信存在的问题不久将会逐个解决，从而使碲化镉薄膜太阳能电池成为未来社会的主导新能源之一。

3.6.3　铜铟镓硒薄膜太阳能电池

铜铟镓硒系列太阳电池可分为两类，一种是铜铟硒的三元化合物（Copper Indium Diselenide，$CuInSe_2$，CIS），另一种是含铜铟镓硒的四元化合物（Copper Indium Gallium Diselenide，CIGS）这两种材料的吸光范围广，户外环境下的稳定性好。因高转换效率及低材料制造成本，被视为未来最有发展潜力的薄膜太阳电池种类之一。

CIS（$CuInSe_2$）材料属于 $I\text{-}III\text{-}VI_2$ 族化合物直接带隙半导体，光吸收系数达 10^5 量级，禁带宽度为 1.02eV。因为其能隙低于理想太阳能电池的 1.4～1.5eV，因此可以与能隙为1.6eV的$CuGaSe_2$混合形成Cu（InGa）Se_2的混晶材料，改善这一缺点。铜铟镓硒（CIGS）是在铜铟硒（CIS）材料中添加一定量的ⅢA族Ga元素替代相应的In元素形成的四元化合物。通过掺入适量的Ga替代部分In，形成$CuInSe_2$和$CuGaSe_2$的固熔晶体，Ga的掺入会改变晶体的晶格常数，改变了原子之间的作用力，通过控制不同的Ga掺入量，其禁带宽度可在1.02～1.68eV调整，以达到最高的转化效率，为太阳能电池的带隙优化提供了好的途径。

铜铟镓硒电池CIGS的典型结构如图3-16所示。

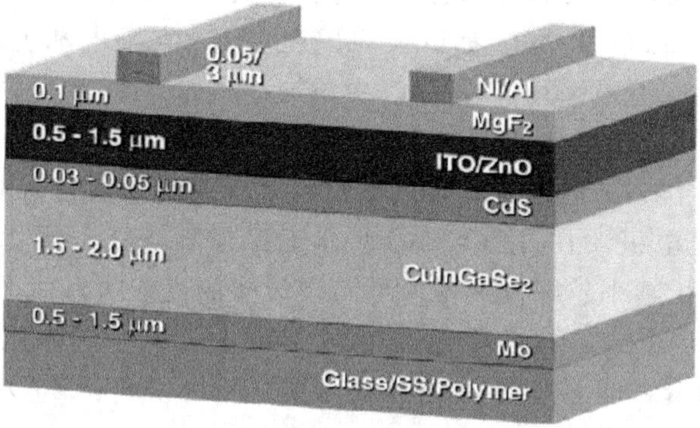

图3-16　铜铟镓硒太阳能电池的结构

（1）衬底起支撑作用，可以是玻璃、金属或塑料薄片。

（2）金属背电极Mo。使用Mo作背电极有很多优点：①Mo金属与$CuInSe_2$易形成欧姆接触，使接触电阻小，减少电流传输的损耗。②钼具有高的光反射率，使太阳光反复在$CuInSe_2$主吸收层被吸收。③$CuInSe_2$生长在钼薄膜上能形成平整的表面，相对于生长在玻璃上，可降低表面粗糙度。④钼与CIGS的晶格失配较小且热膨胀系数与CIGS比较接近。

（3）光吸收层CIGS是主要吸收区，弱p型，其空间电荷区为主要工作区。p型的CIGS或CIS薄膜，设计上要考虑以下几点：①CIGS薄膜的制造要容易得到单一相，且结晶品质要好。②必须可以与金属层间有良好的欧姆接触，且容易制造。③为了能有效地吸收太阳光，CIGS层应有足够的厚度，但厚度又必须小于载子的扩散长度，使被激发的载子可以被收集。CIGS或CIS吸收层的厚度一般在1.5～2.0μm。④CIGS层具有多晶结构，因此晶界处的缺陷要少，以降低载子发生再结合的概率。⑤CIGS薄膜表面的平坦性要好，以促进良好的界面状态，才不会影响太阳电池的光电特性。⑥随着铟镓含量的不同，CIGS的能隙大小可以从1.02eV变化到1.68eV。⑦制造富铟的薄膜（In-rich CIGS），可以改善太阳电池的效率。⑧在富铜（Cu-rich）的区域，因为有$Cu_{2-x}Se$相的析出，损坏了太阳电池的功能。⑨有人使用NaCN（氰化钠，有剧毒）或KCN溶液把$Cu_{2-x}Se$从薄膜的表面或晶界移出，证明可以改良 Cu-rich CIGS 太阳电池的效率。

(4) 缓冲层 n 型或本征型 CdS 或 ZnS。缓冲层的主要目的是改善薄膜表面形态，降低 $CuInSe_2$ 与 ZnO 间因能隙值差异太大而造成的能带差，大的能带差会影响少数载流子的传输，使转换效率受影响。CdS 也是直接能隙的材料，在室温的能隙大小为 2.42eV。CdS 与 CIGS 薄膜之间的晶格匹配非常好，但随着 CIGS 薄膜中 Ga 含量的增加，晶格匹配性会降低。

(5) 透明导电氧化层。三种 TCO 中，SnO_2 必须在较高的温度下淀积产生，这点限制了它应用在 CIGS 太阳电池上，因为已覆盖着 CdS 的 CIGS 薄膜，无法承受 250℃以上的高温。ITO 及 ZnO 都可被应用在 CIGS 太阳电池上，其中 ZnO 因为材料成本低，最为普遍被采用。在 ZnO 中添加适当的 Al，形成 ZnO：Al，ZnO 具有高的透光率，掺杂 Al 可降低其电阻值，且不影响其透光率。

(6) 窗口层。作为前电极，最常用的材料是硼或铝掺杂的 ZnO。

(7) 正面金属电极。在 TCO 层的上方还有金属电极，形状通常是网格状的 (grid)。所占的面积越小越好，这样才可允许较多的光线进入太阳电池内。金属电极的材料通常为 Ni 及 Al，制备时先在 TCO 层上镀上数十纳米宽的 Ni，以避免形成高电阻的金属氧化物，接着再镀上数微米宽的 Al。Al 与 ZnO：Al 能产生良好的欧姆接触，可充分收集光生电流。

(8) 锌或镍金属层。铝电极接触到氧气易产生氧化铝绝缘层，引起电子流流经铝电极时产生阻抗，故在铝电极上再镀一层锌或镍金属层，使串联电阻降低到最小。

CIGS 电池的生产工艺流程如图 3-17 所示。CIGS 薄膜太阳能电池的底电极 Mo 和上电极 n-ZnO 一般采用磁控溅射的方法，工艺路线比较成熟。最关键的吸收层的制备有许多不同的方法，这些沉积制备方法包括蒸发法、溅射后硒法、电化学沉积法、喷涂热解法和丝网印刷法。

CIS 和 CIGS 的吸光范围广，户外环境下的稳定性也相当好。日本 NEDO（新能源产业技术开发机构）的太阳能发电首席科学家东京工业大学的小长井诚教授认为铜铟镓硒薄膜太阳能电池是单位重量输出功率最高的太阳能电池。其优点主要有以下几方面。

(1) 材料吸收率高，吸收系数高达 10^5 量级，直接带隙，适合薄膜化，电池厚度可做到 2～3μm，降低昂贵的材料成本。

(2) 光学带隙可调。调制 Ga/In 比，可使带隙在 1.0～1.68eV 变化，使吸收层带隙与太阳光谱获得最佳匹配。

$Cu(InGa)Se_2$ 能隙 $E_g(x)=(1-x)E_g(\mathrm{CIS})+xE_g(\mathrm{CGS})-bx(1-x)$，$x$ 为 Ga 的含量、$1-x$ 为 In 的含量，b 值的大小为 0.15～0.24eV。但 CIGS 的性能不是 Ga 越多越好，因为短路电流随着 Ga 的增加而减小。当 $x=\mathrm{Ga}/(\mathrm{Ga}+\mathrm{In})<0.3$ 时，随着 Ga 的增加，E_g 增加，V_{OC} 也增加；$x=0.3$ 时带隙为 1.2eV；当 $x>0.3$ 时，

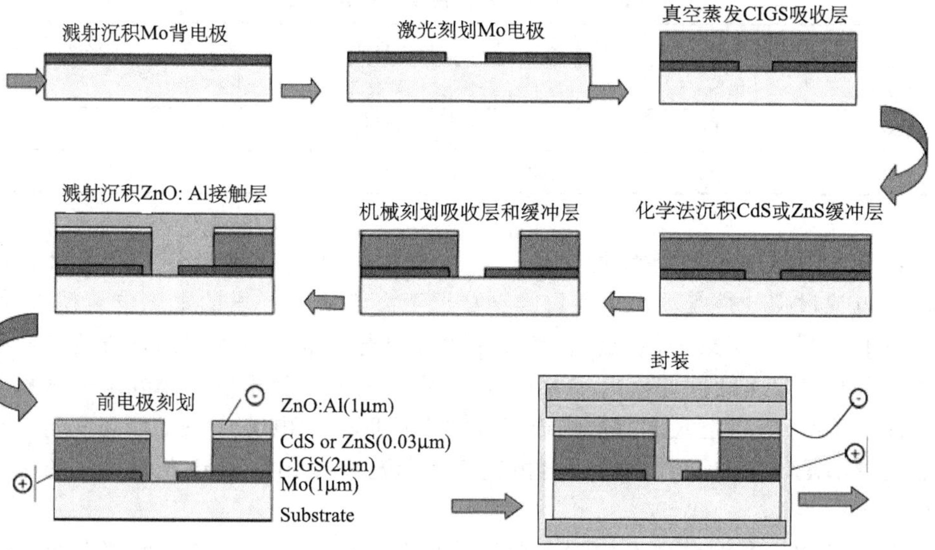

图 3-17　CIGS 电池的生产工艺流程

随着 x 的增加，E_g减小，V_{OC}也减小。G. Hanna 等认为 $x=0.28$ 时材料缺陷最少，电池性能最好。

（3）抗辐射能力强。通过电子与质子辐照、温度交变、振动、加速度冲击等试验，光电转换效率几乎不变，在空间电源方面有很强的竞争力。

（4）稳定性好，不存在很多电池都有的光致衰退效应。

（5）弱光特性好，对光照不理想的地区尤显其优异性能。

虽然 CIGS 太阳能电池具有高效率及低材料成本的优势，但它也面临三个主要的挑战：①工艺复杂，投资成本高。②关键原料的供应不足。③缓冲层 CdS 具有潜在毒性。

CIGS 光伏材料优异的性能吸引世界众多专家研究了 20 年，直到 2000 年才初步产业化，其主要原因在于工艺的重复性差，高效电池成品率低。CIS（CIGS）薄膜是多元化合物半导体，原子配比以及晶格匹配性往往依赖制作过程中对主要半导体工艺参数的精密控制。目前，该薄膜的基本特性及晶化状况还没有完全弄清楚，CIS 膜与 Mo 衬底间较差的附着性也是成品率低的重要因素。同时在如何降低成本方面还有很大空间。以上这些都是世界各国研究 CIS 光伏材料的发展方向。CIGS 太阳能电池的普及性仍不高，小规模的量产阶段并未明显看到人们所期待的成本优势，因此如何使 CIGS 太阳能电池量产技术的成熟化来大幅降低制造成本，是未来努力的一大课题。

其他的二元化合物半导体还有很多，表 3-5 列出了几种能隙适用于太阳能电池但目前研究甚少的半导体材料。

表 3-5 其他二元化合物半导体的性质

名称	分子式	能隙宽度/eV	名称	分子式	能隙宽度/eV
硒化锑	Sb_2Se_3	1.2	碲化铟	In_2Te_3	1
磷化锌	Zn_2P_3	1.5	硫化铜	Cu_2S	1.2
硒化铟	In_2Se_3	1.3～2.5	硒化铜	Cu_2Se	1.2

薄膜太阳能电池的特性可以通过电池模拟软件进行模拟分析和设计，其中AMPS电池模拟软件是一款由美国宾夕法尼亚大学研究开发的太阳电池模拟软件。AMPS-1D软件基于第一性原理、半导体和太阳电池基本方程（泊松方程、电子连续性方程和空穴连续性方程）。AMPS首先从这三个方程出发，得到电子准费米能级（或电子浓度）、空穴准费米能级（或空穴浓度）和电势这三个状态变量，这些状态变量都是位置的函数，而后再由这三个状态变量出发得到太阳电池的一系列特性。

AMPS软件中材料相关的具体参数是来自用户自己实验室的测量数据，或者从文献中查询的；禁带宽度等电气特性相关的参数，可以使用默认的，也可以用户自定义，用户自定义是输入实验测量的数据，软件会根据输入的特性表提取参数，常见材料的资料可以从官网上下载，相当详细，硅材料和其他材料都有。AMPS官网为http：//www.ampsmodeling.org/default.htm。

3.7 有机太阳能电池

有机太阳能电池是由有机材料构成核心部分，基于有机半导体的光生伏特效应，通过有机材料吸收光子从而实现光电转换的太阳能电池。广泛地讲有机太阳能电池主要是利用有机小分子或有机高聚物来直接或间接将太阳能转变为电能的器件。从广义的角度来说，凡是涉及有机半导体材料的太阳能电池都可称为有机太阳能电池，但各类有机太阳能电池的激子分离和电荷传输的机理具有很大的不同，因而有机材料在该类电池中的作用也有很大差别。

以分子量的大小分类，有机太阳能电池可分为有机小分子太阳能电池和有机聚合物太阳能电池。有机小分子材料是一些含共轭体系的染料分子，它们能够很好地吸收可见光从而表现出较好的光电转换特性，具有化合物结构可设计性、材质较轻、生产成本低、加工性能好、便于制备大面积太阳能电池等优点。但由于有机小分子材料一般溶解性较差，因而在有机太阳能电池中一般采用蒸镀的方法来制备小分子薄膜层。有机太阳能电池器件中常用的小分子材料主要有酞著、叶琳、并五苯和富勒烯等。有机聚合物材料是导电高分子，导电性聚合物的分子结构含有大的π电子共轭体系，而聚合物材料的分子量影响着共轭体系的程度。主要的聚合物材料有聚对苯乙烯（PPv）、聚苯胺对（Nl）和聚噻吩（PTh）以及它们的衍生物等。

有机太阳能电池以光作用材料的不同可区分为四大类：①染料敏化太阳能电池（dye-sensitized solar cell，DSSC）。②全有机半导体材质的太阳能电池。③高分子掺混碳六十及其衍生物的太阳能电池。④ 高分子掺混无机纳米粒子的太阳能电池。

3.7.1　染料敏化太阳能电池

染料敏化太阳能电池，是近年发展起来的一种太阳能电池，由瑞士的 Graktzel 教授领导的研究小组首次提出的，基于自然界中的光合作用原理而发明的。这种电池以廉价的 TiO_2 纳米多孔膜作为半导体电极，以 Ru 及 Os 等有机金属化合物作为光敏化染料，选用适当的氧化-还原电解质做介质，组装成染料敏化 TiO_2 纳米晶太阳能电池（简称 DSSC 电池），其结构如图 3-18 所示。从结构上来看，DSSC 就像人工制作的树叶，只是植物中的叶绿素被染料敏化剂所代替，而纳米多孔半导体膜结构则取代了树叶中的磷酸类酯膜。

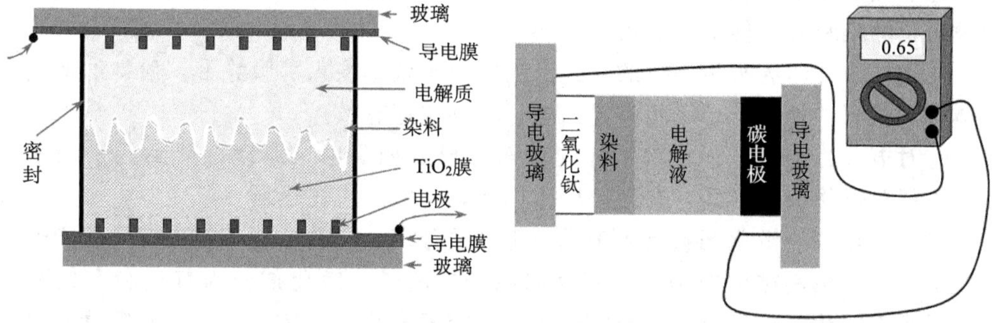

图 3-18　染料敏化太阳能电池结构示意图

完全不同于传统硅系结太阳能电池的装置，染料敏化太阳能电池的光吸收和电荷分离传输分别是由不同的物质完成的，光吸收是靠吸附在纳米半导体表面的染料来完成的，半导体仅起电荷分离和传输载体的作用，它的载流子不是由半导体产生而是由染料产生的。

（1）导电基底材料。又称导电电极材料，分为光阳极材料和光阴极材料（或称反电极）。目前作为导电基底材料的有透明导电玻璃、金属箔片、聚合物导电基底材料等。其作用是收集和传输从光阳极传输过来的电子，并通过外回路传输到光阴极并将电子提供给电解质中的电子受体。DSSC 太阳能电池使用的导电基底材料主要是透明导电玻璃，是在厚度为 1～3mm 的普通玻璃表面镀上导电膜制成的。主要成分是掺 F 的透明 SnO_2膜（FTO）或 ITO。

（2）TiO_2光电阳极。纳米 TiO_2具有良好的光电转换能力，一般将其修饰到透明的导电玻璃上作为光阳极。TiO_2材料的禁带宽度是 3.2eV ，超过了可见光的能量范围（1.71～3.1eV），所以需要用光敏材料对其进行修饰。纳米 TiO_2膜表面具有多孔的结构，可以通过吸附作用把染料固定在纳米 TiO_2表面，以进一步提高电池的光电转换效率。纳米 TiO_2在电池中起着重要作用，①其结构性能决定染料吸附的多少。膜厚在 10^{-15} μm 是一个最优化的厚度，光电转换效率能达到最大值。②纳米 TiO_2对光的吸收、散射、折射产生重要影响，光照下太阳光在薄膜内被染料分子反复吸收，大大提高染料分子的光吸收率。③纳米 TiO_2薄膜对染料敏化太阳能电池中电子传输和界面复合起着很重要的作用，影响光电流的输出。

高效染料敏化电池中的纳米多孔薄膜具有以下特点。

①大的比表面积和粗糙因子，大的比表面积能够吸附大量的染料，更好地利用太阳光。对于 8μm 的电极，粗糙因子可以达到 1000。

②纳米颗粒之间的相互连接，构成海绵状的电极结构，使纳米颗粒和导电基底以及纳米半导体颗粒之间有很好的电学接触，使载流子在其中能有效地传输，保证大面积薄膜的导电性，减少薄膜中电子和电解质受主的复合。

③氧化还原电对（一般为 I^{3-}/I^-）可以渗透到整个纳米晶多孔膜半导体电极，使被氧化的染料分子能够有效再生。

④纳米多孔薄膜吸附染料的方式保证电子有效地注入薄膜导带，使得纳米晶半导体和其吸附的染料分子之间的界面电子转移快速有效。

⑤对电极施加偏压，在纳米晶的表面能形成聚集层（厚度在几到几十纳米）。对于本征和低掺杂半导体，在正偏压作用下，不能形成耗尽层。

(3) 敏化剂。敏化剂吸收太阳光产生光致分离，它的性能直接决定太阳能电池的光电性能。按其结构中是否含有金属原子或离子，敏化剂分为有机和无机两大类。无机类敏化剂包括钌、锇类的金属多吡啶配合物、金属卟啉、金属酞菁和无机量子点等；有机敏化剂包括天然染料和合成染料。

人们通过研究钌吡啶配合物敏化太阳能电池中各个环节的动力学速率常数发现，要获得较高的光电转换效率，①合成出的染料应具有稳定的氧化态和激发态，这样不但会使电池具有较高的逆转能力，还会使染料中的电子注入效率提高，从而使染料中的电子更容易注入 TiO_2薄膜的导带中。②染料分子应含有大键、高度共轭、并且有强的给电子基。只有这样染料分子的能级轨道才能与纳晶 TiO_2薄膜表面的 O^-离子形成大的共轭体系，使电子从染料转移到 TiO_2薄膜更容易，电池的量子产率更高。③染料在可见光区有较强的吸收，尽可能宽的吸收带，从而吸收更多的太阳光，捕获更多的能量，提高光电转换效率。④要求染料能够快速吸附到 TiO_2的孔道中，且不易脱附。

(4) 电解液。在染料敏化太阳能电池中，电解液的作用是将电子传输给激发态染料，空穴传输到对电极，从而完成一个光路循环。

溶剂和金属离子的选择对太阳能电池的电流输出有很大的影响，因为薄膜电极吸附阳离子后，半导体的导带能级会发生变化，这种变化导致了激发态染料分子向半导体中注入电子的能力发生改变，因此可以通过调节金属离子和溶剂来改善染料分子的注入能力。

长期以来，染料敏化太阳能电池一直使用液态电解质。液体电解质种类繁多，电极电势容易控制。但液体电解质有以下性能：①容易导致吸附在薄膜上的染料解吸，影响电池的稳定性。②密封工艺复杂。③电解质本身不稳定，易发生化学变化，从而导致太阳能电池的失效。④载流子迁移速度慢，在强光下光电流不稳定。⑤除了氧化还原循环反应外，电解质还存在不可逆反应。这些都导致了电池的不稳定和使用寿命的缩短。

为了克服液体电解质的不足，人们开始致力于固体电解质的研究。与液态电解质相比，固态染料敏化太阳能电池敏化剂的氧化还原电位，可以和空穴导体的工作函数更好地匹配，所以固态染料敏化太阳能电池获得的U_{OC}值很高，可以达到接近1V。以固态电解质取代液态电解液应用于染料敏化太阳能电池，可以提高和改善电池的长期稳定性。

（5）阴极。阴极的制备一般用导电玻璃片作为基体，采用不同方法镀上石墨、铂或导电聚合物等不同材料，其中镀铂（Pt）的效果较好。Pt覆盖的TCO或者碳常用来作为相反电极。

染料敏化太阳能电池工艺简单，成本低，有可能成为21世纪太阳能电池的新贵。

简易制备步骤包括调制纳米二氧化钛薄膜、利用天然染料把二氧化钛膜着色、制作反电极、注入电解质、组装电池五个步骤。

（1）二氧化钛膜的制备就是把二氧化钛胶体涂敷在透明导电玻璃上，包括溶胶的制备、基片的清洗与成膜和薄膜的烧结三个主要步骤。

①溶胶的制备。瑞士洛桑高等工学院Gratzel等提出一套TiO_2薄膜的制备方案，他们将钛醇盐逐滴加入水中，通过控制加入的相应醇的量来调节溶胶浓度。钛醇盐在水中发生水解，生成沉淀，再将沉淀用去离子水清洗后，溶于硝酸。为了控制粒子的大小，还需控制水解的速度和溶胶的浓度，方法是将溶胶放入80℃烘箱烘8h。接下来是热压处理这些溶胶，热压处理可以控制粒子的生长与结晶。

制备溶胶的第二种方法是用二氧化钛粉体来制备。瑞士洛桑高等工学院Gritzel和华侨大学的范乐庆等都使用过此种方法。其过程是称取二氧化钛粉（P25）放入研钵中，一边研磨，一边逐渐加入硝酸或乙酸（pH为3～4），每加入1ml酸都必须使其研磨得较均匀，如图3-19所示。

第三种方法是将钛醇盐溶于部分无水乙醇中，然后加入二乙醇胺和浓盐酸，室温下用磁力搅拌器搅拌1h，混合均匀后再加入水和无水乙醇体积比为1∶10的乙醇水溶液，得到稳定、均匀、透明的浅黄色溶胶。此法制备溶胶比较简单易行。

②基片的清洗与成膜。制备完溶胶后，下一步是成膜。在成膜之前，先要对导电玻璃进行清洗。清洗的方法是将薄膜分别放入水和乙醇中进行超声清洗。在制备染料敏化太阳能电池中最常用的成膜方法是浸渍提拉法和胶带涂敷法。浸渍提拉法

图 3-19　溶胶的制备

是将清洁的基片浸泡在溶胶中，然后以一定的速率将基片沿与液面垂直方向提拉，这样在基片表面就附着一层溶胶的薄膜。胶带涂敷法是直接在导电玻璃片上涂膜，如图 3-20 所示。

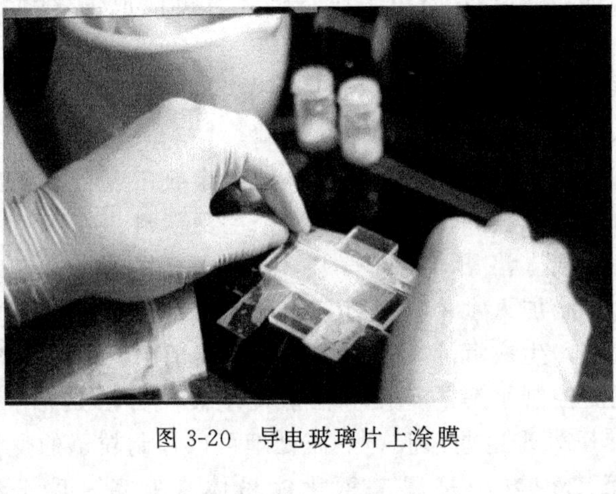

图 3-20　导电玻璃片上涂膜

③薄膜烧结的过程是钛醇盐发生缩聚反应的过程，在此过程中脱掉薄膜中的水和有机物而生成二氧化钛。烧结过程要控制升温速率、保温时间、烧结温度。因为它们对薄膜的粒径、孔径和晶型影响非常大，如图 3-21 所示。

(2) 利用天然染料把二氧化钛膜着色。在新鲜的或冰冻的黑莓、山莓和石榴籽上滴 3～4 滴水，再进行挤压、过滤，即可得到我们所需要的初始染料溶液；也可以把 TiO_2膜直接放在已滴过水并挤压过的浆果上，或在室温下把 TiO_2膜浸泡在红茶（木槿属植物）溶液中。有些水果和叶子也可以用于着色。如果着色后的电极不立即用，必须把它存放在丙酮和脱植基的叶绿素混合溶液中。如把新鲜的或冰冻的黑莓、山莓石榴籽或红茶，用一大汤匙的水进行挤压，然后把二氧化钛膜放进去进

图 3-21　用酒精灯烤干

行着色，大约需要 5min，直到膜层变成深紫色，如果膜层两面着色的不均匀，可以再放进去浸泡 5min，最后用乙醇冲洗，并用柔软的纸轻轻地擦干，如图 3-22 所示。

图 3-22　二氧化钛膜着色

（3）制备反电极。电池既需要光阳极，又要一个对电极才能工作。对电极又称反电极，是由涂有导电的 SnO_2 膜层组成的。利用一个简单的万用表就可以判断玻璃的哪一面是导电的，利用手指也可以作出判断，导电面较为粗糙。

反电极是在导电玻璃上镀上白金、镍或者碳，范乐庆等比较了这几种电极的性能。结果表明，白金电极效果最佳，镍电极次之，碳电极活性较弱。

碳电极的制备可采用物理涂敷。把非导电面标上“＋”，然后用 5B 铅笔在导电面上均匀地涂上一层石墨，尽量涂均匀，如图 3-23 所示。然后放入马弗炉中进行热处理，经过热处理后的碳电极用酒精进行冲洗后晾干即可获得所需要的碳电极。

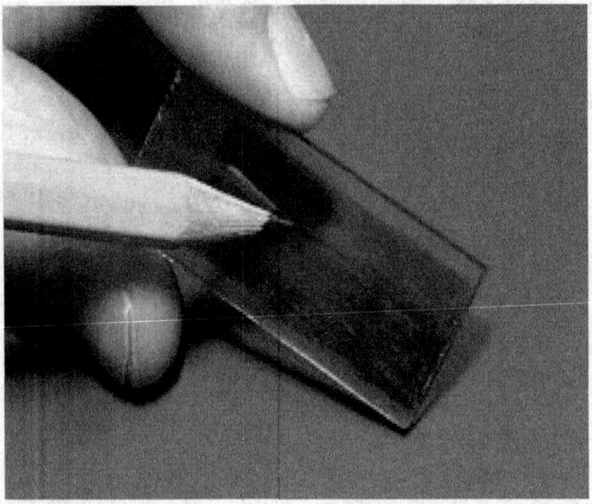

图 3-23　制备碳电极

(4) 注入电解质。注入含碘和碘离子的溶液作为太阳电池的电解质，它主要用于还原和再生染料，如图 3-24 所示。

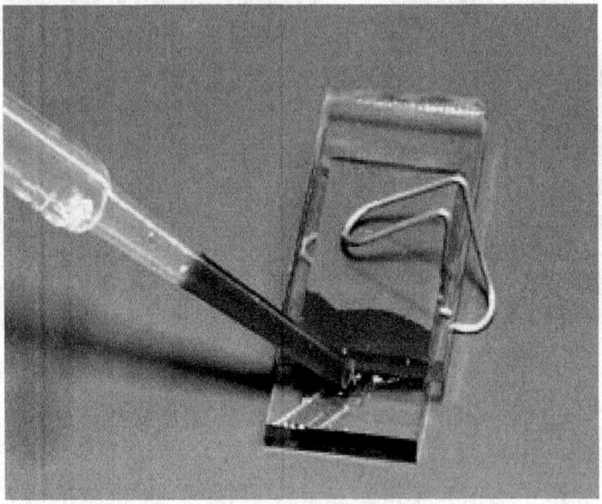

图 3-24　注入电解质

(5) 组装电池。把着色后的二氧化钛膜面朝上放在桌上，在膜上面滴 1～2 滴含碘和碘离子的电解质，然后把反电极的导电面朝下压在二氧化钛膜上。把两片玻璃稍微错开，以便利用暴露在外面的部分作为电极的测试用。利用两个夹子把电池夹住，这样，太阳能电池就做成了，如图 3-25 所示。在室外太阳光下，可以测得其开路电压 0.43V，短路电流 $1mA/cm^2$。图 3-26 为一样品染料敏化太阳能电池。

图 3-27 为一高效染料敏化太阳能电池的伏安曲线。

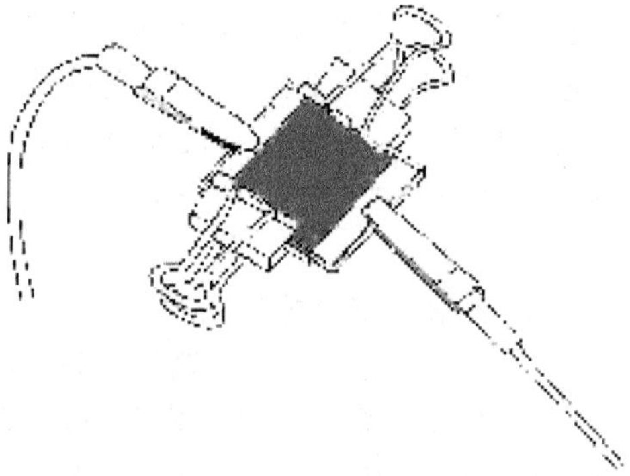

图 3-25 简易组装后的电池

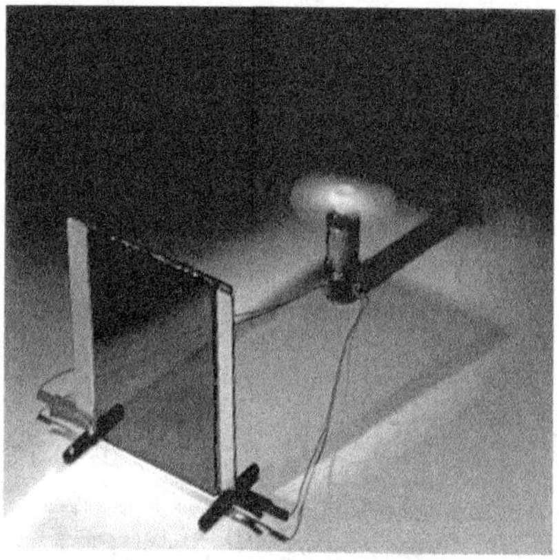

图 3-26 染料敏化太阳能电池

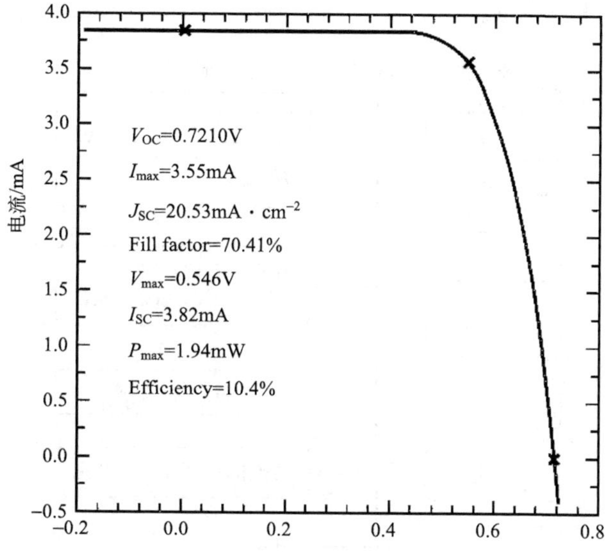

图 3-27 高效染料敏化太阳能电池的伏安曲线

染料敏化太阳能电池低成本、原料丰富、在颜色的调控、适应消费者方面具有很大的潜力、无污染、可再生性好。虽然染料敏化太阳能电池与硅太阳能电池相比具有独特的优越性，但是它距实用阶段还有很大距离。如何进一步提高电池的光电转化效率、开发高效的固态电解质以及寻找更好的光敏感染料都是染料敏化纳米晶太阳能电池研究领域中有待解决的问题。

3.7.2 聚合物太阳能电池

广泛地讲有机聚合物太阳能电池主要是利用有机高聚物来直接或间接将太阳能转变为电能的器件。有机太阳能电池根据电荷的传输分为有机空穴传输材料（p型，电子给体，简称D，即Donor）和有机电子传输材料（n型，电子受体，简称A，即Acceptor）。其转换和损失机制如图3-28所示。一般认为有机聚合物太阳电池的光电转换过程包括光的吸收与激子的形成、激子的扩散和电荷分离、电荷的传输和收集。

(1) 光子吸收。当太阳光透过透明电极ITO照射到聚合物层上时，能量 $h\nu$ 大于材料禁带宽度的光子被材料吸收，激发电子从聚合物的最高占有轨道（HOMO）跃迁到最低空轨道（LUMO），留在HOMO中的空位通常称为“空穴”，这样就形成了激子。在大部分有机太阳能电池中，因为材料的带隙过高，只有一小部分入射光被吸收，吸收只能达到30%左右。

(2) 激子扩散。激子由于库仑力的作用，具有较大的束缚能而绑定在一起，导致激子寿命短，扩散长度短。

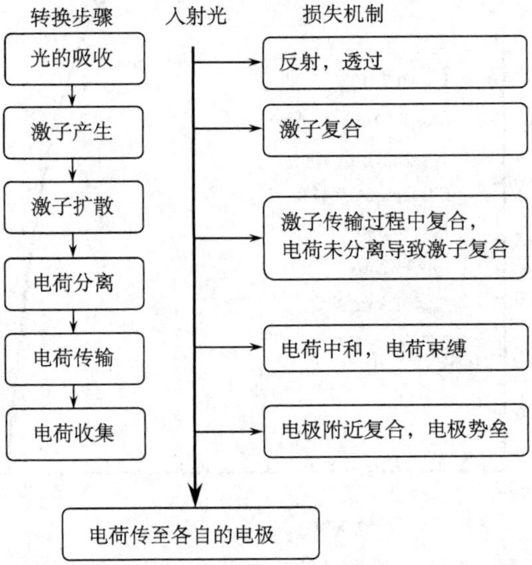

图3-28 聚合物太阳能电池光电转换过程和入射光子损失机理

(3) 电荷分离。光激发产生的激子要经过一定的路径，传输到合适的位置才能进行解离。激子的扩散长度应该至少等于薄膜的厚度，否则激子就会发生复合，造成吸收光子的浪费。当束缚的激子扩散到由半导体/金属、有机层/有机层、有机层/无机层所形成的界面处可以完成激子的解离。但是激子的扩散长度是有限的，一般在10nm左右，距离界面10nm以外的激子是得不到解离的，对光电流没有贡献。当激子迁移到界面处，并在界面处解离成功才能形成自由的载流子（正、负电荷），自由的载流子在内建电势或是外加电场力的作用下，会产生定向的运动，从而使两种载流子分开。对于单层器件，激子在电极与有机半导体界面处离化，对于双层器件，激子在施主-受主界面形成的 pn 结处离化。

（4）电荷传输。电子在聚合物中的传输是以跳跃的方式进行的，迁移率比较低。在有机材料中，电荷的传输是定域态间的跳跃，而不是能带内的传输，这意味着有机材料和聚合物材料中载流子的迁移率通常都比无机半导体材料的低。

（5）电荷收集。向两个电极传输的正负电荷，最终会传输到电极处被各自的电极收集。因而电荷的收集效率也是影响光伏器件功率转换效率的关键因素。主要影响电荷收集的因素是电极处的势垒，金属与半导体接触时会产生一个阻挡层，阻碍电荷顺利地到达金属电极。再有就是激活层与电极界面的接触情况。

有机聚合物太阳能电池的结构分为单层、双层和体异质结构。单层器件激子的分离效率低。光激发形成的激子，只有在肖特基结的扩散层内，依靠节区的电场作用才能得到分离。而有机染料内激子的迁移距离相当有限，通常小于 10nm。如图 3-29 所示。

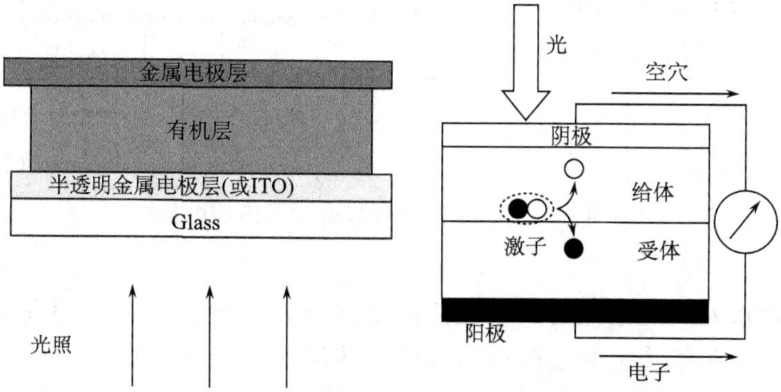

图 3-29 单层有机太阳能电池（肖特基型）的结构

双层异质结结构的有机太阳能电池，是由给体和受体两种材料组成活性层。器件结构如图 3-30 所示。这种结构将内建场存在的结合面与金属电极隔开，有机半导体和电极的接触为欧姆接触，形成异质结的 D/A 界面为激子的解离阱。图中可以看到，在 D/A 接触面，存在内建电场，于是在这个薄层中，库伦势能可以用于激子分离，产生的电子和空穴分别被电极收集，形成光电流。

为了解决双层异质结结构的太阳能电池中的 D/A 接触面小的问题，后来把给体、受体材料同时溶于有机物，再制成薄膜方法，制成了所谓的体异质结结构（给体受体电荷互穿网络结构）如图 3-31 所示。体异质结将施主材料和受主材料混合分布在同一层中，大大增加了施主/受主界面的面积，使得激子能够运动短的距离

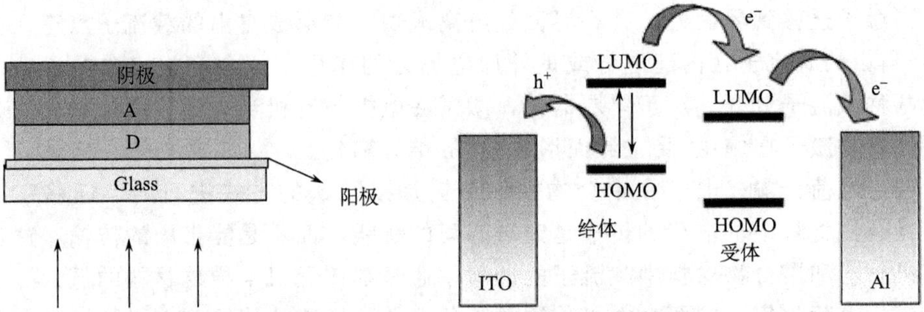

图 3-30　双层有机太阳能电池的结构

就可以得到有效分离。另一方面，两种材料混合在一起，若其中一种材料具有良好的成膜性，则可通过旋涂、喷墨打印等方式制备活性层，不需要真空过程，很大程度上简化器件的制备过程，降低器件成本。

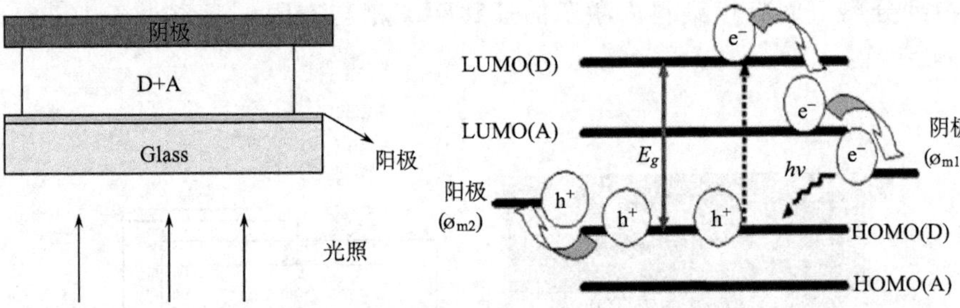

图 3-31　体异质结结构聚合物太阳能电池

有机聚合物太阳能电池的制造工艺灵活多样，旋涂技术是利用高速旋转基片，利用离心力使滴在基片上的溶液均匀地涂在基片上，溶剂挥发，留下溶质形成均匀的薄膜，其厚度则根据不同溶液和基片间的黏滞系数而不同，也和旋转的速度和时间有关，如图 3-32 所示。

真空蒸镀（thermal evaporating）技术是物理气象沉积方法中的一种，是在真空中运用电阻电流加热的方法，采用钨、钼、铂等高溶点化学性能稳定的金属，加工成为适当形状的加热源（图 3-33），或加上石英舟使加热更均匀，在上面装入所需蒸镀的材料，利用电流的热效应使加热器温度达到材料蒸发的温度，使镀膜材料气化，并在一定条件下使气化的原子或分子牢固地凝结在所需蒸镀的基片上形成薄膜。

热退火是指在真空干燥的条件下，将基片缓慢加热到高于或低于临界点（通常为聚合物的玻璃转变温度），保持一定时间，随后以适宜速度冷却，从而获得接近平衡状态的组织和性能的一种热处理工艺。有机聚合物太阳能电池在退火处理后，薄膜在纳米尺度内的形貌规整程度得到提高，半导体聚合物的结晶度也有所增加，

(a) 台式匀胶机　　　　(b) 旋涂

图 3-32

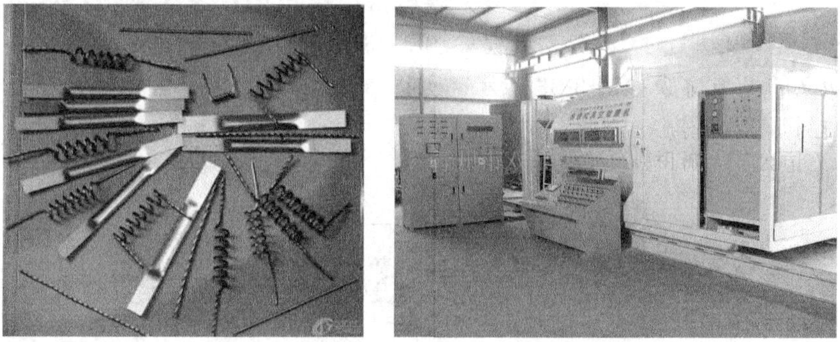

图 3-33　各种加热源和真空镀膜机

同时改善了电极与光敏层薄膜的接触，这些改进有助于载流子的产生、转移及电荷在电极处的收集，从而降低了聚合物太阳电池的串联电阻，提高了器件的光电转换效率。

喷雾涂布（spray-coating）技术通过喷枪或碟式雾化器，借助于压力或离心力，分散成均匀而微细的雾滴，施涂于被涂物表面的涂装方法，如图 3-34 所示。喷涂作业需要环境要求有百万级到百级的无尘车间，喷涂设备有喷枪、喷漆室、供漆室、固化炉/烘干炉、喷涂工件输送作业设备、消雾及废水、废气处理设备等。

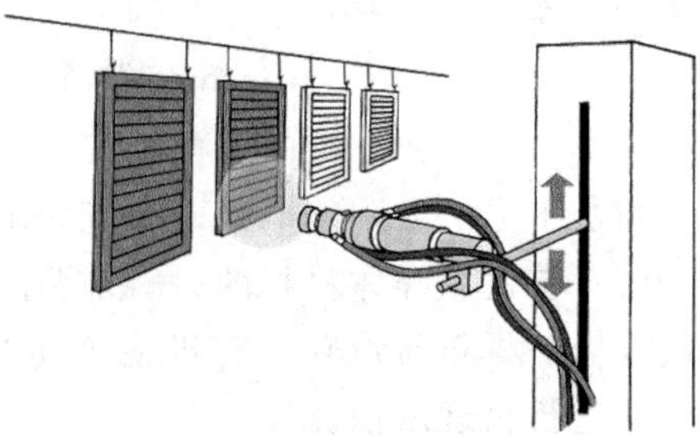

图 3-34　喷雾涂布技术

丝网印刷技术是利用丝网印版部分网孔透油墨、部分网孔不透墨的基本原理进行印刷。印刷时在丝网印版一端上倒入油墨，用刮印刮板在丝网印版上的油墨部位施加一定压力，同时朝丝网印版另一端移动。油墨在移动中被刮板从图文部分的网孔中挤压到承印物上。由于油墨的黏性作用而使印迹固着在一定范围之内，印刷过程中刮板始终与丝网印版和承印物呈线接触，接触线随刮板移动而移动，由于丝网印版与承印物之间保持一定的间隙，使印刷时的丝网印版通过自身的张力而产生对刮板的反作用力，这个反作用力称为回弹力。由于回弹力的作用，使丝网印版与承印物只呈移动式线接触，而丝网印版其他部分与承印物为脱离状态。使油墨与丝网发生断裂运动，保证了印刷尺寸精度和避免蹭脏承印物，如图 3-35 所示。

图 3-35　丝网印刷技术

狭缝挤压涂层印刷技术是当今效率最高的有机太阳能电池印刷技术，工艺流程如图 3-36 所示。印刷方式多样，如图 3-37 所示。印刷好的电池薄膜如图 3-38 所示。如图 3-39 所示为某公司生产的聚合物太阳能电池的测量参数图。

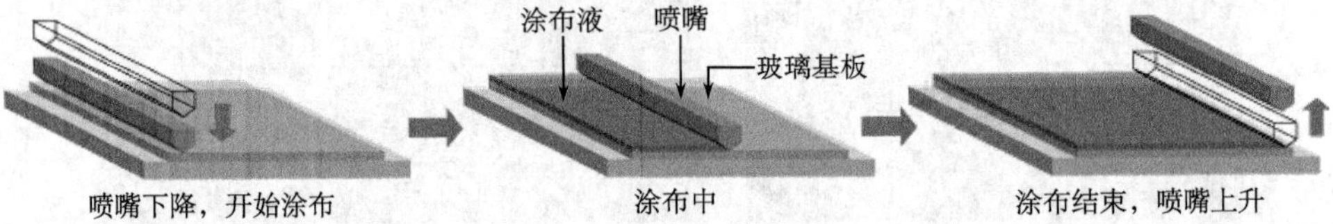

图 3-36　狭缝挤压涂布层印刷技术工艺流程简图

图 3-37　狭缝挤压涂布层印刷方式

相对于无机太阳能电池，有机太阳能电池具有如下优点。

(1) 有机半导体材料的原料来源广泛、易得、廉价，环境稳定性高，有良好的光伏效应、材料质量轻、有机化合物结构可设计且制备提纯加工简便、加工性能好，易进行物理改性。

(2) 有机太阳能电池制备工艺更加灵活简单，可采用真空蒸镀或涂敷的办法制备成膜，还可用旋转涂膜（spin coating）、喷墨打印（ink jet printing）、丝网印刷（screen printing）等简易方法制备；生产中的能耗较无机材料更低，生产过程对环

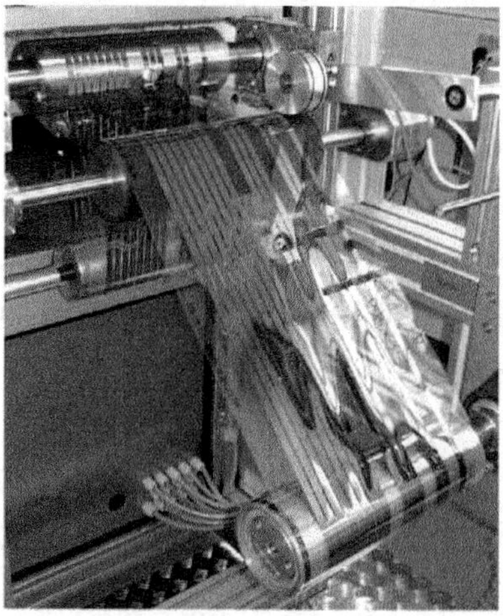

图 3-38　印刷好的电池薄膜

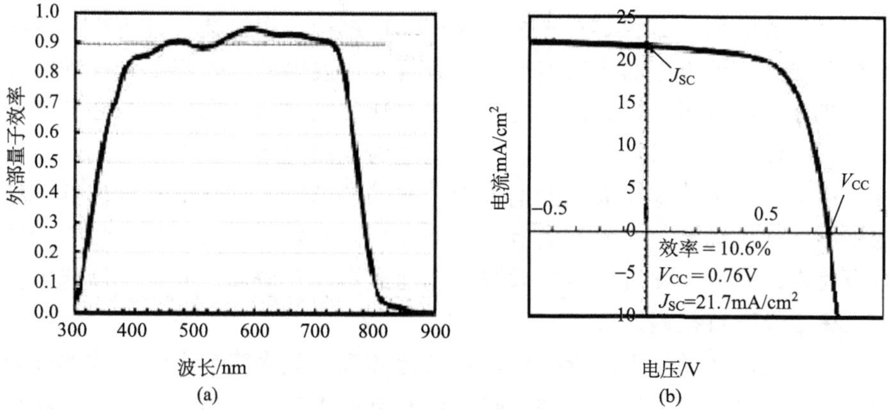

图 3-39　电池的测量参数

境无污染，具有制造面积大、超薄、廉价、简易、良好柔韧性等特点。

（3）有机太阳能电池产品是半透明的，便于装饰和应用，色彩可选。

虽然有机太阳能电池具有廉价、易加工、可大面积成膜等优点，但与无机硅太阳电池相比，在转换效率、光谱响应范围、电池的稳定性方面，还有很大的差距。原因主要如下。

（1）有机物材料本身所具有的缺陷。①高分子材料大都为无定型，即使有结晶度，也是无定型与结晶形态的混合，分子链间作用力较弱，使得高分子材料载流子的迁移率一般都很低，②高分子材料的禁带宽度 E_g 相较于无机半导体材料要大得多。有机高分子的光生载流子不是直接通过吸收光子产生，而是先产生激子，然后再通过激子的离解产生自由载流子，这样形成的载流子容易成对复合，最后使光电流降低。③共轭聚合物掺杂均为高浓度掺杂。这样虽然能保证材料具有较高的电导率，但载流子的寿命与掺杂浓度成反比，随着掺杂浓度的提高，光生载流子被陷阱俘获的概率增大，导致电池的光电转换效率很小。④有机物本身易与水和空气起反应，以及其光化学稳定性较差都是影响其效率的重要因素。

(2) 光伏器件制作工艺方面。在电极的选取、半导体表面和前电极的反射、掺杂层复合材料相分离的互穿网络的微观结构、制作过程中的氧气和水分的影响以及器件的封装方面工艺都不成熟。

以有机材料制备太阳能电池的研究刚开始，不论是使用寿命，还是电池效率都不能和无机材料特别是硅电池相比。它能否发展成为具有实用意义的产品，还有待于进一步研究和探索。但是相对于制造无机电池的高昂代价来讲，有机小分子及聚合物太阳能电池的研究仍旧有很强大的潜力。

3.8 高效太阳能电池探索

研究太阳能电池的目的，在于改变现有能源结构，以清洁、可再生能源替代高污染、高消耗、不可再生的化石能源。但只有光伏发电的成本降低到与现有能源相比拟，才能被广泛应用。因此，提高太阳能电池和系统的效率，同时降低其制造成本，是光伏领域的最终目标。但目前，以晶硅为代表的第一代太阳能电池原材料消耗多、制备工艺复杂；薄膜太阳能电池中，非晶硅薄膜太阳能电池效率低、稳定性差；硫化镉、碲化镉薄膜太阳能电池镉有剧毒，硒和铟是储量很少的稀有元素；以砷化镓为代表的三五族化合物薄膜太阳能电池成本相对较高；有机太阳能电池效率低下，且稳定性有待提高。

除了通过电池产品生产的标准化、自动化和规模化来降低电池的成本外，从科研角度主要有两个途径解决：一种是降低现有电池生产的成本，主要降低原材料与能耗成本；二是发展低温、低成本的薄膜太阳能电池制备技术。

从效率分析，现有电池效率不高的主要原因是光子的能量不能充分利用，其次是光生载流子的能量不能完全输出。太阳能转换成电能的卡诺循环效率可达95%，而目前太阳能电池效率远低于这个值，说明太阳能电池的光电转换效率还有很大潜力。太阳能电池能量损失可归结为三个主要因素：①热损失，光生载流子对能很快地将能带多余的能量以热的形式散发；②电子-空穴对复合损失，很多电子-空穴对还没有有效收集就复合掉了；③还有一部分是由pn结和接触电压损失引起的。为减少热损失，可设法让通过电池的光子能量恰好大于能带能量，使光子的能量激发出的光生载流子无多余的能量可损失；或者在光生载流子对能还没有损失之前充分收集和利用。为减少电子-空穴的复合损失，可设法延长光生载流子寿命，这可通过消除不必要的缺陷来实现。减少pn结和接触电压损失，可通过聚集太阳光以加大光子密度的方法实现。

3.8.1 高效太阳能电池的研发方向

为了提高和改善太阳能电池的光伏性能，科研人员从拓宽光谱的吸收范围和减少材料和结构自身的能量损失方面开展高效（>50%）太阳能电池的理论研究工作和科学实验工作。这就需要从材料选择、结构设计、制作工艺、测试分析及理论模拟等诸多方面进行综合探讨。从提高效率分析，有效措施有：充分吸收太阳光谱，实现电池吸收光谱与太阳光谱尽可能地匹配；充分利用每个光子的能量，提高量子效率；通过光子能量的再分布，拓宽电池的吸收光谱范围。

基于上述措施，目前研发中的高效电池主要有以充分吸收太阳光谱为主的多能带电池，包括多结叠层电池、中间带电池、上转换和下转换电池。上、下转换电池通过光子能量的上转换和下转换改变入射光子的能量分布以利于电池对光的充分吸收。另一种以提高每个光子的转换功率为宗旨，如提高输出电压的热载流子电池、提高输出电流的碰撞离化电池。还有一类是建立在热光电和热光子基础上的能量转换器。目前存在的若干技术有多结叠层电池、超晶格电池、热载流子电池、碰撞电离电池、中间带及多能带太阳能电池、热太阳能电池、聚光电池、量子阱太阳能电池、Si/Ge 薄膜太阳能电池、纳米复合 Si 薄膜太阳能电池、石墨烯太阳能电池、纳米天线太阳能电池等技术，也可以是以上技术的综合利用。

3.8.2 聚光太阳能电池

聚光太阳能电池通过聚光器而使较大面积的阳光会聚在一个较小的范围内，形成焦斑或焦带，并将太阳能电池置于这种焦斑或焦带上，以增加光强，克服太阳辐射能流密度低的缺点，从而获得更多的电能输出。因此，聚光太阳能电池首先要考虑聚光器的结构、跟踪装置和散热措施。

聚光太阳能电池与普通太阳能电池略有不同，因其需要耐高倍率的太阳辐射，特别是在较高温度下的光电转换性能要得到保证，故在半导体材料选择、电池结构和栅线设计等方面都要进行一些特殊考虑。最理想的制造聚光太阳能电池的材料为砷化镓，因为它的禁带宽度和载流子浓度均适用于在强光下工作。对单晶硅聚光材料，结构方面聚光电池的 pn 结构要求较深，普通太阳能电池多用平面结构，而聚光太阳能电池常采用垂直结构，以减少串联电阻的影响。同时，聚光电池的栅线也较密，典型的聚光电池的栅线约占电池面积的 10%。

随着跟踪器等关键技术的成熟，稳定性和可靠性的逐渐提升，发电成本的持续下降，聚光技术将会越来越受到重视。但聚光电池的缺点也不能忽视。目前，生产聚光电池的成本大大高于前两代太阳能电池的生产成本，严重制约聚光电池的普及运用；另外，生产聚光电池耗能较大。

3.8.3 多结太阳能电池

高效多结太阳能电池一直是太阳能光伏技术中的热点之一，多结太阳能电池采用不同禁带宽度的电池组合成新的结构，从而拓宽电池对太阳光谱的吸收范围。不同带隙宽度电池的组合方式有两种：一种是光谱分离模式，将入射光在空间上分离成不同的波长，并被具有相应能隙的电池吸收，每个电池有独立的输出负载回路。由于每个电池是独立输出，理想情况下开路电压接近入射光子的能量，具有高带隙宽度的电池输出高的开路电压，总体提高了电池的电压、电流和电池效率。这类电池组合概念上很简单，但实现上比较困难。另一种是电池的叠层连接，将不同带宽的半导体材料做成多个太阳能子电池，最后将这些子电池串联形成多结太阳能电池。这种串联连接在试验上容易实现，输出电压是各子电池电压之和，但要求各子电池的电流匹配。电流匹配比较难满足，难以优化每个子电池，会损失一些效率。目前研究较多的Ⅲ-Ⅴ族材料体系，如 InGaP/GaAs/Ge 三结电池所报道的转换效率可达 42.8％。

3.8.4 热载流子太阳能电池

前面提到太阳能电池能量损失第一位的是热损失，即光生载流子对能很快地将能带多余的能量以热的形式散发。光生热电子在很短的时间内与晶格相互作用，发射声子，失去能量。因此不论入射光子的能量是多大，由材料的带隙宽度决定的输出电压都是一样的，即使能量大于禁带宽度 2 倍甚至更多倍的入射光子也仅仅产生一个电子空穴对，能量的损失是显而易见的。

如果设计电池将热载流子直接输出，即热载流子在其冷却之前被电极收集，就能获得较高的开路电压。这实际上是载流子的热化时间与抽出时间快慢的竞争。热载流子太阳能电池是通过晶格内声子的相互作用，降低光生载流子冷却的速率，使其在被收集前保持较高的能量状态。这种结构的电池具有较高的开路电压，也解决了光伏器件载流子热能化损失的问题。由于不需要带边来减缓光激发载流子的能量弛豫，在太阳光谱相当宽的区域中，载流子吸收都是可以进行的，为了避免光生载流子的热能化损失，采用很窄带隙的半导体材料或者金属均可获得这种大范围的吸收。热载流子太阳能电池的结构相对其他多结叠层电池，在维持高转换效率的条件下具有相对较简单的结构。

热载流子太阳能电池虽然很有前景，但该技术的研究尚处于理论初级阶段，要得到高转换效率的电池还需走很长的路。

3.8.5 碰撞离化太阳能电池

碰撞电离是热载流子可能提高输出的另一个途径。通常一个光子通常只能激发一个自由电子，这是因为在光子作用下产生的自由电子往往会与其周围的原子发生碰撞，消耗了电子多余的能量，不能激发更多的自由电子。热载流子碰撞电离是指光激发的高能离子碰撞晶格原子使其离化，产生第二个电子-空穴对，例如，材料由于吸收了一个高能量光子，激发一对高能量的电子-空穴对，当导带中的高能量电子跃迁到导带底部时，其释放的能量又会激发产生另一对电子-空穴对，这样一个光子的吸收就能产生 3 对电子-空穴对。通过增加光生载流子密度，增大了太阳能电池的光电流，从而提高了电池的转换效率。2006 年，洛斯阿拉莫斯国家实验室的维克多克勒默通过实验发现，PbSe 的量子点被高能紫外线轰击时能使一个光子产生 7 个电子。

碰撞离化效应在体材料中很微弱，在量子点超晶格结构中碰撞离化效应较为明显。碰撞离化太阳能电池目前的研究主要集中在电子-空穴对的分离、输运和收集等方面。

3.8.6 杂质带和中间带太阳能电池

杂质带和中间带太阳能电池均是在材料中掺入一种或几种能级位于半导体禁带之间的杂质，从而吸收不同能量的光子，通过多步吸收将若干个光子激发成一对载流子，减少热能化损失。与叠层电池相比，它的极限效率与三叠层电池的一样，非聚光条件下为 48%。这两种结构器件均可吸收能量小于带宽的光子激发出电子-空穴对，而中间带的连续性避免了光子能量被同一电子重复吸收，这可延长中间能级的寿命，使第二个光子能够被吸收。为了最大限度地利用这一优点，中间带必须处于半满状态，即要求费米能级位于带宽的中间位置，从而使价带电子的吸收概率和导带电子的发射概率相等。杂质太阳能电池是在电池中引入深能级缺陷，杂质能级的最佳位置位于带宽的 1/3 处。引入的缺陷同样增加了辐射和非辐射复合的概率，可通过调整缺陷能级使其远离结的位置来弥补这一缺点。这种结构的电池既可吸收短波长的光又可吸收长波长的光。目前中间带太阳能电池是第三代太阳能电池研究的活跃领域之一，虽然还没有取得较好的转换效率，但不久的将来这一难题将会被攻克。

3.8.7 上下转换太阳能电池

与多结电池和中间带电池一样，上下转换电池也是为了拓宽光谱响应，减少低能光子透过电池导致的损失和高能量光子的热化损失。上转换通常是吸收 2 个以上能量小于带隙的光子，然后发射出一个能量大于带隙的光子，如吸收两个红光光子，发射一个能量大于电池带隙的光子；下转换即吸收太阳光谱中远大于电池能带宽度的高能光子，发射两个或两个以上能量大于电池带隙的光子。

下转换电池通常是将下转换材料（下转换器）位于单结电池的上面，通过把高能量的紫外光转换成可见光来增加光生电流，这就要求它的量子效率大于 1。上转换电池是将上转换材料（上转换器）置于电池的背面，由于上转换材料不会干扰前面单结电池的入射光，所以即便是低效率的上转换材料亦可增加光生电流，提高电池的转换效率。

上下转换太阳能电池在结构上虽然与中间带电池类似，但有明显区别。上下转换器与电池之间仅有光学上的耦合，电学上是完全隔离的，因此，转换器和电池可独立优化。

3.8.8 量子点太阳能电池

量子点结构也是新材料开发方面的热点，主要理念是将量子点层放在pn结的耗尽区内，在光生载流子复合之前被集中起来。这其实是一种使用中间带的方法，通过提高量子效率来获得高效率。很容易看出，必须有足够多的高质量量子点作为吸收层才能实现提高效率的目的，这就对量子点材料生长方面提出了很高的要求。同时，超晶格结构导致量子点之间产生结合后，在传导带上形成微带，使各种波长的光吸收成为可能。量子点型太阳能电池的理论转换效率可达60%以上，是颇受瞩目的高效太阳能电池的候选者之一。

3.8.9 下一代太阳能电池

根据Shockley-Queisser极限（S-Q极限），单结太阳能电池的极限效率为31%，全聚焦条件下是40.8%。世界光伏研究和产业界十分关注如何突破S-Q极限，从而大幅度地提高对太阳光的利用率，是新一代太阳能电池的热点研究方向。新一代太阳能电池是克服第一代、第二代电池缺点的基础上研发的，因此应该具备以下优势。①高效。效率可能是第一代（晶体硅）和第二代（薄膜光伏）电池的2倍甚至3倍。②低成本。可以使用价格较低的高通量印刷和涂层技术，该技术在制造期间耗能较少、设备投资较低、无须第一代和第二代电池那样清洁的室内环境，因此会比之前几代的成本大大降低。③灵活性好。其厚度只有几微米，透明度高，可通过丝网印刷印在窗户上或直接安装在建筑物内，这意味着未来的建筑物以及桥梁等都可变成大型发电厂，毫不费力地获取太阳能来满足我们不断增长的需求。④3D技术。相对于平面太阳能板（2D）反射阳光，3D太阳能板可捕获到几乎所有照射在太阳能板上的阳光，大大提高能量转换效率。

AMPS-1D软件是一款由美国宾夕法尼亚大学研究开发的太阳能电池模拟软件。AMPS采用牛顿-拉普拉斯方法在一定边界条件下数值求解联立的泊松方程、电子和空穴的连续性方程，可以用来计算太阳能电池器件的结构与输运物理特性。AMPS首先从泊松方程、电子连续性方程和空穴连续性方程这三个方程出发得到三个状态变量：电子准费米能级（或电子浓度）、空穴准费米能级（或空穴浓度）和电势，这些状态变量都是位置的函数；而后再由这三个状态变量出发得到太阳能电池的一系列特性。

思　考　题

3.1　太阳能电池应选用什么样的材料？为什么？

3.2　试述太阳能电池的分类。

3.3　试述太阳能电池对材料的基本要求。

3.4　试述硅系薄膜太阳能电池的分类和特点。

3.5　试述非晶硅薄膜太阳能电池的优缺点。

3.6　简述碲化镉薄膜太阳能电池的优缺点。

3.7　简述 CIS 和 CIGS 电池的优缺点。

3.8　试述Ⅲ-Ⅴ族化合物太阳能电池的特点和应用。

3.9　简述有机太阳能电池的分类和特点。

3.10　如何降低电池的成本？

3.11　现有电池效率不高的原因是什么？

3.12　试述高效太阳能电池的研发方向。

3.13　用 AMPS-1D 软件模拟薄膜电池的结构参数对其性能的影响。

第 4 章　太阳能光伏组件设计

4.1　太阳能光伏组件概述

太阳能电池是将太阳光直接转换为电能的最基本元件，一个单体太阳能电池的单片为一个 pn 结，需根据使用要求将若干单体电池进行适当的连接封装，组成一个可以单独对外供电的最小单元即组件。

太阳能光伏组件（俗称太阳能电池板）是将性能一致或相近的太阳能电池，或由激光机切割开的小尺寸的太阳能电池，按一定的排列串、并联后封装而成。由于单片太阳能电池的电流和电压都很小，把它们先串联获得高电压，再并联获得高电流后，通过一个二极管（防止电流回流）输出。电池串联的片数越多电压越高，面积越大或并联的片数越多则电流越大。例如，一个组件上串联太阳能电池的数量是 36 片，这意味着这个太阳能光伏组件大约能产生 17V 的电压。

当应用领域需要较高的电压和电流，而单个组件不能满足要求时，可把多个组件通过串联或并联进行连接。根据负荷需要，将若干组件按一定方式组装在固定的机械结构上，形成直流发电的单元，即太阳能电池阵列，也称为光伏阵列或太阳能电池方阵。一个光伏阵列包含两个或两个以上的太阳能光伏组件，具体需要多少个组件及如何连接组件与所需电压（电流）及各个组件的参数有关。

太阳能电池并、串联组成太阳能光伏组件；太阳能光伏组件并、串联构成太阳能电池阵列。太阳能电池互联系统或阵列系统最主要的损耗有不匹配的电池之间的互联引起的损耗、电池板的温度和电池板的故障模式引起的损耗。

4.2　光伏组件的封装密度

在太阳能光伏组件中，太阳能电池的封装密度指的是被电池覆盖的区域面积与空白区域面积的比。封装密度影响着电池的输出功率以及电池温度。而封装密度的大小则取决于所使用电池的形状。例如，单晶硅电池一般为圆形或半方形，而多晶硅电池则通常为正方形。因此，如果单晶硅电池不是切割成方形，单晶硅组件的封装密度将比多晶硅的低，如图 4-1 所示。

当组件中电池排列较稀疏时，因为“零深度聚光”效应的影响，露出的空白背面同样能够少量增加电池的输出，如图 4-2 所示，一些射入到电池与电池之间的空白区域和射到电极上的光，被散射后又传到电池表面。

图 4-1　圆形电池和方形电池的封装密度

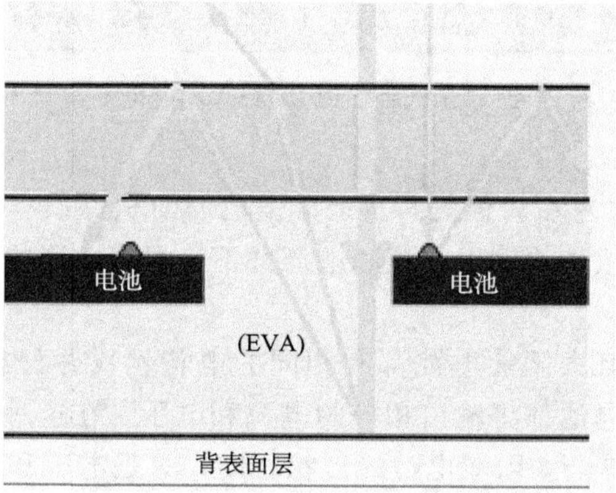

图 4-2　电池封装的零深度聚光

4.3　光伏组件的电路设计

一块硅太阳能光伏组件通常是由多块太阳能电池互相串联而成的，以提高输出电压和输出电流。光伏组件的输出电压通常被设计成与 12V 蓄电池相融的形式。而在 25℃和 AM1.5 条件下，单个硅太阳能电池的输出电压约为 0.6V。考虑到由于温度造成的电池板电压损失和蓄电池所需要的充电电压可能达到 15V 或者更多，大多数光伏组件由 36 块电池片组成，如图 4-3 所示，36 块太阳能电池串联起来以使输出的电压足以为 12V 的蓄电池充电。这样，在标准测试条件下，输出的开路电压将达到 21V，在工作温度下，最大功率点处的工作电压大约为 17V 或 18V。剩余的电压包括由光伏系统中的其他因素造成的电压损失，例如，电池在远离最大功率输出点处工作和光强变弱。

虽然光伏组件的电压大小取决于太阳能电池的数量，但是光伏组件的输出电流却取决于单个太阳能电池的尺寸大小和它们的转换效率。在 AM1.5 和最优倾斜角度下，商用电池的电流密度为 30～36mA/cm^2。单晶硅电池的面积通常为 100cm^2，则总的输出电流大约为 3.5A。多晶硅电池片面积更大但电流密度较低，因此输出

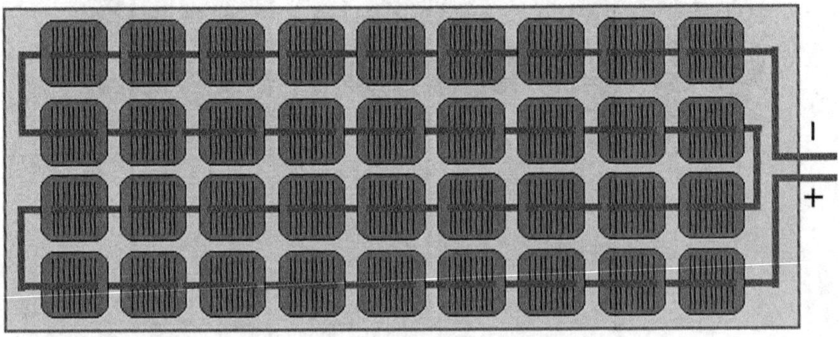

图 4-3　典型的光伏组件由 36 块太阳能电池串联而成

的短路电流通常为 4A 左右。但是，多晶硅电池的面积可以有多种变化，因此电流也可以有多种选择。组件的输出电流和电压并不受温度的影响，但却容易受组件的倾斜角度的影响。

如果组件中的所有太阳能电池都有相同的电特性，并处在相同的光照和温度下，则所有的太阳能电池都将输出相等的电流和电压。在这种情况下，光伏组件的 *I-V* 曲线的形状将和单个太阳能电池的形状相同，只是电压和电流都增大了。则输出电流为

$$I_T = M \cdot I_L - M \cdot I_O \left\{ \exp\left[\frac{q(V_T/N)}{nkT} \right] - 1 \right\} \tag{4-1}$$

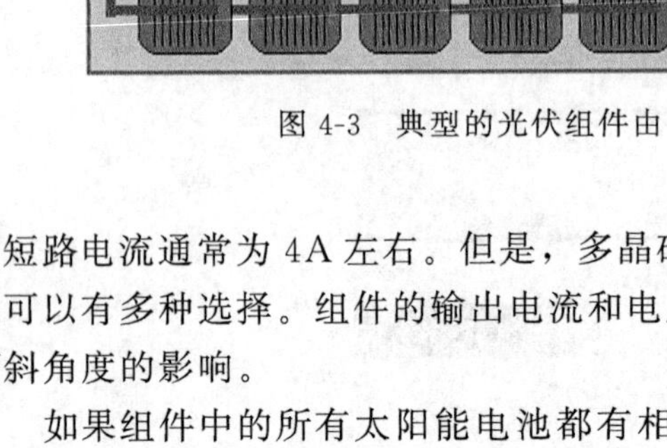

图 4-4　*N* 个电池串联，*M* 个电池并联的电路 *I-V* 曲线

式中，N 表示串联电池的个数，M 为并联电池的个数，I_T 为电路的总电流，V_T 为电路的总电压，I_O 是单个电池的饱和电流，I_L 是单个电池的短路电流，n 是单个电池的理想填充因子，而 q、k 和 T 则为常数。由一系列相同的电池连接而成的总电路的 *I-V* 曲线如图 4-4 所示。

4.4　光伏组件中的错配效应

错配损耗是由互相连接的电池或组件没有相同的性能或者工作在不同的条件下造成的，当组件中的一个太阳能电池的参数与其他的明显不同时，错配现象就会发生。由错配造成的影响和电能损失大小取决于光伏组件的工作点、电路的结构布局

和受影响的太阳能电池的参数。例如，电池串中如果有一块电池片被阴影遮住，由那些“好”电池所产生的电能将被表现差的电池所消耗，还可能会导致局部电能的严重损失，产生的局部加热也可能引起对组件无法挽回的损失。组件局部被阴影遮住是引起光伏组件错配的主要原因，如图 4-5 所示。

图 4-5　组件局部被阴影遮住

一个太阳能电池与其余太阳能电池在 I-V 曲线的上任何一处的差异都将引起错配损耗。如图 4-6 展示了理想太阳能电池和非理想太阳能电池的比较，最大的错

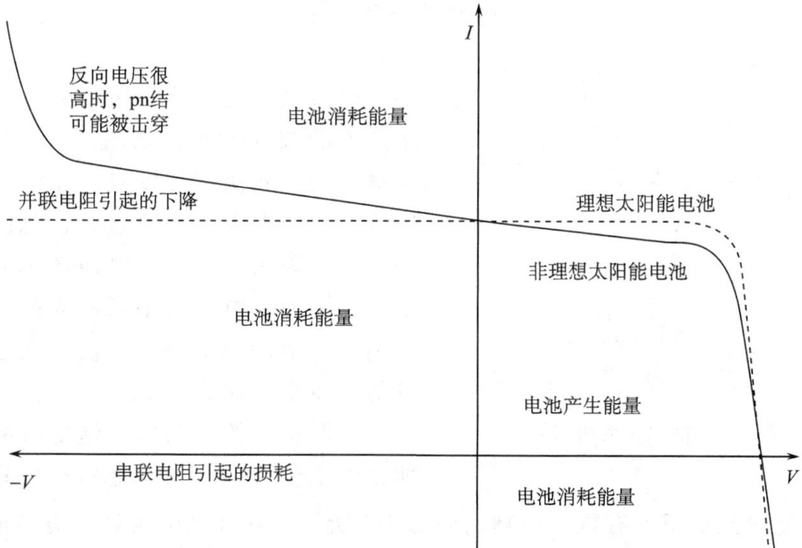

图 4-6　理想太阳能电池和非理想太阳能电池的比较

配差异是当电压被反向偏压时造成的。尽管错配现象可能由太阳能电池参数的任何一部分所引起，但是严重的错配通常都是由短路电流或开路电压的差异所引起的。错配的影响大小同时取决于电路的结构和错配的类型。

4.4.1 太阳能电池串联错配

因为大多数光伏组件都是串联形式的，所以串联错配是人们最常遇到的错配类型。在两种最简单的错配类型中（短路电流的错配和开路电压错配），短路电流的错配比较常见，它很容易被光伏组件的阴影部分所引起。同时，这种错配类型也是最严重的。

对于两个互相串联的电池，流过两者的电流大小是一样的。产生的总电压等于每个电池的电压的总和。因为电流大小需要一致，如图 4-7 所示。所以在电流中出现错配就意味着总的电流必须大小等于那个最小的值。

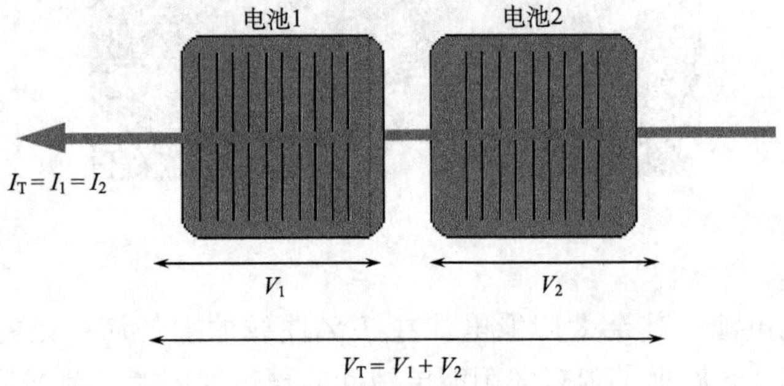

图 4-7　电池串联

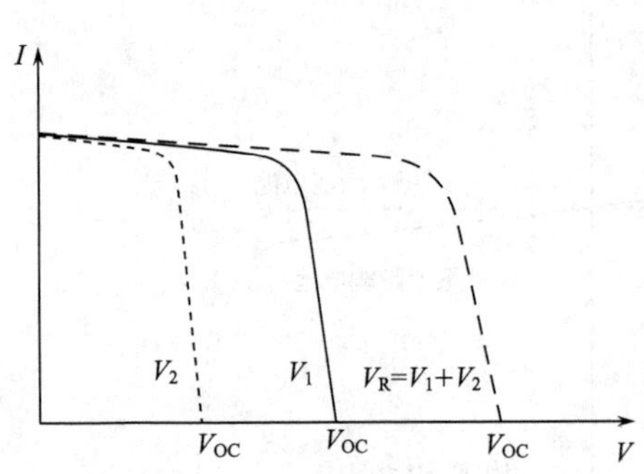

图 4-8　串联错配对电压的影响

串联电池的开路电压错配是一种比较不严重的错配类型，如图 4-8 所示。在短路电流处，光伏组件输出的总电流是不受影响的。而在最大功率点处，总的功率却减小了，因为“问题”电池产生的能量较少。因为两个电池是串联起来的，所以流经两个电池的电流是一样的，而总的电压则等于每个电池的电压之和。

串联电池的短路电流错配取决于组件所处的工作点，以及电池错配的程度。短路电流错配对光伏组件有重大影响，如图 4-9 所示。在开路电压处，短路电流的下降对电池影响相对较小。即开路电压只产生了微小的变化，因为开路电压与短路电流呈对数关系。然而，由于穿过电池的电流是一样的，所以两者结合的总电流不能超过有问题电池的电流，这种情况在低电压处比较容易发生，好电池产生的额外电流并不是被每一个电池所抵消，而是被问题电池所抵消了（通常在短路电流处也会发生）。

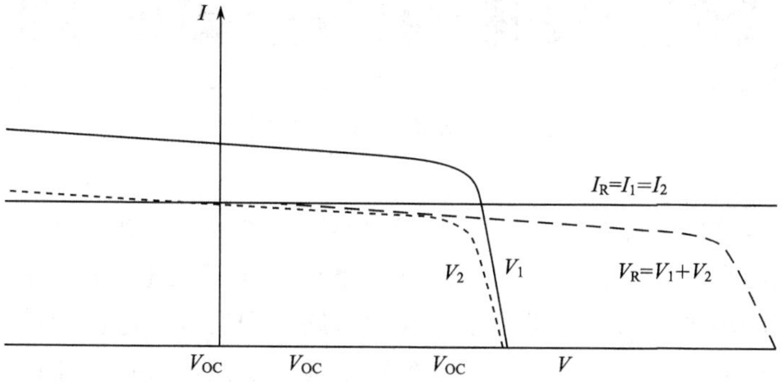

图 4-9　串联错配对电流的影响

总体来说，在有电流错配的串联电路中，严重的功率损失一般发生在问题电池产生的电流小于好电池在最大功率点时的电流时，或者当电池工作在短路电流或低电压处时，问题电池的高功率耗散会对组件造成无法挽回的伤害。两个串联电池的电流错配有时会相当严重且非常普遍。串联的电流受到问题电池的电流限制。

如图 4-10 展示了两线交点的电流表示串联电路的短路电流，这是计算串联电池错配短路电流的一个简单方法。

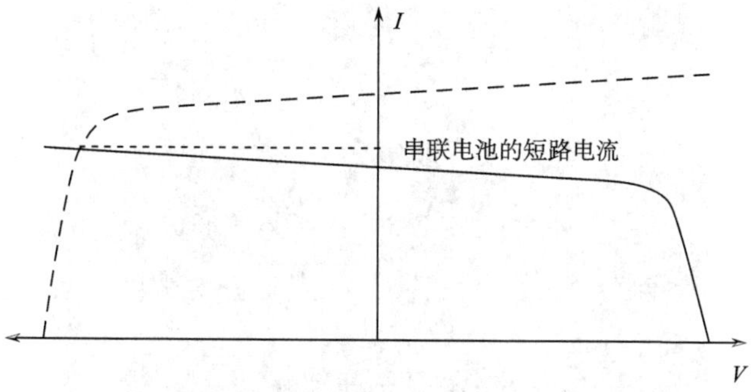

图 4-10　计算串联电池错配短路电流的方法

4.4.2　串联电池的热点加热

“热点加热”现象发生在几个串联电池中出现了一个问题电池时，如图 4-11 所示，如果光伏组件的首尾都连接起来，来自那些未被阴影遮挡的电池的电能将被问题电池所抵消。电路中，一个被阴影遮住的电池减少了电路电流，使得好电池提高电压，并常常导致“问题”电池的电压反置。

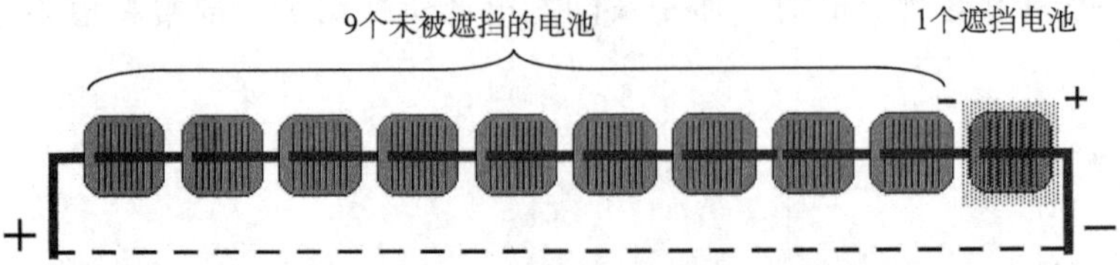

图 4-11　串联电池的“热点”

如果串联电路的工作电流大小接近于“问题”电池的短路电流，电路总电流将受到问题电池的限制。则好电池产生的额外电流（比问题电池高出的那部分电流）将变成好电池的前置偏压。如果串联电池被短路，则所有好电池的前置偏压都将变成问题电池的反向电压。当数量很多的串联电池一起把前置偏压变成问题电池的反向电压时，在问题电池处将会有大的能量耗散，这就是热点加热现象。基本上所有好电池的总的发电能力都被问题电池给抵消了。巨大的能量消耗在一片小小的区域，局部过热就会发生，或者称为“热点”，它反过来也会导致破坏性影响，例如，电池或玻璃破碎、焊线熔化或电池的退化。如图 4-12 所示问题电池的热耗散导致组件破碎。

图 4-12　问题电池的热耗散导致组件破碎

通过使用旁路二极管可以避免热点加热效应对组件造成的破坏。二极管与电池并联且方向相反，在正常工作状态，每个太阳能电池的电压都是正向偏置的，所以旁路二极管的电压为反向偏置，相当于开路。然而，如果串联电池中有一个电池因此发生错配而导致电压被反向偏置，则旁路二极管就会立即导通，因此使得来自好电池的电流能流向外部电路而不是变成每个电池前置偏压。穿过问题电池的最大反向电压将等于单个旁路二极管的管压降，由此限制了电流大小并阻止了热点加热，如图 4-13 所示。

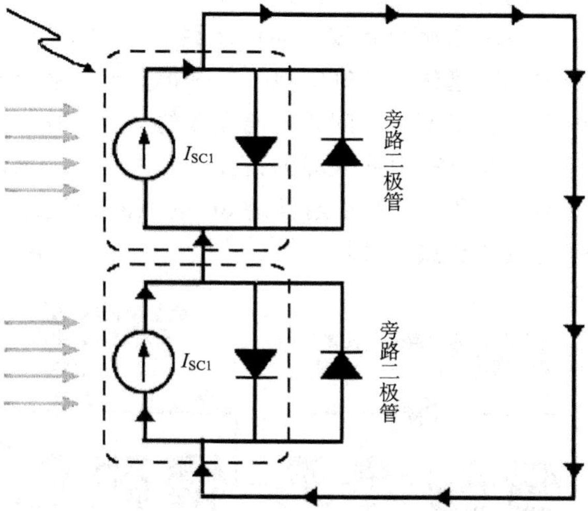

图 4-13　旁路二极管避免热点加热

要测算出旁路二极管对 I-V 曲线的影响，首先找出单个太阳能电池（带有旁路二极管）的 I-V 曲线，然后与其他电池的 I-V 曲线相结合。旁路二极管只在电池出现电压反向时才对电池产生影响。如果反向电压高于电池的膝点电压（knee voltage），则二极管将导通并让电流流过。如图 4-14 所示为接有二极管的电池的 I-V曲线。二极管能阻止热点加热。为了便于观测，图中使用了 10 个电池，其中 9 个好电池，一个问题电池。典型的光伏组件由 36 个电池组成，如果没有旁路二极管，错配效应的破坏将更严重，但连接二极管后的影响却比 10 个电池的更小。

然而，实际上若每个太阳能电池都连接一个二极管，成本会很高，所以一般改

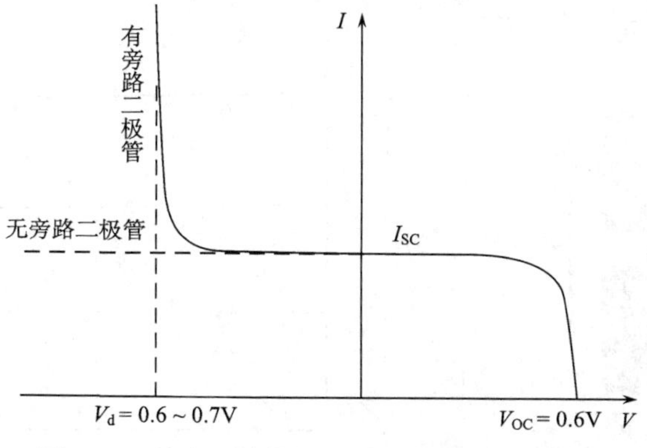

图 4-14　接有二极管的太阳能电池的 I-V 曲线

为一个二极管连接几个电池。穿过“问题”电池的电压大小等于其他串联电池（即与问题电池共享一个二极管的电池）的前置偏压加上二极管的电压，如图 4-15 所示为连接电池组的旁路二极管。图中 0.5V 只是任意取的数值。穿过好电池的电压大小取决于问题电池的问题严重程度。例如，如果一个电池完全被阴影遮住了，那些没有阴影的电池会因短路电流而导致正向电压偏置，而电压值大约为 0.6V。如果问题电池只是部分被阴影遮住，则好电池中的一部分电流将穿过电路，而剩下的则被用来对每个电池产生前置偏压。问题电池导致的最大功率耗散几乎等于那一组电池所产生的所有能量。在没有引起破坏的情况下，一个二极管能连接电池的数量最多为 15（对于硅电池）。因此，对于通常的 36 电池的光伏组件，需要 2 个二极管来保证组件不会轻易被“热点”破坏。

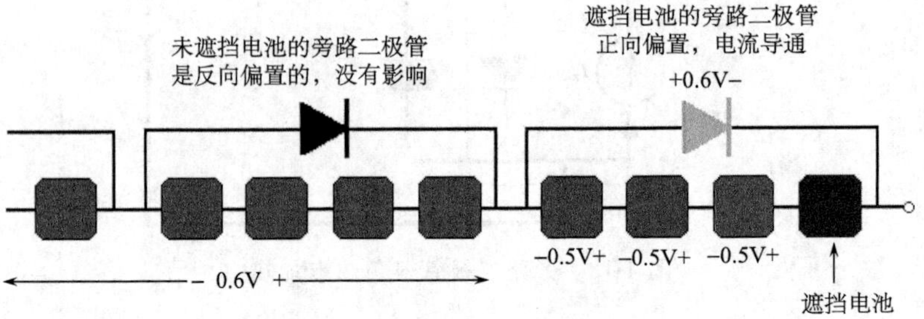

图 4-15　连接电池组的旁路二极管

4.4.3　太阳能电池并联错配

在小的电池组件中，电池都是以串联形式相接，所以不用考虑并联错配问题。通常在大的光伏阵列中组件才以并联形式连接，所以错配通常发生在组件与组件之间，而不是电池与电池之间。

两个太阳能电池之间并联，穿过每个电池的电压总是相等的，电路的总电流等于每个电池之和，如图 4-16 所示。错配对电流的影响不大，总的电流总是比单个电池的电流高，如图 4-17 所示。

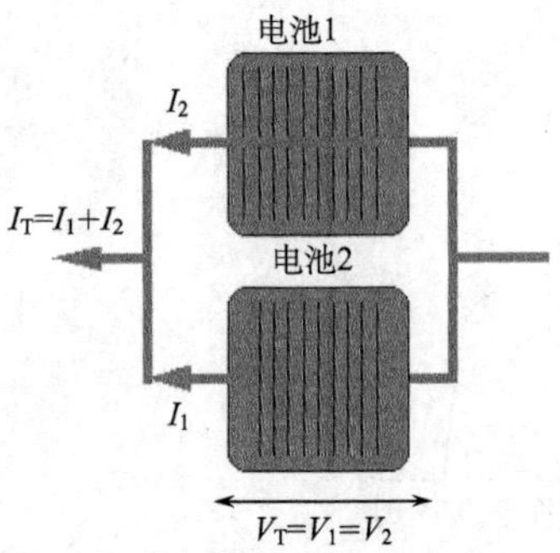

图 4-16　并联电池的电压和电流

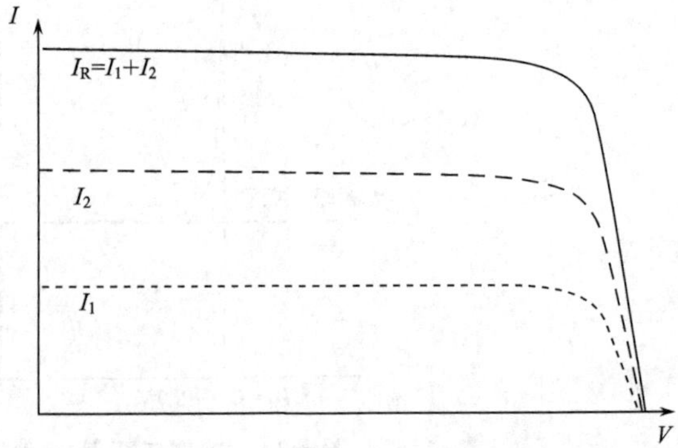

图 4-17　并联错配电流的影响

错配会降低好电池的开路电压，如图 4-18 所示。有个简单的方法可以计算错配并联电池的开路电压，即在坐标图中以电压为自变量画出 I-V 曲线，则两线的交点就是并联电路的开路电压，如图 4-19 所示。

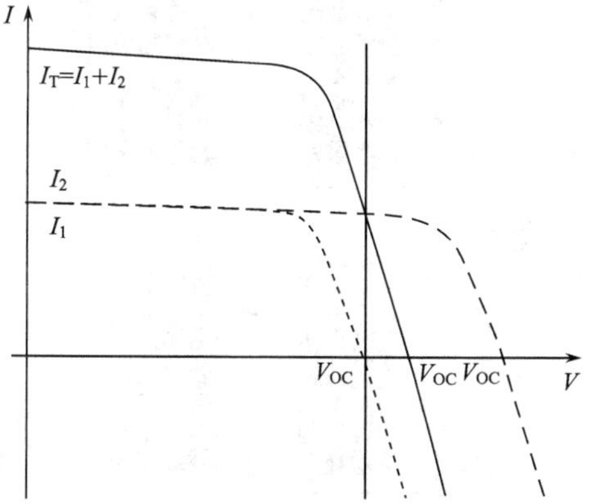

图 4-18 并联错配对电压的影响

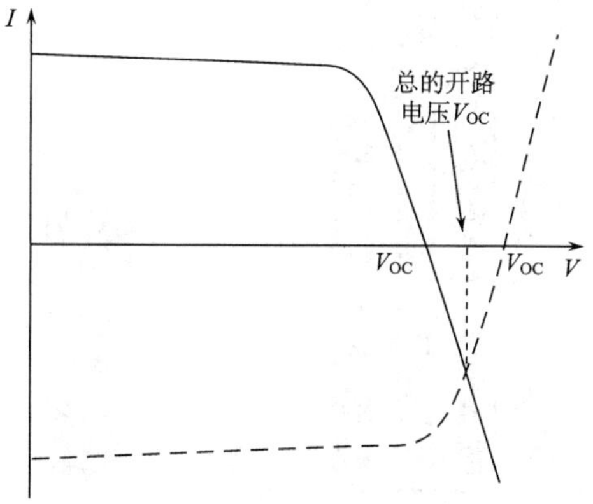

图 4-19 计算错配并联电池的开路电压的示意图

4.4.4 光伏阵列中的错配效应

在大型光伏阵列中，单个光伏组件既以串联形式又以并联形式与其他组件连接。一系列串联的电池或组件称为“一串”。串联与并联相结合可能会导致光伏阵列中出现几个问题。一个潜在的问题来自于“一串”电池中的一个发生了开路。则来自这串电池的电流要小于组件中其余的电池串。这种情况与串联电路中有一个电池被阴影遮挡的情况相似，即输出自整个电池组的能量将会下降。如图 4-20 所示，尽管所有的组件都是一样的，且阵列中没有电池被阴影遮住，但仍然可能出现热点加热现象。图 4-20 中的阵列在电路结构上相当于右边的电路，右边每个电池的电压等于左边每个电池的 2 倍，电流为 4 倍。

如果旁路二极管的额定电流与整个并联电路的输出电流大小不匹配，则并联电路的错配效应同样会导致严重的问题。例如，由串联组件组成的并联电路中，每个串联组件的旁路二极管也以并联形式连接，如图 4-21 所示。串联组件中的一个错配将会导致电流从二极管流过，从而加热二极管。然而，加热二极管会减少饱和电流和有效电阻，以至于组件中的另一串电池也受影响。电流可能将流过组件中的每一个二极管，但也一定会流过与二极管相连的那一串电池。则这些旁路二极管变得更热，将大大降低它们的电阻并提高电流。如果二极管的额定电流小于电池组件的并联电流，二极管将会被烧坏，光伏组件也将会损坏。

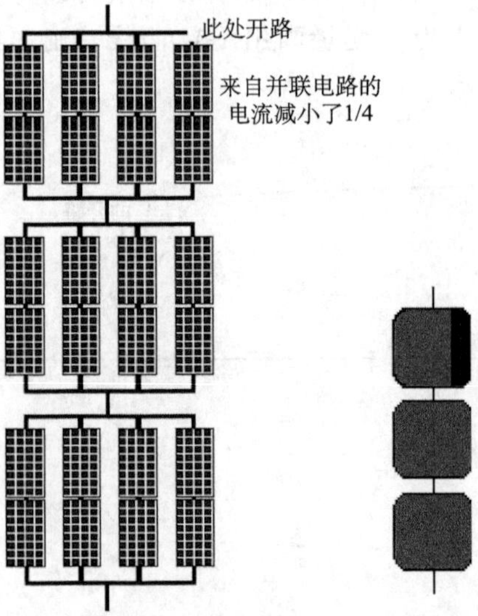

图 4-20　阵列中的错配效应与等效电路

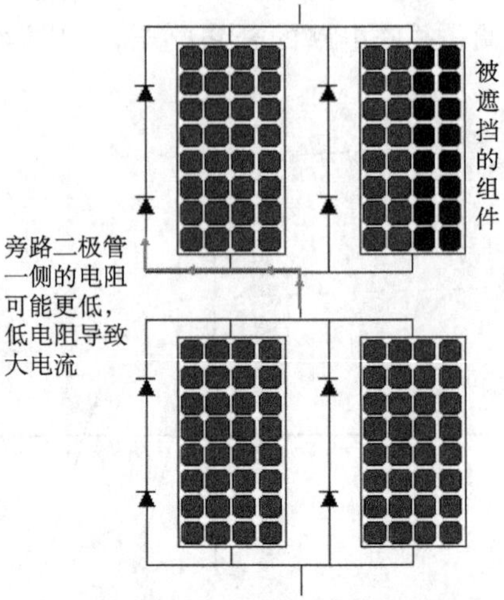

图 4-21　并联组件中的旁路二极管

除了使用旁路二极管来阻止错配损失外，通常还会使用阻塞二极管来减小错配损失。阻塞二极管如图 4-22 所示，通常被用来阻止晚上蓄电池的电流流到光伏阵列上。在互相并联的组件中，每个组件都串联一个阻塞二极管。这不仅能降低驱动阻塞二极管的电流，还能阻止电流从一个好的电池板流到有问题的电池板，也因此减小了并联组件的错配损失。

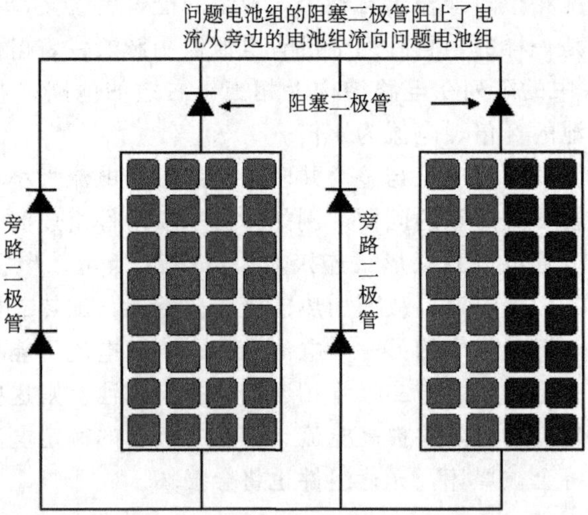

图 4-22　阻塞二极管在并联组件中的作用

4.5 光伏组件的温度效应

太阳能电池封装进光伏组件中所产生的一个多余的边际效应是，封装改变了光伏组件内热量的进出状况，因此增加了光伏组件的温度。温度的增加对太阳能电池的主要影响是减小了太阳能电池的输出电压，从而降低输出功率。此外，温度的增加也会导致光伏组件中出现几个电池恶化，因为上升的温度会增加与热扩散有关的压力，或者增加恶化率，即每上升 10℃恶化量就增加 2 个。

太阳能光伏组件的工作温度取决于光伏组件产生的热量、向外传输的热量和周围环境的温度之间的平衡。而光伏组件产生的热量取决于光伏组件所在的工作点、光伏组件的光学特性和太阳能电池的封装密度。光伏组件向外散发热量可以分为三个过程：传导、对流和辐射。这些散发过程取决于光伏组件材料的热阻抗、光伏组件的发光特性和光伏组件所处的环境条件（特别是风速）。

4.5.1 光伏组件的热生成

晒在阳光下的太阳能电池既产生热又产生电。对于工作在最大功率点处的商业光伏组件，只有 10%～15%的太阳光被转换成电，而剩下的大部分都变成了热。影响组件热生成的因素包括光伏组件表面的反射、光伏组件所处的工作点、光伏组件中没有被太阳能电池片占据的空白部分对阳光的吸收、光伏组件或太阳能电池对低能光（红外光）的吸收、太阳能电池的封装密度。

（1）组件顶表面的反射。被组件表面反射出去的光对电能的产生没有贡献。这些光也被看成能量损失的因素，因此要尽量减少。当然，反射光也不会使组件加热。对于典型玻璃表面封装光伏组件，反射光中包含了大约 4%的入射能量。

（2）组件的实际工作点和效率。电池的工作点和效率决定了电池吸收的光子中能转换成电能的数量。如果电池工作在短路电流或开路电压处，则产生的电能为零。

（3）组件空白区域吸收的光。光伏组件中没有被电池片占据的部分同样也会加热组件。吸收和反射的光的比例取决于组件背面的材料和颜色。

（4）对低能光子的吸收。能量低于电池材料禁带宽度的光将不能产生电能，相反会变成热量使电池温度上升。而电池背面的铝线也趋向于吸收红外光。如果电池的背面没有被铝完全覆盖，则部分红外光将穿过电池并射出组件。

（5）太阳能电池的封装密度。太阳能电池被特别地设计吸收太阳辐射。电池将产生显著的热量，通常要高于组件的封装层和背面层。因此，太阳能电池的封装密度越高，单位面积产生的热越高。

4.5.2 光伏组件的热损失

光伏组件的工作温度是组件所产生的热量与向外界传输的热量之间的动态平衡。向外界传输热量的过程有三个即传导、对流和辐射。热传导是由于光伏组件与其他相互接触的材料（包括周围空气）存在热梯度，材料之间的温度差异驱使热量从高温流向低温区域。光伏组件向外传导热的能力可以通过电池封装材料的热阻抗和材料结构来描述。热对流就是从组件表面流过的物质把组件表面的热量带走。对于光伏组件，热对流是由组件表面吹过的风引起的。组件向外部环境传输热量的最后一种方式是向外辐射电磁波。任何物体都会向外辐射电磁波，辐射的波由温度决定。黑体辐射的功率强度由下面方程给出：

$$P=\sigma T^4 \tag{4-2}$$

式中，P 为光伏组件产生的热能，σ 为斯特藩-波尔兹曼常数，T 为电池组件的温度（K)。然而，光伏组件并不是一个理想的黑体，所以要计算非理想黑体的辐射，需要引入一个被称为发射率 ε 的参数。物体的发射率一般可以通过它的吸收特性测量出来，因为这两种特性非常相似。例如，金属，吸收率很低，同样发射率也很低，通常只有 0.03。引入发射率之后的方程变为

$$P=\varepsilon\sigma T^4 \tag{4-3}$$

组件热量的净损失等于组件向外辐射的热量与外部环境向组件辐射的热量的差，即

$$P=\varepsilon\sigma(T_{SC}^4-T_{amb}^4) \tag{4-4}$$

式中，T_{SC}为电池的温度，T_{amb}为电池外部环境的温度，其他的则为常量。

4.5.3 电池的额定工作温度

在 1kW/m^{2}的光照下，光伏组件的典型温度大约为 25℃。然而，在实际的光伏发电站中，太阳能电池通常在温度更高且光强更低的环境中工作。为了估算出太阳能电池的功率输出，关键的一步是要测算出光伏组件可能的工作温度。太阳能电池额定工作温度（NOCT）被定义为在太阳能电池表面的辐照度为 800W/m^2、空气温度为 20℃、风速为 1m/s、支架结构为后背面向外敞开、开路时太阳能电池的温度。在风速一定的情况下，热对流和热传导损失的大小都与太阳辐照度呈线性关系（假设温度对热阻抗和热传导率影响不大)。

图 4-23 将分别展示后背面打开，风速约为 4m/s 情况下太阳能电池在最佳条件、最坏条件和平均条件下的 NOCT，可见，组件与外部环境的温度差随着太阳光照强度的增加而变大。最佳情况包括组件背部安装铝散热片以降低温度，因为散热片能减小热阻抗同时增大表面的对流面积。由图可知，最好的组件、最差的组件以及典型的组件的额定工作温度 NOCT 分别为 33℃、58℃和 48℃。计算电池温度

的近似方程为

$$T_{\text{cell}} = T_{\text{air}} + \frac{\text{NOCT} - 20}{80} \times S(℃) \tag{4-5}$$

式中，S 为光强（mW/cm^2）。风速更高时，组件温度将会下降，反之，当风速为零时温度将更高。

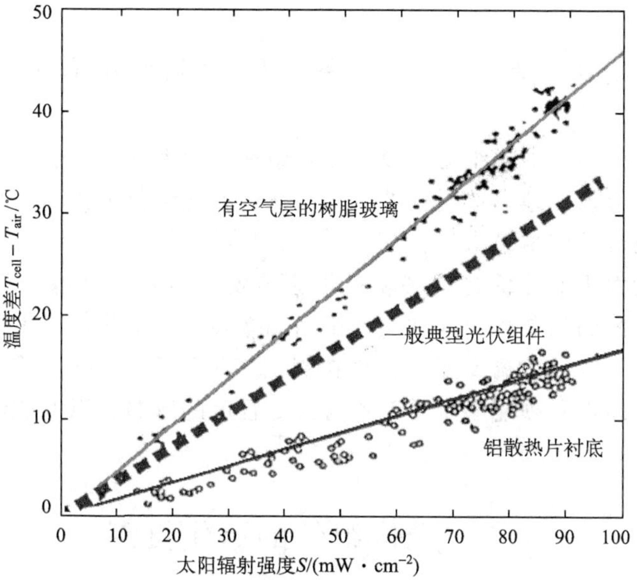

图 4-23 组件与外部环境的温度差与太阳光照强度的关系

组件设计包括组件材料和封装密度，是影响 NOCT 的主要因素。例如，低封装密度和低热阻抗的背表面能够使组件温度降低 5℃。

热传导和热对流都很容易受到光伏组件安装条件的影响。当组件背面不能与外界环境传输热量时（例如，电池组件直接安放在地面上，中间不留有空隙），其热阻抗可能为无限大。类似的，在这种安装条件下，组件表面的热对流也将受到限制。因此，当光伏组件安装在屋顶时，组件温度通常能提高 10℃。

4.5.4 热膨胀与热压力

热膨胀效应是在设计组件时需要考虑的另一个重要温度效应。温度上升时，使用“应力环”能调节电池之间的膨胀，如图 4-24 所示。

通常，电池之间的连接线是圆形的，以尽量减小周期应力。连接线一般为双层以防止被这种应力破坏。除了这种互联压力外，几乎所有的组件交界面都会受到与温度有关的周期应力的影响，且可能最终导致组件脱落。

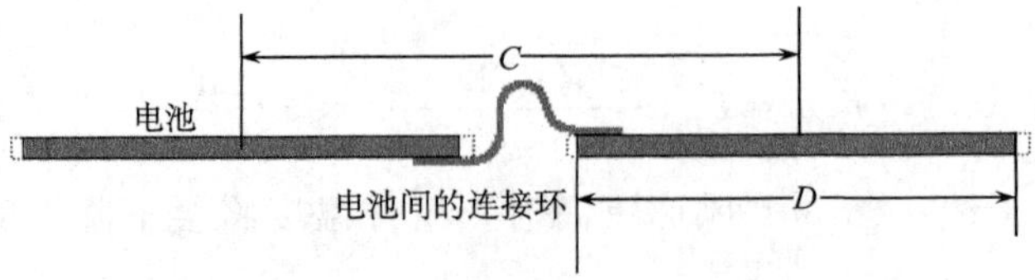

图 4-24　电池间的“应力环”

4.6　光伏组件的电力保护和机械保护

光伏组件的电力保护指组件的电绝缘，组件封装系统必须能够承受系统的电势差。金属框架也应该接地因为组件的内部和终端的电势都大大高出大地电势。任何漏到大地上的电流都应尽量减小。

机械保护指太阳能光伏组件必须有足够的硬度和刚度以承受正常安装时的应力。如果电池表面的封装材料为玻璃，则玻璃必须通过钢化，因为组件中心部位的温度要比周围框架区域的温度高。这将在周围产生张力，并有可能导致玻璃破裂。在光伏阵列中，组件必须能够承受其本身一定程度的弯曲，以及能够承受风流动产生的振动和雪、冰等施加的压力。

4.7　光伏组件的退化机制

太阳能光伏组件的工作寿命主要取决于组件材料的稳定性和抵抗被腐蚀的能力。太阳能光伏组件一般要保证寿命达到 20 年以上。但几种损坏和退化机制可能会降低太阳能光伏组件的功率输出或降低使用寿命。几乎所有的机制都与水侵蚀和温度应力有关。

退化机制既可能是由于时间的流逝而导致整体输出功率的减小，也可能是由于组件中个别太阳能电池的恶化而导致总输出功率的减小。

引起太阳能电池和组件整体退化的因素有电极接触面积的减小和腐蚀（通常由水蒸气引起）导致 R_S增加、穿过 pn 结的金属漂移使 R_{SH}减小、减反射膜的退化。

光伏组件的输出功率减退也可能是由可逆转的因素导致的。例如，部分表面被从地上长出的树给遮住了，或者表面粘有泥土（光伏组件通常会因表面的泥土而损失大约 10%的输出功率）。一个组件可能已经退化了，或者组件之间的互联可能改变了光伏阵列的工作点。但是，在那些因素被改正后，这些功率退化都是可逆的。

4.7.1　太阳能电池短路

短路可能发生在太阳能电池的连接处，如图 4-25 所示。短路现象也是在薄膜太阳能电池中普遍出现的退化机制，因为薄膜太阳能电池的前表面和背面靠得非常近，此外，针孔、腐蚀区域和损坏区域这些因素一同增加了太阳能电池被短路的机会。

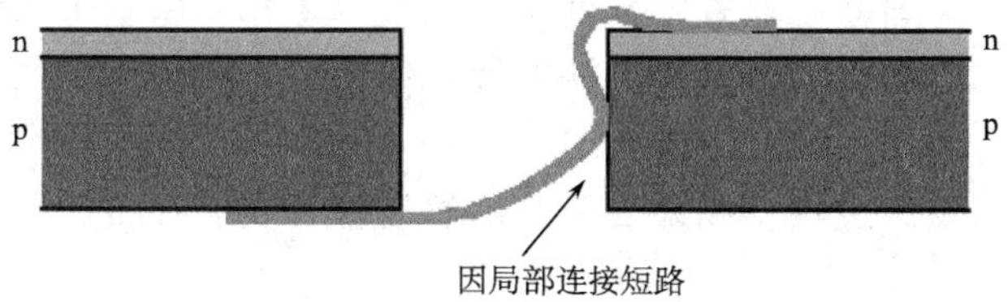

图 4-25　太阳能电池短路

4.7.2　太阳能电池开路

太阳能电池开路是普遍存在的退化机制。太阳能电池开路可能是因为热应力、冰雹或者制造和封装过程的破坏导致潜在的碎裂而引起的电池的破碎。很多情况下太阳能电池虽然断裂，但剩余的连接点加上互联母线的存在，能使太阳能电池继续工作。如图 4-26 显示了互联母线阻止了断裂电池开路现象的出现。

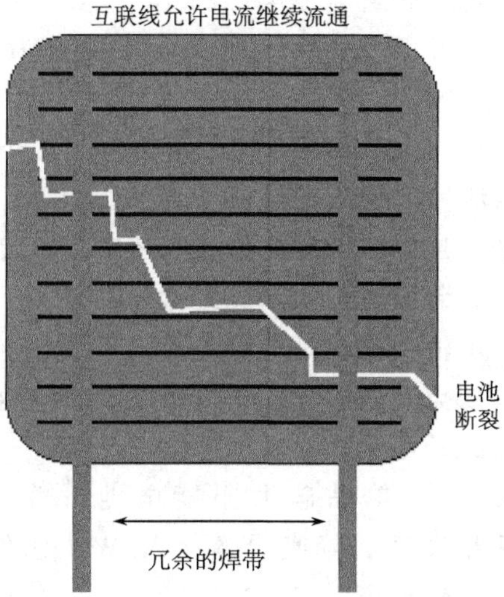

图 4-26　互联线阻止了断裂电池开路

4.7.3　其他退化机制

周期性热应力和风荷载引起的机械疲惫，可能会导致光伏组件互联开路现象的发生。太阳能光伏组件之间同样会发生开路现象，通常在母线或接线盒处。尽管在出售之前每个组件都经过检测，但是多数的组件短路都是制造缺陷引起的。绝缘物质的风化降解导致绝缘层脱落、碎裂或电化学腐蚀，也会引起光伏组件短路。

光伏组件表面玻璃的破损可能由肆意破坏、热应力、操作失误、风或冰雹的因素引起。光伏组件脱落是早期生产的电池中常见的现象，但现在已经比较少见。通常因键合强度的降低引起，或者因湿气和光热导致老化，或者不同的热膨胀和湿膨胀引起破坏。错配、破裂或遮蔽的电池可导致如前所述的热点失效。

旁路二极管，被用来克服错配问题的元件，其本身也同样会出现问题，通常是由于规格不匹配而导致过热。如果二极管的温度能保持在128℃以下，这个问题将能减到最小。

带有紫外线吸收和其他稳定材料的封装零部件能够保证组件的长寿命。然而，侵蚀和扩散同样会引起缓慢损耗，一旦浓度下降到一个关键水平，则封装材料就将迅速退化。特别是EVA层发生褐变并伴随着乙酸的产生时，将会引发光伏阵列输出功率的整体下降，尤其是聚光太阳能电池系统。

4.8 光伏组件的功率设计

太阳能光伏组件包含的太阳能电池的组成数量通常是由系统电压（或蓄电池电压）来决定的，通常组件电压是蓄电池电压的1.4～1.5倍。例如，蓄电池电压为12V，组件工作电压一般为16.8～18V，那么电池数量为18V/0.5V，也就是36片。所以常用数量为36或40片，大功率组件为72片。

在实际设计中主要是确定组件的工作电压和功率这两个参数，按照输出电压要求以一定数量（n）的电池（或根据需要切割成相应大小）用互联条相互串联起来，以满足用户所需求的输出电压，然后按功率要求以一定数量（m）的电池汇流条并联起来，并通过层压封装而成为太阳能光伏组件。

要提升电压需要串联电池，缺点是电流值趋向于最小电流的电池的电流；提高功率一般需要并联电池，缺点是电压趋向于最小电压的电池的电压。因此在同一个组件中，尽量选用性能一致的电池。

设计举例：用Φ40mm的单晶硅太阳能电池（效率为8.5%，工作电压0.41V）设计一工作电压为1.5V，峰值功率为1.2W的组件。

（1）单太阳能电池的工作电压为$V=0.41$V，则串联电池数：$N_s=1.5/0.41=3.66$片，取$N_s=4$片。

（2）单体电池面积：$s=\pi d^2/4=\pi\times4^2/4=12.57$（cm^2），单体电池封装后功率：$P_m=100\text{mW/cm}^2\times12.57\times8.5\%\times95\%=100\text{mW}=0.1\text{W}$。（标准测试下，太阳辐照度$=1000\text{W/m}^2=100\text{mW/cm}^2$）式中95%是考虑封装时的失配损失。

（3）需太阳能电池总的片数：$N=1.2/0.1=12$片。

（4）太阳能电池并联数：$N_P=N/N_s=12/4=3$组。

故用12片Φ40mm的单晶硅太阳能电池四串三并，即可满足要求。

4.9 制约组件输出功率的因素

由于太阳能电池的输出功率取决于太阳光照强度、太阳能光谱的分布和太阳能电池的温度、阴影、晶体结构。因此太阳能光伏组件的测量是在标准条件下（STC）进行的，测量条件被欧洲委员会定义为101号标准，其条件是：光谱辐照度为1000W/m²；光谱AM1.5；电池温度25℃。在该条件下，太阳能光伏组件所输出的最大功率被称为峰值功率，其单位表示为峰瓦（Wp）。在很多情况下，组件的峰值功率通常用太阳模拟仪测定并和国际认证机构的标准化的太阳能电池进行比较。

1. 温度对太阳能光伏组件输出特性的影响

太阳能光伏组件温度较高时，工作效率下降。随着太阳能电池温度的增加，开路电压减小，在20～100℃，大约每升高1℃每片电池的电压减小2mV；而光电流随温度的增加略有上升，大约每升高1℃每片电池的光电流增加千分之一，或0.03mA/℃·cm²。总体来说，温度升高太阳能电池的功率下降，典型温度系数为−0.35%/℃。也就是说，如果太阳能电池温度每升高1℃，则功率减少0.35%。因此，使组件上下方的空气流动非常重要，因为这样可以将热量带走，避免太阳能电池温度升高。

2. 光照强度对太阳能光伏组件输出特性的影响

光照强度与太阳能光伏组件的光电流成正比，在光强为100～1000W/m²时，光电流始终随光强的增长而线性增长；而光照强度对光电压的影响很小，在温度固定的条件下，当光照强度在400～1000W/m²变化时，太阳能光伏组件的开路电压基本保持恒定。正因为如此，太阳能电池的功率与光强也基本成正比。组件的最大

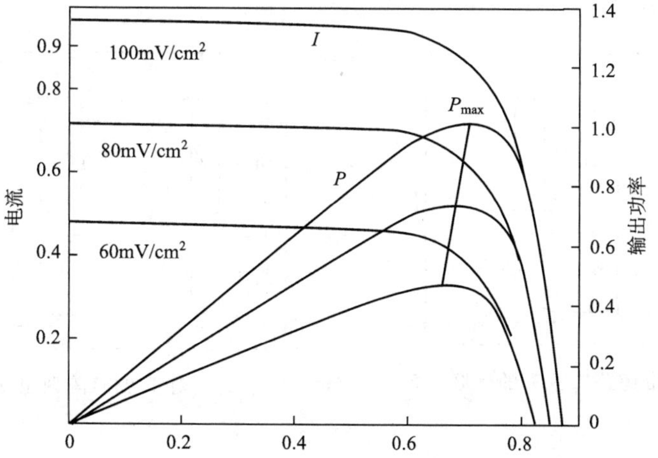

图4-27 最大输出功率随着太阳辐射强度的变化

输出功率随着太阳辐射强度的增强而增大；随着太阳辐射强度的减弱而减小，如图 4-27 所示。

3. 阴影对太阳能光伏组件输出特性的影响

阴影对太阳能光伏组件性能的影响不可低估，甚至太阳能光伏组件上的局部阴影也会引起输出功率的明显减少。有时仅仅一个单电池上的小阴影就会产生很大影响。一个单电池被完全遮挡时，太阳能光伏组件可减少输出 75%，所以阴影是场地评价中非常重要的部分，虽然组件安装了二极管以减少阴影的影响，但如果低估了局部阴影的影响，建成的光伏系统性能和用户的投资效果都将大打折扣。

4.10 太阳能光伏阵列

4.10.1 光伏阵列的基本构成

太阳能光伏阵列（solar cell array）是由若干个太阳能光伏组件或太阳能电池板，在机械和电气上按一定方式组装在一起并且由固定的支撑结构而构成的直流发电单元。太阳能电池阵列的基本电路构成是由太阳能光伏组件集合体的太阳能光伏组件串、防止逆流元件、旁路元件和接线箱等构成的。

光伏阵列的任何部分不能被遮荫，如果有几个电池被遮荫，则它们便不会产生电流且会成为反向偏压，这就意味着被遮电池消耗功率发热，久而久之，形成故障。但是有些偶然的遮挡是不可避免的，所以需要用旁路二极管来起保护作用。如果所有的组件是并联的，就不需要旁路二极管，即如果要求阵列输出电压为 12V，而每个组件的输出恰为 12V，则不需要对每个组件加旁路二极管，如果要求 24V 阵列（或者更高），那么必须有 2 个（或者更多的）组件串联，这时就需要加上旁路二极管，如图 4-28 所示。

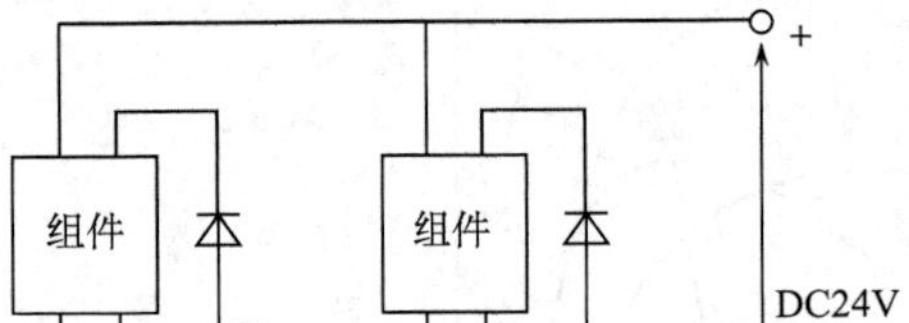

图 4-28　带旁路二极管的串联电池

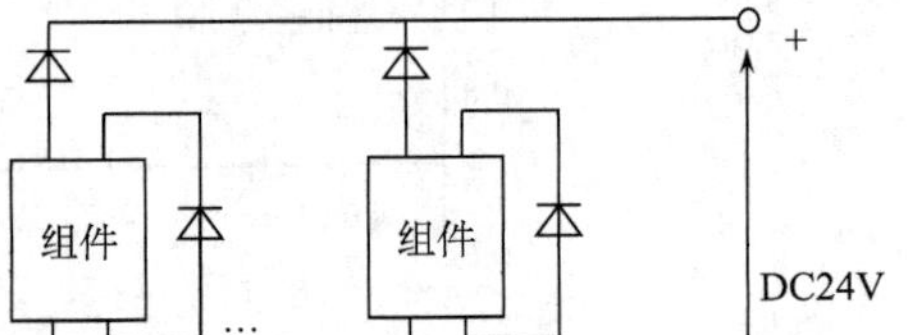

图 4-29　对于 24V 阵列阻塞二极管的接法

阻塞二极管是用来控制光伏系统中电流的，任何一个独立光伏系统都必须有防止从蓄电池流向阵列的反向电流的方法或有保护未失效的单元的方法。如果控制器没有这项功能，就要用到阻塞二极管，如图 4-29 所示。阻塞二极管既可在每一并联支路，又可在阵列与控制器之间的干路上，但是当多条支路并联成一个大系统，则应在每条支路上用阻塞二极管以防止由于支路故障或遮蔽引起的电流由强电流支路流向弱电流支路的现象。在小系统中，在干路上用一个阻塞二极管就够了，不要两种都用，因为每个二极管会降压 0.4～0.7V，是一个 12V 系统的 6%，这也是一个不小的比例。

4.10.2 光伏阵列设计

一般独立光伏系统电压往往被设计成与蓄电池的标称电压相对应或者是它的整数倍，而且与用电器的电压等级一致，如 220V、110V、48V、36V、24V、12V 等。交流光伏发电系统和并网光伏发电系统中太阳能电池阵列的电压等级往往为 110V 或 220V。对于电压等级更高的光伏发电系统，则采用多个太阳能电池阵列进行串并联，组合成与电网等级相同的电压等级，如组合成 600V、10kV 等，再通过逆变器后与电网连接。

太阳能光伏阵列所需要串联的组件数量主要由系统工作电压或逆变器的额定电压来确定，同时要考虑蓄电池的浮充电压、线路损耗以及温度变化等因素。一般带蓄电池的光伏发电系统方阵的输出电压为蓄电池组标称电压的 1.43 倍。对于不带蓄电池的光伏发电系统，在计算光伏阵列的输出电压时，一般将其额定电压提高 10%，再选定组件的串联数。光伏阵列的设计，就是按照用户的要求和负载的用电量及技术条件，计算太阳能光伏组件的串联、并联数。串联数由太阳能电池阵列的工作电压决定，应考虑蓄电池的浮充电压、线路损耗以及温度变化对太阳能电池的影响等因素。

在太阳能光伏组件串联数确定之后，即可按照气象台提供的太阳能年总辐射量或年日照时数的 10 年平均值计算，确定太阳能光伏组件的并联数。太阳能电池方阵的输出功率与组件的串联、并联数量有关。组件的串联是为了获得所需要的电压，组件的并联是为了获得所需要的电流。

太阳能电池阵列设计的基本思想就是满足年平均日负载的用电需求。将系统的标称电压除以太阳能光伏组件的标称电压，就可以得到太阳能光伏组件需要串联的太阳能光伏组件数，使用这些太阳能光伏组件进行串联就可以产生系统负载所需要的电压：

$$\text{串联组件数量} = \frac{\text{系统电压(V)}}{\text{组件电压(V)}}$$

用负载平均每天所需要的能量（安时数）除以一块太阳能光伏组件在一天中可以产生的能量（安时数），这样就可以算出系统需要并联的太阳能光伏组件数，使用这些组件并联就可以产生系统负载所需要的电流。

$$并联的组件数量=\frac{日平均负载(AH)}{组件日输出(AH)}$$

在实际情况工作下，太阳能光伏组件的输出会受到外在环境的影响而降低。根据上述基本公式计算出的太阳能光伏组件，在实际情况下通常不能满足光伏系统的用电需求，为了得到更加正确的结果，有必要对上述并联的组件数量公式进行修正。

$$并联的组件数量=\frac{日平均负载(AH)}{库仑效率\times[组件日输出(AH)\times衰减因子]}$$

衰减因子是考虑泥土、灰尘的覆盖和组件性能的慢慢衰变都会降低太阳能光伏组件的输出，通常的做法就是在计算时减少太阳能光伏组件输出的10%来解决上述的不可预知和不可量化的因素。可以将这看成光伏系统设计时需要考虑的工程上的安全系数。

库仑效率指在蓄电池的充放电过程中，铅酸蓄电池会电解水，产生气体逸出，这也就是说，太阳能光伏组件产生的电流中将有一部分不能转化储存起来而是耗散掉。所以可以认为必须有一小部分电流用来补偿损失，用蓄电池的库仑效率来评估这种电流损失。不同的蓄电池其库仑效率不同，通常可以认为有5%～10%的损失，所以保守设计中有必要将太阳能光伏组件的功率增加10%以抵消蓄电池的耗散损失。

在独立的光伏系统或者光伏产品中，一般都要配备蓄电池，蓄电池的作用主要是储存能量，在晚上或多云等气候情况下，光伏阵列不能提供足够的能量时，蓄电池供给负载，保证系统的正常运行。它是仅次于太阳能光伏阵列的重要组成部分，也是对系统性能可靠性、系统成本影响最大的部分之一。因此阵列设计必须考虑蓄电池的容量设计和蓄电池的选择。

一般的阵列设计步骤如下。

(1) 蓄电池容量（battery capacity）B_c。

$$B_c = A \times Q_L \times N_L \times T_o / CC \quad (Ah) \tag{4-6}$$

式中，A 为安全系数，其值在1.1～1.4；Q_L为负载日平均耗电量，等于日工作小时乘以工作电流；N_L为最长连续阴雨天数；T_o为温度修正系数，0℃上为1，−10℃上为1.1，−10℃下为1.2；CC为放电深度，铅酸电池0.75，碱性镍镉电池0.85。

(2) 电池组件串联数 N_s。

太阳能光伏组件按一定数目串联起来，就可获得所需要的工作电压，但是，太阳能光伏组件的串联数必须适当。串联数太少，串联电压低于蓄电池浮充电压，阵列就不能对蓄电池充电；如果串联数太多，使输出电压远高于浮充电压时，充电电流也不会有明显的增加。因此，只有当太阳能光伏组件的串联电压等于合适的浮充电压时，才能达到最佳的充电状态。计算方法如下：

$$N_s = U_R/U_{OC} = (U_f + U_D + U_c)/U_{OC} \tag{4-7}$$

式中，U_R为太阳能电池光伏方阵输出最小电压；U_{OC}为太阳能光伏组件的最佳工作电压；U_f为蓄电池浮充电压；U_D为二极管压降，一般取 0.7V；U_c为其他因数引起的压降。

（3）电池组件并联数 N_p。

太阳能光伏组件并联数 N_p 的计算如下。

①将太阳能电池光伏方阵安装地点的太阳能日辐射量 H_t，转换成在标准光强下的平均日辐射时数 H：

$$H = H_t \times 2.778/10000(\text{h}) \tag{4-8}$$

式中，2.778/10000（h・m^2/kJ）为将日辐射量换算为标准光强（1000W/m^2）下的平均日辐射时数的系数。

②太阳能光伏组件日发电量 Q_p：

$$Q_p = I_{OC} \times H \times K_{op} \times C_z(\text{Ah}) \tag{4-9}$$

式中，I_{OC}为太阳能光伏组件最佳工作电流；K_{op}为斜面修正系数；C_z 为修正系数，主要为组合、衰减、灰尘、充电效率等的损失，一般取 0.8。

③两组最长连续阴雨天之间的最短间隔天数 N_w，需补充的蓄电池容量 B_{cb}为

$$B_{cb} = A \times Q_L \times N_L(\text{Ah}) \tag{4-10}$$

④太阳能光伏组件并联数 N_p：

$$N_p = (B_{cb} + N_w \times Q_L)/(Q_p \times N_w) \tag{4-11}$$

并联的太阳能电池组组数，在两组连续阴雨天之间的最短间隔天数内所发电量，不仅供负载使用，还需补足蓄电池在最长连续阴雨天内所亏损电量。

（4）阵列的功率计算。

根据太阳能光伏组件的串并联数，即可得出所需太阳能电池光伏方阵的功率 P：

$$P = P_o \times N_s \times N_p(\text{W}) \tag{4-12}$$

式中，P_o为太阳能光伏组件的额定功率。

以兰州某地面卫星接收站为例，负载电压为 12V，功率为 25W，每天工作 24h，最长连续阴雨天为 15d，最长连续阴雨天最短间隔天数为 30d，太阳能电池采用云南半导体器件厂生产的 38D975×400 型组件，组件标准功率为 38W，工作电压为 17.1V，工作电流为 2.22A，蓄电池采用铅酸免维护蓄电池，浮充电压为 (14±1)V。其水平面的年平均日辐射量为 12110kJ/m^2，K_{op}值为 0.885，最佳倾角为 16.13°，计算太阳能电池阵列功率及蓄电池容量。

解决方法：

（1）蓄电池容量 B_c。

$$B_c = A \times Q_L \times N_L \times T_o / CC$$
$$= 1.2 \times (25/12) \times 24 \times 15 \times 1/0.75 = 1200(\text{Ah})$$

（2）太阳能光伏组件串、并联个数。

$$N_s = U_R / U_{OC} = (U_f + U_D + U_C)/U_{OC}$$
$$= (14 + 0.7 + 1)/17.1 = 0.92 \approx 1$$
$$Q_p = I_{OC} \times H \times K_{op} \times C_z$$
$$= 2.22 \times 12110 \times (2.778/10000) \times 0.885 \times 0.8 \approx 5.29(\text{Ah})$$
$$B_{cb} = A \times Q_L \times N_L = 1.2 \times (25/12) \times 24 \times 15 = 900(\text{Ah})$$
$$Q_L = (25/12) \times 24 = 50(\text{Ah})$$
$$N_p = (B_{cb} + N_w \times Q_L)/(Q_p \times N_w)$$
$$= (900 + 30 \times 50)/(5.29 \times 30) \approx 15$$

（3）太阳能电池光伏方阵功率。

$$P = P_o \times N_s \times N_p = 38 \times 1 \times 15 = 570(\text{W})$$

（4）计算结果。

该地面卫星接收站需太阳能电池光伏方阵功率为 570W，蓄电池容量为 1200Ah。

4.10.3 光伏阵列安装角度

太阳能电池阵列应该安装在周围没有高大建筑物、树木、电杆等遮挡太阳光的处所，以便充分地获得太阳光。我国地处北半球，光伏方阵的采光面应朝南放置，并与太阳光垂直。

1. 阵列安装方位角

太阳能电池方阵的方位角是方阵的垂直面与正南方向的夹角（向东偏设定为负角度，向西偏设定为正角度）。

一般情况下，光伏方阵朝向正南（即光伏方阵垂直面与正南的夹角为 0°）时，太阳能电池发电量是最大的。在偏离正南（北半球）30°时，光伏方阵的发电量将减少 10%～15%；在偏离正南（北半球）60°时，光伏方阵的发电量将减少 20%～30%。但是，在晴朗的夏天，太阳辐射能量的最大时刻是在中午稍后，因此光伏方阵的方位稍微向西偏一些时，在午后时刻可获得最大发电功率。在不同的季节，太阳能电池方阵的方位稍微向东或西一些都有获得发电量最大的时候。

光伏方阵设置场所受到许多条件的制约，例如，在地面上设置时土地的方位角、在屋顶上设置时屋顶的方位角，或者是为了躲避太阳阴影时的方位角，以及布置规划、发电效率、设计规划、建设目的等许多因素都有关系。如果要将方位角调整到在一天中负荷的峰值时刻与发电峰值时刻一致时，方位角＝（一天中负荷的峰值时刻(24小时制)－12)×15＋(经度－116)。至于并网发电的场合，要综合考虑以上各方面的情况来选定方位角。

2. 阵列安装倾斜角

倾斜角是太阳能电池方阵平面与水平地面的夹角，并希望此夹角是光伏方阵一年中发电量为最大时的最佳倾斜角度。

一年中的最佳倾斜角与当地的地理纬度有关，当纬度较高时，相应的倾斜角也大。但是，和方位角一样，在设计中也要考虑屋顶的倾斜角及积雪滑落的倾斜角（斜率大于50％～60％）等方面的限制条件。对于积雪滑落的倾斜角，即使在积雪期发电量少而年总发电量也存在增加的情况，因此，特别是在并网发电的系统中，并不一定优先考虑积雪的滑落。此外，还要进一步考虑其他因素。对于正南（方位角为0°），倾斜角从水平（倾斜角为0°）开始逐渐向最佳的倾斜角过渡时，其日射量不断增加直到最大值，然后再增加倾斜角其日射量不断减少。特别是在倾斜角大于50°～60°以后，日射量急剧下降，直到最后垂直放置时，发电量下降到最小。光伏方阵从垂直放置到10°～20°的倾斜放置都有实际的例子。对于方位角不为0°的情况，斜面日射量的值普遍偏低，最大日射量的值是在与水平面接近的倾斜角度附近。

以上所述为方位角、倾斜角与发电量之间的关系，对于具体设计某一个光伏方阵的方位角和倾斜角还应综合地进一步同实际情况结合起来考虑。

3. 阴影对阵列发电量的影响

一般情况下，我们在计算发电量时，是在光伏方阵面完全没有阴影的前提下得到的。因此，如果太阳能电池不能被日光直接照到时，那么只有散射光用来发电，此时的发电量比无阴影的要减少10％～20％。针对这种情况，要对理论计算值进行校正。通常，在光伏方阵周围有建筑物及山峰等物体时，太阳出来后，建筑物及山的周围会存在阴影，因此在选择敷设光伏方阵的地方时应尽量避开阴影。如果实在无法躲开，也应从太阳能电池的接线方法上进行解决，使阴影对发电量的影响降低到最低程度。另外，如果光伏方阵是前后放置的，后面的光伏方阵与前面的光伏方阵之间距离接近后，前边光伏方阵的阴影会对后边光伏方阵的发电量产生影响。例如，有一个高为L_1的竹竿，其南北方向的阴影长度为L_2，太阳高度（仰角）为A，在方位角为B时，假设阴影的倍率为R，则

$$R = L_2/L_1 = \cot A \times \cos B \tag{4-13}$$

此式应按冬至那一天进行计算，因为，那一天的阴影最长。例如，光伏方阵的上边缘的高度为h_1，下边缘的高度为h_2，则光伏方阵之间的距离$a=(h_1-h_2)\times R$。当纬度较高时，光伏方阵之间的距离加大，相应地设置场所的面积也会增加。对于有防积雪措施的方阵，其倾斜角度大，因此使方阵的高度增大，为避免阴影的影响，相应地也会使方阵之间的距离加大。通常在排布光伏方阵阵列时，应分别选取

每一个方阵的构造尺寸，将其高度调整到合适值，从而利用其高度差使方阵之间的距离调整到最小。具体的太阳能电池方阵设计，在合理确定方位角与倾斜角的同时，还应进行全面的考虑，才能使光伏方阵达到最佳状态。

太阳能电池板应该面向中午的太阳，而不需要对着指南针的方向，这一点在地志图和太阳能参考书中都有说明。太阳能电池板与水平面的最小倾角是10°，这样可使落在太阳能电池板上的雨水很快地滑落到地面上，从而保持了电池板表面的清洁。

思考题

4.1 简要解释太阳能光伏组件和光伏阵列。

4.2 什么是太阳能电池的串联连接失配？有什么后果？

4.3 什么是电池连接失配？为什么会有失配损失？

4.4 什么是热岛效应？

4.5 太阳能电池单体能否单独作为电源使用？为什么？

4.6 什么是太阳能电池的并联连接失配？常发生在什么情况？

4.7 什么是错配损失？会造成什么后果？由什么引起的？如何减少或避免？

4.8 设计一工作电压为1.5V，峰值功率为1.2W的组件，其中入射光能为$100mW/cm^2$，用Φ40mm的单晶硅太阳能电池（效率为8.5%）。所用单太阳能电池的工作电压为V=0.41V，95%时的失配损失。

4.9 组件的串、并联组合连接要遵循哪些原则？

第 5 章　太阳能光伏组件封装工艺

5.1　太阳能光伏组件封装概述

单体太阳能电池不能直接作为电池使用，必须将若干单体电池串、并联连接并严密封装成组件。把互相连接的电池封装起来的主要原因是为了保护它们和它们连接线不受其周围环境的破坏。例如，由于太阳能电池非常薄，所以在缺乏保护的情况下很容易受到机械损伤。此外，电池表面的金属网格以及连接每个电池的金属线都有可能受到水或水蒸气的腐蚀。而通过封装便能阻止这些破坏。例如，非晶硅太阳能电池通常被封装在柔软的版块内，而在偏远地区使用的晶体硅太阳能电池则通常保护在刚硬的玻璃封装内，一般规定的硅太阳能电池板的使用寿命为 20 年，可见组件封装的可靠性有多高。

太阳能电池的封装不仅可以使电池的寿命得到保证，还增强了电池的抗击强度，所以封装是太阳能电池生产中的关键步骤，没有良好的封装工艺，多好的电池也生产不出好的组件。典型的太阳能光伏组件是 36 片太阳能电池串联，这些太阳能电池被封装成单一的、长期耐久的、稳定的单元。封装的两个关键作用是防止太阳能电池的机械损伤和防止水或者水蒸气对电极的腐蚀。大多数晶体硅太阳能光伏组件是由透明的顶表面、胶质密封材料、背面层和外部框架组成的。通常，透明表层是一层玻璃，密封层材料是 EVA（乙基醋酸乙烯），而背板则是一种 Tedlar 材料。如图 5-1 所示。

目前，国内外太阳能光伏组件所用的封装技术主要包括 EVA 胶膜封装、真空玻璃封装和紫外（UV）固化封装。其中 EVA 胶膜封装是应用最为广泛的晶体硅太阳能光伏组件封装方法。本章以 EVA 胶膜封装为例介绍组件的封装工艺。

典型的平板式组件制造工艺流程包括以下几方面。

（1）电池测试。由于电池制作条件的随机性，生产出来的电池性能不尽相同，所以为了有效地将性能一致或相近的电池组合在一起，应根据其性能参数进行分类；电池测试即通过测试电池的输出参数（电流、电压或功率）的大小对其进行分类。以提高电池的利用率，做出质量合格的太阳能光伏组件。

（2）正面焊接。是将互连带焊接到电池正面（负极）的主栅线上，互连带常为镀锡的铜带，焊带的长度约为电池边长的 2 倍。多出的焊带在背面焊接时与后面的电池的背面电极相连。

（3）背面串接。背面焊接是将单体电池串接在一起形成一个组件串，电池的定位主要靠一个模具板，上面有 36 个放置电池的凹槽，槽的大小和电池的大小相对

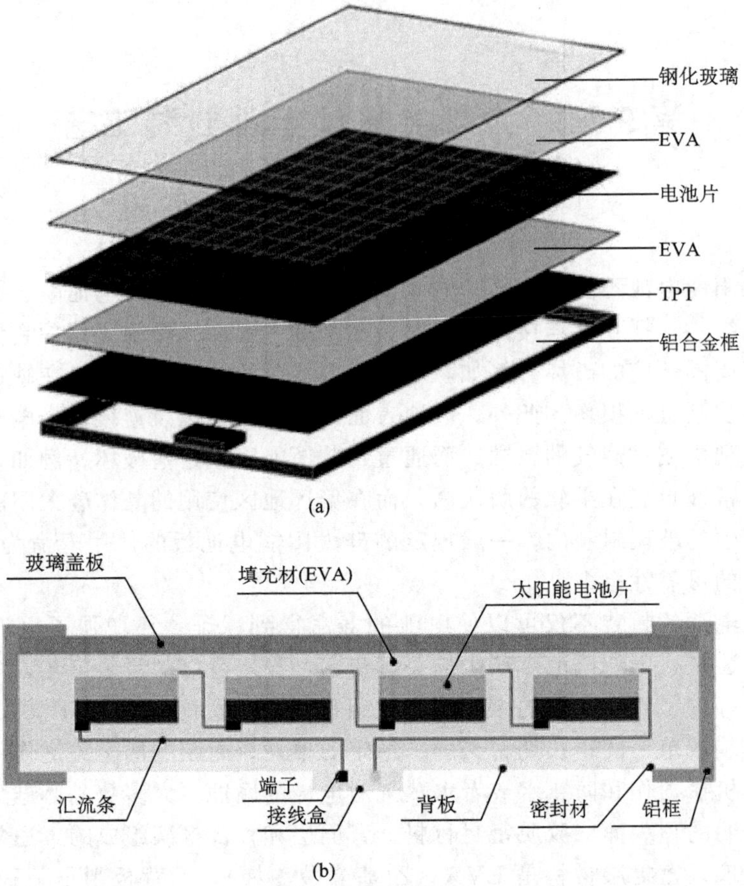

图 5-1　典型的晶硅组件结构示意图

应，槽的位置已经设计好，不同规格的组件使用不同的模板，操作者使用电烙铁和焊锡丝将“前面电池”的正面电极（负极）焊接到“后面电池”的背面电极（正极）上，依次将单体电池串接在一起并在组件串的正负极焊接出引线。

(4) 叠层敷设。背面串接好且经过检验合格的组件串，与光伏玻璃、切割好的EVA、背板按照一定的层次敷设好，敷设层次由下向上依次为玻璃、EVA、电池、EVA、背板。敷设时保证电池串与玻璃等材料的相对位置，调整好电池间的距离，防止错位。

(5) 组件层压。将敷设好的电池叠层放入层压机内，通过抽真空将组件内的空气抽出，加热使 EVA 熔化，将电池、玻璃和背板粘接在一起，最后冷却取出组件。层压工艺是组件生产的关键一步，层压温度、层压时间应根据 EVA 的性质决定。

(6) 修边。层压时 EVA 熔化后由于压力而向外延伸固化形成毛边，所以层压完毕应将其切除。

（7）装框。给组件边框，增加组件的强度，进一步密封太阳能光伏组件，延长电池的使用寿命。

（8）焊接接线盒。在组件背面引线处焊接一个盒子，以利于电池与其他设备或电池间的连接。

（9）高压测试。高压测试是指在组件边框和电极引线间施加一定的电压，测试组件的耐压性和绝缘强度，以保证组件在恶劣的自然条件（雷击等）下不被损坏。

（10）组件测试。测试的目的是对电池的输出功率进行标定，测试其输出特性，确定组件的质量等级。

组件封装流水线，根据焊接采用的方式，分为手工线和自动线。

图 5-2 为组件封装手工线的工艺流程图，这些工序可以分为七个操作组。

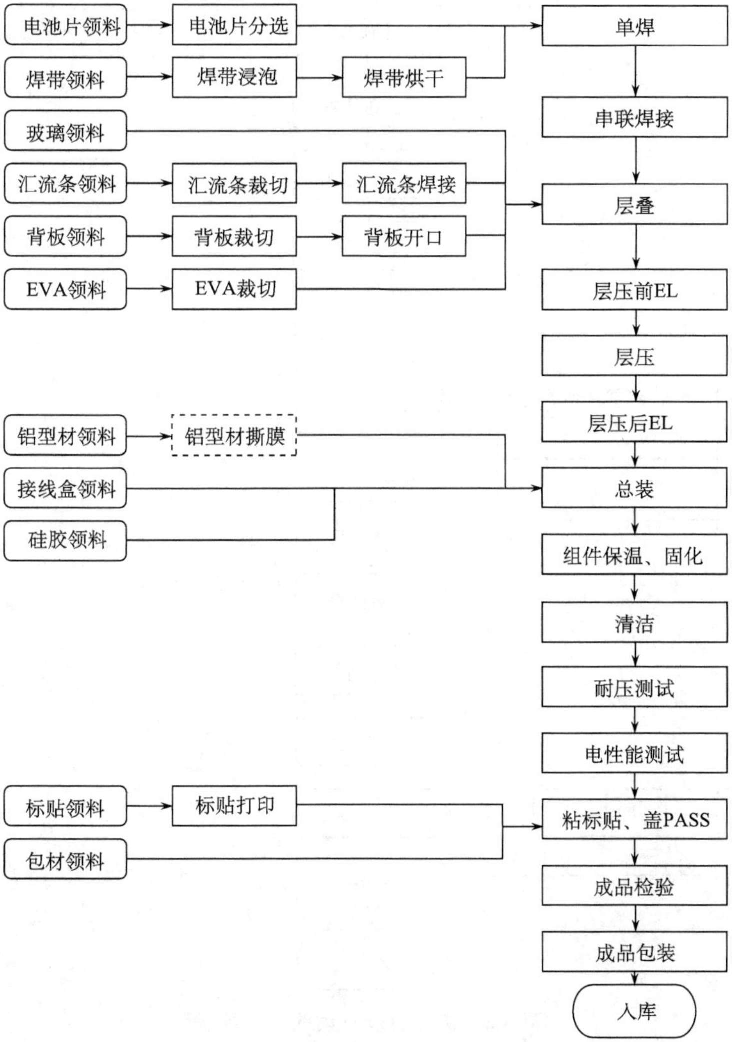

图 5-2　组件封装手工线工艺流程

图 5-3 为组件封装自动线工艺流程图。

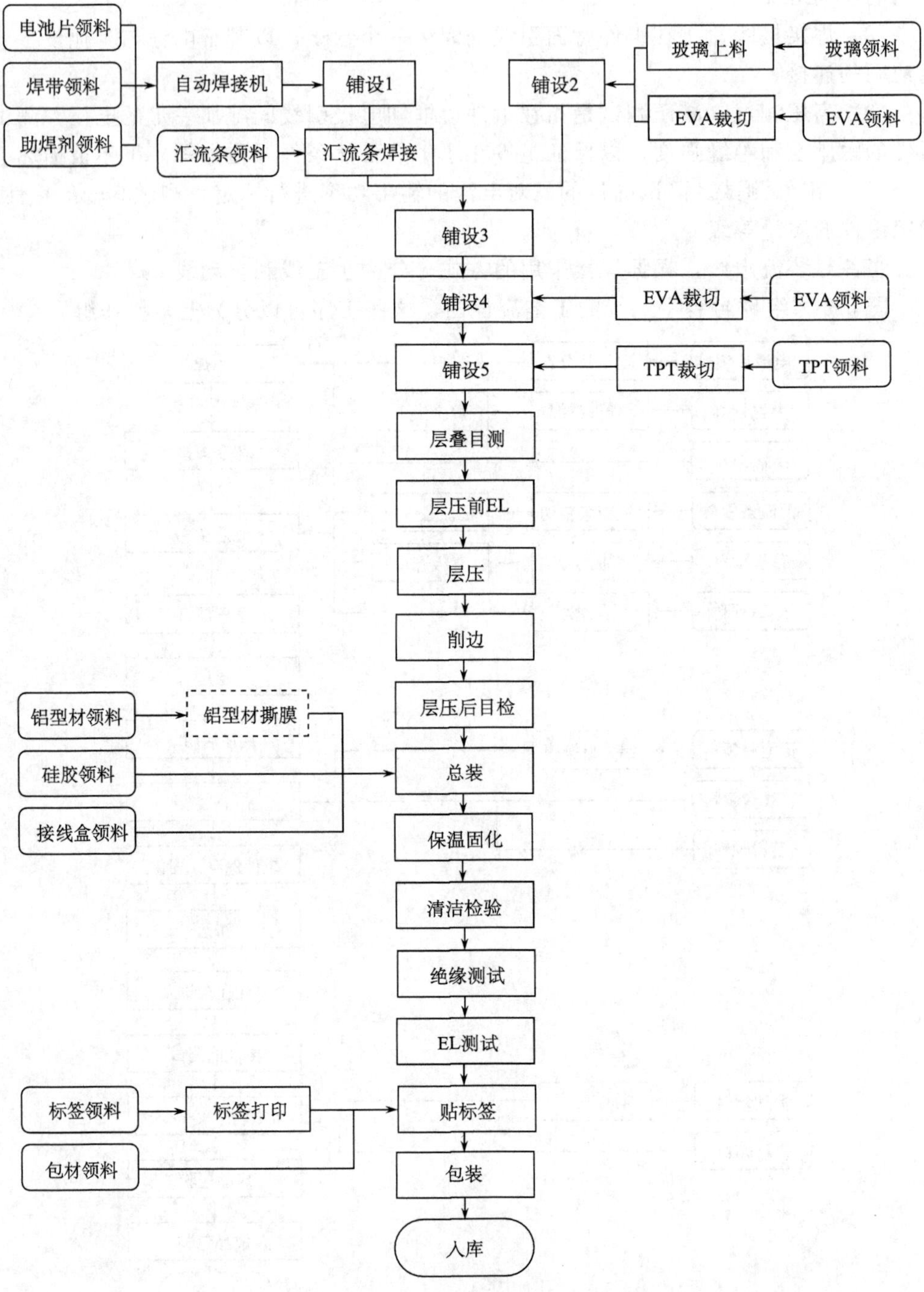

图 5-3 组件封装自动线工艺流程

自动线和手动线的区别主要集中在准备组、焊接组和叠层组。采用自动焊接机后，焊带的剪切、浸泡，电池片的单焊、串焊都集中到焊接机中自动完成。叠层由一次完成，分解为流水线上的多个铺设工序。

5.2 太阳能电池的分选与划片

太阳能电池分选包括电池的外观检测和性能测试，通过分选，将外观和性能参数一致或相近的电池组合在一起。电池的挑选本着不影响使用功率、没有太大的外观缺陷的原则进行。分检时注意要轻拿轻放，坚决不允许通过摇晃发出声响来判断暗纹和仅凭肉眼观察来评判的方式。

图 5-4 整箱电池堆放整齐

5.2.1 太阳能电池的外观检测

电池的外观检测是通过目视检查和测量判断其外观是否合格，并进行分类。如通过初选将缺角、栅线印刷不良、裂片、色差等电池筛选出来，工艺步骤如下。

(1) 领取电池。领取电池并整齐摆放在指定区域的托盘上，箱子不得超出托盘区域且纵向堆放最多是 4 个箱子，如图 5-4 所示。

(2) 开包检验。注意电池的数量是否正确。接触电池时，要戴好手指套，如图 5-5 所示。电池要轻拿轻放，避免碰到其他物体或身体的其他部位。

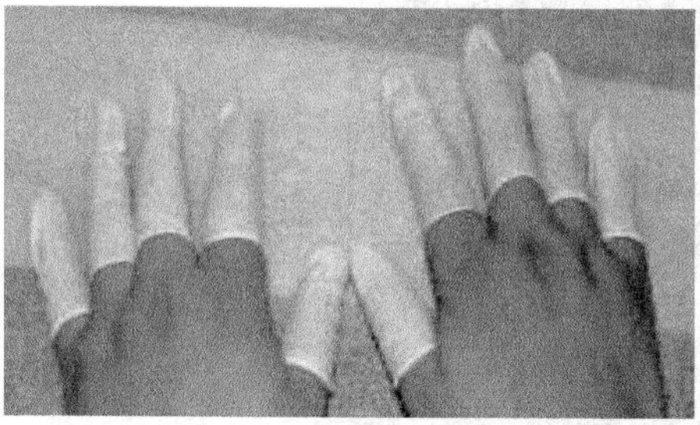

图 5-5 手指套要戴好

(3) 目视外观分选。如图 5-6 所示，双手捏住电池主栅线位置，将电池竖立在操作台泡沫垫上，检查电池有无缺陷如缺角、崩边和大小角等，拿取时以 20 片/1 次为限。将有缺陷的电池按缺陷类别做好缺陷类型及数量标识，分类放置，如图 5-7所示。

(4) 单片目视分选。每次取一片电池，从正、反两面检查电池。正确拿取电池的方法如图 5-8 所示：双手大拇指轻轻捏住电池一面主栅线位置，其他四指托住电池的另一面，避免损坏电池表面的减反射膜；翻动电池如图 5-9 所示，双手拿住主栅线银浆部分再翻转过来。有缺陷的电池要根据缺陷类型记录并分区放置，电池叠放不得超过 36 片，如图 5-10 所示。除了目视检测外，还需要使用电子显微镜观察电池表面是否有隐裂。

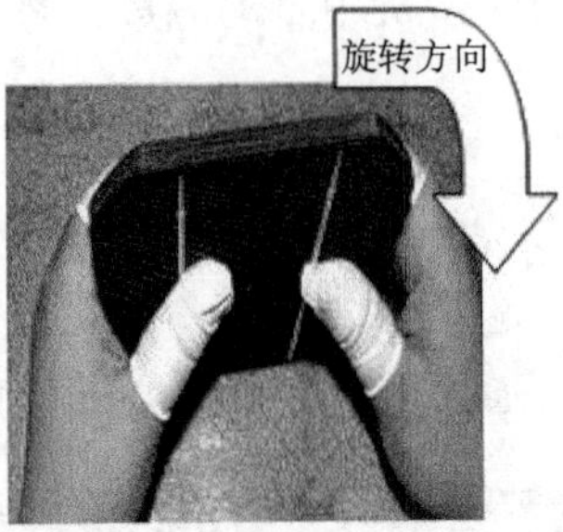

图 5-6　检查电池外观操作

图 5-7　电池按缺陷类别分别放置

图 5-8　正确拿取电池方法

图 5-9　正确翻转电池方法

图 5-10　分选好后，电池分门别类放置

5.2.2　太阳能电池的电性能测试

电性能测试是对外观分选合格的电池，用太阳能电池分选仪对电池的转换效率

和单片功率等进行测试和分选。测试前使用标准电池校准测试仪器，测试有误差时，对测试仪器进行调整，记录校准结果。按需要分选电池的批次规格标准选取被测电池，将待测的电池放到测试台上进行分选测试，根据测得的电流值或功率进行分档。一般合格电池按每 0.05W 为一档分档放置。注意电池放在空气中的时间不能过长，当天不生产的电池或缺陷片要包装好入库。

5.2.3 激光划片

单片太阳能电池不论大小，电压基本是一致的，而电流则随面积成正比例变化。在生产小组件时，划片是必需的一道工序。如果全是生产大组件，就不需要划片。划片是根据客户对组件最大输出功率的要求确定单片电池电流，进而确定单片电池面积，然后进行划片。激光划片是利用高能激光束将完整的电池按照组件要求除去大片上多余的部分，形成合适的小面积电池。为节省材料，经常把完整电池切割成 4 等份、6 等份、8 等份等不同尺寸的小电池，以满足制作小功率组件和特殊形状太阳能光伏组件的需要。

5.3 太阳能电池的焊接

电池的焊接是用焊带按需要把电池串联或并联好，最后汇成一条正极和一条负极引出来。电池焊接包括单片正面焊接和背面串联焊接，焊接用的焊带在使用前要裁剪和处理。焊接时注意尽可能让同一串太阳能电池的尺寸、颜色、性能完全一致；手工焊接时把握好烙铁与焊点接触时间，尽量一次焊成，并做到焊点均匀。

5.3.1 焊带裁剪与处理

焊带按照功能不同，分为互连条和汇流条，裁剪时要按照要求裁剪成合适的长度，手工裁剪如图 5-11 所示，要确保裁剪处光滑不弯曲、无毛刺、刀口定期更换。

为保持焊带的可焊性，在焊接前要用助焊剂对焊带浸泡处理。一般先将裁剪好的焊带放入金属网筐中铺平，再将网筐放入加好助焊剂的容器中，使焊带浸入助焊剂中，并翻动焊带使其与助焊剂充分接触，如图 5-12 所示。浸泡完毕，可将金属网筐提起滤掉多余的助焊剂，并放在烘干容器里烘干，如图 5-13 所示。处理完毕，将其中扭曲、弯曲的焊带挑出，再用洁净的纸将烘干的好焊带分包包裹，送焊线使用。

5.3.2 单片焊接

单片焊接是将互连带焊接到电池正面（负极）的主栅线上，如图 5-14 所示，

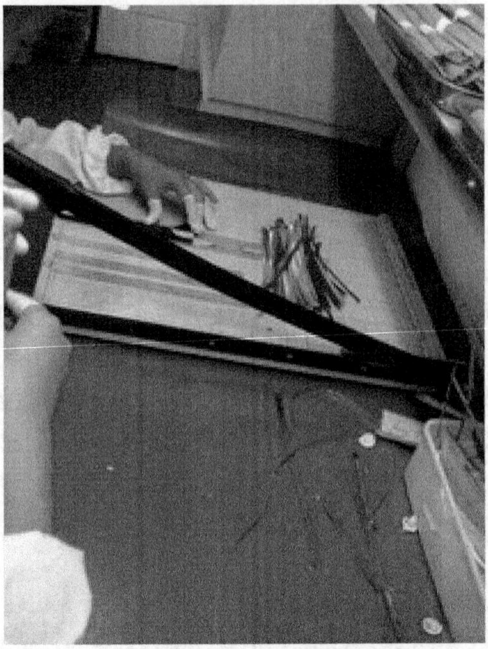

图 5-11　裁剪互连条与汇流条

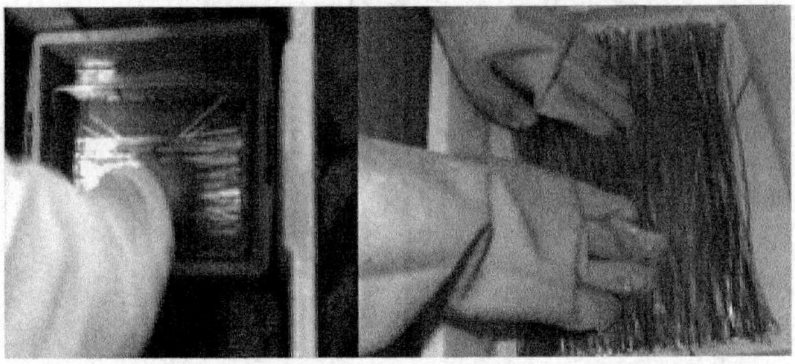

图 5-12　浸泡焊带

图 5-13　烘干焊带

将单片电池正面向上放在加热模板上，将已浸泡过的互连条压在主栅线上，互连条应放在距电池边缘第一根细银栅线或第一根至第二根细银栅线之间，顺着主栅线用恒温电烙铁把互连条压焊上去。焊好以后，用右手将电池轻推至加热板边缘，左手拇指超过一根主栅线轻轻拿起，整齐摆放在盒子里，如图 5-15 所示。

(a)

(b)

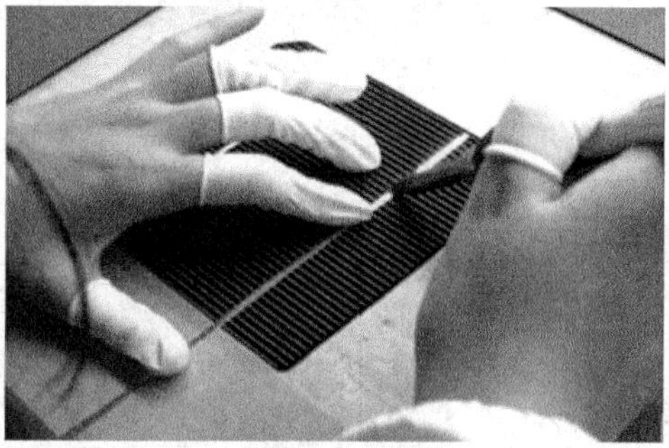

(c)

图 5-14　单片焊接

5.3.3　串联焊接

串联焊接是将单体电池串接在一起形成一个组件串。一般先将一片已正面焊接好的单片电池背面向上放在加热模板上，左边沿靠近模板的左边第一个靠山上，保持左边沿与下边沿紧靠模板的左边与下边靠山，并保持垂直不移位；把另一片单片也背面向上放在加热模板上定准位置，单片的互连条引线覆盖在前一块单片背面的银层上。依次将电池如图 5-16所示放入焊接模板相应位置，对齐主栅线，摆放必须一次到位；温度调至适当，用恒温电烙铁把焊带压焊上去。焊接时对正电池，用左手手指压住互连条和电池，避免相对位移，然后按调整好的速度焊接。如果正极主栅线到电池边沿距离小于 5mm，则从电池边沿留 5mm 不焊；如果主栅线到电池边沿距离大于 5mm，则从主栅线起头焊接，如图 5-17 所示。焊接完毕，用焊接模板放入转接模板，如图 5-18 所示。

图 5-15　整齐摆放

图 5-16　串联排版

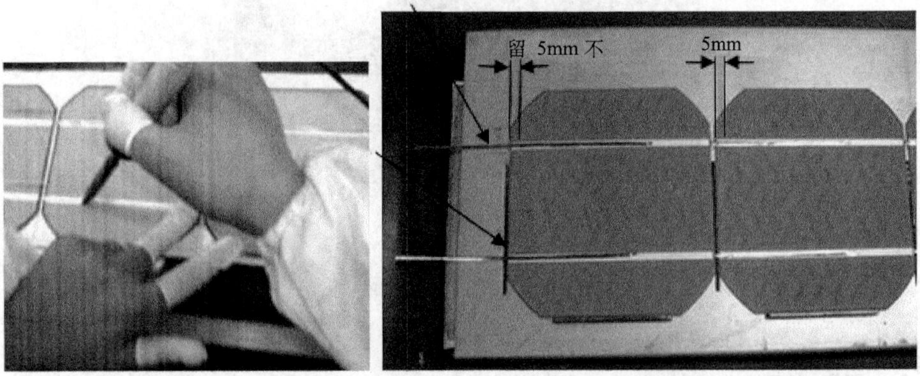

(a)　　(b)

图 5-17　正极主栅线焊接示意图

图 5-18　用焊接模板放入转接模板

5.4　叠层与层压

叠层与层压是将焊接好的组件串与光伏玻璃、切割好的 EVA、背板按照一定的层次敷设好，送到层压机层压固化。目前常用的背板材料是 TPT，EVA 和 TPT 在使用前要按照要求裁剪好，叠层和层压完毕要分别进行测试检验，光伏玻璃在使用前要清洗。

5.4.1　EVA、TPT 裁剪

叠层工序进行前，要根据组件设计要求和玻璃尺寸对 EVA 和 TPT 裁剪。一般 TPT 和 EVA 的长度和宽度要比玻璃尺寸大 15mm。成卷的 EVA 和 TPT 内接头不易太多，一般 TPT 每卷接头≤4 个，EVA 每卷接头≤10 个，如图 5-19 所示，使用时 EVA 与 TPT 接头点两端应各裁去 1.8m 隔离。

裁剪时用手压紧定位工具，然后用美工刀紧贴定位工具侧面对 EVA、TPT 进行裁剪，如图 5-20 所示。裁剪好的 EVA、TPT 要整齐平放在周转托盘上。

图 5-19　TPT 每卷接头≤4 个；EVA 每卷接头≤10 个

图 5-20　裁剪时刀口紧贴模板

5.4.2　叠层工艺

叠层工艺是在光伏玻璃上依次放置 EVA、排列电池串、焊接汇流条、绝缘垫片、EVA、背板。

操作时，先把干净的光伏玻璃放在拼接台上，按产品要求将玻璃绒面朝上放置或光面朝上放置；再覆盖一层 EVA，EVA 铺设要平整，不能有褶皱，不能有翘起、鼓包，EVA 每个角与玻璃四周的距离要一致；按照模板，将电池串摆在模板的相应位置，放电池时要看清正负极，一定要注意电池的正负极，保证与模板标示一致；电池串之间的距离一定要均匀，大小要统一，如图 5-21 所示；按照模板摆放好汇流条，汇流条置于单片焊带引出线下方，汇流条和引出线一定要垂直。用镊子夹住两者接触面的边缘，轻抬使其与 EVA 隔开，同时把烙铁头也压焊在接触面边缘上。待焊接好并等待 2～3s 冷却后移开镊子，焊带与汇流条焊接完全。注意电池串正负极是否正确，如图 5-22 所示。电池的灰色面引出线为正极，蓝色面引出线为负极。

图 5-21　电池的正负极与模板标示一致

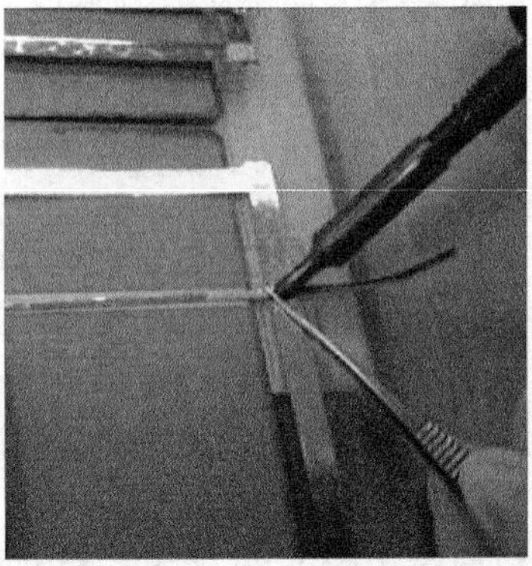

图 5-22　焊接汇流条

每串电池引出线和汇流条焊接完成后，用剪刀按照模板将多余的焊带头剪去，裁剪时，一只手要持住待剪焊带，剪口面要保证与所剪焊带水平，剪切后平整光滑无毛刺。裁剪多余的焊带引出线时，左手要压住待剪焊带，防止扯动电池或者剪去的焊带落到组件里，如图 5-23 所示；在相应位置固定汇流条，要求固定点在汇流条与焊带的焊接位置附近，保证焊接后汇流条美观。加热固定之前要检查电池串排放正确、间距符合要求，图 5-24 为常规组件固定汇流条的示意图，红色为固定位置，每一串电池串都有固定位置；在组件背面覆盖一层 EVA 和 TPT，按要求从

图 5-23　剪去多余焊带

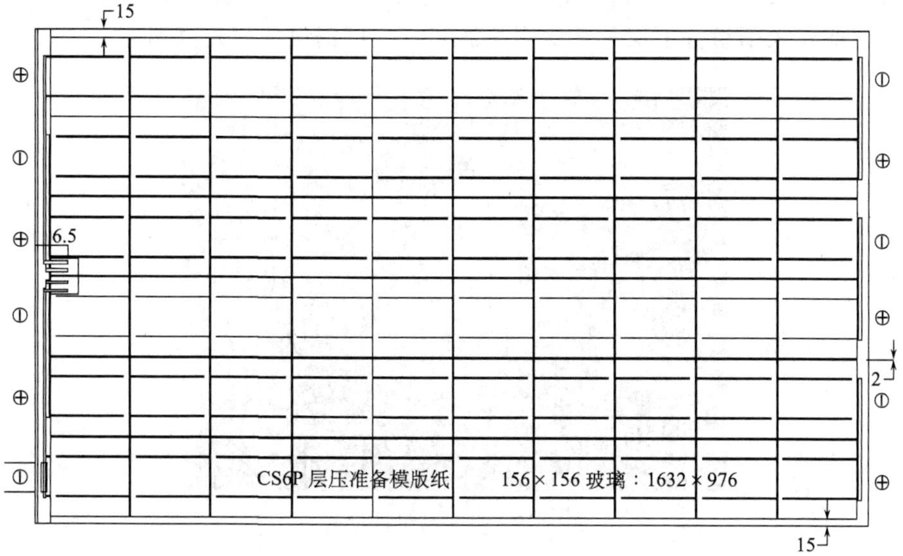

图 5-24　常规组件固定汇流条示意图

TPT 上打好的孔内把正、负极引线引出来，在出线孔的地方用 5mm 宽的 EVA 把出线孔封起来，贴好透明胶带。

5.4.3　中道检验

中道检验即过程检验，是层压前必需的一个步骤，以防止不良组件流入下一流程。中道检验分组件外观检查、电性能测试和 EL 测试。

外观检查是层压前对层叠好、待层压组件进行 100%目检，目检过程中主要检测组件内部有没有杂物、涂锡带等；目测组件内部边缘电池与玻璃边缘的距离是否符合要求；检查组件正负极，以及电池串之间的距离，保证达到工艺要求。

电性能测试就是用电性能测试仪测试组件层压前的部分参数，检查 P_m（最大功率）、V_m（最大电压）、I_m（最大电流）、FF（填充因子）、R_{SH}（并联电阻）、R_S（串联电阻）的数值是否符合要求。

EL 测试就是用 EL 测试仪测试出层压前组件的 EL 图片，检查是否符合要求。主要看组件内部电池是否有隐裂、裂片、缺角、虚焊等。

5.4.4　层压固化

层压是将叠层好的组件放入层压机内，通过加热固化形成成品。层压时先开启层压机进行试压，试压满意再正式层压。层压前先在层压机指定位置铺设下层耐高温布，从周转车上抬起组件目视检查，如图 5-25 所示，将检验合格的半成品组件抬至层压机，放到耐高温布的指定位置，再在上面铺上上层耐高温布。按工艺要求，有的要在太阳组件下层垫两层耐高温布，上层铺设一层耐高温布。

图 5-25　半成品组件检查

根据不同的物料设定相应的层压工艺参数进行层压，层压结束，将组件从层压机上抬下，并进行切边，如图 5-26 所示。

(a)　(b)

图 5-26　切边

从层压机取出的组件，在层压过程中已经进行了固化，为了防止组件中的 EVA 与 TPT、玻璃脱层，为长期使用，有时需要进行第二次固化，以确保 EVA 有良好的交联度和剥离强度。固化可以在烘箱中进行，也可以在层压机内直接固化。目前，采用烘箱快速固化 EVA，速度快，节约层压机的使用时间。当 EVA 凝胶含量达到 65%以上时，可以认为固化基本完成。

5.5 装框与清洗

为了增加组件的强度，延长组件的使用寿命和抗击能力，进一步增加太阳能光伏组件的密封性，延长电池的使用寿命，需给玻璃组件安装边框，以保护组件和方便组件的连接固定。

5.5.1 太阳能光伏组件装框

目前太阳能光伏组件常用铝合金边框，边框和玻璃组件的缝隙用硅酮树脂填充，各边框间用角键连接。安装时先在铝合金凹槽中均匀涂上硅胶、厚度为 2～4mm、室温固化 10min 以后使用，然后将组件嵌入铝合金凹槽中，用电动螺丝刀将不锈钢自攻螺丝拧入铝合金安装孔或者用装框机加固边框和角键，如图 5-27 所示。装框结束在组件背面 TPT 与铝合金交界处均匀涂上硅胶，在室温下进行固化。

图 5-27 装框机装框

5.5.2 安装接线盒

太阳能光伏组件的正负极需安装接线盒，将装框后电池的引线接入接线盒，并在各器件之间通过接线盒和导线连接起来，最终形成一个能够实现对太阳能收集、存储及输出的装置。

接线盒安装时首先要在底部四周的安装处涂上硅胶，将组件正、负极引线穿过接线盒引线孔，将接线盒粘在背板 TPT 上，注意保持接线盒与铝边框的距离一致，在接线盒底部边缘处均匀地涂上一层硅胶，盖上盒盖，拧紧盒盖螺丝。安装新型接线盒时，检查二极管及接插件是否正确、牢固，并使用专用工具将引线接好。

5.5.3 太阳能光伏组件清洗

组件清洗是对安装好接线盒的太阳能光伏组件进行清理、补胶和清洁，保持太阳能光伏组件外观干净整洁。包括用工具刮去组件正面粘留的EVA及硅胶，用干净布沾酒精擦洗组件正面及铝合金外框，用橡皮等软物除去组件反面TPT上的残余EVA及硅胶，用干净布沾酒精擦洗TPT。

5.6 终检与包装

封装好的组件需要进行质量检测，保证产品合格，并给组件分档、分类包装入库。组件终检包括外观检查和性能测试，性能测试包括电绝缘性能测试、组件电性能测试、EL测试、热循环实验、湿热-湿冷实验、机械载荷实验、冰雹实验和老化实验等。

5.6.1 终检

终检是对封装好的组件进行最终检测，主要是电性能测试、电绝缘性能测试和EL测试。电绝缘性能测试包括绝缘耐压测试和接地电阻测试，绝缘耐压测试是测试组件边框与内部带电体（电池、焊带等）之间在高压作用下是否会发生导通而造成危险；接地电阻测试是测试边框与地之间的电阻，以确定边框接地性能。EL测试是用太阳能光伏组件缺陷测试仪检测太阳能光伏组件有无隐裂、碎片、虚焊、断栅及不同转换效率单片电池异常等现象。电性能测试是用组件测试仪测量组件电性能参数，以此给组件分档，确定组件的等级，作为组件定价的标准。

5.6.2 包装

包装时要选用相应规格的包装箱，包装箱应完好无损，且尺寸、规格符合要求，在包装箱底部四周放入保护瓦楞纸板，四角放好护角，记录装箱组件的编号，组件条形码应和包装箱外贴的条形码相符；把两块检验合格的组件玻璃朝外，背对背垫上垫板，放入箱体内定位瓦楞纸板中；按规定装入适量的组件，在组件上部再放入定位保护泡沫或瓦楞纸板，盖上箱盖，用封箱胶带封住，在箱侧贴上装箱单或写上相关标识，最后用打包机打好包装带，做好相关记录入库。

5.6.3 打托

打托是将包装好的组件打上木托，以便于远距离运输。打托时先准备好相应规格的托盘、包装带及护角，将包装好的同一规格的组件放入准备好的托盘内，按照作业指导书打托。注意打好的托盘必须整齐，四面要笔直，不允许有包装箱错位、不齐等现象；同一个托盘内组件规格、标示应一致，条形码应在托盘的一面且是同一个方向，条形码应整齐完好；每个包装箱内的组件必须是同一个规格，严禁混装；每个货柜内只允许有一个托盘上有两个规格的组件混装，而且是相邻的两个规格。

思 考 题

5.1 简述平板太阳能光伏组件的结构及制作工艺流程。

5.2 简述电池分选的重要性和分选方法。

5.3 简述焊接操作及注意事项。

5.4 层压的目的是什么？如何层压？

第6章　太阳能光伏组件封装材料

大多数晶硅太阳能光伏组件是由透明的顶表面材料、胶质密封材料、太阳能电池串、背板材料和外部框架组成的。

6.1　晶硅太阳能电池

太阳能电池无论面积大小，是整片的还是被切割成小片，单片的正负极间输出峰值电压都为0.48～0.6V，电池面积的大小与输出电流和发电功率成正比，面积越大，输出电流和发电功率越大。太阳能电池的主要基材为硅，又称硅片，硅片表面有一层蓝色的减反射膜，以防大量的光子被光滑的硅片表面反射掉。硅片表面还有用精配好的银浆印成的银白色的电极栅线，充当电池的上电极，其中细栅线又称子栅，负责从电池内部收集电流并传送到母栅；粗的栅线称为主栅线，又称母栅，一般两到三根，负责从子栅收集电流并直接与外部电路连接。电池的背面也有相对应的两条或者三条银白色的主栅线，称为下电极或背电极。电池与电池间的连接，就是把互连条焊接到主栅线上实现的。一般正面的电极线是电池的负极线，背面的电极线是电池的正极线。

电池上的主栅线多为两条或三条，条数的多少是由电池面积、收集效率、生产成本决定的，一般156mm×156mm面积的电池的主栅线多为三条，125电池的主栅线多为两条。细栅线的条数各家不一样，栅线越多收集电流的能力就越强，但同时也使遮光面积和成本增加，目前通常单晶125的有54根左右，156的一般70根左右，有的厂家90多根。

6.1.1　晶硅太阳能电池分类

工业上大批量生产的太阳能电池主要有单晶硅与多晶硅两种，多晶硅成正方形，所以也称为方片。单晶硅一般成八角片，所以也称为准正方形，或准方片，如图6-1所示。

单晶硅与多晶硅太阳能电池因制作过程不同，所以形状也不同，单晶硅电池采用直拉法生长，该生长工艺决定了硅片的形状为圆形，但若将圆形的太阳能电池直接封装成组件，那么太阳能光伏组件的封装密度过小，发电效率就有所下降；若将圆形硅片切割成方形，又浪费原材料，不经济。单晶硅太阳能电池由过去的圆片封装逐渐发展为现在的八角形封装，正是对以上两个方面的折中考虑的结果。多晶硅是铸造成的硅锭切割而成的，为四方形。从转换效率上，由于单晶硅太阳能电池

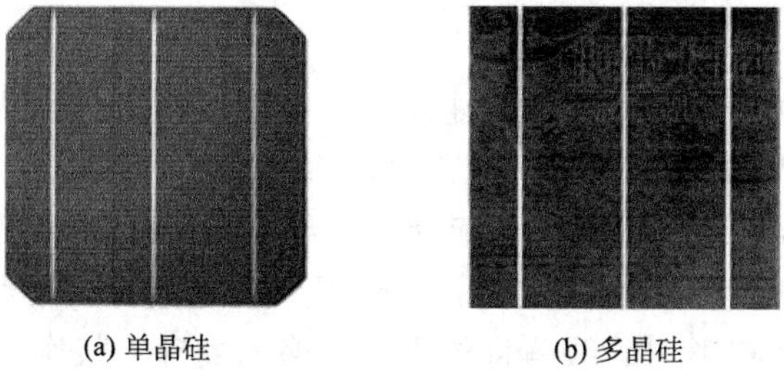

图 6-1　156 太阳能电池

技术最为成熟，转换效率最高，但随着多晶硅提纯和制备技术的提高，其转换效率逐渐向单太阳能电池靠近。从外观颜色上比较，单晶硅硅原子是按 100 晶向排列的，表面颜色比较单一，一般为黑色、深蓝、浅蓝或褐色，层压后颜色加重多为黑色。多晶硅由于硅原子沿多种晶向排列，表面有可视硅纹，颜色一般为深蓝、蓝色、褐色和淡紫色，层压后比层压前颜色稍深，但变化不大。在尺寸上，国内常用的太阳能电池，单晶有 125×125、156×156、150×150、103×103 四种规格，前两种比较常见；多晶有 125×125、156×156 两种规格，数字的单位是 mm，数字是电池的边长，相乘就是面积。详细的规格尺寸如图 6-2 所示，图中的字母含义及数值如表 6-1 所示。

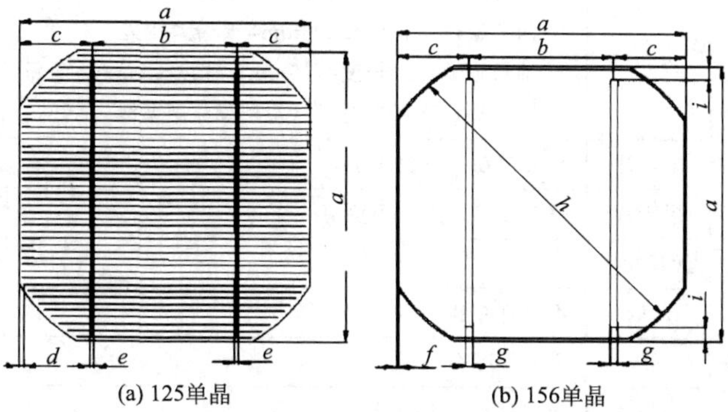

图 6-2　单晶硅片规格尺寸示意图

表 6-1　图 6-2 中的字母含义及数值

	a	b	c	d	e	f	g	h	i
(a)	125.0	62.50	31.25	1.51	1.80	1.0	3.30	165.0	6.50
(b)	156.0	52.0	26.0	1.70	1.50	1.0	2.80	200.0	5.0

注：a 为电池边长，b 为正面主栅线（背面电极）中心间距，c 为正面主栅线（背面电极）中心到电池边沿距离，d 为细栅线末端到电池边沿距离，e 为正面主栅线宽度，f 为铝背场边到电池边沿距离，g 为背电极宽度，h 为电池对角线长度，i 为背电极顶端到电池边沿距离。

6.1.2 晶硅太阳能电池的检验

电池的检验包括外观检验和电性能测试，并根据检验和测试结果划分成不同的等级，如把电池分成 A 级、B 级、不合格品和报废品。A 级一般指无任何的技术缺陷，比较完美；B 级指技术上无任何缺陷，符合标准，但外观不是很完美；不合格品一般指外观质量状况较差（视觉上有较强烈的缺陷），一般来说，所有可能发生危险和对产品寿命有影响的缺陷将作为不合格品处理；报废品是外观有严重不良或电性能异常，低效片或裂片较多，不值得返工或无法返工的，作报废处理。表 6-2 为某公司电池检验标准指导书。

表 6-2　某公司电池检验标准指导书

<table>
<tr><th>缺陷说明</th><th colspan="2">判定准则</th></tr>
<tr><td rowspan="5">1. 缺口：因机械、应力造成电池边缘或四角缺失一部分</td><td colspan="2">1. 用游标卡尺或模板量取缺口的长、宽、深
2. A、C 级要求无尖锐形缺口和三角形缺口
3. 缺口不允许过电极（主栅线、副栅线）</td></tr>
<tr><td>A 级</td><td>1. 边缘崩边、缺口：长度≤3mm，深度≤0.5mm，数量≤2 处
2. 四角缺口：长度≤1.0mm，数量≤1 处
3. 细长形缺口：长度≤10mm，深度≤0.5mm，数量≤1 处
4. 以上缺口不可过电极（主栅线、副栅线）</td></tr>
<tr><td>C 级</td><td>1. 边缘崩边、缺口：长度≤5mm，深度≤1.0mm，数量≤3 处
2. 四角缺口：长度≤1.5mm，数量≤1 处
3. 细长形缺口：长度≤15mm，深度≤1mm，数量≤1 处
4. 以上缺口不可过电极（主栅线、副栅线）</td></tr>
<tr><td>缺陷片</td><td>允许存在，不论大小</td></tr>
<tr><td>报废片</td><td>完全破碎，无利用价值</td></tr>
<tr><td rowspan="5">2. 掉角：因机械、应力造成电池四角有缺失一部分</td><td colspan="2">无掉角</td></tr>
<tr><td>A 级</td><td>不允许存在</td></tr>
<tr><td>C 级</td><td>不允许存在</td></tr>
<tr><td>缺陷片</td><td>允许存在，无要求</td></tr>
<tr><td>报废片</td><td>无利用价值</td></tr>
<tr><td rowspan="5">3. 弯曲：硅片本身太薄或丝网印刷引起电池不是在一个平面上</td><td colspan="2">弯曲范围</td></tr>
<tr><td>A 级</td><td>125 硅片弯曲范围≤2.0mm（厚度 200±20μm）</td></tr>
<tr><td>C 级</td><td>125 硅片弯曲范围＞2.0mm（厚度 200±20μm）</td></tr>
<tr><td>缺陷片</td><td>无</td></tr>
<tr><td>报废片</td><td>无</td></tr>
</table>

续表

<table>
<tr><th>缺陷说明</th><th colspan="2">判定准则</th></tr>
<tr><td rowspan="5">4. 厚薄不均：由于原始硅或印刷厚度引起单片电池厚度（印刷后的厚度）不均匀引起弯曲，用千分尺量取其值比标称厚度小或大</td><td colspan="2">电池片标称厚度以硅片的标称厚度为准</td></tr>
<tr><td>A 级</td><td>TTV≤0.1mm</td></tr>
<tr><td>C 级</td><td>0.1mm<TTV≤0.2mm</td></tr>
<tr><td>缺陷片</td><td>无</td></tr>
<tr><td>报废片</td><td>无</td></tr>
<tr><td rowspan="5">5. 铝苞铝珠：绒面过大或印刷不良引起背面电场有凸起的苞或珠</td><td colspan="2">铝苞片判定时，不论其在何位置一律按≤40μm 为非铝苞</td></tr>
<tr><td>A 级</td><td>40～200μm</td></tr>
<tr><td>C 级</td><td>>200μm</td></tr>
<tr><td>缺陷片</td><td>无</td></tr>
<tr><td>报废片</td><td>无</td></tr>
<tr><td rowspan="5">6. 背电场缺印：丝网印刷第二道印刷不良导致背电场有部分缺失</td><td colspan="2">缺印面积进行级别判定</td></tr>
<tr><td>A 级</td><td>背电场缺失面积不超出背电场面积的 10%</td></tr>
<tr><td>C 级</td><td>无</td></tr>
<tr><td>缺陷片</td><td>无</td></tr>
<tr><td>报废片</td><td>无</td></tr>
<tr><td rowspan="5">7. 背电场变色：叠片或烧结引起背电场变色</td><td colspan="2">变色面积</td></tr>
<tr><td>A 级</td><td>变色面积不能超过背电极总面积的 30%</td></tr>
<tr><td>C 级</td><td>变色面积超过背电极总面积的 30%</td></tr>
<tr><td>缺陷片</td><td>超出 C 级片要求，但还有利用价值</td></tr>
<tr><td>报废片</td><td>超出 C 级要求，无利用价值</td></tr>
<tr><td rowspan="5">8. 叠片：电池片叠在一起烧结引起背电场或背面电极浆料未得到正常烧结，出现发黄变色、电极脱落</td><td colspan="2">无叠片</td></tr>
<tr><td>A 级</td><td>1. 正面不允许存在
2. 背面不影响电极的，按缺印或变色判定
3. 变色面积不能超过背电极总面积的 30%</td></tr>
<tr><td>C 级</td><td>1. 正面不允许存在
2. 不到电极的按背电场变色判定
3. 变色面积超过背电极总面积的 30%</td></tr>
<tr><td>缺陷片</td><td>到电极，但还有利用价值</td></tr>
<tr><td>报废片</td><td>到电极，但无利用价值</td></tr>
</table>

续表

缺陷说明	判定准则	
9. 颜色色差：PECVD 镀膜不良引起电池的颜色偏离主体颜色	主体颜色偏离蓝色、深蓝色，即蓝色、深蓝色区域小于 50%时，则根据单体颜色情况直接降至相应等级	
	A 级	整片电池颜色单一（淡蓝、蓝色、深蓝、淡红中的一种） 仅允许跳一种相邻的颜色
	C 级	黄褐色、褐色、金黄色等两种以上较明显的颜色
	缺陷片	无
	报废片	无
10. 水痕印：未清洗干净引起的电池边缘有明显的水干后的纹状痕迹	水痕印所占电池的面积与个数	
	A 级	≤电池片总面积的 20%，存在个数≤3 个
	C 级	＞电池片总面积的 20%，存在个数＞3 个
	缺陷片	无
	报废片	无
11. 手指印：操作时未戴手套或手套不干净引起电池上有明显的手指印沾污痕迹	手指印所占电池的面积与个数	
	A 级	≤电池总面积的 30%，存在个数≤3 个
	C 级	＞电池总面积的 30%，存在个数＞3 个
	缺陷片	无
	报废片	无
12. 斑点：制绒不良或硅片本身脏污引起电池上有明显的斑点	明显度、面积及个数	
	A 级	≤电池总面积的 10%且不明显，存在个数≤3 个
	C 级	＞电池总面积的 10%，存在个数＞3 个
	缺陷片	无
	报废片	无
13. 未制绒：制绒引起电池的绒面上有明显的绒面发白、变色的现象，显微镜下观察绒面不良	绒面发白	
	A 级	≤电池总面积的 10%，存在个数≤3 个
	C 级	＞电池总面积的 10%，存在个数＞3 个
	缺陷片	无
	报废片	无
14. 亮斑：制绒不良或硅片本身引起电池上有明显发白、发亮的斑点	明显度判定	
	A 级	不允许存在
	C 级	允许存在、数量、面积不限
	缺陷片	无
	报废片	无

缺陷说明	判定准则	
15. 裂纹：机械或应力造成电池上有一个或一个以上的裂纹、裂痕	无裂纹	
	A 级	不允许存在
	C 级	不允许存在
	缺陷片	允许存在、数量、面积不限
	报废片	无
16. 印刷偏移：丝网印刷不良引起正面电极图形整体偏离正常位置	用模板进行量取印刷图形偏移正常位置的范围	
	A 级	偏差≤1.0mm，角度偏差≤0.5°，电极图形不能超出电池边缘
	C 级	偏差>1.0mm，角度偏差>0.5°，电极图形不能超出电池边缘
	缺陷片	电极图形超出 C 级片的要求
	报废片	无
17. 漏浆：第三道印刷引起的不良表现为浆料漏印在电池表面或边缘	无针孔	
	A 级	单个面积<1mm×1mm，个数不限，背电极、背电场依据铝苞要求判定，侧面返工后重判
	C 级	单个面积<1mm×2mm，个数不限，背电极、背电场依据铝苞要求判定，侧面返工后重判
	缺陷片	超过 C 级要求
	报废片	没有利用价值的
18. 正面电极虚印：第三道印刷不良引起电池副栅线不连续印刷，中间有断点	虚印的面积	
	A 级	虚印面积小于电极总面积的 10%
	C 级	虚印面积大于电极总面积的 20%
	缺陷片	超出 C 级片要求，但还有利用价值
	报废片	超出 C 级要求，无利用价值
19. 正面电极缺失：第三道印刷不良引起正面电极部分缺失	根据断线的长度进行级别判断	
	A 级	主栅线缺失面积不能超过主栅线面积的 10%，副栅线≤6 条，断线距离≤2mm
	C 级	主栅线缺失面积大于主栅线面积的 20%，副栅线>6 条，断线距离≤2mm
	缺陷片	超出 C 级片要求，但还有利用价值
	报废片	超出 C 级要求，无利用价值
20. 油污：漏油引起电池表面有油污痕迹	无油污	
	A 级	不允许存在
	C 级	不允许存在
	缺陷片	允许存在，还有利用价值
	报废片	允许存在，无利用价值

续表

缺陷说明	判定准则	
21. 硅晶脱落：硅片本身或受力所致，表现为电池上有明显硅晶脱落发亮的部分	硅晶脱落镀膜后不影响电极的为正常片，镀膜后按漏浆判定	
	A 级	单个面积＜1mm×1mm，个数不限，背电极、背电场依据铝苞要求判定，侧面返工后重判
	C 级	单个面积＜1mm×2mm，个数不限，背电极、背电场依据铝苞要求判定，侧面返工后重判
	缺陷片	超过 C 级要求
	报废片	超过 C 级要求
22. 类似光面：制绒不良引起镀膜后部分或整体颜色与主体颜色相比发亮	明显程度及整体均匀性	
	A 级	允许存在面积整体≤30%
	C 级	允许存在面积整体＞30%
	缺陷片	无要求
	报废片	无要求
23. 电极扭曲：丝网印刷第三道印刷不良造成电池正面主副栅线有局部偏离正常位置	有无偏离正常位置	
	A 级	扭曲＜正常位置的 0.3mm
	C 级	扭曲＞正常位置的 0.3mm
	缺陷片	超出 C 级要求
	报废片	无利用价值
24. 雨点：制绒不良造成电池表面有类雨点状色斑	明显度及所占面积	
	A 级	1. 不明显，颜色没有偏离主体颜色 2. 面积＜电池面积的 30%
	C 级	1. 较明显，颜色已偏离主体颜色 2. 面积＞电池面积的 30%
	缺陷片	超出 C 级要求
	报废片	无利用价值

6.2 前表面材料

太阳能光伏组件的前表面材料位于组件正面的最外层，直接接收阳光照射，因此它首先应该具有高的透射率为电池提供光能，其次要有良好的物理性能为太阳能光伏组件提供良好的力学性能，并且保护组件不受水汽的侵蚀，阻隔氧气防止氧化、耐高低温、良好的绝缘性、耐老化性能和耐腐蚀性能。

对于硅太阳能电池，前表面材料对于波长在 350～1200nm 的波长必须有很高的透明度。其次，前表面的反射应该非常低，虽然理论上在前表面应用减反射膜可以减少反射，但是实际上这些减反射膜都不足以满足大多数光伏（PV）组件的使用条件；另一个可以减少反射的技术是织构化表面或者使表面粗糙，但这种情况使得顶表面容易黏附灰尘和泥垢，且很难被风雨清除，其减少反射的优越性很快被顶表面的尘土招致的损失所掩盖。

除了满足反射和透明的特性之外，水或者水蒸气进入 PV 组件会腐蚀金属电极和互联条，显著减少 PV 组件的寿命；因此顶端表面材料还应该不能透水，应该有好的耐冲击性，应该能在长时间的紫外线照射下保持稳定，应该有低的热阻抗性。大多数组件的顶表面或者背表面必须是机械钢性的，可提供机械强度和硬度，以支撑电池，抵抗外界冲击。

前表面材料可以有多种选择，包括丙烯酸聚合物和玻璃。其中含铁量低的玻璃是使用最广泛的，因为它成本低、强度好、稳定、高度透明、不透水不透气同时还有自我清洁功能。

6.2.1 光伏玻璃

太阳能光伏组件对光伏玻璃的透光率要求很高，必须大于 91.6%，并且对大于 1200nm 的红外光有较高的反射，要求厚度为 3.2mm，能增强组件的抗冲击能力，良好的透光率可以提高组件的效率，并起到密封组件的作用。

太阳能光伏组件所用的光伏玻璃，目前的主流产品为低铁钢化压花玻璃，又称钢化绒面玻璃，是采用特制的压花辊，在超白玻璃表面压制特制的金字塔形花纹而制成的。它的特点在于低铁超白高透，厚度为 3.2mm 或 4mm，在太阳能电池光谱响应的波长范围内（380～1100nm），透光率可达 91%以上，对于大于 1200nm 的红外光有较高的反射率。

6.2.2 超白玻璃

超白玻璃是光伏玻璃的一种，又称无色玻璃、高透明玻璃或低铁玻璃，具有高透光率、高透明性，有“水晶王子”之称。普通的浮法玻璃的透光率为 86%，而超白玻璃透光率可达 92%以上。一般超白玻璃用在太阳能上会经过压花处理。以增加透光率，但是压花后的玻璃表面存在很多缺陷，在长期的风化作用下，增透的效果很快削弱；其次因为有凹，灰尘很容易进入，需要定期清理；另外这种玻璃增加的透光率有限，因为它不可能凹下去很深。

6.2.3 增透自洁光伏玻璃

由于传统光伏组件玻璃透光率只有约 92%，约 8%的可见光由于玻璃反射和吸收损失。光伏减反玻璃通过在超白光伏玻璃上制备一层同寿命的减反膜，可以增加玻璃的透光率 2.5%～3%，假设光照条件和发电量成正比，使用镀膜玻璃的每

1000W 组件可以比普通组件增加功率 25～30W。在光伏组件企业竞争越发激烈的当下，光伏减反玻璃由于其高性价比将取代传统光伏玻璃。

要提高光伏玻璃的可见光透过率，目前有两个方向，一是在光伏玻璃表面镀增透膜，可以提高光伏玻璃的透光性，第二种是使用自洁增透膜，使光伏玻璃在增透的同时达到自洁的效果。

在表面镀增透膜的光伏玻璃又称 AR 镀膜玻璃、AR 镀膜减反射玻璃（anti-reflection glass）、增透射玻璃或减反射玻璃。它利用不同光学材料膜层产生的干涉效果来消除入射光和反射光，从而提高透过率，使光的反射率降低到 1%以下。普通玻璃在可见光范围内的单侧反射率约为 4%，总的光谱反射率约为 8%。

现有超白玻璃的可见光透光率已经在 90%以上，提高的空间已经不大，利用光的干涉原理增加一层增透膜最多起到增透 3%的效果，仍然不能完全满足行业需求。因此出现了增透自洁光伏玻璃。该玻璃的表面镀有多孔二氧化硅薄膜，该薄膜具有优秀的透光率、减反射性能和高的热阻，同时它兼具一定的渗水性，具备自清洁功能，避免因表面污染引起的效能降低。

6.2.4 光伏玻璃检验

目前光伏玻璃没有相应的国际标准，国内外的相关企业一般自行制定自己的企业标准用于生产控制和检验，表 6-3 为某企业的光伏玻璃检测内容，表 6-4 为其外观质量要求。

表 6-3 光伏玻璃的检测

序号	项目	技术要求	使用工具及检验方法
1	尺寸检验	四周边长尺寸偏差±1mm	卷尺
2	厚度检验	玻璃公称厚度偏差±0.2mm	千分尺
3	外观检验	具体要求参见表 6-4	目视，卷尺
4	弯曲度	弓形时不超过 0.3%，波形时不超过 0.2%	高度尺、游标卡尺等
5	透光率	在 400～1000nm 的光谱条件下，原片透光率＞90%	供应商提供报告
		花纹玻璃透光率要求根据不同厂家和测试结果确定	组件测试仪
6	钢化度	＞40 粒/25cm^2，且允许有少量长条形碎片，其长度不超过 75mm，其端部不是刀刃状，延伸至玻璃边缘的长条形碎片与边缘的锐角不大于 45°	使用现有专用冲锤
7	耐冲击性	玻璃没有损坏，外形尺寸、外观、弯曲度合格	ϕ55mm，206g 的钢球
8	耐热冲击性	玻璃不破碎	烘箱
9	耐风压性能	＞2400Pa	见检验方法
10	含铁量	＜0.02%	供应商提供报告

表 6-4　光伏玻璃的外观检测

缺陷名称	说　明	允许缺陷数
边缘质量	玻璃边缘向内大于 2mm 的碎片、剥离或任何形式的破损	0
	玻璃边缘沿着边的方向大于等于 3mm 的碎片、剥离或任何形式的破损	0
	玻璃边缘超过 1mm 厚度的碎片、剥离或任何形式的破损	0
	玻璃边缘存在尖头，观测到的齿状超过玻璃厚度的 50%	0
划伤	宽度在 1mm 以下的轻度划伤	长度＜5mm 的划伤＜4 条； 5～10mm 的划伤＜2 条； 10～25mm 的划伤＜1 条
	宽度大于 1mm 的划伤	0
裂纹、缺角	不允许存在	

6.3　EVA 胶膜

密封材料是用来黏附太阳能光伏组件中的太阳能电池、前表面和背面的。密封材料应该在高温和强紫外线照射下保持稳定。当然，材料还应该有良好的光透性和低热阻抗。EVA 是最常使用的密封材料。EVA 板块被镶嵌在太阳能电池-顶端表层-背层之间，把这种三明治结构加热到 150℃，EVA 熔化后把组件的每一层都黏合在一起。

在太阳能电池的封装材料中，EVA 是最重要的材料。它是一种热熔黏结胶膜，常温下无黏性而具抗粘连性，经一定条件热压便发生熔融黏结与交联固化，将电池串“上盖下垫”包封。一方面，固化后的 EVA 能承受大气变化且具有弹性，并和上层保护材料玻璃、下层保护材料背板 TPT（聚氟乙烯复合膜）黏合为一体；另一方面，它和玻璃黏合后能提高玻璃的透光率，起着增透的作用，并对太阳能光伏组件的输出有增益作用，在太阳能电池封装与户外使用上均获得了相当满意的效果。

6.3.1　EVA 胶膜的特性

EVA 是乙烯-醋酸乙烯共聚物的树脂产品，在较宽的温度范围内具有良好的柔软性、耐冲击强度、耐环境应力开裂性和良好的光学性能、耐低温及无毒的特性，表 6-5 显示了其性能特别适合太阳能光伏组件封装。

表 6-5　EVA 特点与太阳能电池封装需求的对应关系

透明	透光率高
柔软	便于裁剪加工，不会划伤电池
有热熔黏结性	可与玻璃、背膜黏结，实现封装
熔融温度低（<80℃）	增加可行性，减少能耗
熔融流动性好	充分包裹电池，气泡易于排出

EVA 的性能主要取决于分子量（用熔融指数 MI 表示）和醋酸乙烯酯（以 VA 表示）的含量。当 MI 一定时，VA 的含量增高，EVA 的弹性、柔软性、黏结性、相溶性和透明性提高；VA 的含量降低，则接近聚乙烯的性能。当 VA 含量一定时，MI 降低则软化点下降，加工性和表面光泽改善，但是强度降低；分子量增大，可提高耐冲击性和应力开裂性。

EVA 在使用前必须进行改性，使其发生化学胶联，即在 EVA 中添加有机过氧化物交联剂。当 EVA 加热到一定温度时，交联剂分解产生自由基，引发 EVA 分子之间的结合，形成三维网状结构，使得 EVA 胶层交联固化，当胶联度达到 60％以上时便能承受大气的变化，不再发生热胀冷缩的现象。表 6-6 显示了未经改性的 EVA 的缺陷。

表 6-6　未改性 EVA 的缺陷

耐热性差	高温变质
易延伸而低弹性	易使电池位移，锡带变形
内聚强度低而抗蠕变性差	易产生热胀冷缩，致电池碎裂

如果 EVA 胶膜未经改性，还易受紫外线破坏，引起 EVA 龟裂、降解变色和玻璃、TPT 脱胶，对组件的损害如表 6-7 所示。改性过的 EVA 胶膜具有吸收紫外光性能，除保护 EVA 胶层本身外，还可保护电池背材 TPT，从而能保障太阳能电池长年正常工作。

表 6-7　紫外线对 EVA 和组件的影响

龟裂	破坏电池
降解变色	透光率下降
玻璃、TPT 脱胶	使电池裸露在外界环境下

EVA 胶膜使用时一定要注意纵横向，如图 6-3 所示，一般横向收缩率都很小，可忽略不计；纵向收缩率大一些，常用的浙化 EVA 的收缩率展开方向为 5％、幅宽方向为 1.6％左右。在使用 EVA 时应避免展开方向纵向对着电池易移位的方向。

若胶膜收缩率过大，容易引起凸点、电池和锡带移位，甚至锡带弯曲、电池裂片等。勿用手直接接触 EVA 胶膜，亦勿用力拉扯，以免影响使用效果。每卷胶膜打开包装使用时，最好将最上层的一圈裁掉丢弃，最末端贴近卷心纸筒的一层也不建议使用。

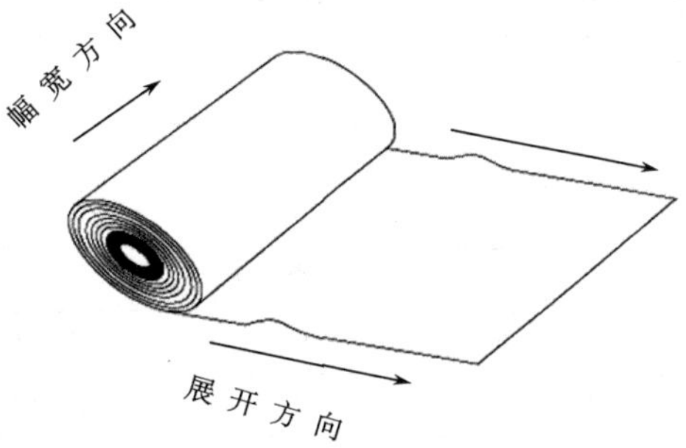

图 6-3　EVA 胶膜的展开方向

EVA 胶膜不仅是起黏结密封作用，而且对太阳能电池的质量与寿命起着至关重要的作用，从某种意义上说，太阳能电池板的寿命由 EVA 决定。而 EVA 的质量又取决于它的配方与改性技术，这不是从 EVA 胶膜的表现上或仅从黏结得好坏上就能判断的。

6.3.2　EVA 胶膜的检验

EVA 的检验项目包括包装、外观、尺寸、厚度均匀性、与玻璃和背板的剥离强度、交联度等，检验方法如下。

（1）包装目视良好，确认厂家，规格型号以及保质期。

（2）目视外观，确认 EVA 表面无黑点、污点，无褶皱、空洞等现象。

（3）根据供方提供的几何尺寸测量宽度误差为±2mm，厚度误差为±0.02mm。

（4）厚度均匀性。取相同尺寸的 10 张胶膜称重，然后对比每张胶膜的重量，最大值与最小值之间不得超过 1.5%。

（5）剥离强度。按厂家提供的层压参数层压后，测试 EVA 与玻璃，EVA 与背板的剥离强度。①EVA 与 TPT 的剥离强度：用壁纸刀在背板中间划开，宽度为 1cm，然后用拉力计拉开 TPT 与 EVAl，拉力大于 35N 为合格。②EVA 与玻璃的剥离强度：方法同上，用拉力计一端夹住 EVA，另一端固定住玻璃，拉力大于 20N 为合格。

（6）交联度测试。可参考 EVA 交联度测试方法进行，试验结果在 70%～85% 为合格。

6.4　背板材料

光伏组件的背表面层材料的最关键性质是必须拥有低热阻抗性，同时必须能够阻止水和水蒸气的渗入。对于大多数组件，薄的聚合物层特别是 Tedlar，是背表面层的首选材料。有些光伏组件被称为双面组件，被设计成电池的正面和背面都能够接收光的照射。在双面电池组件中的前表面和背表面都应该保持良好的光透性。

背表面层（背板）必须具有很低的热阻、可靠的绝缘性、阻水性、耐老化性，同时也对电池起保护和支撑作用。背板按照结构可分为 FPF、FPE、全 PET 与 PET/聚烯烃结构，字母含义如表 6-8 所示，这些结构层之间使用胶黏剂进行黏合，通过复合工艺制备成形。

表 6-8　背板结构字母含义

F	含氟薄膜
P	双向拉伸工艺制备的聚对苯二甲酸乙二醇酯薄膜（即 PET 薄膜）
E	乙烯-醋酸乙烯（即 EVA）
T	Tedlar，杜邦公司所生产的 PVF（聚氟乙烯）薄膜
聚烯烃	各种以碳碳结构为主链的塑料

6.4.1　TPT 背板

最早的光伏背板采用 TPT 结构，即 Tedlar/PET/Tedlar 结构。Tedlar 结构的背板被称为经典的背板结构，已成为国内外太阳能光伏组件厂首选背板类型。

TPT 有三层结构：外层保护层 PVF 具有良好的抗环境侵蚀能力；中间层为聚酯薄膜，具有良好的绝缘性能；内层 PVF 经表面处理和 EVA 具有良好的粘接性能。TPT 背板有很好的性能，首先它对阳光起反射作用，提高了组件的效率；其次 TPT 具有较高的红外发射率，可降低组件的工作温度，也有利于提高组件的效率。同时，TPT 有较强的抗渗水性，提高了组件的绝缘性能，对组件背部起到了很好密封保护作用，延长了组件的使用寿命。TPT 背板具有良好的耐候性、极佳的力学性能、延展性、耐老化、耐腐蚀、不透气，以及耐众多化学品、溶剂和着色剂的腐蚀，有出色的抗老化性能，并在很宽的温度范围内保持了韧性和弯曲性。

虽然 PVF 膜结构稳定、耐环境变化，但薄膜表面较易出现针孔，薄膜的水汽阻隔能力较差。同时 PVF 材料本身含氟量小，所以 PVF 薄膜需要有足够的厚度来保证其性能。不过 PVF 是所有氟材料中成本最低的，非常适合作为大规模应用的太阳能光伏背板材料。

6.4.2　含氟背板

在杜邦公司 Tedlar 产能有限的情况下，太阳能电池背板生产企业也采用了其他材质的薄膜来代替 Tedlar 薄膜生产背板。目前已经商品化的氟塑料背板膜有聚偏氟乙烯（PVDF）、聚三氟氯乙烯（ECTFE）、四氟乙烯-六氟丙烯-偏氟乙烯共聚物（THV），这些氟塑料性能均能满足太阳能电池背板对耐候性的要求。

聚氟乙烯（PVF）薄膜加工非常麻烦，薄膜表面有较多的针孔，水汽阻隔能力是上述四种氟塑料中最差的。由于 PVF 薄膜针孔的存在和材料本身含氟量最小，所以 PVF 薄膜需要较厚的厚度来保证其性能。但是 PVF 是所有氟材料中成本最低的。

聚偏氟乙烯（PVDF）薄膜是使用量第二大的氟塑料，品种完善，供应商众多。其熔点和分解点相差大，可以使用热塑性塑料加工方法进行加工。无论从世界范围内的供应量、加工适应性，还是耐候性、阻隔性而言，都是最合适的太阳能电池背板耐候材料。同样厚度的 PVDF 薄膜的透湿性大约只有 PVF 薄膜的十分之一。由于其含氟量高，耐候非常优异。

三氟氯乙烯-乙烯共聚物（ECTFE）由杜邦公司在 1946 年开发成功，它耐化学腐蚀，没有一种溶剂在 120℃下能侵蚀 ECTFE 或使其应力开裂；具有高耐候性和阻隔性，ECTFE 的阻隔性比其他氟塑料更好。从这两个方面而言，在商品化的背板中 ECTFE 是最好耐候层的材料。

四氟乙烯-六氟丙烯-偏氟乙烯共聚物（THV）由美国 Dyneon 公司在 20 世纪 80 年代开发，是目前商品化最柔软的氟塑料，当和其他材料复合成多层结构时，其优异的柔韧性非常突出。另一个重要的特点是 THV 本身容易粘接，无须表面处理就能和其他材料粘接，这对生产背板的复合工艺和用硅胶粘贴接线盒都十分重要。在一些对背板要求柔软的场合，THV 的背板比任何其他材料都更合适。

6.4.3 氟碳涂料

由于前几年太阳能电池背板需求旺盛，国外公司不对中国供应氟塑料薄膜，国内因此开发了其他国家没有的、使用涂料的背板。它使用氟炭涂料涂覆到 PET 薄膜上替代氟塑料薄膜。涂覆材料有四氟的 PTFE（聚四氟乙烯，即塑料王）、PVDF、FEVE 等几种。

PTFE 涂料为乳液，可以使用常用的涂布工艺涂覆于需要保护的材料上，但其在 90℃烘干后必须再经过 370～400℃下烧结才能形成完整的氟涂膜，不经烧结的涂层没有使用价值。四氟 PTFE 为组分的涂料由于烧结温度较高，在背板领域没有使用价值。

PVDF 涂料是使用最广泛的含氟涂料，其户外使用寿命超过 30 年无须保养，已经使用在北京机场、东方明珠等建筑上。有机溶剂型的 PVDF 涂料性能优异，是目前主要使用的建筑涂料。但其含有挥发性化合物（VOC），不环保，涂料需要高温烘烤浪费能源，用量已经开始萎缩。目前有公司开发环境友好的 PVDF 涂料，但性能仍无法和溶剂型的涂料相当。

FEVE 是氟乙烯（四氟乙烯或三氟氯乙烯）与乙烯基醚的共聚物，由日本的旭硝子公司发明并实现商业化，是唯一一种真正能在常温下固化的氟塑料。

其他如 PE 系列类型的背板在我国许多小厂中用在小太阳能光伏组件如生产光伏灯具上。

6.4.4 背板性能测试

合格的背板应有与EVA良好的黏结性、电气绝缘性、防水防湿和耐候性等功能，产品必须经过剥离强度、水汽透过率、热收缩率、绝缘性能测定和经过耐老化、湿热、湿冻和热循环试验合格后方能使用。

剥离强度主要由电子拉力机测试，热收缩率在真空烘箱内进行，主要是测定背板的力学性能。

水蒸气渗透率是衡量背板性能好坏的重要指标之一，若背板阻隔水蒸气渗透的性能不良，则空气中的湿气（尤其是阴雨天）会透过背板进入，会影响EVA的黏结性能，导致背板与EVA脱离，进而使更多湿气直接接触电池使电池被氧化。测试原理为将试验薄膜隔成两个独立的气流系统，一侧为具有稳定相对湿度的氮气流，并随着干燥的氮气流流向红外检定传感器，测量出氮气中水蒸气透过率。红外线检定法在整个实验过程中全自动测定，不破坏扩散和渗透的平衡，结果准确可靠，同时由于红外检定法检测传感器的高灵敏度，可以在短时间内测量高阻隔性的材料。

背板不仅起到阻隔水汽的作用，还要在自然环境内保证自身的耐候性。由于背板的结构为多层复合，所以在自然环境中经过长时间的使用后，保持其各层性能与黏结层的效果十分重要。依据IEC标准，太阳能电池背板必须进行耐紫外老化、双85、湿冻等试验，测试其耐老化性能。

耐老化测试、湿热测试、湿冻测试、热循环试验在紫外光加速老化试验箱与恒温恒湿老化箱中进行。

绝缘测试、击穿电压测试、最大系统电压测试是针对太阳能电池背板的电性能作出的专业测试，主要采用介电击穿电压测试仪、绝缘测试仪、电压测试机等仪器进行测试，根据ASTM与IEC标准来检测其性能指标是否达标。表6-9为某企业生产的太阳能电池背板性能参数。

表6-9 太阳能电池背板性能参数

背板类型	厚度	与EVA剥离强度	水蒸气透过率	击穿电压强度	耐湿热老化
复合型（PVF）	350	≥40	≤3.0	≥17	无黄变
复合型（PVDF）	330	≥80	≤1.0	≥50	无黄变
涂覆型背板	180	≥45	≤2.0	≥85	无黄变

6.5 边框材料

组件的寿命主要受封装材料的寿命、封装工艺和使用环境的影响，其中封装材料的寿命是决定太阳能光伏组件寿命的重要因素之一。框架结构应该是平滑无凸起状的，否则会导致水、灰尘或其他异物停留在上面。

因为钢化玻璃的边和角是脆弱的，平板组件必须有边框，以保护组件和方便组件的连接固定。边框同黏结剂构成对组件的密封主要作用体现如下。

（1）保护玻璃边缘。

（2）边框结合硅胶打边，加强组件的密封性能。

（3）大大提高了组件整体的机械强度。

（4）便于组件的安装、运输。

太阳能光伏组件的边框主要材料有铝合金、不锈钢和增强塑料等。框架结构应该是没有突出部位的，避免水、灰尘或者其他物体的积存。

6.5.1 铝合金边框

组件的使用寿命决定了对边框有着很高的要求，目前太阳能光伏组件边框多采用铝合金边框，如图 6-4 所示。

图 6-4 太阳能光伏组件的铝合金边框

铝边框要保证太阳能光伏组件 25 年左右的户外使用寿命，所以要具有良好的抗氧化、耐腐蚀等性能。一般太阳能光伏组件所使用的边框分为阳极氧化、喷砂氧化和电泳氧化 3 种。

阳极氧化，即金属或合金的电化学氧化，是将金属或合金的制件作为阳极，采用电解的方法使其表面形成氧化物薄膜。金属氧化物薄膜改变了表面状态和性能，如表面着色、提高耐腐蚀性、增强耐磨性及硬度、保护金属表面等。

喷砂氧化一般经喷砂处理后，表面的氧化物全被处理，并经过撞击后，表面层金属被压迫成致密排列，使金属晶体变小，硬度提高比较牢固致密。

电泳氧化就是利用电解原理在某些金属表面上镀上一薄层其他金属或合金的过程。电镀时，镀层金属做阳极，被氧化成阳离子进入电镀液；待镀的金属制品做阴极，镀层金属的阳离子在金属表面被还原形成镀层。为排除其他阳离子的干扰，且使镀层均匀、牢固，需用含镀层金属阳离子的溶液做电镀液，以保持镀层金属阳离子的浓度不变。电镀的目的是在基材上镀上金属镀层，改变基材表面性质或尺寸。电镀能增强金属的抗腐蚀性（镀层金属多采用耐腐蚀的金属），防止磨耗，增加硬度、润滑性、耐热性，和表面美观。

为达到太阳能光伏组件要求的机械强度及其他要求，铝合金材料应参考 GB/T 5237.1～5237.5—2000《铝合金建筑型材》以及 GB/T 3190—1996《变形铝及铝合金化学成分》、GB/T 9535—1998《地面用晶体硅太阳能光伏组件设计鉴定和定型》等标准，确定组件外边框型材的选定以及来料的检验。外观检验参照 GB/T 14952.3—94《中华人民共和国标准铝及铝合金阳极氧化着色阳极氧化膜色差和外观质量检验方法目视观察法》。

6.5.2 不锈钢边框

太阳能光伏组件在实际的使用过程中，恶劣环境中的缓慢氧化腐蚀以及材料本身的力学性能等原因会使传统的组件支撑系统不堪重负，降低了太阳能发电系统的价值。不锈钢边框作为铝合金边框的有限替代品，在光伏应用领域具有很多优势，如下所示。

（1）抗腐蚀，抗氧化性强。

（2）强度及牢固性强。

（3）抗拉力性能强。

（4）弹性率、刚性、金属疲劳值高。

（5）运输、安装便捷，表面即使划伤也不会产生氧化，不影响性能。

（6）通过方便的不同选材，能适应各种环境。

（7）使用寿命在 30～50 年以上。

不锈钢边框的结构类似于铝合金边框，一般采用 304 不锈钢板通过特殊工艺制成。它的劣势在于加工工艺复杂、成本较高、密度较大。因制作工艺复杂，需通过复杂的折弯及焊接处理，目前国内外仅有少数几家公司具备此类工艺。

6.5.3 塑料边框

目前大部分太阳能光伏组件采用铝合金边框，这种边框虽然性能好，但成本高，在制造和处理过程中需要消耗较多的能量，采用新型塑料边框取代铝合金边框，能够有效降低组件的边框成本，达到降低组件成本，提高利润的目的。

与传统铝合金边框相比，塑料光伏边框优势如下。

（1）以25×25型材计算，塑料边框比铝合金边框价格下降15%～20%。型材越大，成本下降越多。

（2）设计自由度大，截面可自由选择；可优化组件装配方式，简化工序。

（3）重量不到铝合金边框的40%。

（4）绝缘性能优异，组件无须接地，不惧雷击，不会过载。

（5）无尖角，生产、安装、运输及使用时不会造成伤害。

（6）颜色多变，实现产品差异化。

（7）不会腐蚀，特别适合在高腐蚀场合使用。

但对塑料边框要特别加强其耐候性、抗变形能力和低温脆化检测。耐候性是指塑料制品不会因受到阳光照射、温度变化、风吹雨淋等外界条件的影响，而出现的褪色、变色、龟裂、粉化和强度下降等一系列老化的现象。其中紫外线照射是促使塑料老化的关键因素；抗变形能力主要指边框不因热胀冷缩的作用而产生形状和尺寸的改变，引起层压板脱离边框束缚；抗低温脆性指低温下塑料发生了脆性转变，受到冲击力时无法通过塑性变形吸收冲击而直接发生脆性断裂。

6.6 其他材料

6.6.1 助焊剂

助焊剂通常是以松香为主要成分的混合物，是保证焊接过程顺利进行的辅助材料。助焊剂的主要作用是清除焊料和被焊母材（材料）表面的氧化物，使金属表面达到必要的清洁度。它防止焊接时表面的再次氧化，降低焊料表面张力，提高焊接性能。助焊剂性能的优劣，直接影响组件的质量。

助焊剂的特性主要体现在浸润和扩散两方面，浸润也称润湿（横向流动），指熔融焊料在金属表面形成均匀、平滑、连续并附着牢固的焊料层。浸润程度主取决于焊件表面的清洁程度及焊料的表面张力。伴随着熔融焊料在被焊面上扩散的润湿现象还出现焊料向固体金属内部扩散的现象即纵向流动，例如，用锡铅焊料焊接铜件，焊接过程中既有表面扩散，又有晶界扩散和晶内扩散。锡铅焊料中的铅只参与表面扩散，而锡和铜原子相互扩散，这是不同金属性质决定的选择扩散。正是由于这种扩散作用，在两者界面形成新的合金，从而使焊料和焊件牢固地结合。

6.6.2 焊带

焊带是太阳能光伏组件焊接过程中的重要原材料，主要基材为无氧铜（铜的纯度为99.99%），表面热镀了一层锡层。通过焊接过程将电池的电极（电流）导出，再通过串联或并联的方式将引出的电极与接线盒有效地连接。焊带质量的好坏将直接影响太阳能光伏组件电流的收集效率，对太阳能光伏组件的功率影响很大。

常用焊带分为互联条和汇流条，互联条是将电池与电池相互连接的焊带（镀锡铜带)，宽度大约 0.2cm。每组件使用较多，如约 156 根。汇流带，是将用互联条串联后的电池串进行连接的焊带（镀锡铜带)，宽度约为 0.5cm。主要用于电极引出，每组件使用较少，如同样的电池共计 7 根。

选择焊带要根据电池的特性决定用什么状态的焊带，一般根据电池的厚度和短路电流的多少确定焊带的厚度，即涂锡带的选用主要是依据其载流能力，同时还应考虑互连条机械强度对电池位移的影响。焊带的宽度要和电池的主栅线宽度一致，焊带的软硬程度一般取决于电池的厚度和焊接工具。手工焊接要求焊带越软越好，软态的焊带在烙铁走过之后会很好地和电池接触在一起，焊接过程中产生的应力很小，可以降低碎片率。但太软的焊带抗拉力会降低，易拉断。自动焊接工艺，焊带可以稍硬一些，这样有利于焊接机器对焊带的调直和压焊，太软的焊带用机器焊接容易变形，降低产品的成品率。

焊带的常用材料为涂锡铜合金带，简称涂锡铜带或涂锡带，分含铅和无铅两种，其中无铅涂锡带因其良好的焊接性能和无毒性，是涂锡带发展的方向。无铅涂锡带是由导电优良、加工延展性优良的专用铜及锡合金涂层复合而成的，具有可焊性好、抗腐蚀性能好、在－40～＋100℃的热振情况下（与太阳能电池使用环境同步）长期工作不会脱落的特点。有铅焊带焊接相对容易，一般只要选择合适的助焊剂，烙铁温度补偿够用就可以了。无铅焊带焊接时麻烦了很多，首先，无铅焊接要选择一个合适的电烙铁，对厂家而言，选择功率可调的无铅焊台是个不错的选择，无铅焊台一般是直流供电，电压可调，直流电烙铁的优点是温度补偿快，这是交流调温电烙铁所无法比拟的。无铅焊锡的流动性不好，焊接速度要慢很多，焊接时一定要等到焊锡完全溶化后再走烙铁，烙铁要慢走，如果发现走烙铁过程中焊锡凝固，说明烙铁头的温度偏低，要调节烙铁头的温度，升高到烙铁头流畅移动、焊锡光滑流动为止。

6.6.3 有机硅胶

硅胶作为封边黏结剂，增强边框与组件之间的黏结强度，同时对组件的边缘进行密封。对黏结剂的要求包括密封性好和抗紫外线辐照老化能力强。太阳能光伏组件专用密封胶是中性单组分有机硅密封胶，要具有不腐蚀金属和环保的特点，由含氟硅氧烷、交联剂、催化剂、填料等组成。

密封胶（密封、填缝）不同于黏合剂（黏结)，密封胶注重弹性、一般不承重；黏合剂注重黏结强度、常需承重，如图 6-5 所示。

太阳能电池黏结密封材料可用作边框密封剂、接线盒密封剂、汇流条密封剂、薄膜组件支架黏结剂等，如图 6-6 所示。主要起密封绝缘玻璃和太阳能电池板、防水防潮、黏结组件和铝边框、保护组件减少外力的冲击的作用。

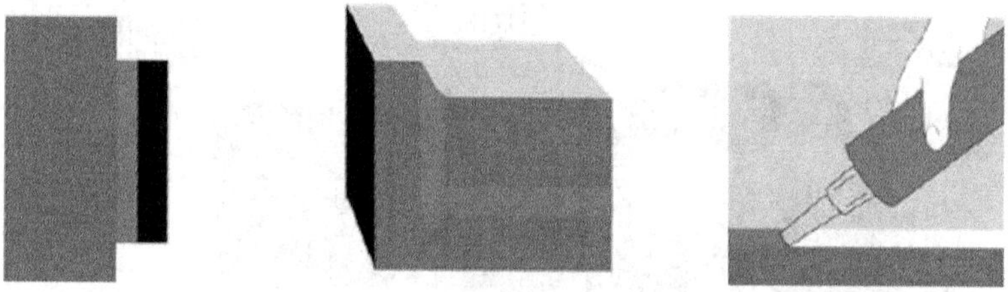

图 6-5　密封胶（密封、填缝）不同于黏合剂（黏结）

图 6-6　伏组件用硅胶的功能示意图

6.6.4　接线盒

为便捷地使用组件发出的电，最好通过接线盒进行传输。而且接线盒还是整个太阳能方阵的“纽带”，它可以将许多组件串联在一起形成一个发电的整体，所以接线盒在太阳能应用中的作用是不容忽视的。接线盒的作用：一是增强组件的安全性能，二是密封组件电流输出部分（引线部分），三是使组件使用更便捷、可靠。接线盒一个重要的作用就是保护组件，当阵列中的组件受到乌云、树枝、鸟粪等其他遮挡物而发生热斑时，接线盒利用所带的旁路二极管，利用其单向导电性能，将问题电池、电池串旁路掉，保护整个组件乃至整个阵列，确保能使其保持在必要的工作状态，减少不必要的损失。

常规型的接线盒基本由以下几部分构成：底座、导电块、二极管、卡接口/焊接点、密封圈、盒盖、后罩及配件、连接器、电缆线等，如图 6-7 所示。

由于接线盒对于组件的重要性，需要具备以下几点性能要求。

（1）满足于室外恶劣环境条件下的使用要求。

（2）外壳有强烈的抗老化、耐紫外线能力。

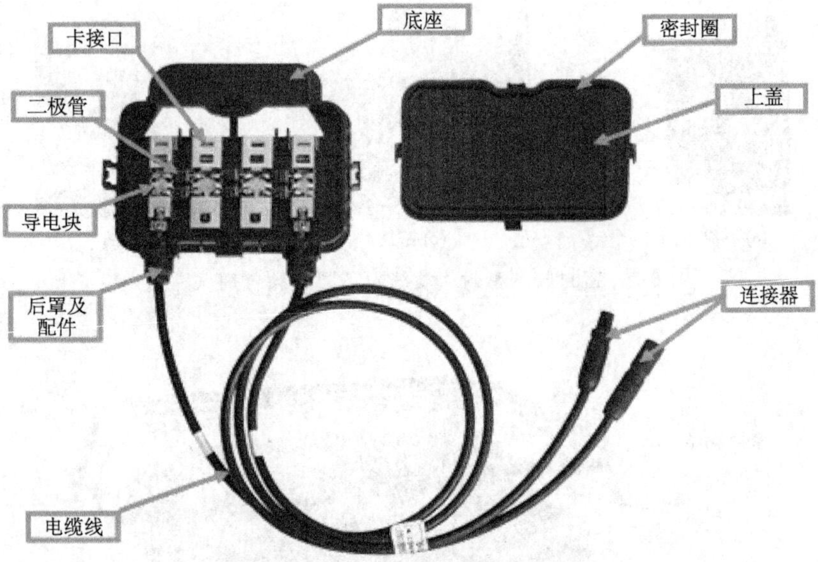

图 6-7　卡接式接线盒基本构造

（3）优秀的散热模式和合理的内腔容积来有效降低内部温度，以满足电气安全要求。

（4）良好的防水、防尘保护为用户提供安全的连接方案。

（5）较低的体电阻，以尽可能地减小接线盒带来的功率损耗。

6.6.5　二极管

在太阳能电池方阵中，二极管是很重要的元器件，常用的有旁路二极管和阻塞（防反充）二极管。

在有较多太阳能光伏组件串联时，需要在每个太阳能光伏组件两端并联一个二极管，当其中某个组件被阴影遮挡或出现故障而停止发电时，在二极管两端可以形成正向偏压，实现电流的旁路，不至于影响其他正常组件的发电，同时也保护组件避免受到较高的正向偏压或由于“热斑效应”发热而损坏。这类并联在组件两端的二极管就是旁路二极管。最理想的组件应是每片电池都旁路一个二极管，这样才能保证组件的绝对安全，但是出于成本以及工艺角度的考虑，目前基本采用一串电池旁路一个二极管。太阳能光伏组件中的旁路二极管通常使用的是硅整流型二极管，在选用型号时应注意其容量应留有一定余量，以防止击穿损坏。选择原则是耐压容量为最大反向工作电压的两倍、电流容量为最大反向工作电流的两倍、结温温度应高于实际结温温度、热阻小、压降小。

在储能蓄电池或逆变器与太阳能光伏组件之间，要串联一个阻塞二极管，以防止夜间或阴雨天太阳组件工作电压低于其供电的直流母线电压时，蓄电池反过来向太阳组件倒送电，既而消耗能量和导致组件发热。它串联在太阳能光伏组件的电路中，起单向导通的作用。由于阻塞二极管存在导通管压降，串联在电路中运行时要消耗一定的功率。一般使用的硅整流二极管管压降为0.6～0.8V，大容量硅整流二极管的管压降可达1～2V，若用肖特基二极管，管压降可降低为0.2～0.3V，但肖特基二极管的耐压和电流容量相对较小，选用时要加以注意。

有些控制器具有防反接功能，这时也可以不接阻塞二极管，如果所有的组件都是并联的就可不连接旁路二极管，实际应用时，由于设置旁路二极管要增加成本和损耗，对于组件串联数目不多并且现场工作条件比较好的场合，也可不用旁路二极管。

思考题

6.1 简述电池的分类，如何区分？

6.2 晶硅组件对封装的前表面材料有什么要求？

6.3 简述EVA在组件封装中的作用及使用注意事项。

6.4 为什么说EVA的质量取决于它的配方与改性技术？

6.5 太阳能光伏组件对背板材料提出了什么要求？

6.6 简述TPT背板的结构及功能。

6.7 简述边框的作用。

6.8 简述焊带的材料及分类。如何挑选焊带？

6.9 简述晶硅组件中二极管的分类与功能。

第 7 章　太阳能光伏组件封装设备

7.1　光伏设备简介

光伏领域常用设备有硅片测试设备（表 7-1）、电池测试设备（表 7-2）、组件生产线设备（表 7-3）、太阳光分析模拟设备（表 7-4）、太阳能发电评测设备（表 7-5）等。本章重点介绍太阳能光伏组件生产线设备。

表 7-1　硅片测试设备及功能

仪器名称	测量项目
傅里叶变换红外光谱仪	测量光谱
CV 测试仪	测试材料的掺杂浓度分布
四探针测试仪	测试半导体材料电阻率及方块电阻（薄层电阻）
少子寿命测试仪	硅少子寿命的测量
探针轮廓仪	测量薄膜厚度、应力、样品表面形貌、表面粗糙度等
全自动电化学 CV 测试仪	测量半导体材料（结构，层）中的掺杂浓度分布
扫描探针显微镜	形貌、剖面、功率谱、颗粒、粗糙度分析等
激光椭偏仪	测量薄膜厚度、折射率和吸收系数
原生多晶电阻率测试仪	多晶电阻率测试
硅芯电阻率测试仪	硅芯电阻率测试
原生多晶型号测试仪	半导体及太阳能级各种硅料的型号测量
硅料表面金属杂质测试仪	硅料表面金属杂质测试
硅片表面线痕深度测试仪	硅片表面线痕深度测试
无接触电阻率型号测试仪	对硅料、硅棒、硅锭及硅片进行无接触、无损伤的体电阻率测试
硅片测试仪	测量硅片厚度、总厚度变化 TTV、弯曲度、翘曲度、单点和总体平整度
硅片缺陷测试仪	硅片缺陷测试
多晶硅红外探伤测试仪	用于多晶硅块、硅棒、硅片的裂缝、杂质、黑点、阴影、微晶等缺陷探伤
氧碳测试仪	测硅料硅棒硅片氧、碳含量
硅料硼磷含量测试仪	对多晶硅料的包括磷、硼含量在内的超过 75 个元素进行分析

表 7-2 电池测试设备

仪器名称	测量项目
太阳能电池量子效率测试系统	测量光伏材料在不同波长光照条件下的光生电流、光导等电池性能参数
太阳能电池 *I-V* 特性测量系统	测量 *I-V* 特性曲线、开路电压、短路电流、短路电流密度、最大功率电压、最大功率电流、填充因子、光电转换效率
太阳能电池光谱测试系统	硅电池的绝对光谱响应，外量子效率，光谱透过率，短路电流密度
太阳光模拟器	模拟真实的太阳光照条件
便携式太阳能电池测试仪	测试太阳能光伏组件在野外条件下的太阳辐射强度、环境温度、风速、太阳能光伏组件的温度、开路电压、短路电流、最大功率、最大功率点电压、最大功率点电流和填充因子

表 7-3 组件生产线设备

设备名称	功 能
组件层压机	层压组件
组件测试仪	太阳能光伏组件测试专用设备
单片分选机	专门用于太阳能单晶硅和多晶硅单体电池的分选
激光划片机	用于太阳能电池（cell）和硅片（wafer）的划片（切割切片）
组框装框机	组件边框的安装加固
玻璃清洗机	光伏玻璃清洗
铺设台	组件层叠和层叠后粗检测
组件周转车	待层压组件周转
焊接工作台	用于单片焊接和串联焊接的工作台
工作台	修边、清洁、EVA、TPT 裁剪工作台

表 7-4 太阳光分析模拟设备

设备名称	功 能
智能型人造太阳装置	室内人工太阳系统，可用于太阳能产品室内试验、材料老化试验、太阳能模拟试验、植物太阳辐照试验等
太阳能辐射观测系统	总辐射、散射辐射、直接辐射、反射辐射、净全辐射观测
太阳光谱分析系统	可实时监测太阳各波段光谱的辐射强度，显示各路光谱曲线图、光谱所占总辐射的比例及单位时间内各路光谱的累计量
太阳自动追踪系统	以自动跟踪太阳运转，使太阳光垂直照射到物体表面，保证跟踪架上产品获得最大太阳辐射能量

表 7-5　太阳能发电评测设备

设备名称	功　　能
太阳能发电测试系统	用于太阳能发电站的实时监测
太阳能电站检测系统	实时监测发电系统的运行状态及环境气候指标
太阳能光伏组件评测系统	室外测试太阳能光伏组件 *I-V* 特性、气候环境、太阳光照强度、组件背面温度等特性指标

太阳能光伏组件生产线又称组件封装线，常用设备有单片分选仪、组件测试仪、激光划片机、焊接设备、组件层压机、组框装框机、玻璃清洗机、工作台（包括焊接工作台、层叠铺设台以及修边、清洁、EVA、TPT 裁剪工作台等）和周转车等，下面分别介绍。

7.2　单片分选仪

单片分选仪也称太阳能电池分选机或单片测试仪，如图 7-1 所示，专门用于太阳能单晶硅和多晶硅单体电池的分选筛选，可以通过模拟太阳光谱光源，对电池的相关参数进行测量，根据测量结果将电池进行分类。

太阳能电池单片测试仪设备组成如下。

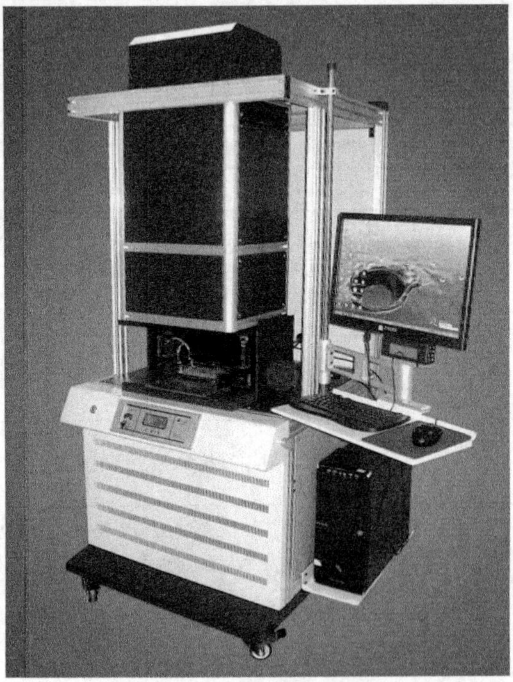

图 7-1　电池分选机

（1）太阳模拟器。模拟正午太阳光，照射待测电池，通过测试电路获取待测电池的性能指标。

（2）电子负载。连接待测电池、标准电池和温度探头，获取待测电池的电压、电流；通过标准电池获取光强信号；通过温度探头获取测试环境温度，并将这四组数据提供给采集卡进行分析、处理。

（3）控制电路。提供人机界面和控制接口，提供操作界面和参数设定。

光源部分即太阳模拟器包括控制电路、电容充电电路和氙灯高压电路，控制电路实现氙灯的闪灯控制和电容充电/放电控制；电容充电电路实现对超级电容的充电和过压保护，在程序控制下稳定电容电压；氙灯高压电路产生近9kV的高压，点亮氙灯。

电池分选仪的工作原理是：超级电容充电，将220V交流电做倍压处理后，通过充电控制电路输出到电容，控制板按照设定的电压值给电容充电，并实时检测电容电压，保证电容电压的稳定。保护电路包括软件保护和硬件保护，两者同时作用，保证电容工作在允许的电压范围内。GBT控制，在氙灯的工作回路中接有IGBT，用于控制氙灯工作。IGBT平时处于导通状态，即氙灯两端一直存在电压，一旦有高压产生则氙灯点亮，而控制电路根据太阳能电池实际测试情况控制关闭IGBT，使氙灯熄灭。氙灯高压产生电路，利用电感的自感电动势产生近9kV的高压。极电流也相应增加，由于电路是串联关系，此时C极的电流可以看成待测电池的输出电流，当C极电流等于待测电池的短路电流时，通过监测待测电池电压可知此时待测电池电压输出为零，整个测试过程完毕。结合待测电池电压输出曲线和电流检测电阻上获取的曲线，就可以绘制出该待测电池的 *I-V* 特性曲线。

电池分选仪可测量的参数有开路电压、短路电流、最大功率、最大功率下的电压/电流、填充因子、效率和等效串联电阻。

分选仪操作基本步骤如下（不同公司产品可能有所不同）。

（1）打开主电源、打开负载的开关、打开主控设备上的钥匙开关。

（2）打开计算机，并运行模拟测试程序。

（3）调整分选仪的探针的距离与所测试电池刻槽之间的距离保持一致，让分选仪的氙灯空闪5～10次。

（4）使用标准片校准分选仪，然后对电池进行测试分选；测试分选电池前必须用标准电池校准测试台。

使用注意事项如下。

（1）测试时接触探针必须完全接触在电池的主栅线上。

（2）测试台面要经常擦拭，以保证电池与台面接触良好。

（3）测试作业人员必须戴手套。

（4）电池要轻拿轻放，避免破损。

7.3 组件测试仪

太阳能光伏组件模拟测试仪是测试组件性能的重要仪器，专门用于太阳能单晶硅、多晶硅、非太阳能光伏组件的电性能测试。它的基本工作原理是，当闪光照到被测电池上时，用电子负载控制太阳能电池中电流变化，测出电池的伏安特性曲线上的电压和电流、温度和光的辐射强度，测试数据送入微型计算机处理并显示或打印出来。

组件测试仪的工作原理、测量的性能参数、操作步骤都和单体电池测试仪类似，只是一般所用的太阳模拟器不同。

太阳模拟器是用来模拟太阳光的设备的，在光伏领域太阳模拟器配以电子负载、数据采集和计算等设备就可以用来测试光伏器件（包括太阳能电池和太阳能光伏组件）的电性能以及 *I-V* 曲线。可用的商业化太阳模拟器主要有两类，一类是稳态模拟器，例如，滤光氙灯、双色滤光光钨灯或改进的汞灯，这类模拟器适用于单体电池和小尺寸组件的测试；另一类是脉冲模拟器，由一个或者两个长弧氙灯组成，这类模拟器在大面积范围内辐射度均匀性好，能够更好地适应于大尺寸组件的测试。另外，这类模拟器的被测电池热输入可以忽略，这样在测试时被测点与环境测试温度保持一致。

组件测试仪的硬件结构包括测试主机（含电子负载）、光源、计算机、同步高速 A/D 板卡、专用测量软件和标准电池（用于调整光强和校正光强均匀度），如图 7-2 所示，图 7-3 是它的测试原理图。

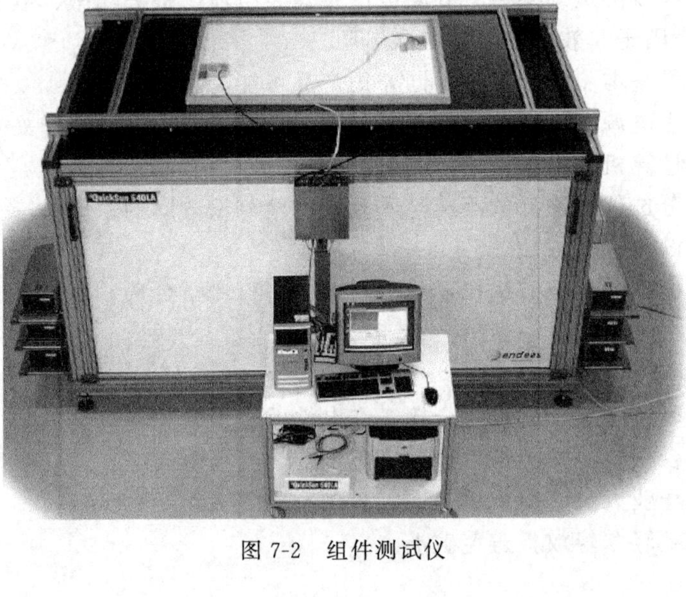

图 7-2　组件测试仪

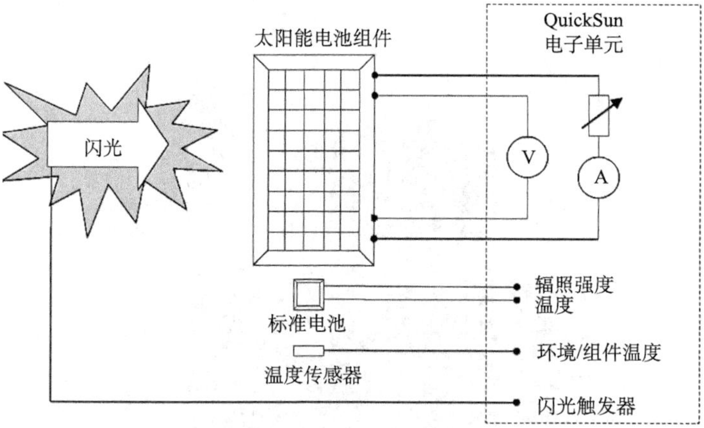

图 7-3　组件测试仪测试原理图

7.4　激光划片机

激光划片是利用高能激光束照射在工件表面，使被照射区域局部熔化、气化，从而达到划片的目的。因激光是经专用光学系统聚焦后成为一个非常小的光点，能量密度高，因其加工是非接触式的，对工件本身无机械冲压力，工件不易变形。它热影响极小，划片精度高，广泛应用于太阳能电池板、薄金属片的切割和划片。

根据工作电源的不同，太阳能激光划片机种类很多，包括光纤激光划片机、半导体激光划片机、半导体侧面泵浦激光划片机、YAG 激光划片机等，图 7-4 为半导体泵浦激光器划片机。

激光器划片机操作步骤大致如下（不同类型、不同公司生产的可能有所不同）。

（1）按步骤打开外部电源，确认电源控制盒紧急停止开关处于释放状态，打开电源开关，主机上电源指示灯（红灯）点亮，同时制冷风扇开始工作。

（2）打开激光电源控制盒的钥匙开关（激光电源开关），微处理器开始自检过程，如果自检通过，显示屏将停留在启动画面。

（3）将电流加至 5A，然后过 5min 再加 5A，依次这样加到工作电流。

（4）打开电脑电源，按下启动按钮，打开工作台运行开关。

（5）启动软件程序，控制划片机正常切割。

（6）切割操作：放好电池按下开始按钮，进入切割操作。

（7）踩下气动开关，取出电池，切割完毕。

图 7-4　半导体泵浦激光器划片机

7.5 焊接设备

在组件生产过程中焊接工序是最重要的环节之一，太阳能光伏组件焊接可以是人工焊接，也可以是全自动机器焊接，人工焊接用电烙铁，机器焊接用全自动焊接机。

7.5.1 电烙铁

太阳能光伏组件生产中，常用的焊接工具是焊台和手持式小功率电烙铁。电烙铁使用可调式的恒温烙铁较好，恒温电烙铁头如图 7-5 所示，内装有带磁铁式的温度控制器，控制通电时间而实现温控，即给电烙铁通电时，烙铁的温度上升，当达到预定的温度时，因强磁体传感器达到了居里点而磁性消失，从而使磁芯触点断开，这时便停止向电烙铁供电；当温度低于强磁体传感器的居里点时，强磁体便恢复磁性，并吸动磁芯开关中的永久磁铁，使控制开关的触点接通，继续向电烙铁供电。如此循环往复，便达到了控制温度的目的。

使用烙铁时，烙铁的温度太低则熔化不了焊锡，或者使焊点未完全熔化而焊接不可靠；太高又会使烙铁“烧死”，即尽管温度很高，却不能蘸上锡。另外也要控制好焊接时间，电烙铁停留的时间太短，焊锡不易完全熔化形成“虚焊”，而焊接时间太长又容易损坏焊件。焊接时还要注意控制电烙铁的移动速度，移动速度过快或速度不匀都会导致焊接不牢及焊接面减少。

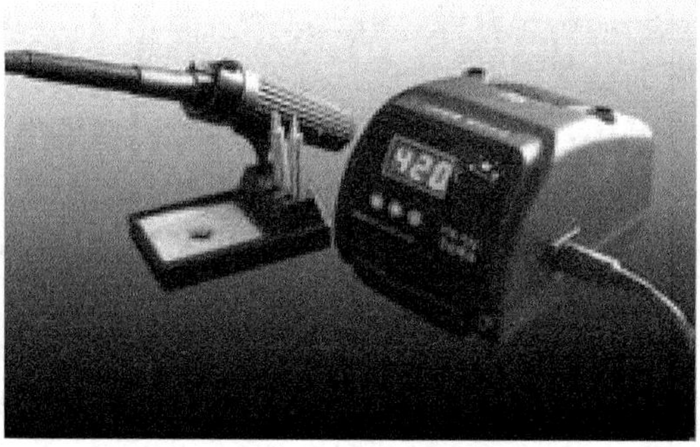

图 7-5　恒温电烙铁

焊接时，需要焊锡和助焊剂。常用的助焊剂是松香或松香水（将松香溶于酒精中）。使用助焊剂，可以帮助清除金属表面的氧化物，利于焊接，又可保护烙铁头。

7.5.2　焊接机

人工焊接最大的弊端是单焊、串焊分别完成，电池会受热变形两次。在单片焊接时，因为只有正面的焊带，焊接后电池两面的应力不同，可能会导致电池弯曲变形。串联焊接时，电池同样会受到弯曲变形，极大地增加了电池隐裂的可能性。全自动焊接机消除了手工焊接的一些弊端，把单焊、串焊合并在一起，焊接温度可监控，从而对电池的焊接质量给予了更可靠的保障。

太阳能电池全自动焊接机（也称全自动串焊机），如图 7-6 所示，可按照设定要求对电池正反面同时自动连续焊接，组成电池串。焊接时焊带自动送料，自动切断，焊接完成后电池串自动收料。

图 7-6　全自动焊接机

全自动焊接机的整个串焊工作过程包括：取料、电池外观及栅线检测、喷涂助焊剂、第一次预升温、第二次预升温、第三次预升温及焊带铺设、高频电磁感应焊接、缓降温、电池串翻面收集。

取料采用压缩空气分层，保证轻柔可靠地将电池盒内的电池取出，配合柔软的硅橡胶吸盘，在精准的机械手动操作下，可靠无损伤地将电池送入工作区；检测环节可将上道工序未检出外观缺陷及主栅线印刷异常的电池移出；喷涂助焊剂采用无接触的助焊剂喷涂方式，可使助焊剂准确喷涂到需要的位置，为可靠焊接提供保障；串焊机对电池的预热有三次预升温过程，并且温度是可控的。在正式焊接前已有超过100℃的温度，更加接近焊接温度，最大程度地减少因温度快速上升而对电池造成损伤的可能性；焊带铺设前由机械臂校直后裁切，长度精确，焊接后外形美观。

自动焊接机是利用无接触红外线灯加热或高频交变磁场在金属内产生涡电流发热而进行焊接的。在加热区域内，焊带、电池正反面主栅线均会发热，可对正反两面的焊带同时焊接。这种无接触焊接方式，有最小的热“惯性”，即当加热开关关闭后，电池的升温立即停止，从而为焊接过程中的温度控制提供保证。结合无接触加热的特点，再配合响应速度高达25ms的红外线温度传感器，使整个焊接过程中温度控制的相对精度保持在±3℃以内。

电池串焊好后，为了消除焊带与电池急速冷却产生的内应力，自动焊接机一般都设置缓降温区，使温度逐渐下降，从而更符合焊接工艺的要求。

在焊接过程中为保护电池的正面，焊接完成后电池的正面是向上的。由于电池易碎，为了后序的铺设工序，特设定了翻面机构，避免人工翻面时造成不必要的损失。此外，为减少环境温度对电池串的影响，此机构中摆放电池串的工作台均为加热工作台。

自动焊接机采用柔性的搬运、无接触的焊接、闭环的温度控制，使得电池的焊接更可靠、更高效，也让太阳能光伏组件在25年寿命期内失效的概率大幅度降低。

7.6 组件层压机

光伏层压机是在真空条件下对EVA进行加热加压，实现EVA的融化固化，达到对太阳能电池封装的仪器，组件层压机分为半自动层压机和全自动层压机，是集机械、电器、仪表、液压及自动化控制为一体的太阳能光伏组件生产专用设备。开、关盖的开、关采用气动液压控制，加热温度范围为30～180℃。在控制台上可以设置层压温度、抽气、层压和充气时间，以及控制方式。

如图7-7所示为半自动层压机，结构部分共分为上室真空、下室真空、上盖、下箱、架体，共5个部分。打开层压机上盖，其内侧有一个硅橡胶板和上盖构成的气囊腔体，上室指的就是这个气囊；上盖四周有密封圈，上盖合上后，上盖和下室之间的密闭腔体称为下室。下室内有加热板，加热板分为电加热板和油加热板，油加热板的温度分布更加均匀。层压时，一般要在组件的上下各铺一层高温玻璃丝布，一方面可以减缓 EVA 的升温速率，减少气泡的产生，另一方面可以防止熔融后的 EVA 流出来弄脏加热板。

图 7-7　半自动层压机

当层压机加热温度达到设定温度时，把铺设叠层好的太阳能光伏组件放置于加热板上并关合上盖，上盖关合到位后，下室开始抽气（真空），置于层压机内的太阳能光伏组件逐步受热，受热后的 EVA 逐渐处于熔融状态，同时在加热和 EVA 熔融的过程中，EVA 与电池、玻璃、TPT 之间存在的空气，以及它们本身在被加热过程中蒸发出的气体，都通过下室的抽气过程被抽出室外。

抽气完毕后，下一步是加压（层压）步骤。在加压过程中，下室继续抽真空，上室开始充气，由于下室的真空作用，充气后的上室气囊体积膨胀，充斥整个上下室之间，挤压放置在下室的太阳能光伏组件，熔融后的 EVA 在挤压和下室抽气的作用下流动，充满玻璃、电池和 TPT 背板膜之间的间隙，同时排出中间的气泡，使玻璃、电池、TPT 背板膜通过熔融的 EVA 紧紧地黏合在一起。黏合在一起的整个太阳能光伏组件还要在这种状态下保持一定时间，使 EVA 固化。然后层压机工作状态转换为下室开始充气，上室开始抽真空，使放置有层压好的太阳能光伏组件的下室逐渐与大气平衡，而上室气囊在真空状态下逐渐紧贴上盖，这个过程完成后，就可以打开上盖取出层压好的太阳能光伏组件了。

半自动层压机的操作步骤如下（以手动层压为例）。

（1）开机前确保层压机的各连接管线都已经连接好，接通设备配电箱内的电源总开关，再打开空气压缩机，接通压缩气源。

（2）旋转操作面板上的“自动/手动”旋钮到“手动”位置。

(3) 将钥匙开关的钥匙插入开关“电源”钥匙孔内接通电源，层压机开始上电，此时“电源”上方的“电源3相指示灯”亮起。

(4) 设定“温度控制器”上的温度到工作温度值，按下“加热”按钮，此时“加热”按钮上的灯亮起，设备开始加热。按下操作面板上的“真空泵”按钮，打开真空泵。“真空泵”按钮上的灯亮起。

(5) 设定“抽空真气”、“加压计时”、“层压计时”3个计时器到需要的时间。

(6) 旋动“上室充气/上室真空”开关到“上室真空”位置，旋动“下室充气/下室真空”开关到“下室真空”位置，上下室开始进入真空状态。上下室真空指示灯亮起。

(7) 等待“台面温度显示仪表”上显示的加热温度达到设定值后，旋转开关“下室真气/下室抽空”开关到“下室充气”位置，下室充气指示灯亮起。等待下室充气完成。

(8) 按下操作面板上的开盖按钮，直到上盖完全打开。

(9) 加入待加工工件。

(10) 同时按下操作面板上的两个“关盖”按钮，直到上盖关闭到位，此时“关盖到位”指示灯亮起。

(11) 旋转“上室真空/上室抽空”开关到“上室真空”位置，旋转“下室充气/下室真空”开关到“下室真空”位置，上下室开始进入真空状态。上下室的真空指示灯亮起。

(12) 当达到真空时间要求后，旋动“上室真空/上室充气”开关到“上室充气”位置，开始对工件实施一定时间的加压。待层压结束后，旋转“下室充气/下室真空”开关到“下室充气”位置，旋动“上室充气/上室真空”开关到“上室真空”位置。等待上下室完成相应的操作。

(13) 按下“开盖”按钮，直到设备完全打开上盖。

(14) 取出已加工好的工件，再放入另一待加工工件，开始下一循环操作。

(15) 所有工件加工完成后，保持上盖打开状态，按下“加热”按钮，“加热指示灯”灭，机器停止加热，做好关机准备。

(16) 等待设备工作平台温度降到80℃以下。

(17) 同时按下操控面板上的两个“关盖”按钮，直到关盖到位指示灯点亮。旋动“上室充气/上室真空”开关到“上室真空”位置，旋动“下室充气/下室真空”开关到“下室真空”位置，上下室开始进入真空状态。上下室的真空指示灯亮起。

(18) 待上、下室抽真空完毕，分别旋动“上室充气/上室真空”，“下室充气/下室真空”开关到“0”位置。

(19) 按下“真空泵”按钮，关闭真空泵，其指示灯灭。

(20) 旋转“电源”开关的钥匙到“关”位置，关闭设备电源。

注：(1) 为确保真空泵管路进气过程完成后，应关闭真空泵 5～10s 后，关闭电源。

(2) 加热器内存在强电流与高热，操作时应谨慎，注意安全防护。

7.7 组框装框机

光伏装框机是组件层压完毕以后，实现组件的铝合金边框挤压定位，然后使用液压或气压动力将铝合金边框固定的仪器。主要性能指标如表 7-6 所示。

表 7-6 光伏装框机主要性能指标

最大组框外形尺寸/mm	组框精度/mm	操作方式
最小组框外形尺寸/mm	工作气压/MPa	工作功率/kW
对角线尺寸之差/mm	组框动力/MPa	液压压力/MPa
四角角度偏差/mm	最大外形尺寸/mm	重量/t

组件装框机如图 7-8 所示，装有万向滚轮，可以保证组件在各个方向的自由且保护组件的表面，操作灵活方便。组件装框机由双向固定端及双向活动端组成，可以在较宽范围内适应组件装框作业需要，另外还可以满足一些非标准组件进行装框的工作需求。

装框机可以实现组件层压完毕后的组件铝合金边框固定，简化了人工的作业难度，提高了产品的质量。组框的外形尺寸在设定的范围内通过锁紧齿条定位，任意调整尺寸，并通过可调气缸进行精度微调，可满足不同组框尺寸的要求。

图 7-8 组件装框机

7.8 玻璃清洗机

光伏玻璃清洗机也可以称为太阳能玻璃清洗机，专为太阳能电池板行业设计、制造的一种玻璃清洗机。玻璃清洗机可以对玻璃表面进行清洁、干燥处理。主要由传动系统、刷洗、清水冲洗、纯水冲洗、冷热风干、电控系统等组成。根据用户需要，中大型玻璃清洗机还配有手动（气动）玻璃翻转小车和检验光源等系统，如图 7-9 所示。

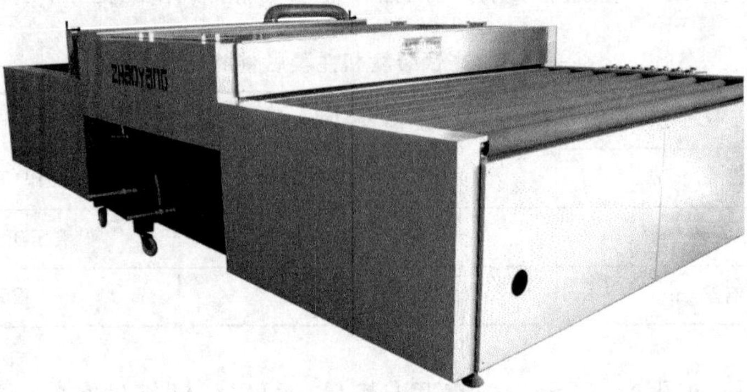

图 7-9 玻璃清洗机

光伏玻璃清洗机注意事项如下。

(1) 一定要注意先开鼓风机，后开加热器；先关加热器，后关鼓风机。

(2) 当玻璃板厚度改变时，一定要先调整风刀的高低位置，不然会造成破坏事故。

(3) 在控制台上设有急停按钮，遇有紧急情况时，可使用。

(4) 玻璃一定要放在进料段限位范围内。

(5) 向洗涤水箱加自来水时，水位不能超过水箱的 2/3，当水位低时要及时加水。

(6) 光伏玻璃清洗机安装与调整。现场条件应具备 380V 交流电源、工业自来水源、排水沟。

(7) 正确摆放进料段机架、清洗段机架、干燥段机架、出料段机架、控制柜和通风机箱。

思 考 题

7.1 思考光伏领域用到的设备和用途。

7.2 什么是组件封装线？组件封装常用哪些设备？

7.3 简述单片分选仪的结构和操作步骤。

7.4 简述电烙铁使用时的注意事项。

7.5 比较人工焊接和全自动焊接机焊接的优缺点。

7.6 简述层压机的功能和操作。

第8章　太阳能光伏组件测试

太阳能光伏组件长期运行于室外环境，必须能反复经受各种恶劣的气候条件及其他多变的环境条件，并保证在相当长的额定寿命（通常要求20年以上）内其电性能不发生严重的衰退。因此，在成品出厂之前，应按规定抽样进行性能测试和模拟环境试验。

常规测试包括组装工艺质量检查和性能安全测试。组装工艺质量检查主要检查外观质量，检查内容包括太阳能电池板表面、串并联接点的焊接质量和封装板的胶接质量，可以用目测检查和光学仪器进行普通检查，也可通过红外线发射法、声发射法、红外显微镜和全息照相技术等来检测焊接质量。性能安全测试包括电性能测试、耐压绝缘测试、机械载荷测试、冰雹测试、防火测试等。

组件生产线中有多道检测程序，对各个工序后的半成品质量严格控制，确保组件成品质量，其流程图如图8-1所示。

组件车间的原材料进入车间前，所有的原材料要经过外观检测；玻璃面板需抽测透光率等；背板需抽测抗拉强度、透水率、击穿电压等；EVA需抽测透光率、击穿电压、与背板玻璃的剥离强度及老化后与背板玻璃的剥离强度等；焊带需抽测抗拉强度、电阻率等；硅胶需抽测固化速率、与背板剥离强度等；接线盒需抽样进行耐火测试、导通测试等。只有各项检验全部合格的原材料才能进入生产线。

电池片经过单、串焊形成电池串，排版后再与玻璃、EVA、背板依次叠放好等待层压。组件层压前需进行外观检查，确保焊条不断裂不脱落，电池位置正确，层叠次序、尺寸符合要求，层间无杂物。外观检查通过后进行层压前EL检测。先用万用电表测量组件正负极引出线之间的电压，电压值在规定范围内说明焊接点的电学性能符合要求，整串电池片具有良好的导通性。电压测试合格后组件进入EL测试仪，查看电池片的电致发光亮度，整串电池片应该亮度均一，无明显暗影或明显过亮。通过该检测，能发现运输、储藏、焊接过程中电池片受到的肉眼不可见的损伤。另外，焊接好的电池串还要抽检焊接效果。焊接效果检验主要检查被抽样品的焊接强度，一般通过拉力计测量焊条从焊接电极上脱落所需要的拉力来检测。

层压时组件经抽气、加热、加压，EVA先融化后凝固将玻璃、电池片、背板联结成整体。层压后的组件首先进行外观检查，确保电池片位置正确、无碎片，组件内无气泡、无杂物。外观检查合格的组件进入EL测试仪进行层压后EL测试，各电池片亮度应均一，无明显暗影或明显过亮。通过该测试，排除层压过程对电池片造成的损伤。为确保层压质量，需定期进行剥离强度试验。将待测样品组件（无电池片）和正常组件一起进行层压，然后测量将EVA和玻璃、EVA和背板剥离

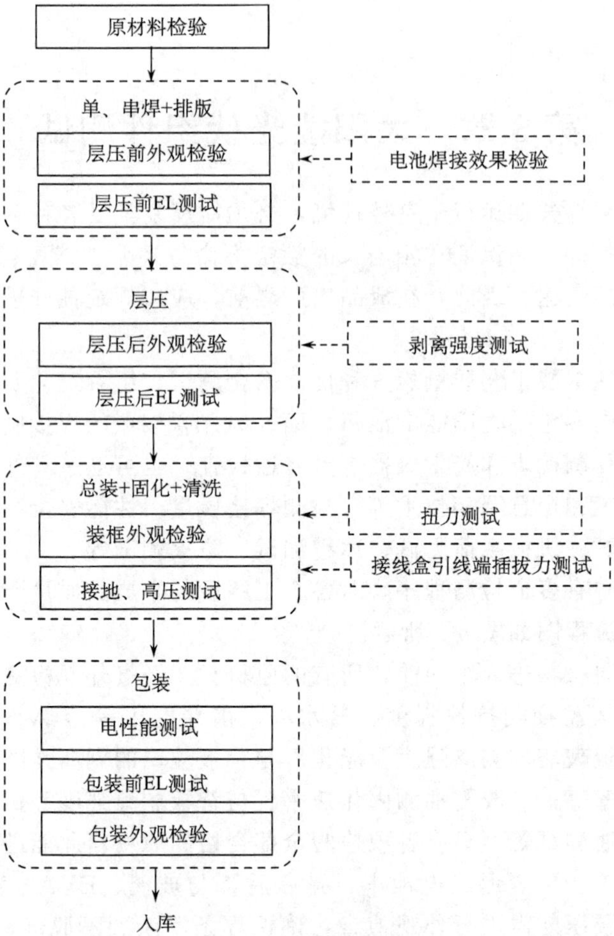

图 8-1 组件质量控制流程图

所需要的拉力。更换组件原材料或者工艺调整后，需加测剥离强度试验。

总装包括组件边框的安装和接线盒的安装。每班次上工前，需对总装过程中用到的所有起子进行扭力测试，确保安装工具处于正常状态。总装后的组件首先进行外观检查，确保尺寸正确，接线盒位置正确，玻璃、背板无破损。外观检查通过的组件进入固化室，固化到规定时间后进行清洗。清洗的同时使用万用表对清洗后的组件进行接地导通检查，确保组件边框能很好地接地。清洗完成后使用绝缘耐压测试仪进行高压测试，在边框和电极引线间施加一定的电压，测试组件的耐压性和绝缘强度，保证组件在意外情况（如雷击）下不被损坏。在进入下一工序前，还要抽样进行接线盒引线端插拔力测试。该测试使用拉力计，检查被接线盒固定的引线能否承受规定拉力，确保电池串和接线盒之间的连接具有足够的强度。

包装前需要对组件进行电性能测试和 EL 测试。其中电性能测试主要检测开路电压、断流电流、最大功率、填充因子等组件性能，并将检测结果标注在组件背面。由于总装过程中组件受到较多的物理冲击，电池片很可能会出现隐裂，通过包装前的 EL 测试，排除问题组件，合格件流下生产线，进行包装。根据组件电性能（功率或电流）分档包装、标注，包装外观检验合格后入库。

8.1 组件电性能测试

电性能测试是对电池的输出功率进行标定，测试其输出特性，确定组件的质量等级。太阳能光伏组件的输出功率是组件温度和辐照度水平的直接函数，通过测量不同辐照度和温度下太阳能光伏组件性能参数（短路电流、开路电压、最佳工作电压和最大功率）的值，可对太阳能光伏组件性能进行评价。

测试时要用到组件测试仪，测试步骤如下。

（1）先将待测组件堆放在测试仪一端。

（2）将待测组件置于测试区的固定位置处，如图 8-2 所示。测试时必须将温度传感器放置于组件上，环境温度 T 为 (25 ± 2)℃。

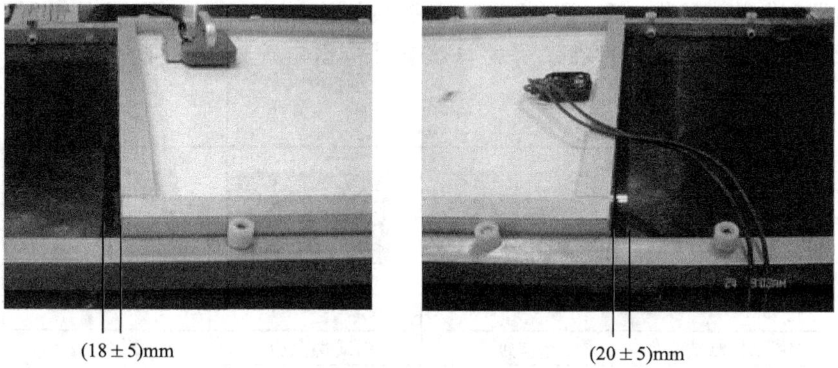

图 8-2　将待测组件置于测试区的固定位置

（3）连接组件与测试仪的正负端子，如图 8-3 所示。

（4）用扫描枪连续扫描组件的序列号两次开始测试。

（5）如果测试合格，则敲合格印章，如图 8-4 所示。将组件小心地从测试架上取下，按功率等级与颜色等级分开放置在相应周转托盘上。

（6）在流程单上准确填写组件实测功率等级，在《已测组件流转单》上填写组件序列号，每个托盘对应一张单子。

（7）不合格组件则通知工艺员处理。

测试时注意人眼避免直视光源，以防伤害眼睛；测试结束按组件功率等级与电池颜色等级来堆放已测组件，同等级功率与颜色的组件放同一周转托盘上。

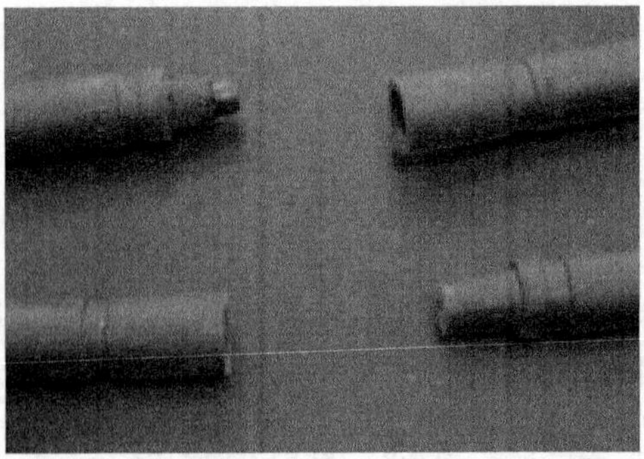

图 8-3　连接组件与测试仪的正负端子

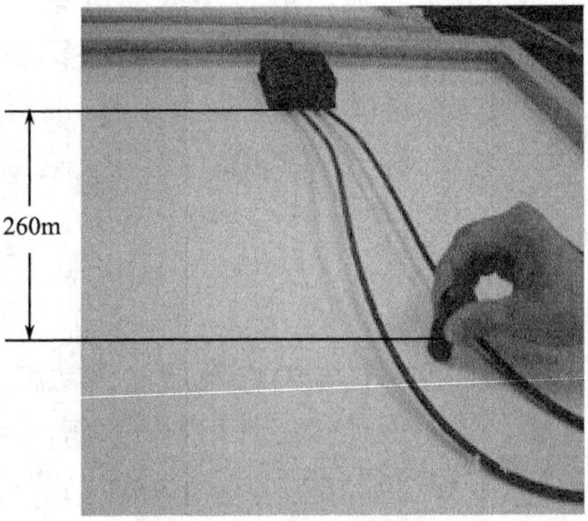

图 8-4　敲合格印章

8.2　组件耐压绝缘测试

耐压绝缘测试是指在组件边框和电极引线间施加一定的电压，测试组件的耐压性和绝缘强度，以保证组件在恶劣的自然条件（雷击等）下不被损坏，主要测量工具如图 8-5 所示。

绝缘耐压测试仪	电源线	测试线(负极)	测试线(正极)

图 8-5　主要测量工具

耐压绝缘测试仪测试包括仪器准备、点检、测试三个主要过程，仪器准备包括将红色测试线接线端插到测试仪插孔处，将黑色接地线接线端连接到测试仪接地插孔处，先将接地线接线端插入接地孔内，再将接地垫片放到接地端旋钮内部，将旋钮拧紧；然后接电源线：先将电源线插入仪器接口，再将另一端插到电源插座上。打开电源首先进行设备功能点检，并将点检结果记入《绝缘耐压设备点检表》，具体过程可参考设备说明书。

设备点检结束，方可对组件进行测试。将组件抬到测试台上，将测试端红色夹子夹在接线盒内部汇流带上，接地端黑色夹子夹在组件铝边框的安装孔上。注意：①红、黑两个夹子距离不要太近，否则在通电时两夹子间会形成电磁辐射，对人身造成伤害；②确保测试物表面清洁无杂物，方可进行耐压测试；③操作时必须戴好绝缘手套，脚下垫好橡胶绝缘垫；④只有在测试灯熄灭状态、无高压输出状态时，才能进行测试物连接或拆卸操作。

耐压测试：按下耐压测试挡按钮；设定漏电流测试所需值、电压值及测试时间；按下 START 键进行测试，按下测试键后 TEST 灯亮；如果测试合格，则 PASS 灯闪亮，并有“笛”声响一下；如果测试不合格，则 FAIL 灯闪亮，并伴有蜂鸣声，此时按 STOP 键进行复位。将测试不合格组件放到不合格区域，并将此情况上报。

绝缘测试：按下绝缘电阻测试键；设定电压值、绝缘电阻值、时间；按下 START 键开始测试；测试结果判定同耐压测试。

测试结束后，关掉 POWER 键。实时填写《耐压测试记录表》和《绝级测试记录表》，妥善放电后，拆除测试线及定值电阻，将被测物取下放好。

8.3 组件 EL 测试

EL 测试是根据太阳能光伏组件中电池发光亮度的差异，显示组件中的裂片(包括隐裂和显裂)、劣质片及焊接缺陷。

EL 全称是 Electroluminescence，称为电致发光或场致发光，太阳能电池电致发光测试系统工作原理如图 8-6 所示，利用光生伏打效应的逆过程，给太阳能电池通电使其发光即电致发光，利用成像系统将信号发送到计算机软件，经过处理后将太阳能电池的 EL 图像显示在屏幕上。太阳能电池的电致发光亮度正比于少子扩散长度，正比于电流密度。通过 EL 图像的分析可以有效地发现硅片、电池和组件生产各个环节可能存在的问题，对改进工艺、提高效率和稳定生产都有重要的作用，因而太阳组件缺陷测试仪被认为是太阳能电池生产线上的 X 射线。

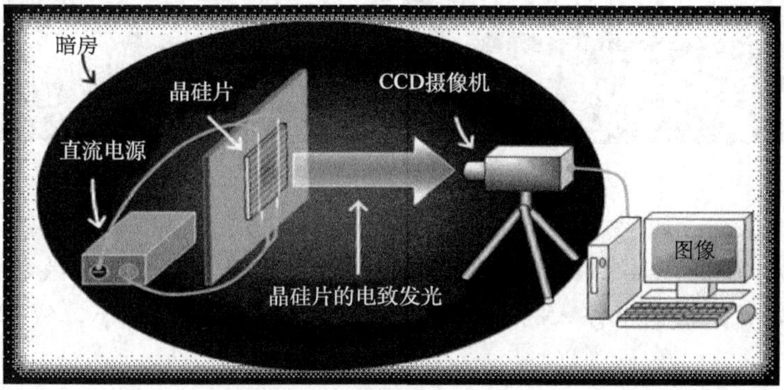

图 8-6　太阳能电池电致发光测试系统工作原理图

通过 EL 图像的分析可以有效地发现硅材料缺陷、印刷缺陷、烧结缺陷、工艺污染、裂纹等问题。硅材料的脆度较大，在电池生产过程中，易产生裂片，裂片分显裂和隐裂，前者肉眼可直接观察到，但后者则不行，后者在组件的制作过程中更容易产生碎片等问题。图 8-7 是单太阳能电池的隐裂 EL 图及区域放大图，由于（100）面的单晶硅片的解理面是（111），因此，单晶电池的隐裂是一般沿着硅片的对角线方向的 X 状图形。

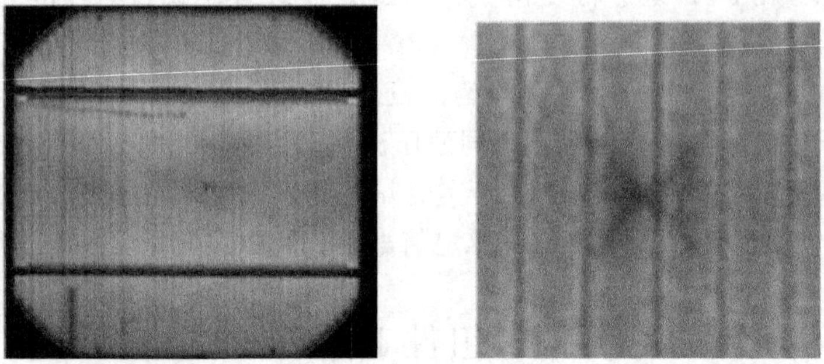

(a)　　(b)

图 8-7　单太阳能电池的隐裂 EL 图及区域放大图

图 8-8 为多太阳能电池的 EL 图，见图 8-8 的圆圈区域。但是由于多晶硅片存在晶界影响，有时很难区分其隐裂。

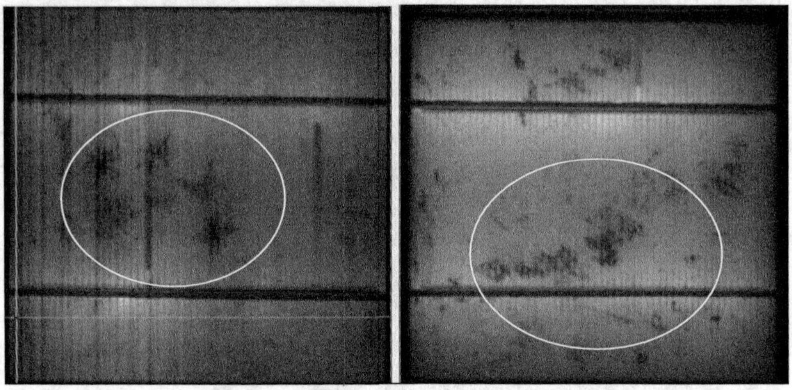

图 8-8　多晶片的 EL 图

图 8-9 为印刷不良导致的正面银栅线断开，EL 图中显示为黑线状。这是因为栅线断掉后，从汇流条上注入的电流在断栅附近的电流密度较小，致 EL 发光强度下降。

图 8-10 为有烧结缺陷的 EL 图，一般烧结参数没有优化或设备存在问题时，EL 图上会显示网纹印，如图 8-10（a）所示。采取顶针式或斜坡式的网带则可有

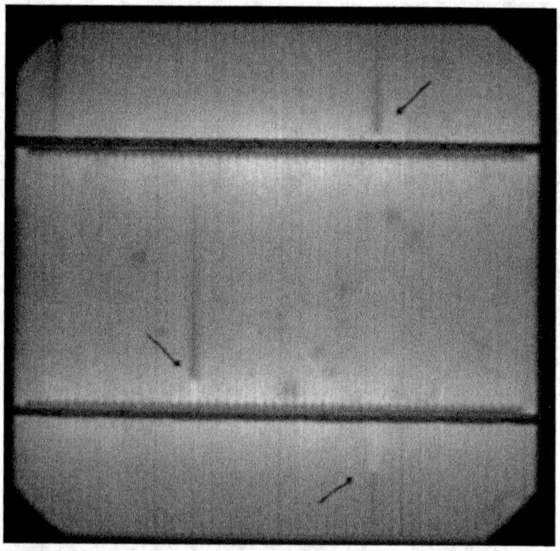

图 8-9　印刷断线的 EL 图

效消除网带问题，图 8-10（b）所示的电池是顶针式烧结炉里烧出来的电池，图中黑点就是顶针的位置。

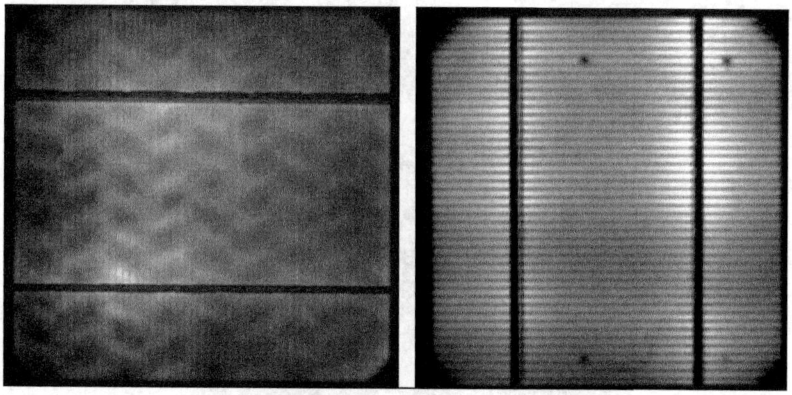

(a)　　　　　　　　　　(b)

图 8-10　有烧结问题的 EL 图

图 8-11 是一般所说的“黑心”片的 EL 图。在图中可以清楚地看到清晰的旋涡缺陷，它们是点缺陷的聚集，产生于硅棒生长时期。此种材料缺陷势必导致硅的非平衡少数载流子浓度降低，降低该区域的 EL 发光强度。

图 8-12 为漏电电池的 EL 图，其中图 8-12（a）为 EL 图，图 8-12（b）为红外图，图 8-12（c）为局部放大图。漏电电池一般指电性能测试时，给电池加反向偏置电压－12V 时的电流值偏大。如图 8-12（a）所示，EL 显示的较粗黑线表明该区

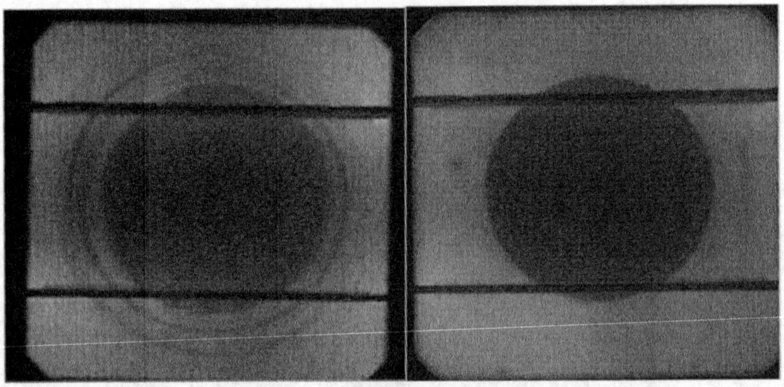

图 8-11　黑心片 EL 图

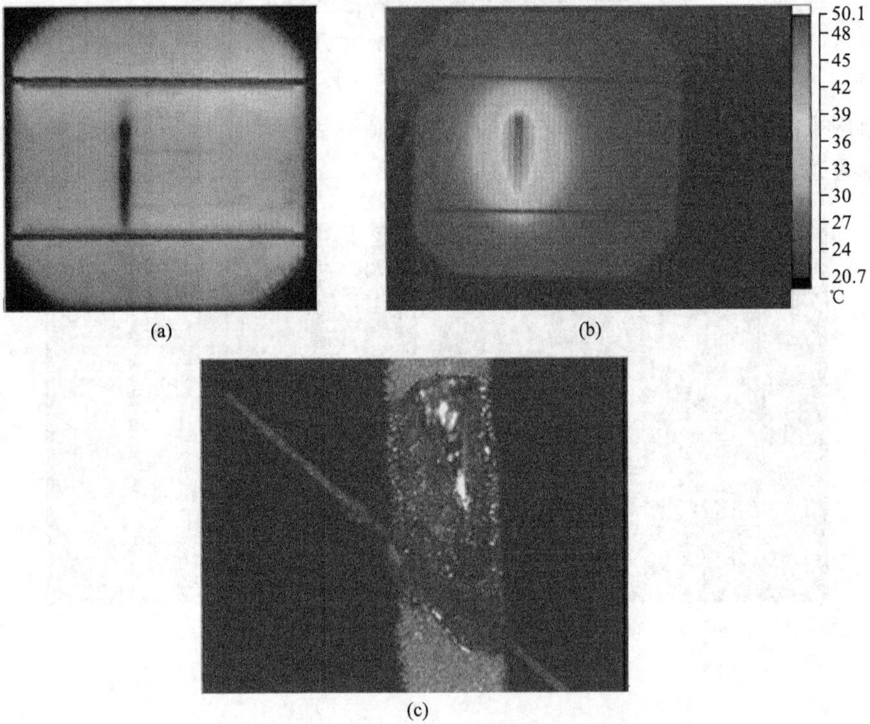

(a)　(b)

(c)

图 8-12　漏电电池的 EL 图、红外图和局部放大图

域没有探测器可探测到的光子放出。再给电池加反压测试其发热情况，结果如图 8-12（b）所示，可见与 EL 对应区域发热严重，用显微镜观察后分析可知，在电池正面银浆印刷时，由于硅片表面存在划伤，浆料进入裂缝的 pn 结位置，分选的 *I-V* 测试加 12V 反压时，直接导致正面 pn 结烧穿短路。因此，EL 测试时，该区域

显示为黑色。

EL也适用于组件的质量监控，在组件层压前和成品监督，均可以使用EL抽检组件质量问题。如图8-13所示，通过组件的EL图，可以看出组件内部电池隐裂、断栅、黑心片等问题。

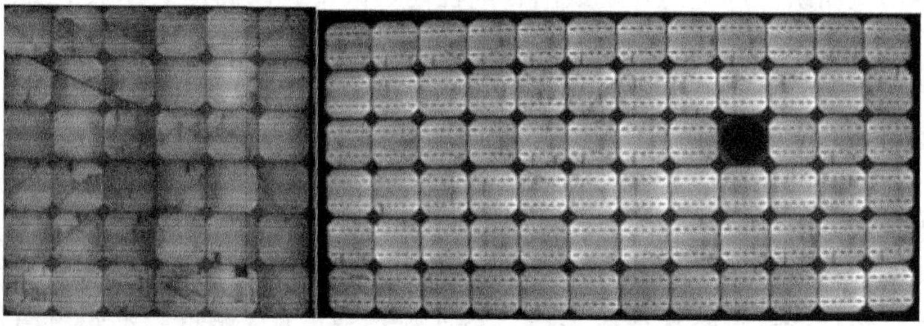

图8-13　组件EL图

8.4　组件机械载荷测试

机械载荷测试是在组件的表面逐渐加载，监测实验过程中可能产生的短路和断路、外观缺陷、电性能衰减率、绝缘电阻等，以确定组件承受风、雪等静态载荷的能力。

机械载荷测试可用太阳能光伏组件机械载荷试验机进行，它可以确定组件在不同安装角度下经受风、雪或覆冰等静态、动态载荷的能力。广泛用于检测太阳能光伏组件的耐压强度试验，它采用动态持压技术，模拟载荷试验，以了解产品在载荷状态下的抗压能力。

8.5　组件湿热湿冷实验

湿热湿冷实验是将组件置于有自动温度控制、内部空气循环的气候室内，使组件在一定温度和湿度下往复循环，保持一定恢复时间，监测实验过程中可能产生的短路和断路、外观缺陷、电性能衰减、绝缘电阻等，以确定组件承受高温高湿和低温低湿的能力。

湿热湿冷也可在太阳能光伏组件温湿度循环试验箱、太阳能光伏组件湿热循环箱、太阳能光伏组件湿冷箱等设备中进行。这些实验箱可以模拟低温、高温、高温高湿、低温低湿等复杂的自然环境。

8.6 组件冰雹实验

冰雹实验是通过人工制作的冰球或者用钢球代替冰雹从不同角度以一定的动量撞击组件，检测组件产生的外观缺陷、电性能衰减率，以确定组件承受冰雹撞击的能力。

组件冰雹实验可通过太阳能光伏组件冰雹撞击试验机进行，工作原理是空压机将空气压缩至储气罐，外接压力表及一定内径（如 25mm）的枪管，连接处安装一电磁阀，由电磁阀控制开启。枪管前端安装光电测速装置。调节压力表，使冰球达到标准要求的冲击速度。制作一定内径（如 25mm）的冰球模具，将制成的冰球置于枪管内，开启电磁阀，压缩空气推动冰球以一定的速度（如 23m/s）撞击太阳能光伏组件。组件受试点经冰球撞击后，经外观目测、*I-V* 测试、绝缘电阻测试后，判别组件质量是否合格。

8.7 组件紫外老化实验

紫外老化实验用于检测太阳能光伏组件暴露在高湿和高紫外辐射场地时是否具有抗衰减能力，可通过紫外光老化试验箱进行。紫外光老化试验箱如图 8-14 所示，一般用荧光紫外灯为光源，通过模拟自然阳光中的紫外辐射，对材料进行加速耐候性试验，以获得材料耐候性的结果。

图 8-14　紫外光老化试验箱

紫外实验箱可对温度进行自动监控，配有辐射计，可对光辐照度进行控制，使辐照度稳定在指定照度上，同时对试验时间进行控制。

思考题

8.1 简述组装工艺质量检查。

8.2 组件的性能安全测试要测试哪些项目？

8.3 什么是组件的电性能测试？如何测试？

8.4 简述组件的耐压绝缘测试。

8.5 什么是组件 EL 测试？简述其测试原理。

8.6 通过 EL 测试可以分析太阳能光伏组件的哪些缺陷？

8.7 简述组件的湿热湿冷测试和紫外老化测试。

第 9 章　太阳能光伏组件故障分析

在太阳能发电系统中，太阳能光伏组件的品质对系统的正常运转起着关键作用，但由于生产过程中工艺技术、设备性能、人员技能、原材料质量等方面的问题，也会使组件出现无输出即无功率、功率衰减过大、脱层、EVA 熔化、TPT 折皱或剥离、气泡、接触不良、电池串移位等问题。

9.1　组件辨别

目前的太阳能光伏标准组件在销售时是以功率为单位销售的，而不是以面积为单位销售的，所以效率的高低不是决定组件价格高低的因素。太阳能光伏组件效率＝标称功率÷面积×1000。组件好坏的简单辨别可以通过外观检测和电性能检测两方面判断。外观检查包括如下几方面。

(1) 条码编号。正规组件生产厂家的产品，必须有符合国家标准的编号和条码，并且贴有标明组件各项参数的标签。

(2) 同一组件内电池片排列整齐，无层叠。

(3) 电池片表面无明显色差，色斑。

(4) 电池片表面无大于 $20mm^2$ 的气泡，同时不可以有存在影响电性能的气泡。

(5) 电池片不存在大于 10％的明显破碎。

(6) 组件内不能有异物。

(7) 组件背场 TPT 不可以有明显褶皱和鼓包。

(8) 铝型材连接配合良好，无间隙。

(9) 钢化玻璃表面无严重划伤。

(10) 接线盒内不需要灌胶的组件，其汇流条出口处未用硅胶密封，或有硅胶，但没有起到密封作用。接线盒底部四周未密封或接线盒偏移。

(11) 二极管极性装反，正、负极标识不全。

组件电性能检查主要是电压检查，电压检查标准为根据组件额定电压选择检查标准，要求工作电压和开路电压都在规定的范围内，如表 9-1 所示的检验标准。

表 9-1　电压检验标准　　　　(单位：V)

组件额定电压	工作电压下限	工作电压上限	开路电压下限	开路电压上限
6	7	9	10	11.5
12	14	18.5	20	23
24	28	37.5	40	46

9.2 组件常见问题

组件应用中表现出来的最终问题是无功率输出，或功率衰减过大。无功率可能是由于脱焊、电池电极烧结不良、虚焊等原因造成的断路，也可能是汇流条短路、二极管击穿等造成的短路；造成功率衰减过大的原因很多，如焊带疲劳、焊接不良、接线盒接触不良等引起的串联电阻增大，或微短路、二极管反流造成的电池并联电阻减小，或EVA过期或污染、玻璃污染、环境污染等造成的脱层，或由于接线盒的接触、密封性能不好等。表9-2列出了组件各工序常见的质量问题。

表9-2 组件各工序常见质量问题分析

序号	不良现象	可能的原因	解决方法
1	色差	分选失误造成	专人负责分选、换片，注意色差
		其他工序换片时造成	
2	电池缺角	焊接收尾处打折太深或离电池太近	焊接时注意
3	原材料上有汗液	裸手接触原材料	戴手套、指套
4	焊接不良（包括虚焊、过焊、侧焊、不光滑）	烙铁头不良容易造成虚焊或不光滑	烙铁头在细砂纸上抹平，加锡保养或更换烙铁头
		烙铁温差大	选择质量好的烙铁
		员工手势不当，容易造成虚焊、侧焊	正确的方法多加练习，找到烙铁头平面
		电池可焊性不好，容易造成虚焊或过焊	不同厂家不同批次的电池先试焊，找到相对合适的工艺再批量焊接
		串焊手势太重导致负极焊“花”	电烙铁温度降低/焊接手势放轻
5	组件内有异物（包括头发、纤维、锡渣等）	工作台不干净 工作时未严格管理	工作台面保持干净整洁、禁止人员在车间整理头发，工作时必须穿工作服、戴工作帽
6	组件内有气泡	EVA过保质期	每批EVA严格检查，更换EVA
		工艺参数不合适，层压导致气泡	及时更换工艺参数
		异物引起气泡	
7	EVA未溶	EVA自身问题	更换EVA
		没有找到合适的工艺参数	及时更换工艺参数

续表

序号	不良现象	可能的原因	解决方法
8	焊接破片	电池自身隐裂	焊接前仔细检查
		互连条太硬	不同电池应用不同规格的互连条
		焊接手势过重	平时要以正确的方式多加练习，找到合适的工艺参数，通过大量实验、生产降低焊接破片率
		电烙铁温度过高	
		堆锡	
		电池焊好后积压太多	
		焊接收尾处打折太深或离电池太近	
9	层压后破片	电池自身隐裂	叠层在灯光下仔细检查
		焊接时打折过重导致电池隐裂	
		层压前，操作人员抬组件时压到电池，进料不注意	抬组件时护住四角，不要压到 TPT 上
		电池上有异物、锡渣、堆锡导致层压后破片	保持工作台面整洁，各工序人员自检、互检
		硅胶板压力过大	经常出现破片且在同一位置破片，检查层压机，调节参数
		充气速度不适合	调节充气速度
10	层压后背板与 EVA 脱层	与 EVA、Glass 黏结强度差，小气泡进入后加剧整张脱层	层压参数、EVA 问题
11	电池串间移位	叠层时没有固定好，间隙不均匀	串焊时尽量在一直线上
	汇流条之间移位	层压抽真空时造成	
12	背板 划伤	层压后修边、装框、清洗都有可能造成 TPT 划伤	工作时加强责任心，细心，禁止刀片拿在手上搬运组件或操作
	背板 褶皱	不层压导致褶皱	检查设备
	背板 鼓包	大量鼓包在片与片之间可能是 EVA 的收缩率过大造成	检查每批次 EVA
	背板 凹坑	EVA 粘在硅胶毯上	发现有第一块出现时检查硅胶毯，取出（注意安全），不然像复印机一样每块都有
		高温布没有清洗干净	工作时加强责任心，细心

续表

序号	不良现象		可能的原因	解决方法
13	玻璃表面划伤		抬玻璃时两块玻璃摩擦	玻璃间应放有隔纸
			清洗时摩擦	
			刀片划伤	
14	电性能不良	测不出功率	正负极相反	叠层好后测试时正负极接对
		功率低	破片	检查，层压后自检，装框互检
			组件被流转单挡住	
		I-V 曲线异常	破片	检查，层压后自检，装框互检
			电池高低档次	禁止高低档相混
15	型材	型材划伤	来料未检查	来料检查看是否是批量性的问题
			装框清洗过程中划伤	清洗时注意清洗方式
		型材拼接有出入	划伤手、拼接异形，引起玻璃破碎	拼接产生误差，避免型材切割产生误差找厂家
		型材与背板间硅胶黏结有缝隙	渗水、安全性	将胶打好，背板无缝隙
16	硅胶正反面有可视缝隙		型材内硅胶不够多	型材内应该有 2/3 胶
			补胶没有到位	打胶的手法
17	接线盒	接线盒移位	移位后边缘胶变小，易渗水	接线盒安装在背板后不允许有位移
		接线盒底部无胶/胶不多	黏结性、牢固度、渗水性	接线盒底部补胶、注意打胶量与安装方式
		引出线上粘有胶带上的胶	绝缘过热，氧化反应引起其他反应	叠层处胶带使用不当，使用无残留胶渍、耐高温的胶带
		引出根部未完全密封	将水汽沿着汇流条根部渗入组件内	硅胶密封引出线根部
		接入接线盒端子内的尺寸过窄、过短	电阻增大、过流、发热	接入接线端子内的尺寸：宽 4.5～5mm、长 10mm
		接入接线端子后剩余的汇流条过紧	无热胀冷缩的余地，反复如此电阻变大，长期使用可能会断	将汇流条裁剪尺寸放在接线端子前沿

9.3 组件常见问题分析

组件中有碎片可能因为在焊接过程中没有焊接平整，有堆锡或锡渣，在抽真空时将电池压碎；或者本来电池都已经有暗伤，再加上层压过早，EVA还具有良好的流动性；或者在抬组件时，手势不合理，双手压到电池。因此首先要在焊接区对焊接质量进行把关，加强对员工的一些针对性培训，确保焊接一次成形；调整层压工艺，增加抽真空时间，并减小层压压力（通过层压时间来调整）；控制好各个环节，提高层压人员素质并确保抬板手势的正确性。

组件中有毛发及垃圾的原因分析可能是由于EVA、太阳能背板、小车子等有静电的存在，把飘在空中的头发、灰尘及一些小垃圾吸到表面；或者叠层时，身体在组件上方作业，而又不能保证身体没有毛发及垃圾的存在；或者一些如蚊子等小飞虫钻进组件里。解决办法是做好6S管理，保持周边工作环境的整洁，并做好个人卫生；调整工艺，对叠层工序进行操作优化，将单人拿取材料改为双人拿取；提高车间洁净度，控制通道，装好灭蚊灯，减少小飞虫的进入。

汇流条向内弯曲可能是在层压中，汇流条位置会聚集比较多的气体。胶板往下压，把气体从组件中压出，而那一部分空隙就要由流动性比较好EVA来填补。EVA的这种流动，就把原本直的汇流条压弯；也可能是EVA的收缩造成的。因此应该选择较好的材料，调整层压工艺参数，使抽真空时间加长，并减小层压压力。

组件背膜凹凸不平可能是太阳能背板材料质量不高或者多余的EVA会粘到高温布和胶板上引起的，为此应该购买较好的橡胶胶板，做好每次对高温布的清洗工作，并及时清理胶板上的残留EVA；采用品质好、厚度适合的太阳能背板，不要一味地追求低成本而去采购一些品质一般、厚度很薄的太阳能背板。

组件中有气泡的原因比较多，有以下几方面。

(1) EVA胶膜已裁剪，放置时间过长，已受潮；因此应控制好每天所用的EVA的数量，要让每个员工了解每天的生产量。

(2) EVA胶膜材料本身品质不高，如有些EVA厂家部分或完全采用国产原料；对此要尽量选择较好的材料和国外或国内大的厂家。

(3) 太阳能背板放置时间过长或储存环境不好而受潮；对此应将分切好的太阳能背板使用前放置烘箱内预烘烤1～2min，把潮气赶出。

(4) 抽真空过短，加压已不能把气泡赶出；解决办法是调整层压工艺参数，使抽真空时间适量。

(5) 如果是层压的压力不够造成的气泡，可以增大层压压力（可通过层压时间来调整，也可以通过再垫一层高温布来实现）。

(6) 加热板温度不均，使局部提前固化；解决办法是垫高温布，使组件受热均匀（最大温差小于4℃）。

(7) 层压时间过长或温度过高，使有机过氧化物分解，产生氧气；这时应根据厂家所提供的参数，确定层压总的时间，避免时间过长。

(8) 有异物存在，而湿润角又大于90°，使异物旁边有气体存在。为此应注重6S管理，尤其是在叠层这道工序，尽量避免异物的进入。

9.4 图解组件产品质量问题

图 9-1 为网状隐裂，电池在焊接或搬运过程中受外力或电池在低温下没有经过预热，在短时间内突然受到高温后出现膨胀造成隐裂现象。造成组件性能衰减。

图 9-1 网状隐裂

在生产过程中避免电池过于受到外力碰撞、在焊接过程中电池要预热（手焊）、烙铁温度符合要求、EL 测试严格检验会减少隐裂。

图 9-2 为 EVA 脱层，产生原因有交联度不合格，如层压机温度低、层压时间短等，或者 EVA、玻璃、背板等原材料表面有异物或 EVA 原材料成分问题，例如，乙烯和醋酸乙烯不均，导致不能在正常温度下溶解造成脱层，或边框打胶有缝隙，雨水进入缝隙内后组件长时间工作中发热导致组件边缘脱层，或助焊剂用量过多，在外界长时间遇到高温出现延主栅线脱层。脱层面积较小时影响组件大功率失效，脱层面积较大时直接导致组件失效报废。

脱层的预防措施有：严格控制层压机温度、时间等重要参数，并定期按照要求做交联度实验；加强原材料的改善及原材检验；加强制备过程中成品外观检验；严格控制助焊剂用量，尽量不超过主栅线两侧 0.3mm。

图 9-3 为硅胶不良造成的分层和电池交叉隐裂纹，分层会导致组件内部进水使组件内部短路造成组件报废；交叉隐裂会造成纹碎片使电池失效。

预防措施除控制层压参数和加强原材检验外，打胶要严格操作，硅胶需要完全密封，搬动组件时避免受外力碰撞。

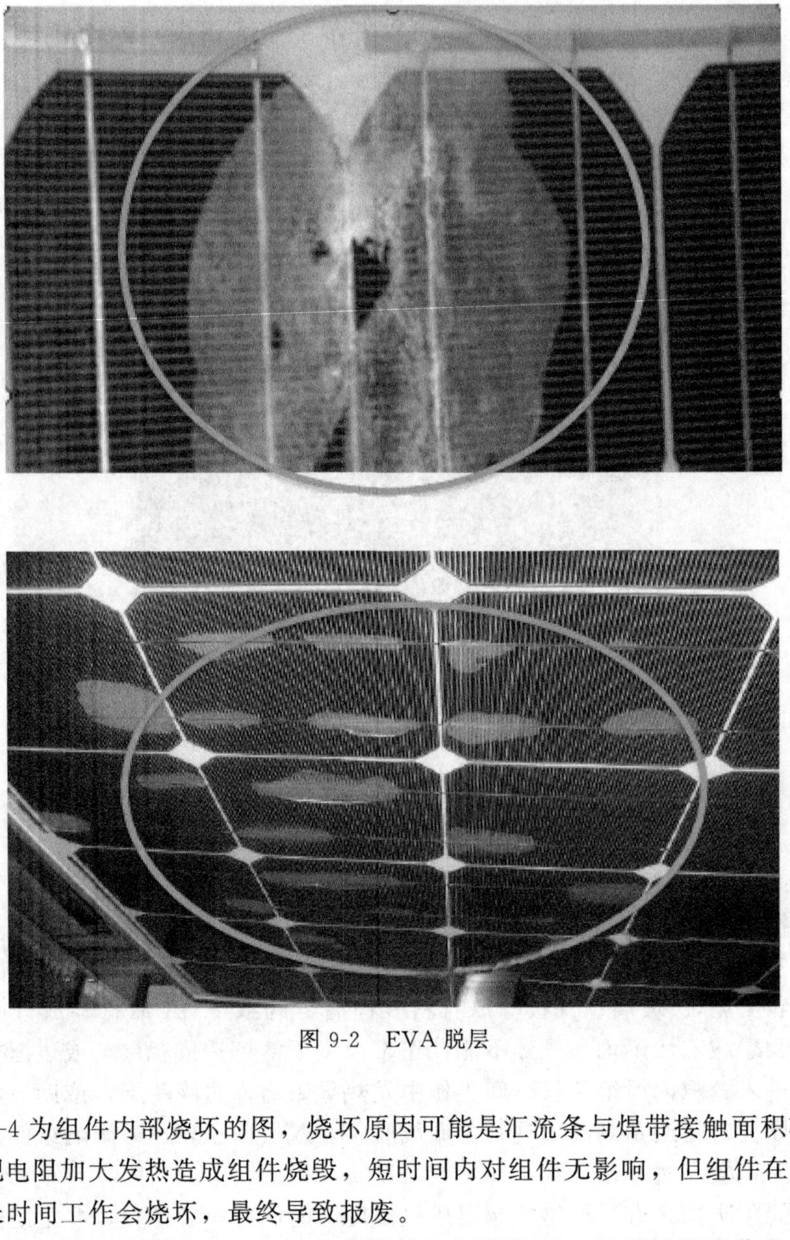

图 9-2　EVA 脱层

图 9-4 为组件内部烧坏的图，烧坏原因可能是汇流条与焊带接触面积较小或因虚焊出现电阻加大发热造成组件烧毁，短时间内对组件无影响，但组件在外界发电系统上长时间工作会烧坏，最终导致报废。

避免烧坏的预防措施有：在汇流条焊接和组件修复时要严格按照作业指导书要求进行焊接，避免在焊接过程中出现焊接面积过小；焊接完成后需要目视一下是否达到焊接合格标准。

图 9-5 为组件接线盒起火的图。组件接线盒起火原因有引线在卡槽内没有被卡紧出现打火起火、引线和接线盒焊点焊接面积过小出现电阻过大造成着火、引线过长接触接线盒塑胶件长时间受热会造成起火。起火直接造成组件报废，严重可能引

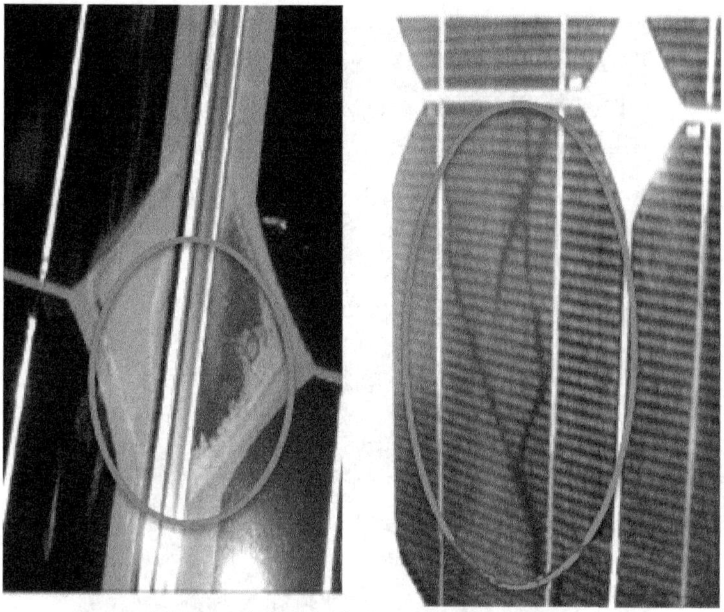

图 9-3　硅胶不良分层和电池交叉隐裂纹

图 9-4　组件内部烧坏

图 9-5　组件接线盒起火

起火灾。

因此要严格按照作业将引出线完全插入卡槽内，引出线和接线盒焊点焊接面积至少大于 $20mm^2$，严格控制引出线长度，使其符合图纸要求，按照作业要求避免引出线接触接线盒塑胶件。

图 9-6 为电池裂片图，电池裂片原因可能是焊接过程中操作不当造成裂片、人员抬放时手法不正确造成组件裂片、层压机故障出现组件裂片。裂片部分失效影响组件功率衰减、单片电池功率衰减或完全失效影响组件功率衰减。为此，汇流条焊接和返工时要严格按照标准手法进行操作；人员抬放组件时要严格按照工艺要求手法进行抬放组件；确保层压机定期的保养，每做一次设备的配件更换都要严格做好首件确认合格后再生产；EL 测试严格把关检验，禁止不良片漏失。

图 9-7 为电池助焊剂用量过多的情况，可能由于焊接机调整助焊剂喷射量过大造成，或者人员在返修时涂抹助焊剂过多导致。助焊剂用量过多影响组件主栅线位置和 EVA 脱层，还会造成组件在发电系统上长时间后出现闪电纹黑斑，影响组件功率衰减使组件寿命减少或造成报废。预防措施是调整焊接机助焊剂喷射量，并定时检查；返修区域在更换电池时请使用指定的助焊笔，禁止用大头毛刷涂抹助焊剂。

焊接时温度过低、助焊剂涂抹过少或速度过快会导致虚焊，焊接温度过高或焊接时间过长会导致过焊现象。虚焊在短时间出现焊带与电池脱层，影响组件功率衰减或失效；过焊使电池内部电极被损坏，直接影响组件功率衰减降低组件寿命或造

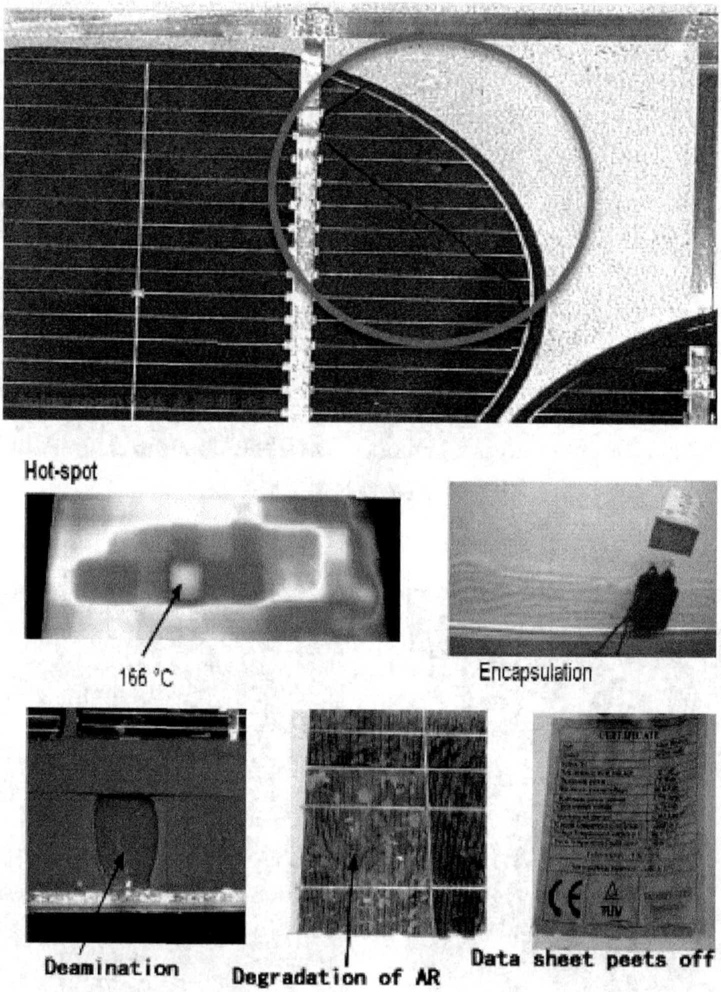

图 9-6 电池裂片

成报废。因此，焊接时要确保焊接机温度、助焊剂喷射量和焊接时间的参数设定，并要定期检查；返修时要确保烙铁的温度、焊接时间和使用正确的助焊笔涂抹助焊剂；加强 EL 检验力度，避免不良片漏失下一工序。图 9-8 为虚焊、过焊图。

焊接机定位出现异常会造成焊带偏移现象，因此要定期检查焊接机的定位系统；电池主栅线偏移会造成焊接后焊带与主栅线偏移；温度过高和焊带弯曲硬度过大会导致焊接完后电池弯曲；焊带偏移会导致焊带与电池面积接触减少，出现脱层或影响功率衰减。焊接后弯曲会造成电池碎片。因此要加强电池和焊带原材料的来料检验。图 9-9 为焊带偏移和焊接后翘曲破片。

组件在搬运过程中受到严重外力碰撞会造成玻璃爆破，玻璃原材料有杂质也会

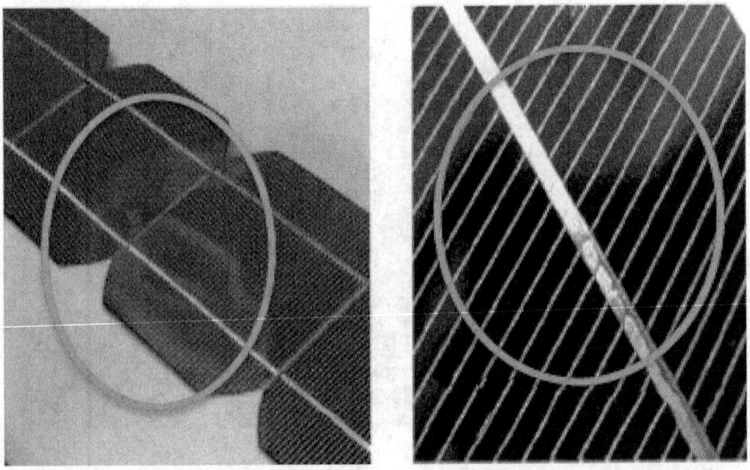

图 9-7 电池助焊剂用量过多

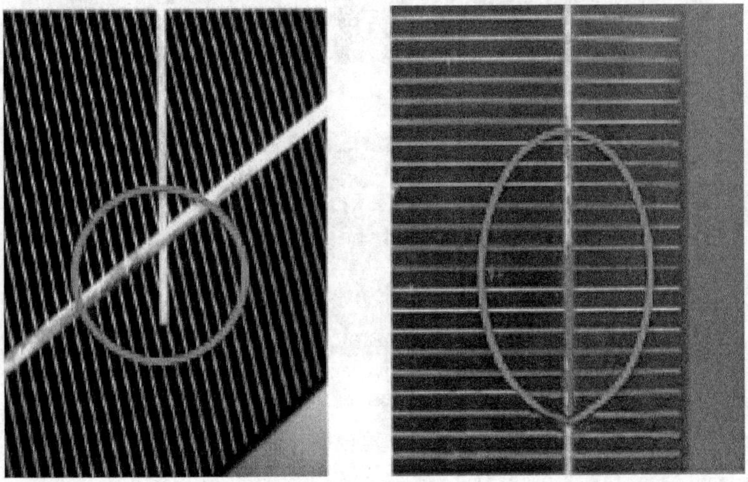

图 9-8 虚焊、过焊

引起原材料自爆，玻璃爆破会导致组件直接报废，因此组件在抬放过程中要轻拿轻放，避免受外力碰撞，同时加强玻璃原材检验测试。另外如果导线没有按照规定位置放置会导致导线被压坏，导线损坏会导致组件功率失效或出现漏电连电危险事故，因此导线一定要严格按照要求盘放，避免零散在组件上。图 9-10 为组件钢化玻璃爆破和接线盒导线断裂图。

组件修复时有异物在表面会造成热斑，焊接附着力不够也会造成热斑点。热斑会导致组件功率衰减失效或者直接导致组件烧毁报废；层压温度、时间等参数不符合标准会造成脱层，脱层也会导致组件功率衰减或失效影响组件寿命使组件报废。

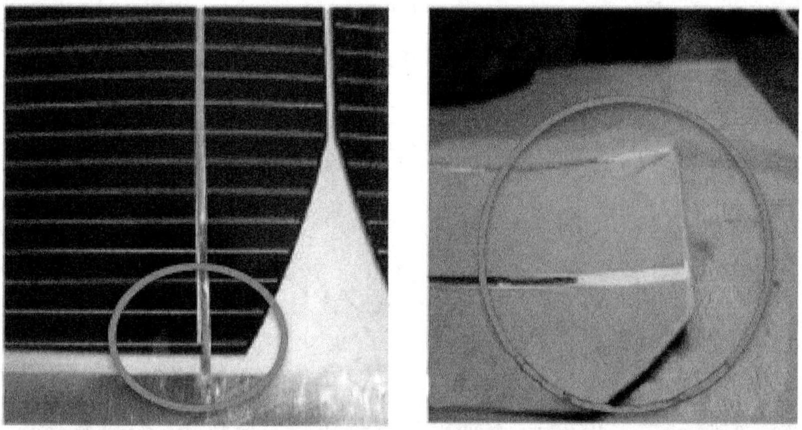

图 9-9　焊带偏移和焊接后翘曲破片

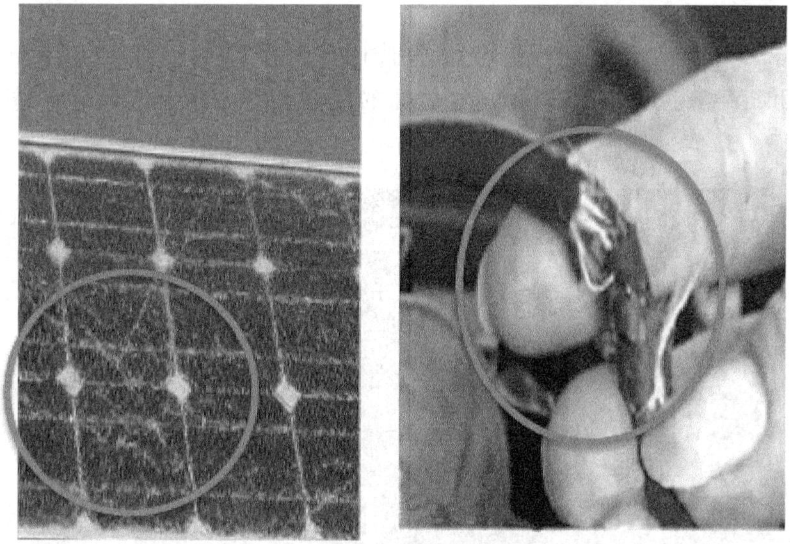

图 9-10　组件钢化玻璃爆破和接线盒导线断裂

因此要严格按照返修要求操作，并注意返修后检查。焊接处烙铁温度、焊机时间的控制要符合标准；定时检查层压机参数是否符合工艺要求。同时要按时做交联度实验，确保交联度符合要求。图 9-11 为热斑和脱层图。

低档次电池混放到高档次组件内会引起层压不合格脱层，层压不合格脱层会引起组件整体功率变低，组件功率在短时间内衰减幅度较大，低效片区域会产生热斑或烧毁组件。因此生产线在投放电池时，不同档次电池要做好区分，避免混用，返修区域的电池档次也要做好标识，避免误用；EL 测试人员要严格检验，避免低效

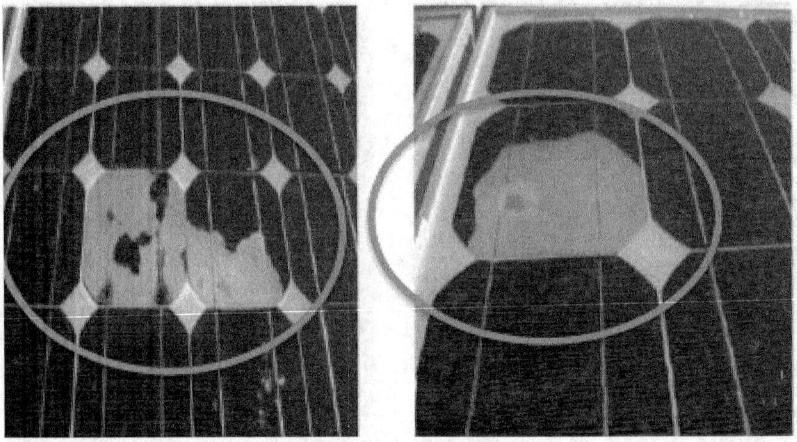

图 9-11　热斑和脱层

片漏失。

员工手法打胶不标准会造成缝隙，硅胶原材内有气泡或气枪气压不稳也会造成硅胶气泡和缝隙，如图 9-12 所示。有缝隙的地方会有雨水进入，雨水进入后组件工作时发热会造成分层现象。

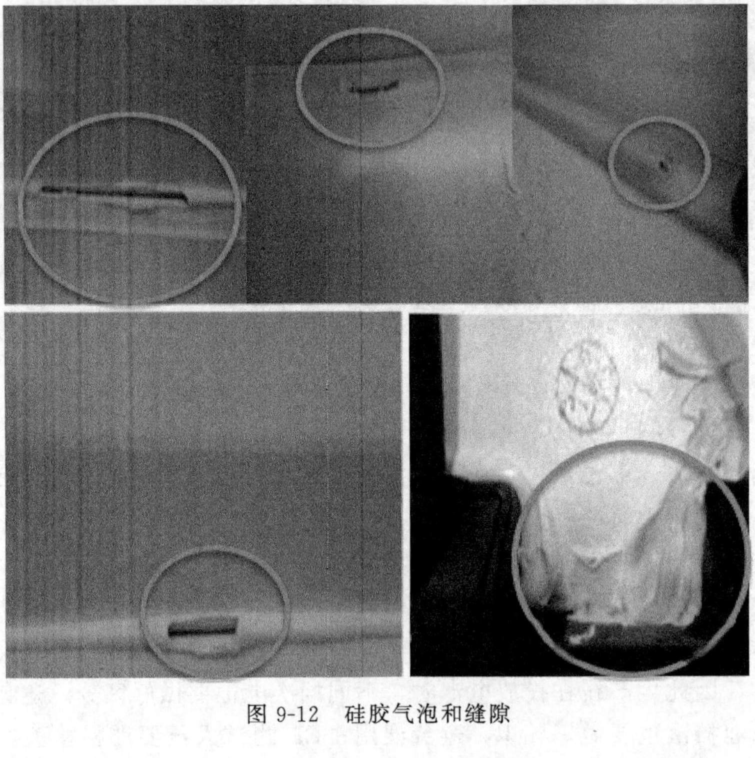

图 9-12　硅胶气泡和缝隙

图 9-13 为接线盒漏打胶，未打胶的接线盒会进入雨水或湿气，造成连电组件起火现象。因此必须加强人员技能培训，增强自检意识；产线严格按照产品三定原则摆放，避免误用；清洗组件和包装处严格检验，避免不良漏失。

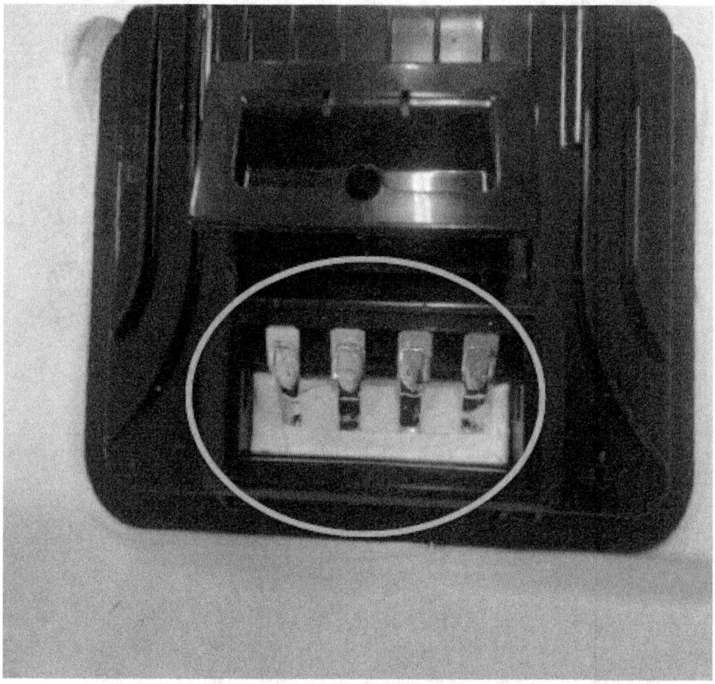

图 9-13　接线盒漏打胶

图 9-14 为接线盒引线虚焊，引线虚焊可能是人员作业手法不规范或不认真，造成漏焊，或者是烙铁温度过低、过高或焊接时间过短造成虚焊。虚焊会造成组件功率过低、连接不良出现电阻加大，打火造成组件烧毁。

图 9-15 为接线盒硅胶不固化，接线盒硅胶不固化原因可能是硅胶配比不符合工艺要求，或者出胶孔 A 或 B 堵住未出胶造成不固化。硅胶不固化胶会从线盒缝隙边缘流出，盒内引线会暴露在空气中，遇雨水或湿气会造成连电使组件起火现象。因此要严格按照规定每小时确认硅胶表干动作、定时确认硅胶配比是否符合工艺要求、清洗工序要严格把关确保硅胶 100%固化。

图 9-16 为 EVA 小条变黄现象。原因可能是 EVA 小条长时间暴露在空气中，造成变异，或者 EVA 受助焊剂、酒精等污染造成变异，或者不同厂商 EVA 搭配使用发生化学反应。这可能会造成脱层现象，或者引起外观不良，客户不接受。为此 EVA 开封后严格按照工艺要求在 12h 内用完，避免长时间暴露在空气中；注意料件放置区域的 5S 清洁，避免在加工过程中受污染；避免非同厂家的 EVA 搭配使用。

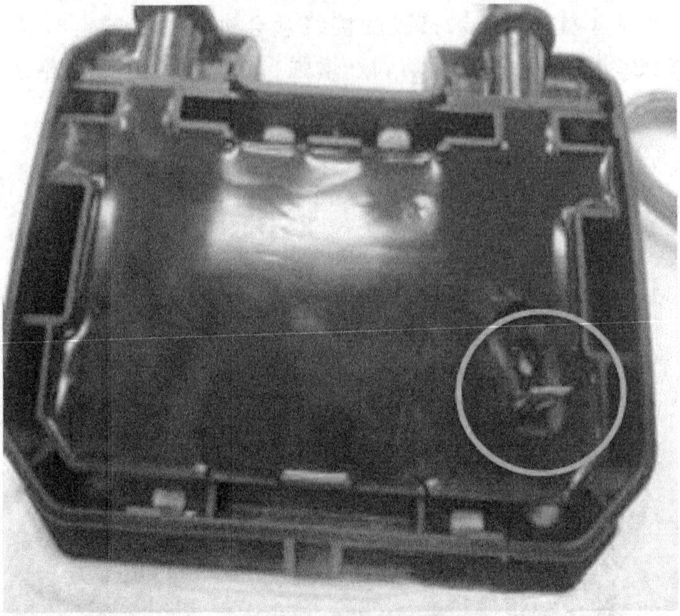

图 9-14　接线盒引线虚焊

图 9-15　接线盒硅胶不固化

图 9-16　EVA 小条变黄

图 9-17 为组件内有异物和玻璃表面有红笔印，这会影响组件整体外观，预防措施是对层叠和玻璃上料工序做好 5S 清洁，避免异物出现；发现不良品后禁止在组件上做标记，而是直接在流程卡上记录不良位置。

图 9-17　组件内有异物和玻璃表面有红笔印

图 9-18 为组件有色差，组件色差可能为原材料加工时镀膜不均匀造成，或者焊接机在投放电池时未按照颜色区分投放造成，或者返修区域未做颜色区分确认造成混片色差。如果是原材料的原因造成的要及时反馈给原材料供应商，并对来料做严格检验卡管；焊接机在投料时严格要求做颜色区分投放避免混片；返修区域做好电池颜色等级的标识，返工时和返工后避免用错片子造成色差。

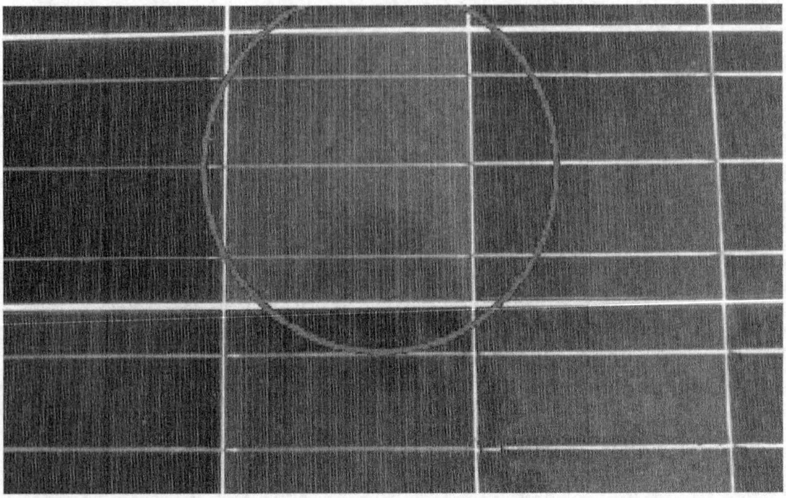

图 9-18　组件色差

组件在工程问题中出现的类似现象还有很多，如因电流传输通路接触不良造成电池内部打弧损坏电池等。

9.5　组件的衰降和失效

光伏组件输出功率的衰减可分为初始的光致衰减和组件的老化衰减。初始的光致衰减，即光伏组件的输出功率在刚开始使用的最初几天内发生较大幅度的下降，但随后趋于稳定。导致这一现象发生的主要原因是 p 型（掺硼）晶体硅片中的硼氧复合体降低了少子寿命。导致光伏组件功率出现早期下降的主要原因有硅片质量差，导致电池出现较大幅度的初始光致衰减、组件制造工艺不合理，出现诸如电池隐裂、EVA 交联度不好、脱层、焊接不良等质量问题和一些组件制造商功率测试不准确或有意在输出功率上虚报。

组件的老化衰减，即在长期使用中出现的极缓慢的功率下降，产生的主要原因与电池缓慢衰减有关，也与封装材料的性能退化有关。如组件表面污染会影响透光率、存积 EVA 分解物等。组件的光学老化包括封装材料的失效如紫外线、高温、湿气等环境都会造成封装材料的通体变黄，特别是 EVA 胶膜，聚光组件中尤其明显。组件边缘的密封变差也会导致组件四周发生黄变。

组件脱层易发生在较为潮湿、高温环境中或白天与晚上温度差比较大的地方。组件的短路经常是风化造成的绝缘老化或风力的作用。断路则是循环热应力和风力负荷导致连接件的疲劳，增加了互联电路的断路风险和接线盒中焊接点脱落。

组件的工作寿命主要是由它的稳定性和结构材料的腐蚀所决定的，如 4.7 节所述，组件的衰降是随着时间的流逝，PV组件的输出功率减少。组件输出功率的衰降分可逆的和不可逆的，可逆性衰降指由于可逆的原因使得PV组件输出功率逐渐减少，例如，被生长在前方的树木遮挡、前表面覆盖了尘土，如图9-19所示。一个组件可能由于可逆性衰降造成暂时失效，但如果引起的原因被矫正，这个功率的减少是可逆的。不可逆的衰降常常是由于电池性能的下降引起组件性能渐进性衰降。

图9-19　组件表面的灰土可以引起失配损失或输出功率均衡的减少

组件的失效会影响组件的寿命，而造成失效模式的原因包括以下几个方面。

（1）电池短路。在电池互连之间可能产生短路。

（2）电池开路。这是一个普通的失效模式。

（3）组件短路。组件短路通常是制造缺陷的结果。由于气候、分层、碎裂或者电化学腐蚀引起绝缘下降而产生短路。

（4）组件玻璃破碎。故意破坏、热应力、搬运、风或者冰雹，可能引起顶端玻璃的破裂。

（5）组件分层。是在早期组件中产生的一种普通的失效模式，现在组件分层问题减少了。组件分层通常是由于键合强度下降、湿气的进入、光热老化、温湿度膨胀的差产生的应力引起的。

（6）热岛效应。失配、碎裂或者遮挡电池，可能导致热斑失效。

(7) 旁路二极管失效。用于克服失配问题的旁路二极管可能自己失效。

(8) 密封剂失效。UV 吸收剂和其他的密封剂稳定剂，保证了组件密封材料的长寿命。但是，由于浸出、扩散而产生的缓慢的损耗，一旦浓度下降到某个临界水平，就产生了密封材料的快速衰降。特别是 EVA 层的褐变，伴随着内在的乙酸，引起某些组件输出功率逐渐减少，功率衰减比较明显。

思 考 题

9.1 简述组件中的常见问题并分析形成的原因。

9.2 组件中有气泡的原因可能有哪些?

9.3 简述组件的热击穿，如何消除?

9.4 形成黑心片、黑斑片的主要成因是什么?

9.5 怎样简单鉴别组件好坏?

9.6 目前市场上主要有哪几种组件? 各自的效率是多少?

9.7 组件的效率是如何计算的? 效率是决定组件价格的主要因素吗?

9.8 组件的寿命是由什么决定的? 常用组件的寿命是多久?

9.9 简述造成太阳能光伏组件输出功率衰减的因素。

第 10 章　太阳能光伏组件应用

目前，太阳能光伏组件的应用已从军事领域、航天领域进入工业、商业、农业、通信、家用电器以及公用设施等各个领域，尤其可以分散在边远地区、高山、沙漠、海岛和农村使用，以节省造价昂贵的输电线路。

10.1　光伏组件的应用领域

理论上讲，太阳能光伏组件可以用于任何需要电源的场合，上至航天器，下至家用电源，大到兆瓦级电站，小到玩具，光伏电源可以无处不在。太阳能光伏组件在三大方面有比较重要的应用：一是为无电场合提供电源；二是太阳能日用电子产品，如各类太阳能充电器、太阳能路灯、太阳能玩具等各种电子产品；三是并网发电，这在发达国家已经大面积推广实施。具体涉及的应用领域如下。

（1）通信领域的应用。包括移动通信基站，小型通信机，部队通信系统，广播、通信、无线寻呼电源系统，卫星通信和卫星电视接收系统，无人值守微波中继站，光缆通信系统及维护站，农村程控电话，载波电话光伏系统，士兵 GPS 供电等。

（2）公路、铁路、航运等交通领域的应用。如公路太阳能路灯，太阳能道钉灯、高速铁路，交通警示灯、标志灯、信号灯、高空障碍灯，铁路无线电话亭，无人值守倒班供电，高速公路监控系统，铁路和公路信号系统，铁路信号灯，航标灯灯塔和航标灯电源系统等。

（3）石油、海洋、气象领域的应用。如海洋监测设备，气象和水文观测设备，石油管道阴极保护和水库闸门阴极保护太阳能电源系统，石油钻井平台生活及应急电源，观测站电源系统等。

（4）农村和边远无电地区应用。指在高原、海岛、牧区、边远哨所、农村和边远无电地区应用太阳能光伏用户系统、小型风光互补发电系统等，发电功率大多在十几瓦～几百瓦，可解决人们的日常生活用电问题，如电视、收录机、照明、卫星接收机等，也解决了为手机、笔记本电脑、MP3 等随身电器的充电问题。另外还可以解决太阳能喷雾器、太阳能电围栏、太阳能黑光灭虫灯等用电问题。

（5）太阳能光伏照明方面的应用。包括太阳能庭院灯、路灯、草坪灯，太阳能路标标牌、信号指示、广告灯箱照明，太阳能景观照明等；还有家庭照明灯具及垂钓灯、割胶灯、野营灯、登山灯、手提灯、节能灯、手电等。

（6）大型光伏发电系统（电站）的应用。大型光伏发电系统（电站）是指千瓦级以上的地面独立或并网光伏电站、风光（柴）互补电站、各种大型停车场充电站等。

（7）太阳能光伏建筑一体化发电系统（BIPV）。将太阳能发电系统与建筑材料相结合，充分利用建筑的屋顶和外立面，使得大型建筑能实现电力自给或并网发电，这将是今后的一大发展方向。

（8）太阳能电子产品及玩具的应用。包括太阳能收音机、太阳帽、太阳能钟、太阳能手表、太阳能充电器、太阳能玩具、太阳能计算器等。

（9）其他领域的应用。主要包括太阳能电动汽车、太阳能游艇、太阳能电动自行车，电池充电设备、太阳能冷饮箱、汽车空调、换气扇等。还有太阳能制氢加燃料电池的再生发电系统，海水淡化设备供电，卫星、航天器、空间太阳能电站等。

10.2 光伏系统

太阳能光伏组件的主要功能就是作为光伏发电系统中的电源，为负载提供电能。

10.2.1 光伏系统分类

光伏系统分为独立系统、并网系统和混合系统。根据光伏系统的应用形式、应用规模和负载的类型，还可以将光伏系统细分为小型太阳能供电系统（small DC）、简单直流系统（simple DC）、大型太阳能发电系统（large DC）、交直流供电系统（AC/DC）、市电互补型光伏发电系统、无逆流并网发电系统、有逆流并网发电系统、切换型并网发电系统（utility grid connect）、混合供电系统（hybrid）和并网混合系统。

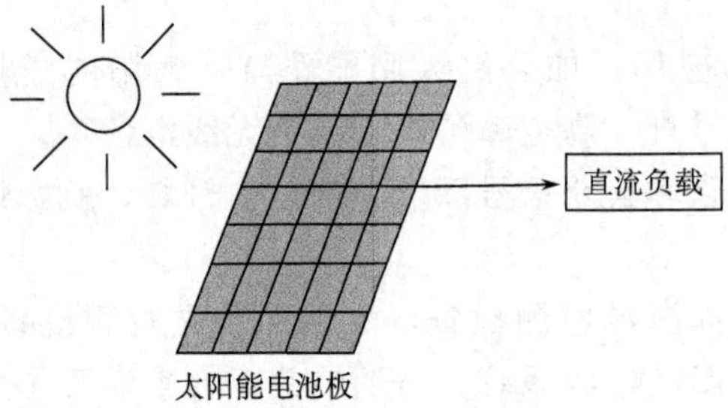

图 10-1　无蓄电池直流发电系统

小型太阳能供电系统的特点是系统中只有直流负载而且负载功率比较小，整个系统结构简单，操作简便。主要用途是各种民用的直流产品以及相关的娱乐设备。简单直流系统（simple DC）的特点是系统中的负载为直流负载而且对负载的使用时间没有特别的要求，负载主要是在白天使用，所以系统中没有使用蓄电池，也不需要使用控制器，系统结构简单，直接使用太阳能光伏组件给负载供电，省去了能量在蓄电池中的储存和释放过程，以及控制器中的能量损失，提高了能量利用效率。这两种供电系统也可称为无蓄电池直流发电系统，如图 10-1 所示。

大型太阳能供电系统（large DC）仍然是适用于直流电源系统，但是这种系统通常负载功率较大，为了可靠地给负载提供稳定的电力供应，其相应的系统规模也较大，需要配备较大的太阳能光伏组件以及较大的太阳能蓄电池组，也可称为有蓄电池直流发电系统，如图 10-2 所示。

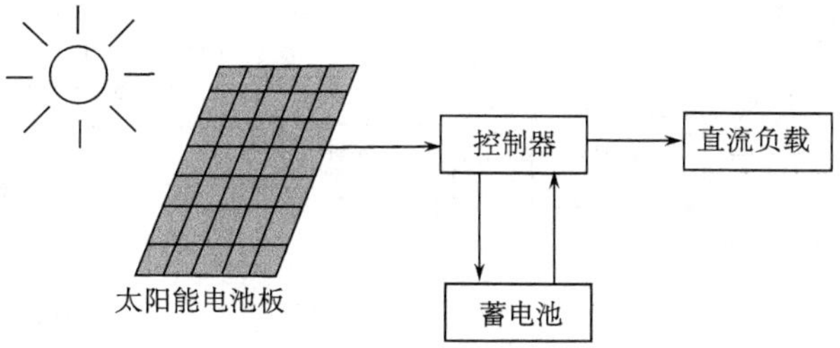

图 10-2 有蓄电池直流发电系统

交直流混合发电系统（AC/DC）能够同时提供直流和交流电，在系统结构上比上述三种系统多了逆变器，用于将直流电转换为交流电以满足交流负载的需求。通常这种系统的负载耗电量也比较大，从而系统的规模也较大，如图 10-3 所示。

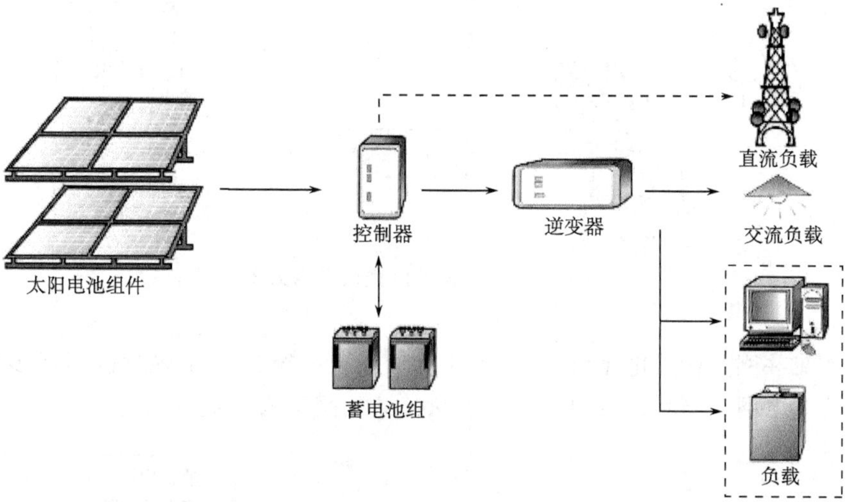

图 10-3 交直流混合发电系统

市电互补型光伏发电系统，是在独立光伏发电系统中以太阳能光伏组件发电为主，以普通 220V 市电为补充，如图 10-4 所示，设计时太阳能光伏组件和蓄电池容量都可以设计得小一些，有阳光时用光伏发电，无阳光时用市电供电。

并网系统（utility grid connect）是太阳能光伏组件产生的直流电经过并网逆变器转换成符合市电电网要求的交流电之后，直接接入市电网络。有逆流并网光伏发电系统如图 10-5 所示，当系统发电充裕时把多余的电力卖给公共电网，当系统发电不足时，从公共电网买入供给负载。由于向电网卖电和买电是相反的过程，所

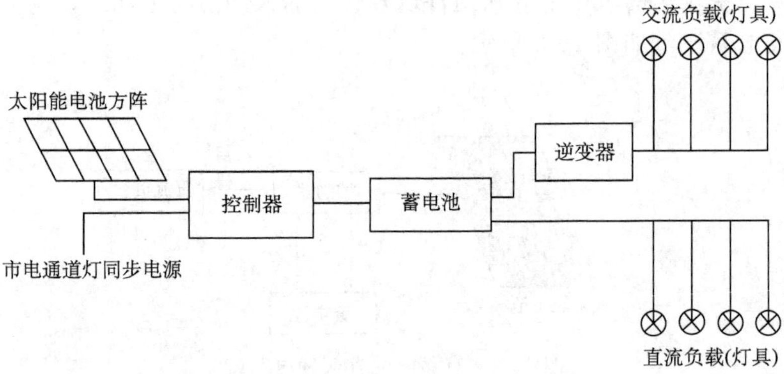

图 10-4　市电互补型光伏发电系统

以称为有逆流并网光伏发电系统。

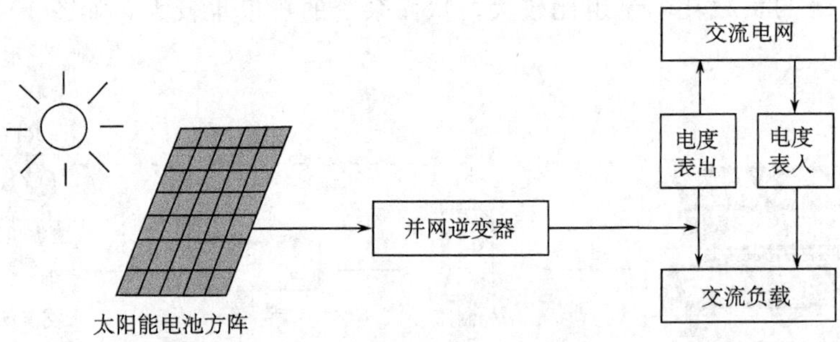

图 10-5　有逆流并网光伏发电系统

无逆流并网光伏发电系统如图 10-6 所示，当系统发电充裕时也不把多余的电力卖给公共电网，当系统发电不足时，从公共电网买入给负载供电。

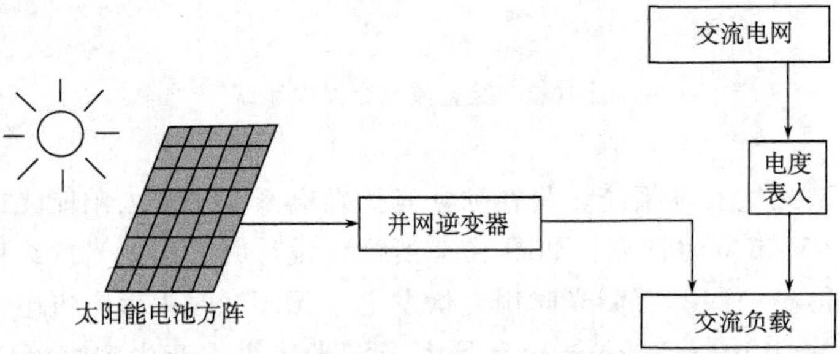

图 10-6　无逆流并网光伏发电系统

切换型并网光伏发电系统如图 10-7 所示，切换型并网光伏发电系统指具有自动运行双向切换的功能，发电不足时自动切换到公共电网供电，当电网不稳定时自动切换与电网的连接，变成独立光伏发电系统。

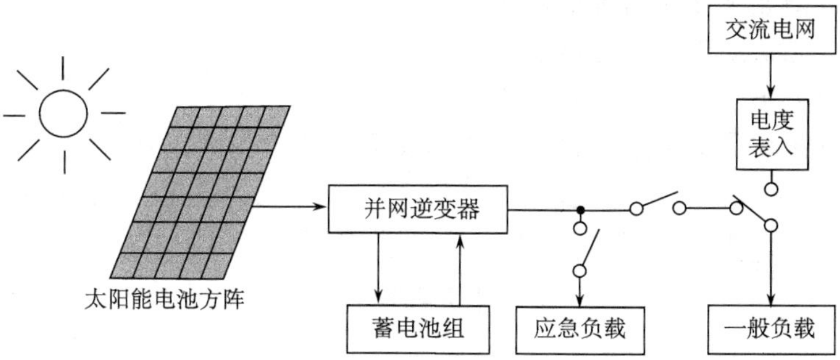

图 10-7　切换型并网光伏发电系统

混合供电系统（hybrid）指除了使用太阳能光伏组件发电之外，还使用了油机作为备用电源。使用混合供电系统的目的就是综合利用各种发电技术的优点，避免各自的缺点。

并网混合供电系统指综合利用太阳能光伏组件、市电和备用油机的并网混合供电系统。这种系统通常是控制器和逆变器集成一体化，使用计算机芯片全面控制整个系统的运行，综合利用各种能源，达到最佳的工作状态，并可以使用蓄电池进一步提高系统的负载供电保障率。

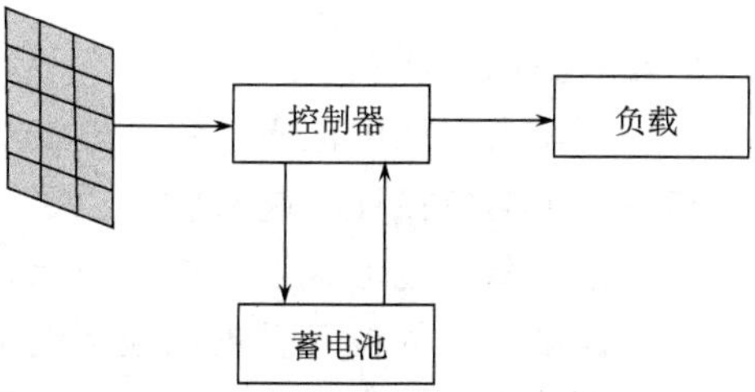

图 10-8

10.2.2　光伏产品设计

太阳能应用的领域十分广泛，自己也能动手做一些简易的太阳能日用电子产品，如各类太阳能充电器、小型太阳能路灯和太阳能草坪灯等。它们一般包括太阳能光伏组件、储电部分（如蓄电池）、控制电路（如升压/稳压电路或 DC/DC、DC/AC）和负载四个部分，如图 10-8 所示。下面将举例说明太阳能光伏产品的设计与制备。

实例一　简易太阳能手机充电器的设计与制备

1. 设计要求

设计一个简易的手机充电器并成功给手机充电。

2. 制作步骤

（1）观察并思考一般手机充电器的结构、功能和工作过程。

（2）设计太阳能手机充电器并画出结构图（图 10-9）。

（3）思考所用的器件和材料。

（4）观察手机充电器的输入电压和电流。

(5) 估算所需光伏组件的输出电压。

(6) 测量阳光下光伏组件的电压和电流。

(7) 连接光伏组件各个升压稳压模块。

(8) 焊接太阳能手机充电器。

(9) 测试制作的太阳能手机充电器的安全性并给手机充电。

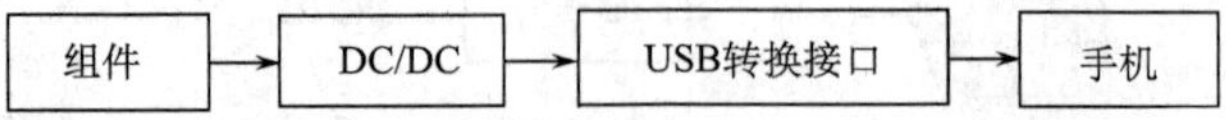

图 10-9　简易太阳能手机充电器结构图

3. 思考与完善

(1) 思考并画出升压稳压模块的电路图。

(2) 思考并画出太阳能手机充电器功能改进的措施并画出构框图。

4. 参考材料

胶封太阳能光伏组件（3V）；直流升压稳压器；USB 转换接口；剥线钳；连接线；焊锡丝；电烙铁。

实例二　太阳能小风扇的设计与制备

简要步骤如下所示。

(1) 并联太阳能电池板。每个电池板都有一个正极和一个负极，只要把一个的正极和另一个的负极连接起来就可以了。

(2) 把太阳能电池板固定在木板上。

(3) 根据太阳的位置设置电池板的仰角。

(4) 把马达固定到教具上。

(5) 制作开关，控制输电线路（图 10-10）。

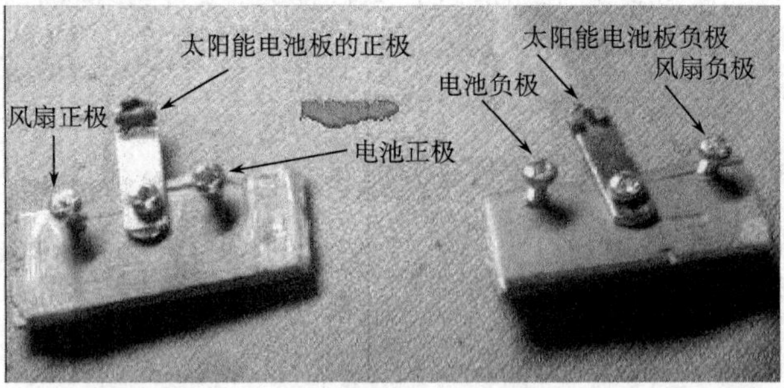

图 10-10

(6) 连接线路。

(7) 整体图片（图 10-11）。

图 10-11

参考材料：太阳能马达、抬眼能电池、6 个螺丝、电线、铁片（带孔的 2 片）、充电电池、风扇 。

实例三　太阳能路灯的设计与制备

太阳能路灯是现在常见的太阳能在公共设施上的应用。在有光照时即白天，路灯不会亮，并且给蓄电池充电，夜晚没有光照时，蓄电池供电给路灯，路灯发光。自己可以动手做一个比较简单的太阳能路灯。其电路图如图 10-12 所示。

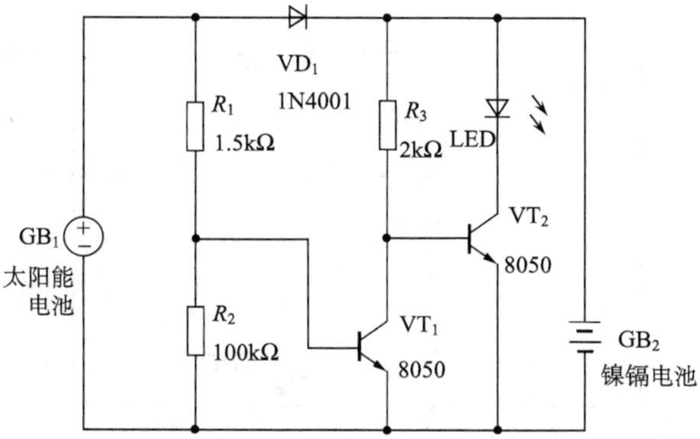

图 10-12

操作步骤如下。

（1）检查试验器件是否完好并按电路图连接电路。

（2）将太阳能电池放置于太阳模拟器下并调节合适的角度。

（3）打开太阳模拟器开关，照射太阳能电池一段时间使镍镉电池的电压升到

1. 2V 左右并观察 LED 是否发光。

（4）关闭太阳模拟器，让镍镉电池放电并观察 LED 是否发光。

（5）记录所观察到的现象。

参考材料：1. 5kΩ 电阻一个；100kΩ 电阻一个；2kΩ 电阻一个；IN4001 二极管一个；8050 三极管 2 个；发光二极管一个；太阳能电池板一块；镍镉蓄电池一块；面包板一块。

实例四　太阳能防水警示灯

警示灯、闪光灯或指明灯可以用在许多地方。通常，放置警示灯或闪光灯的地方要完全远离任何电源。尽管我们可以使用电池，但有时并不想去更换电池。太阳能一方面产生清洁的可再生资源，也使我们在不使用传统电缆或换电池不方便的地方。

指明灯也有多种模式。当它关闭时，太阳能电池会给它充电，但是，它不会在任何情况下都闪动。处于“太阳能”模式时，指示灯会在白天充电，当电路感应处于低照明状态时，指示灯使用充电电池的电力经行闪烁。处于“开启”模式时，指示灯则不论明暗都会闪烁，但是，这样会耗尽电池。

如果一直在室外使用指示灯，就需要考虑如何保护电路（图 10-13），以防止水和其他物质的渗透。大部分包装供应商都出售不错的防水盒子，可以用于室外，也可以使用特百惠的盒子或类似的容器，来实现令人满意的结果。

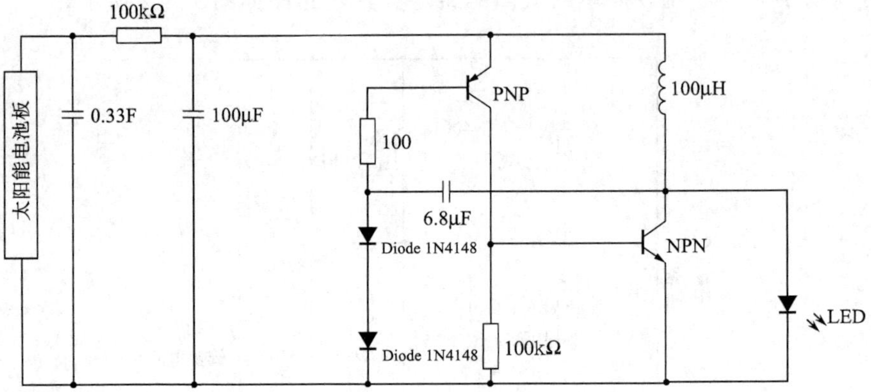

图 10-13

参考材料：0. 1F，5. 5V 电容；100μF 电容；6. 8μF 电容；100kΩ 电阻 2 个；100Ω 电阻 2 个；PNP 晶体管；NPN 晶体管；1N4148 二极管 2 个；超高亮度的红色 LED；100μH 电感；太阳能电池板；电烙铁。

实例五　太阳能手电筒

太阳能手电筒可以在阳光灿烂的日子把它放在窗台上，当断电时，就可以使用它来提供（尽管不强烈）照明了。

如果要把手电筒装在一个圆形基座里，就要保证：手电筒自身足够重，可以使太阳能电池保持向上的状态。或者基座里平台使基座位于水平状态时太阳能电池能保持向上的状态。

如果太阳能手电筒滚来滚去，使电池朝向地面就悲剧了，因为太阳照不到太阳能电池。

图 10-14 显示了电路应该如何被搭建。一些电阻和一个开关就可以模拟光电池的运行。它可以使我们控制 LED，由于只使用了一个电池，显得更为经济。

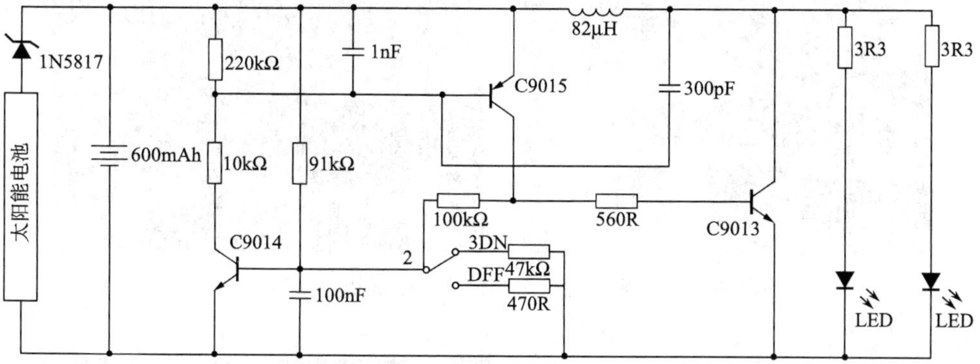

图 10-14

参考材料：1.5V 太阳能电池 4 节；AA600mAh 镍镉电池一节；1N5817 稳压二极管；220kΩ ¼ W 碳膜电阻；100kΩ ¼ W 碳膜电阻；91kΩ ¼ W 碳膜电阻；10kΩ¼W碳膜电阻；560R ¼ W 碳膜电阻；3.3R ¼ W 碳膜电阻 2 个；C9013NPN 晶体管；C9014NPN 晶体管；C9015NPN 晶体管；300μF 陶瓷电容；100nF 陶瓷电容；1nF 陶瓷电容；82μF 电感；Cds 光电池 47kΩ@10lux（勒克斯，照明单位）；LED 2 个。

10.3　光伏建筑

据《2013—2017 年中国光伏建筑一体化行业市场前瞻与投资战略规划分析报告》数据显示，太阳能发电是 21 世纪科学技术的前沿阵地，世界各地的政府均支持光伏发电事业。光伏与建筑相结合是未来光伏应用中最重要的领域之一，发展前景十分广阔，有着巨大的市场潜力。

10.3.1 光伏建筑分类

光伏建筑指安装在建筑物上的光伏发电系统，即 Building Mounted Photovoltaic，简称 BMPV 或建筑光伏。BMPV 包括在现有建筑上安装的小型、中型和大型光伏发电系统，即将太阳能光伏组件依附于建筑物上，建筑物作为太阳能光伏组件的载体，起支撑作用，是太阳能光伏组件与建筑的简单结合，即 Building Attached Photovoltaic，简称 BAPV，如图 10-15 所示。也包括将太阳能光伏组件集成到建筑上的技术，即 Building Integrated Photovoltaic，简称 BIPV，它是太阳能光伏组件与建筑的集成，太阳能光伏组件以一种建筑材料的形式出现，成为建筑不可分割的一部分，如光电瓦屋顶、光电幕墙和光电采光顶等，如图 10-16 所示。

图 10-15　太阳能光伏组件依附于建筑物上（BAPV）

图 10-16　太阳能光伏组件与建筑的集成（BIPV）

图 10-17 为光伏与建筑相结合的示意图，图中采用太阳能光伏组件和市电联合供电的并网发电系统，太阳能光伏组件发出的电通过控制器 controller 直接给直流负载供电，多余的电量流入蓄电设备 accumulator 存储，并由逆变器 inverter 进行交直流转换后供给交流负载，太阳能光伏组件发出的电不充裕时可由市电 parallel connection 补充。

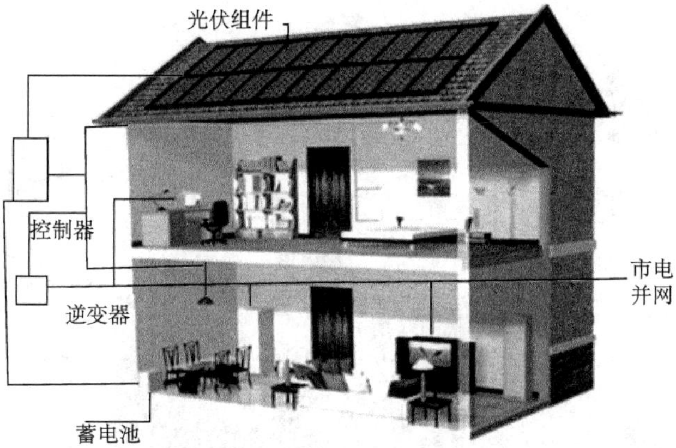

图 10-17 光伏与建筑相结合示意图

10.3.2 光伏建筑的实现形式

BMPV 包括 BAPV 和 BIPV 两种形式，其中 BAPV 的实现形式主要是屋顶光伏电站和墙面光伏电站，BIPV 的实现形式较多样化，如光电采光顶、光电幕墙、光电遮阳板等；BMPV 的实现形式如表 10-1 和图 10-18 所示。

表 10-1 BMPV 的实现形式

实现形式	太阳能光伏组件	建筑要求	类型
光电采光顶（天窗）	光伏玻璃组件	建筑效果、结构强度、采光、遮风挡雨	BIPV
光电屋顶	光伏屋面瓦	建筑效果、结构强度、遮风挡雨	BIPV
光电幕墙（透明幕墙）	光伏玻璃组件（透明）	建筑效果、结构强度、采光、遮风挡雨	BIPV
光电幕墙（非透明幕墙）	光伏玻璃组件（非透明）	建筑效果、结构强度、遮风挡雨	BIPV
光电遮阳板（有采光要求）	光伏玻璃组件（透明）	建筑效果、结构强度、采光	BIPV
光电遮阳板（无采光要求）	光伏玻璃组件（非透明）	建筑效果、结构强度	BIPV
屋顶光伏方阵	普通太阳能光伏组件	建筑效果	BAPV
墙面光伏方阵	普通太阳能光伏组件	建筑效果	BAPV

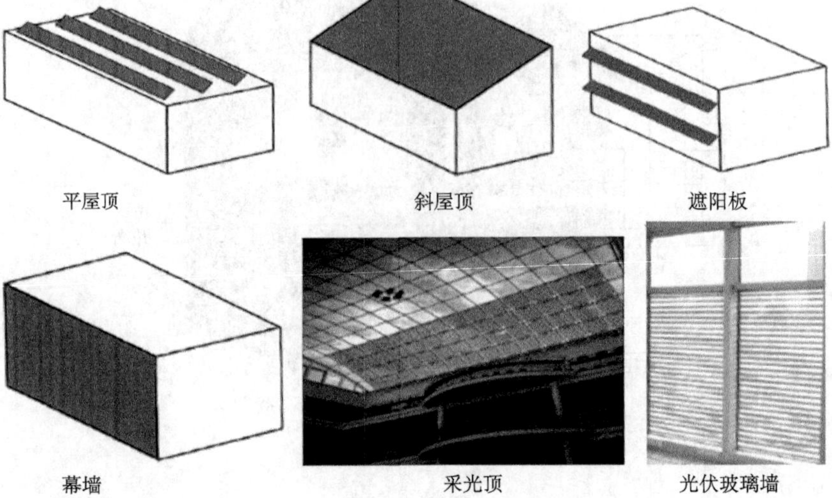

图 10-18　BMPV 的实现形式

从发电角度看，平屋顶 BAPV 的经济效益最好，因为它可以按照最佳角度安装，以获得最大发电量。而且它不影响建筑物的功能，发电成本最低，经济效性最好，实用案例如图 10-19 所示。斜屋顶 BAPV，尤其是南向斜屋顶经济效益仅次于平屋顶，同平屋顶一样可以使用标准太阳能光伏组件，以接近最佳角度安装，不影响建筑物的功能，成本低。实用案例如图 10-20 所示。

图 10-19　平屋顶案例

图 10-20　斜屋顶案例

遮阳板有跟踪和不跟踪两种，太阳能光伏组件可以使用标准组件，也可以特制组件，经济效益类似于斜屋顶，实用案例如图 10-21 所示。

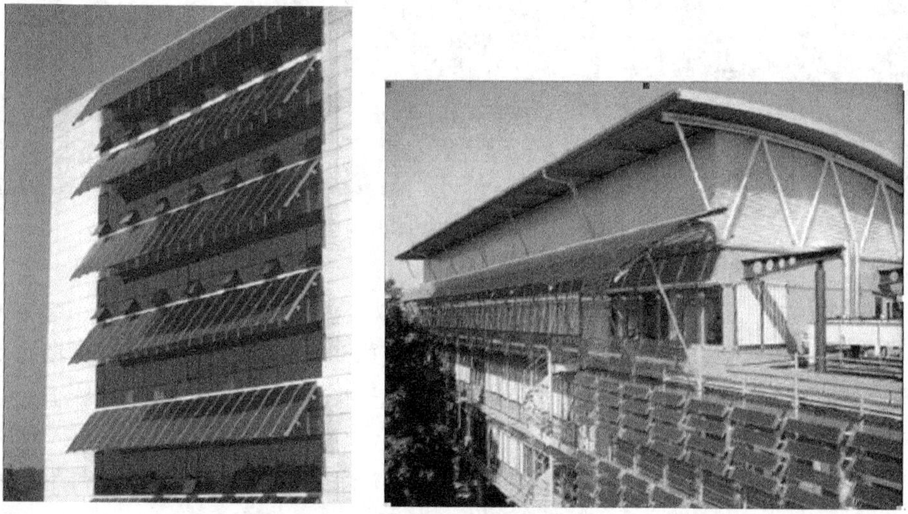

图 10-21　遮阳板案例

光伏幕墙要符合 BIPV 的要求，除了能发电外，要满足建筑墙壁的所有功能，如安全性、耐久性、易维护、透明性、装饰性等，太阳能光伏组件需要特别设计，组件成本高、性能偏低，但是能为建筑带来绿色概念，节能环保，受到社会的青睐，实用案例如图 10-22 所示，图 10-23 为内视图。

图 10-22　光伏幕墙案例

图 10-23　光伏幕墙内视图

光伏采光顶（光伏天棚）除了透明和发电外，必须满足一定的力学、美学和建筑构件要求，同 BIPV 幕墙一样，需要和建筑同时设计、施工和安装，需要特制组件，成本高、效率低，但同幕墙一样，可以把建筑改造成绿色建筑，颇受社会青睐，案例如图 10-24 所示。

实际应用中，可以把 BAPV 构件和 BIPV 构件结合起来，既做到利用标准组件、降低成本，又能符合绿色建筑的理念，如图 10-25 所示。

图 10-24　光伏天棚

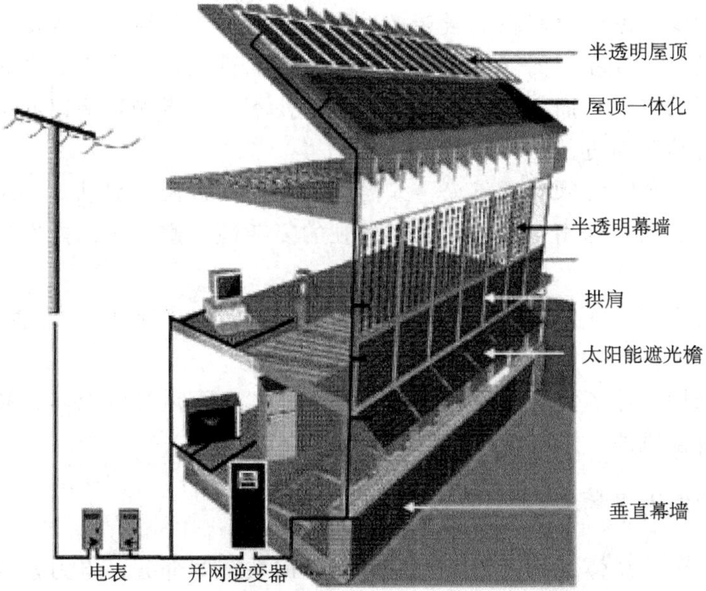

图 10-25　实用、环保的 BMPA

10.4 太阳能汽车

随着全球汽车的普及，汽车工业面临的最大挑战就是能源的消耗及尾气排放对环境造成的污染。燃油汽车尾气中对人危害最大的有一氧化碳、碳氢化合物、氮氧化合物、铅的化合物及碳的颗粒物，造成的空气污染已占整个城市空气污染的60%～90%。从未来汽车发展看，太阳能汽车将成为未来汽车行业的发展潮流。

太阳能汽车是靠太阳能来驱动的汽车，它通过太阳能电池把光能转化成电能，在蓄电池中存起备用，用来推动汽车的电动机。由于太阳能汽车不用燃烧化石燃料，所以不会放出有害物。据估计，如果由太阳能汽车取代燃油车辆，每辆汽车的二氧化碳排放量可减少43%～54%。正因为其环保的特点，太阳能汽车被诸多国家所提倡，太阳能汽车产业的发展也日益蓬勃。

10.4.1 太阳能汽车的优越性

太阳能汽车的优越性主要体现在以下几方面。

(1) 以光电代油，可节约有限的石油资源，能量来源于太阳能，清洁无污染，取之不竭、用之不尽。

(2) 无污染，无噪声。因为不用燃油，不会排放污染大气的有害气体；没有内燃机，行驶时听不到燃油汽车内燃机的轰鸣声。

(3) 耗能少。燃油汽车在能量转换过程中要遵守卡诺循环的规律来做功，热效率比较低，只有1/3左右的能量消耗在推动车辆前进上，其余2/3左右的能量损失在发动机和驱动链上；而太阳能汽车的热量转换不受卡诺循环规律的限制，90%的能量用于推动车辆前进。

(4) 易于驾驶。无须电子点火，只需踩踏加速踏板便可启动，利用控制器使车速变化。不需换挡、踩离合器，简化了驾驶的复杂性，避免了因操作失误而造成的事故隐患。

(5) 结构简单。太阳能汽车没有内燃机、离合器、变速器、传动轴、散热器、排气管等零部件，结构简单，制造难度降低。

(6) 易维护。除了定期更换蓄电池以外，基本上不需日常保养，省去了传统汽车必须经常更换机油、添加冷却水等定期保养的烦恼。

10.4.2 太阳能汽车的构造

太阳能汽车的总体结构分为电力系统和机械系统两部分，电力系统包括太阳能光伏组件、太阳能自动跟踪系统、蓄电池组、发动机控制器和发动机，电力系统的作用就是把太阳能转化为驱动电机的电能，并把多余的能量存储到蓄电池中。机械系统包括车身（车架和车壳）、悬架、转向系统、制动系统和车轮。

太阳能光伏组件是太阳能汽车的核心，通常工作电压为50～200V，并能提供1000W的电力。车子在运行时，被转换的太阳能被直接送到发动机控制系统，多余的能量就会被蓄电池储存以备后用。当太阳能光伏组件不能提供足够的能量来驱动发动机时，蓄电池内的备用能量将会自动补充。太阳能汽车不运动时，所有能量都储存在蓄电池内。也可以利用一些回流的能量来推动汽车，当太阳能汽车减速时，换用通用的机械制动，这时发动机变成了一个发电机，能量通过发动机控制器反向进入蓄电池内储存。

太阳能自动跟踪系统保持太阳能光伏组件正对着太阳，最大限度地提高太阳能电池板接收太阳辐射的能力。

蓄电池组相当于普通汽车的油箱，目前在太阳能汽车上所用的蓄电池主要有铅酸蓄电池、镍镉蓄电池、锂电池、锂聚合物电池。蓄电池组由几个独立的模块连接起来，并形成系统所需的电压，系统电压为84～108V。

太阳能汽车使用什么类型的发动机没有限制，一般额定的是2～5HP，大多数使用双线圈直流无刷电机，这种直流无刷电机是相当轻质的材料机器，在额定的RPM（每秒转速）达到98%的使用效率，但是它们的价格比普通有刷型交流发动机要贵一些。

太阳能汽车机械系统包括车身（车架和车壳）、悬架、转向系统、制动系统和车轮，设计尽量减少摩擦力和重量，轻质金属如铝合金和合成金属是常用的，使重量和强度达到最大程度。

太阳能汽车最具魅力的部分就是车身，光滑而又具有异域风情的外观是吸引眼球的部分，设计车身时要让阻力达到最小值，而使太阳能与阳光的接触比达到最大值，重量要尽量小，安全系数尽量达到最高。在这些方面要进行大量的试跑测试，进而测出并试图得到最佳的外形效果。一个好的太阳能汽车外形能够节省几百瓦的能量，这也是制造一辆好的太阳能汽车所必须达到的目标。

太阳能汽车应安装多挡位制动，大部分使用前制动挡位闸，有两个手挂挡，这与普通的机动车很相似。后退制动挡类似于在摩托车的前面使用而此时用在后面。这些挂挡有利于太阳能汽车自由地移动和滑行，从而达到最佳的效果。

在整个行驶中太阳能汽车的安全是重中之重，太阳能汽车必须有高效的刹车性能并符合标准，一般有两个独立的刹车系统。在太阳能汽车中圆盘刹车普遍采用，因为它们很适合，并有很好的制动力。为了达到最好的效果，刹车被设计成通过刹车操作杆自由移动，从而使刹车垫摩擦刹车表面进行刹车。

典型的太阳能汽车一般有3个或4个车轮，一般3个车轮的配置是两个前轮和一个后轮（通常是驱动轮）。四个轮子的太阳能汽车跟普通的机动车是一样（其中后面一个轮子是驱动轮）的，两个后轮并排靠近中央位置（类似于普通三轮机动车的配置）。

除此之外，太阳能汽车同普通燃油汽车一样，还需要配备各种仪表和传感器等。如图 10-26 所示为一些颇具实用性和性能优良的太阳能汽车和太阳能混合动力汽车。

(a) Solarve 太阳能公交车

(b) 大众太阳能跑车

(c) 长安星光4500太阳能环保车

(d) 小贵族

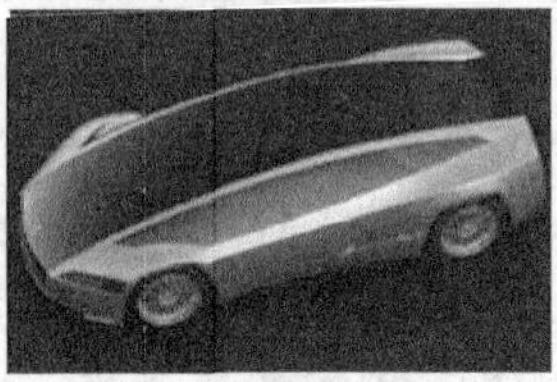
(e) 丰田 Quaranta

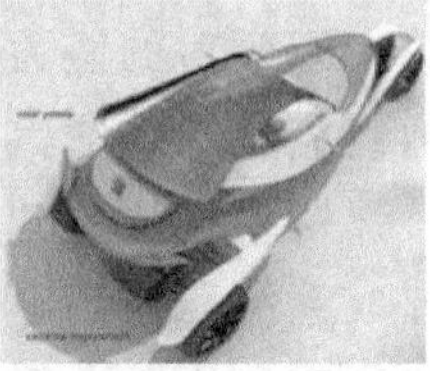
(f) 标致 Shoo

(g) Antro Solo

(h) 沃尔沃

图 10-26　太阳能汽车和太阳能混合动力汽车

思　考　题

10.1　简述组件的应用领域。

10.2　简述发电系统的分类。

10.3　简述 BMPV 的含义与分类。

10.4　简述 BMPV 的实现形式。

10.5　简述光伏建筑一体化组件的特征和发展现状。

10.6　为什么要发展太阳能汽车？简述其优越性。

10.7　简述太阳能汽车的结构特征。

参考文献

格林，等. 1987. 太阳能电池：工作原理、工艺和系统的应用［M］. 北京：电子工业出版社.

上海交通大学太阳能研究所. 太阳能电池培训手册（电子稿）.

沈辉. 2005. 太阳能光伏发电技术［M］. 北京：化学工业出版社.

唐晋发，顾培夫. 2006. 现代光学薄膜技术［M］. 杭州：浙江大学出版社.

杨术明，李富友，黄春辉. 2002. 染料敏化纳米晶太阳能电池［J］. 化学通报，5（58，66）.

Cells Q D S. 2013. The next big thing in photovoltaics kamat，Prashant V［J］. Journal of Physical Chemistry Letters，4（6）：908-918.

Engelhart P，Harder N P，Merkle A，et al. 2006. RISE：21. 5% efficient back junction silicon solar cell with laser technology as a key processing tool［C］. 4th World Conference on Photovoltaic Energy Conversion，900-904.

Green M A. 1982. Solar cells：operating principles，technology，and system applications［J］. Englewood Cliffs，NJ，Prentice-Hall，Inc.，288 p1.

Green M A. 1995. Silicon solar cells：Advanced Principles & Practice［M］. Centre for Photovoltaic Devices and Systems，University of New South Wales.

Green M A. 2003. Third generation photovoltaics：Advanced Solar Energy Conversion［M］. Heidelberg：Springer.

Green M A. 2010. 太阳能电池工作原理，技术和系统应用［M］. 狄大卫译. 上海：上海交通大学出版社.

Green M A，Emery K，Hishikawa Y，et al. 2011. Solar cell efficiency tables（version 39）［J］. Progress in photovoltaics：research and applications，20（1）：12-20.

Hans-Gunther Wagemann，Heinz Eschrich. 2011. 太阳能光伏技术［M］. 叶开恒译. 西安：西安交通大学出版社.

http://www. solarzoom. com. 光伏太阳能网.

Meijun L，Stuart B，Ujjwal D，et al. 2007. Interdigitated back contact silicon heterojunction solar cell and the effect of front surface passivation［J］. Appl. Phys. Lett.，91：063507.

Mikio T，Akira T，Eiji M，et al. 2005. Obtaining a higher Voc in HIT cells［J］. Progress in Photovoltaics：Research and Applications，13：481-488.

MiKio T，Hitoshi S，Yukihiro Y，et al. 2005. An approach for the higher efficiency in the HIT cells［C］. 31st IEEE Photovoltaic Specialists Conference，866-871.

Pagliaro M，Palmisano G，Ciriminna R. 2011. 柔性太阳能电池［M］. 高扬译. 上海：上海交通大学出版社.

Robert B，Susanne M，Jan S，et al. 2010. Back junction back contact n type silicon solar cells with screen printed aluminum alloyed emitter［J］. Appl. Phys. Lett.，96：263507.

Rohatgi A. 2003. Road to cost-effective crystalline silicon photovoltaics [C]. 3rd World Conference on Photovoltaic Energy Conversion, A29-A34.
Spath M, de Jong P C, Bennett I J, et al. 2008. A novel module assembly line using back contact soalr cells [C]. 33rd IEEE Photovoltaic Specialists Conference, San Diego, 1-6.
Wenham S R, Green M A. 2009. 应用光伏学 [M]. 狄大卫译. 上海：上海交通大学出版社.